İNSAN
NASIL İNSAN OLDU

ISBN 975-468-019-1

İNSAN NASIL İNSAN OLDU / M. Ilin - E. Segal

Yayımlayan: Say Yayınları / Çeviren: Ahmet Zekerya

Dizgi: Say Yayınları
Baskı ve Cilt: Engin Matbaacılık Tel: 612 05 53
Onbirinci Basım: 1998

Genel Dağıtım: **SAY DAĞITIM LTD. ŞTİ.**
Ankara Caddesi No. 54, Sirkeci, İstanbul
Tel: 512 21 58 - 528 17 54 Fax: 512 50 80

M. İLİN - E. SEGAL

İNSAN NASIL İNSAN OLDU

Rusçadan Çeviren :
AHMET ZEKERYA

say

Dünya üzerinde insanın evrimi konusunda bir kitap yazmayı yazarlara Aleksey Maksimoviç Gorki salık vermişti.

Bu kitabın yazarlarından biri, Gorki ile bir konuşması sırasında şunları söylemişti:

«Biliyor musunuz, ben bu kitaba nasıl başladım? Şimdi, uçsuz bucaksız uzayı gözünüzün önüne getirin. Yıldızların, bulutsuların doldurduğu uzayı... Bu devler devi bulutsulardan birinde Güneş alev alev yanıyor. Güneşten gezegenler kopuyor. Küçücük bir gezegende madde canlılaşıyor, kendi bilincine varmaya başlıyor. Bunun sonucunda insan ortaya çıkıyor.»

Yazarlar 1936 yılında, insanın oluşumunu, çalışıp düşünmeye nasıl alıştığını, ateş yakmayı ve demiri eritmeyi nasıl öğrendiğini, doğaya egemen olmak için nasıl savaştığını, dünyayı nasıl kavrayıp değiştirdiğini anlatan bu kitap üzerinde çalışmaya başladılar.

Kitabın birinci bölümünde ilkel insan ve ilkel toplum düzeni anlatılmaktadır.

İkinci ve üçüncü bölümlerdeyse, kölelik ve derebeylik dönemlerinde insanın gelişimi ve tarihi ortaya konmaktadır.

Yazarlar, bu çalışmalarını günümüze kadar olan dönemi kapsayacak biçimde sürdürmeyi amaçlamaktadırlar.

(Çevirenin notundan bir alıntı)

İNSAN BİR DEVDİR

Bu dünyada bir dev var.

Bu devin öyle kolları var ki, hiç güçlük çekmeden bir lokomotifi kaldırabilir.

Bu devin öyle ayakları var ki, günde binlerce kilometre koşabilir.

Bu devin öyle kanatları var ki, bulutlar üzerinde, kuşların çıkamadığı yükseklikler de uçabilir.

Bu devin öyle yüzgeçleri var ki, su altında balıklardan daha iyi yüzebilir.

Bu devin öyle gözleri ve kulakları var ki, görülmeyenleri görür, başka bir kıtada konuşulanları işitir.

Bu dev o kadar güçlüdür ki, dağları delip geçer ve dolu dizgin akıp giden suları durdurur.

Bu dev, yeryüzünü istediği gibi değiştirir, ormanlar diker, denizleri birleştirir, çölleri sular.

Kimdir bu dev?

Bu dev insandır.

Acaba insan nasıl dev oldu, nasıl dünyanın efendisi oldu?

Biz bu kitapta işte bunu anlatacağız.

M. İlin - E. Segal

BİRİNCİ BÖLÜM

1

taş sayfalı kitap

Yeryuvarlağı büyük bir kitap gibi ayaklarımızın altında duruyor.

Yer kabuğunu meydana getiren tabakalar, her tortul tabaka, bir kitap sayfası gibidir.

Biz, bu kitabın en son sayfasındayız. İlk yaprakları çok derinde. Okyanusların dibi ve kıtaların temeli orada.

Bu ilk yapraklara, kitabın ilk bölümlerinde daha varılamamıştır. Onlarda neler yazılı olduğunu, ancak tahmin edebiliriz.

İnsanların yaşadığı zaman yaklaştıkça, kitabın okunması daha kolaylaşıyor.

Sıcak lavların yakıp buruşturmuş olduğu sayfalar, yeryüzünde, dağ silsilelerinin nasıl meydana geldiğini, başka sayfalarda, yer kabuğunun yükselip alçalması sonucunda, denizlerin nasıl genişleyip yeniden daraldıklarını anlatıyorlar.

Deniz hayvanlarının kabuklarından meydana gelmiş olan beyaz sayfalardan, beyaz tabakalardan hemen sonra kömür gibi kara tabakalar geliyor.

Kalın kömür tabakalarının meydana getirdiği sayfada, bir zamanlar yeryüzünü kaplayan dev ormanların tarihini okuyabiliriz.

Yer yer, elle çizilmiş gibi, yaprak izlerine veya kömür haline gelen ormanlarda yaşamış hayvanların fosilleşmiş iskeletlerine rastlanıyor.

Böylece, sayfa sayfa, dünyanın tüm tarihini okuyabiliriz. Kitabın kahramanı, yani insan, ancak en son sayfalarında belirir. İlk bakışta, bu büyük kitabın kahramanı insan olmadığı sanılabilir. Eski zamanların dev fil ve gergedanlarının yanında insan, ikinci derecede bir şahıs gibi görünür. Fakat bu yeni kahraman, gittikçe artan bir cesaretle ön plana çıkmaya başladı.

Ve bir gün geldi ki, insan bu büyük kitabın yalnız kahramanı değil, aynı zamanda onu yazanlardan biri olmaya başladı.

İşte bir ırmağın kesitinde, buz çağında meydana gelmiş tortul tabakalar arasında bir kara çizgi apaçık görünüyor.

Doğa denen kitapta bu kara çizgi, ağaç kömürüyle çizilmiştir. Kumlarla toprağın arasında bu incecik ağaç kömürü tabakası da nereden çıktı? Orman yangınından kalmış bir iz olmasın!

Yangın izleri, geniş bir sahayı kaplar, buradaki çizgiyse kısacık. Böyle bir iz, ancak ateşten kalmış olabilir.

Ateşi de, ancak insan yakabilir.

Üstelik, ateşin yanında insanın daha başka izlerine: taş aletlere, avlanmış hayvanların parçalanmış kemiklerine rastlarız.

okunabilmesi gereken söz

İlk insanın avlanırken yaşamış olduğu yerlerde, öldürmüş olduğu hayvanların kemiklerine şimdiye kadar rastlanır. Buralarda sararmış at kaburgaları, boynuzlu başlar ve yaban domuzlarının eğri dişleri bulunur. Kemikler bazı yerlerde büyük yığınlar meydana getirirler.

Bunlardan, insanın uzun zaman aynı yerde kaldığı anlaşılıyor.

En ilginci de şudur ki, avcı kulübelerinde bulunan at, yaban domuzu ve bizon kemikleriyle birlikte dev mamut kemikleri, yani büyük mamut başları, rendeye benzeyen uzun eğri dişleri, gövdeden ayrılmış dev mamut ayakları da vardır.

Mamut gibi dev bir hayvan öldürebilmek için ne kadar güçlü ve cesaretli olmalıydı. Fakat mamutu parçalayıp kulübelere kadar götürebilmek için bundan daha fazla bir kuvvet gerekti. Çünkü mamutun her ayağı neredeyse bir ton ağırlığında, başı da bir insanın sığabileceği büyüklükteydi.

Fil avında kullanılan özel tüfeklerle silahlı bugünün avcıları bile mamutla kolay kolay başa çıkamazlardı. Kaldı ki, ilk insanın tüfeği de yoktu ve silahları taş bıçaktan ya da sivri taş burunlu kargıdan ibaretti.

Gerçi aradan geçen binlerce yıl içinde taş aletler değişe değişe daha keskinleşmiş ve daha mükemmelleşmişti. Taş bıçak ya da taş uçluk yapmadan önce, insan taşın üst kabuğunu kırar, sonra pürüzleri yontup sivri aleti yapardı.

Çakmaktaşı gibi sert bir malzemeden bıçak yapabilmek büyük bir hünerdi. Bunun için insan, yaptığı taş aleti kullandıktan sonra atmaz, göz bebeği gibi korur ve körlendiği zaman bilerdi.

İnsan, kendi emeğinin ve zamanının değerini bildiği için, yaptığı aletin de değerini bilmeye başlamıştı.

İnsan aletinin üzerine titriyordu, çünkü emeğin ve zamanın ne demek olduğunu biliyordu.

Ne kadar uğraşılırsa uğraşılsın, taş yine taştı. Mamut gibi bir hayvanı öldürebilmek için taş uçlu kargı, kötü bir silahtı. Çünkü mamutun, zırhlı gemiler gibi kalın bir derisi vardı.

Yine de insan, mamutları öldürebiliyordu. Bunu avcı kulübelerinde bulunan mamut başları ve dişleri ispat ediyor.

İlk avcılar mamutların hakkından nasıl gelebiliyordu acaba? Bunu, ancak «insan» sözünü okurken, onu «insanlar» anlamında düşünebilen anlayabilir. Alet yapmayı, avcılığı, ateş yakmayı, ev kurmayı ve toprağı işlemeyi, insan tek başına değil, öbür insanlarla birlikte, onlarla el ele vererek öğrenmişti.

Kültürü ve bilimi tek bir insan değil, milyonların emeğine dayanan insan toplumu yaratmıştır.

İnsan, yalnız olsaydı, hayvan olarak kalırdı.

Toplumda hayvanı insana çeviren emek olmuştur.

Bazı kitaplarda ilk avcılar, kendi emeği ve aklıyla her şeyi elde etmiş olan bir Robenson olarak tasvir edilirler.

İnsan, gerçekten böyle bir Robenson olsaydı; insanlar topluluk halinde değil de, ayrı ayrı aileler halinde yaşamış olsalardı, hiçbir zaman insan olup bir kültür yaratamazlardı.

Zaten Robenson'un hayatı da, gerçekte, De Foe'nun anlattığı gibi olmamıştı. De Foe, gerçekten yaşamış bir denizcinin hayatını, kitabına esas olarak almıştır. Bu denizci, bir gemide ayaklanmaya önayak olduğu için, okyanusun ortasında ıssız bir adaya çıkarılmış. Yıllar sonra adaya gelen zenginler, adada tek başına yaşamış olan denizciyi büsbütün yabanileşmiş bir halde bulmuşlar. İhtiyar denizci, konuşmayı bile hemen hemen unutmuş, insandan çok hayvana benziyormuş.

Çağdaş insanın bile tek başına insan olarak kalabilmesi pek kolay değildir.

Ya ilkel insana ne denir?

İlkel insanı insan eden, birlikte yaşamaları, birlikte avlanmaları ve alet yapmalarıydı.

İnsanlar mamuta sürü halinde çullanırlardı. Mamutun kıllı gövdesine bir değil, onlarca kargı saplarlardı. Mamutu kovalayan insan sürüsü, çok ayaklı ve çok elli bir varlığa benzerdi. Hatta yalnız onlarca el, onlarca ayak değil, bir o kadar da insan kafası işlerdi mamut avında.

Mamut insandan kat kat büyük ve güçlüydü ama, insanlar ondan akıllıydılar.

Mamut o kadar ağırdı ki, insanı ezmesi işten bile değildi. Ne var ki, insanlar da, bu devi yenmek için, asıl onun bu ağırlığından faydalanıyorlardı.

İnsanlar mamutu kuşatıp stepi tutuşturuyorlardı. Ateşin parıltısından çılgına dönen ve dağlanan mamut, ateşin kovduğu tarafa doğru kaçıyordu. Ateşse, insanın sinsice tertibine göre, mamutu bataklığa doğru kovuyordu.

Bataklığa varınca mamut, bataklık yerde kurulmuş kâgir bir bina gibi çöküveriyordu. Etrafı gök gürlemesini andıran böğürmeleriyle sarsarak, kâh bir ayağını, kâh öbürünü bataklıktan çıkarmaya çabalıyor çabaladıkça da daha derine batıyordu.

Artık insanlara sadece mamutu öldürmek kalıyordu.

Mamutu tuzağa düşürüp öldürmek kolay değildi ama, öldürdükten sonra, yaşadıkları yere sürüklemek daha güçtü. İlkel insanın yaşadığı yerler, genel olarak bir ırmağın su basmayan yüksek kıyısında bulunurdu. Irmak insanın hem su ihtiyaçlarını karşılar, hem de kıyılarında alet yapmak için gerekli malzemeyi, yani taş sağlardı.

Öyle ki, mamutu en alçak yerden, bataklıktan yukarıya sürüklemek gerekiyordu.

Bu işte de yine bir çift değil, onlarca çift el çalışırdı.

Mamutun kalın derisi, sert sinirleri, güçlü adaleleri, keskin taşlarla kesilir, parçalanırdı. Tecrübeli ihtiyarlar, hayvanın başını ve ayaklarını gövdeden daha çabuk ayırmak için nereden kesmek gerektiğini öğretirlerdi.

Mamut parçalara bölündükten sonra, onu yaşadıkları yere taşımaya koyulurlardı.

İşin elbirliğiyle yürümesi için insanlar hep bir ağızdan bağırır ve onlarca insan, kıllı büyük bir ayağı, ya da uzun hortumlu başı sürükleye sürükleye götürürlerdi.

Avcılar kan ter içinde, bitkin bir halde kulübelerine varırlardı. Bundan sonra başlayan büyük şenlik görülmeye değerdi. İnsanlar, dört gözle bekledikleri mamutu avlayınca bayram yapıyorlardı. Uzun bir zaman için yiyecek sağladıklarına seviniyorlardı.

İnsanın öbür hayvanlarla yarışması sona ermişti. İnsan, hayvanların en büyüğünü yenerek yarışmanın sonuna galip olarak gelmişti.

Yeryüzünde insanlar, daha büyük bir hızla çoğalmaya başladılar. Zamanla bu çoğalma daha da arttı, insanlar bütün dünyaya yayıldılar.

Böylece başka hiçbir hayvana kısmet olmayan bir şey insana kısmet oldu.

Tavşanlar da çoğalıp sayıları insanlarınki kadar olabilir mi?

Olamaz. Çünkü tavşanlar çoğalınca, bunları yiyen yırtıcı hayvanlar daha da çoğalır, ki bu da tavşanların yeniden azalmasına sebep olur.

Demek oluyor ki, yabani hayvanların sayısı alabildiğine artamaz. Bunların kolay kolay aşamadıkları sınırlar vardır.

İnsan, kendisi gibi hayvanları da çevreleyen doğal sınırları çoktan aşmıştı: Alet yapmayı öğrenerek önceleri yemediği şeylerle beslenmeye başlamış, doğayı kendisine daha cömert olmaya zorlamıştı. Önceleri tek bir insan sürüsünün geçinebileceği yerde, sonraları iki, hatta üç insan topluluğu geçinebilir olmuştu.

Daha sonraları, büyük hayvanları avlamaya başlamakla insan doğadaki yerini daha da genişletti.

Artık insanın, bitkisel yiyecekler toplayarak beslenmesine gerek kalmamıştı. Otlama işini, insan hesabına bizonlar, atlar, mamutlar yapıyorlardı. Bu hayvan sürüleri, steplerde otluyor ve tonlarca otu kilogramlarca ete çevirerek semizliyorlardı. Öyle ki, insan bir bizonu ya da mamutu vurmakla, yıllarca yığılmış besin ve enerji kaynağına sahip oluyordu.

Besin yediği insana son derece gerekliydi. Fırtınalı, tipili, soğuk günlerde yiyecek aramaya gidilemezdi. Yazı da, kışı da sıcak olan o bolluk zamanları geçmişe karışmıştı çünkü.

Bir değişiklik, başka bir değişikliği doğuruyordu. İnsan, yiyecek malları yapmaya başlayınca, aynı yerde daha uzun müddet yaşamak zorunda kalmıştı. Çünkü mamutunu beraberinde kolayca taşıyamazdı.

Başka sebepler de, insanın artık avarelikten kurtulmasına yol açtı. Önceleri her ağaç insana, yırtıcı hayvanlardan korunmak için sığınak olabilirdi.

Artık insanın yırtıcı hayvanlardan korkusu azalmıştı. Ama yeni bir düşman belirmişti: soğuk.

Soğuktan ve kar fırtınasından korunmak için insanın, güvenebileceği bir barınağı olmalıydı.

insan ikinci bir doğa yaratıyor

Öyle bir zaman geldi ki, insan, kocaman soğuk dünyada, kendisi için küçücük, sıcak bir dünya kurmaya koyuldu. Mağara ağızlarında, ya da kaya diplerinde, deri ve dallardan yaptığı ve ne yağmur, ne kar, ne de yelin girebileceği bir çatı altına sığındı. Küçük dünyasının ortasında yaktığı ateş, geceleri aydınlatıyor, kışın da ısıtıyordu.

Eski insanların, avlanmak için yerleştikleri yerlerde, kulübenin çatısını tutan direkler vardı. Bunların izlerine bugün bile rastlanır. Direkler arasında ocak, yani yapma güneşi çevreleyen kömürleşmiş taşlar bulunmuştur.

Duvarlar çoktan çöküp çürümüşse de yerleri bellidir. İşte bu yerdeki topraktan, bu dünyayı kuran insan hakkında birçok bilgi edinilir.

Taş bıçaklar, çakmaktaşı parçaları, parçalanmış hayvan kemikleri, ocaktaki kül ve kömür, toprak ve kumla karışarak, doğada bulnmayan bir bütün meydana getirmiştir.

Ancak izleri kalmış bu evden çıkıp, birkaç adım öteye gidilecek olursa, insan emeğinden eser görülmez. Ne alet bulunur, ne ocak, ne ocakta kömür ve kül, ne de kemik.

İnsan emeğinin izlerini saklayan toprağı kazarken, bulunan taş bıçak ve kazma araçlarını gözden geçirirken, çoktan sönmüş ocağın kömürlerini eşelerken, önceki dünyanın insan için son dünya olmadığını apaçık görürüz. Çünkü insan, kendi özel, küçük dünyasını kurmuştur.

2

Geçmiş zamanlara ilk gezi

Bizon ve mamut avcılarının yaşadıkları yerlerde bulunan aletler arasında en çok iki taş alete rastlanır. Bunlardan biri iki ucu sivri bir üçgen, öbürüyse yarım daire şeklinde keskin bir levhadır.

Bu aletlerin başka başka işlerde kullanıldığı besbellidir. Yoksa onlar bu kadar farklı olmazlardı.

Bu aletlerle ne işler görüldüğünü nasıl anlamalı?

Aletler gözden geçirilince bazı şeyler anlaşılabilir, ama en iyisi, zihnen taş devrine dönüp, insanların taş aletlerle nasıl işlediklerini görmektir.

Romanlarda sık sık: «On yıl geriye dönelim» gibi sözlere rastlanır. Romancılara kim ne diyebilir. İstedikleri şekilde dönebilirler. Üstelik, kahramanları hakkında da istediklerini yazmakta serbesttirler.

Peki, yazdığımız bu gerçek hikâyede biz nasıl hareket etmeliyiz? Uydurmaya hakkımız yok. Sonra, bizim on yıl değil, on binlerce yıl geriye dönmemiz gerekiyor.

Yine de, Taş Devri'ne dönmek mümkündür.

Taş Devri'ne gitmek isterseniz, her şeyden önce yanınıza uzak yolculuklarda gerekli olan şeyleri almalısınız. Başta çadır gelir. Çadır; katlanabilir bambu değnekler, yere bağlandığı kazıklar ve bunları çakacak çekiçle birlikte, küçük bir çantaya sığar. Çadırdan başka daha bir yığın şey gerekir: başınızı güneşten koruyacak bir şapka, balta, tencere, gazocağı, matara, kaşık, pusula ve harita. Bütün bunları bir bavula yerleştirip, yanınıza silah da aldıktan sonra (taş devrinde avlanmadan geçinilemez), en yakın limana gidip gemiye bilet almak kalır.

Ancak bilet alırken Taş Devri'ne gideceğinizi söylemeyin. Söylerseniz, gemiye bineyim derken tımarhaneye düşersiniz.

Bilette: «Taş Devri'ne gidiş geliş» sözleri yerine, başka basbayağı bir yazı olacak: «Melbourn».

Bu biletle, Avustralya'ya giden transatlantiğe binebilirsiniz.

Birkaç hafta sonra gemi sizi gezinizin amacı olan yerlere ulaştıracak.

Bütün mesele şu ki, yirminci yüzyılda bile insanlar bazı yerlerde, meselâ Avustralya'da, taş aletlerle çalışırlar. Öyle ki, uzak geçmiş zamanlara gidilemeyeceğine göre, dünyamızda bugün de aynı şartlarda yaşayan bir yere gidilebilir. Bilginler, insanların eski çağlarda nasıl yaşadıklarını öğrenmek istedikleri zaman böyle yaparlar zaten.

Avustralya'da bugüne kadar taş aletleri kullanan insanlar yaşamaktadır. Bunların nasıl çalıştıklarını görebilmek için, yaşadıkları yerlere gitmeliyiz.

Avustralyalı avcıların yaşadıkları yerlere giden yol, yer yer dikenli çalılıklarla kaplı, susuz, çorak steplerden geçip kıtanın içerilerine doğru götürür. Irmak kıyılarında bulunan ağaçların altında, ağaç kabuğu ve dallardan yapılmış kulübeler göreceğiz.

Kulübelerin yanında çocuklar oynaşır, kadın ve erkekler çalışır. Saçı sakalı uzamış bir ihtiyar, avda vurulmuş bir kangurunun derisini yüzer. İhtiyarın elinde üçgen şeklinde bir taş bıçak görürüz. Bize bu uzun geziyi de yaptıran işte bu taş aletin ta kendisidir.

Çağdaş Avustralya yerlileri, elbette ilkel değiller. İlkel insanlarla aralarında binlerce kuşak var. Kullandıkları taş aletler, geçmişin kalıntıları olup, bize birçok şeyi aydınlatabilir. Avustralya yerlilerinin çalışmalarına dikkat edilirse, taş üçgenin, avcı silahı olduğu görülür. Üçgen biçimli böyle bıçaklarla avda hayvan öldürülüyor, derisi yüzülüp barsakları temizleniyor.

İkinci eski alet, yani yarım daire şeklindeki bıçağı görebilmek için daha da uzaklara, Avustralya'nın güneyindeki Tasmanya Adası'na gitmek gerek. Orada kadınlar, böyle bıçaklarla, pek uzak olmayan bir geçmişe kadar elbise biçer, deri yüzer ve keserlerdi.

Aletler arasındaki bu iş bölümü, insanlar arasındaki iş bölümünü gösterir ki bu, daha avcılıkla geçinen ilkel insanlarla başlamıştı.

Daha çok iş çıkarabilmek için bir iş bölümü gerekiyordu. Erkekler avlanırken, kadınlar boş durmuyor, kulübe kuruyor, elbise dikiyor, kök topluyor, yiyecek hazırlıyorlardı.

Yaşlılarla gençler arasında da iş bölümü vardı.

bin yıllık okul

Her iş ustalık ister. Ama onu bir kimseden öğrenmek gerekir.

Eğer her dülger, baltayı, bıçkı ve rendeyi kendisi bulmak, üstelik bunlarla nasıl işlemek gerektiğini düşünmek zorunda olsaydı, dünyada tek bir dülger bulunmazdı.

Coğrafya öğrenmek için, herkesin dünyayı dolaşması, Amerika'yı yeniden keşfetmesi, Afrika'yı incelemesi, Everest Tepesi'ne tırmanması gerekseydi ve bütün bunları birer birer anlatsaydı, buna bir insanın ömrü yetmezdi.

İnsanların gittikçe daha çok şey öğrenmesi gerekiyor.

İki yüz yıl önce on altı yaşında profesör olanlar vardı.

Sovyetler Birliği'nde yalnız lise öğretimi, tam on yıldır. Ve ileride daha uzun süre okumak zorunluğu başgösterecek herhalde. Çünkü her yeni yıl, bilime birçok yenilikler getiriyor. Üstelik bilimlerin sayısı da artıyor. Bir zamanlar yalnız tek bir fizik vardı. Oysa şimdi jeofizik var, astrofizik var. Önceleri yalnız bir kimya vardı, bugünse geoşimi de var, biyoşimi de var, agroşimi de var. Yeni buluşların etkisiyle bilimler, canlı hücreler gibi gelişip çoğalıyorlar.

Taş Devri'nde, bilim diye bir şey yoktu. İnsan tecrübesi tam birikmeye başlamıştı. İnsanın emeği de şimdiki gibi bileşik değildi. Bunun için, öğrenmeye az zaman harcanıyordu. Ama o zaman da öğrenmek gerekti.

Vahşi hayvanların izini gütmek, vurulan hayvanın derisini yüzmek, kulübe kurmak, taş bıçak yapmak, bütün bunlar hüner ve ustalık isterdi.

Hüner, ustalık nereden alınırdı?

İnsan, usta olarak doğmaz, ustalık sonradan öğrenilir.

İnsanın hayvandan ne kadar uzaklaştığı, ondan ne kadar farklı olduğu asıl burada görülür.

Hayvanlar, derilerinin rengi ya da gövdelerinin şekli gibi, doğal aletlerin ve bunların kullanma yetisini de ana babalarından soyaçekim yoluyla alırlar. Domuzun toprak kazmayı öğrenmesine lüzum yoktur. Çünkü burnu bu işe elverişli bir şekilde doğar. Kemirgenler de ağaç kemirmeyi ve kesmeyi kolayca öğrenirler. Çünkü kemirmeye ve kesmeye elverişli dişleri vardır. Bunun için hayvanların ne aletleri vardır, ne de okulları.

Ördek yavrusu yumurtadan çıkar çıkmaz, sinek ve yengeç avlamaya başlar. Oysa bunu kendisine kimse öğretmemiştir. Yabancı kuşların yuvalarında, ana babadan uzak büyüyen guguk kuşu yavruları, sonbaharda yalnız başlarına yola çıkar ve Afrika yolunu elleriyle koymuş gibi bulurlar.

Hayvanlar, ana babalarından bazı bilgi alırlarsa da bunlar için okul, şüphesiz söz konusu olamaz.

İnsana gelince iş değişir.

İnsan, aletlerini kendisi yapar, onlarla doğmaz. Bunun için de onları kullanma yetisini, ana babasından miras olarak değil, öğretmenlerinden ve tecrübe sahibi insanlardan alır.

İnsan, gramer kurallarını ve aritmetik problemlerini çözme usullerini doğuştan bilseydi, bu tembellerin pek hoşuna giderdi herhalde. O zaman insanların okula ihtiyaçları kalmazdı. Kalmazdı ama, bu da insanın pek yararına olmazdı. Okulsuz, hiçbir şey öğrenilemez. İnsana özgü hüner ve yeti, bir noktada donup kalır, bir sincabınkinden farksız olurdu.

Bereket versin, insan, hazır hüner ve yetilerle doğmaz. Öğrenir ve öğretir: her kuşak, insanlığın ortak tecrübe hazinesine yeni bir şeyler katar. Böylece tecrübe gittikçe artar.

İnsanlığın bilgi sınırları gittikçe genişliyor.

İnsanı insan eden, ona bilim, teknik, sanat ve kültür veren, hep o bin yıllık okul, yani emek okuludur.

İnsan, bin yıllık okulda öğrenime, taş devrinde başlamıştı. Tecrübeli avcılar, gençlere zor avcılık mesleğini, yani yabani hayvanların toprak üzerinde bıraktıkları izleri tanımayı, ürkütülmeden, ava nasıl yaklaşmak gerektiğini öğretegelmişlerdir.

Av, ustalık ister ama, şimdi avcı olmak daha kolaydır. Bunun bir nedeni varsa, o da avcılar silahlarını kendileri yapmazlar. Taş Devri'ndeyse topuzundan bıçağına ve mızrak uçlarına kadar her şeyi kendileri yaparlardı. Bu işte yaşlı bir usta, gençlere çok şey öğretebilirdi.

Ev işlerinde de bilgi ve tecrübe gerekti. Kadın, ev işlerinden başka, kulübe kurmayı da becermeliydi. Odun kesmeyi de, terziliği de.

Her insan topluluğunda, ömürleri boyunca edindikleri iş tecrübelerini gençlere veren, bilgili yaşlı erkekler ve kadınlar olmuştur.

Peki ama, kendi ustalığını, bilgi ve tecrübesini, insan başkasına nasıl verebilir?

Göstermek ve anlatmakla.

Bunun içinse dil gereklidir.

Hayvanların yavrularına, doğal birer alet olan pençe ve dişlerinden faydalanmayı öğretmeleri gerekmez. Bunun için de hayvanların konuşmayı becermeleri hiç de gerekli değildir.

İnsan için konuşmak zorunluydu.

Dil, hem ortaklaşa çalışma, hem de yaşlıların tec rübe ve ustalıklarını gençlere öğretmeleri için gerekliydi.

Peki, Taş Devri insanı nasıl konuşurdu?

dilsiz dil

Mağaraların derinliklerinde, ilk insanın, avlanırken yaşadığı yerlerde, çoğu zaman insanın kendisi de, daha doğrusu kalıntıları da bulunur.

1924 yılında Simferopol şehri yakınlarındaki Kiik-Koba adlı mağarada Sovyet arkeologları, ilkel bir insanın kemiklerini buldular. Bu insan, mağaranın ortasında eşkenar dörtgen biçimli bir mezara gömülmüştü. Yine aynı mağarada, geyik kemikleri ve taş aletler de bulundu. Taş Devri'nin başlangıcında yaşamış olan insanlara ait böyle bir konut, Özbekistan'daki Teşik Taş mağarasında da bulunmuştu.

İlk avcılar burada bir dağ geçidinin yamacına yerleşmişlerdi. Başlıca avları, kolay kolay yakalanamayan dağ keçisi olduğuna göre, bunlar çok çevik ve atik olmalılardı. Teşik Taş mağarasında, taş alet ve hayvan kemiklerinden başka ,sekiz yaşlarında bir çocuğun kafatasıyla kemikleri de bulunmuştu.

Taş Devri'nin başlarında yaşamış olan insanların kalıntıları yalnız Sovyetler Birliği'nde değil, birçok yerlerde, Amerika kıtası hariç bütün kıtalarda bulunmuştur.

Bu devre ait kalıntılardan biri, Neander Irmağı vadisinde bulunduğu için, bilim adamları, devrin insanlarına «Neandertal adamı» derler.

Kahramanımıza biz de «Neandertal adamı» diyeceğiz. Kendisine yeni bir ad vermek gerekiyor, çünkü onu pitekantropostan ayıran yüz binlerce yıl içinde değişmiştir.

Beli doğrulmuş, elleri daha çevikleşmiş, yüzü insan yüzüne daha çok benzemeye başlamıştır.

Yazarlar, kahramanlarının dış görünüşlerini bütün ayrıntılarıyla, şunlara benzer sözlerle tasvir ederler: «alev alev yanan gözler», «mağrur kartal burnu», «karga kanadı gibi kara saçlar». Kahramanın kafatası hacmi üzerinde durmak akıllarından bile geçmez.

Bizim tutumumuzsa bambaşka. Kahramanımızın kafatası hacmi, bizim için birinci derecede önemlidir, bizi gözlerinin renginden ve saçlarının parıltısından daha çok ilgilendirir.

Neandertal adamının kafatası üzerinde yapılan incelemeler, beyninin, pitekantroposundakine oranla büyümüş, gelişmiş olduğunu göstermiştir.

İnsanın, bin yıllar boyunca çalışmaları boşa gitmemiş, kendisini, hele ellerini ve kafasını, baştan başa değiştirmiştir. Çünkü hep kafa buyurmuş, eller çalışmıştı.

İnsan, bir taş parçasına keski biçimini vermeye uğraşırken, kendisi farkına varmadan, parmakları da değişiyor, daha çevikleşiyor, daha ustalaşıyordu. Aynı zamanda beyni de, değişe değişe bileşik bir şekil alıyordu.

Neandertal adamına bir göz atsaydınız, maymun olduğu aklınıza gelmezdi.

Oysa yine de maymuna çok benzerdi.

Dar alnı, bir siper gibi gözlerinin üzerine sarkmıştı. Eğri dişleri ileriye doğru çıkıktı.

Neandertal adamını çağdaş insandan ayıran, alnı ve çenesiydi. Alnı arkaya doğru eğik, çenesiyse var mı, yok mu belli değildi.

Hemen hemen alınsız olan bu kafatasında, çağdaş insanın beyin kısımlarından bazıları eksikti. Alt çene de henüz konuşmaya elverişli değildi.

Böyle bir alına ve çeneye sahip olan insan, şimdiki insan gibi düşünüp konuşamazdı.

Neandertal adamının da konuşması gerekiyordu. Bunu gerektiren, benzerleriyle ortaklaşa, beraberce çalışmalarıydı.

Çünkü insanlar birlikte çalıştıkları zaman, işle ilgili şeylerde, hiç olmazsa biraz olsun birbirlerini anlamalıydılar. İnsan, çenealtı bölgesinin ve çenesinin gelişip, konuşmaya elverişli hale gelmesini bekleyemezdi. Çünkü bu, binlerce yıl isterdi.

Peki ama, insanlar nasıl anlaşıyorlardı?

Tüm vücuduyla. Henüz bir özel konuşma organı olmadığı için, bütün vücudu konuşurdu: yüzünün adaleleri, omuzlar, ayaklar ve en çok da eller.

Köpekle hiç konuştuğumuz olmuş mudur? Köpek sahibine bir şeyler anlatmak istediği zaman, onun gözlerine bakar, onu burnuyla iter, ayaklarını dizlerine koyar, kuyruğunu sallar, gerilir, esner. Köpek, konuşmayı beceremez, bunun için de, burnundan kuyruğunun ucuna kadar bütün vücuduyla konuşmak zorunda kalır.

İlk insanlar da sözlerle konuşmayı bilmezlerdi. Ama başka insanlarla anlaşmaya yardım eden elleri vardı.

İnsan, «kes» diyeceğine, bu anlamı ifade eden bir

şekilde elini sallardı: «ver» diyeceğine avucunu uzatır; «buraya, beriye gel» yerine de parmağıyla kıvırarak işaret ederdi. Sesi de ellerine yardım eder, karşısındakinin dikkatini jestlerine çekmek için bağırır, böğürürdü.

İyi ama, bunları nereden biliyoruz?

Toprak altında bulunan her taş alet parçası, geçmişin bir kısmıdır. Ama jestlerin «parçaları»nı, yani kalıntılarını nerede bulmalı? Çoktan çürümüş olan ellerin hareketlerini, nasıl tasavvur etmeli?

Atalarımız olan eski insanlar, biz çağdaş insanlara az çok bir şeyler miras bırakmamış olsalardı, bu elbette imkânsız olurdu.

jestlerle ifade edilen anlamlar

Bir zamanlar Leningrad'a Bir Kızılderili gelmişti. «Delik burunlar» anlamına gelen, Nemepu adlı kabileye mensup olan Kızılderili, dış görünüşünde Fenimor Kuper'in, savaş baltalarıyla silahlı Kızılderililerine benzemiyordu.

Amerikalı misafir, ne makosen ayakkabı giymiş, ne de başını kuş tüyleriyle süslemişti. Sırtında herkesin giydiği gibi elbiseler vardı ve İngilizceyi ana dili gibi mükemmel konuşuyordu.

Bu iki dilden başka, Kızılderililer arasında pek eski zamanlardan kalmış üçüncü bir dil de biliyordu.

Bu dil dünyanın en basit dilidir. Bunu öğrenmek için gramer kurallarını bilmeye gerek yok. Bu dilde, çoğumuza güç gelen fiil zamanlarının adı bile yoktur. Telaffuzu öğrenme işi de yok, çünkü dilde kelime yok. Misafir Kızılderilinin konuştuğu dil, ses dili değil, jest, yani hareket diliydi.

Bu dilin bir sözlüğünü yapmayı deneseydiniz, aşağı yukarı şöyle bir şey çıkardı ortaya.

Ok. — Bir el, gözle görünmeyen bir yayı tutar, öbür el de yayın görünmez kirişini çekiyormuş gibi işaretler yapar.

Vigvam (Kızılderili evi). — Kenetlenmiş parmaklardan meydana gelen iki taraflı, sivri dam.

Beyaz insan. — Alındaki teri siler gibi hareket ki, bir şapkanın kenarını ifade eder.

Kurt. — Elin iki parmağı, iki kulağa benzetilerek, ileriye doğru uzatılır.

Tavşan. — Bir elin iki parmağı ileri doğru uzatılır, öbür elle bir kavis çizilir ki, iki uzun kulak ve tavşanın yuvarlak vücudunu gösterir.

Balık. — Avuç, dikine durumda sağa sola hareket etttirilir. Bu, yüzden balığı hatırlatır.

Kurbağa. — Parmaklar birleştirilip, zıplar gibi açılıp kapanır.

Bulut. — İki yumruk başın üzerine kaldırılır. Bu jest, göğü kaplamış bulutları temsil eder.

Kar. — Yine aynı jest. Yalnız bu kez yumruklar, kar taneciklerinin döne döne yağmasını taklit edercesine yavaşça açılırlar.

Yağmur. — Yine aynı jest. Yumruklar açılarak birdenbire yere doğru indirilir.

Yıldız. — İki parmak başın üzerinde bükülüp açılır. Bu hareket yıldızların titreyişini gösterir.

Burada her jest, her hareket; havada elle çizilmiş bir tablodur, resimdir.

En eski yazılar harf olmayıp, resim oldukları gibi, en eski jestler de herhalde hareketlerle çizilen birer resimdir.

Çağdaş Kızılderililerin kullandığı jest dili, elbette ilk insanların konuştukları dil değildir. Kızılderililerin dilinde, eski jestlerden başka, ilk insanlarda bulunması mümkün olmayanlar da vardır. Misal olarak, Kızılderililerin diline son zamanlarda girmiş jestlerden birkaçını alalım:

Otomobil. — İki el, ilkin tekerleklerin dönmesini taklit eder, sonra direksiyonu çeviriyormuş gibi yapar.

Katar. — Yine dönen iki tekerlek hareketi ve lokomotifin bacasından duman çıkmasını taklit eden el hareketleri.

Bu jestlerin yeni zamanlarda doğduğu şüphesizdir. Bunlarla yan yana sözlükte, ilk insanlardan kalmış oldukları pek muhtemel olan jestler de buluyoruz. Örnek:

Ateş. — El aşağıdan yukarıya doğru sağa sola hareket ettirilir. Bu yükselen dumanı gösterir.

İş. — Havayı dikine yaran el hareketi.

Kim bilir, belki ilk insanlar elleriyle havayı yardıkları zaman, «çalış» demek isterlerdi. Çünkü insanın ilk aleti aynı hareketi yapan keskiydi ve çalışmak, bir şeyi yaratmaktan ibaretti.

kullandığımız jest dili

Jestlerle konuşma dilinden bugün de faydalanırız.

«Evet» demek istediğimiz zaman, çoğu hallerde bir baş hareketiyle yetiniriz.

«Orada» veya «oraya» demek istediğimiz zaman parmağımızla işaret ederiz. Hatta bunun için, «işaret parmağı» dediğimiz, konuşan özel bir parmağımız var.

Selamlaşırken başımızı eğeriz. Başımızı sallarız, omuz silkeriz, çaresizlik ifadesi olarak ellerimizi açarız, kaşlarımızı çatarız, dudak ısırırız, dudak bükeriz, elle tehdit ederiz, yumrukla masaya vururuz, ayağımızı yere vururuz, el sallarız, başımızı iki elimizin arasına alırız, elimizi kalbimize götürürüz, kucaklama anlamına ellerimizi yana açarız, elimizi uzatırız, vedalaşırken havadan öpücükler göndeririz.

İşte size içinde tek bir söz olmayan bir konuşma.

Ve bu «dilsiz dil», jestler dili hiç unutulmuyor. Çünkü bu dilin bazı avantajları var. Bazen, uzun bir konuşmayla anlatılamayan birçok şey tek bir hareketle anlatılabilir. İyi bir aktör, yarım saat tek bir söz söyleyemez, ama, kaşları, gözleri, dudakları, yüzlerce sözü anlatır.

Bayraklar aracılığıyla iki gemi arasında nasıl konuşulduğunu görmüşsünüzdür. Bu konuşma usulü olmasaydı, rüzgârın ve dalgaların uğultusunu, bazı da top seslerini bastırabilmek için ne güçlü bir ses gerekirdi. Kaldı ki, böyle hallerde kulağın da insana pek faydası olmaz. O zaman iş gözlere düşer.

Binlerce yıl yaşadığına ve insanlara bugün de gerekli olduğuna göre, jest dilinin, hiç de kötü bir dil olmadığı anlaşılıyor.

Sesli dil, eski jest dilinden üstün gelmiş, ama onu büsbütün söküp atamamıştır. Yenilen dil, üstün gelen dilin hizmetine girmiştir. Birçok halklarda jest dilinin, uşaklar ve küçükler gibi başkalarına bağımlı olanların dili olarak kalması sebepsiz değildir.

Kafkasya'da, bazı Ermeni köylerinde devrim'e kadar kadınların yabancı erkeklerle, bildiğimiz ses dilinde konuşmaya hakları yoktu. Meramlarını, ancak el işaretiyle anlatabilirlerdi.

Jest dili Suriye'de, İran'da ve daha başka yerlerde de görülmüştür.

İran Şahı'nın sarayında uşaklar yalnız hareketlerle, kendi ayarındaki kimselerle sözlü konuşabilirlerdi. Bu zavallılar, sözün gerçek anlamında «konuşma hakkından» yoksundular.

Görülüyor ki, çoktan kaybolan geçmişin kalıntılarını, izlerini bugünkü hayatımızda da buluyoruz.

insan akıl sahibi oluyor

Ormanda yaşayan her hayvan, her yandan gelen binlerce sese kulak verir ve binlerce işareti izler.

Bir dal çatırdaması, düşmanın yaklaştığına işaret olabilir. Kaçmaya ya da kendini savunmak için direnmeye hazırlanmak gerektir.

Gök gürledi ya da ağaçların yapraklarını düşüren bir yel estiyse, bir deliğe ya da yuvaya girip, yaklaşan fırtınadan saklanmak gerektir.

Çürük yaprak ve mantar kokan topraktan duyulur duyulmaz bir hayvan kokusu geldiyse, avı izleyip yakalamalıdır.

Her hışırtı, her koku, ot üzerindeki her iz, her çığlık ya da ıslık bir şey anlatır, bir şey ifade eder ve bir şey yapılmasını gerektirir.

İlk insan da doğadan gelen seslere kulak verirdi. Çok geçmeden bu seslerden başka, kendi topluluğundan insanların gönderdiği sesleri de anlamaya başlamıştı.

Bir avcı, ormanda geyik izi bulursa, arkasından gelen öbür avcılara bunu el sallayarak bildirirdi. Arkadakiler, geyiği daha görmemiş olsalar bile, verilen işaret, avcıların silahlarına daha sıkı sarılmalarını ve karşılarında geyiğin çatallı boynuzlarını görmüş gibi tetik davranmalarını gerektirirdi.

Hayvanın yerdeki izi de bir işarettir.

Bir iz bulunduğunu bildiren el sallayışsa, işareti haber veren işaretti.

Avcılardan biri yerde bir iz bulduğu ya da yaklaşan hayvanın çıkardığı hışırtıyı işittiği her defasında, topluluğun öbür üyelerine bunu bildiren bir işaret verirdi.

Böylece, doğadan insana gelen işaretlere bir de söz, yani insan topluluğunun insana ilettiği «işaretleri haber veren işaret» eklendi.

İvan Petroviç Pavlov, bir kitabında, insan sözünü «işaretleri haber veren işaret» olarak niteler.

Başlangıçta, «işaretleri haber veren işaret» sadece jest ve bağırışlardı. Göz ve kulakların aldığı bu işaretleri haber veren işaretler», bir telefon merkezine gider gibi insanın beynine giderdi. Beyin, «işareti haber veren işareti», yani «bir hayvan yaklaşıyor» sözünü kapınca hemen; ellere, kargıyı daha sağlam tutun; gözlere, yapraklara daha dikkatle bakın; kulaklara, ormanın çatırtı ve hışırtılarına daha iyi kulak asın diye emrederdi.

Hayvan daha görünürlerde yoktu ama, insan onu karşılamaya hazırdı.

Böyle işaretler, hareketler ve bağırışlar arttıkça ve beyne gelen «işaretleri haber veren işaretler» sıklaştıkça, insanın kafasında bulunan bu «merkez istasyon»un işi de o derece artıyordu. Beyinde yeni yeni hücreler meydana geliyordu. Beyin gelişiyor, hacmi büyüyordu.

Neandertal adamının kafatası hacmi, pitekantroposunkinden 400-500 cm^3 büyüktür. İnsanın beyni gelişiyor, insan düşünmeyi öğreniyordu.

İnsan, güneşi hatırlatan bir işareti gördüğü zaman, gece bile olsa, güneşi düşünmeye başlıyordu.

Kendisine, gidip mızrağı getirmeyi gösterdiklerinde, mızrak yakında olmayıp, görünmese bile, onu düşünebilir olmuştu.

Ortaklaşa çalışma, insana konuşmayı, konuşma da düşünmeyi öğretmişti.

İnsan, aklını doğadan bir armağan olarak almamış, kendi emeğiyle kazanmıştır.

dilden dile

Daha aletler azken ve insanın tecrübesi kıtken, bu tecrübeyi başkasına iletmek için en basit işaretler yetiyordu.

Çalışma toplumsallaştıkça, jestler de toplumsallaşıyordu: Her şeyi tam olarak anlatabilecek ayrı ayrı jestler gerekmişti. Bu zorunluk, hareketlerle ifade edilen anlamlar doğurdu. İnsan, jestleriyle havada hayvanın, silahın, ağacın resmini çizmeye başladı.

İnsan oklu kirpinin şeklini çizerken, sadece çizmekle yetinmeyip bir an için kendisi de oklu kirpiymiş gibi bir hal alıyordu. Hareketlerle, kirpinin toprağı nasıl kazıp attığını, iğnelerini nasıl diktiğini tasvir etmeye başlıyordu.

Böyle bir pandomim için, zamanımızda, ancak gerçek sanatçılarda rastlanılan derin bir gözlem gücüne sahip olmak gerekir.

«Su içiyorum» dediğimiz zaman, sözlerimizin, suyu nasıl içtiğimiz, bardaktan mı, şişeden mi, avucumuzdan mı içtiğimiz anlaşılmaz.

O zaman jestlerle konuşan insanı, su içme fikrini belirtmek için avucunu ağzına götürür, görünmeyen suyu kana kana içiyormuş gibi yapardı. Görene de su, gerçekten tatlı, soğuk ve susuzluğu gideriyor gibi gelirdi.

Biz yalnız: «avlanmak», «avlanmak» deriz. İlk insansa işaret ve hareketlerle baştan sonuna kadar tüm av sahneleri tasvir ederdi.

Jest dili hem fakir, hem de zengindi. Fakirdi, çünkü eşya ve olayları canlı bir şekilde tasvir edebilirdi. Fakirdi, çünkü jestle, mesela sol göz de, sağ göz de gösterilebilirdi ama, göz anlamını ifade etmek çok güçtü.

Jestlerle bir şeyin aslında az çok uygun tam bir tasviri yapılabilirdi, ama soyut bir kavram hiçbir jestle anlatılamazdı.

Jest dilinin başka yetersizlikleri de vardı. Geceleri bu dille konuşulamazdı. Çünkü karanlıkta el hareketleri görülmezdi. Gün ışığında da jest diliyle konuşmak, her zaman mümkün olmuyordu.

Kırda insanlar jestlerle kolayca anlaşabiliyorlardı. Fakat ağaçtan bir duvarın avcıları birbirinden ayırdığı ormanlarda, jest ve işaretlerle konuşmak imkânsızlaşıyordu.

İşte o zaman sesten medet ummak gerekmişti.

İlk zamanlarda dil ve boğaz, sahibinin iradesine pek tabi olmuyordu. İnsanın dilinden, boğazından, kendisinin çıkarmak istediği sesler yerine başka sesler çıkıyordu. Ve bunlar birbirine karışarak bağırma, böğürme ve çığlık şeklini alıyordu. İnsanın kendi diline hakim olup açıkça anlaşılacak bir şekilde konuşmaya başlayabilmesi çok uzun sürmüştü.

Dilin ağız boşluğundaki hareketleri, jestlerin en göze çarpmayanıydı. Fakat bunların büyük bir avantajı vardı ki o da işitebilmeleriydi.

Eve kabilesinin dilinde bayağı «yürümek» yerine şu şekiller kullanılır: «zo dze dze» emin adımlarla yürümek; «zo boho boho» şişman insanlar gibi ağır adımlarla yürümek; «zo bula bula» hangi yolda olduğuna bakmadan acele yürümek; «zo pia pia» küçük adımlarla yürümek; «zo govu govu» başını ileri doğru eğip, hafifçe topallayarak yürümek.

Sesle ifade edilen birer resim biçimli olan bu sözler, basbayağı emin adımlarla yürüyüşü, uzun uzun bir adamın emin adımlarla yürüyüşünü ve dizlerini bükmeden yürüyen bir insanın emin adımlarla yürüyüşünü bütün ayrıntılarıyla belirtiyorlar.

Kısacası, kaç çeşit yürüyüş varsa, o kadar da ifade görülüyor.

Jestlerle çizilen resmin yerini, artık sözle ifade edilen anlamlar almıştır.

İşte insan, önce jestlerle, sonra da sözlerle konuşmaya böyle alışıyordu.

insanı emek yarattı

Bir insan, bir ırmağın akıntısına karşı gide gide nasıl kaynağa varırsa, biz de insan tecrübesinin kaynağına geldik.

Bu kaynakta, hem insan toplumunun, hem dilin, hem de düşüncenin başlangıcını bulduk.

Bir ırmağın, kendisine akan kollarla daha da genişlediği ve sularının arttığı gibi, insan tecrübesinin ırmağı da gittikçe genişleyip derinleşiyordu. Çünkü her yeni kuşak, tüm tecrübelerini bu ırmağa akıtıyordu.

Kuşaklar birbiri ardından geçmişe karışıyordu. İnsanlar ve kabileler, iz bırakmadan yok oluyor, şehir ve köylerin yerinde yeller esiyordu. Zamanın yıkıcı gücüne hiçbir şey dayanamayacak gibiydi. Fakat insanlığın tecrübeleri kaybolmuyor, bilimde yaşamaya devam ediyordu. Dilde her söz, çalışmadaki her hareket, bilimdeki her kavram, kuşakların bir yere toplanmış tecrübesidir.

Irmağın akan suları ırmakta kaybolmadığı gibi, eski kuşakların tecrübeleri de boşa gitmemiştir. Bir zamanlar yaşamış olan insanların emeği, insanlık tecrübesinin ırmağında, yaşamakta olan insanların emeğiyle kaynaşmıştır.

Irmağın kaynağına, her şeyin başlangıcına işte böyle vardık. Çalışan, konuşan, düşünen bir varlık olan insan işte böyle doğdu.

Maymun değişe değişe insan haline gelinceye kadar geçmiş olan binlerce yıla göz atarken, Frederich Engels' in, insanı emeğin yarattığı hakkındaki sözlerini hatırlamamak imkânsız.

3

av toplumundu

Fransa'nın Sollütre adlı bölgesinde, kayalık bir uçurumla biten yüksekçe bir yayla vardır.

Arkeologlar bu yaylanın eteğinde büyük bir kemik yığını bulmuşlardır. Burada mamutların kürek kemikleri, ilkel öküz boynuzları ve mağara ayılarının kafatasları görülmüştür. Fakat kemiklerin çoğu at kemiğiydi. Bunlar insan boyunu aşan yığınlar halindeydi. Bilim adamları bu kemik yığınını çeşitlere ayırdıktan sonra, burada en az yüzbin at kemiği saymışlardır.

Böyle muazzam bir at mezarlığı nasıl meydana gelmişti? Kemikleri dikkatle inceleyen bilginler, birçoğunun kırık, parçalanmış ve yanık olduğunu görmüşlerdir. Bu kemiklerin buraya, aşçı kadınların elinden geçtikten sonra yığıldıkları belli olmuştur. At mezarlığının, gerçekte muazzam bir yiyecek artıkları çöplüğü olduğu anlaşılmıştır.

Bu kadar çöp bir yılda yığılamazdı. Demek insanlar burada yıllarca yaşamışlardı.

Fakat çöp yığını, niçin başka yerde değil de burada, uçurumda bulunuyordu. İlk avcılar, kulübelerini niçin düz bir ovada kurmayıp da, bir uçurumun kenarında kurmuşlardı?

Avcılar, ovada bir at sürüsüne rastladıklarında, sık ve yüksek otların arasında gizlene gizlene, ihtiyatla sürüye yaklaşırlardı. Her avcının elinde birkaç mızrak bulunurdu. Öndekiler, işaretlerle, atların nerede ve ne kadar olduklarını, nereye doğru gittiklerini bildirirlerdi.

Avcılar, at sürüsünü kuşatıp çemberi yavaş yavaş daraltır ve ilkin ovada kara birer leke gibi görülen atlar, artık iyice seçilirdi. Atlar büyük başlı, ince ayaklıydılar, vücutları uzun sert kıllarla kaplıydı.

Atlar birden ürküp tetikte bulunur; kaçmaya hazırlanırlardı. Fakat iş işten geçmiş olurdu. Bir mızrak bulutu, uzun gagalı, kanatsız kuşlar gibi atlara doğru uçardı.

Mızraklar, atların sağrılarına, sırtlarına, boyunlarına saplanırdı. Nereye kaçmalıydı? Düşman, atları üç taraftan sarmıştı. Birdenbire yükseliveren bu canlı duvarın yalnız bir çıkış yolu, yalnız bir kapısı vardı: uçurum. At sürüsü, kurtulmak için, vahşi bir kişneme ve gürültüyle bu kapıya atılırdı. Avcıların da istediği zaten buydu. Sürüyü hep bir tarafa, uçurum yönüne sürerlerdi. Korkudan çılgına dönen atlar, önlerinde hiçbir şey görmeden kaçarlardı. At sürüsü, sallanan kuyrukları, köpürmüş sırtlarıyla, canlı bir seli andırıyordu. Sonunda at sürüsü, ister istemez uçurumun kenarına varırdı. Öndeki atlar tehlikeyi görüp başlardı kişnemeye, şahlanmaya. Fakat artık durulamazdı. Arkadaki atlar öndekileri sıkıştırıp iterlerdi.

Ve bu canlı selin, bir şelale gibi uçuruma akmasıyla, aşağıda kanlı bir cesetler yığını meydana gelirdi.

İşte av böyle sona ererdi.

Sonra kaya dibinde ateşler yakılır, yaşlılar avı dağıtırlardı. Av bütün toplumundu. Fakat en iyi parçalar en cesur ve en usta avcılara verilirdi.

yeni insanlar

Saatin akrebine baktığımız zaman, akrep hareketsiz gibi gelir bize. Fakat bir iki saat sonra akrebin yerini değiştirdiğini görürüz.

İnsanların hayatında da böyle olur. Çevremizdeki, hatta kendimizdeki değişikliğin, çoğu zaman farkında olmayız. Tarihin akrebi bize hareketsiz gibi görünür. Ancak birkaç yıl sonra, akrebin yerini değiştirdiğinin, kendimizin de, çevremizin de değişip başkalaştığının farkına varırız.

Eskiyi yeniyle karşılaştırmak için elimizde hatıra defterleri, fotoğraflar, gazeteler, kitaplar var. Atalarımızınsa, bu kıyaslamayı yapabilecek hiçbir şeyi yoktu ellerinde. Hayat kendilerine hareketsiz ve değişmez görünürdü. Çünkü, rakamsız kadran üzerinde akrebin hareketi farkedilemez.

Taş aletler yapan her usta, kendisine ustalık öğretenin bütün hareket ve usullerini olduğu gibi tekrarlamaya çalışırdı.

Kadınlar ev yaparlarken, ocağı tıpkı büyükanneleri gibi kurarlardı.

Avcılar hayvanları, atalarından gördükleri gibi kovalayıp bir yere kıstırırlardı.

Öte yandan insanlar, hiç farkında olmadan, aletlerini de, evlerini de, çalışmalarını da değiştiriyorlardı.

Her yeni alet, ilk zamanlarda eskisine çok benzerdi. İlk mızrak, kargıdan az farklıydı. İlk ok, mızrağa çok benzerdi. Fakat okla kargı, birbirinden artık iyice farklılaşmıştı. Ok ve yayla avlanmak, kargıyla avlanmaya hiç benzemezdi.

İnsanın yalnız aletleri değil, kendisi de değişiyordu. Bunu kazılarda bulunan iskeletlerden anlıyoruz. Mağaraya giren insanı, Buz Çağı'nın sonunda mağaradan çıkan insanla karşılaştırırsak, bunların başka başka iki varlık olduğu görülür. Mağaraya giren, daha maymuna benzeyen, eli bükük, bocalaya bocalaya yürüyen, hemen hemen alınsız ve çenesiz Neandertal adamıydı. Mağaradan çıkansa, dış görünüşüyle bizden pek az farklı olan, boylu boslu Kromanyon adamıydı.

mağara evler

İnsanın yaşayışı değiştikçe evi de değişiyordu. Evlerin tarihini yazsaydık, mağaradan başlamamız gerekirdi. Doğa yapısı olan bu evi, insan hazır olarak bulmuştu.

Doğa kötü bir mimardır. Dağları ve dağlardaki mağaraları yaparken, bunlarda insanın yaşayacağı umurunda bile olmamıştır. Bunun için, insanlar barınacak mağara ararlarken, kendilerine her bakımdan uygun olanına pek seyrek rastlarlardı. Evin ya tavanı çok alçaktı, ya duvarları çökmek üzereydi, ya da kapısı o kadar dardı ki, içeriye emekleye emekleye girmek bile zordu.

Evi, içinde yaşanabilecek hale getirmek için bütün topluluk, kolları sıvar, mağaranın tavanını ve duvarlarını taş aletlerle kazır, ağaç kazıklarla da düzeltirdi.

Hemen giriş yerinde ocak kazılır, çevresine taş dizilirdi. Anneler yavrularına özenle «yataklar» hazırlarlardı. Bunun için, yerde bir çukur kazılır, kuş tüyünden döşek yerine de ocaktan ılık kül koyarlardı.

Mağaranın bir köşesinde, ayı eti ve her türlü yiyecek stokları için bir ambar yapılırdı.

Böylece insan, doğanın yaratmış olduğu mağaraya çeki düzen veriyor, kendi emeğiyle insan evine çeviriyordu.

Ve bu işe harcadığı emek, zaman geçtikçe artıyordu.

İnsan, kaya diplerinde hazır çatımsı yerler bulduğu zaman altına duvar örüyor, hazır duvar bulunca da, üzerini çatıp ev yapıyordu.

Fransa'nın güneyindeki dağlarda, ilk insanlardan kalma böyle bir ev bulunmuştur. Yerli halk bu eve «Şeytan Ocağı» gibi acayip bir ad vermiştir. Çünkü, büyük taş parçalarından yapılmış bu inin ocağında yalnız şeytan ısınabilir sanmışlardır. Atalarının tarihini daha iyi bilselerdi, «Şeytan Ocağı»nın, şeytan tarafından değil, insan eliyle yapılmış olduğunu anlarlardı.

İlk avcılar bir zamanlar burada kayalık bir çatı altında, dağdan kopmuş taş parçalarından meydana gelen iki duvar bulmuşlar. Bu hazır iki duvara, dikey iki duvar da insanlar örmüş. Duvarların biri büyük taş levhalardan, übürü de kazıklar arasına dallar örülüp üzeri hayvan derisiyle kaplanarak yapılmıştır.

Bu sonuncu duvarın böyle yapıldığını sadece tahmin ediyoruz, çünkü zamanla yıkılıp gitmiştir.

Duvarlarla çevrili geniş bir çukur olan zeminliğin dibinde çakmaktaşı parçaları, kemik aletler ve boynuzlar bulunmuştur.

«Şeytan Ocağı» yarı ev, yarı mağaradır. Artık buradan gerçek eve geçiş pek uzak değildir.

İki duvarı örebilen insan dört duvarı da örebilirdi.

Böylece, mağaralarda, hazır kaya çatıları altında değil, açık havada kurulmuş ilk evler belirdi.

1925 yılı sonbaharında Don Irmağı kıyılarındaki Gagarino köyü halkından Antonof, avlusunda yeni bir yapıyı sıvamak için toprak kazıyordu.

Kürek ikide bir kemik parçalarına çarparak gıcırdıyordu.

Köylü, tam o sırada oradan geçen Vladimirof adındaki öğretmene:

— Bu kadar kemiğin ne işi var burada, bir türlü kazamıyorum, neredeyse kürek kırılacak, diye yakınmıştı.

Öğretmenin yerinde başka biri olsaydı, durup biraz çene çaldıktan sonra yoluna devam ederdi.

Köy öğretmeni, büyük bir arkeoloji heveslisiydi. Köylünün çukurdan çıkardığı kalın, sarı, cilalı gibi büyük bir dişi dikkatle incelemeye başladı.

Böyle büyük bir diş, ancak mamut dişi olabilirdi.

Don kıyılarında mamut ha! Çıldırmak işten değildi.

Öğretmen, çukurdan çıkarılan bir yığın kemiği toplayıp bir arabaya yükledikten sonra, komşu şehirdeki müzeye götürdü.

Küçük şehirlerdeki müzelere yolunuz düşmüşse, oralarda birçok çeşitli eşyaların bulunduğunu görmüş olmalıydınız. Bir de bakarsınız mermer bir aşk tanrısının yanında, çariçe Katarina devrinde yaşamış bir beyin portresi...

Başka bir odada da, o havalide bulunan maden ve bitki koleksiyonlarının yanında, kıllı elinde değnek tutan kartondan bir pitekantropos.

Öğretmen Gayarino köyünde bulunan kemikleri, işte böyle bir müzeye teslim etmişti.

Müze müdürü, mamut dişini ve öbür kemikleri katolağa kaydedip pitekantropos madenlerin yanına koymakla yetinebilirdi.

Ama yetinmedi. Hemen Leningrad Antropoloji ve

Etnografya Müzesi'ne bir mektup yazdı. Neva Irmağı kıyısındaki binalardan birinde bulunan bu müzede Rus bilginleriyle gezginlerinin, dünyanın dört bucağından toplamış oldukları zengin koleksiyonlar saklanır.

Çok geçmeden Leningrad'tan Gagarino'ya Zamiyatin adında bir arkeolog geldi. Leningradlı bilginle köy öğretmeni araştırmalara başladılar.

Gagarino'da neler bulunmuştu?

Kazıların daha ilk günlerinde, çakmaktaşından kazıma aletleri ve keskiler, kemik bir diz, delinmiş bir mavi tilki dişi, kömürle karışık mamut ve başka hayvan kemikleri.

Çakmaktaşından aletler ve mamut dişi parçaları, çukurdan başka, ambar duvarlarının toprak badanasından da bulundu. Belliydi ki, toprakta, kemikler ve taş aletler, ayıklanamayacak kadar çoktu.

Kazı işleri aylarca devam edip yeni yeni şeyler bulundu. Bulunan eşyalar, yani iş aletleri, süs eşyaları, heykelcikler, yabani hayvan kemikleri; itinayla sandıklara yerleştirilip Leningrad'a gönderiliyor, orada da uzmanlar incelemelere başlıyorlardı.

Mineraloglar, aletlerin hangi taştan yapılmış olduğunu anlıyor, paleontoglar, ilk insanların hangi hayvanları avladıklarını öğrenmek için kemikleri inceliyor, usta restoratörler de, mamut dişinden yapılmış olup zamanla aşınmış olan figürleri onarıyorlardı.

Öte yandan arkeologlar dikkatle, arkeoloji biliminin tüm kurallarına uyarak, kazı işlerine devam ediyorlardı. Ve gözlerinin önünde, ilk avcıların evi, gittikçe daha iyi beliriyordu.

Avcı evi, duvar dipleri boyunca taş bloklar, mamut kellesi ve dişleri bulunan bir zeminlikti. Çok muhtemel ki, duvarlar, ağaç kazıklar arasına dallar örülerek ve hayvan derileriyle kaplanarak yapılırdı. Kazıkların uçları da yukarıda birleşerek çatıyı meydana getirirlerdi. Duvarların berkitilmesi için de diplerine taşlar ve mamut kemikleri yığılırdı.

Böyle bir ev dışarıdan, büyük bir kulübeye benzerdi. Bir duvarın dibinde, mamut dişinden yapılmış kadın heykelcikler bulunmuştu. Biri tombul, öbürü de zayıf bir kadındı. Sanatçının, bu heykelcikleri doğadan kopye ettiği anlaşılıyordu. Kadınların saçları üzerinde özellikle durulmuş olup özene özene işlenmişti.

Kulübenin ortasında, yerde, sandık vazifesini gören dairevî bir çukur vardı. Bulunan kemik iğne, mavi tilki dişlerinden gerdanlık ve bir mamut kuyruğu, anlaşılan burada korunmak istenmişti.

İğne, dikiş işlerinde kullanılıyordu, gerdanlığın neye yaradığı malûm. Ya mamut kuyruğu, niye böyle dikkatle saklanmıştı?

Başka yerlerde bulunan eşyalara dayanarak söylenebilir ki, ilk avcılar, yabani hayvanlara benzemek için sık sık sırtlarına hayvan postu geçirir, arkalarına kuyruk takarlardı.

Gagarino'daki zeminlikler gibi konutlar, yurdumuzun başka bölgelerinde de bulunmuştur. Voronej'e yakın köylerden birinde o kadar sık kemik bulunurdu ki, köye, kemikler anlamına gelen «Kostenki» adı verilmişti.

Bulunan kemiklere bakarak, bir zamanlar buralarda mamut, mağara arslanları, mağara ayıları ve at avlayan insanların yaşamış olduğu söylenebilirdi.

Kostenki köyünde Sovyet arkeologlarının inceledikleri konuttan, orada insanların bir zeminlikte değil, birkaç zeminlikte yaşadıkları anlaşılmıştı. Avcılar ortaklaşa, toplu halde avlanırlardı. Zeminliklerde güzelce yontulmuş taş ve kemik aletler bulunmuştu. Eşyalar arasında fil dişinden kadın heykelcikleri de vardı. Bunlardan birinde dövme usulüyle yapılmış bir desen ve meşin önlük iyice seçilebilmişti. Demek daha o zaman insan deri işlemeyi biliyordu.

İlk avcıların evleri, şimdiki evlerimize pek benzemezdi. Dışarıdan, evin ancak dairevî bir tümseği andıran damı görünürdü. Eve yalnız bacadan girilebilirdi, çünkü damdaki bacadan başka deliği yoktu.

Toprak duvarların dibinde kanape yerine mamut kafaları duruyordu. Yatak vazifesini de toprak görüyordu. Bir meydancıkta, başlarını topraktan yapılmış yastıklara koyup uyurlardı.

Kanepeleri kemikten, yatakları topraktan olan bu evde masalar taştandı.

Evin en aydınlık yeri olan ocak başında, yassı taş levhalardan iş tezgâhı yapılırdı. Böyle tezgâhlar üzerinde aletlere, malzeme parçalarına ve kırıntılarına, yarım kalmış eşyalara şimdi bile rastlanır. İşte tezgâh üzerine serpilmiş kemik boncuklar. Bazıları hazır, cilalı ve delik. Bir kısmı daha hazır değil. Usta, uzunca bir kemiği birkaç yerinden çentmişse de, ayrı ayrı boncuklar halinde doğrayamamış. Bir şey engel olmuş, belki de insanlar evlerini bırakmak zorunda kalmışlar. Bu ustaca yapılmış mızrak uçlarını, delikli kemik iğneleri, çeşitli işlerde kullanılan taş keskileri bırakıp gittiklerine göre, herhalde büyük bir tehlikeyle karşılaşmışlardı.

Bu eşyaları yapmak pek kolay değildi. Her birine saatlerce emek verilmişti. Ele, tarihte ilk iğne olan kemik iğneyi alalım. İğne büyük bir şey değil gibi görünür ama, bunu yapabilmek için büyük ustalık ister.

İnsan konutlarından birinde, hammaddesi ve yapılması yarı kalmış eşyalarıyla, tam donatılı bir kemik iğne bulunmuştu. Atelyede her şey olduğu gibi kalmıştı.

O kadar ki, eğer bugün iğne işe yarasaydı, bu atelyede hemen ertesi gün iğne yapımına başlanabilirdi.

Ancak şunu da söylemeliyiz ki, şimdi bu işi becerebilecek ustalar bulunabileceği şüphelidir.

İğne şöyle yapılırdı: Önce keskiyle tavşan kemiğinden bir kıymık çıkarılıp ucu, pürtüklü bir taşla sivriltilir, sonra taş bizle delik açılır ve bir taş levhayla perdahlanırdı.

İğne ustaları her toplulukta bulunmazdı. Kemik iğne en değerli eşyalardan biriydi.

Karla kaplı stepte, tüten birkaç zeminlik görünüyor. Bunlardan birine yaklaşıp, gözleri yaşartan dumana aldırmayarak, damındaki baca deliğinden içeri girelim.

Farzedelim ki, başımıza sihirli bir külah geçirip görülmez olmuşuz da, kimse bizi görmüyor. Zeminlik duman içinde, karanlık ve gürültülü. Burada en az on kişi ve bunlardan daha çok çocuk var.

Gözlerimiz dumana alışınca, insanların yüzlerini ve vücutlarını daha iyi görüyoruz. Bunlardan artık maymundan hiçbir eser kalmamıştır. Boylu boslu, yakışıklı ve güçlüdürler. Elmacık kemikleri çıkık, gözleri birbirine yakın. Yağız vücutlarına kırmızı boyalarla çeşitli şekiller çizmişler.

Yerde oturan kadınlar, kemik iğnelerle yabani hayvan derilerinden elbise dikiyorlar. Çocuklar, başka oyuncakları olmadığından, bir at ayağı ve geyik boynuzuyla oynuyorlar. Ocak başında, taş levhalardan yapılmış tezgâhta bir usta bağdaş kurmuş, bir ağaç mızrağın başına kemikten bir uç geçirmeye uğraşıyor. Yanında başka bir usta, taş keskiyle bir şeyler çiziyor.

Yaklaşalım bakalım, nasıl çalışıyor.

Usta, bir kemik levha üzerine, otlayan bir at resmi çiziyor.

Atın tığ gibi bacaklarını, kısa yeleli uzun boynunu, başını şaşılacak bir ustalık ve sabırla çiziyor. At canlıymış da, neredeyse ayak değiştirecek gibi görünüyor.

Resim hazır, ama ressam çizmeye devam ediyor. Atın üzerine yandan bir çizgi çekiyor. Sonra bir daha, bir daha. Kemik levhadaki atın üzerinde acayip bir resim meydana geliyor. Ne yapıyor bu ilk usta? Çağdaş bir ressamın bile imrenebileceği bu güzel resmi niçin bozuyor böyle?

Resim gittikçe daha karışıyor. Derken atın üzerinde bir kulübe resmi beliriyor. Bunun yanına ressam iki kulübe daha çiziyor. Başlı başına bir kamp!

Şaşılacak şey! Bu acayip resim ne ifade ediyor? Bu rastgele mi oluyor, yoksa ressamın bile bile yaptığı bir fantezi mi?

Ne biri, ne de öbürü. İlk insanların mağaralarında rastlanılan bu garip resimlerden koleksiyonlar yapılabilir. İşte, iki kulübe resminin altında bir mamut, şu da üstüne üç tane kulübe çizilmiş bir bizon. Yalnız başı, omurgası ve ayakları kalmış. Eğik burunlu, sakallı başı, ön ayakları arasında. Etrafını iki sıra insan çevirmiş.

Böyle acayip hayvan, insan ve ev resimlerine kemik ve taş levhalarda ve kayalarda da rastlanırsa da, bunlar en çok mağara duvarlarında bulunur.

yer altında resim sergisi

El fenerlerimizi alıp mağaraya girelim. Giderken, her dönemeci, her yolu aklımızda tutmalıyız. Çünkü yer altındaki bu labirentte yolu şaşırmak işten değildir.

Kayalık koridor gittikçe daralıyor. Tavandan su sızıyor. Fenerlerimizi duvara çevirip dikkatle bakıyoruz.

Yeraltı suları, mağaraları parlak kristallerle süslemiş hem insan eli değmeden.

İlerliyoruz. Biri ansızın:

— Buraya bakın, diye bağırıyor.

Duvarda kara ve kırmızı boyalarla çizilmiş bir bizon resmi. Ön ayaklarının üstüne diz çökmüş. Kambur sırtına mızraklar saplanmış.

Durup onbinlerce yıl önce burada çalışmış olan ressamın eserine bakıyoruz.

Biraz ötede bir resim daha var. Duvarda dansediyormuş gibi acayip bir yaratık resmi; hayvan desen hayvan değil, insan desen insan değil. Bu kambur yaratık, sakallı, kıvrık boynuzlu ve kıllı kuyruklu. El ve ayakları insanınkiler. Elinde bir yay tutuyor.

Resme dikkatle bakınca, bunun bizon postu giymiş bir insan olduğu anlaşılıyor.

Bundan sonra aynı şekilde başka bir resim, sonra bir tane daha gördük...

Acayip bir resim sergisi!

Zamanımızda ressamlar, ışıklı atelyelerde çalışırlar. Müzelerde tablolar, üzerlerine ışık düşebilecek bir şekilde asılır.

İlk insanı, karanlık mağaralarda, başka insanlardan uzak bir yerde resim yapmaya zorlayan neydi?

Demek bu resimler, başkaları görsün, seyretsin diye yapılmamıştı.

O halde ilk ressam, bu resimleri niçin çizmişti? Bu hayvan maskeleri takmış, danseden insan figürleri ne ifade ediyordu?

bir muamma ve çözümü

«Bir kaç avcı dansediyor. Her birinin başında birer bizon kellesinden yüzülmüş deri ya da bizonu andıran boynuzlu maske var. Hepsinin elinde ya yay, ya da bir mızrak . Dans, bizon avını temsil ediyor. Avcılardan biri yorulunca, düşer gibi yapıyor. O zaman başka bir avcı ona, kör uçlu bir ok atıyor. 'Bizon' yaralanıyor. Kendisini ayaklarından tutup sürükleye sürükleye meydandan çıkarıyor ve başının üzerinde bıçaklar salladıktan sonra serbest bırakıyorlar. Bu kez onun meydandaki yerini bizon maskeli başka biri alıyor. Bazen bu danslar, bir dakika bile ara verilmeksizin iki, hatta üç hafta sürüyor.»

Bir gezgin, ilk avcıların bir dansını işte böyle anlatıyor. Fakat gezgin, bu dansı nerede görmüş olabilir?

Kızılderili kabilelerinde eski zaman avcılarının geleneklerinin yer yer yaşamakta olduğu Kuzey Amerika steplerinde.

İşte, ilk ressamın mağara duvarında çizmiş olduğu av dansının tasvirini gezginin bu notlarında bulduk.

Böylece anlamını anlayamadığımız resmin muammasını çözmüş olduk. Fakat çözülen bu muamma, bu bulmaca, yeni bir bulmaca çıkardı ortaya. Haftalarca süren bu acayip dans neyin nesiydi?

Dans, bizim için bir eğlence, ya da sanattır. Fakat Kızılderililerin yalnız sanat aşkına, ya da eğlence için üç hafta boyunca kendilerinden geçinceye kadar dansettiklerini düşünmek zordur. Üstelik onların bu dansı da, danstan çok bir törene bir ritüele benzer.

Sihirbaz, çubuğunun dumanı ucunda tüteni nereye savurursa; dansedenler de, muhayyel bir hayvanı izliyor gibi, o yana gidiyorlar. Sihirbaz, dumanına verdiği yöne göre, dansedenleri bir kuzeye, bir doğuya, bir güneye, bir batıya yöneltiyor.

Dansı sihirbaz yönettiğine göre, bu dans olmaktan çıkıp bir büyü töreni oluyor.

Kızılderililer, garip hareketleriyle bizonları büyülemeye, onları büyü gücüyle bozkırlardan çıkarıp kendilerine doğru getirmeye çalışıyorlar.

İşte mağara duvarlarında danseden insan resimleri bunu anlatıyor. Resimdeki, sadece bir dansöz değil, aynı zamanda büyü törenini idare eden sihirbazdır. Meşalelerin ışığında resim çizmek için mağaraya girmiş olan ressam da, yalnız ressam değil, aynı zamanda bir büyücüdür.

Ressam, hayvan maskesi takmış avcıları ve yaralı bizonları tasvir etmekle, avı uğurlu kılmak için büyü yapıyor. Ve dansın ava yardım edebilir olduğuna yüzde yüz inanıyor.

Bu bize vahşice ve anlamsız gibi görünür.

Biz, ev kurmaya başlarken, duvarcı ve dülgerlerin hareketlerini taklit ederek dansetmeyiz. Ava başlamadan önce de, elde silah dansetmeyiz. Fakat bizim saçma saydığımız şeylere atalarımız ciddi bir şey gözüyle bakarlardı.

Mağarada bir kemik levha üzerine keskiyle çizilmiş bir av sahnesi vardı. Levhanın ortasında, vurulmuş bir bizon, çevresinde de avcılar; bizonun yalnız başı ve ön ayakları yenilmişti.

Bu resim ne ifade ediyordu?

Sibirya'nın bazı yerlerinde, otuz ya da kırk yıl önce avcılar ayıyı vurduktan sonra «ayı bayramı» yaparlardı. Vurulmuş ayı eve getirilip baş köşeye törenle yerleştirilirdi. Başını ön ayaklarının arasına koyarlardı. Önüne ekmek, ya da akgürgen kabuğundan yapılmış geyik figürleri dizerlerdi. Bunlar ayıya adanan kurbanlardı. Ayının yüzünü akgürgen kabuğundan daireciklerle süsler, gözlerine gümüş paralar koyarlardı. Sonra avcılar gelip yüzünden öperlerdi.

Bu birkaç gün, daha doğrusu birkaç gece sürecek olan bayramın, ancak başlangıcıydı. Her gece ayının etrafında toplanılarak şarkılar söylenir, dansedilirdi. Avcılar yüzlerine akgürgen kabuğundan ya da tahtadan maskeler takıp ayıya yaklaşır, karşısında eğilir, sonra ayı gibi yürüyerek dansa başlarlardı.

Şarkı ve danslardan sonra yemek başlardı. Ayının etini yer, başına ve ön ayaklarına dokunmazlardı.

Böylece, kemik levha üzerindeki resmin ne ifade ettiği de anlaşılıyor. Yani bu «bizon bayramı»dır. Bizonu kuşatmış olan insanlar, ona etini avcılara verdiği için şükranlarını sunuyor ve bir dahaki sefer de yine böyle cömert olmasını rica ediyorlar.

Kızılderililerin yaşadıkları yerlere gidersek, böyle avcı bayramlarının onlarda da adet olduğunu görürüz.

Guiçol kabilesinden Kızılderililer de avcılar, vurdukları geyiğin art ayaklarını doğuya çevirir, önüne; çeşitli yiyecek dolu bir tabak koyarlar. Sonra nöbetleşe geyiğe yaklaşarak sağ elle, burnundan kuyruğuna kadar sıvazlar, öldürülmesine razı olduğu için ona teşekkür ederler. Bunu yaparken ölü hayvana:

— Dinlen, büyük kardeş, derler.

Sihirbaz geyiğe dönerek:

— Sen bize boynuzlarını verdin, teşekkür ederiz, der.

4

tarihin akrebi

Tarihin akrebini birkaç bin yıl ileriye alalım. Öyle ki, bizi zamanımızdan ancak elli yüzyıl ayırsın.

Elli yüzyıl!.. Bir insanın, hatta bir ulusun hayatı söz konusu olunca, bu pek uzun bir süredir. Fakat bizim konumuz ne bir insan, ne de bir ulustur, bütün insanlıktır. İnsanlığın yaşı bir milyon kadar olduğuna göre, elli yüzyıl pek o kadar çok değildir.

Akrebi ileri aldık diyelim. Yeryuvarlağı güneşin çevresinde birkaç bin defa daha döndü demektir. Bu süre içinde yeryüzünde neler oldu? Tepesindeki buz külahının bir hayli daralıp büzüldüğü hemen göze çarpar. Karların meydana getirdiği külahın çevresinde sık ormanların uzandığı zamanlardan bu yana çok geçmiştir. Ormanlar seyrelmiş, bazı yerlerde bozkır ormanların içerilerine kadar sokulmuştur. Şurada burada, sık ormanlar, yerlerinde kamışlık ve fundalık bırakarak geriye çekilmişlerdir.

Şu ırmağın dirseğinde görünen tepedeki ne? Sarı bir yorgan serilmiş gibi...

Bu, insan eliyle değiştirilmiş bir toprak parçasıdır. Başaklar arasında eğilmiş kadınlar görünüyor. Hızla işleyen oraklar, başakları biçiyor.

Çekici çoktan görmüştük, orağıysa ilk defa görüyoruz. Bu orak hiç de şimdikine benzemiyor. Taştan ve ağaçtan, yani hilâl biçiminde bir ağaca taş keskiler dizilerek yapılmıştır.

Gördüğünüz bu toprak parçası, yeryüzündeki ilk tarlalardan biridir. İnsan eli değmemiş doğada böyle sarı yorganlar, daha seyrek.

Yabanıl otlar, başakları her taraftan sıkıştırıyordu. İnsan daha bu otlarla savaşmayı bilmiyordu ama, başaklar yine de yenilmiyordu otlara. Bir gün gelecek, altın başaklı buğday okyanusu bütün yeryüzünü kaplayacaktı.

Irmağın kıyısındaki yeşil çayırda beyaz sarı, alaca, bir dağılan bir toplanan irili ufaklı hayvanlar görülüyordu.

İnek, keçi ve koyun sürüleriydi bunlar. İnsan emeğiyle evcilleştirilmiş, değiştirilmiş bu hayvanlar daha pek azdı. Bunlar, kendi başlarının çaresine bakmak zorunda olan yabanıl akrabalarından daha hızla çoğalıyorlardı.

Birkaç bin yıl sonra, yeryüzünde yabanıl mandaların sayısı, evcil öküz ve ineklerininkinden az olacaktı.

Tarlalar ve hayvan sürüleri olunca, yakınlarda köy de olmalıydı. İşte köy de, ırmağın dik kıyısına yerleşmiştir. Bu, artık bildiğimiz o avcı kulübelerinden değildi. Burada, kazık ve dallardan yapılmış kulübelerin yerini, sivri damlı ahşap evler almıştı. Evlerin duvarları balçıkla sıvanmıştı. Kapının üzerinde, çatı altından uzanan kirişin ucunda, ağaçtan yontulmuş boynuzlu bir boğa başı göze çarpıyordu. Boğa, evi koruyan Tanrı'ydı. Köy yüksek bir çit ve bir hendekle çevriliydi.

Her taraftan duman, hayvan gübresi ve taze süt kokuları geliyordu.

Evlerin yanında çocuklar oynaşıyor, domuzlar ve yavruları çamurda yuvarlanıyorlardı. Evin açık kapısından, içeride yanan ateş görünüyordu. Ocak başında bir ihtiyar kadın çörek pişiriyordu. Hamuru, sıcak külün üzerine koyup üstünü toprak bir çömlekle örtüyordu. Belli ki, çömlek şimdiki fırınların işini görüyordu. Kanepenin üzerinde ağaçtan yapılmış nakışlı kapkacak göze çarpıyordu.

Köyden çıkıp ırmağa doğru inelim. Kıyıda, içi su dolu bir kayık. Kayıkla, ırmağın çıktığı göle kadar gidersek, orada da bir köy görürürz. Fakat bu büsbütün başka bir biçimde yapılmıştır. Gölün kıyısında olmayıp, ada gibi içindedir.

Gölün dibine kazıklar çakılmış, kazıkların üzerine kütükler konup döşeme çekilmiştir. Bu ağaçtan yapma adaya köprülerle gidilir. Evlerin duvarlarına balıkçı ağları ve balıkçılıkta kullanılan aletler asılmıştır. Gölde çok balık olsa gerek. Halk yalnız balıkçılıkla geçinmiyor galiba. Evlerin arasında çubuklardan örülmüş sivri damlı dairevî ambarlar görünüyor. Burada tahıl korunuyor. Ambarların yanındaki ahırlarda inekler böğürüyor.

En ince ayrıntılarına kadar gözümüzün önünde canlandırdığımız bu eski köy, çoktan yok olmuştur. Bir zamanlar evlerin bulunduğu yerler su altında kalmıştır. Gölün dibinde böyle evlerin kalıntılarını nasıl bulmalı? Bu imkânsız gibi görünüyorsa da, bazen, göl sularının çekilip yüzyıllarca sakladıkları şeyleri gözlerinin önüne serdikleri de oluyor.

bir gölden neler öğrenildi

1853 yılında İsviçre'de şiddetli bir kuraklık olmuştu. Vadilerde ırmakların suyu azalmıştı, göllerin suları çekilerek çamurlu dipleri meydana çıkmıştı. Zürih Gölü kıyısındaki Obermaylen kasabasının halkı, sudan bir parça toprak koparabilmek için kuraklıktan faydalanmaya karar vermişlerdi.

Bunun için, suyu çekilen araziyi bir bentle gölden ayırmak gerekti.

İşe başlandı. Şık giyinmiş şehirlilerin, pazar günleri mavi ve yeşil sandallarla geziye çıktığı yerde, arabacılar, atlarını dehleyerek bende toprak taşıyorlardı. Toprak hemen oradan, kurumuş gölün dibinden alınıyordu. Birdenbire kazmacılardan birinin küreği, yarı çürümüş bir kazığa çarptı. Derken ilk kazığın ardından bir ikincisi, üçüncüsü bulundu. Bir zamanlar insanların burada çalışmış oldukları anlaşılıyordu. Küreğin toprağa hemen her vuruşunda yeni taş baltalar, olta iğneleri, çanak çömlek kırıkları çıkıyordu. Arkeologlar olaya el koydular. Bulunan her kazığı, gölün dibinden çıkan her şeyi inceleyerek, vaktiyle Zürih Gölü'ndeki göl evlerinden yapılma kasabayı, olduğu gibi kitap sayfalarına geçirdiler.

Kazık temeller üzerinde kurulmuş böyle göl evleri, bir zamanlar ülkemizde de, şimdi Moskova'nın bulunduğu yerlere yakın Klâzma Irmağı'nda ve Muron şehri yakınlarında Veletma Irmağı'nda da vardı.

Arkeologlar İsviçre'de Nevşatel Gölü'nü de incelediler. Yapılan incelemeler, gölün dibinin birkaç kat olduğunu göstermiştir.

Börekte hamur, peynirden kolayca ayrıldığı gibi, gölün dibinde de bir katı öbüründen ayırmak kolaydı. Altta bir kat kum, onun üzerinde ev, kapkacak ve alet kalıntılarıyla çamur katı, sonra yeniden kum tabakası. Bu böylece birkaç defa tekrar ediyordu. Yalnız bir yerde, iki kum tabakası arasında kalın bir kömür tabakası vardı.

Bu tabakalar nasıl meydana gelmişti?

Kumu su getirebilmişti, kömür nereden çıkmıştı?

Burada ateş yakılmış olduğu da belliydi.

Bilim adamları, tabakaları inceleyerek gölün tüm tarihini öğrendiler. Çok eski zamanlarda gölün kıyılarına gelen insanlar, köylerini burada kurmuşlardı. Yıllarca sonra göl suları kabara kabara kıyıyı basmıştı.

İnsanlar su altında kalan köylerini bırakıp gitmişlerdi. Yapılar suda çürüyüp harap olmuştu. Önceleri kırlangıçların cıvıldaştığı damların üzerinde, küçük balık sürüleri yüzmeye başlamıştı. Evin ardına kadar açık kapılarından, yüzgeçlerini oynata oynata turna balıkları çıkıyordu. Sobanın yanındaki kanepenin altında yengeçler bıyıklarını kımıldatıyordu. Harabelerin üzerine yavaş yavaş çamurlar, bunları da kumlar kaplıyordu.

Çok daha sonraları, su yavaş yavaş çekilerek gölün dibi görünmeye başladı. Önceleri köyün bulunduğu kumluk alandan da çekildi. Köy artık görünmüyordu. Çünkü kumların altında kalmıştı.

İnsanlar yeniden gölün kıyısına göç ettiler. Baltalar işlemeye, sarı kumların üzerine yongalar saçılmaya başladı. Göl kenarında birbiri ardınca yeni ve sağlam evler yükseldi.

İnsanla gölün savaşı işte böyle sürüp gidiyordu. Bu savaşta talih, bir insanlara, bir göle gülüyordu. İnsan yapıyor, göl yıkıyordu.

Bu sonu gelmeyen savaştan usanan insanlar, gölün kenarını bırakıp, dibine kazıklar çakarak bunların üzerinde, gölün ortasında yaşamaya başladılar. Döşemenin aralıklarından görünen su, artık insanlar için tehlikeli değildi. Ne kadar yükselirse yükselsin, döşemeye kadar çıkamazdı.

Ama, insanın sudan başka bir düşmanı daha vardı: Ateş...

İnsan, mağaralarda yaşadığı o uzak zamanlarda ateşten korkmazdı. Mağaranın taş duvarları yanmaz-

İlk ahşap evlerle birlikte, ilk yangınlar da başladı. Binlerce yıldır, insanın hep isteğine boyun eğen ateş, şimdi bir yırtıcı hayvan gibi tırnaklarını göstermişti.

İşte Nevşatel Gölü'nün dibinde bulunan kalın kömür tabakası, eski bir yangın kalıntısıydı.

Ne ana baba günüydü yangın! İnsanlar canlarını kurtarmak için, çocuklarını bağırlarına basarak suya atlıyorlardı. Ağıllarda çılgına dönen hayvanlar, bağır bağır bağırıyorlardı. İnsanların onları düşünecek vakitleri yoktu. Ağaç kasaba, etrafa kıvılcımlar saçarak yanıyordu.

Kasaba halkı için yangın büyük bir felâketti.

Evleri kül eden ateş, bize ve müzelerimize çok değerli şeyler, yani ağaç kap, balıkçı ağları, hatta buğday taneleri ve bitki sapları gibi şeyler bırakmıştır.

Ateş kolayca yakabileceği şeyleri, nasıl olmuş da, mucize kabilinden korumuştur?

Eşyalar tutuşarak suya düşüyordu. Su onları söndürüyor, yani koruyordu. Böylece zedelenmeden gölün dibine çöküyorlardı. Orada eşyaları başka bir bela bekliyordu, çürüme tehlikesi. Fakat yanarak kömürleşmeleri, onları bu tehlikeden kurtarmıştı. İncecik bir kömür kabuğu, eşyaları çürümekten korumuştu.

Eşyalar ateşten ayrı, sudan ayrı etkilenselerdi, yokolup giderlerdi. Fakat ateşle su birlikte işliyordu. Bu sayede, binlerce yıl önce dokunmuş ve çok dayanıklı olmayan bir keten parçası bile korunabilmiştir.

ilk kumaş

İlk kumaş, tezgâhta dokunmamış, elle örülmüştür.

Eskimolar, şimdi bile kumaşı dokumazlar, örerler. Bunun için dört köşe bir gergefe, çözgü ödevini gören uzunlamasına iplikler gerer, enine atılan iplikleri doğrudan doğruya parmaklarıyla geçirirler.

Uzunlamasına iplikler gerilmiş bu gergefin, şimdiki dokuma tezgâhlarına benzer hiçbir tarafı yoktur. Ama, dokuma tezgâhının aslı, yine de bu dört köşe gergeftir.

Gölün dibinde bulunan kömürleşmiş ve kararmış bez parçası, insanın hayatında çok önemli bir olayı gösteriyor. Önceleri hayvan derilerinden elbise dikip giyen insan, artık keten yetiştirerek ipliklerinden kumaş yapmıştır.

Kumaştan binlerce yıl önce doğan iğne, en nihayet deri dikmekten bez dikmeye geçmiştir.

Mavi çiçeklerle kaplı keten tarlası, kadınların başına yeni işler açmıştı.

Eller, orak işlerinden yorgunluğunu daha alamadan, ketenleri kökleriyle dikmeleri gerekiyordu. Keten dikilip kurutulur, sonra yıkanıp yine kurutulurdu. Ama iş bununla da bitmezdi. Kurutulmuş keteni, tokmaklarla döver, tararlardı. Böylece apak keten hazır olurdu. Artık sıra, keten sümeğini eğirecek olan kirmendeydi. Ancak bundan sonradır ki, dokunmaya başlanabilirdi.

Kadınların, ketenle uğraşmaktan başlarını kaşımaya vakitleri kalmazdı. Buna karşılık, artık süslü baş örtüleri, önlükleri, saçaklı etekleri vardı.

ilk madenciler

Şimdi her evde, yapma malzemelerden istediğiniz kadar eşya bulabilirsiniz.

Doğada ne tuğla, ne çini, ne dökme demir, ne de kâğıt vardır. İnsanın, çini ya da dökme demir elde etmek için, doğanın verdiği aracı tanınmayacak kadar değiştirmesi gerekmiştir. Dökme demir, kendisini doğuran maden filizine benzer mi? Ya da yarı saydam çini bir fincana bakıldığı zaman, balçıktan yapıldığı akla gelir mi?

Ya beton, selofan, plastik, suni ipek, sentetik kauçuk gibi maddeler? Dağlarda beton kayalar, ya da ağaçtan ipek yapabilen böcekler nerede görülmüştür?

İnsan, maddeye hâkim oldukça, yavaş yavaş doğa atelyesinin daha derinliklerine giriyordu. İşte taşı taşla yontmakla başlayan insan, şimdi moleküllerle, yani gözle görülmeyen parçacıklarla uğraşıyor.

Bu iş, çok eski zamanlarda, maddeler bilimi sayılan kimyanın doğuşundan çok daha önce başlamıştı. Denebilir ki, insan, maddeyi çoğu zaman değiştiriyor da, farkında bile olmuyordu.

İlk çömlekçiler, balçığı pişirdikleri zaman, farkında olmadan, maddeye hâkim oluyordu. Bu kolay bir iş değildi. Maddenin zerrecikleri bir taş parçası gibi yontulup değiştirilemez, elle şekil verilemez. Burada el gücü yerine, maddeye yeni nitelikler kazandıracak başka bir kuvvet gerek.

İnsan ateşin yardımıyla bu yeni kuvveti bulmuş oldu. Ateş balçığı, ekmeği pişiriyor, bakırı eritiyordu.

Göl diplerinde taş aletlerle birlikte, ilk bakır aletleri de buluyoruz.

Yüzbinlerce yıl boyunca aletlerini taştan yapmış olan insan, nasıl oldu da, birdenbire madenden alet yapmayı öğrenebildi? Üstelik madeni nerede buldu?

Ormanlarda ve ovalarda gezinirken, bakır parçalarına rastlamayız. Şimdi bakır külçe ender bulunur. Eskiden böyle değildi. Birkaç bin yıl önce külçe bakır, şimdikinden daha sık bulunabilirdi. Bakır külçeleri ayaklarının altında yuvarlandığı halde, insanlar buna önem vermezlerdi, çünkü aletlerini çakmaktaşından yaparlardı.

Bakır, insanların dikkatini, ancak çakmaktaşı tükenmeye başlayınca çekti. Çakmaktaşı, insanlar kıyasıya harcadıkları için tükenmeye başlamıştı. İşlerken, etraflarında, öbek öbek çakmaktaşı parçaları bırakırlardı ve bunlar artık hiçbir işe yaramazdı.

Yüzbinlerce yıl boyunca, işe yarar çakmaktaşı yedekleri hissedilir derecede azalmıştı. Üstelik her çakmaktaşı, balta, kazma, bıçak gibi büyük aletler yapımına yaramıyordu.

Birçok yerlerde çakmaktaşı kıtlığı başladı. Bu büyük bir felaketti. Ülkemizde demir yetersizliği baş göstermiş olsa, fabrikalarımızın halini düşünün. Demir arayıp bulabilmek için, gittikçe yerin daha derinliklerine inmek ve oradan maden cevheri çıkarmak zorunda kalırdık.

Eski insanlar da böyle yapmış, çakmaktaşı ocakları açmaya başlamışlardı. Bunlar dünyada ilk maden kuyularıydı.

Bazı yerlerde tebeşir yataklarına, on-on iki metre derinlikte, eski maden ocaklarına rastlanır. Bilindiği gibi, çakmaktaşıyla tebeşir, çoğu zaman bir yerde bulunurlar.

O zaman yer altında çalışmak tehlikeliydi. Ocağa iple inilirdi. Karanlık ve dumanlı ocaklarda çıra, ya da küçük bir yağ kandili ışığında çalışılırdı. Şimdi madencilerin hayatlarını korumak için maden ocakları ve tüneller dayanaklarla tutturulur. Eski zamanlardaysa, ocakların duvar ve tabanlarını pekiştirmeyi bilmezlerdi. Çöken ocaklarda, madencilerin diri diri gömüldüğü olurdu. Eski çakmaktaşı ocaklarında, tebeşir tabakaları altında, kalıp ölmüş madencilerin iskeletleri ve geyik boynuzundan yapılmış kazmaları bulunur.

Böyle ocaklardan birinde iki iskelet bulunmuştu, bir adamla bir çocuk iskeleti. Anlaşılan baba, oğlunu da alıp işe götürmüş ve bir daha eve dönmemişlerdi.

Şimdi gelelim yine çakmaktaşına.

Çakmaktaşı azalıyordu dedik. Hele iyisini elde etmek gittikçe güçleşiyordu. Oysa, çakmaktaşı insana çok gerekliydi. Baltasını, bıçağını, çapasını hep ondan yapardı.

Öyle ki, çakmaktaşı yerine başka bir şey bulmak gerekti. Kaldı ki, çakmaktaşından başka insanlar daha neleri denemediler! Hele gözleri hep bakır külçelerindeydi. Bu yeşil külçeler, nasıl taşlardı acaba, bir işe yararlar mıydı?

Bir külçeyi alıp çekiçle dövmeye başladılar. Taş sandıkları için bakırı da taş gibi işlemek istiyorlardı. Bakır, çekiçle dövüldükçe sertleşiyor, şeklini değiştiriyordu. Ama bakır dövmek ustalık isterdi. Fazla dövülünce incelip parçalanırdı.

İnsan, işte böylece madeni ilk kez olarak dövmeye, yani işlemeye başlamıştı. Gerçi bu, madeni soğuk işlemekti. Soğuk işlemeden, ısıtarak işlemeye geçiş pek uzun sürmedi.

Kimı zaman bakır külçenin, ya da bakır filizinin ateşe düştüğü oluyordu. Belki de insan, balçığı pişirdiği gibi, bakırı da bile bile pişirmeyi denemişti. Ateş tavını alınca, bakır eriyip ocağın dibine dökülerek yuvarlak bir şekilde birikirdi.

İnsanlar, elleriyle yaratmış oldukları harikaya şaşarak bakar ve yeşilimtrak kara taşı kırmızı bakıra çevirenin, kendileri olmayıp «ateşin ruhu» olduğunu sanırlardı.

Eriyip ocağın dibine toplanan bakırı parçalayıp taş çekiçleriyle balta ağzı, kazma ve bıçak yaparlardı.

Böylece insan, tabiatın sihirli mahzeninde parlak ve dokunulduğu zaman çın çın öten bir maden bulmuştu. Yani insanın attığı külçe ya da filiz bakır olup karşısına çıkmıştı.

İşte bu harikayı yaratan da insanın emeğiydi.

ilk çiftçilerimiz

Geçen yüzyılın sonlarında, Rus arkeologlarından V. V. Hvoyko, Kiyef ilindeki Tripolye Köyü yakınlarında eski bir köy bulmuştu.

Daha sonra yurdumuzun güneyinde bunun gibi çok köyler bulundu.

Bu köyleri, arkeologlarımızdan T. S. Passek ile B. L. Bogayevski incelediler. Bu incelemelerden, çiftçilerin beş bin yıl önce nasıl yaşamış olduklarını şimdi iyice biliyoruz.

Etrafı yüksek bir çitle çevrili köyün ortasında bir ağıl vardı. Alanın çevresinde de dört damlı, balçık toprak sıvalı ahşap evler yükseliyordu.

Hatta bu evlerden birinin, daha o zamanlar balçıktan yapılmış bir maketi bulunmuştu. Bunun oyuncak olmayıp, büyü için kullanmak üzere yapılmış olduğu pek olağandır.

Belki de insanlar, içinde kadın şekilleri de bulunan böyle bir küçük evin, büyük gerçek evi kötü ruhlardan ve çeşitli uğursuzluklardan koruyabileceğine inanıyorlardı.

Maket evin kapısının sağında bir soba, solunda da öteberi koymak için kapların bulunduğu yüksekçe bir yer göze çarpıyordu. Bunun hemen yanında, tane ezen eğilmiş bir kadın figürü vardı. Kurban kesilen yerse kapının karşısındaki pencerenin yanındaydı. Sobanın başında da, ocağın koruyucusu sayılan bir kadın figürü duruyordu.

Böyle bir eve hakkıyla ev denebilirdi. Çatı kaplaması, doğrudan doğruya kirişler üzerindeydi. Üzerinde yatılabilen sobası, şimdiki Rus köylerinde bulunan sobaları andırıyordu. Döşemesi, pişirilmiş topraktan olduğu için sertti. Toprağı pişirmek için, ev kurulurken döşemenin üzerinde ateş yakılırdı... Balçıkla sıvalı duvarlar, çeşitli resimlerle süslenmişti.

Her evde, birbirinden bölmelerle ayrılmış birkaç oda vardı.

Köylerde evlerden başka büyük kulübeler de bulunuyordu.

Halk arasında usta çömlekçiler, demirciler, bakırcılar da vardı.

Çömlekçiler bir metre yüksekliğinde küpler yapıp renkli resimlerle süslerlerdi. Pembemsi balçıktan yapılmış kaplar, çizgilerin, helezonların ve çeşitli şekillerin meydana getirdiği şeytanca yapılmış desenlerle süslenirdi. Desen, yer yer gözlerini genişçe açmış bir insan yüzünü, bir yaban hayvanı ya da güneşi andırıyordu.

Köydeki kazılarda bulunan aletler incelenirse, taş aletlerden bakır aletlere geçişin nasıl olduğu açıkça görülür.

Bıçak, kazma aleti, ok uçları gibi en eski aletler, çakmaktaşından ve kemikten yapılmıştı.

Toprak, taştan ya da geyik boynuzundan yapılmış çapalarla işlenirdi. Çapaya, ağaç bir sap geçirmek için delik açılırdı.

Ekinler, inek kaburgalarından, ya da ağaçtan yapılmış oraklarla biçilirdi. Ağaç orakla başaklar biçilemeyeceği için, çakmaktaşından yapılan keskin dişler takılırdı.

Yine aynı köylerde, ilk bakır aletlerin, yani geniş yüzlü balta ağızlarının kalıpları da bulunmuştur.

O zamanlar tahıldan neler ekildiğini bile biliyoruz şimdi. Arkeologlar, Kolomiyşçina Köyü'nde duvarları sıvamada kullanılan balçığın içinde buğday, arpa, çavdar, darı taneleri ve başakları bulmuşlardı.

emeğin takvimi

Zamanı yıllar, yüzyıllar, binyıllarla ölçeriz. Eski insanın hayatını inceleyenlerinse başka bir takvim, başka bir zaman ölçüsü kullanmaları gerekmiştir. Örneğin, «su kadar bin yıl önce» diyecek yerde «eski taş devrinde», «yeni taş devrinde», «bakır devrinde», «tunç devrinde» deriz. Bu, yılları gösteren bir takvim olmayıp insan emeğinin değiştiği devirleri gösteren takvimdir. Bu takvimden, insanın yolunda hangi aşamalardan, hangi duraklardan geçmiş olduğu hemen anlaşılıverir.

Hepimizin bildiği takvimde, hem büyük, hem küçük zaman ölçüleri, yani yıl, ay, gün, saat vardır.

Zaman, büyük ve küçük parçalara ayrılmıştı.

İnsan emeğinin devirlerini gösteren takvimde de «taş devrinin yontma taş zamanı» ve «cilalı taş zamanı» gibi.

Şimdi hikâyemizde, taş aletlerin yerini maden aletlere bıraktıkları, çiftçiliğin ve hayvancılığın doğduğu tarih aşamasına gelmiş bulunuyoruz. İş bölümüyle birlikte değiş tokuş başlamıştı. Bir yerde yapılan bakır balta ağzı, yavaş yavaş bir kabileden öbürüne geçiyordu.

İnsanlar, buğday verip deri almak ya da kumaşlarını çanak çömleklerle değiştirmek için kayıklarla köy köy dolaşırlardı. Kabilelerden biri bakır bakımından zengindi, öbürü de çömlekleriyle ün salmıştı. Böylece herhangi bir gölün ortasındaki kazıklar üzerinde kurulmuş köyün halkı, mallarını değiştirmek için gelen misafirleri karşılardı. Mallarla birlikte kabilelerin tecrübeleri ve yeni çalışma metotları da birbirinden öbürüne geçerdi.

Kabilelerin konuştukları diller başka başka olduğuna göre, değiş tokuş sırasında insanların jest diline başvurmaları gerekiyordu. Bunlar kabilelerine dönerken beraberlerinde yalnız eşyalar değil, farkına bile varmadan benimsedikleri yabancı sözleri de getirirlerdi. Böylece kabilelerin dilleri, yalnız dilleri değil, sözlerle birlikte fikirler de birbirine karışırdı.

Yabancı kabilelerin tanrıları da kendi tanrılarının yanında yer alırdı. Birçok inançlardan, gelecekte başlı başına halkları kapsayacak inançlar doğuyordu.

Tanrılar, böyle geze geze, yeni yeni yerlerde yeni yeni adlar alıyorlardı. Ama, adları ne olursa olsun, bunlar kolayca tanınırdı.

Eski halkların dinlerini incelerken, Babillilerin Temmuz, Mısırlıların Oziris, Yunanlıların Adonis adı verdikleri tanrıların hep aynı tanrı olduğunu görürüz. Bunlar, eski çiftçilerin, sonbaharda ölüp ilkbaharda yeniden dirilen tanrısından başka bir şey değildi.

Bazen, tanrıların nasıl gezdiklerini harita üzerinde bile gösterebiliriz. Örneğin, Adonis, Yunanistan'a Suriye'den, Sami halkların yaşadığı ülkelerden gelmiştir. Bunu bizzat «Adonis» adı da gösterir ki, Samilerin dilinde «bay» demektir. Yunanlılar, anlamadıkları bu sözü, insanlara ad olarak vermişlerdir.

İşte eşyaların, sözlerin, inançların değiş tokuşu böyle oluyordu.

Değiş tokuşun her zaman barış içinde, kavgasız yapıldığı söylenemez. Eğer «misafirler» bakırı, kumaşları, tahılı zorla alabilirlerse, bundan hiç çekinmezlerdi. Ve zaten bir aldatma olan değiş tokuş, çoğu halde göz göre göre soygunculuk halini alırdı. Misafirler ve ev sahipleri silaha sarılıp tartışmayı çarpışmayla hallederlerdi. Yabancıyı soymak da, öldürmek de günah sayılmazdı.

Öyle ki, köylerin kalelerle çevrilmeye başlanması sebepsiz değildi. Davetsiz misafirlerin gelmemeleri için köylerin çevrelerine hendekler kazılır, çitler örülürdü.

Yabancı kabilelerden olanlara pek güvenilmezdi.

Her kabilenin üyeleri, yalnız kendilerini insan sayar, yabancılara insan gözüyle bakmazlardı. Kendilerine «Güneşin çocukları», «Göğün insanları» adlarını verir, yabanrılaraysa aşağılayıcı lâkaplar takarlardı. Sonraları bu lâkapların bazı halklara, alınlarına yapıştırılmış gibi ad oldukları da çok görülmüştür.

Kızılderililer arasında şimdi bile «tozlu burunlular» ve «eğri halk» gibi kabileler vardır. Herhalde, övünülemeyecek bu lâkapları, sözü geçen kabileler kendileri seçip almış olmasalar gerek.

5

iki yasa

Tarihte, gezginlerin, gemileriyle yalnız yeni ülkeler değil, çoktan unutulmuş zamanları da buldukları defalarca görülmüştür.

Avrupalılar Avustralya'yı buldukları zaman, başlı başına bir kıtayı ele geçirmek, onlar için büyük bir başarıydı.

Avustralyalılar içinse bu gerçek bir talihsizlikti. Çünkü insan emeğinin devirlerini gösteren takvime göre hesaplanırsa, bunlar daha geri bir zamanda yaşıyorlardı. Avrupalıların göreneklerinden bir şey anlamıyorlar ve düzenlerine boyun eğmek istemedikleri için kendilerine yabanıl hayvanlar gibi davranılıyordu. Avustralyalılar daha kulübelerde yaşıyorlardı. Avrupa şehirlerindeyse yüksek binalar kurulmuştu. Avustralyalılar özel mülkiyetin ne olduğunu bilmiyorlardı. Avrupa'daysa, birisi başkasının ormanında geyik avlarsa atılırdı.

Avustralyalı için yasa olan, Avrupalı için cürümdü.

Avustralyalı avcılar, karşılarına bir koyun sürüsü çıktığı zaman, sevinç çığlıklarıyla sürüyü sarar ve ürkmüş koyunlara her yandan yağmur gibi mızrak yağdırırlardı. Ama burada işe Avrupalı çiftçiler ve mavzerleri karışırdı.

Hayvancılıkla uğraşan Avrupalı için koyun mal olduğu halde, ilkel şartlarda yaşayan Avustralyalı avcı için bir avdı. Avrupalıların yasalarına göre koyun, onu satın alan, ya da büyüten sahibinin malıydı. Avustralyalıların yasalarına göreyse hayvan, onu izleyip vuranındı.

Avustralyalılar kendi zamanlarının yasalarına uydukları için Avrupalılar bunları insan değil de, koyun sürüsüne saldıran kurtlarmış gibi tepelerlerdi.

Avustralyalı kadınlar, patates ekili bir tarla bulduklan zaman da iki yasa birbiriyle çarpışırdı. Kadınlar hemen bu tatlı yerelmalarını değneklerle kazıp çıkarmaya başlarlar ve bu kadar çok, yenir kökün bir yerde bulunmasına şaşarlardı. Burada bir saat için topladıklarını, başka yerde bir ayda toplayamazlardı.

Ama bu şans, kadınlar için büyük bir felaket olurdu. Silahlar patlar, kadınlar kimin tarafından ve niçin öldürüldüklerini anlamadan, sırtlarında yükleriyle yere serilirlerdi.

Amerika'nın bulunması da, iki dünya arasında bir çatışma idi.

özel mülkiyet yoktu

Amerika'yı bulan Avrupalılar, yeni bir dünya bulduklarını sanıyorlardı.

Kristof Kolomb'a üzerinde:

«KOLOMB, KASTİLYA VE LEON İÇİN YENİ BİR DÜNYA BULDU!»

sözleri yazılı bir nişan verilmişti.

Ne var ki, bu «yeni dünya», gerçekte eski bir dünyaydı. Avrupalılar çoktan unutmuş oldukları geçmişlerini, bir rastlantıyla Amerika'da bulmuşlardı.

Okyanusun öbür kıyısından gelenlere, Kızılderililerin görenekleri vahşi ve anlaşılmaz görünüyordu. Kızılderililerin evleri, elbiseleri, düzenleri, Avrupalılarınkine benzemiyordu.

Kuzeyde yaşayan Kızılderililer topuzlarını, mızrak uçlarını taştan ve kemikten yapıyorlardı. Demirin ne olduğunu daha bilmiyorlardı. Artık çiftçilikle uğraşıp, mısır ekiyor, kabak, bakla, tütün yetiştiriyorlardı. Başlıca işleri avcılıktı. Ahşap evlerde yaşıyor, köylerini çitle sarıyorlardı.

Daha güneyde, Meksika'da yaşayan Kızılderililerin, bakır aletleri, altından süslü eşyaları, kerpiçten yapılmış, alçıyla sıvanmış büyük evleri vardı.

Bütün bunları, Amerika'ya ilk çıkanlar, yani fatihler, günlük notlarında tüm ayrıntılarıyla inceden inceye anlatmışlardı.

Ama, eşyaları anlatmak, düzenleri anlatmaktan çok daha kolaydır.

Amerika'daki düzense öylesine acayipti ki, Avrupalılar bunları hiç anlamıyor ve bu konuda karışık şeyler anlatıyorlardı.

«Yeni dünya»da para, tüccar, zengin ve fakir yoktu. Kızılderililer arasında, altının ne olduğunu bilen kabileler vardı ama, değeri bilinmiyordu.

Kristof Kolomb'un gemicilerinin ilk gördükleri Kızılderililerin burunlarında altın iğneler, boyunlarında da altın gerdanlıklar vardı. Fakat bu süsleri boncuk, oyuncak ve ufak tefek eşyalarla hiç nazlanmadan değiştiriyorlardı.

Denizin öte yanından gelenler, dünyada yaşayan insanların köle ve efendilere, ağa ve köylülere ayrılmış olduklarına alışmışlardı, burada nedense herkes eşitti. Amerika'da düşman esir edilirse ne köle edilir, ne de uşak yapılır, ya öldürülür ya da evlatlığa alınırdı.

Burada ayrı ayrı kimselere ait şatolar, evler, çiftlikler yoktu. İnsanlar, «uzun evler» denilen ortak evlerde yaşarlardı. Tüm bir soy bir yerde yaşar, ortaklaşa çalışır, hep birlikte yer içerlerdi. Toprak ayrı ayrı insanların değil, bütün kabilenin malıydı. Yabancı toprakta çalışan toprak köleleri yoktu. Burada yaşayanların hepsi özgürdü.

Derebeylik düzeninde, yani toprak köleliği çağında yaşayan Avrupalıları şaşırtmak için, yalnız bu bile yeterdi. Kaldı ki, bununla da bitmezdi.

Avrupa'da, bir kimse başkasının malına el koyarsa, jandarmanın yakasına yapışıp kendisini apar topar hapse tıkacağını herkes bilirdi. Buradaysa ne özel mülkiyet, ne jandarma, ne de hapisane vardı. Bununla birlikte burada kendine özgü bir düzen vardı. Ve bu düzeni koruyorlardı, ama Avrupa'daki gibi değil.

Avrupa'da devlet, zenginlerin mal ve mülküne yoksulların el uzatmamalarına, uşakların efendilerine boyun eğmelerine, toprak kölelerinin ağalar için çalışmalarına dikkat ederdi.

Buradaysa insanı, akrabası ve soydaşları savunurdu.

Biri öldürülecek olursa, bunun öcünü bütün soy birden alırdı. Fakat işin tatlıya bağlandığı da olurdu. Öldürenin akrabası af diler, öldürülenin akrabalarına armağanlar verirlerdi.

Avrupa'da imparatorlar, krallar, prensler vardı. Buradaysa ne kral vardı, ne taht. Kabilenin işlerini, bütün kabile huzurunda şefler kurulu çözümlerdi. Bir kimse gösterdiği yararlık için şefler kuruluna seçilir, fakat işini iyi yapmazsa atılırdı. Şefliğe seçilen, soydaşlarının başına efendi kesilemezdi. Zaten «şef» sözü, bazı Kızılderili kabilelerin dillerinde sadece «hatip» demekti.

Eski dünyada devletin başkanı kral, ailenin reisi de babaydı. Toplumun en büyük birliği devlet, en küçük birliği de aileydi. Kral uyruklarını, baba da çocuklarını yargılar ve cezalandırırdı. Kral oğluna ülkeyi, baba da oğluna mülkünü miras bırakırdı.

Burada, yeni dünyadaysa, babanın çocukları üzerinde hiçbir nüfuzu yoktu. Çocuklar analarının olup onların yanında kalırlardı. «Uzun evde» her şeyi kadınlar idare ederdi. Avrupalılarda erkek çocuklar evde kalır, kız çocuklarsa kocaya giderlerdi. Burada tam tersine erkek kadını değil, kadın erkeği evine alırdı. Ve evin efendisi kadındı.

Bir gezgin şunları yazmıştı:

«Çoğu hallerde evin efendisi kadındı. Ama, etrafında bütün soy sımsıkı birleşmiş olurdu. Erzak stokları ortaktı. Fakat eve avı seyrek getiren erkeğin başına gelmedik kalmazdı. Ne kadar çocuğu ve malı olursa olsun, her an yorganını denkleyip evi terketmek emri alabilirdi. Kadını dinlememek olmazdı. Dinlemezse biri araya girip korumazsa, erkeğin kendi soyuna dönmesi, ya da başka soydan bir kadınla evlenmesi gerekirdi. Kadınlar büyük bir kuvvetti. Yerlilerin deyimiyle şefin «boynuzunu kırmak» gerekirse, yani onu yeniden bayağı bir sıra erine çevirmek gerekirse, bunu uzun uzadıya düşünmeden hemen yaparlardı. Şefi seçme işi de yine kadınların elindeydi.»

Eski dünyada kadın erkeğine bağlıydı. Kızılderililerde kadının yerini Puşkin'in bir hikâyesinden bilebiliriz: Con Tenner gerçekte yaşamış bir insan. Kızılderililere esir düştüğü zaman kendisini Net No Kua adlı bir kadın evlatlığa kabul etmiş. Bu kadın Otavuavlar kabilesinin önderiymiş. Kayığında hep kendi bayrağı bulunurmuş. Net No Kua, İngiliz kalesine girdiği zaman, top atışlarıyla karşılanırmış. Yalnız Kızılderililer değil, beyazlar bile ona saygı gösterirlermiş.

Böyle bir düzende, insanın soy aslının babada değil, anada aranmasında şaşılacak bir şey yoktur. Avrupa'da çocuklar babalarının soyadlarını, buradaysa analarının soyadlarını alırlardı. Baba «Geyik» soyundan, anaysa «Ayı» soyundan olursa, çocuklar «Ayı» soyundan sayılırdı. Her soy, kadınlardan, bunların çocuklarının, kızlarının çocuklarından ve kız torunların yine kız torunlarından meydana gelirdi.

Avrupalıların bütün bunlara aklı ermiyordu. Kızılderililere de, görenek ve törelerine de vahşi gözüyle bakıyorlardı.

Yay ve ok, ilk kayıklar ve ilk çapalar zamanında kendilerinin de tıpkı böyle bir düzeni olduğunu Avrupalılar unutmuşlardı.

İlk kolonistler ve gezginler, Amerika hakkındaki notlarında soy önderlerini, toprak ağaları olarak tasvir ederler. Önderliği bir rütbe, totemi de arma sayarlardı. Bu notlara göre, önderler, yani şefler kurulu, senato, büyük askeri şefse kraldı. Yani şimdiki başkomutana kral demek gibi bir şey.

Amerikalı beyazlar, birkaç yüzyıl boyunca yerli halkın görenek ve törelerini anlayamamışlardı. Amerikalı Morgan, «Eski Toplum» adlı kitabında, Amerika'yı ikinci defa buluncaya kadar bu böyle sürüp gitmişti. Morgan İrokez'lerin ve Astek'lerin yaşadıkları klan toplumunun, Avrupalıların çoktan geçmiş oldukları bir aşama olduğunu ispat etti.

Fakat Morgan, kitabını 1879 yılında yazmıştı. Bizse Amerika'nın fethi devrinden bahsediyoruz.

Beyazlar Kızılderilileri anlamadıkları gibi, Kızılderililer de beyazları anlamıyorlardı. Kızılderililer, beyaz insanların bir avuç altın yüzünden niçin birbirlerinin gırtlağına sarılmaya hazır olduklarına akıl erdiremiyorlardı. Beyazların Amerika'ya niçin geldikleri ve «yabancı toprakları zaptetme»nin ne demek olduğu akıllarına sığmıyordu.

İlk insanların inanışına göre toprak bütün kabilenin malı olup koruyucu ruhlar tarafından korunurdu. Yabancı bir toprağa el koymak, yabancı tanrıların gazabını üzerine çekmek demekti.

Kızılderililerin de savaştıkları olurdu. Fakat komşu kabileyi yendikten sonra halkını köleye çevirmez, ona kendi düzenlerini kabul ettirmez, şeflerini değiştirmezlerdi. Sadece haraç almakla yetinirlerdi. Böylece iki dünya, iki düzen çarpışmıştı. Amerika'nın fethi tarihi, iki dünyanın çarpışması tarihiydi.

Burada örnek olarak, Meksika'nın İspanyollar tarafından alınışını hatırlatmak yerinde olur.

yanlışlıklar zinciri

1519 yılında Meksika kıyılarında üçer direkli on bir parça kalyonlu bir donanma göründü. Bu geniş tekneli kalyonların burun ve kıç tarafları sudan bir hayi yukarıdaydı. İki yandaki dört köşe lumbuzlarda top namluları dışarı çıkmıştı. Güverte boyunca askerlerin mızrak ve silahları görünüyordu. Amiral gemisinin burnunda, beresini alnına indirmiş, geniş omuzlu, sakallı biri duruyordu. Gözleri, dümdüz kıyıya ve orada toplanmış olan yarı çıplak Kızılderililer kalabalığına dikilmişti.

Amiral gemisindeki adamın adı Kortes'ti. Kortes Meksika seferine gönderilmiş olan filonun komutanıydı. Her ne kadar İspanyol valisinin kendisini komutanlıktan çıkarma kararı cebindeyse de Kortes gibi azgın bir macerapereste istifa emrinin ne önemi olabilirdi? Kortes'i İspanya'dan uçsuz bucaksız okyanus suları ayırıyordu. Burada, gemilerde kendini kral sayıyordu.

Gemiler demir attılar. Buraya gelirken, yolda adalardan esir alınan Kızılderililer, top namlularını, top arabalarını, cephane dolu sandıkları, tüfekleri, kayıklara yüklemeye başlamışlardı. Korkudan şaha kalkan atlar güverteye çıkarıldı. Atları gemilerden kayıklara indirip kıyıya çıkarmak her şeyden zordu.

Kızılderililer bu yüzden evlere, vücutlarını elbise altında gizleyen açık tenli insanlara, garip silahlarına hayretle bakıyorlardı. Fakat en çok şaştıkları, kıllı yeleli, kuyruklu ve kişneyen hayvanlardı. Ömürlerinde böyle acayip hayvan görmemişlerdi.

Beyaz insanların yaklaştığı haberi, deniz kıyısına, ülkenin içlerine, dağlara hızla yayıldı. Dağların arkasındaki vadide, Pueblo denen kasabalarda, Astek kabilesinden insanlar yaşarlardı. Burada en büyük pueblo, Penoçtitland'dı. Bu kasaba bir gölün ortasında kurulmuş olup köprülerle kıyıya bağlanmıştı. Uzaktan alçı badanalı evler ve tapınakların yaldızlı damları görünüyordu. En büyük evde, arkadaşlarıyla birlikte, Asteklerin askeri şefi Montesuma oturuyordu.

Montesuma, beyazların geldiğini öğrenir öğrenmez, şefler kurulunu topladı. Ne yapmak gerektiğini uzun uzadıya düşündüler. En önemlisi, beyazların niçin geldiklerini, ne istediklerini öğrenmekti.

Başka yerlerden gelip yayılan söylentilere göre, beyazların altına pek düşkün olduklarını şefler biliyorlardı. Bunun için kurul, beyazlara değerli armağanlar gönderip yurtlarına geri dönmelerini rica etmeyi kararlaştırdı.

Bu, düzeltilmesi imkânsız bir hataydı. Çünkü altın, beyazların iştahını daha da kamçılayabilirdi. Ne var ki, Astekler bunu bilmiyorlardı ve bilemezlerdi de. Nereden bileceklerdi? Kızılderililer ve beyazlar ayrı ayrı çağların insanlarıydı.

Elçiler yola düştüler. Beraberlerinde araba tekerleği büyüklüğünde altın halkalar, altın süs eşyaları, altından yapma insan ve hayvan figürleri almışlardı.

Bu büyük değerleri toprağa gömseydiler, daha akıllıca hareket etmiş olurlardı.

Kortes ve yol arkadaşları altınları gördükten sonra, Astekler artık hapı yutmuşlardı.

Elçiler, Kortes'ten geldikleri yere dönmesini boşuna rica ettiler, davetsiz misafirlere yolun çetin ve tehlikeli olduğunu söylemekle onları korkutamadılar.

Önceleri İspanyolların, Meksika'nın altınları hakkında yalnızca kulaktan dolma bilgileri vardı, şimdiyse kendi gözleriyle görmüşlerdi. Gözleri fal[illegible] gibi açılmıştı. Demek söylenenler doğruymuş...

Elçilerin ricaları bunlara gülünç geliyordu. Hedef burnunun ucundayken, geri dönmek düpedüz aptallık olurdu.

İspanyollar buraya gelirlerken yolda çekmedikleri

kalmamıştı. Dişleri kırarcasına kuru peksimetler, ağzına kadar dolu kamaralarda sert yataklar, katranlı halatlarla uğraşmak, fırtınalar, su altındaki kayalar... İspanyollar bütün bunlara geceleri bile düşlerine giren servetlerin hatırı için katlanmışlardı.

Kortes ilerleme emri verdi. Silahlarla erzağı kölelerin sırtına yüklediler. Bunlar yük hayvanları gibi ıksıra tıksıra yola koyuldular. Başka ne yapabilirlerdi! Geride kalanları kılıçla dürtüyorlardı, başeğmeyenlerin başları kesiliyordu.

Bu seferin, o zaman Asteklerce çizilmiş bir tasviri kalmıştır. Yalnız kalçaları bir bezle örtülü insanlar üç yoldan ilerliyorlar. Birinin sırtında top arabasının tekerleği, başka birinin sırtında bir deste silah, ötekinin de öteberi dolu bir sandık. İspanyol subayı, Kızılderilinin başı üzerinde bir değnek kaldırmış bir eliyle de saçlarını tutup çizmesinin burnuyla karnını döğüyor. Yan tarafta bir kaya. Üzerinde çarmıha gerilmiş İsa.

İstilacılar kendilerini «iyi katolikler» sayar, işgal ettikleri topraklara birer haç götürürlerdi.

Resmin her yerinde Kızılderililerin kesik başları ve elleri göze çarpıyor.

Böylece özgür Kızılderililer, insanın insanı köleleştirmesinin ne olduğunu ilk kez görmüş oldular.

İspanyollar adım adım ilerliyorlardı. En sonunda bir dağ geçidinden bir göl, gölün ortasında da bir şehir gördüler.

Astekler yabancılara direnmedikleri için davetsiz «misafirler» ellerini kollarını sallayarak şehre girdiler. Fakat ilk hareketleri, hiç de nezaket kurallarına uygun değildi. Ev sahibi askeri şef Montesuma'yı esir olarak alıkoydular.

Kortes'in emriyle, Montesuma zincire vuruldu. Esirden, İspanya kralına sadakât andı içmesi istenildi. Montesuma da kralın ve ant içmenin ne olduğunu anlamadan buyurulan sözleri uysallıkla tekrarladı.

Kortes kendisini galip ve Meksika kralı sandığı askeri şefi esir aldığını sanıyordu. Esir kral, egemenliğini İspanya kralına devretmişti. Demek, herşey yolundaydı. Fakat Kortes bu fikrinde fena halde yanılıyordu. Montesuma'nın İspanyolların işlerine aklı ermediği gibi, onun da Meksikalıların düzenlerinden haberi yoktu. Kortes Montesuma'yı kral sanıyordu, oysa sadece bir askeri şefti ve ülkenin kaderini tayin edemezdi.

Kortes kendisini galip saymakta acele etmişti:

Astekler, Kortes'in aklından geçmeyen bir şey yaptılar: Montesuma'nın kardeşini yeni askeri komutan seçtiler.

Yeni şef, kabilenin bütün askerleriyle İspanyolların oturdukları büyük eve saldırdı.

İspanyollar toplarıyla ve tüfekleriyle ateş açtılar.

Astekler taş fırlatıyor, ok atıyorlardı. Gülleyle kurşun okla taştan kuvvetliydi. Fakat özgürlükleri uğrunda dövüşen Astekleri hiçbir şey durduramazdı. Vurulan on Asteklinin yerine yüz Astekli geliyordu. Kardeş kardeşin, dayı yeğeninin öcünü alıyordu. Kimse ölümden korkmuyordu. Bütün kabile tehlikedeyken, bir Astek için kendi hayatının ne önemi vardı.

Durumun kötüleştiğini gören Kortes, Asteklerle görüşme teklif etti. Arabulucu olarak da, Montesuma'dan daha iyisi bulunamazdı. Çünkü Kortes'e göre Montesuma kraldı. Varsın halkına teslim olmayı emretsindi.

Zincirleri sökülen Montesuma evin yassı damına çıktı. Fakat soydaşları onu bir korkak ve hain gibi karşıladılar. Üzerine taş ve ok yağdırıldı. Dört bir yandan:

— Sus, alçak! Sen asker değilsin, elinden iplik eğirmekten, dokumaktan başka bir şey gelmeyen bir kadınsın! Bu köpekler seni esir tutuyor: Korkak! sesleri işitildi.

Montesuma yere yuvarlandı, ölesiye yaralanmıştı.

Kortes kuşatmayı güçbela yarabildi. Askerlerinin

yarısı kırılmıştı. Bahtına, Astekler onu kovalamadılar, yoksa yakasını kurtaramazdı.

Astekler Kortes'e çekilmek imkânı vermekle yeni bir hata daha işlemiş oldular. Kortes yeni askerlerle bir daha saldırarak Tenoçtitlan'ı kuşattı. Askerler şehri mertçe savunarak İspanyollara birkaç ay dayandılar. Fakat yayla ok, toplara karşı ne yapabilirdi? Tenoçtitlan düştü ve yağma edildi.

Demir devrinin insanları, bakır devrinin insanlarını yendiler. Eski klan, soy düzeni, yeni düzenin baskısına dayanamayarak yenildi.

Bu özgür ve mağrur askerlerin sayıca pek az kalmış torunları, şimdi çiftliklerde ırgât olarak çalışırlar.

6

büyülü çizmeler

Geçen yüzyılın yazarlarından biri, pazardan adi çizmeler yerine büyülü çizmeler satın alan talihli bir insan üstüne bir masal yazmıştı. Masalın kahramanı dalgın bir insan olduğu için çizmelerin büyülü olduğunu hemen anlayamamış, eve dönerken düşüncelere dalmış. Birden şiddetli bir üşüme gelmiş üstüne. Etrafına bakındığında buzlar ve ufukta solgun, kırmızı güneşi görmüş ve sihirli çizmelerin kendini, kaşla göz arasında Arktiğe getirdiğini anlamış.

Onun yerinde başka birisi olsaydı, büyülü çizmelerden mümkün olduğu kadar çok faydalanırdı. Ne var ki, masalın kahramanı, para canlısı değildi. Dünyada en çok bilimi severdi. Böylece, eline geçen fırsattan faydalanarak bütün yeryuvarlağını görüp öğrenmeye karar verdi. Büyülü çizmelerle kuzeyden güneye, güneyden yine kuzeye yeryüzünde dolaşmaya başladı. Bir bakarsınız kış, onu Sibirya'nın tayga ormanlarında Afrika çöllerine, bir bakarsınız gece, doğu yarımküresinden batı yarımküresine geçmeye zorluyordu.

Eski siyah bir ceketle, sırtında maden parçaları bitki koleksiyonu sandığıyla, bir taştan öbürüne geçercesine bir adadan ötekine; Avustralya'dan Asya'ya, Asya'dan Amerika'ya gidiyordu.

Yüksek dağların, kâh ateş fışkıran yanardağların, kâh karlı dağların tepelerine usulca basa basa, maden ve bitki örnekleri topluyor, yeryuvarlağını ve üzerinde yaşayan her şeyi inceliyordu.

İnsanın geçtiği hayat yolunu öğrenmek için, tarihçinin de bir çeşit büyülü çizmeler giymesi gerekiyor.

Bazen mekân ve zamanın enginliği başımızı döndürdü. Fakat biz durmadan ilerledik Zaten isteseydik bile, bayağı çizmeler giymiş insanlar gibi arasıra durup ayrıntıları büyük bir dikkatle inceleyemezdik.

Bir sıçrayışta yüzyılları aşarken, bazı şeyler gözümüzden kaçmış olabilir. Fakat büyülü çizmeleri bir dakikacık olsun çıkarıp adi adımla yürümüş olsaydık, ayrıntıların karanlığında yolumuzu şaşırırdık. Bir insanın ormanda tek bir ağacı incelerken buna dalıp koca ormanı görmediği gibi.

Büyülü çizmelerimizle yalnız bir devirden başka bir devre değil, bir bilim dalından başka birine de geçmiştik.

Bitki ve hayvanlar biliminden dil bilimine, dil biliminden aletler tarihine, aletler tarihinden inanışlar tarihine, inanışlar tarhinden yer yüzünün tarihine.

Bu kolay ve basit bir iş olmamakla beraber bizim için kaçınılmazdı. Bilindiği gibi bütün bilimleri insan insan için kurmuştur. Ve yeryüzünde insanın hayatı ve dünyadaki yeri düşünülecek olursa bütün bilimler de gereklidir.

Kortes zamanındaki Amerika'daydık.

Şimdi de M.Ö. dördüncü ya da üçüncü binyıl Avrupa'sına dönelim. Orada tıpkı İrokezlerin ya da Asteklerinki gibi klana, soya, her şeyi kadınların idare ettiği «uzun evler»e rastlarız.

Kadına evde saygı vardı. Çünkü evi kuran da, soyun başı da oydu. Kışlık erzağı kadın sağlar, toprağı kadın kazar, ürünü kadın toplardı.

Erkekten de çok çalışırdı kadın. Gördüğü saygı da, daha çoktu tabii. Öyle ki, o zamanlar her köyde, her evde, kemik ya da taştan yapılmış bir kadın figürü bulunması sebepsiz değildir. Bu, soyun türediği ilk anaydı. Onun ruhu evi korurdu. İnsanlar bereket getirsin, evi düşmandan korusun diye ona yalvarırlardı.

Bir gün gelecek, evlerin koruyucusu bu ana, Atina'da şehri koruyan mızraklı tanrıçaya çevrilecekti. O zaman büyük şehri küçücük bir kadın figürü değil, şehre kendi adını veren Atena Pallas tanrıçasının heykeli koruyacaktı.

eski bina çatlıyor

Dilimizde bugüne kadar kalan, soy yaşayışının serpintileri vardır, fakat belleğimizde bundan hiçbir iz kalmamıştır.

Çoçukların yabancı kimselere «amca» ve «teyze» ya da «büyükbaba» ve «büyükanne» demeleri, bir köyde yaşayan insanların birbirleriyle akraba oldukları o eski düzenin kalıntılarıdır.

Kendimiz de bazen «yoldaşlar» yerine «kardeşler» der ya da yabancı bir çocuğa «oğlum» demez miyiz.

Başka dillerde de, eski yaşayış tarzının kalıntılarına rastlanır. Örneğin, Almancada «yeğen» yerine «kızkardeş çocukları» denir. Sebebi de şu ki, ta eski zamanlarda kızkardeşin çocukları klanda kalır, erkek kardeşin çocuklarıysa başka bir klana giderdi: Çünkü erkek kardeş evlendiği kızın klanına geçerdi. Kızkardeş çocukları akraba «yeğen» sayılır, erkek kardeş çocuklarıysa akrabadan sayılmaz, başka klandan sayılırdı.

Eski zamanların Sak devletinde hükümdarlık oğula değil, hükümdarın kızkardeşinin oğluna geçerdi.

Daha geçen yüzyılda Afrika'da Aşanti devleti vardı. Hükümdarına, erkek olduğu halde «annelerin annesi» anlamına gelen «nine» denirdi.

Orta Asya'da, Semerkant'ta erkek hükümdara eski zamanlarda «sahibe», «hanım efendi» anlamına gelen «afşin» denirdi.

Ananın, evin sahibi ve efendisi olduğu matriyarkal düzenden kalma anlamların belleklerde ne kadar uzun zaman yaşadığını gösteren birçok örnek vardır.

Matriyarkal düzenin kalıntıları bugüne kadar unutulmadığına göre klan ve soy çok sağlam kurullarmış demek.

Peki, madem ki bu kadar sağlamdı niçin yıkıldı?

Amerika'da soy, Avrupalı istilacıların gelmesiyle dağıldı. Avrupa'daysa soy, daha Amerika bulunmadan binlerce yıl önce, bir ağaç kurdunun kemire kemire çürüttüğü bir tahta ev gibi kendiliğinden yıkılmıştı.

Bu yıkılış, erkeğin ekonomiyi yavaş yavaş eline almasıyla başlamıştı.

Eski zamanlardan beri, kadınlar toprak işleriyle uğraşır, erkekler de hayvan güderlerdi. Klanda hayvan sayısı az olduğu sürece kadının yaptığı iş, yani çiftçilik başta gelirdi. Et, çok seyrek yenir, süt yenmezdi. Kadınların topladığı ürün olmasaydı, evde yiyecek bir şey yok demekti. Zaten o çağlarda yiyecek olsa bile, sofraya çoğu zaman arpa ekmeği ya da bir avuç kuru tane konurdu. Çünkü fazla bir şeyleri yoktu.

Yine kadın eliyle toplanmış bal ya da yaban meyveleri de, ekmeğe katık olurdu. Evin efendisi kadın olduğu için, her şeyi kadınlar idare ederlerdi.

Fakat her yerde ve her zaman böyle değildi. Step bölgelerinde hububat iyi yetişmiyordu. Step otları, yerini hububata bırakmak istemiyorlardı, kökleriyle toprağa sımsıkı tutunmuşlardı. Onların kapladığı katı ham toprağı çapayla kazmak zordu.

Tırmığa üç-dört kadın koşulduğu halde, yine de tırmık toprağı, ancak üstün körü kabartabilirdi.

Şöyle böyle kabartılmış toprağa ekilen tohumu güneş kavurur, kuşlar yerdi. Bunun için de ekinler çok cılız ve seyrek biterlerdi. Bundan başka kuraklık da kendine göre bir ayıklama yapar, ekinleri yakar, fakat her şeye dayanıklı yabanıl otlara dokunmazdı.

Orak vakti gelince de biçilecek bir şey kalmazdı. Çünkü yabanıl otların arasında başaklar görünmezdi. Step otları, kovulduktan sonra geri dönmüş düşman ordularının bayrakları gibi dalgalanıp dururdu.

Hububat yerine yabani ot bittiğine göre, bel büküp kol yormaya ne lüzum vardı.

Fakat insanın yabanıl ot deyip hor baktığı, hayvanlar için yemdi. Steplerde inek ve koyunlar doya doya otlayabilirlerdi. Step onlar için bereketli bir sofraydı.

Yıl geçtikçe hayvan sayısı artıyordu. Erkek, bıçağını kuşağına sokup sürüyü güderdi. Çobanın sadık dostu olan köpek, koyunları bir yere toplamakta sahibine yardım eder, bozkırda dağılmalarına meydan vermezdi. Hayvan sürüleri gittikçe çoğalıyor, insana daha çok süt, et, yün veriyorlardı.

Ekmek yetmiyordu, fakat bol bol koyun peyniri vardı, koyun etinden çorba pişiriliyordu.

Böylece bozkırda çobanın, yani erkeğin emeği birinci derecede önem kazanmaya başladı.

Erkek, çok geçmeden kuzey ormanlarında da kadını arka plana itti.

İsveç'te, kaya üzerine çizilmiş eski bir resim bulunmuştur. Resimde bir çiftçi tasvir ediliyor. Acemice çizilmiş olan bu resimde çiftçi, çocukların çizdiği insanlara benziyor. Resmin iyi ya da kötü çizilmiş olmasının bizce önemi yok. Resim, bizim için sadece bir tanıktır. Öyle bir tanık ki, çiftçinin saban ardınca gittiğini, sabanı da öküzlerin çektiğini apaçık gösterir.

Kazmaya çok benzeyen bu sabanın, insanlık tarihinde ilk saban olduğu söylenebilir. Kazmadan farkı yalnız şudur: kazmaya uzunca bir sırık, yani ok takılmış ve bu oka insan yerine öküzler koşulmuştur.

Sizin anlayacağınız, insan ilk motoru bulmuştur. Çünkü sabana koşulmuş öküz, canlı bir motor olup, madenden yapılmış traktörün canlı atasıdır. İnsan, öküze boyunduruk vurarak kendi işini ona yüklemişti. Önceleri insana yalnız etini, sütünü derisini veren hayvan, artık gücünü de vermeye başlamıştı.

Boyunları boyundurukta hantal fakat güçlü öküzler, tarlalarda saban çekmeye başlamışlardı. Saban toprağı kazmadan daha derin sürüyordu. Sabanın geçtiği yerde, evlek evlek sürülmüş kara topraklar uzanırdı.

İlk çiftçi, olanca kuvvetiyle sabanın sapına sarılmış, öküzün tüm gücünü harcaması gerekmişti. Hayvana hem toprağı sürdürüyor, hem harmanı dövdürüyor, hem de ürünü taşıtıyorlardı. Güzün öküze harmanda başakları çiğnetip dövdürür, sonra tekerleksiz bir ağır arabaya koşup hububat dolu çuvalları tarladan eve sürükletirlerdi.

Hayvancılık çiftçiliğe yardımcı olmuştu. Erkek, hayvan gütmekle beraber, yavaş yavaş, çiftlikle de uğraşmaya başlamıştı. Bu onun, evdeki nüfuzunu arttırmıştı.

Kadının işi de az değildi. Hem dokumak, hem eğirmek, hem ürünü toplamak, hem de çocuklara bakmak gerekiyordu.

Fakat artık kadına o eski saygı kalmamıştı. Hayvancılıkta da, çiftçilikte de baş yeri erkek almıştı.

Erkeğe evde daha az bağırıp çağırır oldular. Önceleri kaynanalar, hala, teyze ve büyükanneleri için, evin yabancısı sayılan erkeği evden kovmak işten bile değilken, şimdi ona saygı arttı. Çünkü yabancı soydan gelmiş olan bu kimse, hepsi için çalışıyor, aileyi besliyordu. Öte yandan, klan da, erkeklerin ayrılıp başka klana evlenmeye gitmelerinden pek hoşlanmamaya başladı.

Önceleri biri ölünce miras kızkardeş çocuklarına kalırdı. Erkekler artık bu durumu da değiştirmeye çalıştılar.

Afrikalı göçebelerden Tuvarekler arasında, miras «haklı» ve «haksız» olarak bölünür. «Haklı» miras, kızkardeş çocuklarına kalır. Ölenin, annesinden aldığı ve üretimde alın teriyle kazandığı şeyler girerdi bu mirasa. «Haksız» mirassa, savaşta ele geçirilen ganimet ve alışverişte kazanılan her şey olup ölenin çocuklarına kalır.

Sonunda eski düzen, ihtiyar bir meşe ağacı gibi sarsılmaya başlamıştı.

İnsanlar, görenek ve töreleri gittikçe daha sık çiğnemeye başladılar. Önceleri kadın, evleneceği erkeği evine alırdı. Şimdiyse erkek, kadını evine almaya başladı.

Yani eski görenekler bozulmuştu. Bunun için de göreneği bozana bir suçlu gözüyle bakılırdı.

Güvey, gelini alıp evine götüremediğine göre onu kaçırması gerekiyordu.

Mızrak ve hançerle silahlı delikanlı ve akrabalar, karanlık bir gece, güveyin soyunca seçilmiş olan kızın yaşadığı eve gizlice sokulurlardı. Köpek havlamaları, bütün ev halkını uyandırırdı. Kızın ak saçlı dedeleri bıyıkları daha terlememiş kardeşleri silaha sarılırlardı. Dövüşenlerin korkunç bağırışları kadınların çığlık ve ağlamalarını bastırırdı. Delikanlı, soydaşlarının yardımıyla, çırpınan kızı kucaklayıp uzaklaşırdı.

Böylece, aradan yıllar geçmiş, eski göreneğin bozulması yavaş yavaş yeni bir görenek olmaya başlamıştı. Kız tarafının akrabasıyla delikanlının çarpışması, bir tören şekline girmişti.

Kanlı dövüşlerin yerini armağanlar ve başlık almıştı. Hatta gelini uğurlarken, anasının ve kız arkadaşlarının ağlamaları bile, yemek ve içmekle biten bir düğün şenliği olmuştu.

Yabancı bir soya, el evine düşmüş genç kızlara yakılan hazin türküler, bazı yerlerde bugüne kadar yaşar.

Gelinin kaderi, imrenilecek bir kader olmayıp çok ağırdı. Kadın yabancı evde, erkeğin egemenliği altına girerdi. Yakınacak kimsesi yoktu. Çünkü kaynatası ve kaynanası olduğu gibi, kocasının bütün soydaşları da erkekten yanaydılar. Gelin, bir işçi gibi eve alındıktan sonra, herkes onun boş durmamasına, fazla yememesine dikkat ederdi.

Artık çocuklar ana soyunda değil, baba soyunda kalıyorlardı. Kan yakınlığı, ana tarafından değil, baba tarafında aranmaya başladı. İnsanın adına ve soy adına «filanın oğlu» diye bir ek konuldu.

Bizde, insanı babasının adıyla birlikte çağırma alışkanlığı o zamandan kalmıştır. Örneğin «Pyotr İvanoviç», ya da eskiden denildiği gibi «İvan oğlu Pyotr».

ilk göçebeler

İnsanın vaktiyle bulmuş olduğu sihirli hazine, kendisine gittikçe daha yararlı olmaya başlamıştı. Bozkırda binlerce koyun otluyordu. Tarlada çiftçi yumuşatılmış kara toprağa basa basa, ağır ağır yürüyen öküzleri dehliyordu.

Bereketli vadilerde ilk bahçeler, ilk bağlar çiçek açıyor, bir hoş kokuyorlardı. Akşamları insanlar, evlerinin önündeki incir ağaçları altında toplanıp konuşuyordular.

İnsan, emeğinden gittikçe daha çok nimetler görüyor, daha çok çalışması gerekiyordu. Her üzüm salkımında, her buğday başağında, insanın alın teri vardı.

Yalnız üzüm yetiştirmek bile başlı başına ne büyük bir zahmetti! Ağır salkımları toplayıp taş tenekeye döker, şırasını çıkarmak için ezerler ve çiğnenen üzümün kara kanını keçi derisinden tulumlara süzerlerdi. Sonra şarap şerefine, keçi postu giymiş güzellerin güzeli Tanrı'ya çektiği ıstıraplar için tören türküleri söylerlerdi.

İlkbaharları su taşkınlıklarıyla toprağın sulanıp gübrelendiği vadilerde, tabiat, iyi ürün için elinden gelen her şeyi yapıyordu sanki.

Çiftçi yine de boş durmazdı. Tarlaları sulamak için arklar açar, bentler yapar, suyu en çok gerekli olan yerlere akıtırdı.

İnsanlar, tarlalara bereket veren ırmağa dua ederlerdi de, kendi emekleri olmaksızın yeryüzünde yabanıl otlardan başka bir şey bitmeyeceğini bilmezlerdi.

Çiftçinin işi gittikçe artıyordu. Ama hayvancının da dinlenmeye vakti yoktu. Bozkırda otlayan hayvan sürüleri, günden güne değil, saatten saate artıyordu. Sürü büyüdükçe, iş çoğalıyordu. On koyuna bakmak başka, bir koyuna bakmak başkaydı.

Büyük bir sürü, otlakları hemen tükettiği için, köyden gittikçe daha uzak meralara sürülürdü.

Eninde sonunda köy halkı, evini barkını bırakıp, varını yoğunu develere yükleyip sürüleri öne katıp peşlerine düştü.

Köy halkı bırakıp gittikten sonra tarlaları yaban otları kaplardı. İnsanlar, bulundukları kurak bozkırları bırakmış olmalarına pek üzülmezlerdi. Çünkü oralarda iyi ürün çok seyrek olurdu.

Böylece dünyada ilk olarak, artık yalnız kabile üyeleri arasında değil, ayrı ayrı kabileler arasında da iş bölümü başlamıştı.

Bozkırlarda, hayvan üretip bunları buğdayla değiştiren çoban kabileleri belirmiş, bunlar bir yerde kalmayıp bir meradan öbürüne göçmeye başlamışlardı.

Göçebeler, vahşi ve özgür bir hayat yaşarlardı. Çadırlarını, ağaçların ve evlerin gölgesinden uzak, açık havada kurarlardı. Bunların evi, bozkırdı. Bir yerden başka bir yere uzun süren geçişlerde çocuklar, develerin hörgüçleri arasında ninnilerle uyurlardı.

Sözkonusu olan zamanlarda, çoban kabileleri arasında gerçek göçebeler daha azdı.

Göçebe kabilelerin hayatı sakin ve rahat değildi. Yolları üzerinde çiftçilerin tarlalarına ve sürülerine rastladıkları zaman, ekmemiş oldukları şeyleri onlardan zorla alırlardı. Irmakların vadilerine indikleri ya da bozkırları aşarak ormana vardıkları zaman, köyleri yağmalayıp yakar, ekinleri çiğner, hayvanları ve insanları beraberlerinde alıp götürürlerdi.

Göçebelere her şeyden çok insan lazımdı. Çünkü insanları çalıştırabilir, onlara hayvan sürülerini güttürebilirlerdi.

Ama çiftçiler de pek öyle sakin insanlar değillerdi. Güzün, ürünü topladıktan sonra, yabancı kabilelerin elinden kumaşlarını, süs eşyalarını ve silahlarını zorla almak için komşulara saldırmaktan çekinmezlerdi. Ama burada da, en kıymetli ganimet yine esirlerdi.

Çünkü çiftçilere de ark açmak, bent yapmak, öküzlerle tarla sürmek için insan yetmiyordu.

Önceleri, esirleri köle yapmazlardı, çünkü bunda hesap yoktu. Bir çift fazla elin ne faydası olabilirdi? Esir çalışıyorduysa da, çıkardığı kendisine ancak yetiyordu.

Büyük hayvan sürüleri, bereketli tarlalar meydana çıkıp bir kişinin emeği, kendisine gerekenden fazla tahıl, et, yapağı vermeye başlayınca durum değişmişti. Tahılı yapağıyla değiştirmek için çiftçiler, kendilerine gerekenden fazla tahıl ekmeye çalışıyorlardı. Hayvancılar da kendilerini giydirmek için gerekli olandan daha çok koyun beslemeye uğraşırlardı. Çünkü yapağı verip tahıl ve silah alınabilirdi.

Değiş tokuş, bazen de soygunculuk sayesinde, bazı soylar ve aileler, öbürlerinden daha zengin olurlardı. Bunların hayvan sürüleri de, ektikleri tahıl da çoktu. Koyunları güdecek, tarlaları sürecek işçileri yetmiyordu. İşte bu sebepledir ki, bazı insanlar, başkalarını köle yapmaya başladılar.

Köle, emeğiyle hem kendisini, hem de sahibini geçindirebilirdi. Ancak kölenin çok çalışıp az yemesi için sahibinin göz kulak olması gerekti. Böylece bir insan başka birini kendine canlı alet yaptı.

İnsanın boynuna, öküz gibi boyunduruk vuruldu.

İnsan özgürlüğe kavuşmaya ve doğaya hakim olmaya uğraşırken başkasının kölesi oldu.

Eskiden toprak, onu işleyenlerin ortak malıyken artık köle, başkasının mülkü olan toprağı işlemeye başlamıştı.

Toprağı süren öküzler başkasının malı, topladığı ürün başkasının ürünüydü.

Eski Mısır'da, öküzleri süren köle şöyle bir şarkı söylerdi:

Ezin başakları öküzler!
Ezin başakları ki,
Ağanın ürünü olsun.

Böylece, ilk kez insanlar arasında «efendi» ve «köle» meydana geldi.

anı ve anıt

Şimdiye kadar geçmişe yapmış olduğumuz gezi pek kolay değildi. Mağaraların dolambaçlı yollarında turistler olarak değil, araştırıcı olarak dolaşmıştık. Yeni bulunan her şey, çözülmesi, açıklanması gereken bir bilmeceydi. Yolumuz üzerinde, araştırmalarımızda bize yardım edebilecek yol işaretlerine, yazılara rastlamadık. Hem yazmayı bilmeyen taş devrinin insanı bize nasıl yazılar bırakabilirdi.

Sonunda, yol işaretleri bulunan bir yola çıkıyoruz. İlk yazıları mezar taşlarında, tapınakların duvarlarında buluyoruz. Artık bunlar, ruhlarla ilgili önceki resimler değildir. İnsanlar için ve insanlar hakkında resimlerle yazılmış birer hikâyedir.

Burada daha bizim yazılara benzer hiçbir şey yoktur. Boğa boğa olarak, ağaç da dallarıyla çizilmişti.

Yazının tarihi, resim yazılarla başlar. Bu resimlerin, sadeleşerek birer sembol haline gelebilmesi için bir hayli zaman geçmiş olsa gerek.

Bugünkü harflere bakarak, hangi şekilden türemiş olduklarını anlamak güçtür. Örneğin «A»nın öküz başı olduğu kimin aklına gelir. Ama (A) harfini ters çevirirsek, boynuzlu bir baş olur. Eski Samilerin alfabesinde, bu boynuzlu baş, «A» harfini ifade eder, çünkü öküz anlamına gelen «alef» sözünün ilk harfidir.

Böylece harflerimizden her birinin köklerine inilebilir. Örneğin «O»nun göz, «L»nin açı, «P»ninse uzun bir boynun üstünde duran baş olduğu ispat edilebilir.

Hikâyemizde ancak ilk resim yazıların doğmuş olduğu zamanlara kadar gitmiştik.

İnsan yazmayı yavaş ve bocalayarak öğreniyordu.

Artık yazıyı öğrenme zamanı gelmişti.

İnsanın bilgisi az olduğu zamanlar, bunlar bellekte kolayca saklanabiliyordu. Efsaneler, masallar, ağızdan ağıza geçerdi. Her ihtiyar, canlı bir kitaptı. İnsanlar, masalları, efsaneleri, görenek ve töreleri belleyerek, kıymetli bir cevher gibi çocuklarına verirlerdi ki, onlar da kendi çocuklarına iletsinler. Ama bu cevher arttıkça, bellekte saklanması güçleşiyordu.

Derken anıt belleğin yardımına koştu. Elde edilen bilgi ve tecrübeleri başkasına iletmek için, yazı dili sözlü dile yardım etmeye başladı. Bir önderin mezar taşında, gelecek kuşakların bilmesi için, yaptığı akın ve savaşları tasvir edilirdi.

Müttefik kabilelerin önderliğine haberci gönderirken, ağaç kabuğuna ya da balçık bir levhacığa, akılda saklanabilmesi için birkaç resim yazı çizerlerdi.

Mezar taşı ilk kitap, bir parça akgürgen kabuğuysa ilk mektuptu.

Şimdi mesafe ve zamanı aşmamıza yardım eden telefon, radyo, ses alma cihazlarımızla övünürüz. Radyoyla insan sesini yüzlerce, hatta binlerce kilometre uzaklara vermeyi öğrenmiş bulunuyoruz. Şerit ve plakalara alınmış seslerimiz, onlarca, yüzlerce yıl sonra da işitilecek. Başarılarımız çok olmakla beraber, bizden önce yaşamış olanların hizmetlerini de unutmamalıyız. Bizden çok daha önce atalarımız, bir ağaç kabuğu üzerine yazarak gönderdikleri mektupla ilk defa olarak mesafeyi, mezar taşına yazdıkları yazıyla da zamanı aşmışlardı.

Eski zamanların sefer ve savaşlarını canlı bir şekilde tasvir eden birçok anıt kalmıştır. Taş üzerine kılıçlı ve mızraklı askerlerin şekli oyulmuştur. Galipler törenle evlerine dönüyorlar, arkalarındaysa başları önlerine eğik, elleri arkalarında bağlı esirler yürüyor. Yine burada, söz yerine kullanılan resimler arasında, kölelik ve eşitsizliği ifade eden kelepçelere rastlıyoruz.

Daha sonraları Mısır tapınaklarının duvarlarında böyle birçok tanık resimlere rastlayacağız.

İşte bir yapıya tuğla taşıyan köleler, uzun bir dizi meydana getirmişler. Biri omzuna koymuş olduğu bir yığın tuğlayı iki eliyle tutmuş. Bir başkası da, bizim, omuzumuzda bir ağacın iki ucunda bakraçlarla su taşıdığımız gibi tuğla taşıyor. Duvarcılar duvar örüyorlar. Hemen oracıkta bir tuğla üzerinde de gözcü oturuyor. Dirseklerini dizlerine dayamış. Elinde uzun bir sopa var. Bu adam kendisi çalışmaz. Görevi başkalarını çalıştırmaktır. İkinci bir gözcü de, kurulmakta olan bir binanın yanında geziniyor. Korkuturcasına sopasını kölenin başı üzerinde kaldırmış. Kölenin hali, hoşuna gitmemiş olsa gerek.

köleler ve özgürler

Yunan şairi Teognis, artık kölelik sağlamlaşıp sosyal düzenin temelini teşkil ettiği bir çağda şöyle yazmıştı:

Ne soğandan gül çıkar,
Ne köleden özgür insan.

İlk zamanlarda kölelere, aşağı insanlar gözüyle bakılmazdı. Özgürlerle köleler, bir yerde yaşar ve bir yerde çalışarak büyük bir aile, bir topluluk meydana getirirlerdi.

Bu ailenin, topluluğun başkanı babaydı. Karı ve çocuklarıyla oğulları, kadın erkek köleleri, bir çatı altında yaşar ve her şeyde ona bağlı olurlardı. Baba, istediği zaman hem oğullarını, hem de boyun eğmeyen kölesini sopayla dövebilirdi.

İhtiyar bir köle, sahibine «oğlum» diye hitap eder, sahibi de, ona eski âdete göre «baba» derdi

«Odiseya»yı okuduysanız eğer, ihtiyar domuz çobanı Evmey'in, efendisiyle bir sofrada oturup senli benli konuşarak yiyip içtiğini hatırlarsınız herhalde. «Odiseya»yı yaratmış olan ozanlar, kabile reisine olduğu gibi, bu domuz çobanına da «Tanrı'ya eşit» derler.

Türküdeki her söze inanılmaz. Domuz çobanı Evmey ne Tanrı'ya, ne de sahibine eşitti. Köleden evde, aile üyelerinden daha çok çalışması istenir, eline daha az şey geçerdi. Köle bir mal, özgür insan da mal sahibiydi.

Sahip öldüğü zaman köle bir eşya gibi bütün erzak ve hayvan sürüleriyle birlikte sahibinin oğullarına miras kalırdı.

Ailede, artık önceki eşitlik kalmamıştı.

Burada baba oğullarına, erkek karısına, kaynata gelinlerine, büyük gelinse küçüklere hükmederdi. En aşağı durumda olanlar kölelerdi. Bunlara herkes emreder ve kimse adam yerine koymazdı.

Soylar ve topluluklar arasında da önceki o eşitlik kalmamıştı. Birinin hayvanı çok, ötekinin azdı. Hayvansa büyük bir servetti. Öküze karşılık, kumaş da alınabilirdi, silah da. İlk bronz paraların, yüzülüp gerilmiş bir öküz derisi şeklinde basılmış olması rastgele değildi.

Hayvandan daha büyük servet kölelerdi.

Köle domuz, inek ve koyunları güderdi. Akşamleyin sürüleri, sağlam çitle çevrelenmiş ahır ve ağıllara kapardı. Köle ürünü toplamaya yardım eder, üzümü sıkıp şarap yapar, zeytin tanelerinden yağ çıkarırdı. Altın sarısı buğday ambarlara doldurulurdu. Büyük küplere oluklardan yağ akardı.

Köle, özgür insana yardım eder, en ağır iş kendisine düşerdi.

Savaş kârlı bir iş olmaya başladı. Çünkü savaşlar köle getiriyor, köleler de servet yaratıyorlardı.

Bunun için özgür insanlar savaşa gidiyor, köleler de sürüleri güdüyor ve toprağı işliyorlardı.

Savaş, insanların işini daha da arttırdı. Savaşmak için kılıç ve mızrak gerekti, savaş arabaları gerekti. Savaş arabalarına kuvvetli atlar koşulur, bunlar da askerleri hızla savaş alanlarında gereken yerlere ulaştırırdı.

Savaşta saldırı ve savunma bir arada yürür. Asker, düşmanın kılıç ve mızrak darbelerinden korunmak için başına miğfer giyer, sol elinde kalkan tutardı. Bir soydan gelen topluluğun yaşadığı evler, iri taş bloklardan sağlam duvarlarla çevrilirdi.

Soy ne kadar zengin ve kuvvetli olursa, savunmasını o kadar çok düşünürdü. Çünkü savunacak birçok şeyi vardı. Yüksek tepelerin üstünde, kale duvarları boyunca uzanmış çukurları ve kalın kapıları olan onlarca oda ve ambarlı büyük kale evler meydana gelmeye başlamıştı.

bir kalenin kuşatılması

Kale duvarlarından çok uzaklar görülürdü. Bozkırda toz bulutları ve güneşte parlayan mızrak uçları görünür görünmez, kalede hemen savunma hazırlıkları başlardı. Çiftçiler alelacele öküzlerini, çobanlar da sürüleri toplardı. En son insan kaleye girince ağır kapılar kilitlenirdi. Askerler kale duvarlarında düşmanı ok yağmuruna tutmak için beklerlerdi.

Düşmanlar, kale önlerine kadar gelip çadırlarını kurarlardı. Kalenin kolayca teslim olmayacağını bilirlerdi. Yüksek duvarları yıkmak için aylar isterdi. Her sabah kale kapıları gıcırdaya gıcırdaya açılırdı. Savaşın kaderini açık yerde tayin etmek için, kapıdan mızraklı askerler çıkardı. Ve büyük bir kinle kılıçlarını, düşmanların at kuyruğuyla süslenmiş miğferlerine indirir, ne düşmana, ne de kendilerine acımadan güçten düşünceye kadar çarpışırlardı.

Kuşatılanları güçlendiren aile ocağını, çoluk çocuğu savunma duygusuydu. Öbürlerininse servet ele geçirme hırsıydı. Kalenin sağ kalan savunucuları, gece geç vakit geri çekilirlerdi. Tan yeri ağarıncaya kadar savaş dinerdi. Böylece günler geçerdi. Kuşatılanlar, saldıranlara karşı yiğitçe savaşırlardı. Ama açlık, düşman kılıçlarından ve oklarından daha korkunçtu.

Bodrumlarda buğday yerinde yel esmeye ve büyük yağ küplerinin dibi görünmeye başladığı zaman kalede bir ağlaşmadır başlardı. Aç çocuklar ağlaşır, kadınlar erkekleri öfkelendirmemek için gözyaşlarını gizli gizli silerlerdi.

Her çıkış hareketinden sonra kaleyi savunanlar azalırdı. Sonunda bir gün gelir, düşman, geri çekilen savunucuların peşinden kaleye dalardı. Kale duvarlarında taş üstünde taş kalmazdı. İnsanların yaşadıkları, çalıştıkları, yiyip içtikleri yerlerde harabeler ve cesetler kalırdı. Kazananlar, özgür insanları köle yapmak için yaşlıları ve çocukları alıp götürürlerdi.

ölüler canlıları anlatıyor

Ülkemizin güneyindeki geniş bozkırlarda ufka kadar

yüksek höyükler uzanır. Yerlilerden hiç kimse, bu tepelerin bozkırın ortasında nasıl meydana geldiğini ve kim tarafından yapıldıklarını hatırlamıyor.

Yüzlük bir ihtiyara soracak olursanız, bunların «Mamayların» ya da «Mamay kızlarının» mezarları olduğunu söyler.

Ama «Mamayların» kim olduğunu ve buralarda ne zaman yaşadıklarını izah edemez.

İhtiyar, bir defa söze başladıktan sonra, bu höyüklerde birkaç yıl, bir plana göre kazılarla uğraşıp hazine arayan ve bir şey bulamayan bir çiftlik sahibi hakkındaki anılarını anlatır. Köy ağası, devrimden sonra çiftlikten kovulduğu için höyükteki araştırmalardan vazgeçmek zorunda kalmış.

Aslında bu sorular, ihtiyara değil, höyüklerdeki kazı işleriyle uğraşan arkeologlara sorulmalıydı.

Çünkü ihtiyar, ancak kendi zamanında olanları hatırlar, arkeologlarsa, yüzyıllarca önceki olayları bile bilirler.

Höyükler, vaktiyle steplerde yaşamış olan insanların mezarlarıdır.

Höyüklerde kazı yaparken, derinliklerinde insan iskeletleri ve yanlarında toprak küpler, taş ya da tunç aletler, birkaç at kemiği gibi şeyler de bulunur.

Bunlar, gittiği uzak yol için ölüye verilen eşyalardır.

İnsanın, öldükten sonra da yemesi ve çalışması gerekeceğine, kadına kirmen, erkeğe de mızrak olabileceğine inanılırdı.

En eski mezarların hepsi birbirine benzer. Ölünün mezarına, kendisine ait bazı eşyalar konulurdu.

O zamanlarda insanın eşyası pek azdı. İnsan neye «benim» diyebilirdi? Yalnız boynunda taşıdığı muskaya, bir de düşmanları vurduğu mızrağa...

Evde her şey ortaktı. Çünkü bütün işler, hep birlikte tüm soyca görülürdü. Bu yüzden de, en eski höyüklerde yatanlar arasında yoksul ve zengin olmayıp herkes eşittir.

Zengin ve yoksul ölüler, daha sonraları ortaya çıkmışlardır.

Don ırmağı kıyılarındaki Yelizavetovskaya köyü yakınlarında üç çeşit höyük mezarlığı bulunmuştur. Höyüklerin bazılarında zenginler, bazılarında orta halli insanlar, bazılarında da en yoksul kimseler gömülüdür.

En büyük höyüklerin ortasında geniş çukurlar var. Bu çukurlarda mezarlar, mezarlarda da süslü Yunan vazoları, altın işlemeli zırhlar, ustaca süslenmiş hançerler bulunur.

Daha küçük höyüklerde çok az altın eşya bulunur, ama süslü vazolara hiç rastlanmaz. Bu mezarlara yine de yoksul denemez. Ölü yoksul olsaydı, mezarına siyah sırlı bir tabak ve bir zırh konulamazdı.

Mezarlıkta yoksulların gömülmüş oldukları küçük tepecikler çoğunluktur. Dar bir çukurda, ölünün sağ elinin yanına bir mızrak, sol elinin yanına da, susayınca su içebilsin diye bir küp konmuştur. Yani yoksul mezarda da yoksul kalmıştır.

«Mezar gibi dilsiz» diye bir söz var, ama bu mezarlara dilsiz denebilir mi? Bunlar dünyada ilk kez olarak zenginlerle yoksulların meydana geldiği zamanlardan söz etmiyorlar mı?

Mezarlıktan ayrılıp höyüklerin arasında bulunan köyün harabelerine doğru gidersek, orada da eski zenginliğin ve eski yoksulluğun izlerini görebiliriz. Arkeologlar, köyün iki duvarla çevrili olduğunu, bunlardan birinin köyü dış taraftan kuşattığını, öbürününse, ırmağın kenarındaki merkezi kucakladığını tespit etmişlerdir. Köyün merkezinde, uzak Yunanistan'dan getirtilmiş olan birçok pahalı kap ve vazo kırıkları bulunmuştur. Köyün iç ve dış duvarları arasındaki kenar mahallelerinde böyle kırıklara hemen hemen hiç rastlanmaz. Burada, yalnız en adi, yerli kapkacak parçaları bulunmuştur. Merkezde, kenar mahallelerde yaşayanlardan daha varlıklı, pahalı kapkacak satın alabilecek durumda olan insanların yaşadığı meydandadır.

Uzaklardan görünen höyükler, sonraları ise zenginlerin mezarları üzerinde yükselmiştir.

Böylece, mezarlar, içlerinde gömülü olanlar hakkında bilgi veriyorlar. Bazen mezarlar, korkunç şeyler de anlatır. Örneğin, sahipleriyle birlikte toprağa gömülmek için öldürülen kölelerin ve kocalarının arkasından mezara girmeye zorlanan kadınların kaderinden de bahsederler.

Zengin bir soyun başkanı olan babanın gaddarca egemenliğini, mezarlar kitaptan daha iyi anlatır. Soyun reisi ölürken, beraberinde karılarını ve kölelerini de mezara götürürdü. Çünkü bunlar da, tunç ve altın eşyalar gibi başkanın malıydı.

İnsan yeni bir maden yaratıyor

Karanlık mezarlarda ve kale duvarlarıyla çevrili kasabaların enkazlarında binlerce yıl kalmış olan değerli eşyalar, şimdi müzelerde korunmaktadır. Uzun yıllar boyunca insanlardan gizli kalmış şeyler, herkesin, uzak geçmişi kendi gözleriyle görebilmesi için sergilenmiştir.

Müzeyi gezenler, saatlerce vitrinlerin önünde durarak, altın kabzalı kılıçları, boğa ve geyik şeklinde gümüş kapları seyrederler.

Bu eşyaları yapabilmek için ne kadar emek ve ne kadar hüner lazımdı! En adi bir tunç hançer yapabilmek için günlerce çalışılmıştı.

Her şeyden önce maden cevheri bulunmalıydı. Bakır külçelerinin ayak altında yuvarlandığı zamanlar geçmişti. Bakır cevheri çıkarmak için yerin derinliklerine sokulmak gerekiyordu. Derin ocaklarda maden cevheri kazmalarla parçalanır, sonra tulumlar içinde yukarıya çıkarılırdı.

Taşı daha kolayca parçalayabilmek için maden ocağında ateş yakılırdı. Taş kızınca da üzerine su dökülürdü. Su cızıldayarak buğu bulutlarına çevrilir, taşsa çatlayarak parça parça olurdu. Böylece ateşle su, madencinin kazmasına yardım ederlerdi. O zaman maden ocağı yanardağa benzerdi. Yanardağın kraterinde olduğu gibi burada da maden ocağının ağzından, içeride yakılan ateşin aydınlattığı buğular püskürürdü. Şimdi bile bazı dillerde yanardağlara, eski Roma'da demirci tanrısının adından dolayı Volkan denir.

Çıkarılan cevherden maden eritilmesi büyük bir hüner isterdi. Bakır eşyaların daha kolay dökülebilmesi için maden sağlam olmalıydı. Bu maksatla bakıra kalay karıştırılırdı. Maden cevheri eritildiği zaman, bakırla kalayın karışmasından yeni bir alaşım meydana gelirdi. Bu artık adi bakır olmayıp, insan eliyle yaratılmış, yeni nitelikleri olan yeni bir madendi, yani tunçtu.

Eski zamanlarda, kaba taş aletler devrinde, bir insan başka birinin işini kolayca yapabilirdi. Zanaat sahibi olmak o kadar güç bir iş değildi. Avcılıkla geçinen bir kabilede bütün erkekler avcıydılar. Ve her biri kendi yayı ve oklarını kendisi yapardı.

Fakat esnek bir dalı eğerek uçlarını kirişle bağlayıp yay yapmak başka, bir maden cevheri parçasından parlak bir tunç kılıç yapmak başkaydı.

İnsanlar silahçılık zanaatını öğrenmek için yıllarca uğraşıyorlardı. Babadan oğula geçen bu zanaat, soyun malı olup servet gibi kuşaktan kuşağa miras kalırdı. Bazan çömlekçiler, silahçılar, bakırcılar, başlı başına mahalleler meydana getirirlerdi. Ve ünleri uzaklara yayılırdı.

insanın kendi malı ve başkasının malı

Başlangıçta her usta, yalnız kendi topluluğu ve kendi köyü için çalışırdı. Zamanla, silahçı ya da çömlekçi, mallarını tahılla, kumaşla, ya da başka zanaatçıların mallarıyla değiştirmeye başladı.

Maden ocaklarında kızdırılıp üstüne su dökülerek parçalanan taş gibi, eski soy düzeni de yavaş yavaş çatlayıp dağılmaya başlamıştı.

Önceleri soyun bütün üyeleri eşitti. Yavaş yavaş bir uçurumun, zenginleri yoksullardan, ikinci bir uçurum da zanaatçıları çiftçilerden ayırmıştı.

Önce zanaatçı kendi topluluğu için çalışır, topluluk onu beslerdi. Çünkü insanlar, hep birlikte çalışır, elde ettiklerini de bölüşürlerdi. Zanaatçı, yaptığı kılıçları ve kazanları pazara sürmeye başlayınca, karşılık olarak aldığı tahılı ve kumaşları soydaşlarıyla paylaşmaktan vazgeçti.

Çünkü tahıl ve kumaşı, kimseden yardım görmeksizin, çoluk çocuğu ile birlikte kendisi kazanmıştı.

İnsan böylece kendisinin olanı, başkasının olandan, kendi ailesini soydaşının ailesinden ayırmaya başladı.

İnsanlar ayrı ayrı, aileler halinde yaşamaya başladılar.

Yunanistan'ın Miken ve Tirent şehirlerinde, bu ayrılığı açıkça gösteren konut harabeleri bulunmuştur.

Yüksek bir tepede, kalın duvarlarla çevrili evde en zengin ve en kuvvetli aile yaşardı. Böyle bir ailenin, kalın duvarlar arkasında saklayacağı şeyleri vardı. Burada kabilenin önderi, oğulları, gelinleri ve torunlarıyla birlikte yaşardı. Tepenin eteklerindeki kulübelerdeyse yoksul çiftçiler barınırdı. Yamaçlarda da silahçı, çömlekçi, bakırcı gibi zanaatçıların evleri vardı.

Bu yerlerde yaşayanlar, artık birbirleriyle eşit insanlar olarak konuşmazlardı. Çiftçiler, zengin ve yetkili kabile önderlerini gördükleri zaman saygıyla selamlarlardı. Tanrıların kuvvetliyi koruduklarına inanırlardı çünkü.

Bunu kâhinler, çiftçilere daha küçük yaştan öğretirlerdi.

Çiftçiler zanaatçılara ve maden ocaklarında çalışanlara da kardeş gözüyle bakmazlardı. Sakın, ateş püskü-ren yerin altından bakır çıkaran bu üstü başı isli adamlar, birer büyücü olmasınlardı! Yerin altında neler olduğunu nereden biliyorlardı bunlar? Maden cevherini nasıl buluyorlardı? Herhalde bunlara toprağın nereden kazılması gerektiğini gösteren ve maden cevherini çıkarıp tılsımla bakır ve tunça çevirmelerine yardım eden birisi vardı. Orada toprağın altında muhakkak, madencileri koruyan esrarengiz biri olmalıydı. İnsanlar bunlardan uzak dursa daha iyi ederlerdi.

Yalnız Yunanistan'da değil, her yerde böyle düşünürlerdi.

Bu büyücü demirciler hakkında çok eski zamanlardan kalan masallar var.

O zaman insanların zenginlikle yoksulluğu nasıl gördüklerini anlatan sözler dilimizde hâlâ yaşıyor. İnsanların zengin ve yoksul diye nasıl bölündüğü bilinmediği için, insanın kaderini tanrıların tayin ettiği sanılırdı.

Dilimizde zengin anlamına gelen «bogatiy» kelimesi Tanrı demek olan «bog» sözünden gelir. Bu söz insanların, Tanrı'nın zenginlere yardım ettiğine, yoksullara da sefaletten başka bir şey vermediğine inandıkları zamanlar doğmuştur.

her şey ortaktı

İnsanın geçtiği yola bir kere daha göz atalım.

Bir zamanlar insanlar arasında zengin, yoksul, köle ve köle sahibi yoktu.

Kulübelerde yaşamış olan ilk avcıların hepsi de aynı derecede yoksuldu. Taştan ve kemikten yapılmış silahları mükemmel olamazdı. İnsanlar yaban hayvanlarından, açlık ve soğuktan, ancak birlikte yaşayıp, birlikte avlanmak ,tehlike halinde ortak gayretle kendilerini savunmak, hep birlikte evlerini kurmak sayesinde kurtulabiliyorlardı.

Tek başına mamut şöyle dursun, ayıyı bile öldürmek imkânsızdı.

İnsanın, ocak yapmak için kocaman bir taş getirmeye, ya da bir kayanın dibinde taş bloklardan duvar örmeye, tek başına gücü yetmiyordu.

İnsanların her şeyi ortaktı. Ve av uğurlu olduğu zaman, ihtiyarlar, vurulmuş hayvanı parçalayarak onu izleyip öldürenlere dağıtırlardı.

Derken binlerce yıl geçti. Kulübe yerine evler kurulmaya başlandı. Taş ve kemik aletlerin yerini madenden aletler aldı.

İnsanlar önceleri toprağı çapalarla kazarlardı. Daha sonra sabanla sürmeye başladılar. İnek, at, koyun evcilleştirildi. Demirhanelerden çekiç sesleri duyulmaya başladı. Çömlekçi tezgâhları belirdi. İnsanlar arasında iş bölümü doğdu. Demircinin bizzat toprağı sürmesine hacet yoktu. Yaptığı balta ya da orağı verip tahıl alabilirdi. Çiftçi koyun sürüleri olmadan da yaşayabilirdi. Çünkü hayvan yetiştirenlerden tahıl karşılığında istediği kadar yün alabilirdi.

Tahıl, yün, balta, kapkacak yüklü kayık ve gemiler kasabadan kasabaya, köyden köye dolaşmaya başlamıştı. Yabancı ellerden «misafir» olarak gelenlerin soygunculuk yaptıkları çok görülmüştü. Değiş tokuşla soygun bir arada gidiyordu.

Önceleri kabilede zengin yoksul yoktu. Hepsi aynı ayardaydı. Daha sonraysa, eteklerinde yoksulların kulübeleri bulunan tepelerde, zengin ve kuvvetli ailelerin evlerini kuşatan yüksek duvarlar yapılmıştı. Duvarların arkasında ambarlar ağzına kadar doluydu. Böyle ailelerin serveti yıldan yıla artıyordu.

Zenginler iktidarı ele geçirerek daha yoksul olanlara boyun eğdiriyorlardı. Yoksulun, zengin komşusundan daha sık yardım istemesi gerekiyordu. Fakat bu yardım kendisine çok pahalıya mal oluyordu. Çünkü sıkıntı içinde alınan ödünç tahılı yıllarca çalışarak ödemek zorundaydı.

Böylece birtakım insanlar başkalarını köleleştirmeye başladılar. Köleleştirme yalnız bu yolla olmuyordu. Savaşlarda esir düşen özgür insanlar da köle oluyordu.

Önceleri herkes çalışırdı. Sonra birtakım insanlar, kendileri hiç çalışmazken başkalarını zorla çalıştırıyorlardı.

Eski zamanlarda her şey, yani av aletleri ve av ortak malken sonraları yalnız toprak, hayvan sürüleri, atelyeler değil, toprağı süren güden, atelyelerde çalışan köleler de köle sahibinin malı olmuştu.

Önceleri bir topluluğun insanları, aralarında kavga etmez, barış içinde yaşarlardı. Rusça'da «mir» sözünün hem barış, hem de topluluk anlamında kullanılması sebepsiz değildir.

Fakat köleliğin doğmasıyla her köyde, her şehirde bir kavgadır almış yürümüştü.

Köle sahipleri köleleri insandan saymazlar, köleler de sahiplerinden nefret ederlerdi.

Kölenin aklı fikri, sahibinden kaçmaktı. Köle sahibiyse malını, yani canlı ve konuşan aletini korumaya çalışırdı. Köle sahiplerinin devleti, özgürlerin mal ve mülkünü silah gücüyle korurdu. Köleler ayaklanmak isterse hadleri bildirilir, insafsızca ezilirlerdi.

Böylece, eski ilkel topluluk düzeninin yerini yeni bir düzen, yani kölelik düzeni almıştı.

bilimin başlangıcı

Bir zamanlar bütün dünya insan için bir masaldı. Her şey karanlık ve anlaşılmayan birer varlıktı.

Her adım, elin her hareketi, insanı talihli ya da talihsiz edebilecek gizli bir kuvvet tarafından idare ediliyor sanılırdı.

Tecrübe o kadar azdı ki, insanlar geceden sonra

gündüzün ya da kıştan sonra baharın gelip gelmeyeceğine bile emin değillerdi.

İnsanlar, güneş doğsun diye törenler yaparlardı. Mısır'da güneşin sembolü sayılan Firavun, her gün tapınağın etrafında dolaşırdı.

Mısırlılar, güzün «güneş asası» dedikleri bayramı kutlar ve yoluna devam edebilsin diye, zayıflayan güz güneşinin eline bir asa vermek gerektiğini sanırlardı.

Fakat bir yandan da, insan, yavaş yavaş dünyanın ve maddenin özelliklerini öğreniyordu.

Taşı yontan ve cilalayan ilkel zanaatçı, taşın özelliklerini, kendi elleri ve gözleriyle incelerdi. Zanaatçı, taşın sert olduğunu, kuvvetle vurulursa parçalanabileceğini ve bağırmayacağını bilirdi. Gerçi taşlar birbirine benzemezlerdi. Belki aralarında dile geleni de bulunurdu.

Böyle tahminler bizi güldürebilir. Ama ilkel insan bunu çok ciddiye alırdı.

İlkel insan, daha olayları yasalara bağlayamadığı için, hayat ona hep istisnalarla dolu gibi gelirdi. Dünyada birbirine benzeyen iki taş bile bulunmadığını gören insan, özelliklerinin de başka olabileceğini sanırdı. Taştan yeni bir kazma yaparken, bunun da toprağı eski kazma gibi kazabilmesi için onu tıpkı eskisine benzetmeye çalışırdı.

Yüzlerce ve binlerce yıl geçti. İnsanın elinden gelip geçen çeşitli taşlardan, yavaş yavaş özellikleri ortak olan genel bir taş kavramı meydana geliyordu. Bütün taşlar sertti. Demek taş sert bir maddeydi. Hiçbir taş konuşmadığına göre demek taşlar konuşmazdı.

Böylece, bilimin ilk tohumları, yani eşyalar hakkında kavramlar doğdu.

Bir usta, çakmaktaşı sert bir taştır derken, yalnız elindeki çakmaktaşını değil, bütün çakmaktaşlarını kastediyordu.

Yani insan doğanın yasasını, dünyada mevcut bir kuralı artık biliyordu.

«Kıştan sonra bahar gelir.» Biz buna hayret etmeyiz. Çünkü kıştan sonra sonbahar değil, bahar geleceğine şüphemiz yoktur. Atalarımız için mevsimlerin değişmesi uzun gözlemlerden sonra yapmış oldukları ilk bilimsel keşiflerden biriydi. İnsanlar mevsimlerin, ancak sıra izleyerek geldiklerini anladıktan sonradır ki, yılların hesabını tutabilmişlerdi.

Mısır'da, bu buluş Nil'in belli zamanlarda taşması gözlenerek yapılmıştı. Orada yıl, Nil'in bir taşmasından öbürüne kadar süren zamandı.

Nil'in taşmasını kâhinler izlerdi. Çünkü insanların inancına göre, Nil bir tanrıydı. Nil kıyılarındaki Mısır tapınaklarının duvarlarında, kâhinlerce çizilmiş olup suyun seviyesini gösteren işaretler kalmıştır.

Tarlaların sıcaktan çatlak çatlak olduğu Temmuz ayında, çiftçiler, Nil'in bulanık sarı sularının arklara akacağı vakti dört gözle beklerlerdi. Suyun akıp akmayacağını kim bilebilirdi? Ya tanrılar insanlara öfkelenip tarlalara su göndermezlerse, ne olurdu halleri!

Her taraftan tapınaklara akın akın armağan ve kurbanlar gelmeye başlardı. Çiftçiler ellerinde kalan son tahılı kâhinlere götürüp onlardan tanrılara daha candan dua etmelerini dilerlerdi.

Kâhinler, suyun kabarıp kabarmadığını öğrenmek için her sabah ırmağa inerlerdi.

Akşamları da tapınağın yassı damına çıkıp, diz çökerek uzaklara, yıldızlara bakarlardı. Yıldızlı gök onların takvimiydi. Sonunda kâhinler tapınaktan törenle: «Tanrı dualarımı kabul etti. Üç gece sonra tarlalara su gönderecek» diye ilan ederlerdi.

Böylece insan yavaş yavaş, adım adım, kendisi için yeni olan bir dünyaya, yani eski masal dünyası yerine, yeni bilim dünyasına hâkim oluyordu. Tapınağın damı ilk gözlemeviydi. Çömlekçinin ve demircinin atelyeleri de ilk denemelerin yapıldığı laboratuvarlardı.

İnsan gözlemeyi, hesaplamayı ve bunları bir sonuca bağlamayı öğreniyordu.

Şimdiki bilime çok az benzer tarafı olan eski bilim, büyüye pek benziyordu ve bundan kurtulmak kolay değildi. İnsanlar yıldızları yalnız gözetlemez, onlara bakarak başkalarının falını da söylerlerdi. Yerle göğü incelerken, yer ve gök tanrılarına dua ederlerdi. Bununla beraber insanı saran kör inançlar sisi azar azar dağılıyordu.

tanrılar olimpe çekiliyorlar

Büyülü masal dünyasının sisleri arasından, insanın gözleri önünde yavaş yavaş eşyanın gerçek şekilleri belirmeye başladı.

İlkel insanlar, eski zamanlarda, her yerde, yani her taşta, her ağaçta ve her hayvanda ruhların yaşadığına inanırlardı.

Artık bu inancın sonu gelmişti.

İnsan, her hayvanda bir ruh yaşadığına inanmaz oldu. Onun zihninde bütün hayvanların ruhunu, ormanın en sık ve karanlık yerinde yaşayan bir orman tanrısı temsil etmeye başladı.

Artık çiftçi de her demette bir ruh yaşadığına inanmıyordu. Kafasında, bütün ürünlerin ruhları birleşerek, başakları büyüten bir tek bereket tanrıçasına çevrilmişti.

Eski ruhların yerini alan bu tanrılar, artık insanların arasında yaşamıyorlardı. Bilgi onları insanın yaşadığı yerlerden gittikçe daha uzaklara kovuyordu. Tanrılar da mesken olarak, insan ayağının basmadığı karanlıklarını aydınlatıyor dağları saran sisleri dağıtmaya başlıyordu.

Yeni yerlerinden de kovulan tanrılar, bu sefer göklere çıkıyor, denizlerin dibine iniyor, yerin derinliklerinde, yeraltı ülkesinde gizleniyorlardı.

Zaman geçtikçe tanrılar insanların arasında daha seyrek görülmeye başladılar. Tanrıların yeryüzüne inerek savaşlara, bir kalenin kuşatılmasına katıldıkları hakkındaki efsaneler ağızdan ağıza dolaşmaya başlamıştı.

Kılıç ve mızrakla silahlı tanrılar, insanlar arasındaki kavgalara karışıyorlardı. Son dakikada, başkomutanı kara bir bulutla koruyan ve düşmanlara yıldırımlar indiren de onlardı. Bu efsaneleri anlatanlar, bunun çok eski zamanlara ait olduğunu da eklerlerdi.

Böylece, insan deneyi gittikçe daha uzaklara gidiyor ve tanrıları yakınlardan uzaklara, şimdiki zamandan geçmişe, bu dünyadan öbür dünyaya çekilmeye zorlayan ışık dairesi yavaş yavaş genişliyordu.

Tanrılarla işi olmak da gittikçe güçleşiyordu. Önceleri herkes mucizeler gösterebilir, törenler yapabilirdi. Eskiden törenler de basitti. Örneğin yağmur yağdırmak için, ağıza alınmış suyu, oyun sırasında püskürtmek yeterliydi. Bulutları dağıtmak için de dama çıkıp yeli taklit ederek üflemek gerekirdi.

Sonraları insan, böylece ne yağmur yağdırmanın, ne de bulutları dağıtmanın mümkün olmadığını anlamıştı. İnsanlar, tanrıları büyüyle kandırmanın zor olduğunu görüyorlardı. Bunun için de insanlarla tanrılar arasına, bütün karışık törenleri ve tanrılarla ilgili efsaneleri bilen kâhinler giriyordu.

Eski zamanlarda büyücü, herhangi bir avcı oyununda yalnız bir tören idarecisi vazifesini görürdü ve ruhlara, soydaşlarından daha yakın değildi.

Kâhinse büsbütün başkaydı. Kâhin kutsal sayılan bir ormanda, tanrıların komşusu olarak yaşardı. Tapınağın damına çıkar, yıldızlı gökyüzü kitabından tanrıların iradesini okurdu. Yıldızların kitabını yalnız o okuyabilirdi. Savaştan önce hayvanların iç organlarını yoklayarak fal açar ve savaşın kazanılacağını veya kaybedileceğini bildirirdi.

Böylece kâhin, insanlarla tanrılar arasında aracı olmaya başlamıştı.

İnsanlardan gittikçe uzaklaşmakta olan tanrıların herkese aynı gözle baktıkları zamanlar çoktan geçmişti.

İnsanlar, kendilerine ve yaşayışlarına baktıkları zaman, artık önceki eşitlikten bir iz görmüyorlardı. Kâhinler: «Zaten böyle de olmalı, insan her şeyi tanrılara emanet etmelidir. Padişahlar ve krallar, halkları idare ettikleri gibi, tanrılar da dünyayı idare ederler» diyorlardı. Kâhinlerin bu öğütlerine herkes kulak asmıyordu. Tanrıların buyruğuna boyun eğmek istemeyenler de vardı.

Bir gün gelecek ve bir Yunan şairi «Zeus'un adaleti nerededir?» diye soracaktı. «İyiler acı çekiyor, kötülerse mutluluk içinde. Çocuklar babalarının günahları için cezalandırılıyor. İnsanların arasında kalan tek tanrıya, Umut tanrısına yalvarmak kalıyor yalnız. Bütün tanrılar Olimp'e çekildiler.»

dünya genişliyor

İlkel insan, gerçeği masaldan, bilgiyi kör inançlardan ayıramazdı.

Kaymağın sütten ayrılıp sütün üstünde toplandığı gibi, bilginin de kör inançlardan ayrılıp başlı başına bir varlık olması için binlerce yıl gerekmişti.

Yunanlılar, bize «İlyada» ve «Odiseya»yla eski türkü ve destanlarını bırakmışlardı. Bu destanlar, Yunanlıların Troya'yı nasıl kuşatıp tahrip ettiklerini, sonra Yunan kabilelerinden birinin önderi Odiseus'un, yurdu İtaka adasına dönünceye kadar denizlerde başından geçenleri anlatırlar. Troya önlerinde tanrılar, insanlarla yanyana savaşırlar, bazıları kuşatanlardan, bazıları da kuşatılanlardan yanadırlar. Tanrıların gözdelerinden biri ölümle yüz yüze geldiğinde, tanrılar onu savaş meydanından sağ salim kaçırırlardı. Olimp dağının tepesinde tanrılar ziyafetlerde keyif çatarken, savaşa yeniden başlanıp başlanmaması ya da birbirine düşman olan halkların barıştırılıp barıştırılmaması hususunda aralarında görüşürlerdi.

Bu destanlarda gerçek, uydurmalarla karışmıştır.

Burada hangi kısım tarih, hangi kısım masaldır? Yunanlılar gerçekten bir zamanlar Troya önlerinde savaşmışlar mıdır? Sonra, Troya diye bir şehir gerçekten var mıydı?

Arkeologun küreği bütün şüpheleri dağıtıncaya kadar bilim adamları bu konuda bir hayli tartışmışlardır. İlyada'yı rehber edinen arkeologlar, Anadolu'ya gidip Troya'nın harabelerini gösterilen yerde buldular.

Odiseya'da anlatılanların hepsi uydurma olmadığı anlaşıldı. Bunu coğrafyacılar ispat ettiler. Bilim adamları, Odiseus'un yolunu harita üzerinde izleyebildiler. Haritaya bakarsanız, Lokofaglar ülkesini, Eol adalarını, hatta Odiseus'un gemisinin bir yere çarpmaktan güç kurtulduğu Skila ile Karibdes geçidini bile bulabilirsiniz.

Lokofaglar ülkesi Afrika'nın Trablusgarp kıyısı, Eol Adaları, şimdiki Lipari Adaları, Skila ile Karaibdes ise Sicilya'yla İtalya arasında boğazdır.

Odiseya'da her şey uydurma olmamakla beraber, antik dünyanın coğrafyasını Odiseya'dan öğrenmek isterseniz, büyük bir hata işlemiş olursunuz.

Bu gezi kitabında coğrafya masal gibi bir şeydir. Kitapta, dağlar canavarlarsa, adalarda yaşayan vahşi insanlar da tek gözlü dev yamyamlara çevrilmişlerdir.

O zamanın insanları, yalnız doğup büyüdükleri yerleri iyi bilirlerdi. Gerçi, tüccarlar gemileriyle denizlerde dolaşırlardı ama, kıyılardan uzaklaşmaya cesaret edemezlerdi. Denize açılmak tehlikeliydi. Çünkü gemilerde pusula, harita yoktu, rotayı güneşe ve yıldızlara göre tayin ederlerdi. Bir adada herhangi bir kaya, kıyıdaki yüksek bir ağaç fener yerini tutardı.

Denizde binlerce tehlike gizliydi. Bir taşa benzeyen geniş gemi, en hafif dalgalarda bile sallanırdı. Esnek olmayan yelkenlerle başa çıkmak zordu. Rüzgâr insana hizmet etmek istemiyor ve gemiyle, bir tüyle oynar gibi oynuyordu.

Sonunda gemi kıyıya yanaşıyordu. Yorgun denizciler, gemiyi karaya çekiyorlardı. Kıyıda dinlenebilirlerdi, fakat içleri rahat değildi. Yabancı ülke, denizden de korkunçtu. Denizciler, başka denizcilerden işittikleri yamyamları görür gibi oluyorlardı. Tanımadıkları her hayvan,büyüyerek onların gözünde deve çevriliyordu. Denizciler, kıyılarına çıktıkları ülkenin içerilerine girmeye cesaret edemiyorlardı.

Yine de, her yeni dünyayı genişletiyordu. Denizcilerin en cesurları, okyanusun başladığı deniz kapılarına kadar giderlerdi. Denizciler, okyanusu da evren gibi uçsuz bucaksız sanırlardı. Evlerine döndüklerinde, dünyanın sonuna kadar gittiklerini ve onu her yandan okyanusun kuşatmış olduğunu anlatırlardı.

Aradan binlerce yıl geçecek ve insanlar Avrupa'dan Hindistan'a, Çin'den Avrupa'ya gidip geleceklerdi. Denizciler okyanusu aşarak insanların yaşadığı topraklar bulacaklardı. Ama masal, daha uzun süre coğrafyayla birlikte yürüyecekti.

Amerika'yı keşfeden Kristof Kolomb yeryüzünde cennetin bulunduğu bir dağın varlığına inanırdı. İspanya Kraliçesi'ne, cennete yaklaşıp dolaylarını inceleyeceğini umduğunu yazmıştı.

XV. yüzyılda Rusya'da, Ural Dağları'nın arkasında, kışı ayılar gibi uykuyla geçiren halkların yaşadığına inanırlardı. «Doğu Ülkelerinde Yaşayan Tanımadığımız İnsanlar Hakkında» başlıklı eski bir el yazma kitap vardır. Bu kitapta, ağızları tepelerinde, başsız ve gözleri göğüslerinde olan insanlardan etraflıca söz edilmektedir.

Bu bize gülünç geliyor. Zamanımızda da hayali roman yazarları, insanların bugüne kadar gidemediği dünyaları garip yaratıklarla doldurmuyorlar mı?

Dünyamız artık iyice incelenmiş, öğrenilmiştir. Bunun için de yazarlar kahramanlarını sık sık yerin merkezine Mars'a, Ay'a gönderiyorlar.

Her geçen yüzyılla, insanların hayatında gizli ve esrarengiz şeyler de azalıyordu. Zanaatçı, kendi ellerine ve gözlerine, gittikçe daha çok inanmaya, büyüye daha az başvurmaya başlamıştı. Bir vadiye çöken sisin, güneşin doğmasıyla dağıldığı gibi, büyü de yavaş yavaş insanların hayatından uzaklaşıyordu.

Büyü, daha çok törenlerde, kutsal oyunlarda, dans ve türkülerde tutunuyordu. Uyanmakta olan insan aklı, büyüyü, yurdu olan buralardan da söküp atıyordu.

Büyü, zamanla oyunlardan ve türkülerden ayrılıyor sadece oyun ve türkü kalıyordu.

Yunanistan'da çiftçiler, insanlara bolluk getiren Diyonizos şerefine oyunlar tertip ettikleri zaman bunlar, başlangıçta kutsal oyunlardı. Koro doğaya, kış uykusundan uyanıp insanlara ekmek, meyve ve şarap vermek için de yardım etmesi için Diyonizos'un yeniden dirilmesi hakkında şarkılar söylerdi.

Yüzlerine hayvan maskeleri takmış insanlar, köyde kurban sunulan yerin çevresinde dans ederlerdi.

Solist, Diyonizos'un çektiği cefaları anlatan bir şarkı söyler, koro da nakaratla cevap verirdi.

Bu eski törensel oyun, artık bir tiyatro temsiline benziyordu. Solistin ve maskeli insanların şahsında, geleceğin aktörlerini görmek mümkündü. Solist yalnız Tanrı'nın cefalarını anlatan şarkılar söylemekle kalmaz, şarkısına hareket de katardı. Göğsünü yumruklar, ellerini göğe kaldırırdı.

Tanrı dirildikten, yani kanılarınca doğa uyandıktan sonra, maskeli insanlar kendilerini, çılgınlık derecesini bulan bir neşeye bırakır, birbirlerine takılır, gülüşerek şakalaşırlardı.

Birkaç yüzyıl daha geçecek, büyü büsbütün kaybolacak, hareketin özü kalacaktı. İnsanlar, önceki gibi şarkı söyleyip oynayacak, dans edeceklerdi. Ama tanrıların cefaları yerine insanların acıları tasvir edilecekti. Seyirciler sahneye bakarak gülecek ya da ağlayacak, kahramanlığa hayran olacak, kusur ve ahmaklıklarla alay edeceklerdi.

Eski koronun solisti daha sonra trajedi aktörüne, maskeli neşeli insanlar da komiklere, soytarılara, palyaçolara çevrilecekti.

Ama solist yalnız ilk aktör değil, aynı zamanda ilk şarkıcıydı da. İlk zamanlarda koroyla birlikte şarkı söylerken, daha sonra tek başına da söylemeye başlamıştı.

Böylece türkü törenden ayrılıyor, şarkıcı hem kutsal oyunlarda, hem de askeri önderin, askerleriyle masa başında keyif çattığı meclislerde türkü söylerdi. Sazının tellerine dokunarak şarkı söyler ve eski geleneğe göre söz, müzik ve hareketi birleştirerek bazan oynardı bile. Şarkıcı hem solist, hem de koroydu, hem şarkı söyler, hem de nakaratı tekrar ederdi.

Şarkıcı kimi terennüm ederdi? Tanrıları ve kahramanları, en yiğitleri bile kaçmaya zorlayan kendi kabilesinin önderlerini, savaşlarda ölen askerleri, intikamları alınması gereken kardeşlerini.

Bu şarkı, artık büyü değildi. Yani kahramanlıklara çağıran bir kahramanlık hikâyesiydi.

Ya sevda, bahar, keder şarkıları! Bunlar nasıl meydana gelmişti? Bu şarkılar da, vaktiyle düğünlerde, cenazelerde, ekin biçilirken ya da bağlar bozulurken düzenlenen törenlerden kopmuşlardı. Bu törenlerde iki koro, karşılıklı şarkılar söylerlerdi.

Bu şarkıları, çıkrık başında genç kızlar söyler, yavrusunun beşiğini sallayan anne tekrarlardı.

Böylece, bahar şarkıları yalnız baharda değil, başka mevsimlerde de, sevda şarkıları da yalnız düğünlerde değil, düğün dışında da söylenmeye başladı.

Kahramanlar hakkındaki ilk şarkıları ve ilk sevda şarkılarını kim yaratmıştı?

İlk kılıcı ve ilk çıkrığı yapanın kim olduğunu bilmediğimiz gibi bunu da bilmiyoruz. Aletleri, şarkıları, sözleri, bir kişi değil, yüzlerce kuşak yaratmıştı. Ozan, söylediği türküyü kendisi yaratmaz, sadece işittiklerini başkalarına iletirdi. Türküler ozandan ozana geçerek değişirlerdi. Çaylardan ırmaklar meydana geldiği gibi, türkülerden de destanlar çıkardı ortaya.

İlyada'ya Homeros'un eseridir diyoruz. Homeros kimdir? Onun hakkında bildiklerimiz yalnız efsanelerden ibarettir. Homeros'un kendisi de, övdüğü kahramanlar gibi efsanevidir.

Kahramanlar hakkında ilk türküler yaratıldığı zaman, ozan hâlâ kendi soyuna, kendi kabilesine sımsıkı bağlıydı. İnsanlar her işi elbirliğiyle yaptıkları gibi, türkü de birçok kuşağın kollektif emeğiyle meydana gelirdi.

Ozan, geçmişten miras aldığı bir türküyü değiştirip süslediği hallerde bile kendi eseri saymazdı.

Derken bir zaman geldi ve insan «kendisinin» olanı «başkasınınkinden» ayırmaya başladı. Soy dağılmış, eski birlik kalmamıştı. Artık zanaatçı, kendisini soyun uysal bir aleti olarak hissetmeyip kendisi için çalışmaya başlamıştı.

Birkaç yüzyıl daha geçecek ve şair Teognis şöyle diyecekti:

«Sanatımın meyvesi olan bu şiirlerde benim mührüm var. Kimse bunları aşıramaz ve değiştiremez. Yarın işte, diyecekler, Megaralı Teognis'in şiirleri bunlar!»

İlkel toplum düzeninde yaşayan bir insan böyle diyemezdi.

İnsan «ben» sözünü daha çok kullanır olmuştu. İnsanın kendisi çalışmayıp da, kendi aracılığıyla gizli bir kuvvetin çalıştığını sandığı zamanlar çoktan geçmişe karışmıştı.

☆

İKİNCİ BÖLÜM

1

İnsan yeryüzünü dolaşıyor

İnsanın beş bin yıl önce yaşadığı dünya dardı. O zaman bir Mısırlı çevresine baktığında, sağında ve solunda birer duvar gibi yükselen Libya ve Arabistan sıradağlarını görürdü. Bunların arasında Nil ırmağı akardı. İleride korkunç kara bir uçurumdu deniz. Arkada, Nil'in fışkırdığı anaforlar ve akıntılar cehennemi vardı. Bunların üstünde de, sıra dağlarına oturmuş gibi yeryüzünün mavi tavanı... Mısırlı, bütün dünyayı bu daracık odada sanırdı.

Mısırlılar, dünyada başka ırmak ve ve başka kimse yokmuş gibi, Nil'e «ırmak», kendilerine de «insan» derlerdi. En yakın komşuları olan bedevileri bile insan yerine koymayıp, Apopi adlı şeytanın oğulları sayarlardı. Mısırlı, yabancılara insan gözüyle bakmazdı. Savaş esirleri öldürülürdü. Askerler, ödül almak için, düşmandan kestikleri eli önderlerine getirirlerdi.

Kara renk, iyi renk sayılırdı, çünkü Mısır toprağı karaydı. Toprağı kırmızı olan çölde yabancılar yaşadığı için kırmızı da kötü bir renkti.

Dünyanın uçları birbirinden çok uzak olmadığı halde Mısırlılar, bunlara yaklaşmaya cesaret edemiyorlardı. Deniz, karşılarında dünyaya açılmış mavi bir kapıydı. Mısırlı, denizi bile aşılmaz bir duvar sanırdı.

Kâhinler, deniz tuzunun, kötü deniz tanrısının ağzından akan köpükler olduğunu, bunu sofraya koymanın günah sayıldığını söylerlerdi.

Yüzyıllar boyunca Mısırlılar, daracık evlerinden uzaklaşmamışlardı.

Zamanla, bereketli Nil vadisi, daha çok buğday vermeye başladı. Ve insanlar bu nimeti, tam anlamıyla hak etmişlerdi; çalışmış, kanallar açmış, bent ve setler kurmuşlardı. Nil'in sularını tarlalara akıtarak tarlaları kuraklık tehlikesinden kurtarmışlardı.

İnsanlar, toplu halde, yarı bellerine kadar suda çalıştıkları halde, yine de yapılacak işlere adam yetmiyordu. Artık eskiden yapıldığı gibi, savaş esirlerini öldürmekte ve ellerini kesmekte hesap yoktu. Esirlere, çalışabilmeleri için elleri bağışlanırdı.

Tapınaklardan birinin duvarındaki kabartma resimlerde, elleri dirseklerinden bağlı esirler, Mısırlı askerlerin ardınca güçlükle yürüyorlar. Daha çabuk yürümeleri için sopalarla tartaklanıyorlar. Bunlar yabancı oldukları için, «şeytanın oğulları»ydılar.

Daha «köle» sözü yoktu. Yepyeni, alışılmadık bir şey olan kölelik, eski sözlerle ifade ediliyordu. Esirlere «öldürülmüş canlılar» diyorlardı.

Bu acayip sözlere, tapınakların ve mezarların duvarlarında gittikçe daha sık rastlanmaya başlamıştı. «Öldürülmüş canlılar» kanal açıyor, bent ve setler kuruyorlardı.

Mısır'da hayat değişiyordu. İlkel toplum düzeninin yerini kölelik alıyordu.

Bir zamanlar bütün toplulukça birlikte yapılan iş, daha sonra yüzlerce insan arasında bölünmüştü.

Mezar duvarlarında, çiftçi ve zanaatçıları çalışırken gösteren resimler vardı. Çömlekçi çömelmiş, elle tezgâhını çevirir. Marangoz testereyle tahta keser. Kunduracı, bir tabureye oturmuş, sandal diker. Demirci, kâh bir ayağıyla, kâh öbürüyle körüğe basarak, ocaktaki ateşi körükler. Çiftçi, iki uçlu bir üvendireyle öküzleri dürterek çift sürer.

İş bölümü olan yerde değiş tokuş da vardır. Mezarların ve tapınakların duvarlarındaki çalışan insan tasvirlerinde, alış-veriş eden insanlar da görüyoruz. Sepetinin önünde diz çökmüş bir balıkçı, balık verip demirciden bir deste olta iğnesi alıyor. Çiftçi, meyveleri bir çift sandala değiştiriyor. Avcı, içinde kuş bulunan bir kafesi verip boncuk alıyor.

köyde önce her şey ortaktı

Önceleri köyde her şey ortak olup tarlalarda hep birlikte çalışılırken, artık toprağın arslan payı zenginlerin ve soylu kişilerin elindeydi. Yoksullara kalansa devede kulaktı. Zengin, tarlalarını kendisi işlemez, kölelerine işletirdi. Çift sürme ya da ürün toplama zamanıysa, özgür köylüler de zenginin tarlalarında çalışırlardı. Zengin öldükten sonra bile köylüler, mezarına armağanlar götürürlerdi. Bir mezar duvarında, ölenin ruhu için kurbanlık kuzular, başları üzerinde meyve dolu sepetler, şarap dolu testiler taşıyan erkekli kadınlı köylüler tasvir edilmiştir.

Mısırlıların yaşadıkları dünya hâlâ dardı. Yüzyıllar geçtikçe, yurtlarından daha çok çıkmaya başlamışlardı. Yol gösteren savaş tanrısı Vepuat, kendilerine önderlik ediyordu. Mısırlılara esir gerekti. Esir de ancak savaşta elde edilebilirdi. Mısırlılara inşaat için sedre ağacı, balta yapmak için bakır, kurdukları saraylar, tapınaklar ve mezarlar için altın ve fildişi gerekliydi.

Mısırlılar, yabancılarla gittikçe daha çok karşılaşmaya başlamışlardı.

Mısırlılar, yabancının da insan olduğunu anlamaya başlamışlarsa da, bunların kendileri ölçüsünde insan olduklarını anlamaktan çok uzaktılar daha.

Mısırlıya göre, yabancı zavallı, hor ve hakir görülen bir insandı. Güneş tanrısı Ra, yabancılardan nefret ederdi. Güneş, yabancılara değil, Mısırlılara ışırdı. Varlığını ele geçirmek için yabancıyı öldürmek günah değildi.

Kılıç gücüyle alamadıklarını, komşularına buğday, araç ve süs eşyaları verip de alıyorlardı.

Mısır'ın güney sınırında, Fil Adası'nda, Mısırlılarla, komşuları olan siyah derili fil avcıları Nubyalılar karşılaşırlardı. Mısırlılar, bakır bıçaklarını, gerdanlıklarını, bileziklerini yere serer, Nubyalılar da fildişi ve içinde altın bulunan kum getirirlerdi.

Derken pazarlık başlardı.

Zamanla, bu değiş tokuşun yapıldığı yere «fiyat» anlamına gelen «sevene» denmeye başlandı.

Kuzeyde yaşayan öbür komşularsa, mallarını Mısır'a kendileri getirirlerdi. Fenike gemicileri, Mısır kıyılarına gittikçe daha çok uğramaya başlamışlardı. Denizciler, gemiyi kıyıya çekip halatlarla iskeledeki taş babaya sağlamca bağladıktan sonra, ağaç kütüklerini ve bakır filizlerini boşaltmaya girişirlerdi.

O zaman yaşayan insanların alışverişi hem ziyaret, hem ticaretti; böylece yeryüzünü de öğreniyorlardı. Adalara, dağlara, vadilere ad verilmeye başlamıştı. Bu adlara bakarak, bir ülkede ne gibi zenginlikler bulunduğunu hemen söylemek mümkündür.

Fenike'nin Sedre Vadisi'nde Sedre Ormanları vardı. Bakır Adası denen Kıbrıs'tan bakır getirilirdi. Malakit Yarımadası'nda, (bugünkü Sina Yarımadası), Malakit denen yeşil bakır taşı çıkarılırdı. Şimdi Toros Dağları denilen Gümüş Dağlar'dan da gümüş elde edilirdi.

Vaktiyle insan, dünyada en küçük şeyin kum, en büyük şeyin de dağ olduğunu sanırdı. Bugün bile, çok büyük bir şeye «dağ gibi», çok küçük bir şeye de «kum» tanesi kadar» derler.

Zamanla insan, yaşadığı dünyanın sınırlarını genişletmeye başlamıştı. Dağlara çıktığında bunların göğe değmediklerine şaşmıştı. Taşı cilalarken, dökülen tanecikle-re ve meydana gelen çiziklere dikkatle bakardı.

İnsan, gözle görülmeyen zerrecikler dünyasına gittikçe daha fazla dalıyordu. Küçük şeyler dünyasının karanlıklarında, kör gibi el yordamıyla ilerleyerek, madene giden yolu arıyordu. «Bakır evi» denen demirhanede mucizeler yaratabilen demirci, ateşin yardımına başvuruyordu. Ateş de maden filizinin içindeki atomları, yani bakır zerreciklerini bağlayan zincirleri koparıyor ve bakır pırıl pırıl parlayarak akıyordu.

İnsan en küçük şeyler dünyasında, büyük şeyler dünyasının kapılarına bir anahtar bulmak için, maden filizi parçasını, esrarengiz bir kutuyu açar gibi açmaya uğraşıyordu. Yani filizden maden eritiyor, madeni baltaya çeviriyor, baltayla gemi yapıyor, gemiyle de denizleri fethederek büyük dünyaya hâkim oluyordu.

Fenikeliler, Lübnan Dağları'nın eteklerindeki Sedre Vadisi'nde yüz yıllık ulu ağaçları kesiyor, gemi ustaları keskin baltalarla ağaç gövdelerini yontuyorlardı.

Uzunca bir kiriş kesip, gerilen bir ipe göre tesviye ettikten sonra, belkemiğine kaburga geçirir gibi kirişe tahtalar geçirirlerdi.

En üstte de, kaburgaları bağlamak için bir güverte döşenirdi. Arka kısmı balık kuyruğu, burun kısmı da kuş başı şeklinde yapılırdı.

Fenikelileri, bilinmeyen dünyaya götürecek «acayip hayvan» işte buydu. Sudayken balık gibi batmasın, dalgaların üstünde de kuş gibi uçsundu.

İyi ama, Fenikeli gemicilerin, geminin arka kısmına özene bezene taktıkları tahta insancık da ne oluyordu? Bu, küçük çekiç tanrısı, cüce Puam'dı. Uzun deniz yolculuğunda onu beraberine almamak olmazdı. Çünkü Malakit yarımadasının karanlık maden ocaklarından filiz çıkarmaya yardım eden oydu. Demirhanede baltayı o dövmüştü. Ustalar gemi yaparlarken, durmadan çalışan yine oydu. Küçük zerrecikler dünyasından çıkmış olan bu cüce tanrı, kendi yaratığı olan gemiyi, büyük dünyanın enginliklerinde korumalıydı.

Yüzyıllar gelip geçiyordu. Zamanımıza artık beş bin değil, dört bin yıl kalmıştı.

Fenike gemileri Akdeniz'i karış karış dolaşıyorlardı. Gittikçe uzaklaşa uzaklaşa adalara ve kıyılara kolonistler çıkarıyor, ticaret noktaları ve koloniler kuruyorlardı.

Fenikeliler, okyanusun kapılarına kadar vararak, karşılarında Cebelitarık kayalarını görmüşler ve bunlara Melkart'ın Sütunları demişlerdi.

Melkart bir Fenike tanrısıydı. Fenikeliler Tir şehrinin surlarını, onun ördüğünü sanırlardı. Kimse daha ötelere gitmeye cesaret etmesin diye, denizden okyanusa çıkılan yerdeki bu sütunları da o dikmişti.

«Dur, der gibiydi Melkart denizciye. Daha ileriye gitme. Zaten yurdundan uzaklardasın. Burada, dünyanın sonunda bari dur!»

Denizciler, yüzyıllarca bu yasağı çiğnemeye cesaret edememişlerdi. Cebelitarık geçidinin arkasında görünen uçsuz bucaksız okyanus korkunçtu. Fakat bilinmeyen ülkelerin servetleri, cesur tüccarları çekiyordu.

Çok kürekli gemiler birbiri ardınca okyanusa açılıyorlardı. Kürekleri her çekişte, oturdukları yere bağlanmış kürekçilerin zincirleri çınlardı. Kölelerin, alnındaki damgaları örtülmesin diye tıraş edilmiş başlarından ter damlardı.

Küreklere her asılışta mesafeler genişliyordu. Fenikeli tüccarlar, vahşi insanların yaşadığı İspanya ve Fransa kıyılarınca Kalay Adası denen İngiltere'ye, Kehribar kıyısı denen Baltık ülkelerine kadar giderlerdi.

İnsanlar yeryüzünde dolaşırlarken yer yuvarlağı da güneşin etrafında dönmeye devam ediyordu.

Yeni yeni yüzyıllar gelip geçiyordu. Artık zamanımıza dört bin yıl değil, yirmi sekiz yüzyıl kalmıştı. İnsan emeğinin devirleri takviminde demir devri başlıyordu.

Küçük Filistin'de padişah Süleyman gemi yaptırıyor

ve komşusu ve dostu, Fenike padişahı Hiram'dan, denizleri iyi bilen gemiciler istiyordu. Bu gemilere binen Yahudiler ve Fenikeliler, Kızıldeniz yoluyla uzak Hindistan'a giderek, oradan saray ve tapınaklar için altın, gümüş, fildişi, sonra maymun ve sülün getiriyorlardı.

Denizciler, dünyanın duvarlarını gittikçe arkaya itiyorlardı.

Yine de kıyı kıyı gidiyor, denize açılmaktan korkuyorlardı.

Açık denizde insan, yolunu hemen kaybedebilirdi. Çünkü denizle kara, iki ayrı dünyaydı. Lübnan Dağları'nda yolcu, daha önce açmış olduğu kendi izlerinden yürür, yani baltayla sedreler üzerinde oyduğu işaretleri izleyerek giderdi.

Arabistan çölünde, eski bir konak yerinde bir yığın kül bulunabilirdi. Kervan yolunda kapkacak kırıntıları, koyun ve deve kemikleri göze çarpabilirdi.

Taşlar bile konuşur, yolun bulunmasına yardım ederlerdi. Bunun için, yollardaki kara işaret taşına, bir tanrı gibi taparlardı.

Yer, binlerce işaretle insana yol gösterir, insan da yerdeki tepe ve vadilere dikkatle bakarak dünyayı dolaşırdı.

Denizde bütün dalgalar birbirine benzerdi. Altta mavi denizden, üstte de mavi gökyüzünden başka bir şey yokken, insan nasıl kaybetmezdi yolunu!

Denize bakmak faydasızdı. Ve denizci, böyle hallerde asıl yukarıya bakmak gerektiğini anlamıştı.

Başını gökyüzüne kaldırarak, yıldızlar arasında yolunun işaretlerini aramaya başlamıştı.

Öğleye kadar güneş, denizciyi güneye götürür, geceleri de Küçük Ayı, kuzey yolunu gösterirdi. Küçük Ayı'ya Fenikeliler Araba derlerdi. Bu, karada da, denizde de yolcuların yıldız kümesi idi.

Böylece insan, güneşi ve yıldızları gözleyerek gezegenini tanıyordu. İnsan, kendi gezegenindeki dünyanın anahtarını arıyor ve bunu, uçsuz bucaksız yıldızlar âleminde buluyordu...

Bir zamanlar deniz, kabileleri ayırmışken şimdi birleştiriyordu.

Kapkacak, kumaş ve kölelerle birlikte görenek ve töreler, inançlar, ustalıklar denizleri aşıyordu. Resim-yazı, Mısır'dan Fenike'ye, Fenike'den Yunanistan'a geçerken, yolda değişerek harflere çevrilmişti.

Her Fenike gemisinde not alan, hesap tutan, okur yazar bir adam bulunurdu. Çünkü dönüşte gemi ve mal sahibine inceden inceye hesap vermek gerekirdi.

Fenike gemileriyle Asya'dan Avrupa'ya yalnız keskin Filistin şarapları ve ergüvani Sidon hitonları değil, dünyanın ilk alfabesi de gidiyordu. Fenike dilindeki galer (bir çeşit eski zaman gemisi, kadırga), vino (şarap), hiton (bir çeşit gömlek) ve alfabe gibi kelimeler, Avrupa ve dünya dillerinde değişmiş şekillerde bugüne kadar yaşıyor.

Uluslar yok oluyor, devletler çöküyor, papirüs ruloları yangınların alevlerinde kül oluyordu. Harflerse kaybolmuyor, yanmıyordu. Zaman bile bunları aşındıramıyordu.

İnsanlığın, hafif, fakat sağlam bir köprü gibi bir ulusu öbürüyle, bir yüzyılı başkasıyla birleştiren bu yirmi otuz işaretten daha büyük serveti yoktu.

Harfler olmasaydı, insan düşüncesinin yüzyıllar boyunca yarattıklarını, hangi bellek saklayabilirdi? Yazıyı bilen bir kimse için belleğin sınırları yoktu. Çoktan kaybolmuş bir dünyayı yeniden canlandırmak, mevcut olmayanı görmek, susmuş olan bir kimsenin sözlerini işitmek için, harfleri yardıma çağırmak yeterdi.

Harfler, ulustan ulusa, kuşaktan kuşağa geçerek, dirileri ve ölüleri, yakın ve uzak uluslarla kuşakları, ebediyen canlı bir insanlık halinde birleştiriyordu...

Denizciler, bilmedikleri kıyılara yanaştıklarında, keşifçiler gönderirlerdi. Burada kimlerin yaşadığını öğrenmek lazımdı: «Gerçeği bilmeyen vahşiler mi, yoksa tanrılara saygı besleyenler mi?»

Deniz aşırı ülkelerden gelenleri, ev sahiplerinin sık sık mızrak ve ok yağmuruyla karşıladıkları olurdu. Bu, davetsiz misafirlere ders olur ve başka sefer daha tedbirli davranırlardı. Mallarını kıyıda bırakıp ateş yakar, kendileri de denize açılırlardı.

Dumanı gören ev sahipleri, dikkatle yaklaşarak, bırakılan armağanları alır, kendileri de misafirlere kendi armağanlarını bırakırlardı. Böylece insanlar, birbirlerini görmeksizin karşılaşırlardı.

Tüccarlar, artık iyice bildikleri kıyılara yanaştıkları zamansa mesele değişirdi. Gemi kıyıya çekilerek, mallar geminin arka kısmına bir tezgâha serilirdi. Kadınlar geminin çevresini alırlardı. Yerli önderin kızı da arkadaşlarıyla birlikte gelirdi.

Alış veriş hadisesiz geçerdi. Mallar satılıp geminin suya indirildiği son dakika, kurnaz tüccarların, birden hayduta, müşterilerin mala çevrildiği de olurdu.

Kadınlar yakalanıp gemiye götürülürdü. Halk, feryatlara koşarsa da, iş işten geçmiş olurdu. Rüzgâr ak yelkeni şişirir, kürekçiler hep birlikte küreklere asılırlardı.

Gemi uzaklaşa uzaklaşa küçülüp kaybolurdu.

Anneler ağlar, saçlarını başlarını yolar, elbiselerini paramparça ederlerdi. İhtiyar kadınlar: «Ne yaparsın, tanrılar böyle istemiş. Önderin mağrur kızının bile kaderi buymuş» diyerek teselliye çalışırlardı.

anlaşılmaz yeni dünya

Gemiler gitikçe daha uzaklara açılıyorlardı. İnsanların karşısında sır ve mucizelerle dolu, kocaman yeni bir dünya duruyordu.

Mucizeler ülkesine düşmek için, bilinmeyen, yabancı bir kıyıya yanaşmak yeterdi.

Bu yeni dünyada insanlar, gözleriyle gördüklerini ve kulaklarıyla duyduklarını daha pek iyice anlayamıyorlardı.

Anlamadıkları yabancı bir dil, onlara yarasa çığlığı, ya da kuş cıvıltısı gibi geliyordu.

Bunlara göre, yüksek bir dağ, gölü tutan bir direkti.

İlk defa gördükleri büyük maymunları, kıllı erkek ve kadın sanmışlardı. Bu kıllı insanlar, kendilerine yaklaşıldığında tırmalayıp ısırıyorlardı.

Kıyıdaki bozkırda gördükleri bir yangını, denize akan geniş bir ateş ırmağı sanmışlardı...

Yeni dünyaya dalabilmesi için, insan kendisi de yenileşmeli ve başkalaşmalıydı.

İnsan, atın dört hızlı ayağına, sabırlı ve dayanıklı deveye hâkim olmuş, bu da kendisine çöl ve bozkırın kapılarını açmıştı. Yüzgeç vazifesini gören kürekler yapıp denizlerde dolaşmayı öğrenmişti. Yabancı ülkelere gidip önceleri hiçbir zaman görmediği şeyleri görmüştü. Yalnız görülmemiş olanı görmek değil, anlaşılmayanı anlamak da gerekiyordu. En güç olanı da buydu. Çünkü insan, çoğu hallerde, her şeyi baba ve dedelerinden miras kalan, alışılmış eski ölçülerle ölçerdi. Yeni bir şey görünce, onda eskiyi arar, bulamayınca da şaşırır, gördüğünü anlamazdı.

Bir zamanlar Mısırlılar, dünyada kendi ırmaklarından başka ırmak yok sanırlardı. Bu ırmak, güneyden kuzeye akar ve Mısırlılar bunun başka türlü olabileceğini düşünmezlerdi. «Kuzey» yazmak istediklerinde, ırmağın aktığı yönde ilerleyen, yelkensiz bir gemicik çizerlerdi. «Güney» yazmak için de, akıntıya karşı yelkenli bir gemi çizerlerdi.

Zamanla Mısırlılar, dar yurtlarından çıkıp başka ırmaklar gördüler. Fırat'a vardıklarında, bu ırmağın kendilerininki gibi güneyden kuzeye değil, kuzeyden güneye aktığına tanık oldular.

Bu, Mısırlıları öylesine şaşırttı ki, keşiflerini, torunları da bilsinler diye yazıp ebedileştirmeyi kararlaştırdılar. Firavun Birinci Tutmos'un emriyle, taş sınır direğine «Fırat'ta su, tersine dönmüş geriye akıyor ve yukarıya gidiyor» sözleri yazılmıştı.

Alışılmış küçük dünyalarının dışında, Büyük Dünya'ya düştükleri zaman, birçok şeyler Mısırlıları şaşırtmıştı. Irmağın, tarlalarını sulamasına alışmışlardı. Mısır'da yağmur çok seyrek yağardı. Nil taşmasaydı, bütün ülke çoktan çöl haline gelirdi.

Derken Mısırlılar, yabancı ülkelere gittiler ve orada tarlaları, yer Nil'inin değil, gök Nil'inin suladığını hayretle öğrendiler. Mısırlıların gök Nil'i dedikleri yağmurdu. Bizim için yağmur, alelade bir şeydir. Mısırlılar içinse, gökten dökülen mucizevi bir ırmaktı.

Mısır'ın sınırları gittikçe genişliyordu. Sınır direklerindeki yazılar, «dünyaya enine boyuna, doğuya ve batıya hâkim» firavunları övüyorlardı.

Bildikleri dünyanın sınırları genişledikçe Mısırlılar dünyanın tek ve en iyi insanları olmadıklarını daha iyi anlıyorlardı.

Mısır elçileri, Babil'i kuşatan sağlam kale surlarını gördüler. Bunlar o kadar genişti ki, üzerinden yan yana dört at geçebilirdi. Elçiler Babil'de asma bahçeler gördüler. Burada, havada sarkarcasına ulu ağaçlar bitiyor, göllerde kuğular yüzüyordu. Babil'de kademe kademe yükselen tapınaklar, elçilerin, dikkatini çekmişti. Bilgelikleriyle övünen Mısırlılar bile, Babilonlu kâhinlerden birçok şeyler öğrenebilmişlerdi.

Mısırlılar yabancılara, onların töre ve geleneklerine, inançlarına gittikçe daha fazla saygı göstermeye alışıyorlardı. Hatta bu o kadar ileri gitti ki, önceleri yalnız öz kızkardeşleriyle evlenen firavunlar, yabancı hükümdar ailelerinden gelin almaya bile başladılar. Tapınaklardan birinin duvarındaki yazılarda kötü hava şartlarına, kuzey ülkesinde kara kışa rağmen, Etiler kraliçesinin, firavuna eş olmak için, Mısır'a hareket ettiği anlatılır.

Daha dün, toprağı sulayan gök Nil'ine bakarak şaşan Mısırlılar, artık göğün yere, yalnız yağmur değil, kar da gönderdiği ülkeler bulunduğunu öğrenmişlerdi.

İnsanlar yeniyi görüyor ve yeni tarzda düşünmeyi öğreniyorlardı. Düşünmekse, o zaman inanmak demekti. Çünkü o çağlarda bilgi, dinle sımsıkı bağlıydı.

Bir zamanlar her şehrin kendi tanrısı vardı. Şehri koruduğuna, halkının atası olduğuna inanılan bu tanrı, yalnız kendi halkını sever ve yabancıları esir etmede onlara yardım ederdi.

Zamanla bir şehri öbüründen, bir kabileyi başkasından ayıran duvarlar, sınırlar, yıkılmaya başladı.

Başka başka kabilelerden insanlar ilkin düşmanca, birbirlerini hor görerek ve birbirlerine güvenmeyerek, sonralarıysa gittikçe daha uysal karşılaşıyorlardı. Yalnız savaş meydanlarında değil, pazarlarda, limanlarda, tören günlerinde tapınakların önlerinde de bir araya geliyorlardı.

Değişik dillerde konuşan, başka başka tanrılara tapan insanlar, kalabalıkta birbirine karışıyordu. Yabancı tanrının yüzüne hayretle bakıyor ve onda tanıdık çizgiler buluyorlardı. Osiris adlı Mısır tanrısında Fenikeliler, kendi tanrıları Adonis'i, ölen ve yeniden dirilen doğa tanrısını görüyorlardı.

Her ilkbaharda Mısır'da, papirüsten bir küre yapılırdı. Bu, Set adlı kötü tanrının öldürdüğü Osiris'in başıydı. Osiris'in başı sanılan papirüs küre, deniz yoluyla Fenike'ye gönderilir, orada kadınlar tarafından ağıtlarla karşılanırdı. Adonis - Osiris dirilir ve ilkbahar bayramı, yani bütün halklarca kutlanan yeniden doğuş bayramı başlardı.

İnsanlar yalnız kendi tanrılarına değil, yabancı tanrılara da inanmaya başladılar. Mısır'a İstar adlı tanrıçanın heykelini gönderen Babil Hükümdarı, Firavun'a yazdığı mektupta şöyle der:

«Bütün ülkelerin hâkimi, Ninova İstar'ı: ben Mısır'a, sevdiğim memlekete gidiyorum, derdi.»

Çok geçmeden insanlar, bütün halkların koruyucusu bir dünya tanrısına inanmaya başladılar. Mısır Firavun'u Ehnaton, bu yeni tanrıya bir tapınak yaptırıp şerefine şunları yazdırdı:

«Yüzyılların hâkimi, ne güzel doğarsın sen! Işınların bütün insanlığı aydınlatır. Sen ışınlarını gönderdiğin zaman, tüm ülkeler bayram eder.»

Vaktiyle Mısırlılar, güneşin yalnız kendilerine doğduğunu sanırlardı. Karşılarında dünya açıldıkça, güneşin en uzak halklara da parladığını gördüler ve yukarıdaki sözlere şunları eklediler:

«Sen uzak halklara da hayat verdin. Onlara gökten Nil gönderdin.»

Mısırlılar yalnız kendilerini insan sayar, tanrıların yabancıları sevmediklerini sanırlardı.

Zamanla yabancıları daha yakından öğrendiler. Ve öyle bir an geldi ki, Mısır'da yabancılar, yerlilerden çok oldu. Yabancı ücretli askerler, Firavun'un arabasına refakat ederlerdi. Yabancı tüccarlar uzak ülkelerden mal getirirlerdi.

Dünya tanrısı şerefine yazılan yazıda şunlar da vardı:

«İnsanların konuştukları diller çeşitli, derilerinin rengi başka... Ama sen, herkese yer veriyor ve gereken her şeyi gönderiyorsun...»

Hangi dilde konuşursa konuşsun, her halka yeryüzünde yer vardı...

Böylece daha Ehnaton zamanından, yani üç bin yıl önce, dünyanın sınırları öylesine genişlemişti ki, Nil kıyılarından, yabancı ülkeler görülmeye başlamıştı. Ve Mısır tapınaklarının duvarlarında, ilk kez olarak «insanlık» sözü belirmişti.

Ehnaton gibi uzağı görenler azdı. Kuvvetli ve soyluları amansızca izleyen ve yabancılara, o zaman «küçük insanlar» denenlerin kendisine yaklaşmalarına engel olmayan bu hükümdarın, çok düşmanı vardı. Ölümünden sonra iktidar yeniden kâhinlerin ve soyluların eline geçti. Ehnaton suçlu ilan edildi. Adı, mezar ve tapınakların duvarlarından kazındı.

Etrafta uçsuz bucaksız büyük bir dünya vardı. Fakat eski kafalılar, daha Mısırlılar daracık dünyalarında yaşarlarken doğmuş olan eski inançlara yapışıp kalmışlardı.

Ve bu yalnız Mısır'da böyle değildi.

Yüzyıllar sonra Yunanistan'da da böyleydi.

Yunan denizcileri denizlerde dolaşıyor, yeni ülkeler keşfediyorlardı. Kuzeyde İskitya'ya batıda Sicilya ve İtalya'ya kadar gitmişlerdi. Gemilerinde kapkacak, kumaş, süs eşyaları götürür, buğday, şarap ve yağ getirirlerdi.

Eskiden her Yunan ailesinde kadınlar iplik eğirir ve kumaş dokurlardı. Her köyün bıçak ve kılıç yapan kendi demircisi, kapkacak yapıp desenlerle süsleyen kendi çömlekçisi vardı.

Zamanla herşey değişmiş, Yunan şehirlerinde hayat başkalaşmıştı. Ustanın biri kapkacak yapıyor, başkası da bunları süslüyordu. Bir demirci kılıç, öbürü de zırh yapıyordu. İş, yalnız ustalar arasında değil, şehirler arasında da bölünmüştü.

Milâs yünlü kumaşlarıyla, Korint zırhlarıyla, Atina da süslü vazolarıyla ün salmıştı.

Önceleri her çiftçi kendi pişirdiği ekmeği yer, kendi bağında yetiştirdiği üzümün şarabını içer ve kendi koyunlarının yününden, evde dokunmuş aba giyerdi. Sonraları birçok Milâslı dokumacı, dedelerinin çiftçi olduklarını hatırlamaz olmuştu.

Buğday ekmek, asma yetiştirmek nesine gerekti? Dokuduğu kumaşları, deniz aşırı ülkelerden getirtilmiş ekmek ve şarap karşılığında tüccara satmak daha kârlıydı.

Milâs limanından her gün, iri kara gövdeli gemiler kalkıp uzak ülkelere, İtalya'ya ve İskitya'ya giderlerdi. Orada, yabancı kıyılardaki Yunan kolonilerinde, Yunanlılarla yerli halk arasında değiş tokuş yapılırdı.

Karadeniz kıyılarındaki Olviya'da Milâslı tüccarlar, İskit beylerine siyah şekillerle süslü vazolar ve zengin nakışlı yünlü kumaşlar satar, bunlara karşılık gemilerine buğday doldururlardı.

Yunan denizcilerinin bildikleri dünya, gittikçe genişliyordu.

İhtiyarlar çocuklara, bilinmeyen yabancı ülkelerde yaşayanların canavar oldukları hakkında masallar anlatmaya devam ediyorlardı.

Mesina Boğazı'nda, artık Yunan şehirleri peyda olmuştu. Buna rağmen, Yunanlılar, hâlâ daha bu dar boğazda denizcileri gözleyen canavarların, yani Shika ile Karibdes'in yaşadıklarına inanırlardı.

Dünyanın sınırları Kalay Adası'na, Kehribar kıyısına, İskitya'ya ve Hindistan'a dayanmıştı. Fakat birçokları Dünya'yı hâlâ daha Odiseüs zamanındaki gibi dar ve küçük tasavvur ediyorlardı.

Bu küçücük dünyada, yuvarlak ve yassı yeryüzünü, bakır gökkubbe, bir sahan kapağı gibi örterdi. Batıda ve doğuda iki kapı vardı. Her sabah şafak tanrıçası, doğu kapısını açar ve kanatlı dört at koşulu arabası, yani Güneş, gök kabuğuna yükselirdi. Akşamleyin de batıda, Okyanusun ardında batı kapısı açılır ve yorgun atlar, gökten Gece ülkesine inerlerdi.

Odiseüs'ün yurdu İtaka Adası'nın yakınlarında beyaz bir kara vardı; Leukes kayası. Hemen arkasında, yeraltı ülkesinin kapıları açılırdı. Yunanlıların kanısına göre, yeraltı ülkesindeki çayırlarda solgun asfodelus çiçekleri biter, bulut kümeleri halinde ölülerin gölgeleri uçuşurdu.

İnsanlar bu güzelim masalları dinliyor ve gözleriyle gördükleri gerçek dünyayı unutuyorlardı.

Bu insanlar, denizler aşmış ve dünyalarının sınırlarını genişletmişlerdi. Fakat büyük yeni dünyaya düşünce, yeni bir engelle, yani görülmez olmakla beraber çok sağlam, alışılmış görüşler ve kökleşmiş tasavvurlar duvarıyla karşılamışlardı.

Eski tanrılar bu duvarı koruyor, savunuyorlardı. Onu yalnız bilim yıkabilirdi.

bilimin ilk sözü

Çoğu zaman bilimin «son sözü» şöyledir, böyledir deriz.

Ya bilim ilk sözünü ne zaman söylemişti?

Eğer bildiğimiz ilk bilim eserinin doğduğu zamanı, bilimin ilk sözü olarak kabul edersek, bu söz Milât'tan 547 yıl önce, Yunan şehri Milâs'ta söylenmiştir. «Doğu Hakkında» başlıklı bu eseri Milâslı Anaksimandros yazmıştır.

O halde 1953 yılında bilim, iki bin beş yüz yaşına girmişti.

Fakat bilim daha yaşlı değil mi? Anaksimandros'un öğrencileri vardı da, öğretmenleri yok muydu? Vardı tabii. Biz onun da öğretmeni olduğunu biliyoruz. Bu, Milâslı tüccar, denizci ve bilgin Tales'ti.

Milâttan önce 585 yılında Milâs halkı, güneşin tutulduğunu bir defa daha görmüştü. Güneş tutulmaları, önceleri de olur ve her zaman şehirde büyük heyecan doğururdu. Bu sefer halkı, güneşin tutulmasından çok, bu olayın önceden hesaplanıp haber verilmiş olması şaşırtmıştı. Ve bunu haber veren, hemşehrileri Tales'ti.

Tales de ilk bilgin değildi. Onun da öğretmenleri vardı. Bir söylentiye göre, Tales gemiyle Mısır'a tuz almaya gitmiş ve orada piramitlerin yüksekliğini ölçmeyi öğrenmişti. Güneş tutulmalarını hesaplamayıysa Tales, Babillilerden öğrenmiş olsa gerek.

Bilim Milas'ta doğmamış, oraya başka ülkelerden gelmişti. Milâs, boşuna dünyanın dört tarafına giden deniz ve kara yolları kavşağında bulunmuyordu.

Her gün limandan Milâs yapağısı ve vazolarıyla yüklü, iri kara gövdeli gemiler kalkardı. Bunlardan bazıları

İskit'ler ülkesindeki Olviya'ya, bazıları da Mısır'daki Havkratis'e, ya da İtalya'daki Sibaris'e giderdi.

Karadan da, bağlarla zeytinliklerin bulunduğu ovaların, merinos sürülerinin otladığı meraların yanından, doğu'ya; yani Libya'ya, İran'a ve Babilon'a giden kervanlar ağır ağır geçerdi.

Babilon'da her tapınak, aynı zamanda bir gözetleme ve düşünme yeriydi. Hatta tapınak, dış görünüşüyle bile evreni, gezegen ve yıldızları hatırlatmalıydı. Bu, dağ bir ev, evren eviydi. Birbiri üstüne oturtulmuş yedi kulesi, göğe yükselen dev bir merdivenin basamaklarına benziyordu. Gökteki yedi yıldıza göre, yedi basamak yapılmıştı. Tapınağın dibindeki mermer havuz, Babillilerin inançlarına göre, dünyanın peyda olduğu su deryasını temsil ederdi. Etrafta sıra sıra sütunlar, bunların ötesindeki yüksek duvarın arkasında da laboratuvarlar, okul, kitaplık ve arşiv vardı.

Küçük dar bir oda olan okulda, öğretmenin dizinin dibinde öğrenciler otururdu. Açık havalarda öğrenciler, balçıktan defter ve kitaplarını alıp tapınağın avlusuna çıkarlardı.

Yandaki kitaplıkta, balçık levhacıklara yazılmış bu kitaplardan yığınlarla vardı. Bunlarda binlerce yılın bilgisi toplanmıştı. «Enuma eliş», yani «daha yukarıda» sözleriyle başlayan levhacıklardan birinde, «yukarıdaki göğe ve aşağıdaki toprağa daha ad verilmemişken», yani yerle gök yokken, olup bitenler anlatılırdı.

Ve dünyanın doğuşu hakkındaki hikâye yedi levhada anlatılmıştı.

Balçık levhalara yazılmış başka kitaplarda, «otlayan koyunlardan», yani yıldızlardan ve «yedi koçtan», yani gezegenlerden, güneşin geçtiği Zodyak kuşağı üzerinde yer alan takımyıldızlardan, yılın gün ve aylarının hesaplanmasından, yıldızların büyüklüğünden, güneş tutulması hesaplarından bahsedilirdi. Burada çeşitli el kitapları, ülkelerin, dağların, ırmakların, kanalların, tapınakların listeleri, sonra sözlükler, okuma kitapları, gramer örneklerinden derlemeler vardı. Tıp el kitapları ve ilk coğrafya haritaları da buradaydı. Bunlarda dünya, daire şeklinde çizilmişti. Dünyayı, «Acı Irmak», yani Okyanus kuşatıyordu. Dünyanın ortasındaki dağlardan Fırat Irmağı akıyordu. Fırat'ın sağ ve solunda da, dairecikler şeklinde, dünyanın bütün ülkeleri gösterilmişti.

Kitaplıkta zooloji kitapları da vardı. Bunlarda bütün hayvanlar sınıflara ve türlere ayrılmıştı. Bir sınıfta kuşlar, başka bir sınıfta balıklar, bir başkasında da dört ayaklılar toplanmışlardı. Dört ayaklılar da köpeklere, eşeklere ve öküzlere bölünmüşlerdi. Bu listede arslan, köpekler arasında, at da eşekler arasındaydı. Herhalde Babilliler, arslanı da, atı da köpek ve eşekten sonra tanımışlardı.

Kitaplıkta matematik kitapları da az değildi. Babilliler dört işlemden başka şeyler de bilir, sayıların karelerini, küplerini hesaplamayı, yine kare, küp ve başka kökler bulmayı, ikinci dereceli denklemler çözmeyi becerirlerdi. Dairenin çevresini ve piramidin hacmini ölçmeyi de bilirlerdi. Dairenin çevresini çapına bölerek, sonraları matematikçilerin sık sık karşılaştıkları π'yi bulmuşlardı. Gerçi Babilliler bu sayıya yaklaşık olarak: $\pi = 3$ demişlerdi.

Biz de hesaplarımızda π'nin yaklaşık değerini, yani 3,14 kullanmaz mıyız?

Biz de, Babilliler gibi, daireyi 360 dereceye, yılı 12 aya böleriz. Bizim haftamızda da 7 gün var, çünkü Babilliler 7 gezegen bilirlerdi (ay ve güneşi de gezegen sayarlardı).

Babillilerden sonra Fransızlar da pazartesiye Ay günü, salıya Mars günü, Çarşambaya Merkür günü, perşembeye Jüpiter günü, cumaya da Venüs günü derler. Almanlar ve İngilizler, pazara güneş günü derler, çünkü eski Samiler, yani Babilliler öyle derlerdi.

Saatin kadranına baktığımızda, işaretler ve çizgicikler görürüz: on iki saat ve altmış dakika. Günü ve saati böyle bölen yine Babillilerdi.

Milâs'tan çıkıp, bilimin izinden yürüyerek Babil Tapınağı'na geldik. Fakat izler zinciri, tapınağın avlusunda durmayıp daha ötelere, Fırat kıyılarındaki sulama kanallarına, bent ve setlere, dünyanın ilk su kemerlerine, Babil tüccarlarının bürolarına, hükümdar sarayının kapısına kadar gider.

Tapınakta kâhinler bilimle uğraşırdı. Niçin uğraşırlardı? Çünkü gerekliydi. Okullarda çocuklara dualar ve tanrılar hakkında destanlar ezberletilirdi. Bununla birlikte, toprak kesimlerinin yüzölçümünü ölçmeyi, iş mektupları yazmayı, defter tutmayı, yıldızlara bakarak ırmakların taşmasını önceden hesaplamayı da öğretirlerdi.

Öğrenciler, büyüdüklerinde kâhin olurlardı. «Kâhin ve «hesap» sözleri, balçığa, çivi yazısının benzeri işaretlerle çizilirdi.

Kâhinler yalnız tanrıların değil, hükümdarların da hizmetindeydiler. Bunlar, hükümdarın kalem odasında, mahkemede, arşivde, kâtiplik yaparlardı.

Babilliler bilimi dinden ayırmazlardı. Onlara göre, ikisi de aynı şeydi. Babil'de her doktor sihirbaz, her astronom müneccimdi.

Aradan binlerce yıl geçti. Babillilerin dini hakkında, pek az kimse bilgi sahibi olduğu halde. Babil bilimi bugün de takvimlerde, saatlerde ve matematik kitaplarında yaşıyor.

Babil bilimi dediğimiz, bizimkinden ne kadar başka! Günümüzün bilimiyle kıyaslanamayacak kadar sınırlı. Fark yalnız bunda değil.

Yassı levhacıkların, alışmış olduğumuz kitaplara hiçbir benzer tarafı yok. Bunları okumayı öğrendikten sonra bile, yazılı şeylerin anlamını birden kavrayamayız. Çünkü binlerce yıl önce yaşamış olan insanlar, bizim düşündüğümüz gibi düşünmezlerdi. Burada bir dilden öbürüne çevirmeyi öğrenmek yetmez. Bir düşünüş tarzından öbürüne çevirmeyi de bilmek gerek.

«Enuma eliş»... «Yukarıda daha gök yokken ve aşağıda daha yer yokken, ilk varlık olan yaradan Apsu, Mummu ve bütün bunları yaratmış olan Tiamat, suları karıştırıyorlardı. Toprak yoktu, ada yoktu, hiçbir tanrı yoktu, kimsenin adı yoktu, kimin ve neyin ne olacağı daha belli değildi. Tanrılar o zaman yaratıldı...»

Daha ilerde, tanrı Apsu'nun ve karısı Tiamat'ın, kendi oğulları olan tanrı Marduk'la nasıl savaşa giriştiklerini okuyoruz. Marduk Apsu'yu öldürmüş, Tiamat'ı midye gibi ikiye ayırmış, bir yarısından da yeryüzünü yaratmış.

Bunu yazanlar, daha bizim gibi düşünmeyi bilmiyorlardı. Boşluğu, yani uzayı, tanrıların atası Apsu şeklinde tasavvur ederlerdi. Ve inançlarına göre, dünyanın doğmuş olduğu su deryasına, basbayağı su demezlerdi. Onların nazarında su, Tiamat anaydı.

Nasıl ve neden doğdu? diye sormazlardı. Soruyu başka türlü koyarlardı: her şey kimden doğdu? Hangi babadan ve anadan?

İnsanlar binlerce yıl boyunca klan bağlarıyla sımsıkı bağlıydılar. Ve uzun zaman dünyada her şeyin, ana babayla çocuklar gibi akrabalar olmaları gerektiğini sanıyorlardı.

Biz bile, eski alışkanlıkla «toprak ana» demez miyiz?

İşte başka bir levhacık; güneşin tutulması üstüne.

«Nisan ayının birinde güneş kararırsa, Akkad hükümdarı ölecek. Eğer ayın birinde güneş kararır, batarken ışığı parlak olursa ve eğer ay da tutulursa, o yıl hükümdar ölecek. Eğer güneş tutulması ayın on birine rastlarsa, vahşi insan sürüleri ülkeyi yağma edecekler, memleket mahvolacak, insanlar insan eti yiyecek. Güneş temmuzun dokuzunda tutulursa, tanrı İstar merhametinin yere inmesine izin verecek, yeryüzüne adalet inecek.»

Babilliler, bir güneş tutulmasından öbürüne kadar kaç yıl, kaç ay ve kaç gün geçeceğini biliyorlardı. Güneşin tutulması, onlar için bir gök olayı olmayıp, uğur veya uğursuzluk getiren bir işaret sayılırdı. Babilliler, gözlemlerini yüzyıllar boyunca toplamışlardı. Arşiv ve kitaplıklar, balçık levhacıklara yazılmış el kitapları ve cetvellerle doluydu. Bunlarda birçok bilgi toplanmıştı. Bilgi, daha kör inançlardan ayrılmamıştı. Bu kitaplar büyü ve dualarla doluydu. Hasta dişe, tedavi için banotuyla karıştırılmış reçina koymadan, tanrının gökyüzünü, gökyüzünün yeri, yerin ırmakları, ırmakların kanalları, kanalların çamuru, çamurun kurtçuğu yarattıkları, kurtçuğun da dişe girdiği hakkında, uzunca bir dua okumak gerekirdi. Dua kurtçuğa: «Tanrı Ea, var gücüyle seni döğsün» diye sona ererdi.

Böylece, bilimin köklerini araştırırken, onun daha din ve büyüyle sımsıkı örülü olduğu zamana vardık.

Milâs'tan doğuya, Babil'e gidecek yere güneye, yani Mısır'a gitmiş olsaydık, orada da aynı şeyi bulurduk.

Mısır'da da çocuklar okullarda dualarla birlikte, tarla ölçmenin kurallarını ve mektup örneklerini kopya ederlerdi. Orada da kâhinler bilgin, bilginler kâhindi.

Kâhinler, taş bir merdivenden Nil'e inip ırmaktaki su seviyesini, tapınağın duvarına çizdikleri işaretlerle kontrol ederlerdi.

Zaman, gündüzleri güneş saatine göre, geceleyin de yıldızlara göre tayin edilirdi. Bunu kâhinler yapardı.

İki kâhin, yassı damda kendilerine ayrılan yerde karşı karşıya, kımıldamadan, dimdik otururlardı. İstemeyerek ileriye ya da geriye eğilmemek için, kendilerini çekülle yoklarlardı. Kâhinlerin her biri hem gözlemci, hem de âletti, âlettense dakiklik istenirdi.

Yerinden kımıldamaksızın oturan kâhin, Siriüs'ün, ya da herhangi başka bir yıldızın, karşısındaki kâhinin omuzu üzerine geldi, şimdi de kulak hizasında. Artık sadece cetvele bakıp saati söylemek mümkündü.

Mısırlı kâhinler vakti ölçmede ustaydılar. Kâhinlerde su saatleri de vardı. Bunlarda vakit, delikli bir kaptan suya göre tayin edilirdi. Mısır takvimi, bizimkinden çok az farklıydı: yıl 12 aydan, ay 30 günden ibaretti. Yılın sonuna, yetmeyen 5 gün daha eklenerek 365 gün doldurulurdu.

Mısırlı kâhinler, vakti niçin böyle dikkatle ölçüyorlardı?

Sadece dua saatlerini, bayram ve tören günlerini göstermek için mi?

Hayır, asıl mesele Nil'in taşacağı zamanı, kâhinlerin isabetle tahmin etmeleriydi.

Bilim Mısır'da da, hayatta ve insanın çalışmalarında lazım olduğu için gelişiyordu.

Cebir meseleleri çözerken, bilinmeyeni, hep «x» harfiyle belirtiriz.

Mısırlılar, cebirde «x» yerine «yığın» yazarlardı. Bu, matematiğin gökte değil, yeryüzünde doğduğunu hemen gösteriverir.

İlk matematik meselelerinde «x», bir yığındaki tanelerin sayısıydı. Yığının yüksekliğini ve tabanını ölçerek, bunda kaç buğday tanesi bulunduğunu hesaplarlardı.

Sonraları da, her bilinmeyene «yığın» denmeye başlandı.

Mısırlılar, gökle yeri tasvir ederken, bunları tanrı şeklinde çizerlerdi: yer tanrısı aşağıda yatar, yukarıda da, başının üstünde iki eliyle gök tanrıçasını tutan hava tanrısı dururdu. Gök tanrıçasının etrafında yaldızlar pırıldardı.

Bu durumda, dinin nerede bitip, bilimin nerede başladığını anlamak zor.

Milâs'tan Babil'e, ya da Mısır'a gideceğimize, üçüncü bir yolla batıya, yani Milâslıların doğduğu yerlere de gidebilirdik.

Milâslılar, eski yurtları Yunanistan'dan, beraberlerinde ne getirmişlerdi?

Dil, inanç, görenek ve töreler.

Milâs'ta da, Yunanistan'da da, aynı tanrılara inanır, söylentiye göre, eski ozan Homeros'un düzmüş olduğu destan - şarkıları söylerlerdi.

Bunları okurken yine din, bilim ve şiirin, ortak bir gövdeden daha üç dala ayrılmadığı zamanlara düşeriz. «İlyada» ile «Odiseya», Yunanlıların neye inandıklarını ve ellerinden neler geldiğini anlatır.

Homeros'ta teknik, dinle kopmaz bağlarla bağlıdır. Ozan, silah atelyesini, güçlü bir demircinin balyozla, Akileus'un kalkanını nasıl dövdüğünü tasvir eder. Demirci, alelade bir insan değil, tanrı Hefestos'tur.

«Odiseya» da, o zamanki denizcilerin tüm bilgilerine rastlamak mümkündür. Homeros, fırtınaları bütün ayrıntılarıyla öyle anlatır ki, onun hikâyelerine göre hava haritaları yapmak ve Odiseüs'ün, gemileri hangi kasırgaların hırpalamış olduğunu söylemek işten değildir.

Homeros'ta her rüzgâr bir tanrıdır.

Ya Heziodos'un şiirleri?

Bu köylü ozan, dağlık Beotiya'nın küçük köylerinden Akra'da yaşardı. Şiirlerini, hükümdar ve beylerin cümbüşlerinde değil, yurdunda, köylülerin derneklerinde okurdu.

Söylentiye göre, Heziodos'un yurdu, esin perilerinin de yurduymuş. Esin perileri buraya yakın Helikon Dağı'nda halay çekerlermiş. Bura köylüleri, yalnız taştan ev yapmayı değil, türkü düzmeyi de bilirlermiş.

Soğuk kış günlerinde yapacak iş kalmadığı zaman Akra halkı, herhangi bir güneşli tepede toplanırdı. Heziodos, lir ya da kitara çalmasını bilmediği için, eline aldığı değneği yere vura vura tempo tutarak, kafiyeyle, bildiği şeyleri anlatırdı.

Heziodos, Ülker Takımyıldızı ufukta göründüğü zaman orağa, batıp gözden kayboluncada, tarla sürümüne başlamak gerektiğini söylerdi. Denizler ötesine mal götürmek için, kara gövdeli iri gemileri ne zaman suya indirmek gerektiğini, kıyıya çekilmiş bir geminn etrafına, dalgalar sürüklemesin diye taş yığmayı, dümeni, iyi kuruması için ocağın üstüne asmayı tavsiye ederdi.

Bundan sonra da tanrıların nasıl doğduklarına, kaostan aydınlıkla karanlığın, yerle göğün nasıl çıktığına, yerle göğün evlenmesinden Gigantların, Titanların, Kiklopların nasıl doğduğuna dair hikâyeye geçerdi.

Heziodos, tanrı kılığında ve birer adı olan doğa güçlerini terennüm ederdi. Eski kılıktaki bu doğa güçlerinde, artık yeni çizgiler belirmiştir.

Homeros'un tanrılarıyla titanları canlı birer varlıkken, Heziodos'unkiler artık canlılıklarını kaybetmişlerdi. Yer, Işık, Gün, Kuzey Yeli, İhtiyarlık, Kaygı, Yalan gibi adlarını muhafaza etmişlerdi. Artık bunların alelade birer doğa gücü, doğa olayı, ya da birer kavram olmayıp canlı varlıklar olduklarına inanmak zordu. Heziodos'ta bütün tanrılar birbirine benzer. Bütün tanrıçalar için de, «Fevkalade güzel ayaklılardır» der. Herhalde ozan, tanrıları artık birbirlerinden iyice ayıramıyordu. Homeros'un canlı birer varlık olan tanrı ve tanrıçaları, sonraları bulanık bir şekil almıştı. Tanrıların hayalleri silikleştikçe insanlar tabiatı daha aydınlık görüyorlardı.

İnsanlar yeni tarzda düşünmeye alışıyorlardı. Beotiya'nın ıssız ve küçük köylerinden birinde köylüler, daha Heziodos'un şarkılarını söylerlerken, başka yerlerde yeni konularda konuşmalar işitiliyor, yeni şarkılar duyuluyordu.

bilim, bilimliğini anlamaya başlıyor

Milâs'ta gürültü patırdı, bütün gün sürerdi. Limanda gemi yapanlar çekiçlerini takırdatırken, pazarda eşekler uzun uzun anırırdı. İskelelerde hamallar, «heey hop» diye bağırarak ellerinin işini kolaylaştırırlardı.

Hele halk toplantıları günlerinde meydandaki cümbüş görülmeye değerdi. Bir yanda zengin tüccarlar, tefeciler, gemi sahipleri; öte yanda çalışan insanlar, yani zanaatçılar, denizciler, hamallar toplanırlardı. Bazan işin kavgaya kadar vardığı da olur. Lavanta sürünmüş, ergüvani harmaniler giymiş ve saçlarını özene bezene taramış züppelerin cakaları bozulup tartaklandıkları görülürdü.

Gürültü ve konuşmalar arasında, ney sesleri ve haykırmalar işitiliyor. Bunlar Fenikeli denizciler. Buraya gelişleri münasebetiyle, ney eşliğinde oynayıp zıplayarak, yerlerde yuvarlanarak tanrı Melkart'ı övüyorlar.

Hemen yanlarında da, uzak Ege Denizi adalarından gelen Yunanlılar, gemilerini kuma çekmişler, deniz tanrısı Poseydon'a kurban sunmak için ateşler yakıyorlar.

Önceleri insanlar, bütün ömrünü atalarının yurdunda geçirir ve inançlarına sımsıkı bağlı kalırdı. Deniz, insanları da, tanrıları da, birbirine karıştırdı. Dünyayı dolaşırken neler işitilmez, neler görülmezdi! Tanrılar hakkında anlatılanlar, ne kadar çelişikti! Bakın, sözgelimi, Habeşlerin tanrıları kara ve kalkık burunlu, Trakyalılarınkilerse tunç tenli ve mavi gözlü. Niçin yalnız Yunanlıların dini doğru olsun da, Habeş ve Trakyalılarınki yanlış olsundu?

Milâslılar iş adamı, yani tüccar ve denizciydiler. Tanrılarla kahramanlar üstüne anlatılan eski masallardan çoktan şüphelenmeye başlamışlardı. Gezici ozanlara bakılırsa, bütün soylular kötü tanrılara dayanıyordu. Eğer bu doğruysa, Milaslı tüccarlar, dokumacılar, denizciler ve hamallar, soyluları tepelerken, tanrılar niçin yardımlarına koşmamışlardı?

Milâslı Hekateos, birçok yer dolaştı, dağlara tırmandı, mağaralara girdi. Daha delikanlıyken yeraltı ülkesinin iki kapısı olduğunu, birinin kuzeyde Leukas kayası yakınlarında, öbürünün de güneyde, Tenarya burnunda bulunduğunu işitmişti. Hekateos, Tenarya burnunda bulduğu derin mağaraya, elinde bir meşaleyle girdi. Hades kapısını, Serber adlı üç başlı korkunç köpeğin koruduğunu işitmişti. Bu köpeğin, kuyruk sokumunda bir yılan bulunduğu söylenirdi. Hekateos bu masala inanmadı. Korkmadan mağaranın derinliklerine indi, eğri büğrü koridorlarında dolaştı ve meşalesi, eski kör inançları dağıttı.

Hekateos, mağaranın önünde bekleyen arkadaşlarının yanına döndüğünde, içeride yılan ve yarasalardan başka bir şey görmediğini söyledi.

Herhalde, diyordu Hekateos, insanlar mağarada büyük bir yılana rastlamışlar ve bunu, görülmedik bir canavarın kuyruğu sanmışlardı karanlıkta korkularından.

Böylece insan, masal canavarını, kılıçla değil, masala inancını kaybetmekle öldürüyordu.

Hekateos, gezi izlenimlerini topladığı kitabına: «Helenlerin fikirleri, bana çelişik ve gülünç geliyor» sözleriyle başlar.

Bunu sezen yalnız Hekateos değildi. O, daha dünyaya gelmeden, Milâs'ta yepyeni bir görüşle düşünebilenler vardı. İlk Yunan bilginleri Tales'le Anaksimandros gibi.

Bunlar neyi öğretirlerdi?

Kitaplarını açıp, ilk satırından son satırına kadar okuyabilseydik, iş çok kolaylaşmış olurdu. Ne var ki, bunlardan tek tük cümle kırıntılarından başka bir şey kalmamıştır.

Eski bütün bilimlerin kaderi böyle olmuştur. Araştırıcılar, ilk bilim adamlarının fikirlerini, daha sonra yazılmış eserlerde güçlükle bulurlar. Bu fikirler, başkalarının kitaplarında, yabancı ve çoğu zaman düşman bir ortamda, şöyle barınabilmişlerdir.

Bir ortaçağ papazının, tanrıbilim alanındaki kitabına, antik dünyanın putperest bir filozofundan birkaç satır olurdu. Fakat bu, genel olarak filozofu yermek için yapılırdı.

İlk kitaplardan, yıkılmış binaların harebeleri gibi, şurada burada satırlar duruyor karşımızda. Bir binanın harebelerinden, onun ilk şeklini tasavvur eder gibi, şu ya da bu kitaptan kalan satırlardan da, bu kitapların nasıl olduğunu bilmeye çalışırız.

Bu kitaplar papirüs rulolarına yazılırdı. Papirüs

pek sağlam bir malzeme değildi Yirmi beş yüzyıl az bir zaman olmamakla beraber, papirüs buna dayanamayacak kadar da çürük değildi. Nitekim, birçok Mısır yazılı papirüsleri, çok daha eski oldukları halde, pekâlâ zamanımıza kadar kalabilmişlerdir.

Zamana, yıkıcı işinde kim yardım etmişti? İnsan eli. İlk Yunan bilginlerinin kitaplarında, yeni, cesur düşünceler vardı. Bunların her satırı, eski inançlara bir meydan okumaydı. Eskiyse, savaşsız çekilmiyordu meydandan. Çoğu zaman, yenilen düşmanları, kendilerine engel olan işlerine gelmeyen kitapları toplatıp yakıyorlardı.

İşte karşımızda birkaç sayfa. Bunlardan, ilk Yunan bilgini hakkında, az da olsa, bir şeyler öğrenebiliriz.

Burada, sözü geçen bilginin adının Tales ve muhtemel Fenike asıllı olduğunu, antik dünyanın en büyük yedi bilgininden biri sayıldığını okuyoruz.

Bizzat Tales'in sesi, zamanımıza kadar gelmemişse de, kendisiyle tartışanların seslerini açıkça işitiyor gibi oluyoruz. Bu ciddi konuşmalarla birlikte, etraftaki dedikodular da kulağa çarpıyor.

Bilimle birlikte, dalgın bilginler hakkında fıkralar da doğmuştur. Bunlardan birinde Tales'ten bahsedilir. İnsanlar, Tales'in yıldızlara niçin baktığını pek anlayamazlardı ama, bir kere dalgınlıkla kuyuya düştüğünü ve Trakyalı köle bir kadının kendisine: «Sen göktekileri bilmek isterken, ayaklarının altındakini görmüyorsun» diyerek çıkıştığını gülerek anlatırlardı.

Görüyor musunuz, bilginlerin dalgınlığına dair fıkralar ne kadar eski!

Antik çağda çalışmak kölelerin, zanaatçıların ve köylülerin, ticaret de tüccarların işiydi. Ama bilgin, dünyadan elini çekmiş bir adam olmalıydı. Bunun için Tales'i, Demokrit'i, Arşimet'i ve daha başka birçok bilim adamlarını, hep dalgın ve dünyayla ilgilerini kesmiş olarak tasvir ederlerdi.

Oysa Tales, çevresindeki tabiatı incelediği için büyük

bir bilgindi. Bastığı toprağı hiç de kötü görmüyordu ve yalnız karada değil, denizde de dolaşmayı bilirdi.

Tales hem tüccar, hem denizci, hem de mühendisti. Gemiyle Mısır'a tuz almaya gider, köprüler kurar, kanallar açardı.

Bir gün gökyüzünü gözetlerken, daha ilkbaharda o yıl zeytin ürününün bol olacağını haber vermişti. Elindeki bütün paralarla yağhaneleri kiralamıştı. Zeytin toplama zamanı geldiğinde, ürün o kadar bol olmuştu ki, yağhaneler az gelmişti. O zaman Tales yağhaneleri yüksek fiyatla kiraya vermeye başlamıştı. Bunu anlatanlar şunları eklerler: «Tales, böylece çok para toplayarak, isterlerse filozofların da zengin olmalarının zor olmadığını ispat etti. Fakat filozofların gözü zenginlikte değil.»

Tales'in bulduğu yenilik neydi?

Hakkında bütün anlatılanları toplayalım:

Tales'in, yılı mevsimlere ve 365 güne böldüğünü söylerler. Bunu, Mısır'dayken de öğrenmiş olabilirdi.

Tales, «Araba», yani Küçük Ayı yıldız kümesine işaret etmişti. Ama ondan daha önce Fenikeli denizciler, gemiciler, denizde Araba yıldız kümesine göre yön tayin ederlerdi.

Güneş çapının, gök çemberinin 720'de birine eşit olduğunu hesaplamıştı. Ama bunu Babilli kâhinler de bildiklerine göre, oradan Milâs'a geçmiş olabilirdi. Çünkü Milâs, yukarıda gördüğümüz gibi, yol kavşaklarındaydı.

Tales, güneşin tutulacağını önceden hesaplamıştı. Ama, bunu Babilliler de biliyorlardı.

Yunanlılar arasında geometriyi ilk öğrenmeye başlayan Tales olmuştu. Piramidin gölgesini ölçerek, yüksekliğini hesaplama usulünü o bulmuştu. Ama, geometriyle Mısırlılar da uğraşırlardı. Tales'se bunu sadece yurduna getirmişti.

Dünyanın kara kısmının, yuvarlak bir tahta sal gibi suda yüzdüğünü söylerdi. Tales'e göre, su yeri sallayıp sarsarak, altından derinliklerine sokulur, böylece de depremler olurdu. Ama yerin su üzerinde durduğunu Babilli kâhinler de, Dünyanın Tiamat anadan, yani su deryasından doğduğunu söylememişler miydi? Mısırlı kâhinler de, ilk başlangıçta ihtiyar Nuh'un, yani su unsurunun var olduğunu söylerlerdi.

Peki, Tales'in yeniliği nerede?

Tales, Mısır'da, Babil'de, Fenike'de yüzyıllar boyunca biriken fikir ve bilgileri derleyip toplamış, yurduna getirmişti.

Bu az bir iş değildi. Kaldı ki, Tales'in yaptığı yalnız bu değildi.

Tales, başkalarının buluşlarını yalnız toplamakla kalmadı. Dünyadaki şeylere, olaylara yeni bir açıdan baktı. Asıl hizmeti de budur zaten.

Babilli kâhinlerin, sular tanrısı dedikleri Tiamat'ın hüküm sürdüğü sular diyarında Tales maddeyi, yani suyu, boşluk tanrısı dedikleri Apsu'nun hâkim olduğu alanda da, yeri görmüştü.

Mısırlılar yerle göğü, tanrılar olarak çizerlerdi.

Tales, Mısırlı kâhinlerin talebesi olmuştu, fakat öğretilenleri kendisine göre anlamıştı. Onun için Güneş artık tanrı değildi. Güneş'le Dünya'nın, aynı maddeden oluştuğunu söylerdi. Ay da Dünya maddesindendi. Ve Ay, Güneş'in önünden geçerken Güneş tutulurdu.

«Kim» sözünü «ne» sözüyle değiştirmek ve soruyu: «Dünya kimden doğdu?» yerine «Dünya neden doğdu?» şeklinde koymak, önemsiz bir şey gibi görünür.

Bu düzeltme, bilimin, gittikçe dinden uzaklaşarak, kendi yolunda yürümesini sağlamıştı.

Tales, Evren sudan çıktı, Dünya sudan doğdu, su her şeyin aslıdır, dedi. Bir denizci olan Tales, her şeyde suyu görür, dünyanın kara kısmını bile, dalgalarda sallanan bir gemi gibi düşünürdü.

Tales, suyu niçin her şeyin ana unsuru sayardı?

Doğada, her şeyin terkibinde bulunan maddeyi aramış ve bunun için ondan daha uygun bir şey bulamamıştı. Su, içine girdiği kabın şeklini aldığına göre, herhangi bir eşya şeklini de alamaz mıydı? Su, akıcı ve hareketliydi. Dünyanın hareket halinde oluşu da bundan değil miydi? Su, her şeye can verirdi ve su olmayan yerde hayat da yoktu.

Eşya sudan çıkmış ve yine suya dönmüştü. Dünyada hiçbir şey doğmaz ve yok olmazdı. Madde hep değişir, ne yoktan doğar, ne de varken kaybolurdu.

Bilimdeki bu ilk buluşta, son bilimsel gerçekleri hayretle görüyoruz. Çünkü bugün de, maddenin yoktan var olmadığı ve varken yok olmadığı, en son bilimsel gerçeklerdendir.

Böyle olmakla beraber, madde hakkında bilimin öğrettiği bu ilk gerçek, günümüzün biliminden çok uzaktır. Bugün maddenin su olduğunu, kim iddia eder. Tales'in yargıları, küçük bir çocuğun ilk sezileri kadar safçadır. Tales, daha kendisiyle çelişme halindedir: «Dünyanın tanrılarla, şeytan ve ruhlarla dolu olduğunu», mıknatısın, ruhu olduğu için demiri çektiğini sanır.

Tales gibi bir insanın bile, tanrılara inanmaktan kurtulması kolay olmamıştır.

Yine de Tales'in görüşleri, öteden beri soyluların egemenliğini kutsallaştıran eski dine indirilen bir darbe olmuştu.

Tales, kökü tanrılara dayanmayan, köle sahipleri zengin tüccar olan yeni insanlardan, yani tüccar ve denizcilerdendi.

Bunlar, bir bey torununun da, sıradan bir denizcinin de, asılları aynı olduğunu iddia ederlerdi.

Dünyayı tanrılar yaratmamıştı. Dünyada her şey, aynı maddeden doğmuştu. Denizdeki dalgalar gibi, devlette de bütün yurttaşlar eşitti.

bilim dünyanın duvarlarını geri itiyor

Bilim günden güne değil, saatten saate gelişiyordu.

Çok geçmeden, bilinen dünya, kendisine dar gelmeye başladı. Bilim, kendisini sıkan eski duvarları var gücüyle geri itmeye koyuldu.

İnsanlar yüzyıllar boyunca, gökkubbesinin yeryüzünü, bir sahan kapağı gibi örttüğünü sanmışlardı. Zamanla göğün sınırları, yeryüzünün sınırlarını aşmaya başladı. Gökyüzü, Olimp'in karlı tepelerinden ayrılarak gittikçe yükseliyordu. Yer, havada asılı kalmıştı. Ayakların altında, aşağıda da gökkubbesi vardı. Peki, karanlık yeraltı ülkesi neredeydi öyleyse?

Gök duvarları gittikçe geri çekiliyordu ve bir gün gelip duvar diye bir şey kalmadı. Sonsuzluktu çevre. Bu sonsuzlukta, sayısız dünyalar arasında, dünyamız serbestçe yüzüyordu.

25 yüzyıl önce yazılmış ilk bilim kitabında dünya işte böyle tasvir edilir. Doğu hakkındaki bu kitabı, Tales'in dostu ve öğrencisi Anaksimandros yazmıştı.

Öğrenci, öğretmenini geçmişti. Tales, dünyanın yuvarlak bir sal gibi okyanus dalgalarında sallandığını sanırdı. Öğrencisiyse Dünyayı dayanaktan ayırarak, sonsuzlukta asılı gördü.

Anaksimandros, dünyanın yuvarlak olduğunu daha bilmiyordu. Dünya, ona silindirel bir sütun parçası gibi gelmişti. Anaksimandros'a göre bu sütun, gökkubbesini taşımıyor ve bir temele dayanmıyordu.

Uçsuz bucaksız, sonsuz bir uzay tasavvur etmek zordur. Biz hâlâ gökkubbesinden, göktavanından, başımızın üzerinde bir kapakmış gibi söz ederiz.

Oysa 2500 yıl önce insanlar, yalnız böyle demekle kalmaz, dünyayı böyle düşünür, böyle görürlerdi.

Herkesin gördüğünü reddetmek, dünyanın uçsuz bucaksız olduğunu, ne zamanda, ne uzayda sonu olmadığını söyleyebilmek için, en büyük cesaret lazımdı!

Evrenin ne başlangıcı, ne sonu vardı. Bugün bizim de fikrimiz aynı. Anaksimandros'un hemşehri ve çağdaşları geçmişe bakarlarken, tanrıların dünyayı yaratmış oldukları zamandan, kendilerini ancak birkaç yüzyılın ayırdığını sanırlardı.

Gezgin Hekateos bile, tanrı atalardan, kendisini on beş kuşağın ayırdığını sanırdı. Daha önceleriyse, ölümsüz tanrılardan, ölümlü çocukların doğduğu masal çağlarıydı.

Anaksimandros da geçmişe bakıyor. O başkalarından daha uzağı görüyordu, yani nisanların tanrılardan değil, hayvanlardan üredikleri ilk zamanları. Gelişme yolunun, tanrılardan insana doğru aşağıya değil, hayvanlardan insana doğru yukarıya gittiğini sezmeye başlamıştı.

Anaksimandros şöyle demişti:

«Başlangıçta, insan balığa benzerdi. İlk hayvanlar, suda doğmuş olup dikenli pullarla kaplıydılar. Karaya çıktıklarında pulları çatlamış, dış görünüşleri ve yaşayışları da değişmişti.»

Nem ve toprak nereden çıkmış, dünya nasıl meydana gelmişti?

Anaksimandros'un gözleri hep uzaklardaydı. Karşısında, zamanın duvarları, gittikçe geriye, geçmişe doğru çekiliyordu. Orada ne insan vardı, ne de dünya...

Ya ne vardı?

Her şeyin aslı olan «sonsuzluk.»

Sonsuzluk uzayı dolduruyordu. Bu madde ölü ve hareketsiz değil, hareket doluydu. Ondan dünyalar doğuyordu. Bir tek varlık ikiye bölünüyordu: soğuk sıcaktan, toprak nemden ayrılıyordu. Dünyayı ateşten bir kubbe sarıyordu. Bu kubbe, halka halka parçalanarak, yıldızlar meydana geliyordu.

Dünyalar böyle olmuştu. Bazı dünyalar doğarken, bazıları yok oluyordu.

Doğadaki bu sonsuz yaratma seyri, hiçbir zaman durmuyordu ve duramazdı da. Çünkü doğanın yaratma aracı olan cevher bitmez tükenmezdi.

Anaksimandros, ustası Tales'in: «Su her şeyin başlangıcıdır» sözlerini hatırlar. «Hayır, der Anaksimandros, su her şeyin başlangıcı olamaz. Su, sonsuz değildir. Okyanusun bile kıyıları var. Madde okyanusuysa kıyısızdır. Zaman okyanusunun da sınırları yoktur.»

Anaksimandros, çevresine bakıp sorardı: Sonsuz bir şey var mıdır? Ve yine kendi kendine cevap verirdi: İnsanlar doğup ölüyor, devletler kurulup yıkılıyor, dünyalar doğup yokoluyor. Başlangıcı ve sonu olmayan yalnız bir şey vardır: hareket.

Böylece bilim, uzayın da, zamanın da duvarlarını sonsuzluğa itmişti.

Uçsuz bucaksız uzaya bakmaya çabaladıkları zaman, Anaksimandros'un en iyi öğrencilerinin bile başları dönüyor, yıkılmış duvarların yerine hemen yenilerini kurmaya girişiyorlardı.

Böylece, dünyanın çevresinde yine katı bir gökkubbesi, muazzam bir billur kubbe parlamıştı. Bu gökkubbesine yıldızlar, altın çiviler gibi çakılıydı. Kubbe, yuvarlak bir şapkanın, başın çevresinde döndüğü gibi, dünya çevresinde dönüyordu. Yerle gök arasındaysa güneş, ay, gezegenler, sonbahar yaprakları gibi uçuşuyorlardı.

Anaksimandros'un öğrencisi Anaksimenes, evreni işte böyle düşünüyordu.

Bu, tam olmasa da, bir geri çekilmeydi. Dünyaya yeni kubbemsi bir kabuk geçirilmişti; ama bu, artık dünyanın kenarlarına bitişik olmayıp gerilere itilmişti.

Şunu da söyleyelim ki, başka bir alanda Anaksimenes, öğretmeninden daha ileriydi.

Anaksimandros, daha yıldızları gezegenlerden ayırt edemiyordu. Anaksimenes'se, yıldız ve gezegenlerin aynı şey olmadığını sezmişti: gezegenler yere daha yakın olup boşlukta dolaşır, yıldızlarsa daha uzaktalar. Bunun için de ısıtmazlar.

Anaksimenes, gözlerini göğe çevirir, bulutların nasıl meydana geldiğine, güneş ışınlarının, koyu kara bulutları delip geçmediği zaman, gökkuşağının nasıl parladığına bakar. Uçan kuştan daha hızlı esen yelin uğultusunu dinler ve kendisinden her şeyin çıktığı cevher nedir? diye düşünür.

Bu, su olamaz. Su ateşi söndürür. Suyun kıyıları vardır. Her şeyin özü olan cevherse, bütün dünyayı doldurmalıdır.

Ama bu cevher nedir?

Sonsuzluk mu? O halde sonsuzluk nedir? Anaksimandros bile bunu tarif edememişti.

Öğrenci, öğretmeninden ileri gitmek istiyordu. Doğada, bütün dünyayı doldurabilen ve her şeyin başlangıcı olabilen bir cevher arıyordu.

Bu cevher hava değil miydi?

Hava katılaştığı zaman, bulutlar meydana geliyordu. Daha da yoğunlaşınca yağmur yağmaya başlıyordu. Bazan yağmur damlalarının donduğu da görülüyordu. O zaman dolu yağıyordu. Bulutlar donduğunda kar yağıyordu.

Demek, hava daha katılaşarak toprak, taş da olabilirdi diye düşünüyordu, Anaksimenes. Topraktan ağaçlar bitiyor, hayvanlar çıkıyordu.

Böylece Anaksimenes şu sonuca varmıştı: her şey havadan meydana gelir ve yine havaya döner. Sudan buğu çıkar. Ağaç yanıp duman olur.

Havanın zerrecikleri, kâh birbirine yakınlaşır, kâh birbirinden uzaklaşırlar. Yeri de, güneşi de, yıldızları da zerreciklerin bu hareketi meydana getirmiştir. Bu hareket sonsuzdur. Bunun için dünya, durmadan hep değişir. Böylece bir bilginin, ilk maddenin derinliklerine dalmaya başladığını görüyoruz.

İnsanlar, öteden beri bir kum taneciğini, eşyaların en ufağı sanırken Anaksimenes, gözle görülmeyecek kadar küçük zerreciklerin var olduğunu sezmişti.

Bir duvar daha yıkılmış, arkasında küçük varlıklar dünyası açılmıştı. Ve insan, evrenin büyük dünyasına anahtar bulmak için, yine küçük varlıklar dünyasına başvurmuştu. Dev dünyaların doğuşunu havanın gözle görülmez küçük zerreciklerinin hareketiyle açıklamak istemişti. Bu eksik de olsa, atom kuramına giden yoldu.

2

yeni türküler söyleyen eski ozan

Bilim, karşısında açılan dünyaya, susamış insanın suya baktığı gibi bakıyordu. Çevrede her şey yenileşmiş görünüyordu. Sözgelimi, sabahları doğan güneş, artık arabasıyla gökte dolaşarak ışık saçan bir tanrı değil, kızgın bir gök cismiydi. Gökkuşağını alalım. Bu da rengarenk elbiseli bir tanrıça olmaktan çıkmış, güneş ışıklarında gözalıcı renklerle parlayan bir bulut olmuştu.

Tanrıların yüzyıllarca yaşamış oldukları gök evinin çizgileri, sis gibi dağılıp kayboluyordu. Eskiden efsanelerle tanrıların cümbüş ettikleri yerde, genç Heban'ın altın kâselere mis kokulu nektar doldurduğu yerde, Olimp'in yaz kış karlı tepesi yükseliyordu.

Gençler, üstat Heziodos'a, «Tanrıların Soyağacı» adlı uzun ve artık can sıkıcı eserine bıyık altından gülüyorlardı. Homeros'un, yoksullar ve zenginler hakkında anlattıklarına o eski ilgi kalmamıştı. Heziodos'un ölümünden sonra yüz yıl geçmiş, Homeros'un destanlarıysa daha önce yazılmıştı. O zamandan beri dünyada her şey değişmişti.

Homeros, Zeus'un torunları sanılan önderleri göklere çıkarır, soysuz insanlarıysa hor görürdü. Zamanla, soylu olmayanlardan zenginleşen tüccar ve zanaatçılar, her yerde soylu kişilerin iktidarını devirmişlerdi.

Yeni zamanlara yeni türküler gerekti...

Yunanistan yollarında Ksenofanes adlı bir ozan dolaşıyordu. Ksenofanes yoksuldu. Bütün serveti, çok telli bir kitarası, bir de öteberisini taşıyan kölesiydi. Bu köle, bir uşak olmaktan çok, yol arkadaşı ve dosttu. Birlikte adım adım tüm Yunanistan'ı dolaşmış, kışın birlikte üşümüş, yazın sıcaktan birlikte bunalmışlardı. Zaten aralık yağmurları, bunları ıslatırken, kimin köle, kimin efendi olduğunu sormuyordu.

İşte ozanla kölesi küçük bir kasabaya giriyorlar. Meydanda bir kalabalık çevrelerini alıyor. Hali vakti yerinde olanlar bunları misafir ediyor. Gezgin bir ozanı kim dinlemek istemez!

Burada sözü ozana bırakalım. Başından geçenleri kendisi anlatsın.

«Kışın, harıl harıl yanan ocağın önünde yumuşak bir sedire uzanmış, karnı tok, sırtı pek bir adam, bir yandan ceviz kırıp tatlı şarabından yudum yudum içerek soruyordu: «Sen kimsin, kardeşim, nerelisin? Anadan doğalı kaç yıl oldu? Midyalılar geldiği zaman kaç yaşındaydın?», «Altmış yedi yıl oluyor» diyor ozan, düşüncelerimle Elada'da dolaşıyorum. Yanılmıyorsam, o zaman yaşım yirmi beşi aşmıştı.»

İhtiyar ozanı sofraya buyur ediyorlar. Ozan kitarasını duvardaki çiviye asıyor. Bir köle kadın, misafirin ellerini yıkaması için leğen getiriyor, sonra önüne ekmek koyuyor, bardağa şarap dolduruyor. Misafir ekmeğini yiyip şarabını içtikten sonra kitarasını eline alıp bir türküye başlıyor:

«Artık ortalık temizlendi, misafirler ellerini, ev sahibi bardakları yıkadı. Kimi ustaca örülmüş bir çelengi başına geçiriyor, kimi de kâselerde mis kokulu yağ sunuyor. Testi, şölenin cilası olan şarapla dolu. Toprak testilerde, herkese bol bol yetecek kadar mis kokulu şarap var daha. Kutsal günlük güzel kokular saçıyor. Bu da su; soğuk, tatlı, berrak. Önümüzde kehlibar gibi ekmek duruyor, sofra peynirle baldan çökecek neredeyse. Evin ortasında çiçeklerle süslü bir sunak. Türkü ve oyunlar evi dolduruyor.

Eğlenmek için toplananlara her şeyden önce, tanrıyı şükranla anmak düşüyor. Tanrılara şarap adayarak, cümbüşün edep dairesinde geçmesine kuvvet vermeleri için dua edilip yalvarıldı mı, çok yaşlı olmayanlar hariç, herkes kölenin yardımı olmadan eve gidebilecek kadar içebilir; bunun ne ayıbı var, ne günahı. Bundan iyisi can sağlığı. Ne mutlu, bir bardak şarap içmekle, fazileti bırakmayıp, saçmalamayan misafire!

Biz kızgın kavgaları dile getirmeyeceğiz, çünkü onlarda iyi hiçbir şey yok. Ataların uydurmalarını tekrarlayıp titanların, kentaurların savaşını da hatırlamayacağız...»

Ksenofanes bir bardak şaraptan sonra nasıl konuşur?

Öbür gezgin ozanlara benzemez Ksenofanes. Bunlar yüzüncü kezdir hep Homeros'la Heziodos'u tekrar edip dururlar. Ksenofanes'se, Homeros'la da, Heziodos'la da alay eder.

«Homeros'la Heziodos» der Ksenofanes, «insanlarda ayıp sayılan her şeyi tanrılara isnat etmişlerdir. Bize tanrıların kanunsuz hareketlerini, nasıl hırsızlık ettiklerini ve birbirlerini nasıl aldattıklarını anlatmışlardır.»

Halk bu cesur sözleri hayretle dinler. Bu aksakallı ozan, tanrılardan korkmuyor mu?

Ksenofanes, halkı yatıştırmak için hemen:

«Tanrılara saygı beslemek gerek» der. Tanrılar nedir? Siz onların, insanlar gibi anadan doğduklarını, onlarınki gibi giyimleri, sesleri, şekilleri olduğunu mu sanıyorsunuz? Tanrıların, bir zamanlar doğmuş olduklarını söylemek kâfirlik olur. Çünkü bundan, tanrıların ezeli olmadıkları anlamı çıkar. Tanrıların bize benzediklerini sanıyorsunuz ha? Unutmayın ki, öküzlerin ya da atların elleri olup da, tanrıların resimlerini çizebilselerdi, onlar da bu tanrıları kendilerine benzeteceklerdi.»

Eskiden böyle sözler, işitenleri korkuturdu. Ama eski inançlar artık sarsılmıştı. Ksenofanes'i dinliyorlar, hatta kendisine: «Gerçek nerde? Tanrılar nedir?» diye soruyorlardı.

Ksenofanes de şöyle cevap veriyor:

Tanrıları bilen kimse yok ve olmayacak. Çünkü insan gerçekten söz etse bile, bunun özünü kendisi de bilmez. Burada bilgi bahis konusu olamaz, ancak görüş olabilir. Tanrılar, fanilere her şeyi ta başlangıçtan beri açmış değiller. İnsanlar, gerçeğe doğru, ancak yavaş yavaş, araştırmalar yoluyla giderler.»

Ksenofanes, yeniden kitarayı eline alır ve devam eder:

«Tanrı tektir. Tek tanrı, tanrılar ve insanlar arasında en uludur, bedence ve akılca, ölümlü insanlara benzemez. Her şeyi görür, tümüyle düşünür, tümüyle işitir. Dünyada her şeyi idare eder. Hep bir yerde hareketsiz durur. Çünkü bir yerden başka bir yere geçmek ona yaraşmaz.»

Ksenofanes'in övdüğü yeni bir tanrıdır. Bu tanrı, doğa gibi başlangıçsız ve sonsuz, uzay gibi uçsuz bucaksızdır. Doğa, tek olduğu için, tanrı da tektir. Tanrı demek, her şey, tüm doğa, tüm evren demektir.

Eşyaların şekli değişir. İnsanların yıldızları parlayıp söner. Canlı varlıklar topraktan doğar ve yine toprak olurlar. Büyük denizden rüzgâr ve bulutlar doğar. Bulutlardan yağmur yağar. Su, ırmakların yatağından, topraktaki tuzu eriterek denize akar. Deniz bundan ötürü tuzludur. Toprak, yavaş yavaş, insanlar farkında olmadan sudan ayrılır. Dağların tepelerinde deniz kabukları, taş ocaklarının derinliklerinde balık izleri buluruz. Sonra toprak yine suya gömülür ve üzerinde yaşayan insanlar yokolur.

Her şey değişir, evren kalır. Doğmayan ve yokolmayan ancak odur.

Böylece Ksenofanes, dünyanın değişen alacalı örtüsü arkasında, onun değişmeyen ve sonsuz olan özünü arar.

Ksenofanes'le yol arkadaşı, geceyi bu konuksever ailede geçirdikten sonra ertesi gün ayrılırlar. Sırtındaki yük, birçok armağanlarla ağırlaşmış olduğu halde köle keyifli. Ksenofanes de memnun, çünkü ev sahipleri kendisini, öğrencilerin öğretmeni dinledikleri gibi saygıyla dinlemişlerdir.

Bu, her yerde her zaman böyle olmaz. İhtiyar ozanın Homeros ve Heziodos'la, tanrı ve kahramanlarla alay etmesi, herkesin hoşuna gitmez. Bazan da, ünlü ev sahibi tanrılar soyundan oldu da ozan farkına varmayıp göksel tanrılara dil uzattı mı, vay başına!

Ksenofanes, bu kibirli soylulardan, değerli yüzükleri ve saçlarının şekliyle övünenlerden nefret eder. Bunlar, tatlı şaraplarını içerken, ihtiyar ozanın acıklı yoksulluğuyla, yanan ocağın karşısında, başını sokacak bir yeri olmamasıyla alay ederler. Ksenofanes'e: «Homeros, ölümünden sonra bile binlerce ozanı besliyor, oysa sen, bir köleyi güç doyurabiliyorsun» derler.

İyi ama, ozanın yoksulluğundan bizzat kendileri suçlu değiller mi? Bir adam, yumruk dövüşünü kazandı diye onu devlet besler de, bunlar akıl gücünün yumruk gücüne üstün olduğunu anlamazlar...

Ksenofanes, bir dağ patikasını tutmuş, insanlardan gittikçe uzaklaşıyor. İnsanların evleri, işleri, tutkuları, yukarıdan ne kadar küçük görülüyor. Ne küçük, dar bir dünyada yaşıyorlar!

Gökkubbe, dünyayı kucaklayarak dağların üzerinde heybetle yükseliyor. Dağlara çıkıldıkça, uzaklar görülüyor.

Ksenofanes, her şeyi kaybetmiştir: ataların toprağını da, ataların inancını da. Doğduğu şehirde istilacı Midyalılar, Persler egemen. Ne akrabası kalmıştır, ne dostları. Uzun yıllar süren serseri dolaşmalar geçmişe karışmıştır. Fakat çevresinde, her şeyi kapsayan, daima genç doğayı gördükçe kalbi ferahlar. Tabiat yorulmak bilmez, hiçbir zaman ihtiyarlamaz ve yok olamaz.

Eskiyi savunanlar, bilimi kendi taraflarına kazanmaya çalışıyorlar

Koçbaşlarının darbeleri altında kale duvarları nasıl yıkılırsa, yeni düşüncelerin baskısı altında köhne inançlar da öyle yıkılıyordu. Duvarlarda açılan gediklerden, yeni dünyanın enginlikleri gözükiiyordu. Ve bu dünya, insanların yaşadıkları dünyadan ne kadar farklıydı!

Eskiyi savunanlar, bilimi kendi taraflarına kazanmaya çalışıyorlar.

Anlatacağımız olay, Milâs'ın yakınlarındaki Sisam Adası'nda geçmiştir. Tanrılara o eski saygı, burada artık çoktan yoktur. Sisam halkının artık yeni bir tanrısı var. Daha düne kadar, kimsenin ne olduğunu bilmediği altın ve gümüş küreciklere taparlardı Sisamlılar. Önceleri, talant denilen ağır Babil paraları geçerdi. Bunlar ikişer putluk külçeler halinde olup yıllarca bir kişinin elinde kalır, piyasaya sürülmezdi.

Derken bezirgan Lidyalılar, elden ele geçen küçük, yuvarlak akçeler çıkardılar.

Çok akçesi olanın, tanrılara fazla umut bağlamasına gerek yoktu. Parayla, dilediği her şeye kavuşabilirdi.

İşte, sözgelimi şu soysuz Polikrat, İşe pek az parayla başlamıştı. Açtığı bir atelyede yirmi köle, sabahtan akşama kadar zenginler ve soylu kişiler için pahalı mobilyalar, yani şölen sedirleri yapıp cilalarlardı. Alış-veriş yolundaydı. Yuvarlak akçeler durmadan, soylu insanların pamuk ellerinden, mobilya tüccarlarının nasırlı, kaba ellerine geçiyordu. Polikrat paralarını işe yatırıyordu. Gemi yaptırıyor, nerede azılı denizciler varsa bunları kiralıyor ve bu korsan gemilerini adadan adaya gönderiyordu. Korsanlar, işlerini gayretle yapıyorlardı; erkekleri öldürüyor, kadın ve çocukları kaçırıyor, kara gövdeli iri gemileri altınla ve pahalı kumaşlarla dolduruyorlardı.

Polikrat'ın işi iyi gidiyordu. Yuvarlak akçeler her yandan akıyor, böylece istediği her şeyi yapabiliyordu.

İstedikleri de az değildi ki! Bir gün geldi paralar, onun en büyük arzusunu yerine getirdi, yani vatandaşlarına egemen oldu.

Tüccarla, zanaatçılar, gemi sahipleri memnundu: dümene kendi adamları geçmişti.

Bu türedinin kendisi için yaptırdığı muhteşem sarayı gören soylu kişilerinse kaşları çatılıyordu. Acaba tanrılar, Polikrat'ı hâlâ koruyacaklar mıydı? Yok, böylesine mutluluk sürüp gidemezdi!

Tanrıların insanları cezalandıracağı kulaktan kulağa dolaşıyordu. Söylentiye göre, Polikrat gaddar talihi merhamete getirmek için, değerli yüzüğünü denize atmıştı. Ama kendisine bu kadar çok şey vermiş olan deniz, ondan hiçbir armağan kabul etmek istememiş, yüzük de bir balıkçının saraya getirdiği balığın karnında geri dönmüştü.

Tanrılar her şeyi bilir, Olimpten her şeyi görürlerdi. Servet ve şerefin ayak takımına geçmesine, tanrı torunlarınınsa herkesçe horlanıp, acıklı bir hayat sürmelerine razı olamazdı.

Haksızlığa uğrayanların birçoğu hâlâ böyle düşünüyor, böyle diyordu. Bir kısmı da, bu sözleri acı acı gülerek dinliyordu. Peki, nerede öyleyse Olimpli tanrılar, diye düşünüyorlardı. Eski inanç sarsılmış, tutunacak bir dal kalmamıştı. Bunlara göre, mertlik kalmamıştı. Mitolojik kahramanlarınsoylu torunları, hükümdarın adını duyunca tir tir titremeye başlarlardı. Her şeyi kemiren yeni zihniyet, artık kendilerine de bulaşmış, neyinyin iyi, neyin kötü olduğunu unutmamışlardı. Kurtuluşu nerede bulmalı, yolu kimden sormalıydı?

derken pitagor çıkageldi

Derken dillerde bir haber dolaşmaya başladı. Kurduğu gizli bir tarikata girenlere, kurtuluş yolunu gösteren ermiş bir bilge kişinin türediği büyük bir sır olarak anlatılıyordu. Tarikata girebilmek için zor ve uzun bir sınamadan geçmek gerekiyordu. Uzun bir süre iradeyi ve aklı bir yana atıp itaata ve susmaya alışmak gerekti. İnsan, kendisi için neyin iyi olduğunu nereden bilebilirdi? Bunu, ancak yüksek varlıklar, yani tanrılar, yarı tanrılar ve kahramanlar bilebilirlerdi.

Yine söylentiye göre, bilge Pitagor insanla tanrı arasında duran böyle yüksek bir varlıktı. Kim demiş Pitagor taşçı Mnesarkos'un oğlu diye! Onun babası tanrı Hermes, hatta belki de bizzat Apollon'dur. Bir gün tiyatroda rüzgâr Pitagor'un pelerinini savurmuş da, kalçasının tıpkı altın gibi parladığı görülmemiş miydi? Pitagor'un mucizeler gösterdiği, tanrılarla bile konuştuğu, Hades denilen yeraltı ülkesine indiği ve eski çağ ozanı Orfeus gibi sağ selâmet yine dünyaya döndüğü söylenirdi.

Soylu ailelerden gençler Pitagor'u ziyarete gelirlerdi. Ve bunlarla ne konuştuğunu kimse bilmezdi. Bu gizli konuşmalar hakkındaki söylentiler Polikrat'ın kulağına varmıştı. Polikrat da adamlarına, bu türedi yarı tanrıyı dört gözle izlemelerini buyurmuştu. Sakın gizli konuşmalar perdesi altında bir komplo hazırlanmasındı!

Pitagor Sisam Adası'ndan ayrılmıştı. Hayranları Pitagor'un, vedalaşırken «zorbalık, özgür bir insanın dayanamayacağı kadar şiddetlendi» dediğini söylemişlerdi.

Böylece Pitagor'un izleri kaybolmuştu. Mısır ve Babil'de barbarlar arasında bulunduğu ve orada kâhinlerin kendisine sırlarını açtıkları söylenmişti.

Yıllar sonra da, dünyanın öbür ucundaki İtalya'da deniz boyundaki Kroton şehrine yerleştiği öğrenilmişti.

Kroton'da hâlâ kuşku vardı. Bütün Yunan şehirlerinde sürüp gelen tartışma, yani «kim egemen olacak, zengin tüccarlar mı, yoksa soylu ataların torunları mı?» tartışması devam ediyordu.

Olimpiyat oyunlarında ün yapmış atlet Milon soyluların önderiydi. Milon'un dış görünüşü Herakles'inkine benzerdi. Elinde bir değnek, omuzlarına attığı arslan postuyla dövüşe çıktığı zaman, düşmanları kılıç ve mızraklarını bir yana atarak kaçarlardı. Fakat Milon bir bilge kişi olmaktan uzaktı. Felsefeden çok, yumruk döğüşünden anlardı.

Krotonlu soyluların önderi vardı, ama öğretmeni yoktu.

Derken Pitagor çıkagelmişti.

Pitagor gençleri toplayarak uzun uzun konuştu.

— Gençler, diye hitap ederdi onlara, söyleyeceklerimi saygıyla, sessizce dinleyin! Çevrenize bakın. Evrende bir düzen var, her şey bir ahenge, bir ölçüye, bir sayıya bağlı. Sesler bile.

Pitagor, bir tahtaya gerilmiş teli çekerek bırakıyordu. Teli bir kısaltıp bir uzatıyor, böylece de sesler gözle görülmez bir merdivenden, kâh yükselip, kâh alçalıyorlardı.

Bir sesi öbüründen ayıran mesafeyi, ancak bir müzisyenin duyarlı kulağı ölçebilir gibi geliyorduysa da, bu sırrın anahtarı bulundu. Böylece saz, müzik ölçülerine yani sayıya bağlandı.

Pitagor kumun üzerine üçgenler çizdiği zaman, sayı burada da şekiller dünyasında da egemendi. Eşyaları kaostan ayıran, şekli olmayana bir biçim veren, kaosu düzene sokan hep sayı, çizgi, kenar'dı.

Böylece üç doğru çizgi, sınırsız uzaydan sınırlı bir üçgeni biçip ayırmış gibi oluyordu.

Geceleri Pitagor öğrencilerin dikkatini gökyüzüne çekerdi. Orada da sayı, ölçü, ritm egemendi. Yıldızlar düzensiz, karışık bir sürü halinde hareket etmezlerdi. Tam saatinde doğup batarak kendilerine özgü bir yol izlerlerdi. Evrenin ortasında, her şeyi aydınlatan ve ısıtan ateş bir sunaktaki ateş gibi yanıp dururdu. Bunun çevresinde ayla güneşi, yıldızlarla gezegenleri taşıyan on billûr kubbe dönerdi. Dünya da bu genel kanuna uyarak yerinde durmaz, evren ateşi çevresindeki düzenli, ritmik raksa katılırdı.

Kubbeler yavaş yavaş döner ve her birinden bir teldekinden gibi müzik çıkardı. Bu on telli evren sazında, her kubbenin kendi sesi vardı.

Her şeyde bir düzen vardı. Her şey sayılara bağlıydı.

Kutsal sayılar vardı: bir, üç, dört, on gibi. Bir, sayıların ilkiydi. Üç başlangıç, orta ve sondu. On hesabın temeli, sayıların en tamıydı. Dört'se on'u tamamlayan sayıydı. İlk dört sayı toplanınca: 1 + 2 + 3 + 4, sonuç on olurdu.

Bu buluş Pitagor'u sarsmıştı. Bir şeyler anlamış gibiydi. Her şeyi bulduğunu sanıyordu. Sayıyla her şeyin ölçülebileceğini görmüştü ve sayıyı her şey biliyordu. Evrenin başlangıcı ve özü sayıydı.

Öğrenciler Pitagor'u hayret ve heyecanla dinliyorlardı. Öğretmenlerine inanıyorlardı. Seslerin, şekillerin, gök cisimlerinin sırlarını açan anahtar bulunmuştu. Bu anahtarla evrenin öbür sırları açılamaz mıydı?

Öğretmen, evet açılır, derdi. Sayı, mutluluğun da, mutsuzluğun da, şansın da, şanssızlığın da anahtarıdır. Uğurlu ve uğursuz sayılar da vardı.

Evrende her yerde sayı, ölçü, uygunluk egemendi. Tanrılar her yerde değişmez bir düzen kurmuşlardı. Yıldızlar bile bu düzene bağlıyken, insan nasıl bağlı olmazdı? Vay o şehre ki, orada kaos egemendir, her şehir kalabalığın keyfi hareketleri çözer, eski düzene saygı, soylulara ve tanrıların kurduğu değişmez düzene saygı kalmamıştır!

Pitagor, öğrencileriyle işte böyle konuşurken, onlara öğretisinin sırlarını açardı. Bu öğreti, artık kimsenin inanmadığı eski masallar olmayıp, eski tanrıları savunan yeni bir bilimdi.

Pitagor'un öğrencileri gittikçe artıyordu. Bunlar arasında, bir Kardeşlik, bir Dostluk Derneği kurulmuştu. Günlerini jimnastik, matematik, müzik dersleriyle

geçirirlerdi. Jimnastik, vücudun ritmiydi. Vücut ritim bilmezse, ruhta da düzen olmazdı. Müzik yüksek duygular yaratırdı. Saf bir bilim olan matematikse, ruhu temizlerdi.

Pitagorcuların ritüelleri, sırları vardı.

Bilimleri, yarı yarıya dindi. Birçok kurallar, sınırlamalar, yasaklamalar vardı ki, Pitagorculuğun yabancısı olanlar bunları anlayamazdı.

Sözgelimi, niçin koyun eti yenir de, öbür hayvanların eti yenmezdi? Niçin baklagilleri yememeliydi? Niçin ilkin sol ayak yıkanmalıydı da, önce sağ ayakkabı giyilmeliydi? Niçin yollarda yürünmemeliydi?

Bunları Pitagorculuk tarikatında olanlar bile, adamakıllı bilmez ve bilmeleri de gerekmezdi. Öğretmen böyle demişti ve öğretmenin haklı olup olmadığını yargılamak onlara düşmez, sadece itaat etmeleri gerekirdi.

Tiyatroda, pazarda, meydanda Pitagorcular öbür insanlardan hemen ayırt edilirlerdi. Bunlar kalabalığa karışmaz, herkesin yürüdüğü yoldan gitmek istemezlerdi. Alın yazıları büyüklere, soylulara, kâmillere körü körüne itaat etmek olan cahil kalabalığa tepeden bakarlardı. Herakles adaleli, boğa boyunlu ve yalnız başı küçük kalmış olan atlet Milon da «kâmiller»dendi.

Disiplin, itaat, düzen, kendilerinden bekleneni yapmış, bütün soylular birleşmişti. Avareliğe, ahlaksızlığa son verilmişti. Dostluk Derneği, yalnız bilimle uğraşmazdı. Artık Kroton şehrinde egemenlik Pitagorcuların elindeydi. Düzeni kurmak, komşu şehirleri de bir «ölçüye», bir «ahenge» bağlamak istemişlerdi. Ahenkse, azınlık olan soyluların, çoğunluğu idare etmesi, egemenliğin aristokratlarda olmasıydı. Pitagorcular böyle derdi.

Dernek, her yere pençelerini uzatmış, İtalya'daki bütün Yunan kolonilerini, tüm Büyük Yunanistan'ı sarmıştı.

Bunların, sözden harekete geçmeleri için yalnız bir

vesile gerekti. Ahenkten, savaşan ve kavga eden her şeyin, barışa kavuşturulmasından çok söz ederlerdi. Böylece düşmanlığı kökünden kazımak için kılıç yapmışlar ve başkalarının ocaklarını yıkarak «düzen» kurmak istemişlerdi.

Pitagorcuların bilimi, işte böyle amaca hizmet etmişti.

Sonunda vesile bulunmuştu: Komşu Sibaris şehrinden kaçanlar Kroton'a gelip tapınaklara sığınmışlardı. Bunlar, egemenlik halkın eline geçtiği için geri verilmelerini istemiş, Krotonlularsa reddetmişlerdi.

Red cevabının savaş olduğunu herkes bilirdi. Ama Krotonlular, komşularla savaştan çekinmemişlerdi. Zaten zengin Sibaris'e öteden beri kıskançlıkla bakıyorlardı.

Sibaris'te depolar, ağzına kadar Milet yünüyle doluydu, o kadar çok şarap vardı ki, toprağın altını da kazılmış kanallarla havuzlardan, doğru limana akıtılıyordu. Açıkgöz birer tüccar olan Sibarisliler, şarabı zevk ve sefalı hayatı sever, bunlardan anlarlardı. Kroton'daysa tarladan ve balıktan başka bir şey yoktu.

Krotonlu çiftçiler Sibaris üzerine yürüdüler. Bunları, Herakles gibi giyinmiş, başına olimpiyat çelengi takmış olan atlet Milon yönetiyordu. Bütün soylular, Pitagorcuların tam disiplinli birlikleri toplanmıştı.

Savaş uzun sürmedi. Artık Pitagorcular memnun olabilirlerdi. Sibaris'te «düzen» kurulmuş, erkekler kılıçtan geçirilmiş, kadınlarla çocuklar esir alınmış, kocaman şehir yerle bir edilmişti. Ele geçen hadsiz hesapsız ganimeti en soylu kişiler paylaşmış, asıl savaşan balıkçılar ve çiftçilerse, delik kayıklarının başına ve isli kulübelerine, elleri boş dönmüşlerdi.

Balıkçılar ve çiftçiler şikâyet ve öfkelerini ifade eden bağırışlarıyla düzenin «ahengini» bozuyor, ganimetten kendi paylarını istiyorlardı.

Memnun olmayanlar arasında halktan zenginler de vardı. Daha düne kadar çömlekçi ya da silahçı olan bun-

lar da, toplum işlerinin çözümünde söz sahibi olmak istiyorlardı.

Dostluk Derneği'nde de eski dostluk kalmamıştı. Pitagor'un en iyi öğrencilerinden biri olan Gippas, halk tarafına geçmişti.

Gippas'ı dernekten çıkarıp, kendisi daha hayattayken, onun için bir mezar taşı dikmişlerdi. Oysa Gippas Halk Meclisi'ne gelip, Pitagor'un ve taraflarının şehirden kovulmalarını istiyordu. Halka, Pitagor'un «Kutsal Söz»ünü okuyor ve Pitagorcuları bizzat kendi sözleriyle mat ediyordu. O kadar ki, Pitagor şehirden ayrılmak zorunda kalmıştı. Taraftarları, tanrı iradesinin yeni bir tecellisi olan birtakım mucize ve işaretlerden söz ediyorlardı. Söylentiye göre, Pitagor bir ırmaktan geçerken, gizli bir ses «Merhaba Pitagor!» diye haykırmıştı. Pitagor, uzak Metapont'tayken, aynı zamanda Kroton'da görüldüğü söyleniyordu.

Pitagorcular, daha her şeyin kaybolmadığını düşünüyorlardı. Kanılarına göre, soylularla tartışmada, ayak takımının üstün gelmesine tanrılar meydan veremezdi. Pitagor da bu soylular arasındaydı; ancak artık öğrencileri kendisine Hiperboreli Apollon diyorlardı.

Bir gece Pitagorcular, atlet Milon'un evinde gizlice toplanmış ve düşmanları bunu öğrenmişlerdi.

Zanaatçı mahallelerinden zanaatçılar, balıkçı köylerinden balıkçılar, akın etmişlerdi gizli toplantı yerine. Ellerindeki meşaleler, isli alevler çıkararak yanıyordu. Uğuldayan muazzam kalabalık evi kuşatmıştı. Meşalelerin alevi, yaklaşa yaklaşa evi çevreleyen duvarı tutuşturmuş, oradan da bahçedeki zeytin ağaçlarına sıçramıştı. Derken alevler, bütünevi sarmış ve ev kocaman bir meşale gibi yanmaya başlamıştı.

İçerdekiler boşuna evden çıkmaya uğraşıyor, daracık kapıdan birbirlerini çiğniyorlardı. Kurtulmak şansı en çok olanları bile ölüm bekliyordu. Biri duman bulutları arasında belirir belirmez, her taraftan üzerine çullanılıyordu. Herakles kadar güçlü olan Milon bile kurtulamamıştı. Ancak en gençlerden iki kişi, ateşten ve hücumdan sıyrılabilmişti.

Gençler, sesler, sayılar ve yıldızlar hakkında sakin sakin konuşurken, evreni şöyle düşünürlerdi. Evren ateşi ve çevresinde dönen düzenli ışıklar kümesi... Günün birinde işte bu yangının kızıl alevleri ve etrafta kükreyen kalabalıkla karşılaşmışlardır. İçinde yaşamaları gerekli bu kavgalı dünya, Pitagorcuların hayal ettikleri o değişmez, ahenkli düzenden ne kadar farklıydı!

Böylece savaş, gittikçe kızışarak şehirlerin taş duvarlarını, eski töreleri, görenek ve inançları yakıp yıkıyordu. Hiçbir şey, ilkel toplum düzeninin kalıntılarıyla, yeni doğan kölelik düzeni arasındaki bu savaşın dışında kalmamıştı. Buna ozanın şiiri bile katılıyordu, matematikçinin teoremi de.

Okulda Pitagor davasını öğrenirken, rasyonel sayıları (tam kare olamayan sayıların kökü gibi birim ölçüsüyle müşterek hiç ölçüsü olmayan nicelik) ya da ses teorisini ele alırken, bugün artık gün gibi aydın olan gerçekler üzerinde bir zamanlar ne şiddetli tartışmalar yapıldığını düşünmeyiz bile.

Bilimin gücü gittikçe artıyordu. Pergel, kılıç kadar keskin bir silah olmuştu. Bunun için, savaşan her iki taraf da, bilimi kendisine taraftar yapmaya çalışıyordu.

Pitagorcular, tarihin seyrini durdurmada, eski dini ve eski düzenin dar duvarlarını ayakta tutmada, bilimden medet umuyorlardı. Ama boşunaydı.

Pitargorcular, bilimi, kendilerinin, yani soyluların çıkarlarını savunsun diye geliştirmişken, bilim ilerledikçe Pitagorcuların duvarlarını yıkıyordu. Oysa, Pitagor ve taraftarları bilimi, bu duvarları savunmakla görevlendirmişlerdi. Dahası var. Pitagorcular buna engel olmak için, bilimsel açıklamalarından bazılarını gizlemişlerdi bile. Bilim, hiç kilit altına alınabilir mi?

Pitagor'un öğretisi, bizzat Pitagorcuların çalışmalarıyla gizlilik perdesini yırtıp özgürlüğe çıkıyordu. Pitagor'un yolundan dönenler, ölü ilan edilir, bunların daha sağlıklarında mezar taşları dikilirdi. Ölü ilan edilenler gibi, bilim de yaşamaya devam ediyor ve alışılmış köhne fikirleri altüst ederek görevini yapıyordu.

Daha düne kadar dünyayı, evrenin hareketsiz ve değişmez merkezi sayanlar, artık Pitagorcuların gizli toplantılarında dünyanın, evren ateşinin çevresinde dönen bir küre olduğunu söylüyorlardı. Pitagorcular, eski düzeni korumak isterlerken, ayakları altındaki dünyayı yerinden oynatıp bir topaç gibi dönmesine sebep olmuşlardı.

Bunlar bilimi kendilerine hizmet ettirmek isterlerken, kendileri bilime hizmet etmişlerdi.

O zamanlardan bu yana yüzyıllar geçmiş, Pitagorcularla karşıtları arasındaki tartışma ve kavgalar çoktan unutulmuş ve artık o devrin insanlarını, efsanenin sisleri arasından tarihçi bile kolay kolay seçemez olmuştur.

Ünlü Pitagor davasının bile, bizzat Pitagor'un olup olmadığına araştırıcılar emin değiller. Dünyanın yuvarlak olduğunu ve evrenin merkezinde bulunmadığını, gerçekten Pitagor mu bulmuştur?

Kimbilir, bu belki de bizzat Pitagor'un değil, kurduğu felsefe okuluna bağlı olanların buluşudur.

Ne olursa olsun, Pitagorcuların bilim alanındaki hizmetleri, bilimsel buluşları unutulmamıştır.

Sayıları kullanmadan iş görebilen, hiçbir bilim dalı yoktur.

Sözkonusu, yıldızlar da, atomlar da, okyanuslardaki akıntılar ya da dünyamızdaki rüzgârlar da olsa, eşyalar arasındaki bağı, ancak yargılarımızda sayı ve formüller sayesinde kavrarız.

Sayı ve formülsüz ne uçak yapılabilir, ne tünel açılabilir, ne de köprü kurulabilir.

Her gün dünyamızın dört bucağındaki okullarda milyonlarca öğrenci, basit ve bileşik sayılardan söz eder, matematik, orantı ve dizilerle uğraşır, bir dik üçgende hipotenüsün karesinin, öbür kenarları karelerinin toplamına eşit olduğunu ispat ederler.

Sayıları basit ve bileşik olmak üzere ilk olarak ayıran Pitagorcular olmuştur.

Matematik orantı ve dizilerle ilk olarak uğraşanlar da Pitagorculardır.

Biz Pitagorcuları, sadece Pitagor teoremi aracılığıyla hatırlarız. Oysa, onlar yalnız bu teoremi kurmamış, bir üçgendeki açılar toplamının, iki dik açıya eşit olduğunu da ispat etmişlerdir.

Sokakta yürürken, evlerin, bir tarafta tek ve öbür tarafta çift sayılarını gördüğümüz zaman bile, yine Pitagorcular çıkar karşımıza. Çünkü, sayıları çift ve tek diye ayıranlar da, Pitagorculardı.

Evrenin incelenmesinde, sayıların büyük önemini ilk kez gösterenler de onlardı.

Ne var ki, Pitagorcuların öğretilerinin temeli yanlış olup, bilim için zararlıydı.

Pitagorculara göre, «Sayı her şeydir. Eşyanın başlangıcı ve temeli madde değil, sayıdır.»

Bu yanlış hüküm, bilimi, Tales'ten beri yürümekte olduğu doğru yoldan saptırıyordu.

heraklit, insanlara düşünmeyi öğretti

Zaman olur günler birbirine benzer, hayat ırmağı öylesine ağır akar ki, durmuş gibi görünür. Derken bir fırtına çıkar, bir de bakarsınız her şey değişir, alışılmış bozuk düzenden eser bile kalmaz. Günler değil, saatler bile her şeyi değiştirir, taş taş üstüne bırakmaz geçmişten. Öyle zamanlar olur ki, yüz yılda dünya, bin yılda değiştiğinden daha fazla değişir.

2400 yıl önce insanlar, işte böyle huzursuz zamanlarda yaşıyorlardı. Yüzyıllarca dayanmış olan eski duvarlar çöküp harabelere dönüyordu. Eski gelenekler, inançlar, yasalar, tanrılarca konmuş ve değişmez sanılırdı. Daha uzak olmayan bir geçmişte iyi sayılan, kötü sayılmaya başlıyor, hiçbir şeyi olmayan biri, birden zenginleşiyor, her şeyi olan da bir gecede varını yoğunu yitiriyordu. Halktan bir kimse saygı görüyor, hükümdar torunuysa bir serseri oluyordu.

«Ne oldu?» diye soruyordu bu keşmekeşten zarar görenler, «Ne zaman her şey kendi yerini bulacak? Eski mutlu devirlere, önceki rahat dünyacığımıza ne zaman döneceğiz?»

İnsanlar, başvurdukları her bilge kişiden, başka başka cevaplar alıyorlardı.

Pitagor, dünyada ahengin bozulamayacağından, yüzyıllardır süregelen düzenden sözeder. «Fırtınanın sarstığı bu düzeni yeniden kurmalı» derdi.

Heraklit'in cevabı, Pitagor'unkinden başkaydı.

Heraklit'i bulabilmek için, insanlardan gizlendiği sık bir ormana gitmek gerekiyordu.

Heraklit de yeni düzene karşıydı. Dedelerinin hükümdar oldukları Efes'i terkederek dağlara, av tanrıçası Artemis'in Tapınağı'na yakın bir yere yerleşmişti.

Yabancılar Heraklit'in evine korkarak yaklaşırlardı. Efes halkından, ihtiyar filozofun asık suratlı ve sert tabiatlı olduğunu öğrenmişlerdi. Heraklit insanı azarlar, kovabilirdi de. Bu asık suratlının ağzından gönül açıcı, güldürücü bir şey işitilmezdi. Boşuna «Ağlayan Heraklit» dememişlerdi. Kaldı ki, onu anlamak da pek kolay değildi... İnadına yapıyormuş gibi, hep karışık ve üstü kapalı konuşurdu. Bu yüzden de kendisine, ikinci bir ad verilmişti: Karanlık Heraklit.

Heraklit'in ünü, karakteriyle ilgili söylentilerden daha yaygındı. Yabancı misafirler cesaretlerini toplayarak, Heraklit'in kulübesine bir orman hayvanının inine geliyormuş gibi yaklaşırlardı. Kendisini ocak başında bulur ve ne yapacaklarını bilmeyerek eşikte dururlardı. İhtiyar, misafirlere dönerek:

— Korkmaya ne lüzum var, girin, derdi. Burada da tanrılar var...

Sonra konuşma başlardı. Ev sahibi, konuklara, Efes'te ne var, ne yok diye sorarlardı. Soylu kişilerin, kabile ileri gelenlerinin egemenliğini devirmiş olan hemşehrilerine söylemediği kalmaz, yeni düzenleriyle alay ederdi.

— Bu heriflerde akıl nerede, sağ duyu nerede? Gezici ozanlara kulak veriyorlar artık. Ayak takımı onların hocası olmuş. Kötülerin çok, iyilerin az olduğunu bir türlü anlamıyorlar. Bana kalırsa, bir kişi bin kişiye bedeldir, eğer hepsinden iyiyse. En iyi yurttaşlarını kovuyorlar. «Adam sen de, en iyileri de eksik olsun» diyorlar. «Böyle en iyiler varsa, bizde yaşamasınlar da nerede isterlerse yaşasınlar.» Bana sorsalardı, kendilerini suda boğmalarını, şehri de çocuklara bırakmalarını tavsiye ederdim. Herhalde çocuklar daha akıllı.

Yabancılar, bu öfkeli sözleri korku içinde dinlerken, sözü değiştirmek için, bir punduna getirip eski çağların olayları ve insanlarıyla ilgili başka bir konu açarlardı.

Hırçın ihtiyar eski zaman insanlarına da, çağdaşlarına saldırdığı öfkeyle saldırırdı. Ona kalsa, Homeros'u ozanlar arasındaki yarışmalara sokmazdı. Heraklit'e göre, Heziodos, kalabalığın akıl hocasıydı. Heziodos, başkalarından çok bildiğini sanır ama, geceyle gündüzün aynı şey olduğunun farkında bile değil...

Heraklit, yalnız insanlara değil, tanrılara da aman vermezdi. Artemis'in kutsal tapınağında yaşayan bu hükümdar ve kâhin torunu, eski tanrılara inanmaz olmuştu. «Tanrıların heykellerine yalvarıp yakarmak, duvarla konuşmak demektir» derdi.

Filozoflara da fazla bir değer vermezdi. Yalnız Tales'e dokunmazdı.

— Pitagor, derdi, öbürlerinden daha iyi uğraşmış bilimle. Başkalarının fikir temeli üzerinde kendi felsefesini, yani çok bilmeyi ve düzmece bilimi kurabilmişti. Çok bilmek, akla hizmet etmez. Etseydi, Pitagor'la Heziodos'a, Hekateos'la Ksenofanes'e bir şeyler öğretmiş olurdu.

Yabancılar hayretle:

— Öyleyse kimden akıl öğrenmeli? diye sorarlardı.

Heraklit:

— Gözlerimiz ve kulaklarımız bizim öğretmenimizdir, derdi. Dinlemek, bakmak gerek. Bunlarsız bir şey öğrenilmez. Bütün doğa dumana dönmüş olsa bile, dünyayı koklayarak öğrenmemiz gerekirdi. Doğanın sesine kulak vermeli. Yalnız dinlemek yetmez, işittiğini anlamalı da. Eğer insanın ruhu anlayışsızsa, gözlerle kulaklar kötü araçlardır. Gözlere kulaklardan daha fazla güvenilir, onlara da her zaman inan olmaz. Doğa gizlenmeyi sever, sırlarına sokulabilmek gerek. Doğanın sesini dinleyin. Kendi kendinize sorular sorun. İnsan, sonsuz bir dünyadır, evrenin benzeridir.

Konuklar, filozofun her sözünü can kulağıyla dinlerlerdi.

Heraklit devam ederdi:

— Çevrenize bakın. Her şey hareket ediyor, her şey akıyor. Bir ırmağa iki kere girilmez. Güneş bile her gün başka doğar. Hiçbir yerde durgunluk, hiçbir yerde huzur yok. Her yerde mücadele ve savaş. İnsanları köle yapan da, özgür yapan da savaştır. «Ah, derdi Homeros, tanrılar arasında da, insanlar arasında da düşmanlık olmasa!» Ama, o zaman her şey kaybolur. Çünkü, her şey savaşla doğar ve yok olur. Dünyada hükmeden savaştır. Biri için ölüm olan, bir başkası için hayattır. Ocakta yanan odunun ölümü, ateşin doğmasıdır.

Ocağın alevi Heraklit'in yüzünü, alnındaki derin çizgileri, büzülmüş dudaklarını, kıvırcık ak sakalını aydınlatırdı.

Ve filozofun sesi yeniden işitilirdi:

— Ne bir tanrı, ne de bir insan tarafından yaratılmış olan evren, eskiden ve şimdi olduğu gibi, kendi yasalarına göre yanan ve yavaş yavaş sönen canlı bir ateş olarak, ileride de varolacak tek varlıktır. Evren ateşi söndüğü zaman, dünya meydana gelir, her şey soğur, yoğunlaşır. Sonra tüm dünyayı saran bir yangın, her şeyi yeniden ateşe çevirir. Böylece doğuş ve yokoluş, hayat ve ölüm birleşir. Böylece savaşın ana unsurları, dünyanın ahengini meydana getirirler. Evren bir sazın telleri gibidir. Saz çalarken, telleri bir çekeriz, bir bırakırız. Çekmeyle bırakmanın birleşmesinden ahenk doğar. Evren, bir kaos olmayıp, bir ahenktir. Görünen düzensizlikte, kendine özgü sıkı bir düzen vardır. Her şey zorunluğa bağlıdır. Zorunluğun kırbacı, her canlıyı yeme kovalar. Gökteki güneş bile, kendi sınırları dışına çıkamaz...

Bu konuşmalar olurken, güneş batıya doğru eğilmişti. Konuklar, ev sahibiyle vedalaşıyorlar. Beraberlerinde, altından da değerli bir armağan götürüyorlardı giderken, yani yeni düşünceler, yeni anlayış. Konuklar, bekledikleri cevabı kendileri sormadan almışlardı. Eskiye dönüş imkânsızdı. Fırtına, rastgele bir şey olmayıp, yasaydı. Her şey akıyordu, bir ırmağın bir yerinden akmakta olan aynı suya iki kere girilmezdi.

Konuklar, giderlerken eşikte başka ziyaretçiler karşılaşıyorlar. Yeni misafirler korkmuyor, ev sahibi de onları, başkalarını karşıladığı kadar sert karşılamıyordu. Çocuklar gürültülü neşeli bir alay halinde, ihtiyar filozofun daracık evine giriyor, onu her zamanki gibi aşık ve ve dama oynamaya çağırıyorlardı.

İnsanlardan hoşlanmayan bu ihtiyar, çocukları boşuboşuna sevmezdi; dünyanın çocuklara ait olduğunu söylerdi.

Eski inancı yıkan yeni öğreti, balta girmedik bir ormanda, şehrin gürültüsünden uzak dağlarda, işte böylece olgunlaşıyordu. Zorunluk hakkındaki, evreni yöneten değişmez yasa hakkındaki öğretiydi bu .

Dünyayı yöneten Zeus'un adını mı? Ama eski ad, eski düşünceler uyandırıp insanları geriye, eski tanrılara götürebilirdi.

Heraklit yeni bir ad arıyordu. «Nomos» (yasa) mu demeli, ya da «kozmus» (evren düzeni) mu, yoksa hem söz, hem de akıl anlamına gelen «logos» mu demeliydi. Yeni düşünceleri, eski sözlerle ifade etmek güçtü. Heraklit, akılla kavranılan ve kendisine doğanın da, insan aklının da bağlı olduğu evren yasası fikrini «logos» sözünün en doğru ifade ettiğini sanıyordu.

Heraklit, Zeus'un egemenliğini devirecek olan logos öğretisini, gürültülü Milâs ve Efes limanları yakınlarında yoğurmuştu.

Heraklit her gün düşüncelerini papirüsler üzerine yazıp, bunları tomar tomar Artemis Tapınağı'nda saklardı.

«Varsın tomarlar tapınakta kalsın,» derdi. Bunlar yalnız işin içindir. Bu gizli hikmet, ayak takımı için değildir. Bu hikmet, gün gibi aydınlık olduğu halde, insanlara karanlık gelir.

İnsanlar tüm kavramları, bir depodaki eşyalar gibi istif eder, yararlı, yararsız, karanlık, aydınlık, iyi ve kötü diye ayırırlar.

Oysa sözgelimi, balıklara yarayan deniz suyu, insana zararlıdır. Domuzlar çamurda yıkanırlar, onlar için çamur kirli değildir. İnsana kıyasla en güzel maymun çirkindir. Özgür bir insan için nimet olan kölelik, köle için azaptır.

İnsanlar bunu hâlâ anlayamamışlardır. Eşyalara hep bir açıdan bakarlar. Karanlık olmasa aydınlığın, eğrilik olmasa doğruluğun da olamayacağını anlamazlar. Hastalık olmasaydı sağlığın değerini nereden bileceklerdi? Çalışmak olmasaydı, dinlenmenin tadı olur muydu? Aydınlıkla karanlık, doğrulukla eğrilik, ölümle doğum, sonla başlangıç olduğu gibi, başlangıç da sondur. Buzun ölmesi, suyun doğmasıdır, suyun ölümü de buharın doğuşudur. Biz hem varız, hem yokuz, her an değişiriz.»

Heraklit işte böyle düşünüyordu. İnsanların kendisini hemen anlamayacaklarını biliyordu. Çünkü daracık bir dünyada büyümüşlerdi. Gerçi dünya genişlemişti ama, insanların görüşleri hep eskisi gibi dardı. Görüş ufukları sınırlı, düşünceleri durgundu. Yalnız kendi bildiklerini doğru sayıyor ve her şeye başka bir açıdan da bakılabileceğine akılları ermiyordu.

Bunu kendilerine söylemek faydasızdı, çünkü anlamazlardı. Tek düşünceleri, tıkabasa yemekti.

İhtiyar filozof, insanlara işte böyle içerliyordu. Heraklit, insanlardan nefret edenlerin en insan severiydi. Esasen gerçeği de insanlar için aramıyor muydu? Yeni düzene karşı olan Heraklit, insanlara yeni biçimde düşünmeyi öğretiyordu. Tapınakta yaşayan bu kâhin, tanrıları deviriyordu.

Yüzyıllar sonra insanlar: «doğada durgunluk olmadığını, doğanın durmadan değişip yenileştiğini, ilk olarak Heraklit anladı» diyeceklerdi. Ve insanların en bilgilileri, eski filozofun şu sözlerini tekrar edeceklerdi. «Ne bir tanrı, ne de bir insan tarafından yaratılmış olan evren, eskiden ve şimdi olduğu gibi, kendi yasalarına göre yanan ve yavaş yavaş sönen canlı bir ateş olarak, ileride de var olacak tek varlıktır.»

erken takılan defne çelengi

Heraklit herkesin kör olduğu karanlık bir dünyada, tek görür insan gibi yaşıyordu. Ve insanların yakında gözleri açılacağına da umudu yoktu.

İnsanları hor görmeyip onların arasında yaşayan ve tüm bilgilerini insanlara veren filozoflar da vardı.

Bunlardan biri Ampedokles'ti.

Ampedokles de Heraklit gibi bir kral ailesindendi. Dedeleri, Sicilya'daki Akragant şehrinde hükümdarlık etmişlerdi.

Akropol'da doğup büyüdüğü halde Ampedokles, hükümdarlığı kesin olarak reddetmişti. Akropol'da bazilevs denilen hükümdarlar yerine, sıradan insanların yönetmelerini isterdi. Zaten hükümdarlığın pek o kadar değeri de kalmamış, çoktan sembolik bir şey olmuştu. Akragant'ı hükümdarlar değil, birkaç soylu aile idare ediyordu.

Ampedokles bu kibirli soylulara düşman olup bütün özgür vatandaşların eşit olmalarını isterdi. Bu emeline kavuştu da. Uzun bir savaştan sonra Akragant'a halk iktidara gelmişti. Arhont yani yönetici olarak seçilen Ampedokles, halkın hakkını kimsenin yememesi için her şeyi yapıyordu. Arthontlardan biri iktidarı ele geçirmeye girişince Ampedokles onun ve suç ortaklarının şiddetle cezalandırılmalarını istemişti. Halk meclisinde verdiği demeçlerde, kendilerini başkalarından üstün tutanlarla alay ederdi.

Ampedokles bütün bilgilerini insanların hizmetine vermişti.

Hemşehrileri şöyle bir olay anlatırlar:

«Selinunta şehrinde, yakın bir ırmaktan gelen pis koku yüzünden veba salgını yayılmıştı. Halk kırılıyordu. O zaman Ampedokles, yine yakından geçen başka iki ırmağı kendi parasıyla o pis kokulu ırmağa akıtıp afeti önledi. Irmak böylece temizlendikten sonra, halk bayram ederken, Ampedokles ırmağın kıyısına geldi. Halk, yerlere kapanarak ona bir tanrıya taparcasına dua etti.»

Ampedokles, doğduğu Akragant şehriyle de çok ilgileniyordu.

Başka bir kez de dağdan, pis ve sağlığa zararlı bir rüzgâr esmeye başlamıştı. Rüzgâr o kadar şiddetliydi ki, bağ ve bahçelere zarar veriyordu. Ampedokles eşek derilerinden tulum yapılmasını emretmiş ve rüzgârı zaptetmek için bunları tepelere yerleştirmişti.

Başkaları da meseleyi başka türlü anlatırlar. Ampedokles bir duvar yaptırmış ve bununla güney rüzgârının vadiye estiği geçidi tıkamış. Ülke meyve kıtlığından ve vebadan kurtulmuş. Ampedokles'e de «Rüzgâra Gem Vuran» lakabı verilmişti.

Ampedokles, yalnız fırtınaya değil, ölüme bile meydan okumaktan korkmazdı. Ölenlerin ruhlarını bile Hades'ten geri çağırabildiği söylenirdi. Ampedokles hakkındaki hikâyelerde gerçekle uydurma, garip bir şekilde kaynaşmıştır.

Ampedokles şehir şehir dolaşırken, binlerce insan kendisini kurtarıcı gibi karşılardı. Kimi hastalığına bir derman arar, kimi de gerçeğe giden yolu sorardı.

Ampedokles, sırma kemerli ergüvani bir hükümdar elbisesiyle gezerdi. Ayaklarında bakırdan sandallar, başında da defne çelengi vadı. Ampedokles bir önderdi, ama arkasından gelen asker değil, hasta ve üzgün insanlardı. Kendisini Akropoldeki sarayda değil, yoksul kulübelerde ve kenar mahallelerin tozlu sokaklarında görürlerdi.

Ampedokles zaferlerini, dedesi gibi yarışlarda, yabancı şehirlerin surları önlerindeki kanlı savaşlarda değil, fırtınalarla, azgın ırmakla, salgın hastalıkların gözle görülmez zehiriyle, ölümün esrarengiz gücüyle savaşlarda kazanmıştı.

Ampedokles'i yere inmiş bir tanrı sanıyorlardı. Ampedokles, akıl gücüyle başkalarına üstün olduğunu bilir, ama bununla böbürlenmezdi. «Her adım başında ıstırap ve ölümün tehdit ettiği bu zavallılardan üstünsem ne çıkar yani,» derdi.

Ampedokles bir bilgeydi ve manzumelerinde doğayı överdi.

Bildiklerini gizlemez, insanlara vermeye çalışırdı.

Gençliğinde, derneğin sırlarını açıkladığı için Pitagor'un Dostluk Derneği'nden çıkarıldığını söylerler.

Ampedokles, «İnsanlar kafalarına yeni, yabancı bir şey girerken zorluk çekerler» derdi. Ama insanlardan uzak durmaz, zihinleri açılsın diye onlara bildiklerini öğretirdi.

Kendisinden önce Tales'in, Anaksimandros'un, Anaksimenes'in, Heraklit'in başladıkları ise devam ediyordu.

Ampedokles'e göre evren şu dört unsurdan meydana gelmişti: ateş, su, toprak, hava.

Olmuş olan, olmakta olan ve olacak olan her şey, bunlardan ibaretti. Bunların birleşmesiyle eşyalar meydana gelir, birbirlerinden ayrılmasıyla da, eşyalar değişirdi. Hiçbir şey yok olmaz. Yoktan hiçbir şey var olmaz. İnsanların ölme ve doğma dedikleri, sadece bu birleşme ve ayrılmadır.

Hep böyle olmuştur. Bazen tekten çok çıkmış, bazen de çoktan tek meydana gelmiştir.

Bir zamanlar ne güneşin parlak yüzü, ne yerin kıllı bedeni, ne de dalgalanan büyük deniz vardır. Nefret her şeyi ayırıyordu, her şey aşksız ve ilgisizdi.

Fakat nefrete karşı aşk, dostluk savaşıyordu. Aşk, dağınık unsurları birleştirerek eşyaları meydana getiriyordu.

Kızgın parlak güneş, güneş ışınlarını yansıtan solgun yüzlü ay, büyük gök ve yerin buğulaşması olan deniz de, hep böyle meydana gelmişlerdi. Canlı varlıklar da bu dört unsurun birleşmesinden doğmuşlardı. İlkin gövdesiz birçok başlar belirmişti, omuzsuz kollar, alınsız gözler dolaşıyordu. Bunlar karşılaştıkça birbirleriyle kaynaşıyorlardı. İki başlı varlıklar, insan başlı boğalar, boğa başlı insanlar meydana geliyordu. Ama bu acayip varlıklar yokolup, ancak kendi istekleriyle, uygun bir şekilde birleşenler kalıyordu.

Ev tuğladan kurulduğu gibi, evren de unsurlardan kurulmuştu. Zaman gelecek nefret yeniden dostluğu yenecekti. Büyük evren binası yıkılacak, her şey yeniden başlayacaktı.

Bu hep böyle olacaktı: Bazen dostluk, unsurları karıştırıp birleştirecek, kimi de yıkıcı nefret bunları ayıracak, başka başka taraflara atacaktı.

Ampedokles'i dinleyenler için, onun bütün dünyayı hızla dolaşan düşüncelerini izlemek zordu.

İnsanlar yerin de, göğün de, canlı yaratıkların da, varlıkların da, tanrılarca yaratıldıklarını düşünmeye alışmışlardı. Ampedokles ise, onlara her şeyin zorunluk icabı meydana geldiğini, yani tanrıların iradesiyle değil, unsurların birleşmesiyle kendiliğinden oluştuğunu söylerdi.

Alışkanlık ve eski inançlar o kadar derin kök salmışlardı ki, tanrılara karşı isyan eden bu ihtiyar filozofu, ölümsüz bir tanrı saymaya başladılar.

Ampedokles çoktan ölmüştü, ama halk buna inanmıyordu.

Filozofun son saatleri hakkında Akraganta'da söylentiler dolaşıyordu. Bir gece Ampedokles, şölenden sonra dostlarıyla beraber sofra başında bir sedire uzanmıştı. Birden gökte bir ışık göründü. Ampedokles'i çağıran yüksek bir ses işitildi. Bundan sonra yine karanlık ve sessizlik bastı. Tanyeri ağarınca Ampedokles'in yatağında olmadığı görüldü. Ampedokles'i aramak için köleler gönderildi. Ama bulunamadı. O zaman tanrılara yalvarıp yakarmayı gerektiren bir olay karşısında bulunulduğu ve tanrılaşan Ampedokles'e kurban adamak gerektiği kanısına varıldı.

Bazılarına göre de Ampedokles, bir fani insan gibi ölmemişti. Kendi kendini yakmış ve alev fışkıran bir yanardağın krateri ona mezar olmuştu. Yine o zamanın söylentilerince, hayatının sona yaklaştığını sezen Ampedokles, Etna tepesine çıkıp kendisini yanardağa atmıştı. Bu, ayağındaki bakır sandallardan birinin, yanardağdan püsküren lavlar arasında bulunmasıyla anlaşılmıştı.

İşin aslı neydi?

Ampedokles'in kaderinde yurdundan uzakta ölmek yazılıymış, Akropolde iktidarı yine soylular ele geçirmişti. Halka yeniden boyunduruk vurulmuştu, şehirden kovulan Ampedokles, sert tabiatlı Pelopones dağlarında, yarı vahşi çobanlar arasında sığınak bulmuştu...

Ampedokles, yad ellerde kederli şiirler yazıyordu:

«Ben bir bedbahtım. Böyle bir saygıdan ve mutluluktan sonra, ölüm çayırlarında dolaşıyorum... İnsan öldürmenin, kinin ve birçok başka kötülüklerin, amansız hastalıkların ve anlamsız işlerin, karanlık felaket çayırlarını dolaştığı yabancı ülkeyi gördükçe ağladım...»

Ampedokles, şiirlerinde kaderin kendisini attığı yabancı ülkeyi söylerdi. Yoksa şimdi bütün dünya kendisine karanlık bir yabancı ülke mi geliyordu?

Rüzgârı uslandıran, ölümü yenen Ampedokles, önceleri dünyaya nasıl bir gurur ve sevinçle bakıyordu! İnsanlara ne denli şeyler vadetmişti!

Ampedokles şöyle diyordu: «Dünyada, hastalık ve ihtiyarlamaktan koruyan şifalı ilaçlar var. Tümünü öğreneceksin, hepsini göstereceğim sana. Sen, yorulmadan esip tarlaları mahveden rüzgârın şiddetini keseceksin. Dilediğin zaman yeniden rüzgâr estireceksin. Yağmur yağdırıp tarlaları sulayacaksın. Hadesten ölülerin ruhunu geri çevireceksin...»

Ampedokles, ilerideki özgürlüğü, insanın doğaya egemen olacağını bir kâhin ve şair gözüyle görüyor ve bu zaferi, kazanılmış, ya da pek yakın bir zamanda kazanılacak sayıyordu.

Başına, galiplerin başına takılan defne çelengi takmıştı. Kendisine bir tanrı gibi tapılıyor, Ampedokles de bu tapkı ve saygıyı kabul ediyordu. Ne var ki, insan zaferi kutlaması için daha erkendi. Karanlık sürgün günlerinde Ampedokles de bunu anlamıştı.

Ölmek üzereyken Ampedokles şunları yazmıştı: «Hangi kavgalardan, hangi iniltilerden doğdun sen, bedbaht, ölümlü insanların uğursuz kuşağı?»

Ampedokles'in öğretisi kavgalardan, yeninin eskisiyle savaşından doğmuştu.

Bu savaş, doğduğu şehirde de, bütün Yunanistan'da da ve hattâ bizzat kendi ruhunda da oluyordu.

Ampedokles'in kitaplarında yeni bilim, eski büyüyle içiçeydi.

«Tabiat Hakkında» adlı eserinde bilimden, «Temizlenmeler» adlı eserinde de büyüden sözediyordu.

Gerçek bir bilim adamı olarak, duyularımızın ve

bunların yardımcısı olan aklın kavradığı dünyayı, asıl gerçek dünya sayardı.

Tanrıları inkâr ederdi. Ama eserlerinde Zeus da, Hera da vardı. Doğa güçlerine tanrı adları verirdi.

Ampedokles, bilimle büyü arasında bir seçme yapmamışsa da, onu bir bilim adamı olarak hatırlıyoruz. Çünkü Ampedokles'in her şeyin kendilerinden meydana gelip, yine onlara döndüğü unsurlar öğretisini yaratmasıyla insanlık, gerçeğe bir adım daha yaklaşmıştı. Gerçi onun düşünceleri bizimkilerden çok uzaktı. Bugünkü kimyasal elemanlar, hiç de Ampedokles'in, sözünü ettiği o elemanlar değildir.

3

herodot'u dinliyoruz

Haritaya bakılırsa, ilk Yunan bilginlerinin, ilk filozofların yurdu olan şehirlerin, Küçük Asya'nın (Anadolu'nun) pek dar bir parçasında yerleşmiş olduğu görülür.

Milas, tarihçileri ve gezgin Heredot'un olan Halikarnas'tan pek uzak değildir. Pitagor'un gençliğini geçirdiği Sisam Adası da oraya yakındır. Sisam Adası'ndan, deniz yoluyla, Heraklit'in yaşadığı Artemis Tapınağı'nın bulunduğu Efes'e kolayca geçilir, Efes'ten, Ksenofanes' in memleketi Kolofan'a üç saatte gidilir. Oradan da doğru filozof Anaksagoras'ın vatanı Klazomen'e...

İlk Yunan filozofları yaşadıkları zaman bakımından da komşudurlar. Tales'in ve Anaksimandros'un en verimli yılları M.Ö. 6. yüzyılın başlarına rastlar. Anaksimenes, Anaksimandros'un öğrencisiydi. Pitagor'la Ksenofanes, Tales'in torunu olabilirdi. Bunlar hep 6. yüzyılda yaşamışlardı. Pitagor, yaşını başını almış bir ihtiyarken, Heraklit daha çocuktu. Anaksagoras'la Herodot'sa, daha sonra doğmuş, M.Ö. 5. yüzyılda yaşamışlardı.

Küçük bir toprak parçası üzerinde, hemen hemen aynı zamanda yaşamış olan bu filozoflar, hem çağlarına, hem de yurtlarına ün ve şeref kazandırmışlardı.

Yunan bilimi, işte bu bölgede, yüzyılın karşılaştığı, yolların kesiştiği, geleneklerin, inançların birbiriyle karıştığı, eşyaların elden ele, düşüncelerin de insandan insana geçtiği bu yerlerde doğmuştu.

Doğudan yabancı ordular yaklaşıyordu. M.Ö. 6. yüzyılın sonunda ve 5. yüzyılın başında, şahlar şahı İran Şahı'nın orduları Anadolu'ya dalmışlardı. İstilacılar şehirleri birer birer kuşatıyor, ele geçiriyorlardı. Anadolu'daki Yunan şehirlerini, Yunan koloni ve ticaret merkezleriyle bağlayan denizyolları kapanmıştı. İranlıların müttefiki olan Fenikeliler, Yunan sularını kontrolları altına almışlardı.

«Ölümlüler arasında en mutlu» insan sayılan Polikrat, İranlıların esiri olarak ölmüştü: çarmıha gerilmişti. Milas, İranlılara karşı ayaklanmaya yeltenmişse de, Yunan gemileri deniz savaşında Fenike donanmasına yenilmişlerdi. Ayaklanma bastırılmış, Milas tahrip edilmişti.

Doğudan batıya, Atina'ya, Sicilya'ya Güney İtalya'ya bir sel halinde göç başlamıştı. Göçenler arasında bilim adamları da vardı. Bunlar beraberlerinde papirüs tomarlarını, krokilerini, haritalarını da götürüyorlardı. Düşmandan, en değerli saydıkları şeyi, yani bilimi kurtarıyorlardı.

Öte yandan, barbar orduları ilerleye ilerleye Asya'dan Avrupa'ya geçmişlerdi. Önlerine çıkanı çiğneyip geçiyor, her şeyi yakıp yıkıyorlardı. Dünyanın bir kez daha geriye atılmasına, uzun süre karanlıklara gömülmesine kıl payı kalmıştı. Ama barbarların yolu üzerinde Atina duruyordu.

Atinalılar, deniz savaşlarında ön saflarda dövüşmüşlerdi. Savaş karada devam edip kızıştığı zaman da, yine ön saflardaydılar.

Atina İran ordularını yenerek, Yunanistan'ın özgürlüğünü savundu...

Zaferle birlikte gelişme ve refah da gelmişti. 5. yüzyılda, denizaşırı ülkelerden çeşitli mallar getiren gemiler artık Milas'a değil, Atina'ya geliyorlardı.

Atina'daki atelyeler, tersaneler ve limanlar, geç vakitlere kadar arı kovanı gibiydi. En usta zanaatçılar, çömlekçiler, dokumacılar, silahçılar buradaydı. Anadolu'daki Yunan şehirlerinden kaçan bilim adamları da burada yeni vatanını bulmuşlardı.

Dünyanın sınırları öncekinden daha genişlemişti.

Atina'da, bir gezgin ve tarihçi olan Herodot'la karşılaşıyoruz. Herodot, birçok ülkeleri dolaşmıştı. Kendisini, Fenike limanlarında, piramitlerin önünde, Babil tapınaklarında, «şahlar şahı» İran Şahı'nın başkentinde de görenler vardı.

Kayıkla Nil Nehri'nin akıntısına karşı yüze yüze, Elefantina denen Fil Adası'na kadar gitmiş, bir Yunan tapınağıyla bir İskit önderinin yaldızlı çadırını görmek mümkün olan Karadeniz kıyılarında uzun zaman yaşamıştı.

Herodot, tapınaklarda kâhinlerle, limanlarda gemi kaptanlarıyla uzun uzun konuşmuştu. Atina'da da, uzak ülkelerden birçok geminin uğradığı Pire limanına sık giderdi.

Limanda, sabahın erken saatlerinden başlayarak, gürültü patırtı dinmezdi. İskelede İskit buğdayı ve Milas yünü dolu çuvallar duruyordu. Kimi gemiler boşaltılırken, kimileri yükletiliyordu. Hamallar kürekçilerle tartışıyorlardı. Tüccarlar gemi sahipleriyle pazarlık ediyorlardı.

Atina'da her adım başına bir yabancıya rastlanabilirdi.

İnsanların, ömürlerini bir yerde, soydaşları ve aynı

kabileden olanlar arasında geçirdikleri zamanlar tarihe karışmıştı.

Eski zamanlarda, her yaşlıca kadın, her önüne çıkanın soyunu sopunu iğnesinden ipliğine kadar anlatabilirdi. Yabancı tüccarlara, seyrek rastlanılan bir hayvan gibi bakılırdı. Tüccar, herhangi bir şehirde kalacak ve orada yaşayacaksa, kendisini koruyan birisini bulmalıydı.

Önceleri, şehirler köye benzerdi. Zamanla onlar da değişmişti. Şatonun yanı Akropol'un çevresinde tüccarlarla zanaatçıların yaşadığı yeni mahalleler meydana gelmişti. Sözgelimi, çömlekçiler, başlı başına bir mahalleye yerleşmişlerdi. Burada, doğma büyüme bir Atinalıya, bir Milas'lı tüccar komşuydu, köşenin ötesinde de Efes'li bir silah ustası yaşardı.

Deniz, insanları da, eşyaları da karıştırmıştı.

Önceleri bir çömlekçi, yalnız hemşehrileri için çeşitli kapkacak yapardı. Köle kadın, hanımefendisine elbiselik kumaş dokurdu. Demirci «demirhanede», kabilesinin önderi ve askerleri için kılıç döverdi. Sonralarıysa, bir yerde pişirilen kapkacak başka bir yerde satılıyor, Atina'da dokunulan bir pelerini, uzak Sicilya'da yabancı hanım giyiyordu. Kılıcı da, Suriye'de ya da İran'da yabancı bir asker kuşanıyordu.

Eskiden herkesin aşağılayabildiği kimsesiz tüccarı, artık kanun savunmaya başlamıştı. Hele yabancının köleleri, gemileri, altını da varsa, şehrin ileri gelenlerinden biri olurdu.

Önceleri, soylu kişiler tüccarı, zanaatçıyı adam yerine koymazlardı. Şimdiyse her şey, insanın soyuna ve adına değil, servetine bağlıydı.

Soylu olmayan kimseler bile, bazen zenginleşip toprak, gemi, atelye sahibi olabiliyorlardı.

Bazı zenginlerin babaları, el tezgâhlarında çanak çömlek yapıp pişiren, sıradan birer zanaatçıydılar. Oğullarınınsa bir değil, iki atelyesi vardı. Ve herbirinde onlarca köle çalışıyordu. Böyle bir çömlekçinin eline para kendiliğinden akıyordu. Ve paralarını küpte tutmayıp eski zaman beylerının iflas etmiş torunlarına faizle veriyorlardı. Paralar artıyor, çoğalıyordu. Parası olanlar, birkaç ev, gemi ve çiftlik sahibi oluyordu. Bu çiftliklerde toprak da artık yeni biçimde işleniyordu.

Yoksullar, toprağı hâlâ kara sabanla sürüp buğdayı el değirmeninde öğütürlerken, zenginin çiftliğinde demir uçlu sabanlar, düvenler, ağır taşları olan değirmenler vardı. Değirmen taşını köleler, uzunca bir kolu iterek çevirirlerdi.

Önceleri Atina'yı soylu kişiler yönetiyordu. Sonraları bunlar, devrilip idare başından uzaklaştırılmışlardı. Bütün devlet işlerine, Halk Meclisi bakmaya başlamıştı. Halk Meclisi dokumacılardan, çömlekçilerden, tabakçılardan, tüccar ve gemi sahiplerinden oluşmuştu.

Eski zaman beylerinin torunları bile, ticaretle uğraşmak zorundaydılar. Kâr hırsı onları da sarmıştı. Gemilerine mal yükleyerek deniz aşırı ülkelere ticarete gidiyorlardı.

Akropol şehrin merkezi olmaktan çıkmıştı. Pazar meydanıydı artık merkez.

Her sabah insanlar pazara koşarlardı. Bütün haberler burada öğrenilebilirdi. Bir hatibin Halk Meclisi'nde verdiği demeç berber dükkânlarında heyecanla tartışılırdı.

Vakit öğleye yaklaşınca pazardakiler, kızgın güneşten galerilerdeki gölgelere çekilirlerdi.

Gezgin İlerodot da bunların arasındaydı. Uzak ülkelerden yeni dönmüş bir kaptanla konuşuyordu.

Herodot eve dönünce, kaptanın anlattıklarını yazmıştı. İşitip gördükleri hakkında artık birçok notları vardı. Bunlardan, yılların geçmesiyle, ülkeler, kabileler ve olaylar hakkında bir kitap meydana geliyordu. Bu kitabı okurken, yabancı ülkelerde bulunmuş olan denizcilerin, o zaman neler anlattıkları kolayca anlaşılıyordu.

İnsanların bildiği dünyanın.sınırları alabildiğine genişlemiş olmakla birlikte, kenarları daha sis içindeydi. Ve bir denizcinin anlattıkları, çoğu zaman gerçekten çok masala benzerdi...

Denizciler şunları anlatıyorlardı:

Uzak güney ülkelerinden Libya'da, kara insanlar, Habeşler yaşıyor. Konuşmaları, yarasaların çığlıklarına benzer. Bizim yemediğimiz yılan ve kertenkele gibi şeyler yerler. Orada kocaman filler, kocaman yılanlar var. Boynuzlu eşekler ve boynuzları öne kıvrık olup yere değen boğalar da var. Boğalar, boynuzları yere saplanmasın diye, otlarken geri geri çekilirler. Libya'da bir dağ var. Adı Atlas Dağı. Yüksek mi yüksek. Tepeleri gökte. Gökkubbe işte bu dağa dayanıyor. Bu dağ olmasaydı, gökler çoktan çökerdi.

Libya'nın ötesinde köpek kafalı insanlar yaşar. Ama öyleleri var ki, baş diye bir şeyleri yok. Başları olmasa da kör değiller, gözleri göğüslerinde.

Doğu ülkelerinde dev gibi büyük hayvanlar ve kuşlar var. Köpek büyüklüğünde karıncalar, çöldeki altınların nöbetçisidir. Çok sıcak günlerde karıncalar toprak altında gizlenir. Bunu fırsat bilen o ülke halkı, nöbetçi karıncalar uyurken develerine binerek hızla çöle gider ve altınları kapmasıyla develere yükleyip geri dönmeleri bir olur. Savsaklayıp gecikirlerse halleri dumandır. Karıncalar toprak altından çıkıp peşlerine düşerler. Bunlardan daha hızlı koşan başka yaratık görülmemiştir. Yakaladıklarını paramparça ederler.

Kuzeydeki ülkeler bunlardan daha da akıllara hayret vericidir. Orada yolunu şaşırmak işten değil.

Kuzeyde, kimi keçi ayaklı, kimi tek gözlü insanlar yaşar. Yılda altı ay uyuyanları, üç kez kurt kılığına girenleri de var.

Akıllı bir insan olan Herodot, bu masallara inanıyor muydu?

Yok, her şeyi yazıyordu ama, hepsine inanmıyordu.

Dünyada tek gözlü insanlar olduğundan ve insanın kurt kılığına girebileceğinden şüphe ediyordu .

Herodot şöyle düşünüyordu: «Denizci kısmı atmayı, anlattıklarını uydurmalarla süslemeyi pek sever.»

Her ne kadar yabancı ülkelerde gezerken kılavuzsuz olmazsa da, bunlara pek inanmamalı.

İyi ama, en uzak ülkelerden dünyanın kıyılarında yaşayan kabilelerden söz edilirken, gerçeği yalandan nasıl ayırmalıydı?

Libya'ya olsun, Hindistan'a olsun, daha pek az insan gitmişti.

Herhangi bir kılavuz ya da Fenikeli bir denizci, saçma sapan şeyler anlattığı zaman, yabancının her şeyi hak bayram sanacağını umardı. Herodot, sandıkları kadar saf değildi. Görüşleri yeni olan bir insandı, her şeye inanmazdı. Yoklanması mümkün olan her şeyi yoklamaya çalışırdı. Kanatlı yılanların olup olmadığını görmek için Arabistan'a gitmişti. Söylentiye göre, bu alaca yılanlar, mis kokulu günlük veren reçina ağaçlarını korurlarmış. İlkbaharda uçup Mısır'a gider, ama kutsal İbis kuşları tarafından kovuldukları için yine kendi ağaçlarına dönerlermiş. İnsanlar yılanları kovmak için günlük yakar, yılanlar da ürkerek uçup giderlermiş.

Herodot, Arabistan'a gidip kanatlı yılan diye bir şeyin olmadığına yerinde kanaat getirmişti.

Herodot, evde sayısız notlarını gözden geçirip papirüs tomarlarını karıştırırken şaşıyor ve şüpheleniyordu. Başkasının yalancısı olmamak için herhangi bir olağanüstü olayı kitabına geçirmeden önce uzun uzun düşünürdü. Öte yandan, ilginç bir hikâyeyi kitabın dışında bırakmaya da kıyamazdı.

Ve Herodot, sivri uçlu kamış kalemi yine eline alır, mürekkebe batırıp yazmaya başlardı. Yarasalar gibi çığlıklar çıkaran Habeşler hikâyesinin sonuna gelince de: «Libyalılar böyle anlatırlar» deyip işin içinden sıyrılırdı.

Herodot şüphelerini okuyucularından gizlemezdi.

«Gerçekte böyle olup olmadığını bilmem, sadece başkalarından işittiğimi anlatıyorum» derdi.

Gerçeğe uymayan şeylere, her defasında gerçeğe uygun bir izah bulmaya çalışırdı. Dodona şehrine gelip «Bir tapınak kurmak gerektiğini» salık veren dişi güvercin hakkındaki hikâyeyi anlattıktan sonra şunu ekliyordu: Bunun, yabancı bir dilde, kuşdili konuşur gibi konuşan bir yabancı kadın olduğu sanılır.

Herodot her işittiğini tekrar etmemekle birlikte, gerçeği, uydurmadan; masalı, olmuş bir şeyden güç ayırırdı. Uzak kuzeyde, gecenin altı ay sürebileceğine inanmazdı da, Hindistan'da altınları koruyan dev karıncaların olabileceğine inanırdı. Kafasında, eski fikirlerle yeni fikirler savaşırdı. Ve eski fikirlerin çoğu zaman üstün geldiği olurdu.

Herodot'un zamanında yaşamış olan birçok bilim adamı, ırmaktaki suyun güneş ışınlarının etkisiyle buğulaştığını bilirdi. Herodot'sa güneşin bir tanrı olduğuna ve gökte gezinirken susayıp ırmaktan su içtiğine inanırdı.

Anaksimandros, Anaksimenes, Pitagor, yıldızların hareketlerinde bağlı oldukları yasa ve sayıları incelemişlerdi. Herodot'sa soğuk rüzgârın, güneşi yolundan sapıtabileceğine inanır, bu yüzden de kışın soğuk olduğunu sanırdı.

Ampedokles için gök cismi olan yerde, Herodot bir gök ruhu, bir tanrı görürdü.

Bilim görevini yapıyordu. Yunanistan'da, eşya ve olaylara yeni açıdan bakan ve gördüklerini anlayanlar gittikçe çoğalıyordu.

Herodot kitabını okuduğu zaman, Atinalılar yığın yığın dinlemeye gelirlerdi. Bilim konusundaki bu kitabın, kulağa bu kadar hoş gelmesine şaşarlardı.

Atina'nın her yerinde, meydanlarda, palestra denen jimnastik salonunda, cümbüşlerde, hep evrenden, yıldızlardan söz edilir, ayla güneşin ne olduğu tartışılırdı.

Bu tartışmalar, sönük cansız birer bilim tartışması değildi. Nasıl yaşamak, neye inanmak ve nasıl düşünmek üzerineydi.

soyluların konuşmaları

Atinalı başbuğ Perikles'in evinde şölen vardı. Misafirler karınlarını doyurmuşlardı. Başlarını çelenkle süslüyor, iyi ruhlar şerefine aldıkları birer yudum su katılmamış şarabı içiyorlardı. Ev sahibi Aspasiya'nın işaretiyle dansözler uzaklaşmış, flüt çalan kadın flütünü bırakmıştı. Konuşma başlıyordu.

Misafirler Perikles'in evinde niçin toplanmışlardı? Sadece yemek, müzik dinlemek, şarap içmek ve güzel kokuları almak için mi? Değil. Konuşmak için, hocaları Anaksagoras'ı dinlemek için. Çünkü Anaksagoras, hepsinin hocası ve dostuydu.

Ev sahibi Perikles, devlet işlerini bile sık sık Anaksagoras'a danışırdı.

Perikles, Atinalıların başbuğu ve önderiydi. Kendisine Olimpli diyorlardı. Çünkü halkın karşısında konuştuğu zaman, tıpkı Zeus gibi ateş püskürüyordu. Atina, onun zamanında eşsiz bir güce kavuşmuş ve dünyanın en güzel şehri olmuştu.

İşte bu önder, filozofa akıl danışıyor ve kendi hatiplik sanatını, ondan alacağı doğa bilgileriyle zenginleştirmeye çalışıyordu.

Anaksagoras, ev sahibesi Aspasiya'yla da seve seve uzun uzadıya konuşurdu. Aspasiya, gününü evin kadınlara ait bölümünde çıkrık başında geçiren kadınlardan değildi.

Devlet işlerinden bilim adamlarının araştırmalarından iyi anlardı. Filozof Sokrat da sık sık Aspasiya'ya uğrar, hikmet dolu sözlerini dinlemeleri için, öğrencilerini de birlikte getirirdi.

Bu Milaslı yabancı kadınla evlenmek için Perikles,

soylu bir Atinalı olan karısını boşamıştı. Birçokları bunun için Perikles'i kınıyorlardı. Perikles, Aspasiya'ya olan sevgisini gizlemiyordu.

Şölende daha kimleri görebiliriz?

Sözgelimi, büyük bir heykeltraş, ressam ve mimar olan Fidyas'ı Atina'nın geliştirilmesinde Perikles'e o yardım ediyordu.

Onun emrinde Akropol'de binlerce mimar, heykeltraş, dülger, bakırcı, duvarcı ve kuyumcu çalışıyordu. Her ustanın emrinde, bir komutanınki gibi bir müfreze işçi vardı.

Bunların kılıcı ve mızrakları, heykeltraş kalemiyle duvarcı malasıydı. Görevleri, öldürmek, diriyi yoketmek değil, cansız taşlara can vermekti. Bunlar hareketsiz ağır mermer parçalarını, daima genç, hareket dolu tanrı ve tanrıça heykellerine, zarif ve ahenkli tapınak sütunlarına çeviriyorlardı. Taşı, bina cephelerinde, çatı süslerinde dile getiriyorlardı.

Yüzlerce gemi Atina limanına, yapılar için mermer, bakır, altın, fildişi, selvi, abanoz ağacı getiriyordu.

Fidyas tek bir güzel bina değil, güzellik yasalarına göre tüm bir şehir kuran bu inşaatçılar ordusunun başıydı.

Fidyas'ın yanında da Öripides'i görürdük.

O da, Anaksagoras'ın öğrencisiydi. Başkalarının gerçek saydığına şüpheyle bakıyordu.

Kaderin gücü ve tanrıların otoritesi karşısında eğilmiyordu.

Öripides'in trajedilerinin her sözü, tiyatroda seyircileri sarsıyordu.

Bir savaş arabasına koşulmuş dört atı yönetmek kolay iş değildi. Oysa Öripides, çeşitli taraflara yönelmiş olan binlerce insanı yöneterek hepsini bir hayatla, bir düşünceyle, bir duyguyla yaşatıyordu.

Seyircilerin birçoğu, eski tanrılara inanmaya devam edip ürkek ruhlu ve kör inançlıydılar.

Öripides dizginleri sağlamca tutuyordu. Ve seyircilerin en ürkekleri bile, istekleri dışında ileriye yöneliyorlardı. En kör inançlar bile, trajedideki «adaletsiz tanrı, tanrı değildir» sözlerini tekrarlıyorlardı.

Perikles, Aspasiya, Fidyas, Öripides...

Bunlar şerefli bir öğretmenin ünlü öğrencileriydi.

Eski zamanlarda kabile önderleri, maiyetiyle birlikte, kalın duvarlarla çevrili saraylarında cümbüş ederlerken, tanrılara yüzlerce öküz kurban edilirdi. Rüzgâr pişmekte olan kurban etlerinden çıkan yoğun dumanları, sonra neşeli çığlık ve şarkıları, cümbüş edenlerin şimşek çakar gibi kahkahalarını uzaklara götürürdü.

Bir şölenle devler cümbüş ediyordu sanki.

Bu da başka bir şölen. Burada toplananlar da başka devlerdi.

Öripides de Akileus ayarında bir adam değil miydi? Akileus, insanları teke tek döğüşe çağırmışsa, Öripides de tanrılardan hesap istemişti.

Ya Perikles? Odiseus'tan daha büyük değil miydi? Odiseus gibi, küçücük İtaka Adası'nı değil, denizin kıyılarına ve adalara serpili şehirlerden ibaret büyük bir devleti yönetiyordu.

Bunların adaleleri, Homeros'un kahramanlarınınki kadar kuvvetli değilse de, akılları daha genişti, gözleri daha uzağı görüyordu.

Bu güçlü insanlar, aralarında en yaşlı olanı dinlemek için toplanmışlardı.

Biz onları, zamanın sisi arkasında hayal meyal görüyoruz. Yarım daire şeklinde yerleştirilmiş sedirlere uzanmışlar. Sedirlerin önünde alçacık masalar. Bardaklar siyah şarap, sepetler üzüm dolu.

Konuşanlardan kâh biri, kâh öbürü, durumunu değiştirip dirseğiyle yastığa dayanıyor, komşusuna dönüyor. Dudaklar kıpırdıyor, hatta soruları ve cevapları işitiyor gibi oluyoruz. Ne hakkında konuştuklarını ancak tahmin edebiliyoruz.

Yüzler Anaksagoras'a çevrili.

O günün sözkonusu neydi?

Anaksagoras evrenden sözediyordu. Dinleyenler, dün yamızdan başka dünyalar da olduğunu hayretle öğreniyorlardı. İşte ay denilen dünya. Ayda dağlar yükseliyordu, ağaç ve hayvanlar vardı.

Şu da, bir kasırganın sürüklediği kızgın muazzam bir taş olan güneşti. Güneş gökyüzünde, bir geminin deniz köpüklerini yararak ilerlediği gibi, esiri yara yara alabildiğine koşuyordu. Bunun için daha da kızgınlaşıyordu. Güneşten parçalar kopuyor ve düşen yıldızlar halinde dört yana akıyorlardı.

Güneşten kopan böyle bir parça yere düştüğü zaman, kör inançlılar, ona yaklaşmaya cesaret edemezler di. Yaklaşınca da, gök misafirinin basit bir taş olduğunu görürlerdi.

Başkalarının görmediğini gören filozofun sözlerini hepsi dinliyordu. Onun aklı, göğün derinliklerine sokuluyor ve kimsenin hayal bile etmediği yeni dünyalar buluyordu...

Anaksagoras, sözüne devamla, eşyaları meydana getiren zerreciklerden sözediyor, bunlara «eşyaların çekirdeği» diyordu. Unsurlar, sanıldığı gibi dört değil, son suz sayıdadır, diyordu.

Anaksagoras tanrılara inanmıyordu. Ama bir «Yüksek Akıl»ın, evrene ilk itişi vermesi, evreni kendi kendine hareket eden bir oyuncağı kurar gibi kurması gerektiğini sanıyordu.

İhtiyar filozof, Yüksek Akıl'dan o kadar sık sözederdi ki, Atina'da kendisine de «Akıl» adını takmışlardı.

Perikles'in verdiği şölende toplananlar, kör inançlı korkak insanlar olsalardı ayı da, güneşi de tanrı sayma yan Anaksagoras'tan yüzçevirir, sokağa çıkmaya bile sakınırlardı. Çünkü tanrı güneş, sadece bu saygısızca sözleri dinledikleri için kendilerini cezalandırabilirdi.

Fakat Perikles'in misafirleri, ileri görüşlü insanlardı. Atalarının inandıklarına inanmaz, her şeyi akıllarıyla bulurlardı.

Ev sahibi de, insan aklını her şeyin üstünde tutardı.

Güzel konuşmayı öğreten hocalar, öğrencilere ibret olsun diye, Perikles hakkında bakın ne anlatırlardı.

Bir savaşta Perikles yüz elli gemiye bindirdiği askeriyle denize açılmaya hazırlanır. Tam kendisi de gemiye bineceği zaman güneş tutulur, ortalık kararır. Herkes bunu kötü bir belirti sayarak korkar.

Perikles, dümencinin korku içinde denize açılmaya cesaret edemediğini görünce, pelerinini onun gözleri hizasına kaldırıp:

— Pelerinden korkuyor musun? diye sorar.

Dümenci şaşırıp:

— Hayır, der.

— Öyleyse ne korkuyorsun, diye cevap verir Perikles. Güneşin tutulmasına sebep olan ay, bu pelerinden sadece büyük. Bundan başka da bir fark yok.

Boşuna Anaksagoras'ın öğrencisi olmamıştı Perikles.

Şölenden sonra Anaksagoras, uyuyan şehrin sokaklarından evine dönüyordu.

Ay ışığında çınar ağaçları beyaz çiçeklerle süslenmiş gibiydi. Uzakta, duvarlarla çevrili Akropol, bir dev gibi Atina'nın üzerinde yükseliyordu. Akropol tanrıların kalesiydi. Tanrıların tapınakları oradaydı. Athena Pallas'ın, yaldızlı mızrağını yıldızlı gökyüzüne doğru kaldırdığı heykeli de orada bulunuyordu.

Herkes çoktan uyumuştu. Pazar yeri olan Agora Meydanı bomboştu.

Anaksagoras durup başını kaldırdı ve dikkat kesilerek ayın orağına baktı. Orağın yüzünde yavaş yavaş dişler belirmiş, pürüzlü parlak yüzeyinde ovalarla dağların kara gölgeleri hayal meyal görünmüştü.

Anaksagoras gökyüzüne yeni gözlerle bakıyordu. Gökyüzü de yenileşmiş gibiydi.

Önceleri kendisi de ayın, dünyamızdan pek uzak olmadığını, av tanrıçasının bu ışık saçan yayının, yeryüzüne çok yakın olduğunu sanıyordu.

Birdenbire bu yay, erişilmez bir derinliğe uzaklaşmıştı.

Gökyüzü bomboş kalmıştı. Her gece kanatlı bir atın Andromeda'yı alıp götürdüğü ve Perseus'un mızrağının ejderi vurduğu yerde, uzay okyanusu uzanıyor, bunun içinde de birer dünya olan adalar ışıldıyordu.

Bu sayısız dünyaların insansız, boş olması imkânsızdı.

Anaksagoras, ıssız bir sokakta yoluna devam ediyordu. Düşüncelere dalmıştı.

Ay, daha Atina üzerinde ışımakla beraber, tanyeri de ağarmaya başlamıştı. İlk uyanan horozların ötüşleri, ekmeğini kendi teriyle kazananları uyandırıyordu.

Kenar mahallelerdeki küçük evlerde dokumacılar, fırıncılar ve çömlekçiler karanlıkta ayakkabılarını çarçabuk giyip işe koşuyorlardı... Kunduracı yağ kandilini yakarak bizine sarılıyordu. Gün doğuncaya kadar para kazanacaktı.

Silahçının karanlık atelyesinde kıvılcımlar saçılıyordu. Köle, körüğü var gücüyle çekerek ocağı körüklüyordu.

Bir hanım, kadın köleleri dürterek uyandırıyordu. Birer yabancı olan bu kadınların adlarını söylemeye dili bir türlü dönmezdi. Kölelerine doğdukları yere göre «Asya» ya da «Suriye» diye bağırmak daha kolayına gelirdi.

— Asya, Suriye, Trakyalı, kalkın! derdi. Yeter horladığınız. İş hiç umurunuzda değil.

Bütün avlu içlerinde monoton, sıkıcı bir gıcırtı başlardı. Kadınlar el değirmenlerinde un öğütürlerdi. Değirmenlerin, iniltiyi andıran gıcırtıları, herkese günlük dertleri hatırlatırdı: ekmek derdini, çocukları. Taneler daha öğütülmemişti, çocuklarsa yemek istiyorlardı.

Köylüler şehre gidiyorlardı. Birinin sırtında buğday dolu bir çuval, öbürünün omuzundaki değneğin uçlarından da, birer sepet sarkmış olurdu. Sepetler, çiğli üzüm salkımlarıyla doluydu.

Ortalık yavaş yavaş ağarıyordu.

Pazar artık kalabalıktı.

Tüccarlar çadırlarını açıp, kamıştan örme tezgâhlarını kuruyorlardı.

Bir çan işitilir, sonra bir, daha...

Böylece pazarda alışveriş başlardı...

Anaksagoras Agora Meydanı'nda ağır ağır yürüyordu. Geceleyin muhteşem ve sessiz olan şehir, birden ne kadar telaşlı ve gürültülü olmuştu!

İşte bir zeytin satıcısı. Eliyle tuttuğu sepeti karnına dayamıştı. Başı yukarıdaydı. Öbür satıcılardan fazla bağırmaya çabalıyordu. Malını öyle övüyordu ki, Yunanlıları ömürlerinde zeytin yememiş sanırdı insan.

Satıcının bağrışları, meydandan geçen bir askerin dikkatini çekti. Bir eliyle atının yularını tutup başındaki pırıl pırıl tulgayı çıkararak satıcıya uzattı. Satıcı bir obolusa bakır tulgayı zeytinle doldurdu.

Anaksagoras'ın çoğu zaman, zeytin almak için bir obolusu bile bulunmazdı. Oysa bir zamanlar onun da zeytinlikleri, geniş tarlaları ve bağları vardı. Çoktan otların kaplamış olduğu tarlalarında keçi ve koyunlar otluyordu. Anaksagoras kendisini hep tek davaya verebilmek için, daha gençliğinde evini ve yurdunu terketmişti.

insana övgü

Bir zamanlar insan, kıyılarında yaşadığı ırmağın, dünyanın tek ırmağı olduğunu sanıyordu. Yüzyıllar sonra, Herakles'in direkleri denilen Okyanus kapılarına dayanınca, bunun da dünyayı çepeçevre saran büyük bir ırmak olduğu hükmüne varmıştı. Arslanı ilk gördüklerinde, ona «Büyük Köpek» diyen ataları gibi, o zamanın insanı da okyanusa «Okyanus Irmağı» demişti.

Görüş ufukları genişlemişti. İnsanlar dünyada birçok ırmak ve deniz olduğunu öğrenmişlerdi. Ama dünyanın tek bir dünya olduğu hakkındaki kanıları değişmemişti. Gökyüzüne dikkatle baktıkları zaman başka dünyalar da görüyordularsa da, gök okyanusunun bu adaları, onlara ejder, yılan, kanatlı at şeklinde birer canavar gibi geliyordu.

Derken insan, yeri gökten ayıran mesafeyi düşüncesiyle, aklıyla aşmayı denedi. Her şeyi bilmek ve kavramak isteyen akla, meraklı gözler yardım ediyordu.

Gözler, en yakın gök adasında dağ ve ovalar seçmeye başladılar.

Anaksagoras şöyle diyordu: Ay da bir dünyadır. Dünyamız, evrenin tek dünyası değildir.

İnsan sonsuzluk yolunda gittikçe ilerliyor, evrenin enginliklerinde ilk defa olarak dolaşıyordu. Büyüğü küçükten, uzağı yakından, daha pek iyi ayırt edemiyordu.

Yıldızların, dünyaya uzaklık derecesini anlamaya çalışıyordu. Bir zamanlar Heziodos gökten atılan bir örsün, dünyaya dokuz gün dokuz gece sonra düşeceğini söylemişti. Artık insanlar, yıldızların çok daha uzak olduğunu biliyorlardı.

Yeryüzündeki dağların bile yüksekliği daha ölçülmemişken, yıldızlara kadar olan mesafeyi nasıl ölçmeliydi? Dağlar, olduklarından çok daha yüksek görünüyordu insanlara. Çünkü karlı tepelere daha kimse çıkmamıştı.

Anaksagoras, güneşin Pelopones Yarımadası'ndan büyük olduğunu söylerken, hep yer ölçüsüyle ölçüyordu. Ne olursa olsun, ölçüyordu ya!

Dünyamıza ayın mı güneşin mi, daha yakın olduğunu anlamaya çalışıyor ve «ay daha yakındır» diyordu, «güneş tutulurken, ayın güneşi kapaması bundandır.»

Böylece güneş tutulması, bir parıltı gibi, insana gökyüzünün derinliklerini aydınlatmıştı.

İnsan üzerinde yaşadığı dünyayı da gittikçe daha

iyi tanıyor, bilinmeyenin sınırlarını daha uzaklara itiyordu.

Madenciler yerin derinliklerinden gümüş ve demir çıkarırlardı.

Karanlık maden ocaklarında çanak kandiller, nemli loş galerileri aydınlatırdı. Kandile tam on saat yanacak kadar yağ doldurulurdu. Hep karanlık olan yerin altında, vakit başka türlü nasıl bilinebilirdi?

Maden filizi, yeryüzüne bir zamanlar olduğu gibi sırtla değil, ağaç bocurgatların yardımıyla çıkarıldı. Filiz de önceki gibi çukurlarda değil, daha fazla demir veren fırınlarda eritilirdi.

İnsan yeryüzünü de, denizi de fethediyordu.

Atina'ya deniz yoluyla, Kafkaslardan ağaç kütükleri, Afrika'dan fildişi, Kırım'dan hayvan ve buğday, Kolkida'dan balmumu, Arabistan'dan amber getiriliyordu.

İnsan yeryüzünü gittikçe artan bir cesaretle değiştiriyordu.

Bir yerde kanal açıp gemi yüzdürüyor, başka bir yerde taş dalgakıranlar yaparak deniz kıyılarını düzeltiyor, gemi sığınabilir hale getiriyordu. Dalgakıran öyle derin bir yerde yapılıyordu ki, on kişi birbirinin omuzuna çıksa, en üstteki yine de su altında kalırdı.

Herhangi bir şehrin dolaylarındaki yamaç, muazzam bir açık hava tiyatrosuna çevrilirdi. Seyircilerin oturacağı sıralar kayalara oyulur ve arkaya doğru basamak basamak yükseltilirdi. Böyle bir tiyatro otuz binden fazla seyirci alabilirdi.

İnsan, yer altında hiçbir şeye yaramayarak yatan mermerle fikirlerine şekil veriyordu. Tanrıların şerefine yapılan bir tapınağın her sütunu, onu yaratan insanı övüyordu.

Aradan yüzlerce, binlerce yıl geçerek, Atena ve Zeus'a olan inanç sarsılıp yıkılacaktı. Ama bu tanrıların heykelleri ve onlar şerefine yapılan tapınaklar kutsal birer şey olarak el üstünde tutulacak, gözbebeği gibi korunacaktı.

Elada'nın gökyüzünde bulut pek seyrek görülür. Buna rağmen yüzyıllar boyunca boralar ve bozuk havalar yapmışlardı yapacaklarını. Beyaz Pentelikon mermerinden yontulmuş sütunların rengi değişik sarımtırak kahverengiye çalmıştı. Bazı yapılanlardan yalnız sütunlar kalmış ve bunların bazıları taşıdıkları cephe ve çatı süsleri gibi yüklerden yoksun olarak hâlâ dimdik dururken, bazıları da devrilip paramparça olmuşlardı. Bunları, hava okyanusunda esen şiddetli rüzgârlar değil, insan tarihinin kasırgaları devirmişti. Bir düşman gemisinden atılan tunç gülle, bir an içinde, bozuk havaların yüzyıllarda yaptığından fazla tahribat yapmıştı.

Ne de olsa, bu yarı harap tapınaklar, insanların gözünde hep genç kalacaklar ve hiçbir zaman ihtiyarlamayacaklardı. Yaratıcılığın, sanatın gücü böyleydi. Yaratıcılık, yıkımdan kuvvetliydi.

Yüzyıllar sonra bir tanrıçanın heykeline bakan insanlar, «harika, insan ne güzel!» diyeceklerdi.

Yıkıp yakanların adları unutulacak, düşünenlerin, yaratanların ve kuranların adlarıysa belleklerde ebediyen kalacaktı.

Yaratıcı insan yüceydi ve bunu kendisi de anlıyordu.

Atina'daki Diyonizos Tiyatrosu'nda, kayalara oyulmuş sıralarda binlerce seyirci, Eskilos'un, Sofokles'in, kahramanlarının başından geçenleri heyecanla izliyordu. Ödipus ya da Antigone'nin çektikleri acıları gördükçe yürekleri burkuluyordu. Sanatın gücü ruhun sınırlarını genişletmişti. İnsanın ruhu yalnız kendi sevinç ve acılarını değil, başkalarınınkileri de duymayı, yalnız kendisini değil, başkalarını da düşünmeyi öğretiyordu.

Tiyatroda hangi trajedi oynanırsa oynansın, Eskilos'un Zincirlere Vurulu Prometeus'u olsun, Sofokles'in Antigone'si ya da Öripides'in İfigeneya'sı olsun, hepsinde de seyircileri hep bir düşünce, hep bir kaygı heyecanlandırıyordu. Kim üstün gelecekti? Kaderin kör kuvveti mi, yoksa insanın özgür iradesi mi?

İşte sahnede Hefestos, balyozuyla titanlardan Prometeus'u kayaya çiviliyor.

Prometeus göklerden çaldığı ateşi insanlara geri vermişti. Kader kendisine karşıydı. Kafkas dağlarında bir kayaya zincirle çakılmıştı. Ama ne Zeus'a, ne de tanrılarca konulduğu sanılan yasalara baş eğmişti.

Bu da başka bir sahne. Antigone zindanda. Suçlu kardeşini gömdüğü için ölüme mahkûm edilmiştir. Sevgisinin cezasını çekiyordu, ölecekti. Ama insanlar tarafından konulan hiçbir yasa, kalbindeki sevgiyi çıkarıp atamayacaktı.

Binlerce seyirci, özgür insan ruhunun, kaderin gaddar hâkimiyetiyle savaşını izliyordu.

Koro, insanı öven bir parçayı okurken, seyirciler sıralarında mest olurlardı.

Doğada harika güçler çok
Ama insandan güçlüsü yok.
Cesaretle dolaşır insan kükreyen dalgalarda,
Şiddetli kış rüzgârlarında.
Her yıl evlek açar pulluğuyla
Ölümsüz toprağın bağrında.
Ağlarla avlar hafif kanatlı kuşları
Ve denizlerde balıkları.
Uzun yeleli atları o eğitti.
O vurdu boyunduruğu güçlü öküze.
Ne kışın ok gibi soğuğu korkutur onu,
Ne de gökten boşanan sağnaklar.
Hastalıklara da devayı buldu.
Bir ölümden kaçamaz yoksa,
Yelden hızlı konuşur
Yelden hızlı düşünür.
Şehirler kurmuştur barınmak için.
Yasalar koymuştur küstahlardan korunmak için
Yoksuldur umutta,
Zengindir hikmette ve sanatta.

Evet insan güçlüydü ve biliyordu güçlü olduğunu.

Önceleri doğa insana egemendi. Gökyüzü bulutlanıp karardığı zaman insan titrer, şimşek çaktığı zaman da yere kapanırdı. Ocağındaki ateşi söndürmek, yoksul kulübesini altüst edip dört yana savurmak için, doğanın hafifçe üflemesi yeterdi. İnsan açlıktan ve soğuktan ölmemek için yalvarıp yakarırdı. Ama kime?

Derken insan büyümüştü artık. İktidar uğrunda doğayla savaşıyordu.

Eski bir ozan boşuna dememişti şunu:

Doğa bizi yenmek isteye dursun,
Biz onu sanatla yeniyoruz.

İnsan suyu işe koşarak ona tarlaları sulatıyor, rüzgâra gemileri yürüttürüyordu. Ateşe demiri erittiriyor, topraktan ekmek, şarap alıyordu.

Kışın, soğuğu evinin eşiğinden içeri bırakmıyor, dalgakıranla koruduğu limana fırtınayı sokmuyordu.

İnsanın, yakın bir geçmişe kadar tanrıların iradesinden başka iradesi yoktu. Kendisine «çok sevdiğin kızını tanrılara kurban et» denilirse, feryatlarını işitmemek için, yavrusunun ağzını bağlar, sonra da götürüp kurban ederdi.

Zamanla eski inançlar tarihe karışmıştı.

Tiyatroda hükümdar Agamemnon, kızı İfigeneya'yı bir tanrıçaya kurban ederken, koro şu beyti okuyordu:

Senin ruhun yücedir, kuzum çar kızı.
Ne yaparsın ki, tanrıça ve kader zalim!

İfigeneya'nın ruh yüceliği kabul ediliyor, zalim tanrı Artemis'se yeriliyordu. «Adaletsiz tanrı, tanrı değildir.»

Önceleri insan, kabile önderinin her dediğine boyun eğerdi. Soylu ataları olmayan bir kimse, kaderini başkaları tayin ederken söz hakkına sahip değildi. Ve her şeye rağmen, kalkıp konuşmak isteyen bulunursa, önder hemen asasıyla ona vurur ve: «Otur uğursuz, dinle başkaları ne diyecek» diyerek susmasını emrederdi.

Atina'da halk, önderlerini kendisi seçer, biri hoşuna gitmeyince de yönetimi elinden alırdı.

Halk denince, bütün Atina halkı değil, yalnız hür vatandaşlar anlaşılırdı. Kölelerin, hür vatandaşlardan çok daha fazla oldukları halde, hiçbir hakları yoktu.

Atina demokrasisi, köle sahiplerinin demokrasisiydi...

Atina halkı, hürriyetiyle övünürdü. Bu övünç, savaş meydanında düşmanla karşılaştıkları zaman güçlerini kat kat arttırırdı.

demokrit üstüne

İnsan gerçeğe doğru giden dik yolda, gittikçe daha yükseklere çıkıyordu. Ve sonunda öyle bir zaman geldi ki, hem çevresindeki dünyaların sonsuzluğunu, hem de gökteki yıldızların ve yerdeki kum taneciklerinin kurulmuş olduğu en küçük zerrecikleri, yani atomları da gördü.

İnsanlara bunu ilk anlatan, büyük filozof Demokrit olmuştu.

Söylentiye göre, Demokrit, Trakya'daki Abder şehrinde doğmuştu. Babası Damasip'in, hemşehrileri arasında büyük itibarı vardı.

Bir gün İran şahı Keyhusrev, seferlerinden birinde Damasip'in zengin ve konuksever evinde kalmıştı. Hükümdara, o zamanın bilim adamları olan büyücüler de katılırdı. Keyhusrev Abder'den ayrılırken büyücülerden bazılarını Damasip'in çocuklarını okutmak için bırakmıştı.

Demokrit'in, çocukluğunda kendilerinden ders aldığı İranlı büyücülerin görüşleri, birçok meselelerde Yunanlılarınkinden farklıydı.

Zerdüşt dinini yayan bu İranlı büyücüler, tanrılara inananları ahmak sayarlardı. Onlara göre iki dünya vardı. Büyük Dünya, yani evren ve Küçük Dünya, yani insan.

Demokrit öğretmenlerinden, Hint filozoflarının öğretisini de işitmiş olabilirdi. Tüm eşyalar zerreciklerden, yani noktalardan meydana gelmiştir. Nokta hareket ederek çizgi, çizgi hareket ederek yüzey, yüzey hareket ederek cisim olmuştur.

Demokrit'in bir öğretmeni daha vardı: dostu Levkipos. Yunan biliminin derinliklerini o açmıştı kendisine.

Demokrit, Milaslı filozofların teorisini, yani evren' in aslını maddenin sağladığını Levkipos'tan öğrenmişti.

Damasip öldükten sonra, Demokrit, şehrin en zenginlerinden biri olmuştu. Babası kendisine bin talant bırakmıştı. Bu büyük bir servetti.

Demokrit itibar ve nüfuz sahibi olarak rahatça yaşayabilirdi. Arhont, yani devlèt başkanı seçilmiş, şerefine, üzerinde kendi adıyla ve bir saz resmiyle para kesilmişti.

Demokrit yurdunda kalmadı. Bilgi peşinde dünyayı dolaşmaya çıktı.

Demokrit, «bilge kişiye tüm yeryüzü açıktır» diyordu.

Ömrünün birçok yılını uzak ülkelerde gezilerde geçirdi. Mısır'a, Babil'e gitti, Mısırlı kâhinlerle, Babilli büyücülerle ve Hintli felsefe hocalarıyla konuştu.

Ama başöğretmeni doğaydı.

Demokrit şöyle diyordu:

«Benim zamanımda yaşayan insanlardan yalnız ben, dünyanın büyük bir kısmını dolaştım, en uzak olayları inceledim, gök ve yerin en geniş alanlarını gördüm, birçok bilim adamını dinledim.»

Demokrit yurduna yoksul bir insan olarak döndü. Kardeşi yardım etmeseydi açıkta kalabilirdi. Elinde avucunda bir şeyciği kalmamış, tüm servetini harcamıştı.

Çünkü bir tüccar olarak değil, dünyayı inceleyen bir araştırıcı olarak gezmişti. Kiraladığı her gemi, pahalıya mal oluyor, kâr getirmiyordu.

Abder halkı öfkeden küplere biniyordu. Demokrit'e büyük saygıları vardı. Oysa servetini yabancı ülkelerde bir mirasyedi gibi savurmuştu.

Söylentiye göre, Demokrit mahkemeye bile verilmişti.

Yargıçların huzurunda Demokrit, bağışlanmasını isteyeceği yerde, büyük bir ruloyu açıp, yazdığı eseri okumaya başlamıştı.

Bu eserin adı «Büyük Diyakosm» (Büyük Evren Düzeni) du.

Evrenin doğuş ve kuruluşunu anlatan bu kitabı Demokrit'in niçin okuduğunu yargıçlar başlangıçta bir türlü anlamamışlardır herhalde. Çünkü suçlamayla Demokrit'in kitabı arasında, görünürde hiçbir bağ yok gibiydi.

Demokrit'in tasvir ettiği evren görünümü o kadar güzel ve görkemliydi ki, davacılar suçlamayı unutmuşlardı.

Kitabın okunması bittiği zaman yargıçlar, Demokrit'in şehrin gelenek ve yasalarını çiğnemediği kanısına vardılar. Gezide bin talant harcamıştı ama, başka bir servet getirmişti: bilgi. O zamana kadar tek bir Abderli tüccar, deniz gezisinden böyle bir kârla dönmüş değildi.

Yargıçların kararı şöyleydi: Demokrit'e beş yüz talant verilsin, sağlığında bronz heykeli dikilsin, öldükten sonra şehir hesabına gömülsün.

Fakat Demokrit'in ölmeye niyeti yoktu. Elinde yine para vardı. Bunları da aynı amaç için, yani bilgi uğruna harcamayı kararlaştırdı.

Bu defa Atina'ya, yani Yunanistan'ın öbür bütün şehirlerinde olduğundan çok ünlü bilim adamlarının bulunduğu şehre gitti.

Anaksagoras, Sokrat ve daha başka birçok filozoflar Atina'da ders veriyorlardı.

Demokrit, eserlerinin ününün, kendisinden önce

Atina'ya vardığını sanıyordu. Atina'ya varınca kendisini kimsenin tanımadığını gördü.

Demokrit, Sokrat'ı bildiği halde. Sokrat'ın ondan haberi yoktu. Demokrit Anaksagoras'ı ziyaret etti. İhtiyar filozof, onu dost ve öğrencileri arasına kabul etmedi.

Bir «Yüksek Akıl»ın varlığına inanmayan bu Abderli genç filozof, Anaksagoras'a fazla cüretkâr görünüyordu.

Oysa Demokrit, evreni harekete geçiren bir yüksek güce ihtiyaç duymamıştı. Evreni başsız ve sonsuz sayıyordu. Evren sonsuzdu. Hareketin bir başlangıcı olmadığına göre, başlangıçsız bir şeyin başlangıcından söz etmekte bir anlam var mıydı?

Anaksagoras'a cüretkâr görünen düşünceler işte bunlardı.

Demokrit'se Anaksagoras'ın görüşlerini «ihtiyarca» sayıyordu.

İhtiyar filozoflar, Demokrit'i meclislerine kabul etmemişlerdi ama, gençler arasında onun her sözünü can kulağıyla dinleyenler az değildi.

Demokrit şöyle diyordu:

— Bir kaba su doldurup sımsıkı kapayın. Sonra ateşe koyup kaynatın. Su kabı patlatır.

Sebebi ne?

Şu ki, dünyadaki her şey gibi su da atomlardan meydana gelmiştir. Pek küçük oldukları için, atomları görmeyiz.

Öyleyse, atomların var olduğunu nereden biliyoruz? Zerrecikleri gözle, kulakla, burunla sezemeyeceğimiz, tatma ve dokunmayla farkedemeyeceğimiz kadar küçük olunca, akıl yardımımıza koşuyor.

Sımsıkı kapalı kabın ateşte nasıl patladığını görüyoruz. Ve akıl bize; buna sebep, suyun kaynamasıyla atomların genişleyip içinde bulunduğu zindanın duvarlarını parçalamasıdır, diyor.

Bir tapınaktaki altın heykelin elinin niçin zayıfladığını, yani aşınıp küçüldüğünü anlamıyoruz. Akıl bunu da izah ediyor. Dua edenler altın eli öperlerken elden, gözle görülmez atomlar kopuyor.

Böylece açıkça bilinen bir şey, gizli olup bilinmeyen bir şeyi görmek imkânını veriyor.

Öğretmen anlatıyor, öğrenciler de onu izleyerek gözle görülmez atomlar dünyasına dalıyorlardı.

Uçsuz bucaksız uzayın bir yerinde atomlar uçuşuyordu. Düzensiz, karmakarışık bir uçuştu bu. Tıpkı güvercinin güvercinlerle, turnanın turnalarla toplanıp kuş kümeleri, kuş sürüleri meydana getirdikleri gibi, aynı cinsten atomlar da birbirini çekiyordu.

Bu çekme, atomların yolunu eğriltiyor ve bunlar kasırganın göklere savurduğu kum tanecikleri ya da anafordaki yongalar gibi dönmeye başlıyorlardı.

Ağır şeyler, anaforun merkezinde toplanır, hafifler de dışarıya atılır.

Sonsuz boşlukta uçuşan atomlar da öyle olmuştu. Ağır atomlar, evren kasırgasının merkezinde toplanmış, hafifler de ağır atomlar tarafından yenilip dışarıya, kenara itilmişlerdi.

Atomlar, diyordu Demokrit, bir meydandaki insanlar gibidirler. Gezinenler seyrek oldukça birbirine engel olmazlar. Çoğalınca kakışmalar, kavgalar başlar. En kuvvetliler üstün gelir, zayıflar çekilip gitmek zorunda kalırlar.

Evrenin merkezinde toplanan ağır atomlar dünyayı meydana getirdiler. Ağır atomların etrafında, daha hafif olan suyun atomları yerleşti. Bunlardan da hafif olan havaysa merkezden çok uzakta kalmıştı.

Dünya merkezine doğru yönelen suların atomları, yeryüzündeki iki derin çukuru doldurmuşlardı. Bunlardan biri, çevresinde insanların yaşadığı Akdeniz'di. İkinci çukur, dünyanın öbür tarafındaydı. Orada da insanlar yaşıyordu herhalde. Bunlara, tersayaklılar anlamına gelen Antipod'lar derler. Çünkü bizim ayaklarımızın altında olan, onlar için yukarıdaydı.

Dünya değişmeye devam ediyordu. Su buğulaştığından denizin dibi açıldı. Bunun için bugüne kadar dağlarda deniz kabukları, mağaralarda da balık ve yunus balığı izleri bulunur.

Dünya, boşlukta döne döne alabildiğine uçuyordu. Uçarken başka dünyalardan kopan muazzam parçalarla karşılaşıyordu. Dünyamıza hızla giren bu parçalar onunla birlikte dönmeye başlıyorlardı. Güneş, ay, yıldızlar bu kocaman taşlardan meydana gelmiştir. Gök cisimleri dünyadan uzaklaştıkça hızları artıyor, daha kızgınlaşıyorlardı.

Ateş elde etmek için bir ağaçtan açılan çukurda hızla döndürülen değneğin tutuştuğu gibi gök cisimleri de tutuşuyor ve bir daha sönmüyorlardı.

Daha ötelerde başka dünyalar, başka gök cisimleri vardı.

Evrende, birbirine benzeyen iki dünya bulunamaz. Birbirine benzeyen iki kişi bulunmadığı gibi.

Bazı dünyalar, aysız ve güneşsizdi, karanlıktı. Öyleleri vardı ki, gökyüzünde iki güneş doğuyor, geceleyin de birçok ay parlıyordu. Bazı dünyalar, meyva ağaçları baharda çiçek açar gibi serpiliyordu. Bazıları da, sonbaharda kırağı vurmuş yapraklar gibi sararıp soluyordu.

Dünyalar da insanlar gibi çarpışıyor ve savaşıyorlardı. Daha büyük olan dünya galip geliyordu. Küçük olan dağılıyor, paramparça oluyordu.

Bu parçalardan yeni dünyalar, yeni güneşler meydana geliyordu.

Öğrenciler, «yeryüzünde canlı varlıklar nasıl doğdu?» diye sorarlardı.

Demokrit buna şöyle cevap verirdi:

Dünya daha sıcaktı. İyice katılaşmamıştı. Şişip tümsek tümsek oluyordu. Tümsekler, ağaçlardaki tomurcuklar gibi patlayıp açılıyor, içinden hayvanlar çıkıyordu.

Ağır olan toprak atomları fazla gelen varlıklar, karaya yerleştiler. Su atomları daha çok olanlar suya girdiler. Hafif hava atomları fazla olan hayvanlar da kanatlanıp havalandılar.

Bu ilk hayvanlardan çoğu yok olmuştu. Yaşayanlar, kurnazlık ya da kahramanlık sayesinde, ya da türlerini koruyan hızlı koşmaları sayesinde kurtulmuşlardı.

Daha sonra bu eski hayvanlardan insan da meydana geldi.

Başlangıçta insanlar hayvan gibi yaşardı. Çıplaktılar, evleri barkları yoktu, ateşi bilmezlerdi. Ömürleri hep yiyecek peşinde geçerdi. Teker teker yiyecek aramaya çıkar, ot, yaban meyveleri toplayıp yerlerdi.

Hakkında efsaneler söylenen bir altın çağ, mutluluk çağı olmamıştır geçmiş zamanlarda. İnsan çok şey çekmişti o zaman. Zayıflar kırılmış, ancak kuvvetli olanlar kurtulabilmişlerdi.

İnsanlar, saldıran vahşi hayvanlardan korunmak için birleşmeye, yardımlaşmaya başladılar.

Acı tecrübeleri, insanlara kışın mağaralara sığınmayı, meyve stokları yapmayı öğretti.

İnsanlar ateş elde etmeyi öğrendiler. Yavaş yavaş çeşitli zanaatlar bellediler. Örümcekten dokumayı, kırlangıçtan ev yapmayı, bülbülden türkü söylemeyi öğrendiler.

Çeşitli zanaatlar ve icatlar tanrıların bir armağanı değildi. Zorunluk, insanın her şeyde öğretmeni olmuştu.

Vahşi hayvanlara karşı ortaklaşa savaş insanları birleştirmişti. Zamanla insanlar arasında da kıskançlık yüzünden kavga başladı. Biri ötekini kıskanıyor, onun mal ve mülküne göz dikiyordu. Bunun önünü almak için yasalar çıkarmak gerekti.

Herkes yasalara uymak zorundaydı. Çünkü, atomlar birleşerek maddeyi meydana getirdikleri gibi, insanlar da devleti meydana getirirlerdi. Atom, maddeye kıyasla bir hiçti ve onun yasalarına bağlıydı.

Bunun için, diyordu Demokrit, devlet işlerini, öbür bütün işlerden çok daha önemli saymalı. Herkes devletin düzenli olmasına çalışmalı. Vatandaş, hakettiği itibardan fazlasını beklememeli ve ortak davaya zarar verecek derecede nüfuz sahibi olmamalı. Doğru yolda yürüyen bir devlet, insana en büyük destektir. Her şey devlete bağlıdır. Devlet işleri yolundaysa, herkes refah içindedir. Devlet çökerse, her şey yokolur.

Eşitlik her şeyde mükemmel bir şey. Demokratik bir ülkede yoksul olmak, kralların idare ettiği bir ülkede zengin olmaktan iyidir. Özgürlüğün kölelikten iyi olduğu gibi...

Evrende her şey: dünya, güneş, deniz, dağlar, insan ve insan yasaları, tanrıların iradesiyle değil, sebeple sonucun zorunlu akışıyla meydana gelmiştir.

Demokrit bunları söylerken, öğrencileri de onunla birlikte yıldızlara ve atomlara giden yolda dolaşırlardı.

Demokrit'in düşünceleri Tales'in, Anaksimandros'un, Ampedokles'in fikirleriyle karşılaştırılırdı.

Daha Tales, bir ana unsurdan, yani maddeden sözetmişti.

Anaksimenos «hava zerrecikleri»nden, Ampedokles «unsurlar»dan, Anaksagoras «eşyaların çekirdekleri»nden sözediyorlardı. Doğayı inceleyenler, atomlara atom fikrine adım adım yaklaşıyorlardı. Derken Milaslı filozof Levkipos'la öğrencisi Demokrit, evrende atomların sonsuz hareketi hakkındaki büyük teorilerini ortaya atmışlardı. Bu teori, yüzyıllar boyunca insanları doğayı kavramaya sürüklemişti.

önde gidenler, geride-kalanlar

Bir zamanlar insan, tüm dünyayı, yaşadığı ırmağın iki yakasındaki topraklar sayıyor, başka yerleri bilmiyordu.

Sonra dünyanın, etrafında insanların yaşadığı bir deniz olduğu kanısına vardı. Tıpkı dolayında kurbağaların yaşadıkları bir su birikintisi gibi.

Zamanla görüş ufukları daha da genişlemiş, dünya denince insan, yer yuvarlağını düşünür olmuştu.

Derken evrenin sonsuz dünyalar olduğunu öğrendi.

İnsan başka bir yönde de yürüyordu. Maddenin en ufacık zerreciklerini de kavramaya başlamıştı. Artık kum taneciğini, dünyanın en ufak şeyi saymıyordu.

Taşı nasıl ufaladıklarını, buğday tanelerini nasıl öğüttüklerini, bir tapınakta birçok dudağın değmesinden, heykelin altın elinin nasıl aşındığını, cisimlerden en ufak zerreciklerin nasıl koptuğunu görüyordu. Ve kendi kendine: cisimler daha da parçalansa ne olur? diye soruyordu. Buna cevap olarak da: büyük bir taş parçasından daha küçük parçalar, bunlardan da daha küçük taş parçaları elde edilir, iyi ama, bunun da bir sonu olmalı diye düşünüyordu. Maddenin derinliklerine giden yolun sonsuz olduğunu, burada hiçbir zaman sona varılmayacağını o zamanki insanın anlaması güçtü. Bunun için bölünemez zerreciklerin var olduğu hükmüne vardı. Bunlara atom (bölünmez), dedi. Dünyadaki tüm cisimler atomların birleşmesiydi.

İnsan ilk defa, düşüncesiyle bilinmez bir dünyaya dalarak, görülen her şeyin, gözle görülmez tuğlacıklardan yapılmış olduğunu sezmişti.

İnsan böylece, hem büyük yıldızlar dünyasına, hem de küçük atomlar dünyasına doğru adım adım ilerliyordu.

Sözünü ettiğimiz bu insan kimdi?

Ne tek bir kişiydi, ne de tüm insanlık. Tek başlarına çalışan ayrı ayrı düşünür kişilerdi. Bunlar, öğrencileriyle birlikte felsefeyle uğraşan bir avuç insandı.

Halkın çoğunluğunu meydana getiren çiftçiler, zanaatçılar, kölelerse, felsefenin «f»sini bile bilmezlerdi.

İlklerin en ilklerinden olan Levkiyos'la Demokrit, artık atomları görecek kadar ilerlemişken, aynı Atina'da, aynı zamanda yaşayan bir çömlekçi, ya da camcının, kapkacak ya da cam pişirdiği fırına, kötü ruhları kovmak için, bir efsane yarattığı yarı insan yarı keçi olan satir'in boynuzlu başını astığı oluyordu.

Usta, cam erittiği ya da kapkacak pişirdiği zaman atomları, bir kumandanın askerleri yönettiği gibi yönetiyor, çift çift dizilmeye, yerlerini değiştirmeye, birbirinden ayrılmaya zorluyordu. Ama bu, askerlerini görmeyen, var olduklarını bile bilmeyen kör bir kumandandı. Nereden geldiğini anlamayarak başarıyla sevinir, önleyemediği uğursuzluktan korkardı.

Bir çömlekçinin atelyesinin önünde duran bir dilenci şu eski türküyü söylerdi:

Para verirseniz eğer, türkü söylerim size çömlekçiler.
Fırınları korurken Atena, duamı dinle!
Çömlekçiler, şişeler, kâseler yapanların yüzünü ağartsın.
Fırında iyice pişen ve iyi kâr getiren.
Pazarda, sokaklarda kapış kapış satılsın.
Ve bu şanlı kârdan, türkü söyleyene de pay çıksın.

Atelyede türküyü dinlerlerdi. Kâse yapan bir usta tezgâhını durdurmuş, sırtında kömür dolu bir çuval taşıyan bir genç olduğu yerde kalmıştı. Ocaktaki kömürleri karıştıran köle kapıya doğru dönmüştü. Atelyenin dazlak ve kambur bir ihtiyar olan sahibi, değneğini kaldırıp kölelere:

— Ne o, derdi, ağızlarınızı bir karış açmışsınız? Şu değneğin, sırtınızı okşamasını mı istiyorsunuz, yoksa!

Çömlekçinin kendisine bakmadığını gören dilenci, bu ihtiyardan, metelik çıkmadığını söyleyerek türküye tehdit sokuyordu:

Dilenciyi aldatmak isterseniz, utanmaz herifler,
Çağırırım şu anda tüm düşmanlarını çömlekçi fırınının.
Ey, çanakkıran, çatlayan, ey, bozuk toprak!
Ey, bu sanatı ne zararlara sokan kızgın ateş!

Bir at çenesi gibi gıcırdasın fırın.
Çömlekleri, şişeleri, kâseleri paramparça ederken.
Sen de, güneşin kızı, sihirbazların çariçesi Kirke
Ocağını, evini kül et şunların, altını üstüne getir fırının!
Kır dök her şeyi! Çömlekçilerin feryatları yedi kat göğe çıksın.
Öyle keskin bir zehir ver ki, usta ölsün, zanaatı da onunla kurusun.
Hükümdar Khiron da alsın getirsin,
Herakles'in güçlü elinden kurtulan kentaur'larını,
Her şeyi çiğneyin, gümbür gümbür yıkılsın fırın!
Çömlekçiler iniltilerle seyretsin kıyameti.

Atelye sahibi, vahşi kentaurların belirmesini bekleyecek değildi ya! Ya büyü tutarsa! Homurdana homurdana bir akçe çıkarıp dilenciye atardı.

Demokrit'le aynı zamanda yaşayan bu ihtiyar, büyüye hâlâ inanıyordu.

Hoş, Demokrit'in öğretisinde bile, ilkel inançların izleri vardı!

Tanrılara inanmayan Demokrit, kötü göze, yani kıskanç bir insanın başka bir insana gözü değebileceğine inanıyordu.

Öğretmenleri olan İranlılar, kendisine daha küçük yaştayken büyünün sırlarını açmışlardı. Ve tanrıları inkâr ederken bile, fala ve gelecekte olacak şeyleri bildiren rüya ve belirtilere inanmaya devam ediyordu.

İnsan, binlerce yıllık tarihinde birçok şey öğrenmişti. Aralarında doğru olanlar da vardı, olmayanlar da. Ne var ki, doğruyu yanlıştan, gerçeği boşinandan her zaman ayıramıyordu. Boşinanların uzun ömürlü oluşunun sebebi de buydu.

Boşinanlara karşı savaşan Demokrit gibi akıllı bir insan bile, bunlardan kurtulamamıştı.

Demokrit şöyle diyordu:

«Eski zamanlarda büyücü kadınların, gökten ayı ve

güneşi indirebilecekleri sanılıyordu. Bunun için bugüne kadar ay ve güneş tutulmalarına, birçok yerlerde «indirme» denir.

Demokrit her şeye doğal bir izah bulmaya çalışırdı ama, birçok meseleleri çözemezdi.

Kıskanç bir insanın gözü niye kötüdür? diyordu. Herhalde, gözlerinden içimize işleyip bize zararı dokunan kötü ışınlar ve kötü şeyler çıktığı için olmalı.

Nasıl olur da, gelecekte olacak şeyleri düşümüzde görürüz? Uykuda iyi ve kötü şeyler içimize doğar da ondan.

Bunlar elle tutulmayan şeyler, eşyalardan kopan hava atomlarıdır. Atomlar göze girince insan bunları görür, kulağa girince de işitir.

Demokrit, zamanının en akıllı insanı olduğu halde, yine de çağının, insanlar için olduğuna, kölelerin köle olarak kalmaları gerektiğine inanıyordu. Demokrit şöyle diyordu: «Kendi ellerinden ve ayaklarından faydalandığın gibi kölelerden faydalan.»

Demokrit eşitlikten yanaydı ama, egemenliğin «toplumun en alt tabakalarına» Yunan şehirlerinde zenginlerle iktidar sahiplerine karşı ayaklanan «tayfalara» geçmesine karşıydı.

Ona göre, yalnız atomlar aleminde değil, devlette de baş yer, güçlülerin olmalıydı.

Bütün zengin köleciler böyle düşünüyorlardı. Damasipik oğlu Demokrit de.

yol çıkmaza giriyor

İnsan, doğaya egemen olma yolunda hayli ilerlemiş, özgürlüğe doğru oldukça yol almıştı.

Ama zaferi kutlamak için daha vakit erken değil miydi?

Atina özgür insanların şehri sayılırdı. Ama sokaklarında, alanlarına damga vurulmuş, silinmez-mürekkeple, «yakala beni, yoksa kaçarım» sözleri yazılmış insanlara niçin bu kadar sık rastlanırdı?

Buğday tanelerini büyük bir gayretle öğüten şu kadıncağızın boynunda asılı ve ağzını kapatmış olan tekerlek neyin nesiydi?

Pazardaki bu kalabalık neydi ve niçin bütün gözler yabancı kıyafetli insanların gösterildiği sahneye çevrilmişti?

Sahnedekiler bir dairede koşturuluyor, ağızları ve adaleleri yoklanıyordu.

Özgür bir insana böyle davranmak yakışır mıydı?

Ne var ki, bunlar aslında özgür değil, köleydiler ve bunların sayısı, Atina'da özgür olanlardan çoktu.

Köleler her yerde ve her işte kullanılırdı. Yemek pişirir, çocuklara bakar, atelyelerde çalışır, yapı kurarlardı.

Demin un öğütürken gördüğümüz, boynu tekerlekli kadın köleydi.

Tekerlek, ağzına taneleri atmasın diye geçirilmişti boynuna.

Pazarda gördüğümüz köleler, satılık herhangi bir mal gibi sergilenmişlerdi.

Bir öküzün fiyatı elli drahmiydi. Köleninki, bundan pek fazla değildi, yüz ya da yüz elli drahmiydi.

Bir atelye satılırken köleler de demirbaş eşyaya katılırdı: İki örs, üç çekiç, beş köle gibi.

Örse herkesin ihtiyacı olmayabilirdi. Köleyse herkese faydalıydı. Çünkü köle, demir dövebilir, kumaş dokuyabilir, çömlek yapabilir, değirmende un öğütebilirdi.

Atinalılar en aklı başında olanına bile sorsanız, kölesiz yaşanamadığını söylerdi. Çünkü köle canlı bir aletti. Aletsiz nasıl yaşanabilirdi! Bir dümenci için, geminin dümeni cansız bir aletti, gemide nöbette duran tayfaysa canlı bir aletti. Köle, canlı bir mal ve aletlerin en mükemmeliydi.

Canlı alet.

Hiçbir Atinalı, bu iki kelimenin anlamı üzerinde

uzun uzadıya düşünmezdi. Canı olan âlet. Laf anlayan alet. Bu, aletin sahibinin işine gelirdi.

Köle, hayatının ağırlığını ne kadar fazla duyarsa, sahibine o kadar fazla direnirdi.

Çekiç baş kaldırıp, kendisine kötü davranan sahibinin kafasına inemezdi.

Örs geceleyin demirhaneden kaçıp ormanda gizlenemezdi.

İnsansa, sahibine karşı koyabilir, gerekirse kaçıp gizlenebilirdi.

Böylece aletle sahibi, canlı aletle köle sahibi arasında bir savaş başlamıştı.

Köleler ayaklanıyorlardı. Atelyelerden, taş ocaklarından, maden kuyularından kaçıyorlardı. Maden ocaklarında çalışanların kaybedecek bir şeyleri yoktu. Zaten ölüme mahkûmdular. Pis pis kokan karanlık deliklerde havasızlıktan boğuluyorlardı. Çölde bir yudum suyun burada da bir solukluk temiz havanın özlemini çekiyorlardı.

Canlı aletler kaçıp ormanlara, dağlara gizlenirlerdi. Kaçanların peşine düşüp tutar, tutunca da damgalarlardı. Kaybolmaması için aleti damgalamak; geceleyin kaçmaması için bir yere tıkılıp kilitlenmesi gerekirdi.

Kaçıp da yakalanan bir köle, tabutu andıran bir hücreye hapsedilirdi. Orada ne belini doğrultabilir, ne ayaklarını uzatabilirdi.

Canlı bir insan, bir demir parçasıymış gibi büzülür ezilirdi.

Yakalanan köleler, özgürlüğün tadını unutsunlar diye, ikişer ikişer, başları bir boyunduruğa sokulup ayakları birbirine bağlanırdı. Öyle ki, kölelerden biri kalkınca öbürü düşerdi.

Ve bütün bunları yapan Atinalılardı: Özgürlük delisi ve insan vücudunun güzelliğine hayran olan Atinalılar!

Atinalılar, köleliğin özgür yurttaşlar için gizlediği tehlikeyi anlamıyorlardı.

Köle elde etmek için sık sık savaşmak gerekiyordu. Savaşsa pahalıya mal oluyordu. Karada ve denizde yapılan savaşlarda ölen özgür Atinalıların haddi hesabı belli değildi. Üstelik her savaş yıkım getiriyordu.

Köleler gittikçe çoğalıyor, özgürlerse azalıyordu.

Kaldı ki, savaş herkes için kârlı değildi. Kiminin serveti artıp daha zengin olurken, kiminin eline, yara, bere ve sakatlıktan başka bir şey geçmiyordu.

Atinalı özgür vatandaşlar, savaş dönüşü ikide bir işsiz kalıp bir lokma ekmeğe muhtaç olurlardı. Çünkü canlı bir alet, yani köle satın almak, ücretli bir işçi tutmaktan daha kârlıydı. Atelyeye yeni bir kölenin getirilmesi, özgür bir ücretlinin işten çıkarılması demekti.

Yıl geçtikçe Atina'da böyle işsizlerin sayısı artıyordu. Özgür vatandaş gibi göğüs kabartacak bir unvandan başka bir şeyi olmayan işsizler, her gün bu unvana karşılık birkaç obolos olsun kazanabilmek için zor bir iş başarmak zorundaydılar.

Halk meclisinin toplandığı günler sorun kolay çözülürdü. Bu oturumlara gelenlere, oturum başına üçer obolos verilirdi ki, bir öğün yemeğe yeterdi. Yemekler hemen oracıkta, demeçlerin, ıslıkların, bağırışların, alkışların gürültüsü altında yenirdi.

Ne var ki, böyle mutlu günler pek seyrek olurdu. İşsiz Atinalı, o gün «ah, tiyatroda yeni bir oyun olsa!» diye düşünüyordu. Çünkü yoksul vatandaşlara tiyatroya gitmeleri için para verilirdi. Bu parayı, Eskilos'un bir trajedisine vereceğine, daha karın doyurucu bir şeye harcayamaz mıydı?

Ne yazık ki, o gün oyunda yoktu. O zaman Atinalı işsiz, kura ile hakemler heyetine girmeyi umanların toplandığı mahkemeye doğru gider, tanrılara dua edip şansının tutmasını dileyerek kalabalığa karışırdı. Hakemler heyetine seçilenlere de üçer obolos verilirdi. Böylece hem karnı doyar, hem de şerefli bir iş yapmış olurdu.

Ama talih insana her zaman gülmezdi. Hakemler

heyetine girmek herkese kısmet olmazdı. Gerçi, her özgür Atinalı vatandaşın mahkemede savcı olmak bile hakkıydı.

Bazıları bu hakkı da, bir kâr kaynağına çevirmeyi beceriyordu. Biri, başka birini, onun aleyhinde konuşmakla tehdit eder, o da dilini tutsun diye haraç verirdi.

Böylece, işçiz kalan özgür Atinalılar, bu özgürlüklerini geçim aracı yapıyorlardı.

Atinalılar çalışmayı sevmez olmuşlardı. Köle sahibi olalı, çalışmayı köle işi saymaya başlamışlardı.

Önceleri, tanrıların boş gezenlerden hoşlanmadığını, çalışkanları sevdiğini, tüm servetlerin emek ürünü olduğunu söylerlerdi.

Sonrasıysa, çalışma hor görülmeye başlandı. Çalışmanın, ruhu ve bedeni sakatladığı söyleniyordu. O devirden kalma eserlerden birinde şöyle deniliyor: «İnsan bütün gününü iş başında geçirirse, belini doğrultamaz. Devlet işleri üzerinde kafa yormaya, ruhunu yüceltmeye vakit bulamaz. Vücut zayıflayınca ruh da zayıflar.»

Eller başa düşünmeyi öğretmişti. Ama baş, ellere tepeden bakar olmuştu.

En bilge kişiler bile düşüncelerini işe çevirmiyorlardı. Bu da bilimin gelişip ilerlemesine engel oluyordu.

Kimisi yalnız kafa yorup düşünürken, kimisi de yalnız kol emeğiyle uğraşıyordu. Ne eller başa yardım ediyordu, ne de baş ellere.

Bilim adamları mekanikle uğraşmaya utanıyorlardı: Öyle ya, makine yapmak için ellerin çalışması gerekti, buysa köle işiydi.

Ne var ki, mekanik kale, gemi, savaş araçları yapımında gerekliydi.

Ve bir zaman gelmişti ki, bilim adamları, mekanikle uğraştıkları hallerde bile, bunu eğlence için, ya da hükümdarlar rica ettikleri için yaptıklarını söylerlerdi.

İnsan, doğaya egemen olmaya, özgürlüğe doğru giderken, çıkmaza düşmüştü.

Bunun çıkar yolu neydi?

Kölelik düzeninin kaldırılması.

Ama insan bunu anlamıyordu. Kaldı ki, daha zamanı vardı bunun. İnsanlar, kölelik düzeni olmadan yaşanamayacağını, tanrılarca öteden beri böyle kurulduğunu sanıyorlardı.

Açlıktan, yoksulluktan nereye kaçmalıydı? Yabancı ülkelere mi?

Böylece, gemiler dolusu göçmen Atina limanından ayrılmaya başladı.

Mutluluğu yurtlarında bulamayan insanlar, onu yaban ellerde aramaya gidiyorlardı. Düne kadar vatanlarından başka bir yerleri yoktu. Şimdi onu da yitiriyorlardı.

Akropol'ün eteklerine, analarının kanatları altına sokulan civcivler gibi serpilmiş evleri, denizden son kez olarak görüyorlardı. Bunlar arasında kendi yaşamış oldukları evler de vardı. Şehir gittikçe uzaklaşıyor, yeşil tepelerin arkasında kalıyordu. Uzaklarda Atena Pallas adlı tanrıçanın altın mızrağı parlıyordu yalnız. Sonra o da gözden kayboldu.

Atinalı özgür yurttaşlar, vatanlarından olmuşlardı. Çünkü gereğinden fazla köle vardı vatanlarında...

geçmişi özlemek

İnsanlar geçmişi daha çok anıyor, eskiden daha mutlu olduğunu sanıyorlardı.

Kanılarına göre, o zaman doğruluk gökte değil, yerde yaşıyordu. Yeryüzünde ne kölelik vardı, ne de zenginler ve yoksullar.

Diyonizos şerefine düzenlenen bayramda Altın Çağ hakkında şarkılar söylenirdi. Bu şarkılarda, yeryüzünde savaşların ne olduğu bilinmeyen zamanlardan sözedilirdi. O zamanlar doğaya barış egemendi. Hastalık nedir bilinmezdi. İnsanlar hiç emek harcamadan, gerekli her şeyi alırlardı topraktan.

Derelerden su yerine altın rengi şarap akardı. Ballı börekler insanlara «içimizden en iyi pişmişini seç» derlerdi. Balık sofraya kendisi gelir ve «ye beni» derdi. Ağaçların dallarından yaprak yerine kızartılmış tavuklar sarkardı.

Şarkı gittikçe gürleşiyordu. Koro şu nakaratı tekrarlıyordu:

Dünya o zaman hiçbir yerde,
Ne erkek köle görmüştü, ne de kadın köle.

Neşeli bir şarkıydı bu. Ama insanlar onu, acılarından söylüyorlardı. Karınlarını her gün doyuramadıkları belliydi.

İnsan, geçtiği yola işte böyle dönüp bakıyordu. Nereden çıkıp geldiğini görmüyordu artık. Taş Devri'nin yoksulluğunu unutmuştu. Taş Devri bir altın çağ, bir mutluluk çağı gibi geliyordu ona.

Varsın bu bir düş olsundu. Düşün de çekici gücü vardı. İnsan ilk altın çağı yani, mutluluk çağını düşünmeye başlamıştı.

Şarkının nakaratı dönüp dönüp tekrar ediliyordu:

Dünya o zaman hiçbir yerde,
Ne erkek köle görmüştü, ne de kadın köle.

Geçmişin bir düşü olan bu görünüm, insanın yüreğine umut veriyor, yaşama gücünü artırıyordu.

Düş bir kere doğmuştu, artık bitmeyecekti. Gün gelecek, insan altın çağın geride değil, ileride olduğunu görecekti. Ve altın çağ düşü, doğanın insana boyun eğeceği, savaşın ne olduğunu bilmeyen yeryüzünde herkesin özgür olacağı zamanlara giden uzun ve güç yolda insanların arkadaşı olacaktı...

İnsanlar daha demir çağında yaşıyorlardı. Ve yıllar geçtikçe hayat güçleşiyordu.

Atina'da durum endişe vericiydi. Memnun olmayanların şikâyetleri günden güne artıyordu. İnsanlar, geçmişi daha sık hatırlıyor ve altın çağı şöyle dursun, dedelerinin zamanında bile, hayatın daha iyi olduğunu söylüyorlardı.

Atina demokrasisine düşman olanların, bu sözleri tekrarlamak pek işine geliyordu.

Olimpiyatlı Perikles'in, Pinks tepesinde Halk Meclisi'nin toplandığı günlerde kopan fırtınalara engel olması gittikçe zorlaşıyordu.

Perikles'in düşmanı çoktu.

Perikles soylu bir ailedendi. Fakat halkın tarafına geçtiği için, soylular onu sevmez olmuşlardı. Eski zaman beylerinin torunları, Pinks'te fırtına koparan dokumacılardan, çömlekçilerden, tabaklardan, bu ne idüğü belirsiz ayaktakımından nefret ederlerdi.

Soylu kişiler, yeniden yönetimi ele geçirmek isteyince, halk bunların Atina'dan kovulmalarını istemişti. Kovulması istenenlerin adları, deniz hayvanlarının kabuklarından levhacıklar üzerine yazılır, «sürgün edilsin» yazılı levhacıklarla oy verenler çoğunluksa, mahkûm on yıl süreyle Atina'dan ayrılmak zorunda kalırdı.

Soyluların birçoğu, Atina'dan kovulmalarını beklemeden, eski törelerin daha unutulmamış olduğu yerlere gitmeye başlamıştı.

Dağların ardındaki Sparta'da, eski biçimde, ataların yaşamış olduğu gibi yaşarlardı. Spartalılar geçimlerini zanaat ve ticaretle değil, ilct denen köle çiftçilerin işlediği topraktan sağlarlardı.

Sparta'da paralar bile tıpkı ataların zamanındaki gibi, öküz arabasıyla taşınacak kadar kocaman demir külçelerdi. Bunlar, çoğu hallerde evin bir köşesinde yatar, pek seyrek tedavüle girerdi.

Sparta Atina'ya hor bakıyordu. Spartalılar kendi kendilerine: «Ya Atina, birçok şehri hükmü altına aldığı gibi, bütün Elada'yı da nüfuzu altına alırsa ne olacak?» diye soruyorlardı. Bu, eski düzenin sonu demekti. Zamanın coşkun selini, aradaki dağlar bile durduramazdı. Sel muhakkak tüm eski gelenekleri ve yasaları silip süpürecekti.

Geçimini topraktan sağlayan, Sparta'yla gücünü deniz ticaretinden alan Atina arasındaki, yani eskiyle yeni arasındaki düşmanlık yıldan yıla artıyordu.

Sparta, Atina'ya düşman olanları, denize hâkim olmak için Atina'yla savaşan bütün şehirleri destekliyor, bu uğurda elinden geleni esirgemiyordu.

Atina'nın, Atina'da da düşmanları vardı: memnun olmayanlar!

Sparta, Atina'da için için yanan memnunsuzluk ateşini gayretli bir demirci gibi körüklüyordu.

Demokrasiye, Perikles'e karşı olanların sesleri Halk Meclisi'nde gittikçe yükseliyordu.

Perikles'i açık savaşta yenmenin zor olacağını biien düşmanları, dolambaçlı yollardan saldırıyorlardı; yani işe Perikles'ten değil, dostlarından başlamışlardı.

Büyük heykeltraş Fidyas zindandaydı. Fidyas'ı, tanrıça Atena'nın elindeki kalkan üzerinde, Perikles'le birlikte, kendisinin de şeklini oymakla suçlamışlardı. Ölümlü insanları, ölümsüz tanrılar arasına almak ha! Bu ne küstahlık!..

Perikles'in dostu Fidyas'ın hakkından gelinmişti: zindanda ölmüştü. Sıra Perikles'in eşi, yabancı uyruklu Aspasiya'ya gelmişti.

Aspasiya'nın suçu neydi?

Onun da suçu aynıydı, eski törelere ve eski tanrılara saygısızlık.

Perikles, şehirde dolaşıyor ve Atinalılara «Aspasiya'yı bağışlayın» diye yalvarıyordu. Küçülmekten korkmamıştı. Böylece, Aspasiya'yı güç kurtarabildi. Ama düşman rahat durmamıştı.

Halk Meclisi'nde kâhin Diyopit yerinden kalktı. Diyopit'in, herkesi eski inançlara saygısızlıkla suçlamaya hazır olduğu belliydi. Gününü hep tapınakta geçirirdi. Adadığı horozu ya da domuz yavrusunu kurban işleriyle uğraşana bırakıp, bir yana çekilir, mırıl mırıl dua eder, büyük küçük tüm tanrı ve tanrıçaları: Epidauros'ta yaşayan Asklepios'u, bunun annesi Koronis'i, Atena'yı, güçlü Kipris'i, Apollon'u, Panakeya'yı, Epion'u, Makaon'u, Podaleyriosu övüp şanlandıran sözler söylerdi.

Diyopit, olur olmaz her şeye bir anlam verir, bunları, yorumlar ve sözgelimi bir koyun tek boynuzlu bir kuzu doğurursa, Atina'nın batacağını söylerdi.

İşte Halk Meclisi'nde ayağa kalkan bu yobaz, Atinalıların «akıl» adını verdikleri Anaksagoras'ı günahkârlıkla suçladı. Güçlü tanrıların kutsal iradelerine göre düzenledikleri göksel olaylara, Anaksagoras'ın her yerde dil uzattığını söyleyerek şunları saydı: «Anaksagoras, her şeye gücü yeten tanrıların, insanlara açmak istemedikleri şeylerin sırlarını kavramak istiyor. Ayın bir dünya olduğunu söylemek cesaretini gösteriyordu. Güneş, ona göre bir tanrı değil, bayağı bir taşmış. Her şeyin aslında yüksek sebepler arayacağına, adi sebepler arıyor. Böylece cürüm işliyor, pekçok şey bilmek istiyor, Atinalıların tanıdığı tanrıları tanımıyor ve başkalarını baştan çıkarıyor...»

Mecliste Perikles'in düşmanları, yani bütün yeniliklere düşman olanlar üstün gelmişlerdi.

Perikles Atina'yı ileri götürmüştü. Ama taş yontmak, Atinalıların ruhlarını ıslah etmekten daha kolaydı.

Atinalıların ruhlarında, katılaşmış eski inançlar hâlâ kuvvetliydi.

Yeryüzünde birkaç yüzyılda her şey değişmişti. Olimp'teyse tanrılar hep o eski zamanlardaki gibi yaşıyorlardı. Orada tüm tanrılar şebekesine Zeus egemendi.

Tanrı ve kahramanların atası sayılan Zeus'un soyundan geldiğini söyleyenleri Atinalılar çoktan iktidardan atmıştı. Ama Zeus'a, tapınaklarda kurban adamaya devam ediyorlardı.

Prometeus, tanrıların insanlardan alıp göğe kaldırdıkları ateşi, yine insanlara getirmişti. Bunun için de Zeus'un buyruğuyla zincire vurulmuştu.

İşte, davranışlarıyla bir çeşit Prometeus olan Anaksagoras zindana atılmıştı. Başını abasıyla örterek yatmış, sessizce ölümü bekliyordu.

Kendisini öldürebilirlerdi. Bunu biliyordu. Ama gerçek öldürülemezdi. Zaten varını yoğunu ona, ölümsüz gerçeğe vermemiş miydi!

Birden zindanın ağır kapısı açıldı. Öğrencileri gelmişti. Perikles göndermişti onları.

Gardiyanlara para yedirilmişti. Hemen yola çıkılmalıydı. Kıyıda bir yelkenli bekliyordu.

Biraz sonra rüzgâr yelkenleri şişirerek, Elada'nın, akıl deryası saydığı insanı Elada kıyılarından uzaklaştırıyordu.

4

insan kendi gücünden kuşkuya düşüyor

İnsanın ileriye doğru, özgürlüğe, gerçeğe, doğaya egemen olmaya doğru yürüyüşü, gittikçe güçleşiyordu.

İnsan, özgürlüğe kavuştuğunu sanıyordu. Oysa özgürlük, birlikte köleliği de getirmişti.

İnsan gerçeğe yaklaştığını sanırken, gerçeğe giden yolun üstünde bâtıl inançlardan ve önyargılardan bir duvar yükseliyordu.

İnsan zenginlikleriyle övünüyordu. Oysa zenginlikle yoksulluk el ele gelmişti.

İnsan demir eritmeyi öğrendi. Ama demirden hem pulluk, hem kılıç yaptı:

İnsan deniz dalgalarını frenleyip, gemileri hareket ettirmeye zorladı rüzgârı. Denizler ve rüzgâr, hiçbir zaman insanın, denizlere egemen olmasıyla batırdığı gemiler kadar gemi batırmamıştı.

İnsanın düşmanları çoktu. Daha zayıf ve silahsızken, kendisini vahşi hayvanlar saldırmış, dağlar çığlarını onun başına dökmüş, ayaklarının altında yer titremişti.

Ama insanın, kendisinden büyük düşmanı yoktu. İnsanın bütün hayatı, yalnız doğayla değil, insana karşı da savaşın tarihidir.

Bir gün gelecek bu zıtlık kalkacak ve dev insan bütün gücünü, doğanın başkaldırmakta olduğu kuvvetleriyle savaşa verecektir.

Şimdilik insan binbir zorluğa göğüs gererek, tökezleye tökezleye, düşe kalka, yolunu kaybederek ilerliyor. İkide bir dönüp arkasına baktığı da oluyor, ama artık geriye dönüş imkânsız.

İnsanın kendi gücüne güvenini yitirdiği, kendinden şüphelenmeye başladığı anlar olmuş ve bu, bazen yüzyıllar sürmüştür.

Bir zamanlar insana övülerin işitildiği Diyonizos tiyatrosunda, şimdi insanla ve insanın aklıyla alay ediliyor.

Sahnede bir düşünürler evi düşünün. Evin önünde öğrenciler duruyor. Bunlardan biri yere bakıp düşünüyor. Yerde ne arıyor acaba? Biri sarmısak aradığını tahmin ediyor. Hayır. Öğrenci, gözleriyle yerin altındaki dünyayı —Tartaros'u— araştırıyor.

Başka bir öğrenci, şöyle bir sorun peşinde: pire sıçramayıp yürüse, bir sıçrayışlık mesafede kaç pire adımı olur?

Düşünür sahneye çıktığında, seyirciler başlar gülmeye. Onu tanımışlardır. Bu, Atina'da herkesin tanıdığı filozof Sokrat'tır. Sokrat bir sepet içinde havada uçarak, bulutları inceliyordur. Ama cebinde akşam yemeği için metelik yoktur.

Bu komedyanın yazarı, Aristofan, kiminle alay ediyor?

Yeryüzünü bir tarafa bırakıp, göklerde uçan filozoflarla.

Öte yandan Aristofan, bir baş sarmısağı yerin altındaki bütün sırlardan daha değerli bilen safdillerle de alay ediyor.

İnsan, kendi kendisiyle acı acı alay ediyor ve kuvvetlerine güveni azalıyor.

Öyle ya, insan ilerlediği yolda felaket üstüne felaketle karşılaşırsa, kendine güveni nasıl sarsılmasın...

Sanat ve bilim ülkesi Elada'da korkunç zamanlar başlamıştır.

Yangın ve yıkım getiren savaşların biri bitmeden öbürü başlıyor.

Kim kiminle savaşıyor?

Herkes herkesle. Köleler köle sahipleriyle, yoksullar zenginlerle, soylular halkla, deniz şehirleri tarımla uğraşan şehirlerle.

İnsanlar yalnız kılıç şakırdatmıyor, fikirler de çarpışıyor. Kimi fikirler geriye, geçmişin dar, kapalı dünyasına çağırıyor. Kimi de, kabileleri birbirine karıştıran, dünyanın sınırlarını genişleten yeni düzeni savunuyor.

Savaş alevleri yeryüzünü yalayarak yayılıyor ve kaçanları kovalıyor. İnsanlar alelacele çocuklarını, varını yoğunu kale duvarlarının arkasında gizlemeye koşuyorlar. Ama herkesin barınacağı kadar yer yok. Yüzlerce aile geceleri çadırlarda, tapınaklarıdn merdivenlerinde ya da açıkta, kuru toprağın üzerinde geçiriyor.

Yiyecek kıtlığı var. Daha kale duvarları sapasağlam

ve kale kapıları sımsıkı kapalıyken, şehire ilk giren açlıktır.

Açlığın hemen arkasından da, denizleri aşıp gelen veba... Kalın kapılar ve duvarlar ona da vızgelmiştir. Veba, sokaklarda yer yer uyuyan insanlar arasında dolaşıyor, pazardaki kalabalık arasından geçiyor. Onun hafifçe bir dokunması, nefesi bile, insanı öldürmeye yetiyor. Veba için köleyle özgür insanın, zenginle yoksulun farkı yoktur. Veba, genci öldürüp ihtiyara dokunmayabilir, savaş öncesinde bir başbuğu yere serer, altınları avucunda sımsıkı tutan cimrinin ellerini açtırabilir.

Sokaklar cesetlerden geçilmez. Can çekişenler, son defa olarak kana kana su içmek için, sürüne sürüne pınara gidiyorlar.

İnsanlar tapınaklara koşuyor. Ama tanrılar, hiç oralı değil. Taş yüreklidirler taştan tanrılar.

İnsanlar kâhinlere baş vururlar. Fakat falları karanlıktır.

Müminler tanrılara saygılarını yitirirler.

Akla tapanlar, bâtıl inançlara düşerler.

Anaksagoras'ın öğrencisi Perikles, ölümünden önce, sanki kendisini vebadan kurtaracakmış gibi, boynuna muska takar.

Silah tüccarları savaşlara seviniyorlar. Savaş onlar için bayramdır. Tüccarlar ekmek fiyatını artırmak için bir yandan ellerindeki tahılı saklar, öte yandan da tahıl yüklü gemilerin düşman tarafından zaptedildiğine dair söylentiler yayarlar.

Tarihçi Tusidit çağdaşlarının tanınmaz hale gelen yüzlerine hayretle bakar.

Tusidit'in tarihinde şu acı satırlar belirir:

«İnsanlar, başlarına ne geleceğini bilmediklerinden, tanrı ve insan kurallarına saygı göstermez oldular...

Önceleri gizlice yapılan işleri, şimdi herkes açıkça yapmaktan çekinmiyor... Ölüm karşısında herkesin bir olduğunu ve bunun için tanrılara saygının önemi kalmadığını sandıklarından, insanları ne tanrı korkusu, ne yasalar durduruyor. Hiç kimse, nasıl olsa suçlarının hesabının sorulacağı zamana kadar yaşayacağını ummuyor. Bugünün doğurduğu dehşet, gelecek karşısında duyulan korkuyu gölgede bırakıyor. Bunun için herkes, ölmeden, felekten bir gün çalmaya bakıyor.»

İnsanlar, savaşın birinden daha nefes almadan öbürü başlıyor. Düşman istilâsının yerini, aynı şehrin halkı arasındaki savaş alıyor. İnsanlar sokaklarda, evlerde birbirlerini öldürüyorlar. Yalnız erkekler değil, kadınlar da döğüşüyor, damlardan düşmanı kiremit yağmuruna tutuyorlar.

Milas şehri sokaklarında, vücutlarına katran sürülerek yakılan çocuklar, canlı birer meşale gibi alev alev yanıyor.

Her şey yüzüstü bırakılmıştır. Tarlalar yıllardır sürülmüyor. Zeytin ağaçları, ülkeyi çiğneyen düşman askerleri tarafından kökünden kesildikleri için meyvelerini veremiyorlar.

İnsanlar, bu belâlar nereden geliyor, diye soruyorlardı.

Bazıları, bütün bunlar, insan kötü olduğu içindir, diyorlardı. Bazıları da insan yapısının değil, koyduğu yasa ve düzenin suçlu olduğunu düşünüyorlardı. Filozoflar, yeryüzünde olmasa da kitapların sayfalarında adaletli bir devlet kurmaya çabalıyorlardı.

Ama âdil olan nedir ve âdil olmayan nedir?

İyi nerededir, kötü nerede?

Herkes bu soruları kendine göre cevaplandırıyordu. Özgür insanın «hayır» dediğine, köle «şer» diyordu; soylu için âdil olan, halktan bir adam için âdil değildi.

Öğretmenler öğrencilerine: «herkes için ortak bir adalet yoktur, herkes çıkarına uyanı doğru bilir» diyorlardı.

Birçokları her şeyden şüphelenmeye başlamıştı. Öyle ya, eğer herkes gerçeği kendine göre anlarsa, yalanı doğrudan, bilgiyi bilgisizlikten nasıl ayırt etmeli? Kaldı ki, doğruyu bilmek mümkün mü? Bunu herkes kendi açısından görmüyor mu? Biz, taşı ak görüyoruz. Aslında, gerçekten ak mı? Bünyesi başka olan göze, taş kara görünmez mi?

Genel olarak dünyada herhangi bir şeyin varlığından şüphe edenler bile vardı. Bunlar, belki taş yok da, bize var gibi geliyor, diyorlardı.

Hatta varsa bile, biz onun ne olduğunu hiçbir zaman bilemeyiz. Bilsek bile, açıklayamayız.

Artık her mesele, çözülemez görülmeye başlamıştı.

İnsan aklı, acizliğine inanmış ve herhangi bir şeyi anlatmaktan vazgeçmişti.

sokrat yanılıyordu

Atinalıların en bilginleri bile, hiçbir şey bilmediklerini söylerler. «Bildiğim bir şey varsa o da hiçbir şey bilmediğimdir» sözü, filozof Sokrat'ın en sevdiği sözdü.

Sokrat'ı ilk kez gören, bu yalınayak, sırtında eski püskü bir aba olan ihtiyarın, o ünlü filozof olduğuna zor inanır. Sokrat, her evde bulunan göbekli, dazlak ve kalkık burunlu tanrı Silenos'a benzer.

Sokrat ne öğretir? Nasıl bir bilim öğretir?

Sokrat, kimseye bir şey öğretmediğini söyler.

Aristofan, «Bulutlar» adlı komedyasında Sokrat'a, yerle gök arasında bir sepet içinde yıldızların hareketini boşuna inceletmiş oluyor.

Sokrat, göğü incelemeye zaman harcamayı gerekli saymaz. Doğa bilimine inanmaz. Sanki doğa bilimi, insanı mutlu mu yapmıştır? İnsan, nasıl olsa, yıldızların kuruluşunu hiçbir zaman öğrenemez. Anaksagoras bunu anlamaya çalışmıştı. Ve bu ihtiyar bunak, ateşle güneşin özü bir olduğunu iddia etmişti. Fakat insanların ateşe bakabilir, ama güneşe bakamaz olduklarının farkında bile değildi.

Sokrat'ın öğrencileri var.

Atina'da, bilge öğretmeni birçok sofist var ki, öğrencilerinden çok ücret alırlar.

Sokrat'aysa zengin olsun, yoksul olsun, herkes ücretsiz olarak soru sorabilir. Kaldı ki, cevap vermekten çok, kendisi soru sorar. Sokrat öğretmez, öğrenir, gerçeği arar. Kendisinden fazla bileni bulmak, onu sevindirir.

Bir gün Sokrat'ın dostlarından biri, Delf'teki Apollon Tapınağı'na gider ve gaipten haber veren falcı kadın Pitia'ya «dünyada Sokrat'tan daha bilgin var mı?» diye sorar. Pitia «yok» der.

Bunu Sokrat'a anlatırlar.

Sokrat buna çok şaşar ve mahçup olur.

— Bu Pitia da neler söylemiş öyle, der. Ben hiç de bilgin değilim.

Sokrat, bu falın ne ifade ettiğini uzun zaman anlamaya çalışır. Sonunda dünyayı dolaşarak gerçek bilgini bulmaya karar verir.

Sokrat siyasetçiye başvurmuş, sonra şaire, sonra da sanatçıya... Ama her yerde aynı şeyle karşılaşmıştı. Bunların herbiri işinin ustasıydı. Birinin dili ağzında döner, Halk Meclisi'nde konuşurdu, öbürü güzel şiirler yazardı, öteki de heykel yapmakta ustaydı. Ama sanatlarında usta olan bu insanların her biri, kendisini başka her işte de bilgin sayıyordu. Ve gerçek bilgin olmalarına engel olan da buydu.

Böylece Sokrat, Atina'da sokak sokak dolaşır, insanları sorularıyla deneye deneye, gerçek bilgini arar.

Derken Sokrat, gençlerin jimnastik yaptıkları palestra'ya girer. Gençler, eski dostlarını sevinçle karşılarlar. Ve bir sıranın üzerine oturan Sokrat'ın çevresini alırlar. Konuşma başlar. Söz konusu, her zaman olduğu gibi, neyin herkes için en önemli olduğu sorunudur.

— Söyle bakalım, der Sokrat, Klinias adındaki en

genç delikanlıya, bütün insanların mutluluğu istedikleri doğru mu? Yoksa bu, gülünç bir soru mu? Hatta bunu sormak bile budalalık olmasın? Mutlu olmayı kim istemez, değil mi?

— Herkes ister doğallıkla.

— Mutluluk nerededir? Zengilikte midir dersin?

— Evet, zenginlikte.

— İyi ama, mutluluk yalnız zenginlikte değil, sağlıkta ve kuvvetli olmakta da.

— Doğru, mutluluk bunlarda da.

— Ya şan ve şeref? İnsanın yurdunda şeref görmesi kötü mü?

— Elbette değil.

— Ya mert olmak iyi mi?

— Bence iyi.

— Öyleyse, insan bütün bu nimetlere sahipse, yani zenginliğe, sağlığa, kuvvete, şan ve şerefe sahipse, mertse, demek mutludur. Söyle bakalım, insan ne zaman daha iyi yaşar, elinde olan kendisine faydalı olduğunda mı, zararlı olduğunda mı?

— Faydalı olduğunda.

— Ama insan, kendisinde olan şeylerden faydalanmazsa, bunlar ona faydalıdır, denebilir mi? Bir marangozun, araç ve gereç sağladığını, ama bunlarla hiçbir şey yapmadığını düşün. Bunların kendisine bir faydası var mı?

— Hayır, yok.

— Peki, ya demin sözünü ettiğimiz zenginlik ve öbür nimetler? Eğer insan, bu nimetlere sahip olup da, onlardan faydalanamazsa, bunlar kendisine faydalı mıdır?

— Hayır, faydasızdır.

— Demek insanda, bütün bu nimetlerin sadece bulunması yetmez. Bunlardan faydalanması gerek.

— Evet, bana da öyle geliyor.

— Peki ama, insan elindeki nimetlerden nasıl faydalanmalı? Doğru bir şekilde mi, yanlış bir şekilde mi? Sözgelimi, marangoz, gereçlerini doğru bir şekilde kullanmazsa, aracı basbayağı mahveder ki, bu halde, gereçleri hiç kullanmasa daha iyi olur.

— Evet.

— Marangozun bir tahtayı bıçkıyla doğru bir şekilde kesmesi ya da rendelemesi, bir flütçünün flüt çalması, yahut heykeltraşın heykel yapması için ne lazımdır? İşin ustası olması değil mi?

— Doğru.

— Bak işte görüyor musun, demin sözünü ettiğimzi zenginlik, sağlık, kuvvet gibi nimetler, doğal olarak birer nimet değildir. Bunlar, ancak bilgi ile yönetildiği zaman birer nimettir. Bilgisizliğin elinde birer şerdir. Doğru mu?

— Galiba, gerçekten de dediğim gibi.

— Peki, bunu ne sonuca bağlayalım? Bir şey ne iyidir, ne de kötüdür mü diyelim? İyi olan yalnız bilgi, kötü olan da yalnız bilgisizlik mi diyelim?

Sokrat, öğrencilerle işte böyle konuşur ve onlara gerçeği ararken özelden genele yükselmeyi, sonra da genelden özele inmeyi öğretir.

Flüt çalmayı bilmeyen flütçü, heykel yapamayan heykeltraş, ya da keser kullanamayan marangoz, hep özel hallerdir.

Genel sonuç şöyledir: flüt, kalem, keser yetmez, bunları kullanmayı bilmek gerek.

Her şeyi bilgi yönetmelidir.

Sokrat buradan yine özel hallere iner. Sadece zenginlik, sağlamlık, kuvvet, mertlik yetmez; her şeyden önce bilgiyi hazmetmiş olmak, bilgin olmak gerekir.

Sokrat, adım adım, soru üstüne soru soruyor. Karşısındaki de kendi düşüncelerinde çelişmeler buluyor. Daha bir an önce kuvvetin nimet olduğunu iddia ederken, şimdi bunun bir kötülük olabileceğini kabul ediyor.

Sokrat'la konuşurken, gençler, yargılamayı ve düşünmeyi öğrenir, çelişkileri kapatan perdeyi açıp gerçek kavramları bulmaya çalışırlar.

Sokrat, gerçeği öğrencileriyle birlikte arar. Yargılamak, Sokrat için amaç değil, sadece araçtır. Amaç, doğrunun nerede, yalanın nerede olduğunu öğrenmektir.

Sokrat'a, artık yeryüzünde doğruluk kalmamıştır gibi geliyor. Doğrular altta kalıyor, doğru olmayanlar üstün geliyorlar. Her tarafta açgözlülük ve kin. İnsanlar gerçeğin sesine kulak asmaz olmuşlardır. Vahşi hayvanlar gibi birbirlerini yiyorlar. Bir zamanlarsa insanlar, gerçek'in ölümlü insanlardan ayrılarak, bir daha dönmemek üzere ölümsüz tanrıların yanına gittiğini sanıyorlardı. Gerçek'in arkasından, Vicdan da karbeyaz elbisesine bürünerek insanları bırakmıştı.

Sokrat gene Gerçek'i aramaya koyuluyor.

Sokak sokak dolaşarak karşısına her çıkana:

— Sayın kişi! diyor. Sen ki, hikmet ve ruh gücüyle ün salan büyük Atina'nın yurttaşlarındansın, daha fazla şan, şeref ve para sahibi olmak için yine şan, şeref ve para peşinde koşmaktan utanmıyorsun. Fakat sağduyuya, gerçeğe ve ruhun mümkün olduğu kadar daha iyi olmasına çaba harcamıyor, kaygı göstermiyorsun.

Sokrat bunları, pazar meydanında, kârlı alışveriş yapmakta olanlara söyler.

Sokrat, bunları, kiminin güzel konuşmakla, kiminin son seçimlerde elde ettiği başarıyla övündüğünü, kiminin de, atı yarışmaları kazandığı için kendisini ötekilere üstün gördüğü bir şölende söyler.

Sokrat'ın sözlerine aldırış eden yoktur, ama o durmaz. İnsanlara rahat vermemeyi, uyuyan vicdanlarını uyandırmayı ödev sayar.

— Kendi ruhunuzu düşünün, diyor. Kendi kendinizi iyice tanıyın. Bir kerecik olsun size ait olanı değil, kendinizi, şehre ait olanı değil, bizzat şehri düşünün.

Sokrat, kendi şehrini sever. Birçokları gibi o da dönüp arkasına bakar ve kendisine, önceleri yurdunda hayat kötü değil iyiydi gibi gelir. Ticaret insanları bozmuştur. Zanaatlar ve bilim onlara mutluluk vermiştir. Atinalılar özgürlükleriyle övünüyorlar. Ama kendileri zenginliğe tapıyorlar. İlerisi çıkmaz. Acaba, çiftçi ve askerler olan ataların vasiyet ettiklerine dönülse, daha iyi olmaz mı?

Sokrat işte böyle düşünür. Ve soylu ailelerde delikanlılar, kendisini zevkle dinlerler.

Soylu ailelerden delikanlılar Hetereya denilen gizli derneklerinin toplantılarında tartışılan sorun hep şudur: «Ataların düzenine dönmek.» Ataların düzeniyse, yalnız Sparta'da korunmaktadır. Bunun için de bu delikanlılar, yurtlarına karşı savaşan Sparta'ya hayrandırlar. Sırtlarına aba giyer, saç, sakal bırakır, dış görünüşte olsun Spartalılara benzemeye çalışırlar: Aralarında düşmana gizli bağlı olanlar da vardır.

Sokrat hiç de bu soylular kısmından değildir. Sofronisk adında bir heykeltraşın oğludur. Gençliğinde kendisi de heykelle uğraşmıştır. Onun yaptığı Karitler, bugüne kadar Akropol'de korunmaktadır.

Sokrat, sonraları baba zanaatını terketmiştir. Ona göre, zanaatçılık ruhu zayıflattıktan başka, devlet işleriyle ilgilenmeye çok az vakit bırakır. Atina'da, Halk Meclisi'nde, işleri zanaatçıların, yani dokumacıların, tabakçıların, çömlekçilerin yürütmelerini Sokrat doğru bulmaz. Tabaklıkla uğraşan bir adam iyi bir yönetici olabilir mi? Bu işi, ancak yönetme bilimini öğrenmiş olanlar yapabilir.

Sokrat bilginlerle alay ederek şöyle der: Aralarında birlik yok. Birbirlerine deli gözüyle bakarlar. Bunlardan bazılarına göre, var olan tek bir şeydir, bazılarına göreyse, var olan bir tek değil, sonsuz şeylerdir. Bir kısmı her şeyin doğup öldüğünü iddia ederken, öbürleri hiçbir şeyin hiçbir zaman doğup yokolmayacağı fikrinde ısrar ederler. Bilginler doğa olaylarını kavramak isterler. Ama istedikleri zaman yağmur yağdırıp yel estirebilirler mi? İnsanın aklı, tanrı işlerine ermez. Kaldı ki, tanrılar, insanlardan gizlediklerini açıklamak isteyenlerden hiç hoşlanmazlar.

O halde, neyi incelemeli? Tanrıların işlerini değil,

insanların işlerini; doğayı değil, insanın ruhunu. Asıl kendini iyice tanı! İnsanlara faydalı olabilen, ancak budur.

Çünkü insanlar iyiliği kötülükten, haklıyı haksızdan ayırmaz oldular.

Sokrat'ın sözleri zengin ve soylu ailelerden gençlerin hoşlarına gitmiştir.

Bu esnaf çocuğu, bu eski püskü giyimli yoksul, yurdu uğruna defalarca yiğitçesine dövüşmüş olan bu eski asker, insanların arasında çıkarını hiç düşünmeyen bu adam, farkına bile varmadan, kibirli şeref ve çıkar düşkünlerinin, vatan hainlerinin öğretmeni olmuştur.

Derken bunların dileği yerini bulur ve Sparta Atina'yı yener. Atinalıların, atalarından kalma gelenek ve göreneklerine dönmesi şartıyla, barış sağlanır.

Sparta'yı tutan soylular iktidara gelirler. Şehri, artık binlerce tüccar ve zanaatçı değil, tarihte tiran adıyla bilinen otuz kişi yönetir. Bu «Otuzlar Heyeti»nde, Sokrat'ın öğrencilerinden Kritios'la Harikles vardır.

Sokrat'ın, Kritios, Harikles ve arkadaşlarıyla adalet, gerçek, ruh hakkında yaptığı uzun konuşmaların, en sonunda tatlı meyvelerini vereceği sanılmışsa da, Atina'da adaletin sözü bile edilmez olmuştur.

Tiranlar rakiplerini insafsızca ezerler. Bazen, tamamen suçsuz, insanların, mal ve mülklerine tamah edilerek idam edildikleri görülür.

Sokrat'a ve dört Atinalıya, Salamin Adası'na gidip ünlü Atinalı Leont'u getirmeleri buyrulur.

Servetini ele geçirmek amacıyla, Kritios'la Harikles'in kendisini öldürmek istediklerini bilen Leont, canını kurtarmak için Salamin'e kaçmıştır.

Beş kişiden yalnız Sokrat, bu yasaya aykırı buyruğu reddederek, eski öğrencilerini açıkça yerer ve onların kötü birer çoban olduklarını, kendi sürülerini azaltmak istediklerini söyler.

Tiranlar Sokrat'ın, gençlerle konuşmalarını yasak ederler. Kritios'la Harikles, eski öğretmenlerini çağırtıp: «Sokrat, bak, sürüden bir baş daha eksiltmek zorunda kalmayalım!» derler.

Öğrenciler öğretmenlerini ölümle korkuturlar.

Şimdi Sokrat, halkı sürü, kendilerini de çoban sayan soylular egemenliğinin ne demek olduğunu, kendi gözlemiyle anlar.

Günün birinde tiranlar devrilir. Demokratlar anlayışlı davranırlar. Halk Meclisi'nde demokrasi düşmanlarına af vaadeden bir yasa kabul edilir. Ama Sokrat, affedilmek istenmez.

Demokrat düzeni, gençlerin gözünden düşüren o değil miydi? Sokrat, katillerden ve hırsızlardan bile tehlikelidir. Bunların suçu ortada. Sokrat'sa, binlerce insanın gözünde, çıkar kaygısıyla hareket etmeyen yüksek ruhta bir insan.

Tiranların silahı kılıçtı. Sokrat'ın kullandığı silahsa daha vurucu. Sokrat, inandırmak sanatına, öğeleri birbirinden ayırt etmek sanatına, yani diyalektiğe hâkimdir.

Sokrat, halkça kabul edilen yasa gereğince, demokrasi düşmanı olarak doğrudan doğruya mahkûm edilemediğinden, gençliği baştan çıkarmakla, yeni tanrılar getirmekle suçlanır. Öyle ya, içten gelen ve kendisine nasıl hareket etmesini söyleyen, tanrısal bir iç sesten, Sokrat'ın ısrarla söylemesi boşuna değil.

Sokrat yargıç huzuruna çıkarılır.

Zengin tabaka Melitos, hatiplerden Likon ve trajedi yazarı Anitos birbiri ardınca söz alırlar. Anitos, sonunda başarılı bir trajedi koyabilmiştir sahneye. Ama tiyatroda değil mahkemede.

Herkes Sokrat'ın, kendini savunurken söyleyeceği sözleri bekler.

Sokrat, her zaman olduğu gibi, sözlerini süslemeye uğraşmadan, basit konuşur: Merhamet dilemez.

— Sözgelimi, siz bana: «Sokrat! Anitos'un sözlerine kulak asmayın seni salıvereceğiz şu şartla ki, sen de artık felsefeyle uğraşmayacaksın» diyecek olursanız, cevabım şu olacak: «Yaşadıkça ve gücüm yettikçe felsefeyle uğraşmaktan vazgeçmeyeceğim; yaşlıları ve gençleri, bedenden ya da paradan çok, ruhların düşünmeleri, onu mükemmelleştirmeleri gerektiğine ikna etmekten geri durmayacağım. Atinalılar! Siz Anitos'a inansanız da, bir değil, birkaç kez ölmem gerekse bile, başka türlü yapamam...» diyeceğim.

Gürültü etmeyin; Atinalılar! Sözlerime gürültüyle cevap vermeyin, dikkat edin. Bilin ki, eğer beni hayattan mahrum ederseniz, bunun zararı, benden çok size olur. Benim gibi, hepinizi bıktırırcasına ikna edebilen, at sineğinin uyuşuk atı uyardığı gibi uyarabilen birini zor bulursunuz. Belki uykudan uyandırılan gibi kızacaksınız, kızınca da beni öldüreceksiniz ki, kalan ömrünüz de uykuda geçsin. Ama ne yapayım ki, görevim, düzensiz ev hayatımı yüzüstü bırakarak sizin işlerinizle uğraşmak, sizi erdem peşinde koşmaya ikna etmek için her birinizle konuşmaktır.

Yargıçlar sözlerini söyler: Sokrat suçludur. Ama ne ceza verilmeli? Suçlayanlar Sokrat'a ölüm cezası ister. Yasaya göre, Sokrat da kendisi için bir ceza teklif edebilir. Ancak, suçlayanların mı, yoksa yargılananın mı teklifinde karar kılmak yargıçlara düşer.

— Ne ceza vereyim kendime, diye sorar Sokrat. Sürgüne mi mahkûm edeyim? İyi ama, her nereye gitsem, her nerede konuşsam, gençler hep beni dinleyecekler. Bana: «Sokrat, sen buradan çıktıktan sonra, konuşmadan, sakin bir hayat yaşayamaz mısın?» diye sorabilirsiniz. Ben size konuşmadan yaşamanın benim için imkânsız olduğunu söylersem inanmazsınız! Ama insan için en büyük nimetin, her gün erdem hakkında kafa yormak, kendini ve başkalarını denemek olduğunu ve bunsuz hayatın hayat sayılmadığını da eklersem, bana daha az inanırsınız.

Yargıçlar yine toplanırlar.

Karar verilmiş, Sokrat ölüme mahkûm edlimiştir. Sokrat'ın son sözü şu olur:

— İşte ölüm ben ihtiyara da yetişti... Demek, benim ölüme, sizin de hayata gitme zamanımız gelmiştir...

Sokrat cezaevine atılır. Dostları ve öğrencileri, Sokrat'ın kendisini niçin savunmaya uğraşmadığına şaşarlar. Bu onlara pek akıllıca görünmez. Sokrat için, cezasını hafifletmek işten değildi. Kendisini sürgüne mahkûm ettirebilir, yargıçlar da buna razı olurlardı. Ama hayatını kurtarmak için hiçbir şey yapmadı. Niçin böyle davrandığının açıklanması istendiğinde Sokrat:

— Benim için ölmek daha iyi, der.

Kaçmayı teklif ederler.

Sokrat şunları söyler:

— Hayır, bu haksızlık olur. Doğruluk, ne savaşta, ne de mahkemede yerinden ayrılmamaktadır, her yerde yurdun buyruğunu yerine getirmektedir. Kaçakların yaptığı gibi, kılık kıyafet değiştirerek hapishaneden kaçarsam, iyi mi olur? O zaman herkes, benim, ihtiyar yaşımda hayatımın kalan kısmını yaşarken, ölümden böyle kaygan bir yoldan kaçmaya yeltendiğimi ve yasaları çiğnediğimi söyleyebilir. O zaman, hep söyleyip durduğum doğruluk nerede kalır?

İdam günü gelir çatar. Sokrat, yatağının başında toplanmış olan dostlarıyla son defa olarak konuşur.

Hayatının bu son gününde Sokrat gençlerle ne hakkında konuşur?

Ölüm ve ölümsüzlük hakkında!.. Sokrat ölümü korkusuzca bekler.

Bu arada güneş battı batacak. Güneş dağların arkasına çekilince, Sokrat'a bir kap zehir getirilecek. Öğrencilerden biri, bu son dakikaları uzatmak ister ve günün daha bitmediğini, tepelerde güneşin daha uzun süre parlayacağını söyler:

Ama Sokrat:

— Zehir hazırsa, der, getirsinler.

Sokrat, elinde bir tas baldıran zehiriyle içeri girene:

— Söyle bakalım, iyi insan, der, sen bu işin ustasısın. Ne yapmam gerek.

Sokrat, sanki karşısındaki, tanrı Eskulapos'un hizmetinde bulunan bir hekimmiş gibi sorar.

Mahkûmlara zehir veren o adam da, bir hekim öğüdü gibi:

— İçmek ve ayaklarında ağırlık duyuluncaya kadar dolaşmak gerek, der. Sonra yatmalı. İşte o zaman zehir etkisini gösterir.

Sokrat, tası alıp dudaklarına götürür.

Elleri titremez, yüzünün ifadesi değişmez. Her zamanki gibi açık ve aydındır.

Öğrencilerin en genci, göz yaşlarını tutamayıp elbisesiyle yüzünü örter. Öbür öğrencilerin de gözlerinden yaşlar dökülür.

Sokrat:

— Ne yapıyorsunuz, ne acayip insanlarsınız, der. İnsan iyi sözlerle ölmelidir. Rica ederim sakin olun.

Sokrat'ın bu sözlerini işiten öğrencilerin ağlaması durur.

Sokrat dolaşmaya başlar ve ayaklarının ağırlaştığını duyunca da sırtüstü yatar.

Zehiri veren adam yaklaşıp, hastayı yoklayan bir doktor gibi, Sokrat'ın ayaklarını yoklamaya başlar ve:

— Duyuyor musun? diye sorar.

Sokrat:

— Hayır, der.

Bundan sonra, Sokrat'ın kalçalarını yoklaya yoklaya yukarı çıkarak gençlere, öğretmenlerinin bedeninin nasıl soğumakta olduğunu gösterir.

Sokrat da kendi kendini yoklar ve:

— Kalbe gelince bu dünyadan giderim, der.

Sokrat öğrencilerine sakin sakin son sözlerini söyler. Eski bir geleneğe göre, Eskulapos'a, yani hekimlerin tanrısına, ilaç ve zehirlerin tanrısına kurban kesmelerini buyurur.

— Kritios, Eskulapos'a bir horoz adadımdı, unutma da adağımı yerine getir!

Bunlar Sokrat'ın son sözleridir.

Biraz sonra Sokrat'ın bakışı donuklaşır, dudakları kımıldamaz olur.

Sokrat'ın hayatı ve ölümü hakkında öğrencilerinin bu hikâyesini insanlar binlerce yıl okumuşlardır.

Sokrat'ın trajedisindeki derinliği belki daha yeni anlamaya başlıyoruz.

Sokrat âdil insanlar yetiştirmek isterken, kötü insanlar ve vatan hainleri yetiştirdi.

Sokrat, insanlara adaletin ne olduğunu izah edince, onların hemen âdil olacaklarını sanmıştı.

Kritios'la Harikles, iyiliğin ne olduğunu pekâlâ bildikleri halde kötülük yapmışlardı Sokrat'ı da bu kötülüklerine ortak etmişlerdi. Kendilerini eğiten Sokrat değil miydi?

Böylece «insanların en soylusu» denen Sokrat, hataya düşüp çıkmaza girmiş ve ölmekten başka yapacak bir şeyi kalmamıştı.

Sokrat'ın ölümü üzerine öğrencilerinin anlattıklarını okurken, yargıçlardan merhamet dilemeyen, hapishaneden kaçmayı reddeden ve yasayı çiğnemektense ölmek iyidir, diyen ihtiyar filozofa saygı duymamak elden gelmiyor.

Biz bir düşünüre, onun meziyetleri ve kusurları bakımından değil, insanlığın ilerlemesine yardım etmiş ya da bunu frenlemiş olmasına göre değer biçeriz.

Sokrat hakkında ne diyebiliriz? İnsanın büyümesine, devleşmesine yardım etmiş midir?

İnsan özgürlüğe doğru gidiyordu. Atina demokrasisi, bu yolda ileri bir adım olmuştu. Gerçi bu, demokrasi deyince bugün anladığımız anlamda bir demokrasi değildi. Çünkü birkaç bin Atinalının özgürlüğü onbinlerce köle ve yabancının her türlü haklarının ellerinden alınmasıyla sağlanmıştı.

Böyle olmakla birlikte, Atina demokrasisi, soylular düzenine göre, o zaman için ileri bir düzendi.

Sokrat demokrasiye karşıydı. Ona göre, özgürlük, kötü niyetli, şarapçıların halka içirdikleri su katılmamış bir şaraptı.

İnsan gerçeğe, doğayı kavramaya ve ona hâkim olmaya doğru gidiyordu. Sokrat'sa, doğanın incelenmesine karşıydı ve sanki insan doğadan, dünyadan ayrı bir yerdeymiş gibi, «içinizi inceleyin» derdi.

Bununla Sokrat, yanlız çağdaşlarına değil, onlarca insan kuşağına da insanlığın ilerlemesini değil, gerilemesini, yani «ataların düzenine ve inancına» dönmesini isteyenler, hep Sokrat'ın öğretisine dayanmışlardır.

Sokrat, bir tartışma sanatı, karşı olanların yargılarında çelişmeler bulma aracı olan diyalektiğe hâkimdi. Sokrat'tan sonra bilim adamları kavramları, daha büyük bir dikkatle açıkladılar. Sokrat, dünyayı inceleyip gerçeğe ulaşmada bu araçtan faydalanmadı. Diyalektik, Sokrat'ın ve izinden yürüyenlerin ellerinde, özünü yitirmiş bir biçim olarak kaldı.

Böylece yanılgıya düşen Sokrat, yalnız öğrencilerini değil, kendinden sonra yaşamış olan birçok düşünürü de yanlış yola sürüklemiştir.

platon'un hayal dünyası

Sokrat'ın öğrencileri arasında biri vardı ki, demokrasiyi ve materyalist bilime karşı düşmanlıkta hocasını bile geçmişti.

Bu, hayalci ve asık suratlı bir genç olan, kendi düşüncelerinden bir türlü sıyrılamayan Platon'du.

Platon hiçbir zaman gülmezdi ve öteki öğrencilere yüksekten bakar bir hali vardı.

Hocasıyla karşılaştıktan sonra eve döndüğünde Platon, sivri uçlu kalemini ve balmumundan tahtacığını alıp

Sokrat'la konuşmalarını kelimesi kelimesine hatırlayıp yazmaya çalışırdı.

Platon, hocasının söylediklerine, söylemediği halde söylemiş olmasını varsaydığı ve kendisine göre, tartışmanın özünü daha iyi belirtebilen sözleri de, elinde olmayarak, eklerdi.

Bir kez Platon, konuşmalardan not edip hazırladığı diyaloglardan birini Sokrat'a okumuştu.

Sokrat başını sallamış ve:

— Ölümsüz tanrılar, demişti. Bu genç, hakkımda neler uydurmamış!

Platon, Atina'da kalması tehlikeli olduğundan, Sokrat öldükten sonra, doğup büyüdüğü bu şehri bırakmıştı. Soylu bir ailedendi, Atina hükümdarlarındandı. Yakın akrabaları demokrasiye karşı komploya katılmışlardı. Platon kendisi de, Atina'nın yeni efendileri olan halk partisi yöneticilerine, yani tüccarlara, gemi sahiplerine, tabakalara karşı düşmanlığını gizlememişti.

Platon, Atina'dan Megara'ya kaçtı.

Burada, yurdundan uzakta yine balmumundan tahtacıklarıyla uğraşmaya ve hocasının son günlerini cezaevinde öğrencileriyle konuşmalarını hatırlamaya çalıştı.

Tuhaf bir ikilik vardı Platon'un hayatında. Yürür, bakar, dinler, insanlarla konuşur, ama içi onlarla değildi; bütün dikkati kendi içine yönelmişti. Hocasıyla konuşmaya devam ediyor gibiydi.

Ölmüş olan hocası Platon'a diri, yaşayan insanlarsa birer hayal gibi gelir.

Düş ve gerçek yerlerini değiştirmiş gibidirler. Korkulu bir düşte olduğu gibi, her şey yerinden oynamıştır. Eski gelenekler, inanç, yasalar, yıkılmış; egemenlik, Platon'un «ayak takımı» dediği insanların eline geçmiştir.

Neye tutunmalı, nereden destek bulmalı?

Platon şehir şehir, ülke ülke dolaşarak bilginlerle konuşur, devletlerin düzenlerini ve halkların yaşayışlarını inceler. İnsanların, adaletin gerektirdiği gibi yaşadıkları bir ülke arar.

Platon, Yunanistan'dan deniz yoluyla Mısır'a geçer. Mısırlıların gelenekleri ve inançları, ona yabancı gelir. Adil saydığı tek şey, her Mısırlının, doğuşuna göre yapması gereken işle uğraşmasıdır. Zanaatçı zanaatla, çiftçi toprakla uğraşmaktadır. Çiftçinin oğlu zanaatçı, zanaatçının oğlu da hükümdara kâtip olmaya çabalamaz.

Atina'da her çömlekçi, her tabak, limanda çalışan her hamal, Halk Meclisi'nde, devlet idaresine karışmaktayken, Mısır'da basit halk devlet işlerine karışmayı aklından geçirecek, başından büyük «hükümdarlık mesleğine» yeltenecek olursa ceza görebilirdi.

Böylece Platon'un hayalinde, çiftçilerle zanaatçıların çalıştıkları, askerlerle filozoflarınsa halkı koruyup idare ettikleri bir devlet oluşmaya başlar.

Halkın çoğunluğunu köle gibi, çalışmaya ve bilgisizliğe mahkûm eden böyle bir kast düzeni, Platon'a halkın egemenliğinden daha âdil görünür.

Bu aristokratın ne halkla, ne de sıradan insanlarla işi yoktur. Platon şöyle der: «Kunduracılara ne olmuş, kimlermiş bunlar. Bu devleti pek az ilgilendirir. Önemli olan koruyuculardır. Çünkü devletin ödevi, belirsiz kunduracıların refahını sağlamak değil, olgunlaşmaktır.»

Koruyucular «en iyi» insanlardır.

Ama «en iyiler», en namuslu ve en doğru olanlar değillerdir. İdareciler, devletin, refahı uğruna yalan söyleyebilir, aldatabilirler. Ama bir zanaatçı yalan söyler, ya da aldatırsa, başkalarına örnek olsun diye cezalandırılmalıdır.

Platon'un «adalet» dediği işte budur!

Platon Mısır'dan Sicilya'ya, İtalya'ya giderek ünlü Elenli filozof Parmenides'in öğretisini öğrenir. Tarant'te karşılaştığı bir düşünür ve devlet adamı olan Arşit, kendisine Pitagor'un öğretisinin sırlarını açar.

Ve Platon her filozoftan kendi görüşlerine yakın olanı alır.

Platon, insanların gözleriyle gerçek dünyayı değil hayalî dünyayı gördüklerini, başka bir dünyanın, yalnız akıl gözüyle görebilen yüksek bir dünyanın da var olduğunu düşünen Parmenides'le Pitagor'un fikirlerinde teselli bulur.

Bu «gerçek» dünyaya nasıl yükselmeli?

Platon, hocasıyla konuşmalarını unutmamıştır.

Sokrat, birçok kez, onun eşyalardan anlamlara yükselmesine yardım etmişti.

İşte öğrencisi, bu gözle görülmez merdivenden yine yükselir.

Platon, kafasında bir fikirler dünyası kurar. Buranar ağaçları. Ve bunlardan, ağaç fikrine varır. Gördüğü ağaçlar kalıcı değildir, bunları fırtına devirebilir, insan kesebilir. Ulu bir meşe ağacı bile, eninde sonunda kurur, çürür, ağaç kavramıysa, ne yok olur, ne de çürür.

Kum üzerine çizilmiş bir üçgen silinebilir, ama üçgen fikri kalır.

Zamanın fikirlere hükmü geçmez, zaman, çevremizde görünen her şeyi alıp götürür, ama fikirler kalır. Fikirler zamanın ve yerin dışındadır.

Platon, kafasında bir fikirler dünyası kurar. Burada renkler, şekiller, silinmiştir, elle tutulur, gözle görülür hiçbir şey yoktur. Ruh burada yüksek fikirleri, gerçeği, iyiyi, adaleti seyreder. Sonsuz ve bozulmaz gerçek, burada yaşar. Gördüğümüz dünyaysa, görünmeyen dünyanın ancak sönük bir gölgesidir.

Bu düşünceler yeni değildir. Daha Heziodos zamanında Yunanlılar, Gerçeği, Sağlığı, Korkuyu, Gücü basit birer kavram değil, tanrılar sayarlardı.

Platon, ömrünü tüketmiş bu eski tasarımları diriltmeye uğraşır. Platon için soyut kavram, eşyalardan ayrı olarak, başka bir dünyada yaşayan sonsuz bir varlıktır. Platon'a göre, belli bir ağaç ve belli bir taştan başka, bir de genel olarak «ağaç» ve «taş» fikri vardır.

Böylece Platon, düşü gerçek, gerçeği düş saymakla

çift taraflı bir hayat yaşar. Platon, ruhunun derinliklerine dikkatle bakarak ruhta, eşyaya ve kavramlara dair kavramların doğuşunu görür. Ruhunda; sesleriyle, renkleriyle, şekilleriyle bütün dünya yansır. Ve kendisine, gerçek dünya bu yansımaymış gibi gelir. Platon, bir ırmağın sularındaki yansımaya bakıp da, «işte gerçek meşe budur. Kıyıdaki meşe ağacıysa, sudakinin yansımasıdır» diyen bir insana benzer.

Canlı bir insanın, cansız, düşsel bir dünyada yaşaması zordur. Platon köşeye çekilmiş birine benzemez ve ihtirassız yaşamayı, dünyadan el çekmeyi öğütler. Ama kendisi, mücadeleye yeniden atılmaktan haz duyar.

Platon dünyayı, hayali saydığı dünyayı, yalnız hayalinde değil, gerçekte de, kendi bildiği gibi düzeltmek ister.

Platon Tiran Diyonisos'un yardımıyla, iktidar ve bilimin sayıca az, «en iyi» insanların, yani filozofların elinde bulunacağı bir devlet kurmak için, Sicilya'nın Sirakuza şehrine giderek kendisine başvurur.

Tiran, iktidarı filozoflarla paylaşmaya yanaşmaz.

Platon'un hayatı tehlikeye girer.

Tiran, filozofu Egina Adası'na götürüp köle olarak satmalarını buyurur. Köleliği savunan bu aristokrat, kendisi köle olur. Arkadaşları büyük bir kurtulmalık ödeyerek güç kurtarabilirler Platon'u.

Söylenti böyledir.

Gerçekten belki böyle olmamışsa bile, Platon'un Sirakuza'dan ayrılmış olduğu gerçektir.

Platon yine yurdu Atina'dadır.

Bir okul açıp gençlerin eğitimine başlar.

Platon öğrencileriyle, Sokrat'ın yaptığı gibi, gürültülü pazar meydanlarında değil; gölgeli, sakin bir bahçede, efsane kahramanı Akademus'un heykeli yanında konuşur. Akademus'un neyle ünlü olduğunu, şimdi pek az kimse bilir. Ama «Akademi» sözü unutulmamıştır, bugün bile «akademi» denince akla, bilimsel çalışmalar gelir.

Akademinin kapısına Platon: «Geometriden anlamazsan girme!» sözlerini yazdırmıştı.

Matematik, sayılarla fikirleri gözleme hazırlamalıdır öğrencileri.

Fikirleri, kavramları, eşyalardan ayrılmış olarak gözlemek kolay bir iş değildir. Nitekim Platon kendisi bile gözle görülür, elle tutulur örneklere başvurmadan düşünemiyor.

Platon bir zamanlar şiir yazardı. Bir gün ateş tanrısı Hafestos'u: «Hafestos! Platon'un sana ihtiyacı var!» diyerek yardıma çağırmış ve şiirlerini ateşe atmıştı.

Şiir, Akademi'den kovulmuş olduğu halde, yine de orada egemendi.

Şiiri Akademi'den kovmak için, Platon her şeyden önce kendini oradan kovmalıydı.

Öğrencileriyle konuşmalarında, benzetmeler arar, kendi gözle görülmez, elle tutulmaz fikirler dünyasını, elinde olmayarak, ozanca mecazlarla süsler.

Akademi'de ders verenler arasında Platon'dan başka, dostları ve kendi izinde yürüyenler de vardır. Öğrencilere şu dört bilim öğretilir: matematik, astronomi, müzik ve diyalektik. Mekanik ya da hekimlik gibi öbür bütün bilimler, yalnız zanaatçılara gereklidir. En iyi ailelerden gençler, yalnız ruh ve savaş için gerekli şeyleri bilmelidirler.

Platon öğrencilerinin şahsında, kendi ülküsünü yaşatacak olanları, belki de örnek aristokrat devlette idareciler olarak filozofları görür.

Akademi'nin sessiz bahçelerinde Platon, dünyanın politik bakımdan yeni baştan düzenlenmesi hakkında planlarını unutmuş değildir.

Platon yine Sirakuza'ya gider. Eski hükümdar ölmüş, yerine oğlu küçük Diyonizos geçmiştir. Yeni hükümdarın da öğüt dinlemeye gönlü yoktur, davetsiz gelen öğütçünün hapse atılmasını emreder. Ve Platon, ancak dostlarının sayesinde kurtulur.

Platon işte böyle, Atina'yla Sirakuza, Akademi'yle

hükümdar sarayı arasında mekik dokur. Gün olur, parlak fikirler dünyasına hiç benzemeyen ve kendisine karanlık gelen dünyadan uzaklaşır, gün olur, anlayışına uygun bir şekilde değiştirmek için, yine bu dünyaya döner.

Platon, insanları geriye, artık dönmeyecek olan geçmişe çağırır, bir de mevcut olmayan dünya hakkındaki düşlerine dalar.

İşte Platon bahçede, bir çınar ağacının gölgesinde, öğrencileri arasında oturmuştur. Burası şehrin gürültüsünden uzak, bir tapınak gibi sessizdir.

Platon öğrencilerine, dünyayı yaratmış olan ve içine dünyanın ruhunu doldurmuş olan tanrısal kurucudan söz eder. Dünya, ruh ve akıl bağışlanmış canlı bir varlık doğmuştur.

Her yıldızın, her gezegenin ruhu vardır. Güneş, ay, yıldızlar, görünen birer tanrıdırlar, hareket ederler. Çünkü canlıdırlar, ruhları vardır. Ağaçların ve hayvanların da ruhu vardır. İyi yürekli ve güzel olan yaradan olağanüstü bir dünya yaratmıştır.

— Öyleyse, diye sorar öğrenciler, dünyada niçin bu kadar kötülük var?

— Çünkü, der Platon, gördüğünüz dünya, manevi dünyanın sadece bir gölgesidir. Sizler bir mağarada sırtlarınızı ışığa dönmüş olarak oturuyorsunuz, karşınızdaki duvarda gördükleriniz eşyaların kendisi değil, gölgesidir. İşittikleriniz ses değil, yankıdır. Dönüp arkanıza bakın, daracık dik yoldan yerin altından yukarıya çıkın. Gökyüzünü, güneşi göreceksiniz.

Dürüst yaşayanların ruhları göğe çıkarak orada ödüllerini bulurlar. Yıllarca sonra yine yeryüzüne dönseler de, gökteki yurtlarını unutmazlar. Güzel hakkındaki her düşüncemiz bir hatırlamadır.

Bunun içindir ki, herkes sağduyuya uyarak ve iyilik yaparak yaşamaya çalışmalı. Çünkü insanı bekleyen ödül güzel, umut büyük...

İşte Platon böyle derdi. Öğrencileri de onu dinlerlerken açık gözle düş görürler de, büyük hayat gerçeğini görmezlerdi. Öğrenciler, mevcut olmayanı hatırlıyor ve bu onlara mevcut olanı unutturuyordu. Platon'un bu anlattıklarında birçok Doğu ve Batı halklarının eski inançları birbirine karışmıştır. Bu masalı, köleliği savunan bir aristokrat, bir hükümdar torunu uydurmuştu. Ve bu masal, kölelerin ve yoksulların tesellisi olmuştu. Yeryüzünde kurtuluş umudunu yitirenler, bunu gökte aramaya başladılar.

Platon yurttaşlarını geriye, demokrasiden azınlığın egemenliğine dönmeye çağırıyordu. Ve ömrünü tüketmiş bütün düzenlerden yana olanlar, Platon'un bu öğretisini silah olarak kullanmışlardır.

Platon ve Sokrat, sofistlere karşı savaşmışlardı.

Sofistlere göre, herkes için zorunlu bir gerçek yoktur, ne kadar insan varsa, o kadar da fikir vardır. Sokrat ve Platon'sa, gerçeğin bizatihi var olduğunu ispat ediyorlardı.

Ne var ki, gerçeği savunurken Sokrat'la Platon, ona da hep o sonsuz ve değişmez fikirler, hayaller dünyasında yer vermişlerdi.

Bir zamanlar bilimle din bir bütündü. Sonraları bilim dinden ayrılarak kendi yolundan yürüdü. Platon, bunları yine birleştirip bilim şeklinde bir din yaratmak istedi. Aynı şeyi Pitagor da yapmak istemişti. Ama Platon, ondan da ileri giderek, mevcut olan her şeyin temeli fikirler olduğunu, doğanın da fikirler dünyasının sadece bir bölgesi olduğunu savunmakla, idealizmin temellerini atmıştı.

Felsefede bugün de devam eden idealizm ve materyalizm kavgası, Platon zamanında başlamıştı.

Platon'un yanlış öğretisi, defalarca düşünürlerin kitaplarında canlandırılarak bilim, mevcut olmayan ruhlar dünyasına sürükleyerek, insanlığın ilerlemesine engel olmuştur.

Engels'in sözüyle, ruhun tabiattan önce var olduğunu iddia edenler... idealizm kampını meydana getiriyorlardı. Doğayı ilk unsur sayan öteki filozoflarsa, çeşitli materyalizm okullarına bağlı bulunuyorlardı.

idealizmle materyalizmin savaşı
tanrısız ve eşitçi Demokrit

Bir zamanlar insan, bir masal dünyasında yaşardı. Bu dünyada, hayal meyal sezilen mucizevî otlar, taşlar, ruhlar, sis içinde dönüyor gibiydi. Sanki her ağacın ruhu vardı, her taş dile gelip konuşabilirdi.

Zamanla, insan doğayı kavramaya başlayınca, bilinen şeylerin aydınlık çevresi gittikçe genişlemişti.

Sonra, sis yeniden koyulaşmaya başladı.

Bilimin yurdu Yunanistan'da filozof Platon, ilkel çağda değil, M.Ö. 4. yüzyılda, öğrencilerini yine ruhların hayali dünyasına götürür. Sanki daha önce Tales, Anaksimandros, Anaksagoras ve birçok filozof, doğayı incelememiş gibi.

İnsanlık gerçekten geriye mi dönmüştü?

Doğanın sırlarını açan bunca cesur insanın emeği boşa mı gitmişti?

Hayır, sözgelimi, bir genç akademide Platon'la konuşurken başka biri de Demokrit'in kitaplarını dikkatle okuyordu. Platon insanları bir yana, Demokrit'se başka bir yana çağırıyordu.

Platon'un yolu, gerçek dünya olduğunu söylediği hayali ruhlar dünyasına gidiyordu.

Demokrit'se, doğadan başka bir şeyin mevcut olmadığını söylüyor ve öğrencilerini zaman ve mekânın sonsuzluklarına çekiyordu.

Her şeyin aslını, ne olarak kabul etmeliydi? Bu konuda tartışmalar dinmiyordu. Asıl olan, Tales'ten Demokrit'e kadar doğayı inceleyenlerin öğrettikleri gibi, madde miydi? Yoksa, her şeyin temelinde yatan sayıdır diyen Pitagor'a ve temel unsurun fikir olduğunu iddia eden Platon'a mı inanmalıydı?

Platon Demokrit'ten nefret eder. Onun kitaplarını, yakmak için arar, bulur, satın alır.

Demokrit'le tartışırken, karşı koyanın ölümsüzlüğüne yardım etmiş olmamak için, onun adını bile anmaz. Yine de Platon, halk arasında Demokrit'in öğretisinin yayıldığını acıyla görür.

Platon şöyle der: «Birçokları Demokrit'in öğretisini, öbür fikirler arasında en doğru biliyorlar. Bunun içindir ki, gençler dinden yüz çeviriyor ve yasaların inanılmasını buyurduğu tanrılar yok diyorlar. İşte ihtilâllere sebep olan da budur.»

Platon, tanrılara ve öbür dünyaya eski inancı sarsan Demokrit'in öğretisine karşı ömrü boyunca savaşmıştır.

Demokrit, «Zeus her şeye ad verir, her şeyi bilir, her şeyi verir ve geri alır» diyen bilgiçlere hep gülmüştür.

Demokrit, başka bir dünya hakkında anlatılanları masal sayar ve şöyle der: «Ölümlü canlı doğanın yokolmaya mahkûm olduğunu bilmeyen kimi insanlar, hayatlarını öbür dünyaya dair yalan uydurmakla, sıkıntı ve korku içinde geçirirler.»

Platon «öbür dünya hakkında böyle masallar» uyduranlardan biriydi. Demokrit'in görüşleri hoşuna gitmezdi ve insanları yine «ilahi kurucuya», ahiretin, öbür dünyanın; çektikleri sıkıntıların ödülünü bulacakları, günahlarının cezasını görecekleri tek gerçek dünya olduğuna inandırmaya çabalardı.

Böyle olmakla birlikte, Platon sözlerinin gücüne herhalde kendisi de güvenmiyor olmalıydı ki, karşı koyanların yalnız ahret cezalarıyla korkutmakla yetinmeyip, yeryüzünde de hapisle, işkencelerle, idamla tehdit ederdi.

Platon, Demokrit'in izinden yürüyenler hakkında şöyle der: «Bunların bir kısmı idam edilmeli, bazıları kamçıyla dövülüp hapse atılmalı, bir kısmı yurttaşlık haklarından mahrum edilmeli, bazılarının da malı elinden alınarak devlet sınırlarından dışarı atılmalı.»

İki zıt öğreti, yani idealizmle materyalizm, birbiriyle işte böyle savaşıyordu.

Kimi zaman da, aynı filozofun kitaplarında birbirine uymayan fikirlerin çeliştiği ve savaştığı olurdu.

büyük düşünür aristoteles

Platon'un öğrencileri arasında, hocasının izinden körü körüne yürümek istemeyen bir genç vardı. Bir hekimin oğlu olan bu genç, ruhun bedensiz yaşayabileceğine kolay kolay inanamıyordu. Kalpten sıcak kan çıktığını, bunun, hayatı, dolayısıyla da ruhu devam ettirdiğini babsanıdan işitmişti bu genç. Ama taşın, ateşin, havanın nasıl bir ruhu olabileceğine aklı ermiyordu.

Ağaçta belki bitkilere özgü bir ruh olabilir. Bu ruh bilinçsizdir ve duymaz. Yine de ağacı yaşatır, büyütür, meyvelerdeki çekirdekleri olgunlaştırır ve bunlardan yeni ağaçlar yetiştirir. İyi ama, taş yaşayamaz, toprağın sularıyla beslenmez, doğurmaz.

Bu şüpheci öğrenci Aristoteles'di.

Akademi'de yıllarca okuyan Aristoteles'in; kendisine soru sormayı ve cevap vermeyi, tartışmada gerçeği elde etmeyi, eşyalardan kavramlara yükselmeyi öğreten hocası Platon'a saygısı vardı. Platon da öğrencisini çok takdir ederdi. Ama Aristoteles için sık sık: «Öbür öğrencilere mahmuz gerekirken, ona gem gerekiyor» derdi.

Platon onu, bedensiz ruhların, eşya kavramlarının eşyalar olmadan, onlardan ayrı olarak yaşadıkları mevcut olmayan bir masal dünyasına götürürken, Aristoteles buna inatla direniyordu.

Cesur ve dürüst bir genç olan Aristoteles, yaşı ilerledikçe şu sözleri daha sık tekrarlıyordu: «Platon benim için değerlidir, fakat gerçek daha değerli.»

Aristoteles, akademiyi bırakıp kendi yolundan yürümüştü. Dünyayı sadece akılla, kapalı gözle kavramanın imkânsız olduğu, Aristoteles'e gün gibi açıktı.

Bilmek için bakmak, işitmek, duymak gerek. Duymayan bir kimse, ne bir şey bilir, ne de bir şey anlar. Aristoteles'e göre, hayvanlar da duyuyor. Kimileri, gördüklerini ve duyduklarını hatırlıyor bile.

Hayvan ateşin yaktığını bildiği için ateşe yaklaşmaz.

Demek oluyor ki, hayvanlarda da bellek ve sınama vardır.

Sanat ve bilim, ancak insanda sınamayla doğar.

Ateşin yaktığını, sınayarak bilen insan topraktan yaptığı çömleği ateşte pişirir ki, bu da artık sanattır.

Çömlekçi, bunu bir alışkanlık olarak yapar. Ateşin niçin yaktığını düşünmez. Bilginse, olayların sebeplerini bilerek hareket eder.

Ve Aristoteles şu sonucu çıkarıyor: bilim sebeplerin bilinmesi demektir.

Bilmeyen bir insanı, bilinmeyen her şey şaşırtır. Çocuk, kurgulu oyuncak niçin hareket eder diye şaşar. Oyuncağın sırrını bilense, oyuncak asıl hareket etmezse şaşar.

Bilenle bilmeyen arasındaki fark işte budur.

Eşyaların «hikmeti-i vücudu» nedir?

Aristoteles, bu soruyu ilk soranın kendisi olmadığını bilir. Sabırsız bir adam, kendisine miras kalan sandığı nasıl açarsa, Aristoteles de filozofların kitaplarını öyle açar. Bu kitaplarda altın gibi değerli, dünyayı aydınlatan ne kadar çok fikir var! Fakat altının yanında bakır da az değil.

Ve Aristoteles altını bakırdan, gerçeği yanlıştan ayırmaya koyulur.

Eski filozofların, daha her zaman açık ve doğru düşünmedikleri kanısına varır. Bunlar savaşmasını bilmedikleri halde, ara sıra isabetli darbeler indiren acemi savaşçıları hatırlatıyor.

Aristoteles, ilk filozofların her şeyin aslını madde saydıklarını görür. Her şeyi teşkil eden madde, o madde ki, eşyaları doğurur ve yok edilince aslına döner.

Tales için temel unsur sudur, Anaksimenes için hava, Heraklit için de ateştir. Ampedokles, bu üç unsura bir dördüncüsünü, yani toprağı eklemiştir.

Anaksagoras'sa, bu unsurların sonsuz derecede çok olduğunu öğretir.

Aristoteles, maddesiz eşya olmadığını doğru bulur. Heykel yapabilmek için bakır, kâse içinse gümüş gerek. Fakat gümüş daha gümüş kâse değildir. Kâse olabilmesi için, gümüşe şekil vermek gerek.

Aristoteles, malzemeyi, şekli ilk plana alan düşünürler de bulunduğunu düşünür.

Pitagorcuların kitaplarını açar. Matematiği ilk olarak geliştiren, sayıların, çizgilerin, şekillerin gücünü anlamış olan bu insanlara Aristoteles hayran olur. Bunlar, matematiğin her şeyi izah ettiğini sanırlar. Ve eşyayı, yalnız şeklın meydana getirmediğini unuturlardı. Bakır bir top için yalnız geometrik bir yuvarlaklık yetmez, bakır da ister. İşte pitagorcular, maddeyi hemen hemen ihmal etmişlerdi.

Aristoteles Platon'u, Akedemi'yi, fikirler hakkındaki uzun sohbetleri hatırlar. Platon fikirlerin, dünyada her şeyi yaratan, edebî şekiller olduğunu öğretirdi.

Fakat Aristoteles, Akademi'de yola getirilemez bir insan olarak boşuna ün salmamıştı. Aristoteles, sorularıyla öğretmenleri çıkmaza sokan öğrencilerdendi.

Kaç kez sormuştu Platon'a:

— «Şekil, eşyalardan nasıl ayrı var olabilir? Hiç gümüşten ayrı kâse mümkün mü? Her şeyi ikiye ayırmakta, bir şu kâse, bir de genel olarak kâse, bir şu ağaçlar, bir de genel olarak, ne bileyim ben mevcut olmayan bir dünyada, genel olarak ağaçlar var, demekte ne mana var?

Bunlar ağacın ne olduğunu, çekirdekten niçin yetiştiğini ve niçin meyve verdiğini anlamamıza yardım eder mi?»

Aristoteles, bu eski tartışmalara tekrar tekrar dönerek aynı sonucu çıkarır: şekli maddeden, kâseyi, yapılmış olduğu gümüşten ayırmak imkânsızdır.

Gümüş, kâse şeklini ustanın elinde alır. Yani kâseyi yapan ustadır. Ya dünyayı yaratan nedir?

Anaksagoras buna cevap verir: ustanın kâseyi, heykeltraşın heykeli yaptığı gibi, doğada da dünyayı yaratan bir akıl vardır.

Fakat Anaksagoras kendisi, mümkün olan her durumda sorunu, varlığın bu nedenini, yani aklı yok gibi sayarak çözmeye uğraşır. Ve ancak başka bir açıklama bulamadığı zamandır ki, dünyayı yaratan bir makine olarak akla yer verir.

Ampedokles başka türlü düşünür. Asıl sebebin, bir değil, iki olduğunu söyler: Nefret ve dostluk. Dostluk birleştirir, nefret de ayırır.

Levkipos'la dostu Demokrit'in fikrince de, her şeyi yaratan atomların hareketidir.

O halde, maddeyle şekilden başka, bir de hareket gerek.

Fakat bu hareket nereden geliyor?

Aristoteles kitaplarda bu sorunun cevabını bulamıyor. Ve alabildiğine düşünmek sayesinde aklı pek derinleşmiş olan Aristoteles görmek, dinlemek ve sezmek için orman ve kırlara çıkar. Kitaplar üzerinde uzun uzun duran Aristoteles'in gözleri daha da akıllanmıştır. Bu gözler eskiden görmediklerini de görebilir şimdi.

Aristoteles, sürülmüş tarlalarda dolaşarak çiftçinin nemli toprağa tohumları nasıl saçtığını görür ve tohumlardan yetişecek başakları düşünür. Her tohum bir başak olabilir. Tane başağa benzemezse de, içinde onu başak olmaya zorlayan bir şey vardır.

Aristoteles, yuvada birbiri ardınca kabuğunu kırarak yumurtadan aç başlarını uzatan kuş yavrularını gördüğü zaman, yumurtanın içinde yavruyu meydana getiren kendi kendine bir hareket yer aldığını düşünür. Civcivin meydana gelmesi için, kuluçkanın tüylü vücuduyla yumurtayı ısıtması yeter. Ve alışmamış bir yol, Aristoteles'in düşüncesini yine özelden genele, taneden doğaya götürüyor.

Tanede başak olma imkânı bulunduğu gibi, doğada da bütün eşyaların, bütün varlıkların meydana gelme imkânı vardır.

İnsan, gümüşe kâse şeklini bilinçle verir. Doğaysa bilinçsiz olarak ve bir amaca ulaşmak için, iç eğilimle yaratır. Bazen doğa, istediğine erişemez ve hataları sonucunda ucube doğar. Aristotales'in fikrince, ancak bir gayeyle hareket eden yanılır.

Doğanın amacı nedir, neye erişmek ister?

Aristoteles, bu soruyu doğanın kendisine sorar.

Aristoteles'in ağaçların köklerine bakarken bunların, hayvanlardaki ağızdan farksız olduğunu düşünür.

Deniz kıyısında dolaşır ve içinde balıkların çırpındığı ağların önünde durur. Balık, ormandaki hayvanlardan ne kadar farklı! Ama o da solur; akciğer görevini gören solungaçları vardır. İnsanda kemik neyse, balıkta kılçık aynıdır. Balıklar sandalların kürek seslerini işitince kaçarlar. Zaten balıkçılar da bunun için küreklerini suya yavaşça daldırmaya çalışırlar.

Çoğu zaman Aristoteles, eline keskin bir bıçak alarak, herhangi bir hayvanı açar, onun kalbini, karaciğerini, dalağını inceler. Hayvanların iç organlarına bakarak, insan vücudunun yapısı hakkında bir fikir edinmeye uğraşır. Çünkü, bir ölünün kesilmesi cinayet sayıldığından, insan vücudu hakkında çok az şey bilinmektedir.

Aristoteles hayvanları karşılaştırarak, en basit molüsklerden, deniz yıldızlarından, süngerlerden, dört ayaklı kıllı hayvanlara kadar, uzun bir merdivenin basamaklarına yerleştirilebileceği kanısına varır. Maymunları daha yüksek bir basamağa koymak gerek. Çünkü maymunun yüzü insanınkine benzer, elleri, parmakları, tırnakları insanınkileri andırır. İnsansa, merdivenin en üst basamağında bulunmalıdır. Alt basamakta otlar ve ağaçlar bulunmalı, daha aşağıda da taşlar, toprak.

Aristoteles, bu eşyalar ve canlı varlıklar merdivenini aşağıdan yukarıya süzer.

Ve görür ki, basamaklar yükseldikçe, madde daha bileşik, daha sıcak, daha hareketli, daha faal ve daha bilinçlidir.

Doğa yorulmadan, yeni yeni varlıklar yaratır ve bunların her biri, kendisinden öncekinden mükemmeldir.

Doğa, mükemmelliğe birden erişemez. Çünkü madde buna direnir. Tıpkı mermerin, heykeltraş kalemine direndiği gibi. İnsan gerçekten son basamak mıdır?

Daha mükemmel, daha bilinçli bir varlık olamaz mı-

Aristoteles'e, doğanın neye yöneldiğini görüyor gibi gelir. Yani doğanın en mükemmel, en kusursuz şey olmaya, fikrin, aklın bizzat kendisi olmaya can attığını görür. Ve Aristoteles, farkına varmaksızın, gençliğinde Platon'un kendisini götürdüğü o eski yola döner.

Aristoteles, şekilsiz kâse olamayacağı gibi, bedensiz ruh da olamayacağını daha dün söylemişken, şimdi yine kendisi, dünyamız dışında bir yerde var olan maddesiz, bedensiz akla inanmaya başlar...

Aristoteles, canlılarla cansızları, yani toprağı, bitkiyi, hayvanı ve insanı sağlam bir zincirle sımsıkı bağlar.

Aristoteles, öğretmeni olan tabiata yeni sorular sorar: Toprak nedir? Çevremde gördüğüm su, hava, ateş nedir? Bunlar ayrı ayrı mı, yoksa birbirlerine bağlı olarak mı vardırlar?

Rüzgâr, bulutlar, yağmur, kar, demir ve taş, Aristoteles'i derin derin düşündürür.

Şehirde dolaşırken, çalışanları seyretmek için başka meraklılarla birlikte içinden dumanlar çıkan bir demirci işliğinin önünde durur. Çekiçlerin sesleri, düşünmesine engel olmaz.

Ateşin demiri nasıl parlak dövülebilir bir hale getirdiğini görür. Ve demiri, toprağın doğurduğunu düşünür. Demek demir de topraktandır.

Odunların, ateşte yanarak nasıl dumana çevrildiğini görür ve duman havaya uçar. Ama odunu da toprak ana doğurmuştur.

Köle, ustanın emriyle ateşe su serpince, göre yükselen beyaz buğu bulutlarına dikkatle bakar ve yağmurun tıpkı bunlar gibi bulutlardan yağdığını düşünür.

Böylece, bir şey başka bir şeye çevrilir.

Yeni, eskinin parçalarından değildir, ondan doğar.

Daha Heraklit: «suyun ölümü, buğunun doğuşudur» dememiş miydi?

Aristoteles'in gözleri önünde, bir değişmeler zinciri belirir: Topraktan ağaçlar biter. Ateş ağaçları yakar, göklere uçar duman, buğu doğar. Buğudan da su.

Sudan yine, ırmakların dibine balçık halinde çöken toprak meydana gelir.

Zincir tamamlanmıştır: Toprak - ateş - hava - su ve yeniden toprak.

Dünya, dört ana unsurdan kurulmuştur. Daha Ampedokles de aynı fikirdeydi.

Bu dört unsur arasında, hep biri öbürüne çevrilir.

Bu, dünyadaki bütün eşyaların yapılmış oldukları o temel unsurun, ilk maddenin, başka başka şekillerde belirmesi değil midir?

İlk maddeden insana kadar uzayan ve dünyadaki bütün eşyaları, bütün evreni kapsayan büyük zincir kapanmıştır.

Canlı varlığın ve cansız eşyaların derinliklerine inmiş olan Aristoteles, bütün evren yapısını kavramak ister.

Kendisinden önce Anaksagoras'ın birçok bilge kişilerin yaptıkları gibi, geceleri yıldızlara bakarak evrenin kuruluşunu tespit etmeye çalışır.

Aristoteles, dünyanın bir tepsi gibi yuvarlak olmayıp küre şeklinde olduğunu sezer. Zaten daha Pitagor ve Pitagorcular da aynı şeyi söylemişti. Aristoteles, denizcilerden Kutup yıldızının, kuzeye giderken ufukta yükseldiğini, güneye giderken de alçaldığını işitmişti. Dünya yamyassı bir yuvarlak olsaydı, hiç böyle olur muydu?

Aristoteles, duvarla lamba arasına konulan bir elmanın gölgesi nasıl duvara düşerse, ay tutulması olayında da aya dünyanın dairevi gölgesi düştüğünü ve bunun için de dünyanın elma gibi toparlak olduğunu düşünür.

Öğrencilerden bazıları, «dünyayı hâlâ bir küre şeklinde düşünemiyorlar. Akılları bunu bir türlü almıyor. İyi ama, diyorlar, dünya top şeklindeyse, demek alt tarafımızda insanlar baş üstüne yürüyorlardır. Sonra, gemiler de dünyaın eğri yamaçlarına nasıl yükselebilirler, niçin aşağı kaymazlar mı?

Aristoteles, öğrencilerinin bu safça itirazlarını gülümseyerek dinler. Öyle ya, biri için aşağı olan, başka biri için yukarıdır. Dünyanın küre şeklinde olduğuna, Aristoteles'in şüphesi yoktur.

Aristoteles, dünyadan yıldızlara giden yola koyulur. Demokrit'ten daha ihtiyatlıdır. O, daha evrenin bir tek olduğu kanısındadır. Evrenin ortasında haraketsiz duran dünya bulunur. Etrafında da ayın, güneşin, gezegen ve yıldızların çakılı bulnduğu gök kuvveleri döner.

Peki ama, neden gezegenler; akıntıya karşı giden gemi gibi, yıldızlarla beraber bir ileri bir geri dönüyorlar?

Çünkü evren, göründüğünden daha bileşiktir.

Her gezegen saydam bir kubbeye çakılıdır. Bu kubbe ikinci bir kubbenin içindedir. Her hareket için, ayrı bir kubbe var. Biri gezegeni ileriye, yıldızların hareket ettiği yöne, biri de geriye götürür. Başka bir kubbe, gezegeni yükseltir, yine başka biri de alçaltır. Güneşle ayın, üçer kubbesi varır. Bunlar ters yönde hareket etmezler.

En uzaktaki kubbe, yıldızlarınkidir, evrenin sınırını meydana getirir. Aristoteles, evren denen ve kendiliğinden yürüyen oyuncağı parça parça söküp sonra yeniden birleştirdiğini sanır.

Aristoteles düşünür: Göğü ve dünyadaki her şeyi harekete getiren sonsuz ve hareketsiz bir şey olmalıdır.

Böylece Aristoteles, sonsuz ve değişmez motoru, yıldızların kubbesi ötesine, göğün sınırları dışına yerleştirir. Bu, Aristoteles'in, başka bir dünyada bir yerde yaşıyor sandığı akıldır.

Aristoteles, daha doyurucu bir izah bulamayınca akıl makinesine başvuran Anaksagoras'la alay edeli pek fazla bir zaman geçmediği halde, şimdi asıl kendisi, bu eski makineyi ele alıp adına «ilk motor» diyor.

Yol onu yine mevcut olmayan bir dünyaya götürüyor.

Aristoteles, ayın altındaki dünyamızda her şeyin değiştiğini düşünür. Ama ay kubbesinin ötesinde değişiklik yoktur. Orası sonsuzluk ülkesidir.

Aristoteles, yine Platon'un öğrettiklerini hatırlayarak dünyanın üstünde hayali bir gök dünyası kuruyor. Burada aşınma, eskime, kaybolma yoktur. Orada hareket de dünyadaki gibi değildir. Hiçbir şey ne kalkar, ne düşer, ne sonsuz ve durgun bir dolaşım halindedir.

Aristoteles böylece, doğru yolu bir bulur, bir yitirir. Bir gün maddesiz ruh, maddesiz şekil olmadığını söyleyerek, Platon'un fikirler hakkındaki öğretisini amansız eleştirir. Ertesi gün de, onun izinden yürüyerek, içinde maddi hiçbir şey bulunmayan «ilk motordan» ve «başka bir dünyadan» söz eder.

Yunan bilgeliğini derlerken, Aristoteles'in, birleştirilmesi imkânsız olan şeyleri, yani Platon'la Demokrit'i, eski dinle yeni bilimi, idealizmle materyalizmi birleştirdiği de olur. Ama birçok şeyde yanılmakla beraber antik dünyanın en büyük düşünürü olarak kalmaktadır.

5

dünyayı fethetmenin iki yolu

Aristoteles, Atina'nın jimnasyumlarından biri olan lisenin kapalı galerilerinde gezinerek öğrencileriyle konuşmaktan pek hoşlanır. Bunun için Atinalılar kendisine ve öğrencilerin «peripatesiyenler,» yani «gezinenler» lakabını vermişlerdir.

Aristoteles ve öğrencileri, giderken durup geri döner, sonra yine ters yönde giderler. Tek bir sözünü kaçırmamak için öğrencileri geride kalmamaya uğraşırlar. Dönüşlerdeyse saygıyla çekilip hocalarını öne bırakırlar.

Hiç de faydasız olmayan böyle gezintilerden sonra öğrencileri dağılır ve her biri kendi işine döner. Kimi bitki toplar, kimi hayvanların bünyesini inceler, bazıları da kum üstünde yuvarlaklar ve üçgenler çizerek geometriye dalar. Bir kısmı da var ki, etraflarına bir sıra papirüs tomarları yığarak bunlardan notlar çıkarırlar. Öğrenciler hocalarına yardım ederler. Aristoteles, devlet hakkındaki kitabını yazabilmek için yüz elli sekiz Yunan devletinin düzenini incelemek zorunda kalmıştır. Yazdığı kitapların sayısıyla bine yakındır. Bu ancak Aristoteles gibi bir devin yüklenebileceği muazzam bir iştir. Yine de öğrencileriyle yardımcıları olmasaydı, o bile bu işle başa çıkamazdı. Bu küçük ordu gerçek yolunda günden güne ilerledikçe ilerlemiştir. Bunların bu gezinmeleri askerlerin seferlerine benzer. Başkomutan askerlerine şu ödevi vermiştir: bilim adamlarının dünya hakkındaki ayrı ayrı gözlemlerini ve bunlardan çıkardıkları sonuçları bir araya getirip toplamak.

Bu bilim üç yüz yaşındadır. Ve altıncı, beşinci ve dördüncü yüzyıldan beri geçen bu üç yüz yıldan, ne kadar çok bilim adamı gelip geçmişti. Bunların her biri bir temel atmış ve üzerinde bir şey kurmuştur. Yunan şehirleri gibi, bilim adamları da birbirlerine sık sık düşman olmuşlardı.

Bütün bu bilgileri karşılaştırıp yoklayarak, büyük bir bilgi imparatorluğu halinde birleştirmek gerek.

Bu güçlü imparatorluk sınırlarını durmadan genişletiyor. Burada bölgelerin sınırlarını, okulun başında bulunan skolarh çiziyor. Bölgelerden biri matematik, öbürü fiziktir, üçüncüsü bitkiler tarihi, dördüncüsü hayvanlar tarihi, beşincisi bilimler tarihi, altıncısı ahlak, yedincisi politikadır... Bilgi imparatorluğunda bu eyaletlerin sayısı çoktur. Ve bütün bu eyaletlere, en yüksek bilim olan felsefe hakimdir.

Bitkiler tarihiyle, Aristoteles'in en iyi öğrencisi ve taraftarı Teofrast, bilim tarihiyle Evdem uğraşır. Aristoksen denge kanunlarını, Dikearh da coğrafyayı inceler...

Öğrenciler her gün lisede toplanır. Aristoteles onlarla konuşurken yetiştirdiği birinci ve belki de en iyi öğrenciyi, çoğu zaman üzülerek hatırlar. Bu öğrenci bilim adamının barışçı silahını, askerin keskin kılıcıyla değiştirmişti.

iskender ve umut

Aristoteles, Makedonya kralı Filip kendisine şu satırları yazdığı zaman gençti: «Oğlum İskender'in, senin zamanında doğmasına izin verdikleri için tanrılara şükürler olsun. Çünkü senin eğitiminle, tahtımın layık bir mirasçısı olacağını umuyorum.»

Filip güçlü bir hükümdardı. Yunanistan'ın birbirine düşman olan şehirlerini tek bir imparatorluk halinde birleştirebilmiştir.

Özgürlükçü Atinalılar bile onun, kendi üzerlerindeki egemenliğini tanımak zorunda kalmışlardı. Kral Filip'in hayali, büyük fetihlerdi ve başladığı işi oğlu İskender'in sona erdirmesini istiyordu.

Bir hükümdar çocuğuna, hele bütün dünyaya hükmetmek isteyen bir hükümdar oğluna öğretmenlik etmek kolay değildir.

İskender'in Aristoteles'e ve bilime saygısı vardı. Öğretmenine sekiz yüz talant altın armağan etmişti. Bunlar o kadar çoktu ki, on arabayla taşınamamıştı. Aristoteles bu altınlarla birçok kıymetli elyazmaları satın almıştı.

İskender, hükümdar olmayıp da öğretmenini dinlemiş olsaydı, şimdi öbür öğrencilerle birlikte lisenin ağaçlı yollarında bilge kişilerin yolunda gezinirdi. Öğretmeni onu, yeryüzünün bir ucuna kadar götürmekle kalmayıp, gökte parıldayan uzak yıldızlara, uzayın ölçülmez derinliklerine götürürdü. Ve İskender dünyayı, yalnız kendisi ve Makedonya için değil, bilim için, bütün insanlık için fethetmiş olurdu.

Oysa İskender şimdi çok uzaklarda. Yeryüzünün bir ucunda, steplerin yakalanamayan atlılarıyla savaşıyor, Hint fillerinin baskısını önlemeye çalışıyor.

Kendisini oralara sürükleyen neydi?

İskender'in, sefer arifesinde bütün kölelerini, bütün çiftliklerini dostlarına dağıttığını söylerler. «Peki, sana ne kaldı?» diye sorduklarında da «umut» der.

Büyük orduyu Asya'ya sürdüren işte umut tanrıçasıdır.

İran şahlarının, servet dolu hazineleri oradadır. Yine orada, dünyanın öbür ucundaki Hindistan'da, altınları arslan başlı, arslan pençeli masal kuşları, akbabalar korurlar.

İskender'in her askeri, hayalindekine doğuda kavuşacağını umut eder.

Birçok kölesi ve altını olan, servetini artırmak istemiştir. Hiçbir şeyi olmayanın emeli de, yoksulluktan kurtulabilmek için, eline bir şeyler geçirmek olmuştur.

Evde kalanlar ağlamamışlardı. Umut tanrıçası, onları da teselli etmişti.

Yoksulların çoluk çocukları, kocalarının ve babalarının kendilerine doğudan evlerine ayak basmamış olan mutluluğu getireceklerine inanmışlardı. Zenginler de, açların ve yoksul scrserilerin kıskançlık dolu bakışlarından kurtuldukları için memnundurlar.

İskender'in sefer arkadaşları arasında bilim adamları da vardı. Gittikleri yerleri incelemek, hiç kimsenin bilmediği ülkelere varmak, bilinmeyen bitkiler ve karınları doldurulmuş hayvanlarla yurtlarına dönmek istiyorlardı.

Büyük İskender, bilim adamlarını beraberinde almıştı. Aristoteles'in öğrencisi değil miydi?

Umut, koskoca orduya ovalar ve dağlar aştırıyor, Bulucistan çöllerinde susuzluğu ve sıcağı unutturuyordu. Hindukuş Dağları'nın karlı geçitlerinde orduyu ısıtan umuttu.

Sayısız savaşlarla, seferin bir türlü sonu gelmiyordu.

Ordunun yağma ettiği altınları binlerce araba batıya taşıyordu.

Ama ordu da gittikçe darmadağınık, muazzam bir perişanlar kalabalığına çevriliyordu. Askerlerde üstbaş paramparça olmuştu. Kılıçlar körleşmiş, atların nalları aşınmıştı.

İskender, başına yeryüzüne egemen olmak gibi çetin bir iş açmıştı. Yeryüzünün ne kadar büyük olduğunu bilseydi, onu fethetmeye kalkışmanın akılsızlık olduğunu anlardı.

Ordusunun geçeceği yolu çizdiği haritada, dünyanın ucu pek uzak olmayıp büyük Yaksarta ve Hint ırmaklarının hemen ötesindeydi. Bu haritada, Hazer Denizi dünyayı çevreleyen Okyanus'un ince bir körfezi biçiminde uzanıyordu.

Sonra İskender, bugünkü adı Sir-Derya olan Yaksarta'ya dayanmıştı. Avrupa'nın burada bittiğini, arkasında da Okyanus'un bulunduğunu düşünmüştü.

Irmağın kıyısında duran Büyük İskender, ileride su deryası yerine, uçsuz bucaksız steplerle ot deryası gördü. Buraları İskitler, Sakalar, Kasagetler adıyla bilinen, cengâver göçebe kabilelerin yurduydu. Sovyetler Birliği'nde bu kabılelerin torunları bugün de yaşar. Sivri keçe külahlı atlıların, ansızın belirip saldırmaları ve gözden kaybolmaları bir olurdu.

Aynı zamanda ordunun gerisinde, Orta Asya'daki kabileler de baş kaldırırlardı.

Böylece, yenilmezliğiyle ün salan, hep ileri gitmiş olan İskender, ilk olarak geri çekilmenin acısını yaşamıştır.

İskender Hindistan'a gider. Tecrübeli askerleri, yağmur gibi yağan okların ve Hint fillerinin ağır ayakları altında yokolurlar. Gökten gece gündüz boşanan yağmurların selleri içinde boğulurlar.

On yıldır yollarda sürüklendikleri halde, dünyanın ucu daha görünmemişti. Hind Irmağı'nın arkasında karşılarına yeni geniş topraklar, bilinmeyen denizlere akan yeni ırmaklar çıktı.

Askerler, daha ilerilere gitmek istemiyorlardı. Kılıçlarını ve kalkanlarını bir yana atıp, artık başındakileri dinlemez olmuşlardı.

Umut onları aldatmıştı. Kendilerine bütün dünyayı vadetmişti, ama ne verdi? Sakatlık ve yara, hastalık ve açlık. Askerler şikâyet ediyorlardı. Onları susturmak için Büyük İskender, iaşecilerin getirdiği şarap fıçılarının açılmasını emretmişti. Ve yenilmez ordular, zurna ve ney sesleri arasında sarhoş şarkıları söyleyerek, debelene debelene çekilmeye başlamıştı.

İskender dünyayı fethedemedi. Hatta İtalya'dan Hindistan'a kadar fethetmiş olduğu uçsuz bucaksız kara parçası da, ölümünden sonra bir taş yığını gibi yıkılıp dağılıverdi.

İskender'in, birlikte götürdükleri bilim adamları daha mutluydular. Bunların ele geçirdikleri, bir, hatta on yıl değil, yüzlerce yıl kalacaktı. Yurduna döndüklerinde, bilimle uğraşan arkadaşlarına gördüklerini ve bulduklarını anlatmışlardı.

Teofrast, «Bitkilerin Tarihi» adlı kitabını yazarken, bunların notları gözünün önündeydi.

Teofrast, sıcak ülkelerde «ormanı andıran» bir ağaç bulunduğunu, bunlardan öğrenmişti. İnsan bu ağaca bakarken, ağaç bir değil, birçok gövdeli gibi görünür. Oysa bunlar, dallardan toprağa doğru sarkan köklerdir.

Sıcak ülkelerde, geceleri uyuyan bir ağaç var. Akşamları tüylü yapraklarını kıvırır, sabahlarıysa uzun kirpikli göz kapağı gibi açar.

Orada ağaçlardan daha yüksek kamışlar biter. Oradaki bir ağacın, kuş tüylerini andıran yaprakları arasından salkım salkım sarkan uzun tatlı meyvelerden birkaç tane yiyerek insan, açlığını giderebilir.

Ve hep bunlar masal değildi. Her ağaç yaprağındaki en büyük dişçiklere kadar açıklanmıştı.

Gezginler yalnız yapraklardaki dişçikleri görmekle kalmamışlardı. Dikkatli bakışlarıyla, karşılarında açılan bütün bitkiler dünyasını kavramaya çalıştılar.

Büyük İskender'in bilgin yol arkadaşları, yüksek dağların eteklerinde hurma ağacı ormanları, muz ve bambu fundalıkları görmüşlerdi. Daha yükseklerde, onlara yurtlarını hatırlatan ve defne ağacıyla manolyaya benzeyen, yaz kış yeşil ağaçlar görmüşlerdi. Bunlardan da yukarıda, dağ yamaçlarında geniş yapraklı ve iğne yapraklı ormanlar sıra sıra yükseliyordu. İğne yapraklı ağaçların üst kısmında da toprak, yosun ve otlarla kaplıydı. Her dağ, sıcak güneyden, sert iklimli kuzeye kadar uzayan yeryüzüne benziyordu.

Büyük İskender'in seferine katılan bilim adamları, yurtlarına daha birçok bilgilerle dönmüşlerdi.

İskender, uzun seferleri sırasında kendileri pek az şeyle yetinen, ama bilim için çok şeye ihtiyaçları olan bu insanlara, belki de defalarca imrenmişti.

İskender'in, Asya seferine çıkmadan, Korint'te filozof Diyojen'i ziyaret ettiğini anlatırlar.

Diyojen, misafirini eve kabul edememiş. Sebebi de çok basitmiş, evi yokmuş, köpek gibi, eski bir fıçının içinde yaşarmış. Böyle olduğu halde, bu yoksul filozof, hükümdarlardan daha mutlu olduğunu söylermiş. Diyojen, dünyada hiçbir felaket karşısında boyun eğmezmiş.

Bir gün Diyojen'i, köle pazarında köle olarak satılacak insanlar arasında görmüşler.

Diyojen müşteriye: «eğer kendile köle değil, efendi almak istersen, beni al» demiş.

Büyük İskender'in Diyojen'i ziyaretiyle, iki mağrur insan yüz yüze gelmiş. Biri cihangir İskender, öbürü de fıçısından başka bir şeyi olmayan Diyojen.

İskender Diyojen'e, «dile benden ne dilersen» dediğinde şu cevabı almış: «Gölge etme, başka ihsan istemem.»

Ve ayrılırken İskender: «Ben İskender olmasaydım eğer, Diyojen olmak isterdim» demiş.

Dünyanın fatihi, seferlerin tozları ve yangınların dumanlarıyla milyonlarca insanın güneşini gölgelemişti.

Dumanlar dağılmış, tozları yatmış, fetihler çökmüştü.

düşmanlık ve dostluk üstüne

İnsanlığın tarihi, ilk bakışta sonsuz, kanlı bir fetihler zinciriymiş gibi görünür.

Babil, Asur, Mısır ve İran hükümdarları, dünyayı fethetmek için, kaç kez sefere çıkmışlardı! Tapınakların duvarlarına yazdıkları yazılarda, daha hiçbir şey yapmamışken, kendilerini «dünyanın dört bucağının hükümdarı», «şahlar şahı», «evren padişahı» olarak ilan etmişlerdi.

Bunlar, geçtikleri yerlerde, ileri ve kalabalık ülkeleri ıssız çöllere çeviriyorlardı. Eklüzleri açarak ırmakları zıvanadan çıkarıyor, bulanık sular şehirleri kumla basıyor ve eskiden şehir olan yerlerde, mezarları andıran kum yığınları kalıyordu.

Hangi cihangir dünyayı fethedebilmiştir?

Asur hükümdarları Ermenistan dağlarından Nil kıyılarına, Kıbrıs'tan Elam'a kadar bütün ülkeleri hükümleri altına almışlardı.

Pers şahları, devletlerinin sınırlarını batıda Trakya'ya, doğuda Hindistan'a, kuzeyde Karadeniz'e, güneyde Arabistan'a kadar genişletmişlerdi.

Makedonya kralı İskender, hem İran'ı hem Babil'i, hem de Mısır'ı fethetmişti.

Ama hiçbiri bütün dünyayı zaptedemedi.

Dünya onların sandıklarından daha büyüktü. Ve onların «dünya imparatorluğu» dedikleri, uçsuz bucaksız yer yuvarlağında, ancak küçük bir yer tutuyordu.

Bu «dünya imparatorlukları», kurulur kurulmaz parçalanmaya başlar ve enkazları üzerinde, yeniden fetihlere girişilirdi.

Herkesin herkese düşman olduğu böyle zamanlarda bile, yaratma işleri durmuyordu.

Denizlerde bir kıyıdan öbürüne gemiler işliyordu. Karada kervanlar çölleri, dağları aşıyordu.

Çiftçiler, duvarcılar, demirciler, madenciler yorulmadan çalışıyor, topraktan servetlerini çıkarıyorlardı. Bakır Adası denilen Kıbrıs Adası'ndan bakır, Altın ülkesi Nubya'dan altın, Toros'lardaki gümüş dağlarından gümüş, Fenike'nin Sedre Vadisi'nden gemi için kereste, Baltık ülkelerindeki Kehlibar kıyısından kehlibar, İngiltere'deki kurşun adalarından kurşun elde ediliyordu.

Sağlam gemilere ve develere yüklü denklerde maden külçeleri, kumaşlar, papirüs ruloları, bir ülkeden öbürüne ulaştırılırdı.

İran'ın posta beygirleri, Efes'le Suza arasındaki Şah yolunda, turnaları geride bırakırlardı. Atlılar postayı birbirlerine devrederlerdi. Terli, ağızları köpüklü atların eyerleri çözülürken, kervansaraylarda ve hanlarda başka atlar zaten yola çıkmış, dörtnala koşarlardı. Böylece sözgelimi sabahları Ege Denizi'nde tutulan balıklar akşam üstü, Irak Devleti'nin öbür ucundaki Suza'ya, şahın sofrasına taptaze yetiştirilirdi.

Çeşitli eşya ve haberler, töre ve inançlar, söz ve söylentiler ülkeden ülkeye dolaşırdı.

Harflerle birlikte, ağırlık, uzunluk ve zaman ölçüleri, günlerle ayların adları bir halktan öbürüne geçerdi. Bugün bazı ülkelerde para birimi olarak kullanılan «funt», eski Babil'de kullanılıp «mina» denilen altın paraya eşitti. Metre, iki Babil kulacından, ancak birkaç milimetre kısadır.

Para ilk kez doğuda görülmüştür. İlk parayı, Küçük Asya denilen Anadolu'da, bütün komşuları tarafından «dükkâncı millet» diye adlandırılan Lidyalılar basmıştır. «Çek» Farsça bir sözdür. Rusların «çetrevik» (çeyrek) dedikleri ölçü, Romalıların «kvadrantal»ına eşittir.

Ustaların yaptıkları araç ve gereçler, bahçıvanların yetiştirdiği meyve ağaçları, bir ülkeden başka bir ülkeye geçerdi.

Çevremizde gördüğümüz her şeyden, daha küçüklükten alışıp bildiğimiz her eşyadan, uzak devirlere giden ipler uzanır.

Bugün sahip olduğumuz servetleri, «kültür» denilen varlığı birçok halkların ve kuşakların emeği yaratmıştır.

Halkların elleri birbirine bakıyordu. Bir halkta olmayan, öbüründe vardı. Bir halkın yapamadığını ve bilmediğini başkaları yapıyor ve biliyordu.

Emeğin yarattığı servet artıyordu. Ama, çalışkanların yanında çalışmadan yaşayanlar, başkasının sırtından geçinenler çoğalıyordu.

Yeryüzünde istilacılar fırdönüyorlardı. Ama onlara asıl gerekli olan toprak değil, toprağı işleyenlerdi. İstilacılar binlerce, yüzbinlerce insan kırmışlardı, sağ kalanları köle yapmak için. Ölenden ne çıkar! Ama yaşayan çalışır. İstilacıların can attıkları ne altındı, ne de gümüş; Mısırlıların dedikleri «öldürülmüş canlılar», kölelerdi.

Emeğin gücü gittikçe artıyordu. Savaşlar ülkeleri yakıp yıkıyordu. Bu ikisi madalyanın iki tarafı gibi birbirinden ayrılmazdı. Savaş, emeksiz olamazdı. Köleler, elleriyle kılıç yapar, bunlar da yeni yeni insanları köleleştirmek için kullanılırdı.

Köleler, kılıç kuvvetiyle bir ülkeleri dize getirirlerdi. Ve fatih, kendi şahsında dünyanın hükümdarını görürdü. Ama yalnız kılıç gücüne dayanarak kurulmuş, uzun ömürlü insan topluluğu, nerede görülür!

Makedonyalı Büyük İskender'in, kimsenin çözemediği bir kör düğümü, kılıcıyla parçaladığı söylenir.

Ama İskender, kılıcın kestiğini bir daha birleştiremediğini bildirdi.

Bunun için de, halkları birleştirmek, aralarında akrabalık bağları kurmak için, on bin askerini İranlı kadınlarla evlendirmiş, kendisi de aynı gün İran hükümdarının kızını almıştı.

Tarihte en büyük düğün bu olmuştur.

Filozof Diyojen, kendisine dünya vatandaşı derdi. İskender'se, dünya hâkimi ve tanrı olmak istemişti. Babilon'u başkent yapmış ve Mısırlı kâhinlerin, kendisini tanrı Ammon'un oğlu ilân etmelerine göz yummuştu. Onbinlerce Yunanlıyı Asya'ya göç ettirmişti.

İskender geçtiği her yerde birçok şehrin temelini atmış ve hepsine de Aleksandriya, İskenderiye adını vermişti. Bu yeni şehirlerde hayat da eski şehirlerdeki gibi değildi.

egemen sınıf düzeni

Bir zamanlar Atina büyük bir şehir sayılırdı. Atina, sadece bir şehir değil, on bin evli bir devletti.

Bir gün bu şehir-devlet, insanlara dar gelmeye başladı.

Köle emeğiyle yapılan mallar yığılıyordu. Bu mallara şehir pazarında yeteri kadar müşteri bulunamadığı için, deniz ötelerine sürmek gerekiyordu. Gemilerden, uğradıkları her limanda, boşaltılsalar da boşaltılmasalar da, vergi alınırdı. Her yerde gümrük ve sınır karakolları vardı. O kadar ki, boğaz kıyılarında yaşayanlar boğazı keser, yabancı tüccarlar da ister istemez kıyıya yanaşıp vergi ödemek zorunda kalırlardı.

Başka ülkelerden gelip yabancı bir şehre yerleşmiş bir adam, en zengin ve en tanınmış insan da olsa, bütün haklardan mahrum bir yabancı muamelesi görürdü. Ev, toprak satın alamazdı. Haklarını, mallarını savunabilmek için, yerlilerden kendisini koruyacak bir adam bulması gerekirdi.

Tüccarlar arasında, birçok şehirle birden alış-veriş eden ve filolar halinde gemiler işletenler de vardı.

Her küçük şehrin bile kendi gümrüğü, kendi parası, yabancılara karşı yasaları olması bu tüccarların işine gelmiyordu.

İşlerini genişletebilmek için bu zengin tüccarlara, yalnız bir şehir değil birçok şehir ve ülkeleri sınırları içine alan bir devlet gerekliydi.

Tüccarlara faizle para veren tefeciler, büyük atelye sahipleri de bunu istiyordu. Yüzlerce kölenin çalıştığı bu atelyelerde, hem kendi pazarları, hem de uzak şehirlerdeki pazarlar için mallar yapılırdı.

Bir devletin sınırlarını genişletmek için fetihlere çıkmak gerekiyordu.

Bundan başka fetihler, istila edilen ülkelerde köleler elde etmek, yapağı, deri, demir ve bakır gibi hammaddeler ele geçirmek için de gerekliydi.

Akınlar, işte böyle başlar. Atinalı Alkibiyad, gemileri Sicilya Adası'na sürer. Emeli, batı ve doğu Yunanistan şehirlerini birleştirmektir. Ama savaş, Atinalıların yenilgisiyle biter.

Yıllar sonra Yunan şehirlerini birleştirmek işine,

Makedonya hükümdarı Filip girişir. İskender de buna devam eder.

İskender'in ölümünden sonra, devleti parçalanır, ama parçalar da pek küçük değildir. Bunlardan her biri, Suriye olsun, Makedonya olsun, Mısır olsun; önceki gibi tek şehir-devlet değil, koca ülkelerdi.

İstilalar için, büyük devletler kurabilmek için, köle sahiplerinin yığdıkları servetleri korumak için; düzeni memnun olmayanlardan korumak için kuvvetli bir idare, kuvvetli bir iktidar gerekiyordu. Egemen sınıflar, krallıklar kurmaya başladılar.

Mısır'da, Suriye'de, Makedonya'da, krallar vardı. Bunlar, tanrı gibi saygı görürlerdi.

Yeni devlet düzenine, yeni bir felsefe gerekti. İdare başındakilere itaatin, en yüksek erdem olduğunu, iktidarın, sayıca az kişilerin elinde bulunması gerektiğini, halkın sürü, yöneticilerinse birer çoban olduklarını, iktidarda bulunanların istedikleri gibi düşünmek gerektiğini, halka ispat etmeliydi.

Bilimin, insanlığı çıkmaza soktuğu anlatılmalıydı. Tek çıkar yol, tanrılara olan inanca dönülmesindeydi. Krala egemenliği tanrıları bağışlamışlardı.

Felsefe için bu, geriye, yeni bilinen tanrılara inanca ve hayali ruhlar alemine dönüştü.

Tales, Anaksimandros, Anaksimenes, Heraklit, Anaksagoras, Demokrit... İlerleme yolunda birer ileri adımdılar.

Sokrat, Platon ve onların izlerinden yürüyenlerin öğrettikleri, artık bir gerileme, tersine yürüyüştür.

Ya Aristoteles? Kitaplarında Demokrit'ten birçok sayfalar bulunduğu halde o da geriye çekilir.

Ama tarihte, eskiye dönmek imkânsızdır.

İnsanlar ataların düzenine ve inancına dönmekten söz ederlerdi.

Oysa, Platon'un felsefesi «ataların inancı» değildi. Atalar, tanrılara, onların varlığını ispata kalkışmadan, ukâlalık etmeden inanırlardı. Platon'sa, öğretisine, gerçek bilimle savaşa dayanabilmesi için, bilim şekli vermeye çabalar.

Atalar, neyin iyi, neyin kötü olduğunu uzun boylu düşünmezlerdi. Ataların iradesini yerine getirmeyi iyilik, buna karşı gelmeyi de, kötülük sayarlardı.

Sokrat'sa, ahlak kurallarını, matematikçinin bir teoremi ispat ettiği gibi ispatlamak istemişti. Sokrat'ın öğretisi, eski dine aykırı gibi gelebilir. Sokrat'ı, yeni tanrılar getirmekle boşuna suçlamamışlardı. Ne yeni inanç, ne de yeni düzen öncekilere benziyordu.

Atalar zamanında işleri, kabilenin soylu kişileri idare ederlerdi. Şimdiyse iş adamları, tefeciler, bütün dünya ile ticaret yapan zengin tüccarlar soylu kişi olmuşlardı.

Önceleri şehirde yabancıya düşman gözüyle bakılırdı.

Şimdiyse öyle şehirler doğmuştur ki, burada yaşayanların hepsi yabancı, daha doğrusu, yabancı değil de, yerli Yunanlılar, Mısırlılar, Fenikelilerdi.

Yeni hayatın, ataların yaşayışına ne kadar benzemediğini görmek için, İskenderiye'ye gitmek yeterdi.

bilim işçileri

Bir zamanlar Mısır, orada yaşayan halka dar, küçük bir ev gibi gelmişti. Deniz aşılmaz bir duvar, her yabancı, şeytanın oğlu, yani düşman sayılırdı.

Bu deniz, geniş bir kapı gibi dünyaya açılmıştı. Ve bu kapıda, dünyanın merkezi olan bir şehir doğmuştu.

İskenderiye daha uzakta. Etrafta sadece hışırdayan deniz. Denizcilerin keskin gözleri, uzaktaki feneri görmeye başlamışlardır. Fener yaklaştıkça yükseliyor. Biraz daha yaklaşınca, onun kendisinden daha yüksek bir kulenin üzerinde bulunduğu iyice görülüyor.

Rüzgâr, geminin yelkenlerini şişiriyor. Kurşun gibi ağır yüzlerce kürek, iskarmozların içinde suları köpürterek hafif hafif kayıyor. Denizcilere, gemi kuleye doğru değil de, kule gemiye doğru yürüyor gibi görünüyor. Kulenin tepesindeki deniz tanrısı Poseydon da, yabancı misafirleri selamlıyor gibi elindeki üç dişli zıpkını sallıyor.

İskenderiye'ye dünyanın dört bucağından onlarca gemi yanaşıyor.

Liman dar geliyor artık. Üç kat kürekli, hafif savaş gemileriyle yanyana hantal, binlerce ton hububat taşıyan gemiler de demir atmışlardı. Fakat bu büyük gemiler bile, çok katlı hükümdar gemilerine kıyaslá ufacık görünürler.

Otuz sıra kürekli, dört dümenli, direk gibi uzun kürekli, bu süslü, yüzen sarayları, deniz ötesi ülkelerden misafirler hayretle seyrediyorlar.

Bazı gemiler limana giriyor, bazıları da çıkıyor.

Çıkan gemilerin daha ağır oldukları hemen belli. Bunların tekneleri, suya daha derin batmış olup daha ağır dönüyorlar. Anlaşılıyor ki, yükleri ağır...

Nihayet misafirler kıyıda. Gürültülü ve rengarenk kalabalığa karışırlar. Bunları, kendileri gibi misafirler arasından seçebilmek kolay değil. Burada hangi dil konuşuluyor? Hangi dil konuşulmuyor ki?! Burada Yunanlılara da rastlanabilir, Musevilere de, Fenikeliye de, Romalıya da, İranlıya da. Sözgelimi şu, altın ve fildişi ülkesinden siyah bir Nubiyalı, bu da, mis kokuları diyarı Arabistan'dan ak sakallı bir şeyh.

İskenderiye'nin kendi dili de var. Bu dilde, çeşitli dillerin yani Yunancanın, Mısır dilinin, İbranicenin sözleri, kalabalıktaki insan gibi birbirine karışmıştır.

İnsan burada, dünyanın nasıl genişlemiş olduğunu gözleriyle görür.

Deniz yolları İskenderiye'yi, Meotiya gölünün (Azak Denizi) kıyısındaki Pantikapeya ile, Bizans'la, Atina'yla, Sirakuza ve Kartaca'yla ve geleceğin Marsiya'sı olarak Marsilya ile bağlamıştır.

Doğudan buraya itriyat, baharat, fildişi, devekuşu

tüyü, Hind çeliği ve filler getiriliyor. Nil batıyla doğuyu birbirine bağlamıştır. Gemilerin işleyebildiği geniş bir kanal, Kızıl Deniz'i Nil'e bağlıyor, Nil'den de gemiler İskenderiye'ye Akdeniz'e çıkıyorlar.

İskenderiye'den üzerinde Mısır kralları Ptolomeusların başları bulunan altın paralar, Yunan vazoları, renkli cam kaplar, süs eşyaları Çin'e gidiyor, oradan da, deniz ve kara yoluyla, ipekli kumaşlar geliyordu.

İnsanlar Çin'de de çalışıyorlardı: doğayla savaşıyor, sulama kanalları açıyor, toprağı işliyor, şehirler, köprüler kuruyor, taş yollar döşüyorlardı.

İskender büyük devletini kurduktan yüz yıl sonra, Çin'de Sin Prensliği'nin hükümdarı, bütün öbür prensleri kendisine tâbi kılarak Sin Şi Huandi, yani ilk imparator Sin adını almıştı.

Bunun için Çin'e, sonraları «Sin'in ülkesi», yani Sinlerin ülkesi dendi.

İmparatorun başkenti Siyanyan'ı, yedi yüz bin köylü ve köle kurmuştu. Bunlar, ırmağın kıyılarında, ladin, defne ve mercan ağaçlarından saraylar yapmışlardı. Irmağın üzerinde kapalı bir köprü kurmuşlardır. Sarayları kapalı galerilerle birleştirmişlerdi. En şiddetli yağmurda imparator ve maiyeti, saraydan saraya geçebiliyor, sırmalı elbiselerine bir damla bile yağmur düşmüyordu.

İmparatorun yaşadığı bu başkenti kurmak için çok emek harcanmıştı. Ama mezarını yapmak daha güç olmuştu. Kustak Lisan Dağı, imparatorun mezarı haline getirildi. Ovadan akan ırmak kurutularak yatağı, yeraltından mezara giden uzun bir yola çevrildi.

Ustalar saraya benzeyen bu anıtkabri, evren'i örnek tutarak yaptılar.

Tabanına bronz döşeyip üstüne dağlar ve ovalar yığdılar. Tavanı gök kubbesi biçiminde yaptılar. Irmakların yataklarına döktükleri cıvayı, ustaca yapılmış tesislerle ırmak gibi akıttılar. Pırıl pırıl parlayan cıva ırmaklarının kıyılarına oyuncak yaptılar.

Böyle bir saray yapmak, büyük bilgi isterdi.

Çin, bilginleriyle övündüğü kadar, ustalarıyla da övünürdü.

Başastronom, başmühendis ve başkâtip, imparatorluğun en çok sayılan insanlarıydı.

Başastronomun asıl görevi güneş ve ay tutulmalarını hesaplayıp bildirmekti. Hata ederse idam edilirdi. Çünkü böyle bir hata yüzünden, imparatorun ve bütün imparatorluğun, göğün gazabına uğrayabileceği sanılırdı.

Çok eski zamanlardan beri, her güneş ya da ay tutulması, büyük bir olay olarak bambu levhacıklarından yapılmış bir tarih kitabına yazılırdı.

Yunanistan'da Anaksagoras, Demokrit, Sokrat gibi filozoflar yaşarken, Çin'in de kendi filozofları vardı.

Filozof Mo-Çzı, insanların nasıl düşündüklerini ve doğru düşünüşlerin yanlış düşünüşlerden neyle ayırt edildiği üstüne bir bilim eseri yazmıştı. Mo-Çzı, maddeyi ve enerjiyi tarif ederek, enerjinin, hareket halinde madde olduğunu yazmıştı.

Mo-Çzı, safahat içinde yaşayan soyluları açığa vurarak insanları haksızlık ve zulümle savaşa çağırır. Savaşların halklara ne büyük felaketler getirdiğini görür ve insanlığın, ancak bütün halkların birleşmesiyle kurtulabileceğini söyler.

Mo-Çzı, aynı zamanda büyük bir mühendisti. Kaleleri mancınıklardan ve başka muhasara makinelerinden savunma usullerini bulan Mo-Çzı'dır.

Onun hakkında: «Gerekirse, devlet için derisini yüzdürüp verir» derlerdi.

Çin'de başka büyük filozoflar da vardı.

Lao-Çzı, dünyada her şeyin harekette olduğunu ve değiştiğini öğretir. Her şey, tek şeyden çıkar ve tek şeye döner. Geçici nimetler üzerinde titremekten ne çıkar? Bilge kişi, dünyada boş şeylere aldırmayandır.

Le-Çzı adında başka bir filozof da, eserinde egemenliğin olmadığı zulümsüz, hayali bir ülke tasvir eder.

İskenderiyeli tüccarların, gezileri sırasında ilk kez işittikleri dünya işte böyleydi.

Öte yandan, uzak batı hakkındaki ilk haberler de Çin'e ulaşmıştı.

Yunanlıların dünyanın doğu kıyısı saydıkları yer, Çinliler için, onun batı kıyısı olmuştu.

Dağlarla çöllerin ayırdığı iki dünya, ilk kez olarak karşılaşmış ve birbirini tanımışlardı.

Dünya, batıya doğru da genişlemişti.

Eskiden insanlar, okyanusu, dünyanın kıyısı, ucu sayarlardı. Gün geldi ki, burayı aştılar, Herakles sütunlarını geride bırakarak kuzeye yöneldiler.

Marsilyalı denizci Pifey, Britanya'yı keşfetmişti. Antik dünyanın bu Kristof Kolomb'u, yurduna döndüğünde, Britanya'dan ötede, altı günde gidilebilen Tule adında bir ada bulunduğunu anlatmıştı.

Artık dünyanın ucu, Herakles sütunları değil, Tule Adası sayılmaya başlamıştı.

İskenderiye atelyelerinde demirciler, Kıbrıs bakırıyla, Britanya kalayını eritip karıştırıyorlardı. İskenderiye pazarlarında kadınlar, Elba kıyılarından getirtilen ve «ırmak tanrıçalarının gözyaşları» denilen kehribarlardan satın alıyorlardı.

İskenderiye limanından, bir sıra yol, atelyelerin, dükkânların yanından geçerek şehre giderdi.

Bu şehir eski şehirlere benzemezdi. Gelişigüzel değil, bir plana göre kurulmuştu. Her biri ellişer adım genişlikteki iki ana cadde, dik bir açı halinde kesişirdi. Öbür sokaklar da o kadar genişti ki, arabalar ve atlılar, birbirine engel olmadan rahat rahat gidip gelirlerdi.

Bu sokaklara, çömlekçiler ya da camcılar sokağı değil, yeni adlar yani harflerin adları verilmişti; Alfa, Beta, Gama sokağı gibi...

Şehrin hemen hemen üçte birinde saraylar ve tapınaklar vardı. Tapınakların duvarları, eskiden olduğu gibi hiyerogliflerle süslüydü. En büyük tapınak olan Serapeyon, artık eski tanrıların değil, çeşitli halklardan insanların yaşadığı İskenderiye'nin koruyucusu, tanrı Separis'in tapınağıydı.

İskenderiyeliler, hükümdar Ptolomeus'un bir düş gördüğünü anlatırlar: Hükümdara düşünde boylu boslu, çok güzel bir delikanlı görünür ve «emret de, Pontus kıyılarına, yaşadığım ülkeye, beni almak için bir gemi göndersinler» der.

Ertesi sabah Ptolomeus, kâhinlere düşünü anlatır, ama bunlar ülke hakkında bir şey bilmezler.

Ptolomeus, gördüğü düşü unutur, ama delikanlı yine görünür ve isteğini tekrarlar. Ptolomeus, düşü yorması için Delf kâhinine elçi gönderir. Delf kâhini, delikanlının Sinoplu güzel bir tanrı olduğunu anlatır. Sinop'a hemen bir gemi gönderir, Sinop hükümdarı, tanrının heykelini yabancılara vermek istemez. O zaman kocaman heykel, tapınaktan çıkıp gemiye biner ve görülmedik bir hızla üç günde İskenderiye'ye varır.

Böylece, çeşitli halklardan insanların yaşadığı İskenderiye'nin tanrısı bile, uzak bir ülkeden gelen bir misafir olur.

Bu Mısır şehrinde her şey yabancıdır. Mısır'da, bir Mısırlı değil, Büyük İskenderin komutanlarından birinin torunu olan Ptolomeus adlı bir Yunanlı hüküm sürüyor. Doğma büyüme İskenderiyeliler arasında da Yunanlılar Mısırlılardan çoktur. Önceleri bir Mısırlı, bir Yunanlıyla aynı sofraya oturmaya asla razı olmazdı. Sonralarıysa İskenderiye'de Yunanlılar yarı yarıya Mısırlılar da Yunanlılardan birçok şey almışlardı.

Hükümdar Ptolomeus, kendine firavun derdi. Bir Yunan adı olan adına, Mısır dilinde «Ra»nın gözdesi, Ammon'un sevgilisi» anlamına gelen «Sotep-ni-Ra-Miammon» adını eklemişti. Yunanlılar Osiris'e kurban getirirler, Mısırlılar da kendi tanrılarından Ptaya Hefestos, Tot adlı tanrılarına da Hermes derlerdi.

Böylece, bir zamanlar yalnız denizle değil, düşmanlık duvarlarıyla da ayrılmış olan halkların adları, inançları, dil ve töreleri, bu yeni şehirde birbirine karışmıştı.

İskenderiye dünyanın merkezi olmuştu.

Yabani hayvanlar ve yabancı topraklar hakkında denizcilerin anlattıkları hikâyelerden bilgi edindiğimiz günler, daha pek o kadar geride değildi.

O günlerdeyse herkes, hükümdar sarayındaki hayvanat bahçesine gidip tropikal Afrika'dan getirilmiş gerçek filleri, zürafa ve kocaman yılanları gözleriyle görebilirdi.

Burada bir nebatat bahçesi de vardı ki, belki dünyanın ilk nebatat bahçesiydi. İskenderiye'deki Pan korusunda yetişen ağaçları, orman tanrısı Pan, yurdu Yunanistan'da hiç görmemişti.

İskenderiye kitaplığının raflarında yüzbinlerce papirüs rulosu korunmuştu. Yalnız «Bütün Bilgi Alanlarında Ünlü Eserlerin Kataloğu» denen bir katolog, yüz yirmi ciltti. Kitaplığın başında ünlü bilgin Eratosten bulunuyordu.

Platon'un Akademi'de çok öğrencisi vardı. Aristoteles, lisede daha çok öğrenci toplamıştı. Ne akademi, ne de lise, İskenderiye muzeumuyla, yani bugünkü anlamda üniversitesiyle kıyaslanamazdı.

Eskiden insanlar, yalnız tanrılara ibadet ocakları olan tapınaklar kurarlardı. İskenderiye'deyse muazzam bir bilim ocağı kurulmuştu.

Burada, hükümdarın çağrısıyla birçok şehirlerden İskenderiye'ye gelmiş olan bilim adamları yaşarlardı. Bunlar bilimden başka hiçbir şeyle uğraşmazlardı. Çalışmaları, gezi ve deney yapmak için gereken her şeyi hükümdar hazinesinden alırlardı.

Bilim adamları, her gün öğle yemeğini bir arada yer, sonra da bilim konuşmaları başlardı.

Mısır hükümdarları güçlü birer devlet adamlarıydı. Bilginin kuvvet olduğunu bilirlerdi. Matematikle mekaniğin kale inşasında, savaş araçları ve gemi yapımında; astronominin denizcilikte, hekimliğin insanları tedavide gerekli olduğunu iyi bilirlerdi.

Ptolomeus hanedanından hükümdarlar, bilim adamlarından, şairlerden, filozoflardan armağan esirgemezlerdi. Çünkü bilim adamları, onların savaş güçlerini artırır, servetlerini çoğaltır; şairler onları över; filozoflar, hükümdarlara iktidarı tanrıların verdiğini ispata çalışırlardı.

Önceleri, felsefeyle doğa bilimi bir bütündü. İlk Yunan filozofları, aynı zamanda doğayı inceleyen birer araştırıcıydı.

İskenderiye'de bilimle felsefenin yolları artık ayrılmıştı.

Filozoflar hâlâ felsefeyi «bilimlerin üstünde bir bilim» sayarlardı. Ama buna hakları yoktu. Bunlar, hayattan ayrılarak gerçeği, sonuna kadar kavramaya çalışırlardı Dünyayı kavramanın, ayrı ayrı insanların değil, sayısız kuşakların işi olduğunu anlamazlardı. Bilimi, kendi şemalarına sıkıştırmaya çabalarlardı. Bu, bilimin ilerlemesini engellerdi.

Astronomi, mekanik ve öbür doğa bilimleri gelişirken, felsefe İskenderiye'de gittikçe geriliyordu.

Buradaki filozofların çoğu Platoncuydu. Platon sağ olsaysı, memnun olurdu. Çünkü Ptolomeuslar onu, Atinalılardan daha iyi takdir etmişlerdi.

Demokritçilereyse İskenderiye'de şüpheyle bakılırdı. Demokrit'in İskenderiye kitaplığındaki kitapları tozlar içindeydi, kimse bunları okumazdı.

Bazı fizikçi, ya da matematikçiler, bir teoremi çözmek ya da bir doğa olayını izah etmek için Demokrit'i hatırlarlardı. Bu gizlice olurdu. Çünkü iktidardakiler ve muzeumun yüksek koruyucuları, tanrısız ve eşitlikten yana olan Demokrit'ten hoşlanmazlardı.

Muzeum, kurucularının tasarısına göre, dev ölçülerinde büyütülmüş bir Platon akademisiydi. Fakat ne Platon'un akademisine, ne de Aristoteles'in lisesine benzerdi.

Lisede bilim adamları okur, gözetlemelerde bulunurlar, teoriyi pratiğe indirmezlerdi.

Muzeumdaysa insanlar, yalnız kafayla değil, elle de

çalışırlardı. Ölçer, tartar, bir şeyler kaynatır, karıştırır eritirlerdi.

Burada yalnız kitap tomarları değil, çeşitli aletler de vardı. Astonomlar, göğe sadece bakmazlar, bu âletlerle astronomik ölçmelerde bulunurlardı.

Yuvarlak mermer bir sütun üzerinde, iki bronz halkadan «armilla» denen bir âlet dururdu.

Ötede «kvadrant» denen bir mermer duvar vardı ki, bundan dairenin dörtte biri kesilip çıkarılmıştı. Başka bir yerde de «armilla küresi» dururdu. Bundaki dört bronz halka, dönerek yıldızların hareketini taklit ederdi. Bir de «yıldız yakalayıcısı» denen «ustrulap» vardı. Gökteki yıldızlar bununla «yakalanır» ve yerleri tespit edilirdi.

Muzeumda bilimsel araştırma yapanlar, çok eski zamanlarda yasak sayılan şeylerle uğraşmaya da cesaret ederlerdi.

Kütüphanede bilim adamları, İlyada'yla Odiseya'da, aslına uymayan mısralar olduğu düşüncesiyle, bizzat Homeros'u da düzeltirlerdi. Bazıları, Homeros'un yaşamış olup olmadığından bile şüphe ederlerdi.

Anatomi salonunda, Herofil adlı hekim, kutsallığa saygısızlıkla suçlanmaktan korkmaksızın insan cesetlerini teşrih ederdi. Böylece, düşünce organının, eskiden sanıldığı gibi kalp olmayıp, beyin olduğunu, damarların havayla değil, kanla dolu bulunduklarını açıklamıştı.

Daha Ampedokles zamanında Krotonlu hekim Alkmeon, hayvanın hareketlerini beynin yönelttiğini sezmişti. Fakat Alkmeon, yalnız hayvanları teşrih ederdi. Herofil'se, eski yasakları çiğneyerek insan vücudunun da otopsisini yapmıştı. Mısır'da bu cesareti göstermek, Yunanistan'a kıyasla daha kolaydı. Çünkü Mısırlılar öteden beri ölüleri mumyalamakla uğraşırlardı.

Laboratuvarsa, eğri birtakım boruların birleştiği acayip bakır kazan ve kürelerle donatılmıştı.

İskenderiye muzeumu, tecrübeye dayanan bir bilim

kalesiydi. Filozoflar üç yüz yıl boyunca doğa üstüne kafa yormamış olsalardı bilim olmazdı.

Binyıllar boyunca çömlekçiler, camcılar, demirciler ve bakırcılar atelyelerinde, tezgâhlarında çalışmamış olsalardı, yine bilim olmazdı.

kafa ile el

El, binyıllar boyunca kafaya hocalık etmişti. Eller, gittikçe daha ustalaşmış, kafa gittikçe daha akıllanmıştı. Ustalık, aklı geliştirmişti. Kafa akıllandıkça da, ellerin yaptığı işe daha çok karışmaya başlamıştı.

Eller büyük bir taş bloku kaldıramazdı. Oysa, tapınak ya da piramit yapmak için blokları kaldırmak gerekti.

İşte kafa ellere, blokun altına bir manivela sokmayı emretmişti.

Manivela bloku, yerinden ancak oynatabilirdi. Ya yukarı nasıl kaldırmalıydı?

Kafa işe yine karışarak eğik düzeyi bulmuştu. Yuvarlamak, sürüklemekten daha kolay olduğu için, taş blokun altına yuvarlak ağaç kütükleri sokulmasını tavsiye etmişti.

Ağır yükleri kaldırmak için eğik düzey yapmak çok emek isteyen işti.

Kafa, meseleye daha kolay bir çözüm yolu buldu. Makara yapmayı düşündü. Ekseni etrafında dönen ve çevresi bir ipin oturabileceği şekilde oyuk olan makaraya ip geçirilince yükler daha kolay kaldırılabilirdi. Kendi kendine hareket eden ikinci bir makaraya da ağırlık asıldığında, iki el, önceleri dört elin güç kaldırabildiği yükü kaldırabiliyordu.

Bu da az gelişmiş ve elle yük arasına üç, dört hatta beş makara yerleştirilmişti.

Makaraların sayısı arttıkça insanın gücü de artıyordu. Artık ancak bir devin kaldırabileceği yükü bile kolayca kaldırabiliyordu.

Kafa ellere yardım ediyordu. Ama eller kafayı rahat bırakmıyor, yeni yeni işler istiyorlardı kendisinden.

Tarlaları sulamak için ırmaktan suyu elle çıkarmak zordu. Ve kafa ırmaktan suyu, uzun bir kaldıraçla çıkaran çıkrığı yapmayı düşündü.

Suya gittikçe daha çok ihtiyaç duyuluyordu.

Derken bucurgat belirdi. Bu, manivelayla döndürülen ve döndürüldükçe, su dolu kovanın bulunduğu urganı kendi üzerine saran bir dolaptı.

Bucurgatlı kuyu, çıkrıklı kuyu! Bunlar mükemmel birer buluştu. Bunlar binlerce yıl yaşayarak, ellere yardım edecekti.

Suya ihtiyaç daha da artıyordu. İşler gittikçe yığılıyordu. İhtiyaç, insanlara akıl öğretiyordu.

Kafa, hiç elsiz de olamaz mı diye düşünmeye başlamıştı. İnsan için, öteden beri yük taşımaya alışmış olan dört ayaklı yardımcılar aklına geldi. Bucurgatın manivelası uzatılarak, dolaba at koşuldu. Beygir dönerek yürür ve bir dişliyi, dişli de, ucunda bir kova bulunan ipi saran mili çeviriyordu.

Beygir bacaklarının yapabileceği işten kurtulmuş olan insan elinin daha ince işlerle uğraşması, yani miller, tekerlek dişlileri yapması gerekmişti.

Kafa gittikçe daha zor problemleri çözüyor, ellere ise gittikçe daha ince ve zor işler düşüyordu.

Irmaktan suyu beygirle çıkartan insan, atsız da olmaz mı diye düşünmeye başlamıştı. Suyu, ırmak kendisi çıkartıp tarlalara akıtamaz mıydı?

Ellere yeni güç bir görev verilmişti: öyle bir çark yapıp ırmağa indirmeliydi ki, ırmak suyu kendisi çıkarabilsin.

Irmak akarken çarkın kanatlarına rastlayıp bunları itiyor. Çark dönüyor, altındaki kovalara su doluyor, kovalar dönerek yukarı çıkınca da su, bir oluğa dökülüyordu. İnsana gereken de buydu zaten.

Böylece, ırmak tarlaları kendiliğinden suluyor ve tarlalarda tahıl yetişiyordu. Güzün ürünü toplama zamanı gelince harman yapılıyor, yani başaklar dövülerek taneler ayrılıyordu. Bunları öğütmek gerekiyordu.

Önceleri tahıl, küçük değirmenlerde elle öğütülürdü. Bir köylü ailesini doyurmak için fırınlara birden çok un gerekince, büyük değirmenlere ve ağır değirmen taşlarına ihtiyaç duyuldu.

Böyle bir değirmen taşı, elle yerinden oynatılamazdı.

Ve kafa yeniden düşünmeye başladı.

İnsanlar yeniden o zamana kadar birçok işlerde denenmiş olan manivelaya baş vurdular. Uzun bir manivelayı, iki değil, dört, altı, hatta sekiz el birden çevirebilirdi.

Köleler, göğüslerini manivelaya dayayarak, daire şeklinde döne döne ağır değirmen taşlarını çeviriyorlardı.

Değirmen taşları gittikçe büyüyordu. Artık bunları sekiz el bile çeviremiyordu. İnsanlar bu kez de, elsiz olmaz mı diye düşünmeye başladılar.

Yine at akla geldi. Manivelaya at koşuldu. At, uslu uslu dönerek unu öğütüyor, insan ellerineyse atı yalnız kamçılamak kalıyordu.

Değirmen taşları daha da büyüyordu. Artık üç at bile bunları döndüremez olmuştu. İnsan attan da güçlü bir yardımcı bulmuş değil miydi? Irmağı kendisine hizmet ettirmemiş miydi?

İnsan su dolabının kovalarını çıkarıp yalnız kanatları bıraktı. Irmak, çarkı itiyor, çark bir mili, mil de, üzerine değirmen taşının oturmuş olduğu mili döndürüyordu.

Mesele tıpkı bir Rus masalında olduğu gibi cereyan ediyordu: yani torunun büyükanneye, büyükannenin dedeye yardım edip bir turpu çıkardıkları gibi ağır yuvarlak değirmen taşları da dönmeye başlıyorlardı.

İlk su değirmenlerinin işlemeye başlaması, insanlar için ne büyük bir bayram olmuştu!

Su, köpüre köpüre çarka çarpıyor, un tozundan değirmen taşının üzerinde beyaz bulutlar yükseliyordu. Dişlerin gıcırtısı, suyun neşeli seslerine karışıyordu.

Bunu işiten kadınlar sevinç içindeydiler. Bu neşeli sesler onlara, el değirmenlerinin kederli gıcırtısından hoş geliyordu.

Ozanlar, su dolabına şiirler düzüyorlardı:

«Elleriniz dinlensin kadınlar! Rahat uyuyun. Varsın horoz, tan yeri ağarıyor, diye bildirerek sizi istediği kadar uyandırmaya çalışsın. İşinizi artık su görecek.»

İnsanlar, kendi ağır işlerini değirmenin yaptığına seviniyorlardı. Ama, ne sihirli bir şey yarattıklarının farkında oldukları şüpheliydi. Su değirmeninin, yüzlerce makineye model olabileceğini, bunların yalnız un öğütmekle kalmayıp, demir döveceklerini, maden çıkaracaklarını, bez dokuyacaklarını nasıl tahmin edebilirlerdi? Bu makineler, daha sonraları insanın işini görecek, onu giydirip doyuracak, havada ve yerde taşıyacaklardı.

Bununla beraber, eski çağda, geleceğin makinesini hayalinde kurmuş olan bir adam vardı.

Bu, Aristoteles'ti.

Aristoteles şunları yazar: «Eğer her iş âleti, Dedal' in yaptığı kendi kendilerine hareket eden âletler gibi, bir emir üzerine, ya da kendi arzusuyla kendi işini yapabilse, sözgelimi, dokuma tezgâhının mekikleri kendi kendine dokuyabilseler, o zaman ustaya çırak, efendiye köle gerekmezdi.»

İnsanlar çok eski zamandan beri, büyülü şeyler hayal ediyorlardı. Halklar, büyülü şeyler hakkında masallar yaratmıştı.

Rusya'da, sihirli sofra örtüsü, kendiliğinden kesen balta, uçan halı hakkında masallar var. Yunanistan'daysa, kendini efsanevî Dedal ustanın soyundan saymayan tek bir demirci yoktu.

Yunanlılar baltayı, bıçkıyı, gemi direğini, yelkeni ilk

bulanın Dedal olduğunu söylerlerdi. Girit Adası'ndaki labirenti de o yapmıştı. Dedal, balmumuyla kartal tüylerinden kanat yapmış ve oğlu İkarus'la birlikte uçmuştu. Fakat İkarus, çok yükseklere çıkmış, güneş balmumunu eritmiş, kanatlar dağılmış, İkarus da denize düşmüştü.

Dedal, kendi kendine hareket eden birçok olağanüstü şeyler daha yapmıştı.

İnsanlar yalnız masal anlatmakla kalmıyor, büyülü şeyler yaratmaya da çalışıyorlardı.

İnsanlara, tarlaları sulamak, yük kaldırmak, kaleleri kuşatmak için ağaçtan, taştan, demirden, uysal yardımcılar lazımdı.

Dedal gibiler çoğalıyordu.

Kendilerini, efsanevi ustanın torunları sayanlar, artık yalnız demirciler, marangozlar, heykeltraşlar değildi.

Sirakuza'da, İskenderiye'de, ellerinden her iş gelen ustalar vardı.

Bir yapıya ağır taş blokları kaldırmak gerekirse, makaraları bileşik bir mekanizma halinde birleştirebilen «palanga ustası»nı çağırırlardı.

Su değirmenlerini, büyük derinliklerden su çekme tesislerini «makine ustaları,» demir ve taş gülleleri uzağa atan mancınıkları da «mancınık ustaları» yaparlardı.

«Harika ustaları» da vardı.

İskenderiye tapınaklarında kapılar otomatik olarak açılırdı. Bir bronz kâhin heykeli, tören kürsüsünde ateşi yakar ve tanrılara şarap sunardı. Bayram günlerinde, madeni bir ses, duacıları tapınağa çağırırdı.

Bunlar hep «harika ustaları»nın işiydi.

Mekanikle yalnız ustalar uğraşmazlardı.

Daha Platon Güney İtalya'dayken, Tarentli bir Pitagorcu olan arkadaşı Arşit, makaraların özelliklerini incelemişti. Aristoteles mi, öğrencilerinden biri mi, mekaniğe dair bir kitap yazmıştı. Bu kitapta, manivela, palanga, terazi ve dişliler söz konusuydu.

Yine aynı kitapta, bir dişli döndürülünce, ikinci ve üçüncü dişlilerin de dönebileceği söyleniyordu.

Sirakuza'da, bir matematikçi ve mühendis olan Arşimet, yalnız yapı işlerinde ve savaşta kullanılan araçlar yapmakla kalmamış, mekanikteki yasaları da açıklamıştı.

Ünlü İskenderiyeli mekanikçi Heron, otomatlar yapmış ve «hava, ateş, su ve toprak sayesinde, hayatta bize faydalı olan çeşitli, şaşılacak makineler yapımına dair» kitaplar yazmıştı.

Kitaplarından birine Heron şöyle başlar: «Filozoflar ve mekanikçiler, hava ve su sanatıyla uğraşılmasına yüksek bir değer verirlerdi. Mekanikçiler bu işi, suyun gücü ve kudreti için, filozoflar da, sanatların bizzat özü için taktir ederlerdi.»

Böylece, mekanikçilerin emeği bilimi, bilim de çalışmaları ilerletiyordu.

Eski zamanlarda Babil'le Mısır'da, bilimin doğmasına insan emeği ve tecrübesi sebep olmuştu.

Bilim Yunanistan'da gelişti. Demokrit ve Aristoteles, bilimi o zamana kadar görülmemiş bir seviyeye yükselttiler.

Yüzyıllar sonra bilim, eski yurduna, Mısır'a döndü. Mısır'ın İskenderiye şehrinde, tecrübeye dayanan bilimin gelişmesi, Yunanistan'a nisbetle daha kolaydı.

Maden ocaklarında, demirhanelerde, yapılarda özgür insanların yerini köleler alalı, Atina'da emek hor görülmeye, köle işi sayılmaya başlamıştı.

İskenderiye'deyse iş buna kadar varmamıştı. Orada atelyelerde, özgür zanaatçılar, oğullarıyla ve ücretli işçilerle çalışıyorlardı.

İskenderiye'de kimsenin boş durmadığı söylenirdi. Kimi cam yapar, kimi papirüs hazırlar, kimi de keten bez dokurdu. Herkesin herhangi bir sanatta tecrübesi vardı. Topallarla körler bile kendilerine bir iş bulur, kuvvetten düşmüş olanlar bile işsiz kalmazdı.

Böyle olunca, bilim adamlarının bile elle çalışmalarında şaşılacak ne vardı.

Muzeum bir bilim ocağıydı. Daha çok bir atelyeye benzerdi. Kaldı ki, tek bir atelye değil, başlı başına bir bilim sitesiydi. Bir yerde fizikçiler, ötede astronomlar, başka bir yerde de mekanikçiler çalışırlardı. Bilim gelişmişti. Aristoteles'inki gibi bir kafaya bile sığmaz olmuştu. Aristoteles kendi, serpilip gelişen bilim imparatorluğunu, mirasçıları arasında bölmek zorunda kalmıştı. Muzeumdaysa bilimlerin bu bölme işi daha da ileri gitti. Her şey bir kafaya sığmaz, bir çift el de her şeyi beceremezdi. Muzeumda, binlerce öğrenci hocaların yönetimi altında coğrafya, astronomi, tarih, mekanik, matematik, felsefe öğrenirlerdi ve bunlar o zamanki bilimlerin tümüydü. Öklidis burada ders vermiş, Arşimet matematiği burada öğrenmişti.

Hükümdarlar bile okumak için buraya gelirlerdi. Hükümdar Ptolomeus, Öklidis'ten matematik öğrenmek için kolay bir yol göstermesini rica etmiş, Öklidis de: «matematikte hükümdarlar için ayrı bir yol yoktur» demişti.

bilgelerin yolu

Aristoteles öğrencilerini lisenin iki yanı ağaçlı yollarından, bilgiler yolundan uzaklara götürürdü.

İskenderiyeli bilim adamları daha da uzaklara gitmişlerdi.

Bilge kişilerin yolu kendilerini dağların tepelerine götürmüştü. Bu yol, yeryuvarlağını bir kuşak gibi sarmış sonra da aya, güneşe ve yıldızlara uzatmıştı.

Bir zamanlar insanlar, dağları göklere değer sanırlardı. Olimp Dağı'nın bulutlu tepelerinde tanrıların oturduğu, Prometeus'un Kafkas Dağları'nda bir kayaya çivilendiği söylenirdi. Bu kaya o kadar yüksekti ki, güneş battıktan sonra bile, dört saat daha gökte parlardı.

Dağların yüksekliğini kim ölçebilecekti? Karlı tepelere erişebilecek bir dev bulunacak mıydı?

Böyle bir dev bulundu.

İskenderiyeli bilgin Eratosten, acayip aletlerle açıları ölçüyor, üçgenleri çiziyor, papirüs tomarlarını işaretlerle dolduruyordu.

Eratosten, hiçbir dağa tırmanmadan, bunların yüksekliklerini yerden öğrenmişti.

Aristoteles'in öğrencilerinden Dikearh'ın, daha önce bulmuş olduğu bu usulü Erastosten de biliyordu. Dikearh'ın hesaplarını sonuna kadar ilerleterek, dağların, pek o kadar yüksek olmadığını öğrenmişti. Bunlar, ağaç kabuğu gibi pürtüklü olan yeryuvarlağının üzerinde birer tümsecikti.

Ya yeryuvarlağı?

Bunu kim dolaşacak, kim kucaklayacaktı?

En cesur denizciler bile, dünyayı dolaşmayı akıllarından dahi geçiremezdi.

Eratosten, yeryüzünün böyle büyük bir yolculuğa çıkmadan da ölçülebileceğini bilirdi. Bunun için İskenderiye'den Siyena'ya gitmek yeterdi. Güneş, Siyena üzerinde zenitteyken, İskenderiye üzerinde, zenitten dairenin ellide biri kadar uzaktır. Siyena'yla İskenderiye arasındaki mesafe beş bin stadyondur. Dairenin ellide biri beş bin stadyon olduğuna göre, demek bütün daire iki yüz elli bin stadyondu.

Böylece insan, gözle görmediği şeyleri bile ölçmenin yollarını bulmuştu. Yeryuvarlağının büyüklüğünü öğrenmek için güneşe bakmıştı.

İki yüz elli bin stadyon! İskenderiyeli coğrafyacılar, bu dairenin ancak Herakles sütunlarından İtalya'ya, İtalya'dan Yunanistan'a, Yunanistan'dan da Ganj Irmağı'nın ağzına kadar uzayan dörtte birinin yerleşik olduğunu söylerlerdi.

Ya «Öykümenin», yani yerleşik yerin ötesinde ne vardı?

Bazıları ta Hindistan'a kadar, yalnız deniz olduğunu

düşünürdü. Bazıları Okyanusta, gökyüzünün daima masmavi ve insanların hâlâ Altın Çağ'da yaşadığı Mutlu adalar olduğuna inanırlardı.

Yol, dünyadan, deniz ve dağlardan dosdoğru gökyüzüne, aya ve güneşe gidiyordu.

Kim bu yoldan yürüyüp aya kadar kaç adım olduğunu ve güneşin ne kadar büyük olduğunu söyleyebilecek?

Bilim adamları, gözlemevlerinden ayrılmaksızın yine yola çıkmışlardı. Bu dünya sakinlerinde, göğü ölçmek için aletler vardı.

İşte gözlemevlerinde, aletlerden birinin önünde, hareketsiz bir astronom duruyor. Eli yavaşça bronz halkayı çeviriyor, gözleri dereceleri sayıyor.

Bu, Sisamlı Aristark'tır. Aristark, bilim alanında Aristoteles'in torununun torunudur. Aralarında yüz yıl vardır. Aristoteles, Teofrast'ın öğretmeniydi. Teofrast Straton, Straton da Aristark'a hocalık etmişti. Bilim tartışmalarla meydana geliyordu. Öğrenci sık sık hocasına karşı duruyordu.

Aristoteles Platon'la tartışmıştı.

Straton, Aristoteles'in görüşlerini reddedip Demokrit'in öğretisini kabul etmişti.

Straton'un öğrencisi Aristarks'sa daha ateşli bir Demokritçiydi. Demokrit gibi o da, dünyaların sayısız olduğuna inanır ve dünyamızın evrene kıyasla bir nokta kadar küçük olduğunu söylerdi.

Aristark, gece gündüz gökyüzünde dolaşır, yıldızlardan sayılara geçer, sayılardan da yine yıldızlara dönerdi. Aya ve güneşe kadar yolu ölçmüş ve güneşin bizden, aydan kaç misli daha uzak olduğunu öğrenmişti. Aristark, güneşi dolaşmış, sonra onu da ölçmek için aya yönelmişti.

Aristark'ın hesapları, henüz tam doğru değildi. Aya olan mesafeyi, hemen hemen doğru olarak tespit etmiş, fakat güneş kendisine, olduğundan daha yakın görünmüştü. Hesaplarına göre, ay çok daha büyük, güneşse çok daha küçüktü. Ama o zamanki yarım yamalak ölçü aletleriyle hesaplarda tam isabet olabilir miydi?

Daha insan, ilk defa göğü ölçmeyi deniyordu.

Aristark, enine boyuna ölçtüğü gök evini, artık bir misafir gibi değil, o evin sahibiymiş gibi gözden geçiriyordu. Hatta planını bile çizmişti bu evin. Ve evrenin merkezinde dünyanın değil, güneşin bulunduğunu gittikçe daha açık bir şekilde anlıyordu. Pervanelerin lamba etrafında döndükleri gibi, gezegenler de güneşin etrafında dönüyorlardı. Ve dünya, bu gezegenlerden ancak biriydi.

Bu, evrenin krokisini birden basitleştirmişti. Gezegenlerin karışık hareketlerini izah etmek için uydurulmuş olan birçok gök kubbesine artık lüzum kalmamıştı.

Aristark, kendi öğretisini insanların kolay kolay kabul edemeyeceklerini ve aradan yıllar geçeceğini biliyordu. Çünkü insanlar, dünyanın evrenin ortasında bulunduğu fikrine alışmışlardı. Dünyanın, Güneş Sistemi'ndeki, gezegenlerden biri olduğunu nasıl kabul edebilirlerdi.

Böylece dünya, bir sporcunun attığı gülle gibi, evrenin merkezinden çıkıverip yerine güneş geçmişti.

Fakat astronomlar, bu gerçeğin lâfını bile işitmek istemiyorlardı. Böyle olsaydı; diyorlardı, bir gemide giderken ağaçlar ve dağlar uzaklaştıkları gibi yıldızlar da dünyadan uzaklaşırlardı.

Aristark şöyle itiraz ediyordu: yıldızlar o kadar uzaklardalar ki, onların yer değiştirmelerini farkedemeyiz. Sözgelimi, yalnız birkaç adım gerilediğimiz zaman, uzaktaki dağlar bizden uzaklaşıyor gibi görünüyor mu?

Aristark'ın delilleri kimseyi kandıramıyordu. Antik dünyanın bu Kopernik'i, dünyaya çok erken gelmişti. Anaksagoras'ı, Sokrat'ı, Demokrit'i, Aristoteles'i suçladıkları gibi Aristark'ı da suçladılar.

Aradan yıllar, yüzyıllar geçti. Aristark'ın öğretisiyse insanlara şimdi bile çok yeni ve cesurca görünür.

Yine İskenderiye'de milâttan sonra ikinci yüzyılda

Klaudius Ptolomeus adlı bir bilgin, yer ve gök hakkında on üç ciltlik büyük bir eser yazmış ve buna, Yuna ve Ren ırmaklarından Hindistan ve Çin'e kadar uzayan dünyanın bir haritasını da eklemiştir.

Ayrıca yıldızların da bir listesini yapıp ayrı ayrı her birinin yerini göstermiştir.

Ptolomeus, evrenin krokisini yeniden çizmiş ve bir hayli düşünmüştü: iyi ama dünyayı ne yapmalı, nereye yerleştirmeliydi?

Aristark öleli yüzyıllar geçtiği halde Ptolomeus onunla tartışmaya devam ediyordu.

Aristark'ın fikirlerine karşı yeni yeni itirazlar buluyordu.

Ptolomeus şöyle diyordu: dünya, yerinde durmayıp hareket etseydi bulutlar geride kalır ve gökyüzünün bir yanında toplanırdı. Yukarı atılan bir taş, altındaki dünya biraz kaymış olacağına göre atıldığı yerden biraz öteye düşerdi.

Ptolomeus, yeryüzünde her şeyin kendisiyle birlikte hareket ettiğini ve geri kalamadıkları gibi duramadıklarını da bilmezdi.

Ptolomeus, Aristark'a karşı birçok deliller daha ileri sürerek şu sonuca varır: dünyanın yerinde durduğunu düşünmek daha basittir.

Ne var ki, ölüler itiraz edemeyecekleri için, Aristark da itiraz edemez. Ama yıldızlar Aristark'ı savunur.

Muzeumun Gözlemevi'nde, astronomlar her gece gezegenlerin hareketini gözetler, bunların bir ileri, bir geri gittiklerini görürler. Aristark'ın fikriyle bunu anlamak kolay. Ptolomeus'un düşünmesiyle ise, izahı imkânsız.

Ptolomeus görüşlerinde ısrar eder. Gezegenlerle tartışmaya girişir. Tek yeryuvarlağı bulunduğu yerde hareketsiz dursun diye, gezegenlere gökyüzünde karışık şekiller çizdirmek lüzumunu duyar.

Ayı, dünyanın etrafında değil, mevcut olmayan bir nokta etrafında döndürür. Bu noktayı da, merkezi dünyanınkiyle bir olmayan bir dairede hareket ettirir.

Gezegenler için, daha acaip bir mekanizma uydurur. Ama yeni gözlemleri eski görüşlerin çerçevesine sığdırmak pek o kadar kolay değildir.

Şu soru astronomların hep kafasını kurcaladı: «Yıldızlar gerçekten pek uzaktalar mı?», «Evreni kim ölçebilecek?»

Bu meseleyi çözme işini, İskenderiye bilim ocağında yetişmiş olanlardan Arşimet üzerine aldı.

Arşimet, Sicilya'nın Sirakuza şehrinde yaşardı. Evrenin büyüklüğüne dair yazdığı eseri Sirakuza hükümdarı Gelon'a adamıştı.

Eserin adı «Kum Tanelerinin Sayısına Dair»di.

İnsanlar kum taneciklerini en küçük ölçü sayarlardı. Evrene ne kadar kum taneciği sığabileceğini ölçmeye uğraşmış olan Arşimet şunları yazmıştı:

«Ey Kral Gelon, kum taneciklerinin sayısız olduğunu sanan insanlar vardır. Sirakuza'da, ya da Sicilya'daki kumları değil, üzerinde insanın yaşadığı ve yaşamadığı, bütün kıtaları kastediyorum.»

Arşimet, yalnız dünyaya değil, bütün evrene sığabilecek kum taneciklerinin de hesaplanabilir olduğunu ispat etmişti.

Arşimet hâlâ daha, dünyanın sınırı yıldızlar kubbesi olduğunu düşünürdü. Ve hesaplarına göre, yıldızlar kubbesi on milyar stadyon uzaktaydı. Evreneyse o kadar çok kum taneciği sığabilirdi ki, bunların sayısı altmış üç sıfırlı bir rakamı bulurdu.

Muazzam bir sayıydı bu. Sonsuzluğun yanında ne önemi vardı?

Bir zaman gelecekti, insanlar bakışlarıyla öylesine uzaklara dalabileceklerdi ki, en hızlı yolcunun, yani ışığın bile böyle bir yolu geçmesi için milyonlarca yıl gerekecekti. İnsanlar, galaksimizin ötesinde başka galaksiler bulacak, yine de karşılarında hep sonsuzluk uzanacaktı.

Arşimet'in, ölçülemeyecek kadar büyük bir evreni düşünmesi zordu. O, gökyüzünü daha yer ölçüleriyle ölçüyordu. Böyle olmakla beraber, Arşimet dünyayı yıldızlardan ayıran mesafenin ne kadar büyük olduğunu artık biliyordu.

arşimet yasası

Bir yanda kum taneciği, öte yanda dağ. Bir zamanlar insan, böyle küçük ve dar bir dünyada yaşamıştı. Derken başının üzerindeki gök, on milyar stadyon yükseldi. Kum taneciğinin de başlı başına bir dünya olduğu anlaşıldı.

Arşimet, Demokrit'in gözle görülmez zerrecikler hakkındaki öğretisini bilirdi. Ve zerreciklerin bağlı oldukları yasaları anlayabilmek için, küçük dünyanın kapısını çalmıştı.

Bu kapıları açmak pek de kolay değildi.

Kum taneciği, taşın içine nasıl sokulmalıydi? Orada zerrecikler, birbirine sımsıkı bağlı değiller miydi? Ancak ağır bir çekiç, taşı parçalara ayrılmaya zorlayabilirdi.

Suya girmek daha kolaydı. Suda oynak ve hızlı zerrecikleri, el bile kolayca ayırabilirdi.

Arşimet, su alemini inceliyordu. Ve bu alemin, kendine özgü yasaları olduğunu gittikçe daha iyi anlıyordu.

Ağırlıksız cisimlerin olabileceği harikalar alemine girmek için, uzaklara gitmeye gerek yoktu, elini su dolu bir kaba bırakmak yeterdi.

Bu olağanüstü alemde her şey, ağırlığından bir şey kaybediyordu. Bazıları, batacak yerde suyun yüzüne çıkıyor, bazıları suyun ortasında kalıyor ve yalnız en ağır cisimler dibe çöküyordu.

Arşimet, dünyadaki bütün cisimlerin, görülmeyen zerreciklerden meydana geldiğini bilmeseydi, bu olayları zor anlardı.

Arşimet, suyun neden, içinde bulunduğu kabın şeklini aldığını anlamaya çalışıyordu. Kalabalığın, insanlardan meydana geldiği gibi, suyun da zerreciklerden oluştuğunu düşünüyordu. Meydanı dolduran bir kalabalık, o meydanın şeklini almıyor muydu? Suyun da, bulunduğu kabın şeklini almasının sebebi aynı değil miydi?

Arşimet suya bir ağaç parçası batırıyor, niçin dalmadığını düşünüyordu. Su, zerreciklerden oluştuğuna göre, diyordu kendi kendine, herhalde üstteki zerreciklerin ağırlığı alta basıyor.

Suya daldırılan bir ağaç parçasının alt zerreciklere basıncı, suyunkinden zayıftır. Çünkü ağaç sudan hafiftir.

Denge bozuluyor. Şimdi aynı derinlikte birbirinden farklı basınç zerrecikler toplanıyor.

Fazla basınçlı zerrecikler, az basınçlı zerreleri sıkıştırıyor. Bunlar da ağacı zorlayarak suyun üstüne atıyorlar.

Suya batırılan cismin ağırlığı, çıkardığı suyun, yani cismin hacmi kadar suyun ağırlığına eşit olunca denge kuruluyor.

Böylece Arşimet, cisimlerin yüzme olayı üstünde kafa yorarken, kendi adını taşıyan yasayı buluyor. Ve binlerce yıl sonra bu yasayı öğrenciler bile biliyor.

Arşimet, en zor matematik ve mekanik meselelerini çözüyor ve kendisinden çok daha önce, Demokrit'in bu meselelerden birçoğunu zaten çözmüş olduğunu görüyor.

Arşimet, İskenderiye'de yaşarken Demokrit'in adını işitirdi. Demokrit tanrısızlığıyla ünlüydü. Bilimsel tartışmalarda onun adını anmak, densizlik sayılırdı.

Sirakuza'ya döndükten sonra Arşimet, Demokrit'in kitaplarını okumaya koyulmuş ve onlarda en zor mekanik ve matematik meselelerini çözebilecek anahtarı bulmuştu.

Bu anahtar atomlara, yani bölünmez zerreciklere dair bilgiydi.

Arşimet piramit, koni, küre ve silindir hacimlerinin Demokrit usulüyle kolayca hesaplandığını görmüştü.

Bunun için cismi, küçük yassı dilimlere bölmeliydi. Bilindiği gibi, Demokrit'e göre, cisimler yüzeylerden, yüzeyler çizgilerden, çizgiler de noktalardan oluşurdu.

Arşimet İskenderiye'deki bilim ocağına, eski dostu Eratosten'e bir mektup yazmıştı.

Hükümdarın himayesi Eratosten için değer biçilmez bir şeydi. Tanrısız Demokrit'in düşmanıydı. Eratosten yalnız bir astronom ve filozof değil, aynı zamanda saraylıydı.

Arşimet bunu iyi bildiği halde, bilim için faydalı gördüğünü Eratosten'e söylemeyi kendisine borç saymıştı.

Arşimet şunları yazmıştı: «Ben seni ciddi bir bilgin ve seçkin bir filozof sayıyorum. Bunun için sana teoremlerin ispatında faydalı olan özel bir usulü izah etmek isterim. Bunu ilk kez olarak Demokrit teklif etmiştir. Ben bu usulü yazılı olarak anlatmayı kararlaştırdım. Çünkü bununla matematiğe oldukça önemli bir hizmette bulunacağıma inanmışımdır. Bu usulü inceleyecek olanlardan çoğunun, benim aklıma gelmeyen yeni teoremler bulabilecekleri kanısındayım.»

Arşimet, muzeumdaki öbür bilim adamlarının da bu mektubu okuyacaklarını biliyordu. Bilim için tek başına bile herkese karşı koymaktan korkmazdı.

Arşimet, hep böyle davranmıştı.

«Kum Taneciklerinin Hesaplanması» adlı eserinde de, İskenderiyeli bilginler kurulunca reddedilen öğretiyi hesaplarına temel olarak almıştı.

Bakın o zaman ne yazmıştı:

«Sisamlı Aristark, bir sıra varsayımların bulunduğu bir eser yazmıştı. Dünyanın, zannettiğimizden kat kat büyük olduğu çıkıyor bu varsayımlardan. Çünkü Aristark, yıldızların ve güneşin sabit oldukları, dünyanınsa güneşin etrafında döndüğü kanısındadır.»

Böylece Demokrit'in yolu, antik dünyanın en büyük bilginleri Aristark'la Arşimet'in yürüdüğü ana bilim yolu olmuştur.

Arşimet yalnız bilgin değildi, aynı zamanda mühendisti de.

Onun zamanında mühendislik zanaat sayılırdı.

Platon, dostu Arşit'i, mekanikle uğraştığı için kınamıştı. Arşit, ağaçtan uçan bir güvercin yapmıştı. Platon'a göre bu, filozofa yaraşmaz bir işti.

Mekanik bir zanaattı, varsın bununla zanaatçılar uğraşsındı.

Arşimet, bunda da Platon'a ve taraftarlarına karşı koymuştu.

Mekaniği dakik bir bilim haline getirmek için çok emek vermişti.

İnsanlar mekaniğe şaşıyor, fakat anlamıyorlardı. Kaldıraç yardımıyla, az bir güçle yük kaldırmak onlara anlaşılmaz bir mucize, büyü gibi geliyordu. Hatta kaldıracın doğa yasalarına aykırı olarak işlediğini sanıyorlardı.

Arşimet'se kaldıraç yasalarını bularak, burada da doğaüstü yasaların değil, doğa yasalarının işlediğini gösterdi.

Arşimet, Arşit ve başka birçokları gibi, kendi kendine hareket eden oyuncaklar değil, gerçek makineler ve aletler yapıyordu. Bakırdan bir gök küresi yapmıştı. Bu gök küresini, suyla çalışan bir motor çeviriyordu. Gök küresi harekete gelince, ayın sabahları yerini güneşe nasıl bıraktığı, ay tutulurken dünyanın gölgesinin aya nasıl düştüğü, gezen yıldızların, yani gezegenlerin, gökte nasıl yer değiştirdikleri görülüyordu.

Arşimet İskenderiye'deyken, Mısır'da tarlaları sulamada kullanılan, «Arşimet burgusu»nu mükemmelleştirmişti. Daha sonraları Arşimet burgusu maden ocaklarında kullanılmıştı.

İspanya'da madenciler, sık sık yeraltı ırmaklarına rastlarlardı. Irmakların hızlı akıntılarına karşı, suları eğik hendeklere akıtarak savaşırlardı. Arşimet burgusu sayesinde madenciler, bütün suları çıkarıp derinliklerdeki ırmakları boşaltabilmişlerdi.

Arşimet, inşaatçılara yardım etmek için «Mesnetler Kitabı» adlı bir kitap yazmıştı. Bu kitabın yardımıyla, sütunların taşıyabilecekleri yük hesaplanabilirdi.

Her dülgerin gemi yapıp suya indirebildiği zamanlar geçmişe karışmıştı. Arşimet'in yaşadığı Sirakuza'da balkonlu, koridorlu, jimnastik salonlu, bodrumlu ve hatta değirmenli, yüzer şehirler limana demirlemişlerdi. Geminin bordasında, bir şehrin kale duvarlarındaki gibi kuleler yükseliyordu. Böylesine büyük bir yüzen şehir yapabilmek için, usta olmak yetmiyordu, mühendis olmak gerekirdi.

Söylentiye göre, gemilerden biri o kadar büyük ve ağırmış ki, suya indirilememiş.

Bütün Sirakuza halkı, gemiyi çekmeye koşulmuşsa da gemi yerinden oynamamış.

Arşimet'i yardıma çağırmışlar.

Arşimet için bu çözülmez bir iş değildi. Çünkü kaldıraçla yasalarını kendisi bulmuştu. Onun, «bana bir dayanak noktası verin, dünyayı yerinden oynatayım» sözünü herkes tekrar ederdi.

Arşimet, dev geminin etrafına bileşik bir kaldıraç ve makaralar sistemi kurmuş. Yüzlerce el, halatlara sarılmış ve ağır gemi, rahatça suya indirilmiş.

Yine söylentiye göre, bunu gören Sirakuza hükümdarı Hiyeron; «bundan sonra, Arşimet ne derse ona inanılmasını istiyorum!» diye bağırmış.

Bir zamanlar insanlar, dev Herakles'e, gökkubbeyi omuzlarında tutan Atlas'a dair masallar çıkarmışlardı.

Daha sonralarıysa, yarı tanrı devlet yerine bilim adamları, Herakles yerine, Arşimet hakkında masallar anlatılmaya başlamıştı.

Bir gün Sirakuza'da kuyumcular, hükümdara altından bir taç yaparlar.

Kuyumcuların, altının bir kısmını gizleyip, yerine taca gümüş karıştırdıklarından şüphelenilir. Hükümdar, Arşimet'i çağırtıp:

— İşte tacım, der. Bunda ne kadar gümüş olduğunu anla, yalnız tacı bozma.

Arşimet, bu zor meseleyi çözebilmek için geceli gündüzlü düşünür. Herkes uyuduğu halde, bu mesele kendisine rahat vermez. Yemek yerken, gezinirken, hatta hamamda bile, aklı fikri hep bu meseledir.

Bir gün de Arşimet'in hamamdan, çırılçıplak eve koşarak sevinç içinde: «evrika!», yani «buldum!» diye bağırdığı söylenir.

Gerçekten de meselenin çözümünü bulmuştu.

Arşimet yavaş yavaş banyoya girdiği zaman, su banyonun kenarlarından taşar. Bu da kendisine, bir defa da tacı, su dolu birkaba batırmayı düşündürür. Taç suya batırılınca suyun bir kısmı taşar. Bunun üzerine aynı ağırlıkta bir altın külçesi bulup aynı şeyi tekrarlamayı düşünür. Eğer saf altının taşırdığı su tacınki kadarsa, demek taç saf altındandır. Fazlaysa, taca gümüş karıştırılmıştır. Çünkü gümüş, altından hafiftir.

Ve böyle de yapar.

Altına gümüş karıştırıldığı anlaşılır. Arşimet, her iki halde de taşan suyu tartarak, taçta ne kadar gümüş olduğunu hesaplar.

Böylece, hırsızlık ortaya çıkar.

Herkes şaşar. En çok şaşan, hırsızlar olur. Çünkü bunlar çok usta kuyumcular oldukları için, altına gümüş karıştırıldığının, dünyada kimsenin farkına varamayacağını düşünmüşlerdi.

Belki bu sadece bir hikâyedir. Bunu anlatan Sirakuzalılar, cahil insanlardı. Cahiller içinse, bir bilginin nasıl düşündüğünü anlamak zordur. Arşimet'ten söz açılınca, akıllarına hep banyo geldiği gibi, bir gün Nevton' un sözü olduğunda da, ağaçtan düşen elmayı düşünecekler.

Bir bilgin hakkında böyle hikâyeler anlatıldığına göre insanlar bilimin gücüne, aklın kuvvetine inanıyorlar demektir.

Romalılar Sirakuza'ya saldırdıkları zaman Arşimet, bilimin tüm gücünü düşmana karşı yöneltmişti.

Tarihçi Plutarkos, bu münasebetle şunları anlatır: «Marçellüs, ordusuyla Sirakuza'ya doğru yürümüştü. Sekiz büyük geminin yanyana getirilip bağlanmasını emretmişti. Bunlara bir mancınık yerleştirerek ve genişçe ve dikkatle yapılan hazırlıklara, bir de ününe güvenerek, Sirakuza surlarına doğru yönelmişti.

Bütün bunlar Arşimet ve onun savaş araçları karşısında oyuncaktı...

Vaktiyle hükümdar Hiyeron, mekaniğin önemini anlayarak Arşimet'ten, hem savunma, hem de kuşatmada hücum için kullanılabilen çeşitli makineler ve tesisler yapmasını istemişti. Şimdi bu makineler Sirakuzalıların işine yaramıştı.

Romalılar şehri iki yandan kuşattıkları zaman, Sirakuzalılar korkmuşlardı. Çünkü böyle korkunç bir kuvvete direnilebileceğini hiç ummuyorlardı.

Tam o sırada Arşimet, savaş araçlarını harekete geçirmişti. Çeşitli oklar ve inanılmayacak kadar büyük taşlar, gürültüyle ve korkunç bir hızla düşman piyadesine doğru uçuyorlardı.

Bunların darbesine hiçbir şey dayanamıyordu. Düştükleri yeri yıkıp düşmanın saflarını bozuyorlardı.

Denizde duvarlardan ansızın eğri koçbaşlar havaya kalkıyordu. Bunlardan bazıları gemilere yukarıdan inip batırıyor, bazıları da demir pençeleriyle ya da leylek gagası gibi çengelleriyle gemileri burunlarından kaldırıp ters çevirerek batırıyorlardı.

Marçellüs'ün gemilere yerleştirdiği mancınık, daha surlara yaklaşmadan, kaleden on talant ağırlığında bir taş atılmış, arkasından bir daha, bir daha. Taşlar korkunç bir gürültü ve kuvvetle mancınığa isabet ederek parçalamış, somunlarını, cıvatalarını darmadağın etmişlerdi.

Ne yapacağını şaşıran Marçellüs, donanmasıyla hemen denize açılmayı kararlaştırıp piyadeye geri çekilmek emrini vermişti.

Piyade bir hayli geri çekilmiş, ama oklar kendilerine ulaşarak ağır kayıplar verdirmişti.

Romalıların birçok gemisi tahrip edilmişti. Romalılarsa düşmana hiçbir zarar verememişlerdi. Çünkü Arşimet'in savaş araçlarının çoğu surları siper edinmişti. Romalılar, fıçılar içinde gizlenmiş düşmana karşı savaşıyorlardı sanki, başlarına bela üstüne bela geldiği halde, düşmanı görmüyorlardı.

Marçellüs, kendi mekanikçileriyle ve makinistleriyle alay ederek: «yani, diyordu, durduralım mı dövüşü bu dev matematikçiyle. Baksanıza, o deniz kıyısında rahatça oturmuş, gemilerimizi batırıyor ve bize bu kadar oku birden atarak yüz elli devleti gölgede bırakıyor...»

Plutarkos'un bu sözlerinde, bilime, yüz eli olan dev Briareus'u gölgede bırakan matematikçiye ne büyük hayranlık var!

Arşimet'in gücünün, yalnız bilimle olmadığını Plutarkos anlamıştı. Arşimet'in yüz değil, binlerce eli vardı. Şehri bütün halkla birlikte savunmuşlardı. Kendisini dev yapan da buydu.

Plutarkos şöyle demişti: «Sanki Sirakuzalılar, Arşimet'in savaş makinelerinin yalnız bedeni, bunların hepsini harekete geçiren, yöneten ruh da, Arşimet'ti.»

Gerçek bir Platoncu olan Plutarkos, bedene değil de, ruha verir üstünlüğü: her şeyi yöneten ruhtur, yani krallar, hükümdarlar, başbuğlar, filozoflar ve bilginler; halksa, ruha itaat eden bedenden başka bir şey değildir.

Arşimet'i halkından, tüm insanlıktan ayırmak mümkün mü?

Arşimet Sirakuzalıydı, şehirler kuran insanların torunuydu. Tarih bunların adlarını yazmamıştır. Oysa, Arşimet'in bu kadar azimle savunduğu evler, sokaklar, rıhtımlar, gemiler, bağ ve bahçeler, hep onların çalışmalarıyla meydana getirilmişti.

Arşimet'in makinelerini yapan binlerce eldi. Arşimet'ten çok daha önce binlerce kafa, kaldıraçları, makaraları ve palangaları düşünmüştü.

Plutarkos, hikâyesini bitirirken, Romalıların uzun bir ablukadan sonra Sirakuza'yı ne yapıp yapıp, nasıl ele geçirdiklerini anlatır. Romalılara yardım eden ihanet olmuştu. Arşimet'in de bağlı olduğu halk partisine düşman olan zenginler Romalıları tutmuşlardı.

Romalılar şehre dalarak ele geçirdikleri herkesi kılıçtan geçirmişlerdi.

Eski bir mozayik resim, bu anı tespit etmiştir. Resimde Arşimet yatağa yan gelmiştir. Önünde üç ayaklı bir masa. Masada, üzerine kum serpilmiş bir tahta. Arşimet, bu kumların üzerinde geometrik resimler çizerken, başının üstünde Romalı askerin kılıcı. Askeri gören Arşimet'in «Dairelerime dokunma!» dediği söylenir.

Arşimet, kendini unutmuş, aklını fikrini hep bilime vermiştir.

Bilim, cahil Romalı askerlerin nesine gerekti!

Ve Arşimet, yaptığı resimlerin üzerine yüzüstü düşer.

Arşimet, dünyayı yerinden oynatabilirdi, ama bir kılıç darbesiyle öldürülmüştü.

Sirakuza, Roma'ya bağlı bir şehir olmuştu. Arşimet'in, yurdunda adını bile unutturmak için Romalılar, ellerinden geleni yapmışlardı. Çünkü onu, kendi can düşmanı saymışlardı.

Roma yazarı ve devlet adamı Çiçeron, Arşimet'in mezarını nasıl aradığını şöyle anlatır:

«Sicilya'dayken, Sirakuza'da, Arşimet'in mezarının nerede olduğu hakkında merakla bilgi topladım, fakat anlaşılan oralılar bu hususta o kadar az şey biliyorlardı ki, mezardan bir iz bile kalmadığını söylediler.

Araştırmalarıma devam ederek, sonunda Arşimet'in deve dikenleri arasındaki mezar taşını bulabildim. Elimdeki bilgiye göre, mezar taşına oyulmuş olması gereken birkaç mısra ve bunların üzerinde yine bulunması gereken küre ve silindir şekilleri, mezarı bulmama yardım etti.

Sirakuza Kalesi'nin dışına çıkınca, mezarlarla kaplı bir boşluk çıktı önüme. Dikkatle etrafa bakarken, birden tepesi çalılıklar arasından yükselen küçük bir sütun ilişti gözüme. Aradığım küre ve silindir, bu sütunun üstüne çizilmişti.

Bana katılan Sirakuzalılara, bunun muhakkak Arşimet'in mezar taşı olduğunu söyledim.

Gerçekten de, dikenleri temizlemek üzere çağrılan insanlar işe başlar başlamaz, sütunun kaidesinde bir yazı gördük.

Mısraların bir kısmı okunabiliyordu, daha ötekileri zaman silmişti.

Yani bir zamanlar dünyaya nice bilim adamları veren ve ünlü Yunan şehirlerinden biri, en dahi yurttaşının nerede gömülü olduğunu bile bilmiyordu.»

Romalılar, Sirakuza'da Arşimet'in hatırasını bile silebilmişlerdi.

Yüzyıllar geçince, Romalı fatihlerin, zaferleri de anıdan ibaret kaldı. Arşimet'in, insanlık için yaptıklarıysa kaybolmadı.

Arşimet'in kitapları, dostlarına yazdığı mektuplar, zamanımıza kadar kalmıştır.

Arşimet, matematik üstüne yazdığı eserlerinden birini, Dosifeus adlı bilim adamına gönderirken şunları yazmıştı: «Bu teoremler uzun zaman rahatımı kaçırmıştı. Çünkü bunları birkaç kez inceledim ve bunlarda birçok zorluklar buldum.»

Bu yorulmaz insan, güçlükleri yenmeyi bilirdi.

Arşimet, başka bir mektubunda, gelecek araştırıcılara yardım olsun diye, keşiflerini herkese bildirmeyi borç saydığını yazar.

Arşimet, bilimin ancak elden ele geçmekle gelişeceğini bilirdi.

Matematikçi Konon'un ölümüne acımıştı. «Sağ olsaydı, geometrinin sınırlarını muhakkak genişletirdi» demişti.

Arşimet, Konon'un başladıklarını bitirmeyi borç bilmiş, onun ispatsız bıraktığı teoremleri ispatlamıştı.

Arşimet'ten bize kalan kitaplar, kendi adını taşıyan yasalar hakkında anlatılan bütün hikâyelerden daha güzeldir. Arşimet, bir zamanlar sözünü ettiği o «geleceğin araştırıcı»larına şimdi bile yardım ediyor.

İnsanlar, her gemi yaptıklarında, gemi inşaatçısı Arşimet'ten faydalanırlar. Onsuz ne bina kurulur, ne de makine yapılır. İnsan, hangi kaldıraca baksa, aklına Arşimet gelir.

insan, cansıza can veriyor

Arşimet öldürülmüştür. Başka mühendis ve bilim adamları, onun büyük eserini devam ettiriyor, doğanın başı boş kuvvetlerini yönetmeyi öğreniyorlar.

Bilim adamlarının eserlerinde, ilk su değirmenlerinin tasvirine rastlıyoruz.

Suya başka bir görev daha yüklüyor insanlar. Bir tulumbanın, iki bronz silindirinde pistonlar bir aşağı bir yukarı gidip geliyor ve suyun başka yere dağılmasına engel olarak bir borudan geçirip, ateşe karşı savaşa sürüklüyorlar. Ateşin aklına esip de alevlendi mi? Su onun hakkından gelsin de görsün...

İlk gönüllü tulumbacılar, var güçleriyle kaldıraçlara basınca hortumdan çıkan parlak su fıskiyesi, fışşş diye bir kavis çizerek çatıya ulaşıyor ve evin kızgın duvarlarını yalamaya başlıyor, sonra buhar haline gelip ateşi söndürüyor.

Su insana boyun eğiyor. Ya buhar? Ya hava?

Hava zaten çoktan donanmanın hizmetine girmişti ve kadırgaların yelkenlerini şişiriyordu. Ama buhar, daha işsiz güçsüz dolaşıyordu.

İnsanlar onu da işe alıştırmayı denediler. İskenderiyeli bilim adamlarından Heron, kazanda su kaynattı. Ama buharı boşa vermedi. Kazanın kapağını öyle kapattı ki, buhar, ancak istenilen yoldan çıkabiliyordu. Bu yol buharı, bir eksene tekerlek gibi oturtulmuş duran bakırdan bir küreye götürüyordu. Ve burada buhar, kürenin iki yanına lehimlenmiş olan eğri boruları iterek küreyi gittikçe artan bir hızla çeviriyordu.

Heron, küresini öğrencilerine ve dostlarına gösterdiğinde herkes, buhar fışkırtarak topaç gibi, ıslık çalarak dönen bu şeye hayretle bakmıştı. Bu henüz bir oyuncaktı, iki bin yıl sonra insana rüzgârdan daha büyük bir hız sağlayan buhar makinesinin yolunu bu oyuncak açmıştır.

Böylece zerrecikleri havada darmadağın dolaşan buğu, insana her güç işinde sadık bir yardımcı olacaktı. Su çekecek, yük kaldıracak, bez dokuyacak, demir dövecekti. İnsana yerin derinliklerine dalmasına ve yeryüzünü yollar şebekesiyle kaplamasına yardım edecekti.

İnsan, maddenin küçük zerrecikler dünyasında, bir zamanlar olduğu gibi yalnız denizin değil, gezegenimizi saran büyük alemin de anahtarını bulacaktı.

O zaman, yani M.Ö. ikinci yüzyılda buharın ve havanın görünmeyen zerrecikleri, yepyeni bir oyuncak gibi insanı eğlendiriyordu.

Heron, gözle görülmeyen bu zerreciklerle, kukla tiyatrosunda kuklaları hareket ettiriyordu. Tapınağın kapılarını otomatik olarak açan bir cihaz yapmıştı. Bir kabın içindeki havayı ısıtmak için tören kürsüsünde ateş yakmak yeterdi. Isınan hava suyu itiyor, su kovaya doluyor, kova bir ipi çekiyor, ip de kapıyı açıyordu.

Bu mekanizma görülemeyen bir yerde olduğu için, herkes kapı kendiliğinden açılıyor sanıyordu.

Heron tapınağın giriş yerine de başka bir otomatik cihaz koymuştu. Cihaza para atınca, ele kutsal su akardı.

Yeni bilim, daha eski tanrıların hizmetindeydi. İnsan, artık cansız şeylere bile can veren aklının gücünü anlamıştı.

insan, yüce ve akıllıydı

İnsan yüce ve çok akıllıydı.

Ama daha zaferden çok uzaktaydı.

Bu sözler, insanın zafer ve yenilgileri, acı ve sevinçleri üstüne söylenen hikâye ve şarkıda bir nakarat gibi tekrarlanırdı.

M.Ö. üçüncü yüzyılda Rodos Adası'ndaki bir limanın giriş yerine güneş tanrısının bir heykeli dikilmişti.

Rodoslu ustalar, insan boyundan 20 misli büyük olan ve dünyanın yedi harikasından biri sayılan bu dev gibi heykeli bronzdan dökmek için on iki yıl çalışmışlardı. Ne var ki, bir depremle koca heykel tuzla buz olmuştu. Heykel o kadar büyüktü ki, kalıntıları taşımak için 900 deve gerekmişti.

İnsanın doğaya egemen olması daha uzaktı.

İnsan, kaderi teke tek savaşa çağırmıştı. Eski töre ve görenekleri çiğnemiş, ataların buyruklarına karşı durmuştu. Ne var ki, diriler ölülerin etkisinden daha kurtulamamışlardı.

Atinalılar, ataların buyruğuna uyarak Anaksagoras'ı ölüme mahkûm etmiş, Aristoteles'i de, tanrılara saygısızlıkla suçlamışlardı.

Aristoteles, bir daha dönmemek üzere liseden ayrıldı. Ama Atinalılar ardından ölüm cezası kararını gönderdiler.

Aristark'ı da, «evren'in kalbini yerinden oynattığı» için tanrısızlıkla suçladılar.

Her filozofun istediğini öğretebildiği ve istediği gibi düşünebildiği zaman, Yunan demokrasisinin en iyi zamanlarıydı.

Bu zamanlar geçmişe karışmıştı. Mısır'da, Suriye' de, Makedonya'da halk değil, hükümdar egemendi.

Hükümdar naipleri ve hükümdarın adamları, kodamanların, yani en zengin tüccarlarla tefecilerin iktidarını, yumrukla koruyorlardı. Bu iktidarı sarsabilecek her şey, bir cinayet olarak kökünden kazınırdı.

Serbest düşünen herkesin, tanrısızlıkla suçlanmasından daha doğal ne olabilirdi?

İnsanlara, tanrıların iradesine karşı geleni, ağır bir cezanın beklediğini telkin edilirdi...

Rodos Adası'nda başka bir heykel daha vardı: Laokoon'un heykeli. Laokoon, eski Troya'da kâhindi. Tanrıların hizmetinde olduğu halde, onların iradesine karşı gelmeye yeltenmişti. Tanrılar ceza olarak iki koca yılanı ona saldırtmışlardı.

Heykeltraşlar, Laokoon'un vücuduna yılanların birer halka gibi sarıldıkları anı tasvir ederler. Heykelde Laokoon, yılanları vücudundan atmaya boşuna çalışır. Adaleleri son haddine kadar gerilmiş, damarları şişmiştir. Yılanlar onu gittikçe daha kuvvetle sıkar, zehirli dişleriyle vücudunu sokarlar.

Laokoon'un genç çocukları da yanındalar. Yılanlar, babalarıyla birlikte onları da acıdan kıvranan bir yumak haline getirmişlerdir.

Çocuklar yalvaran gözlerle babalarına bakar. O kadar büyük ve güçlü babaları, kendilerini ölümden kurtaramayacak mı? Laokoon, eşit olmayan bu savaşta artık bitkin bir hale gelmiştir.

Bu taşlaşmış efsane, ölümden önce ölümsüzleşen anı tespit eden bu heykel, her gün Rodosluların gözleri önündedir. Ve insanın tanrılar ve kader karşısındaki çaresizliğini ürpererek düşünürler. Kader daha boyun eğmemiştir.

İnsanın karşısında, savaş ve ıstıraplarla dolu yüzyıllar var daha. Bu yıllar, bir yılan gibi insanın elini kolunu bağlayan köleliğe karşı savaş yıllarıdır.

Zaferi kim kazanacak?

İnsan, eli-kolu bağlı, zincire vurulmuş bir köle gibi, ölmeye mi mahkûm, yoksa kölelik zincirlerini koparıp özgürlüğe mi kavuşacak?

6

esir edenler ve esirler

Eski bir söz «bütün yollar Roma'ya gider» der. Tarihin, insanın yolu da Roma'dan geçer.

Roma'nın yükselişi, dağların ve denizlerin insana artık engel olmaktan çıktığı zamanlarda başlamıştı. İtalya'yı bir duvar gibi kuzeyden ayıran Alp Dağları bile, Roma'nın hızla genişlemesini durduramamıştı. Roma bütün İtalya'yı zaptedip, Dolya'nın balta girmemiş ormanlarına kadar yayılmış, Sicilya ovalarını ele geçirmişti.

İyice dövülmüş kumla sıkıştırılan sekiz köşeli taşlarla kaplı düz, geniş yollar, Roma sokaklarının devamıymış gibi dört yana uzayıp gidiyordu. Şehrin ana meydanı olan Forum'daki yol direğinden başlayan bu yollar, güneyde Sicilya'ya, kuzeyde Tuna'ya ve Ren'e, batıda İspanya'ya, doğuda Bizans'a gidiyorlardı.

Irmak, boğaz ve vadiler rastlanan yerlerde yol taş köprülerden geçip devam ederdi. Sonunda deniz kıyısına varıp dayanır, oradan da, gözle görünmez bir şekilde uzaklara, Yunanistan, Afrika ve Britanya kıyılarına doğru açılırdı.

Romalıların, denizleri fethetmelerine gerek kalmamıştı. Kılıç gücüyle, Yunan kolonilerinde buldukları hazır donanmaya konmuşlardı...

Bütün yollar Roma'ya gidiyor, bütün yollardan da Roma'ya yüklü gemiler ve kervanlar geliyordu.

Mısır'dan tahıl ve yontulmuş taş, kitap için papirüs, bir de renkli camdan kapkacak getiriliyordu. Yunanistan'dan Paros mermeri, Korint bronzu, Kios şarabı, Himet balı, Sisam Adası'ndan tavuskuşu, Melos'tan da turna gönderilirdi. Tavuskuşuyla turnadan yapılan yemekler, zengin Romalıların ziyafetlerinde en sevilen yemeklerdi.

İspanya Roma'ya tahıl, şarap, balmumu, reçine, gümüş ve altın gönderiyordu. İspanyol jambonu ve istiridyesi Roma'da çok kıymetliydi.

Golya Roma'ya tahıl ve şarap veriyordu. Köleler Golya gömlekleri giyerlerdi. Golya malı çuha, doğudan getirtilen kırmızı kumaşlardan daha ucuza satılmazdı.

Britanya'dan kalay, Elbe kıyılarından kehribar gelirdi.

Uzaklarda, dünyanın bir ucunda, Tanais (Don) Irmağı'nın ötesinde, Büyük Ra (Volga) Irmağı'nın arkasında, Ural ve Altay Dağları'nın eteklerinde avcılar, yaylarla yabani hayvan avlamakta, altın arayıcıları da, içinde altın bulunan kumları yıkıyorlardı. Hazer Denizi dolaylarındaki steplerde, tekerlekli çadırlarda göçebe Sarmatlar yaşardı. Bunlar, Meotiya Bataklığı'na (Azak Denizi'ne) kürk ve altın getirirlerdi. Çiftçi İskitler Borisfen (Dinyeper) Irmağı'nın kıyılarına hayvan sürüleri çıkarırlardı. Yunan denizcileri, Tanais şehrinden, Pantikape'ye (Kerç)den İskit tahılını, kürk ve altınını Bizans'a ve Roma'ya taşırlardı.

Deve kervanları çölleri geçip dağları aşarak Hindistan'dan, Arabistan'dan, Orta Asya ve Çin'den güzel kokulu yağlar, günlük karabiber, inci, mücevherat ve ipekli kumaşlar getirirlerdi.

Doğu'dan bir yol daha vardı: deniz yolu.

Seylan yakınlarındaki bir yerde, hindistan cevizi tahtalarından yapılmış düz dipli gemiler, rüzgâr ve fırtınalarla boğuşurdu. Bunlar pahalı Çin ipeklileriyle yüklüydü. Hindistan'ın batısına düşen Malabar kıyısında, yükler Mısır gemilerine aktarılırdı. Mahir kılavuzlar, gemileri tehlikeli yerlerden korkmadan geçirirlerdi. Denizciler, Kızıldeniz'e varıncaya kadar, günlerce dalgalar arasında dolaşırlardı.

Artık insanlar, denizleri birleştirebilmişlerdi. Kızıldeniz'le Nil arasında bir kanal açmışlardı. Gemiler, Nilden İskenderiye'ye gidiyor, oradan da Çin malları Roma'ya ulaştırılıyordu.

Soylu Romalı kadınlar, bakımlı parmaklarıyla kumaşları seçerken, bu hışırdayan ipeklileri hangi ellerin dokuduğunu, o göz kamaştırıcı rengarenk desenleri, hangi badem gözlünün işlediğini düşünmezlerdi bile.

Neredeydi bu ipekler ülkesi?

Bu soruya coğrafyacılar bile cevap veremezdi. Bunlar yeryüzünde iki ipek ülkesi bulunduğunu sanırlardı. Birinde Sinler yaşar, oraya deniz yoluyla varılabilirdi. Serlerin yaşadığı öbür ülkeyse, kara yoluyla uzun bir yolculuktan sonra varılabilen doğu çölündeydi.

Bu ikisinin de aynı ülke, yani Çin, Serlerle Sinlerin de Çinliler olduğunu kimse bilmiyordu.

Öte yandan hem Hindistan'da, hem de Çin'de insanlar, Roma'yı pek bilmezlerdi. Bunlar Roma'ya, Büyük Çin anlamına gelen Da Sin, ya da Maha Çina derlerdi.

O zaman bilinen dünyanın sınırları daha sisler içindeydi. Roma'da, Hindistan'ın fildişinden yapılmış yüksek bir duvarla çevrili olduğu anlatılırdı. Bunun için de Hindistan'a girmek güç sanılırdı. File «yılan kollu öküz» derlerdi. Fil, Romalılara garip bir hayvan, yılan biçiminde kolu olan büyük bir boğa gibi görünürdü.

Zaman geçiyor, yüzyıllar içinde dünyanın sınırları gittikçe genişliyordu. Miladın başlarında Romalı tüccarlar, Hindistan'ı sık sık ziyarete başlamışlardı. Malabar sahilinde, Hint tanrılarının tapınakları arasında, imparator Augustus şerefine bir Roma tapınağı da belirmişti.

Roma'da, imparator Augustus'un emriyle yapılan büyük bir binaya, herkesin seyredebileceği bir şekilde, imparatorluğun büyük bir haritası asılmıştı. Romalılar, dünyanın manzarasını dünyaya ilk kez gösterenin bu harita olduğunu söylerlerdi. Harita, Sinler ülkesinden Tule'ye, kuzeyde İskoçya'nın ötesindeki adalara kadar bütün ülkeleri gösterirdi.

Ve bu dünyanın merkezi Roma'ydı.

Bütün ırmaklardan Roma'ya yük taşınırdı. Sözgelimi, kuzeyde Don'dan (Tanais), doğuda Okusus'tan (Amu Derya), güneyde Nil'den, batıda Tameza'dan (Tayms), Kolkida'daki, Hindistan'daki, Mısır ve Filistin'deki bütün liman ve iskeleler, Roma yolunda birer duraktı.

İyi ama, dünyanın dört bucağından akıp gelen bu servetlere karşılık Roma ne veriyordu?

Roma'nın satabileceği mallar azdı. Roma dolaylarındaki Ostiya'da gemilere şarap ve yağ fıçıları, yapağı çuvalları yükletilirdi. Dünyanın Roma'ya verdiğine bakarak, bu ne kadarcık bir şeydi?

Roma doğudan, yani Hindistan ve Çin'den gelen malları bol gümüş ve altınla öderdi. İpeğe, kırmızı yakuta, gök yakuta karşılık, altın ve gümüş ırmakları akardı. Hint ve Ganj Irmakları'nın kıyılarında, dinar ve sestersiuslar gibi Roma sikkelerine iki bin yıl sonra bile rastlanabilecekti. Bazen bu paralar sahte de olurdu. Romalılar, sahteyle hası birbirinden ayıramayan Hintlileri aldatmaktan utanmazlardı.

Romalılar bu kadar çok parayı nereden ele geçirmişlerdi?

Esir ettikleri halkları iki yüz yıldır soyuyorlardı.

Fethedilen her şehir, fetih parası olarak bin talant öderdi. Yani yenenlerin masrafını yenilenler çekerdi.

Roma'ya deniz yoluyla, para dolu yüzlerce gemi giderdi. Bazen bunların battığı da olur ve o zaman altınlar denizin dibinde aktinyalar ve süngerler arasında kalırdı.

Yalnız kumandanlar seferlerden milyoner olarak dönmez, sıradan askerlerin de eline bir şeyler geçerdi. Soylu ailelerden, gençler, borçlardan, amansız alacaklılardan kurtulmak için Roma'dan seve seve ayrılırlardı.

Paralı olarak döndüklerinde, tefecilerden aldıkları bir dinar yerine, kolayca iki bin verirlerdi.

Sezar'ın lejyonlarıyla birlikte Golya'ya iş adamları, yani esir ve altın tüccarları, tefeciler, sarraflar da giderlerdi.

Askerler kahramanlıklar gösterirdi. Sözgelimi ok yağmuru altında, gürültülerle sel gibi akan nehirlere köprü kurar, her ağacın arkasında bir düşman bulunabilen sık ormanlara korkusuzca dalarlardı.

Ve bütün bunlar, Golya, tefecilerin eline geçsin diye yapılırdı. Romalılar, Golya'da Romalı sarrafların muhasebe defterinde iz bırakmış tek bir kuruş, tek bir metelik bulunamadığını gülerek söylerlerdi.

Doymak bilmeyen bir sürü tefeci ve vergici, imparatorluğu soyup soğana çeviriyorlardı. Esir halkların Roma'da, Milattan önce 31. yılda, Cumhuriyetin yerine imparatorluğun geçmesiyle düzenin değişmesinden anladıkları tek şey, yeni bir usulle soyulacaklarıydı.

Cumhuriyet devrindeki iş adamlarının yerini imparatorluk memurları almıştı. Tek bir kişinin bile ağır vergilerden yakasını kurtaramaması için, bütün imparatorlukta nüfus sayımı yapılmıştı ve bir Romalıya karşılık, on beş yabancı bulunduğu anlaşılmıştı, yani on beş yabancı bir Romalıyı beslemek zorundaydı.

Roma yollarını her tarafa uzatmıştı. Bunlar birer el gibiydi.

Bu doymaz eller ne istiyordu?

Bunlar yeryüzünde olan her şeyi ve her şeyden fazla da esir istiyorlardı.

Roma pazarlarında, dünyanın her tarafından getirilmiş esirler satılırdı. Bazılarının ayaklarına tebeşir sürülmüştü. Bu, onların deniz aşırı ülkelerden getirildiklerini gösterirdi. Başlarında defne çelenkleri olan mavi gözlü sarışınlar, Ren kıyılarındaki savaşlarda esir alınmışlardı. Yanlarındaki kara derili, kıvırcık saçlılarsa Afrika çöllerindendi.

Kimi başkalarını esir etme pahasına yeniden serbest

bırakılıyor ve böylece kölelik, serbest olanların özgürlüğünü yeniden elinden alıyordu.

Herkesin herkese karşı yaptığı o eski savaş, yeni bir yerde görülmedik bir şiddetle alevleniyordu: özgürler kölelerle, zenginler yoksullarla, hak ve imtiyaz sahipleri bunlardan mahrum olanlarla, yenenler yenilenlerle savaşıyordu.

Tarih tekrarlanıyor gibiydi.

Tarih hiçbir zaman tekrar etmez. Her şey akar. Aynı yerde aynı suya iki defa girilemez, çünkü su yer değiştirmiştir.

Romalılar, Atinalıların yapamadıklarını yapabilmişlerdi, yani Akdeniz kıyılarındaki bütün ülkeleri fethetmişlerdi.

Mısır, ya da Golya'da bir yerde çiftçi buğday ekip biçiyor, harman döğüyor ve sonra bu buğdaydan yapılan ekmek Roma'ya bir sürü aç çocuktan başka bir şeyi olmayan yoksul Romalılara parasız dağıtılıyordu.

Bunlar çalışmayı çoktan unutmuşlardı. Tıpkı Atina'da olduğu gibi, kölelik burada da birçok serbest insanı işsiz güçsüz bırakmıştı. Bunlar açlık ve can sıkıntısının esiri olmuşlardı. Şehirde serseri serseri dolaşır ve lüks tahtırevanına uzanmış olarak sokağa çıkan herhangi bir zengine gıptayla bakarlardı.

Tahtırevanı, kırmızı elbiseli köleler omuzlarında taşırlardı. Önde, Afrika ya da Hindistan'dan getirilmiş, ayağına çabuk karaderililer, halkın arasında yol açarlardı. Bir sürü köle ve dalkavuk, zenginin ardısıra giderdi.

Tahtırevan durunca, efendilerinin hangi taraftan ineceğini bilmeyen köleler, tahtırevanın hem sağına, hem soluna birer merdiven dayayıverirdi. İpek perdeler açılır, beyaz Romalı elbisesinde bir insan görünürdü. Bu elbise o kadar ince bir kumaştan yapılırdı ki, cam gibi saydam olur ve altında, ergüvani tünik görünürdü. Merdivenin bacamaklarından inen efendinin ayağında, fildişi tokalı kırmızı sandallar bulunurdu. Böyle ayakkabıları, ancak yüksek memurlar, şehrin en ünlü kişileri giyerdi.

Büyük adamın yüzünde kayıtsızlık ve can sıkıntısı okunurdu.

Romalının tokunun da, açının da canı sıkılırdı. Açlara, homurdanmasınlar diye, parasız ekmek dağıtılır ve eğlenmeleri için eğlenceler düzenlenirdi.

Bir zamanlar ataları, toprak ev, iş isterdi. Şimdiyse torunları ekmek ve eğlenceyle yetiniyorlardı.

Sözgelimi bugün Mars Meydanı'nda, halka bir gergedanla elli kulaç uzunluğunda bir yılan gösterilir, yarın da halk, imparatorun emriyle yeni numaraların gösterileceği sirke koşardı.

gladyatörlerin dövüşü

Binlerce insan, oyunun başlamasını sabırsızlıkla bekliyor.

Derken on iki kapı birden açılarak yaban hayvanları meydana koşuyor. Böyle acayip bir topluluk, ancak sirkte görülebilirdi: panterin yanında titreyen bir ceylan, arslanın açık ağzı karşısında yusyuvarlak büzülmüş bir tavşan, filin arkasından seyircilere bakan bir ayı.

Bunlar kendilerini ayıran kafeslerden yeni çıkmışlardır. Bakın, neredeyse birbirlerine çullanacaklar.

Bu da ne?

Panteri ceylanla aynı boyunduruğa koşuyorlar da oralı bile değil. Arslan tavşanı dikkatle dişleri arasına alıp, yavrusuymuş gibi, incitmemeye çalışarak taşıyor. Ayı bir sedyeye oturuyor. Dört fil, dört uslu köle gibi sedyeyi sırtlarına kaldırıyorlar.

Hani, yeryüzünde gerçek bir Altın Çağ açılmış desek, yalan değil.

Ama görünüm, pek seyircilerin zevkine göre değil. Birçoğunun gözü sirk meydanında değil, imparatorun locasında.

İnsanlar usanıyor, esniyor. Onların bekledikleri başka şey.

Meydanda, eğitilmiş hayvanların yerini, eğitilmemiş olanlar alıyor. Şimdi kavgaya tutuşacaklar artık tavşanla ceylanın yapacakları bir şey yok. Oyuna girenler dişli ve boynuzlu. Gergedan fille, ayı mandayla, fil boğayla boğuşacak.

İyi ama, «oyuncular» hiç oralı değil. Canları sıkılan Romalılar, ayaklarıyla yere vuruyor, tepiniyorlar. Meydana, ellerinde uzun kamçı ve meşaleler insanlar geliyor. Kamçıyla ateşten maksat, hayvanları çileden çıkarıp birbirlerine saldırtmaktır.

Boynuz ve dişler kana boyanıyor. Mandanın, deşilen karnından, barsakları kumların üstüne dökülüyor.

Seyircilerde bir canlılık başlıyor. Çünkü kan kokusu almışlardır.

Ama bu, alt tarafı, hayvan kanıdır.

Bir insanın bir arslanla boğuşmasını heyecanla izliyorlar. İnsan ne zırh giymiştir, ne elinde kalkanı var. Tek silahı bir kılıçtır. Fakat adam güçlü ve çevik. Hayatını savunur. Arslan yerde, sıçrama vaziyetini alıyor.

Fakat insan, arslanın sırtına sıçrayıp kuvvetli eliyle de kılıcını kaldırmıştır.

Seyirciler, manzarayı daha iyi görebilmek için, yerlerinden kalkıyorlar. Gerçekten insan mı kazanacak boğuşmayı. Şans, bir adama, bir hayvana geçiyor. İşte arslan güçlü pençesiyle ezdiği insanı yere serdikten sonra sıyrılıp geri çekildi.

Kum üzerinde yine kan. Romalılar memnun. Çünkü bu kan insan kanı.

Daha sonraki numaraların yanında bu, çocuk oyuncağı.

Alana direkler dikiliyor. Bunlara, ölüme mahkûm erkek ve kadınlar bağlanıyor. Suçları ne? Kimi savaşta esir alınmış, kiminin de suçu hırsızlık, kundakçılık, itaatsizlik. Ama suçları ne olursa olsun, hepsini aynı sonuç bekliyor.

Alanda yine hayvanlar, ama eğitilmemişler. Bunlar, görevlerini daha iyi yapabilmek için, aç bırakılmışlardır. Bu sefer boğuşma yok. Çünkü kurbanlar silahsız ve bağlanmışlardır.

Kendinden geçmiş binlerce insan korkulu çığlıkları, ölmek üzere olanların bağırışlarını ve hayvanların ulumalarını bastırıyor.

Romalıları bu da doyurmuyor.

Daha tüyler ürpertici sahneler bekliyorlar. Vahşi bir hayvan insanı, ya da insan vahşi bir hayvanı öldürmüş, bunda olağanüstü ne var? Asıl insan insanla, hemşeri hemşeriyle boğuşmalı, dost dostun kalbine kılıcı saplamalı ki tadı olsun...

Meydanda gerçek bir savaş.

Mızrak ya da kılıçla yaralananlar, ardı ardına yere seriliyor. Ölmeyip de yerde can çekişenlere de kanca takıp, ölülere ayrılan yere sürüklüyorlar.

Fena değil, Romalılar eğlenceyi bulmuşlar değil mi?

İyi ama, insan, yüzyıllar boyunca, vahşi hayvanlardan vahşi olmak için mi insanlaşmıştı...

Binlerce seyirci arasında «artık yeter!» diyecek tek bir insan yok mu?

Filozof Seneka, imparator locasındaki yerinden birdenbire kalkıp, kimseyle vedalaşmadan hızla kapıya doğru gidiyor. Ne derlerse desinler, artık olanları görmeye ve işitmeye sabrı kalmamıştır.

Evine döndüğünde, sekreterine şunları yazdırıyor:

«Öğleye doğru sirke gitmiştim. Kanlı sahnelerden sonra, gözü dinlendirebilecek oyunlar, komik şeyler bekliyordum. Ne gezer! Önceki bütün boğuşmalar çocuk oyuncağıymış.

Bu seferki şaka değildi: insan, bütün amansızlığıyla insan öldürüyordu. Hepsi hedefini bulan darbelerden, vücudu hiçbir şey savunmuyordu. Hakın asıl istediği de bu sahneydi.»

Haklı da değil miydi? Zırh, kılıç kullanma usulleri, bütün bu hileler, niçin lazım olsundu? Ölümle pazarlık etmek için mi? Sabahleyin insanları arslanların ve ayıların ağzına, öğleyin de seyircilerin karşısına atıyorlar. Seyirciler, rakiplerini öldürmüş olanlara hayran. Galipleri, kendilerini öldürecek olanlarla boğuşma bekliyor. Bu döğüşte ölümden kurtulmak yok. İnsanları savaşa, demir ve ateşle dürtüyorlar.

«Bu adam hırsız! diyecekler. Asın öyleyse. 'Bu da katil mi?' İdam edilsin. Ama benim, zavallı benim suçum ne? Ben böyle bir vahşete hayran olma zorundamıyım? 'Kamçılayın onu, ateşle dağlayın! Ölsün!' diye bağırıyor seyirciler. Şu herif, kılıcın vücuduna iyice saplanmasından korkuyor, zayıf bir ruh gücüyle düşüyor geberiyor.»

«Ve insanlar, kamçılana kamçılana döğüşe zorlanıyor. Her iki tarafın, çıplak göğüslerini darbelere istekle germeleri gerek.»

«Kötülük işleyenlerin başına, kötülük geleceğini düşünmüyor musunuz, Romalılar?»

Seneka burada duruyor. Odada heyecanla dolaşıyor. Ruhunda zıt duygular çarpışıyor.

Kime hitap ediyor? Romalılara mı? İyi ama, onların yalnız dış görünüşü insan, içleri birer vahşi hayvan. Filozof Seneka, Romalılara, düşmana bile kötülük etmemeyi, hakareti, bağışlamayı, kölelere acımayı öğretmekle gülünç olmuyor mu?

Seneka, köle denilen insanların aynı maddeden çıktıklarını, aynı göğe bakarak aynı hayranlığı duyduklarını, aynı hayayı soluduklarını, aynı hayatı yaşayıp aynı ölümü beklediklerini söylediği zaman Romalılar, sadece hoşgörülerini göstermek için gülüyorlar.

Bunlar köle mi? Hayır, insan, arkadaş bunlar.

Romalılar bundan ne anlar?

«Ne yapmalı?» diyor, Seneka kendi kendine. «Dünyayı değiştirmeye mi uğraşmalı? Boşuna! Kader, isteyeni götürür, istemeyeni de zorla sürükler.»

«Yalvarıp yakarmalar, kaderi yumuşatamaz. Kader, aman bilmez. Gökteki yıldızlar olsun, yerdeki insanlar olsun, kadere aynı şekilde boyun eğer, doğanın yasalarına aynı şekilde bağlıdırlar.»

Peki, ne yapmak kalıyor. Seneka tek bir çıkar yol görüyor: «İnsana layık, güçlü, dayanıklı olmak ve kadere katlanmak.»

kölelerin isyanı

Roma İmparatorluğu'nda binlerce insan: «Ne yapmalı?» diye soruyordu. Filozof Seneka'nın öğrettiği gibi, sabredip kadere katlanmalı mı, yoksa kadere karşı ayaklanıp, boyun mu eğdirmeliydi ona?

Kölelik damgasını yemek için alnını uzatarak kızgın demirle dağlatıp, sonra da kölenin yalnız vücudu sahibinin, ama ruhu serbesttir diye kendini avutmalı mı; yoksa elde kılıç, özgürlük uğruna son soluğa kadar savaşmalı mıydı?

Binlerce insan bu soruya: «köle gibi yaşamaktansa, ölmeli» cevabını veriyordu.

Roma'da, Spartaküs'ün ayaklanması unutulmamıştı. Spartaküs gladyatördü. Glatyatörünse köleden farkı, yalnız iş aracı yerine eğlence aracı olmasıydı.

Bu oyuncak, yalnız adam öldürmek için kullanılırdı. Oyunun asıl zevk ve heyecanı da zaten bundaydı.

Roma'da Spartaküs'ten daha ideal bir insan bulmak güçtü.

Spartaküs dev yapılıydı, güçlü kuvvetliydi ve gladyatörler okuluna bunun için alınmıştı.

Romalılar kendileri bile, onun yalnız bedence güçlü olmayıp sağlam bir ruha da sahip olduğunu, bir köleden çok, kültürlü bir Helenliye benzediğini söylerlerdi.

Spartaküs, odacığında kuru yapraklar üzerinde yatarken hep yurdu Trakya'nın dağ ve ormanlarını düşünürdü. Bütün arkadaşları gibi o da özgürlüğe susamıştı. Spartaküs, özgürlüğü yalnız kendisi için değil, bütün gladyatörler, bütün köleler için istiyordu.

Sahibinin elinde bir oyuncak, bir araç olmak ha! Spartaküs işte buna katlanamazdı...

Kılıçlarını katı yürekli seyircilere karşı çevirecekleri yerde, sirk meydanında birbirlerini öldüren güçlü insanlar görüyordu çevresinde. Arkadaşlarıyla yalnız kaldığı zaman, onları da haksızlığa karşı öfkelendirmek, kendilerine insan olduklarını hatırlatmak için fırsat kaçırmıyordu.

Spartaküs, gladyatörlerin ayaklanmasını büyük bir sabırla hazırlıyordu. Gladyatörleri takımlara bölerek, başlarına tecrübeli komutanlar koydu.

Ayaklanma için hemen her şey hazırdı. Yalnız, kilit altında saklanan silahları ele geçirmek kalmıştı.

Ayaklanma hazırlıkları Romalıların kulağına vardı. Gladyatör okulu askerler tarafından kuşatılıp silahsız insanlar kılıçtan geçirilmeye başlandı. Spartaküs takımıyla birlikte güç kaçabildi.

Bu küçük takım Vezüv tepesinde mevzi aldı.

Spartaküs'ün takımında, yalnız gladyatör ve köleler yoktu. Özgürlüğün kendilerine yoksulluktan başka bir şey vermediği insanlar da vardı.

Asiler, kartallar gibi yuvalanmışlardı tepede.

Romalı lejyonerler, Vezüv Dağı'na giden bütün patikaları tutmuş ve gladyatörleri artık yakayı ele vermiş sayıyorlardı. Öyle ya, Sarp kayaların ortasındaki tabii pusudan nasıl kurtulabilirlerdi?

Bu emekli Romalı askerler birçok savaşlara katılmış, birçok düşmanla karşılaşmışlardı. Kölelerle savaşmayı, gerçek bir savaştan büyük sayıyorlardı.

«Av» kendiliğinden düşmüştü tuzağa, endişeye ne gerek vardı!

Aradan bir gün bile geçmeden, Romalılar hatalarını çok pahalı ödemek zorunda kaldılar.

Gladyatörler, dallardan yaptıkları merdivenlerle tepeden uçuruma iniverdiler. Romalılar, ne oluyoruz demeye kalmadan kuşatılıp kırıldılar.

Bunlar, sirk meydanlarında gladyatörlerin gücünü ve ustalıklarını defalarca zevkle seyretmişlerdi.

Sirkte seyirciydiler, buradaysa oyuna katılmak zorunda kalmışlardı.

Romalılar yenilgi üstüne yenilgiye uğruyorlardı.

Spartaküs'ün ordusu büyüyordu. Artık iyice silahlanmış binlerce askeri vardı. Köleler, çiftliklerden kaçarken aldıkları iş aletlerini silah olarak kullanıyorlardı. Çiftçi, tırpan ve yabayla, demirci çekiçle, aşçı şişle silahlanmıştı. Spartaküs ordusunda kendilerine, Romalılardan ele geçirilmiş kılıç ve kalkanlar veriliyordu.

Bir mızrak ucuna takılmış, kızıl kalpak, ayaklananların bayrağı olmuştu. Eski bir geleneğe göre azat edilen kölenin başına kızıl kalpak geçirilirdi.

Köleler, bayraklarına bakarken, ilerideki özgürlüğü, yurtlarına, Galya köylerine, Cermanya'nın sık ormanlarına dönüşü görüyorlardı. En mazlum ve uysallarda bile onur duygusu uyanmış, kendi kaderini kendi tayin eden bir insanın gururu doğmuştu.

Köleler ordusu İtalya'da ilerliyordu. Roma lejyonlarını bozguna uğratıyor, şehirleri teslim olmaya zorluyordu.

Roma'da senatörler bunun, kölelerin bayağı bir başkaldırması olmayıp, büyük ve ciddi bir savaş olduğunu gün geçtikçe daha iyi anlıyorlardı. Ayaklananların önderini, bir barbar olarak düşünüyorlardı. Oysa bu barbar, savaş sanatını Roma kumandanlarından daha iyi biliyordu.

Romalılar nasıl bir düşmanla karşılaştıklarını birdan çıkarmak, Alp Dağları'nı aştıktan sonra evlerine sabi görüyordu. Güçlü Roma'yla kolay kolay başa çıkılamayacağını anlıyordu. Zafer sonucunda köleleri İtalya' dan çıkarmak, Alp Dağları'nı aştıktan sonra evlerine salıvermek istiyordu. Kimbilir, belki de ileride, Roma'ya bağlı bütün halkların birden ayaklanacakları günü görmüştü. Özgürlüğün tadını tatmış, köleliğin acılarını duymuş olanların, bütün bunları unutup çocuklarının da köle olmak istemeyeceklerini biliyordu.

Ne var ki, köleler artık yurtlarına dönüşü değil, kırbaçların, zincirlerin, ayaklarına giydirilen demir kalıpların öcünü almak, köle sahiplerinin, köleleri sömürerek yığdıkları zenginlikleri ele geçirmek için, Roma'yı hemen ezmeyi düşünüyorlardı. Ancak bundan sonradır ki, evlerimize dönebiliriz, diyorlardı.

Yüz bin kişilik ordunun Roma'ya yürümesiyle trajedinin son sahnesi başladı.

Kölelerle Romalılar arasında, kaderlerini tayin edecek olan savaş başladı. Spartaküs ön saflarda çarpıştı ve binlerce askeriyle birlikte öldürüldü.

Köle sahipleri, köleleri yendiler. Roma'dan Kaua'ya giden yol boyunca, üzerine binlerce insanın gerildiği çarmıklardan, uzun bir duvar meydana gelmişti. Yolun iki yanına dizili bu çarmıhlar, sağ ve sola uzanan dallarına insan elleri mıhlanmış ağaçları andırıyordu.

Romalılar, kölelerin ayaklanma heveslerini dünya durdukça kırmak istiyorlardı. Ama, köleler Spartaküs'ü unutmamışlardı. Yaşlılar, gençlere onun büyük zaferlerini ve şerefli ölümünü anlatıyorlardı. Gençler de, «ne mutlu böyle ölüme, kölelikten iyidir!» diye düşünüyorlardı.

Spartaküs'ün ayaklanması bastırılmıştı ama, ayaklanmaların ardı kesilmedi. Bunlar, ancak kölelik düzeniyle birlikte sona erebilirdi.

Köleler ayaklanıyordu. Esir halklar ayaklanıyordu. Üstüste indirilen darbeler Roma devletini sarsıyordu.

Tarihçi Plutarkos, Likya'daki Ksantus şehri halkından hayranlıkla sözeder. Romalılar bu şehri aldıkları zaman Ksantus halkı, intiharı esaretten yeğ bulmuştu.

Plutarkos şöyle yazar:

«Ne şekilde olursa olsun kendini öldürmek arzusu, erkek ve kadınlardan başka küçük çocukları bile sarmıştı. Bunlar, çığlık ve feryatlarla, kendilerini ateşe, kale duvarlarından aşağıya atıyor ya da incecik boyunlarını babalarının kılıcının altına doğru uzatıyorlardı.»

Bu manzara galipleri bile sarsmıştı. Romalı başkumandan, diri olarak esir alınan her Likyalı için askerlerine büyük ödüller vaadetmişti.

Ama ölümden kurtulan pek azdı.

Çünkü Likyalılar, kurtulmanın, ölüm demek olduğunu biliyorlardı.

Böyle düşünenler yalnız Likyalılar değildi. Halklar, özgürlükleri uğrunda, kale duvarları yerle bir edilinceye kadar savaşıyor, yenildikten sonra bile boyun eğmiyorlardı.

Ayaklanmalar, fırtınalı bir denizdeki dalgalar gibi birbirini kovalıyordu. Köle insanlar ve köle halklar başkaldırıyorlardı. Dalgalar Roma Devleti'ne çarpıp dağılıyordu ama, her dalga köleliğe dayanan düzeni sarsıyordu.

Roma, lejyonlarını sınırın birinden öbürüne güç aktarabiliyordu.

Roma ordularının meydana getirdiği büyük duvar baş eğmeyen kabilelerin baskısına güçlükle karşı koyabiliyordu.

Asker az geliyordu. Barbarları, yine barbarların yardımıyla püskürtmek gerekiyordu. Esir edilenler, özgür olanlara savaşa zorlanıyordu. Cermenlerden, ya da Golyalılardan devşirilmiş lejyonların, kılıçlarını çok zaman, Romalılara karşı çevirdikleri de oluyordu. Doğu halklarıyla başa çıkmak Romalılar için batılı halklarıyla başa çıkmaktan kolay değildi.

küçük yahudiler ülkesi, roma'yla nasıl savaştı?

Roma lejyonları, boru sesleriyle yollarda yürürken, ayak seslerinden, mancınıkların, sapanların ve koçbaşıların gürültüsünden yer sarsılıyordu.

Bu insan selini, ne derin hendekler, ne de duvarlar durdurabiliyordu.

Bu sel, şehirleri harabelere; bağları, bahçeleri, ormanları çöle çevire çevire ilerliyordu.

Roma lejyonları nereye gidiyorlardı böyle? Büyük İskender'in yolunu izleyerek Hindistan'ı almak, Pontus'u ve Kafkasları çevirerek İskitler ülkesine dalmak ve Cermenlerin topraklarından geçerek yurtlarına dönmekle Roma İmparatorluğu'nun sınırlarını çemberlemek istiyorlardı.

Dünyanın sınırı sayılan okyanusu Roma Devleti'nin sınırı yapmak istiyorlardı. Başkumandanları Kay Yulius.

Hindistan yolu üzerinde, Romalıların karşısına küçük bir engel çıkmıştı: Yahudiye, yani Yahudiler ülkesi. Bu ülke alınmaya alınmıştı ama, baş eğmedi. Zaten Roma'ya karşı ne yapabilirdi? Her ne kadar cesur askerleri, mancınıkları ve surlarla çevrili şehirleri olsa da, dev Roma'nın gücü karşısında bunların ne önemi vardı?

Yine de küçük Yahudiler, dev Roma İmparatorluğu'na karşı ayaklandı.

İşten bellerini doğrultamayan Kudüslü zanaatçılar, dağlık Galileden boylu boslu yağız köylüler silaha sarıldılar.

Yalnız zengin ve soylu kimseler, Roma'yla aralarını bozmak istememişlerdi. Bunlar için, Roma naibiyle anlaşmak, yoksul şehirlilerle anlaşmaktan daha kolaydı. Yahudi hükümdarı Agripa, kendisine sadık kalan küçük bir müfrezeyle Romalıların yardımına koştu. Romalılar bir lejyon gönderdiler. Kudüs'ü iki haftada zaptetmek için, bir lejyon yetecek sanmışlardı. Lejyon, geri çekilmek zorunda kaldı. Yahudiler, Romalıları darmadağın edip kırdılar. Lejyonun, o ünlü kuşatma silahları ve araçları, Yahudilerin eline geçti. Bir tanrı gibi putlaştırılıp güzel kokular ve tütsüler adanan altın kartallı Roma bayrağı paramparça edildi.

Birkaç ay sonra Romalılar, yeni kuvvetlerle geldiler. Bu kez üç lejyondular. Arkalarından, Roma'nın bir eyaleti olan Suriye'den binlerce piyade ve atlı geldi. Sedre ve çam ormanlarını, bağları, zeytinlikleri çiğneyip geçen bu ordu en küçük kalelerin önünde bile şiddetli bir direnmeyle karşılaşıyordu. Aylar geçtiği halde Kudüs daha kuşatılamamıştı.

Sonunda Romalılar, Kudüs'e üçüncü kez saldırdılar. Karşılarında kuvvetli bir düşman bulunduğunu anlamışlardı. Mısır iki lejyonla alınmıştı. Cermenler dört lejyonla sindirilmişlerdi. Kudüs'e karşı, altışar bin kişilik on lejyon sürüldü. Lejyonlara imparatorun oğlu komuta ediyordu.

Yahudi'yle savaşta Roma, olanca gücünü seferber etmişti. Çünkü, Yahudiler galip gelirlerse, öbür halkların da ayaklanacağını biliyorlardı. Zaten Cermanya ve Galya'dan endişe veren haberler geliyordu.

Kudüs'e karşı dört yüksek toprak tabya yapılmıştı. Bunların üzerinde, çok katlı kuşatma makineleri sürüne sürüne ilerliyor, gemi direği gibi uzun, demir koçbaşlı zırhlı kaplumbağalar, yavaş yavaş yürüyorlardı.

Kuşatma makineleri şehri dövmeye hazır duruma getirilmişlerdi.

Ne var ki, Yahudilerin kazdıkları lağımlarda, toprak çökerek makineleri yuttu.

Sanki toprak bile bu canavarları taşımak istemiyordu.

Şehri, savaşla alamayacaklarını anlayan Romalılar, açlığı yardıma çağırdılar. Şehrin surları bir duvarla çepeçevre sarıldı. Yeni duvar, şehrin dış dünya ile bağlarını kesmeliydi.

Kudüs'te açlık başladı. Ölüleri, gömecek yer kalmadığı için, kale duvarlarından uçuruma atıyorlardı. Romalılar, şehirden çıkmak isteyenleri haçlara geriyorlardı. Haçların üzerinde kargalar uçuçuyor, yakın dağlardan kurtlar, çölden çakal ve panterler yiyecek aramaya geliyorlardı. İnsanlar açlıktan ölüyor, canavarlarsa karınlarını doyuruyorlardı.

Kudüs teslim olmadı.

Yeni toprak tabyalar yapıldı. Demir koçbaşılar, sağlam duvarları geceli gündüzlü dövüyordu. Duvarın biri yıkılınca, arkasında bir duvar daha çıkıyordu Romalıların karşısına.

Tapınağın yaldızlı damı pırıl pırıl parlıyordu, sütunları mermerdendi. Duvarlar selvi ve sedre kaplamaydı, yeri mozaik döşeliydi.

İnsanlar, bu değerli tapınağı birçok yıllar boyunca kurmuş ve korumuşlardı.

Derken Romalılar geldi. Bunlar yalnız kendilerini insan sayar, yabancı halklara barbar derlerdi. Asıl barbar kimdi? Binayı kuranlar mı, yoksa yıkmaya gelenler mi?

Demir koçbaşıları, tapınağın duvarlarını altı gün altı gece dövdü. Romalılar merdivenlerle duvarlara tırmanıyor, Yahudiler de merdivenleriyle birlikte onları geri atıyorlardı. Romalılar tapınağı yaktılar. Yahudiler ateşler içinde savaşıyorlardı. Romalılar kurban sunulan yere kadar sokulunca, Yahudiler oradan düşmanı oklarla karşıladılar.

Burası kaleye çevrilmişti ama, tapınaktı aynı zamanda. Hahamlar, dumanlar içinde dinsel törenler yapıyor ve eski zafer şarkıları, ölenlerin iniltileri, savaş gümbürtüsüne karışıyordu.

Alevler içinde yanan tapınak, üstün düşman silahı karşısında sonunda düşmüştü.

Sağ kalan savunucular dama çıkıp, tapınağın yaldızlı tepeliğindeki sivri uçlukları kırarak ok yerine düşmana atıyorlardı. İlâhiler, dam alevler içinde çökene kadar dinmemişti.

Romalı askerler, ele geçen ganimetin altında eziliyorlardı. Tüten enkazların arasından, yedi kollu altın şamdanlar ve benzeri şeyler çıkarıyorlardı...

Aradan yirmi otuz yıl geçince Yahudiler ülkesi yine

ayaklandı. Önderleri, yıldızın oğlu anlamına gelen Bar Kohba'ydı. Bar Kohba kaleler yapıyor, askerleri silâhlandırıyordu. Romalılar, ayaklanmayı bastırmak için, Britanya'dan en iyi kumandanları Yulius Severüs'ü çağırdılar...

Fakat Yahudiler teslim olmamakta direniyordu. Kaleleri tünellerle birleştirmişlerdi. Romalılar kalenin birini zaptedince, sağ kalan Yahudiler bu tünellerden başka bir kaleye geçiyordu.

Bir tarihçi şöyle yazmıştı:

«Zavallı halk! Kendi topraklarından kovulan bu halk yurdundan ayrılmamak için, onun derinliklerine gömülmek istiyor gibiydi.»

Romalılar, hiçbir yerde bu düşmanla savaşa cesaret edemiyor. Kaleleri teker teker kuşatıp halkını susuz ve ekmeksiz bırakıyorlardı.

Yeraltındaki bu savaş, uzun sürdü. Kuvvet Roma tarafındaydı. Romalılar kaleleri birer birer yıkıyorlardı. Böylece son kale de alındı. Bar Kohba öldürüldü.

Ülke çöle çevrildi. Birçok şehirlerde bütün erkekler savaşlarda ölmüş, kadın ve çocuklar kılıçtan geçirilmişti. Sağ kalanlarsa, attan ucuza satılmışlardı.

Toprak altında gizlenenler de vardı. Bunlar açlıktan ölmeyi yeğliyorlardı.

Şehirlerde kimsecikler kalmamıştı.

Evlerinden barklarından kovulan insanlar, çölü aşarak yabancı ülkelere gidiyorlardı. Evlerindeyse çakallar ve kurtlar cirit oynuyordu.

Küçük Yahudiler ülkesi, istilacı Romayla işte böyle savaşmıştı. Yahudiler Roma boyunduruğunu kırıp atamamış, birkaç yüzyıl sonra, başka halklar Roma'nın hakkından gelmişti.

otuz bin insan on bir yıl çalıştı

Roma yasaları, yalnız Romalı vatandaşları savunuyordu. Bu yasalar bütün hakları köle sahiplerine vermiş, kölelere de yalnız görevleri bırakmıştı.

Yasalar, öylesine ustaca yapılmıştır ki, bugünkü hukukçuların bile araştırma konusu olmaktadır.

Romalı mühendisler, Yunan ustalarını fersah fersah geride bırakmışlardı. Roma maden ocaklarında yeraltı sularının, ocakları basmalarını önleyen su tulumbaları işlerdi.

Roma'da yüksek bir bina kurulurken, yapı malzemesi sırtta değil, vinçlerle kaldırılırdı.

Bu şöyle olurdu: Büyük bir tekerleğin içinde basamaklar yapılmıştı. Köleler bunlara basınca tekerler döner ve makaralar aracılığıyla vincin okuna geçirilmiş olan ipi dolaba sarar. Böylece yük elle değil, ayak hareketiyle kaldırılmış olurdu.

Roma atelyelerinde, önceleri adı bile işitilmeyen, böyle akıl kutusu makineler az değildi.

Demirci bir körükle körüklerdi. Kuyumcu, taşları ayaklı perdah tezgâhında işlerdi. Büyük fırınlarda hamur insan eliyle değil, at ayaklarıyla yoğrulurdu; hamur teknesinde hamuru karıştırıp yoğuran tahta kanatları, atlar harekete getirirdi.

Roma'nın ekmek tüketimi büyük olduğu için, böyle makineler yapmak gerekiyordu.

Ya su? Roma ne kadar çok su içerdi! İçme suyu getirmek için Romalı mühendisler, akveduk denilen uzun su kemerleri kurarlardı.

Aradan yıllar geçtikten sonra bile insanlar, bu akvedukların dev kemerlerini hayretle seyredeceklerdi. Üstüste konmuş üç yüksek taş köprü. Bu üç katlı köprünün bir ucu, sisli uzak yamaçlara dayanır, öbür ucuysa ufuk çizgisinin ötesinde kaybolurdu. Kemerin geniş, ayakları arasından uzak vadiler görünürdü. Köprüdeki oluktan buz gibi su akardı.

Aradan yüzyıllar geçecekti. Şehirlerin varoşlarında yaşayan çocuklar, otların bağlamış olduğu taş basamaklarda, dev amfilere tırmanacaklar ve vaktiyle burada bir

Roma amfiteatrı bulunduğunu, basamakları sıra olduğunu, bunlarda binlerce seyircinin oturduğunu öğreneceklerdi.

Çocuklar, Roma'da on bin, hatta yüz bin kişiyi içine alabilecek bu büyük tiyatrolara şaşacaklardı.

Daha nelere şaşmazlardı ki çocuklar: Romalılar, İtalya'nın ortasında bulunan büyük bir gölü denize akıtmayı tasarlamışlardı. Göl geniş bataklıklarla çevriliydi. Bu topraklar, insanlara sıtmadan başka bir şey vermezdi. Dağlar, kayalar delinerek bir kanal kazıldı. Kanalda otuz bin insan tam on bir yıl çalıştı. Gölün suları Tiber Irmağı'na akıtılarak kurutulan topraklar, çayır ve tarlalara çevrildi.

Bugün tarih öğretmenini dinlerken çocuklar, sıtmanın bitkin bir hale getirdiği kölelerin sapsarı yüzlerini, çökük avurtlarını, bir deri bir kemik vücutlarını gözlerinin önüne getirip pis kokular saçan vadiyi, binlerce insanın hayatı pahasına kurutulan bataklığı pek görmezler.

Çocukların gözleri önüne, herhalde bugün bambaşka bir manzara gelir, yani: İtalya'nın masmavi gökyüzü, büyük bir göl ve gölün sularını oyun oynarcasına ırmağa, oradan da denize akıtan dev insan.

Gerçek hangisi?

Sonraki kuşakların Roma hakkındaki hükmü ne olacak?

torunlar ne diyor?

Roma deyince, aklımıza yalnız zincire vurulmuş köle kafileleri ve sirk arenalarında can çekişen gladyatörler gelmez. Gaddar bir despot olan Neron'la birlikte, onun zamanında yaşayıp, onun kurbanı olmuş filozof Seneka'yı da düşünürüz. Sirkte gladyatörleri kendi eliyle öldüren, eğlenmek için sakatları asasıyla döven İmparator Komod'un sözünü ederken tüylerimiz diken diken olur. Roma tarihinde Komod gibi bir cellat hükümdardan başka Markus Aurelius gibi filozof bir imparatorun da olduğunu unutamayız.

Roma birçok halkları esir etmişti, Yunanistan'ı kendisine bağlamış ve Yunan şehirlerine, salt gösteriş olan özgürlüğün gölgesini bırakmıştı. Bir de bu Roma, Yunan felsefesini ve sanat eserlerini koruyarak yüzyıllara emanet etmiştir.

Romalılar Yunanlılara hor bakarak «graeculi», yani «Yunancık» derlerken Atina okullarında Yunanlılardan ders alır, Olimpiyat oyunlarında defne çelengini kazanmak için yarışırlardı.

Romalı şairler Homeros'un açtığı çığırdan yürüyorlardı. Verjilius, Troyalı Eneas'ın serüvenleri üstüne yazdığı destanla, «İlyada»yı devam ettirmişti. Ovidio, büyüleyici şiirlerinde eskiçağ Yunanistan'ının saf ve heyecan verici efsanelerini anlatmıştı. Roma tarihçilerinden Titus Livius, Tasitus, insanlığın Heredot ve Tusidit tarafından yazılmaya başlanan tarihine devam etmişlerdi.

Tarihin, Roma'ya karşı haleflerin yargısına sunduğu suçlamalar pek ağır, suç delilleri korkunçtur.

Tarih sadece bir «prokuror», yani savcı değil, aynı zamanda bir «avukat»tır da. Dilimiz bile, Roma'nın lehinde tanıklık ediyor. «Prokuror, «avukat» sözlerinin, birçok başka sözlerle birlikte, hep Romalılardan kalmış olması sebepsiz değildir.

Gimnazyum, akademi, üniversite, müze, enstitü, fakülte, doktor, profesör, fizik, matematik, felsefe gibi sözler, Yunanca ve Latinceden bütün Avrupa dillerine girmiştir.

İnsanlığın deneyimlerini, kitaplarında damla damla toplamış olan eskiçağ bilginlerini unutmak büyük bir nankörlük olur.

Tembelliğini ve açgözlülüğünü örnekleriyle gördüğümüz ve aynı Roma'da gecesini gündüzünü bilime veren çalışkan insanlar da vardı.

«Bir tabiat bilgini, amiral ve devlet adamı olan Plinius bunlardan biriydi.»

Plinius, bütün doğayı tasvir etmek gibi cesaretli bir işi tasarlamıştı.

Bilgin şöyle der:

«Tasarım gerçekleşmese bile, böyle bir işe girişmenin verdiği zevk yeter.»

Plinius az uyur, az yerdi. Gün ve gecelerini, coğrafyacıların, astronomların, tabiat bilginlerinin ve doktorların doğa hakkındaki kitaplarını okumakla geçirirdi.

Kitap üstüne kitap okur, not tutar, düşünür, kıyaslamalar yapardı. Gezilerinde ve savaşlarda çok şeyler görmüştü.

Okuduğu kitapların sayısı iki bine yaklaşıyordu. Bunları kurulacak binanın, ancak gereçleriydi.

Yükselmeye başlayan bu binanın adı «Tabii 'Bilimler Tarihi»ydi. Yıllar birbiri ardınca geçiyor, Plinius eserine yeni yeni ciltler ekliyordu. Artık bu tek bir bina değil, koca bir şehirdi. Plinius'un «Tabii Tarih»i tam otuz yedi ciltttir.

Plinius bu eserinde yıldızlardan, gezegenlerden, yaban hayvanlarından, ağaçlardan, uzak ülkelerden ve çok eski zamanlardan sözeder.

Plinius, ayaklı bir kitaplıktı: Kutupta güneşin yazın hiç batmadığını, kışınsa doğmadığını bile, ışık hızının sesinkinden yüksek olduğunu, deniz gel-gitinin, ayla güneşin çekimlerinden doğduğunu biliyordu.

Ama o da gerçeği, uydurmadan pek güç ayırabiliyordu. Plinius, tabiat tarihinin Herodot'uydu.

Göz ve ağızları göğüslerinde bulunan başsız insanlar hakkındaki eski masalları, Plinius da tekrarlıyordu. Denizde kabuklu hayvanların, yalnız yeni ay doğup büyüdüğü zaman geliştiklerini sanıyordu. Köpek burcunun, denizde fırtınalar doğurduğunu, şarabı mayalandırdığına inanıyordu. Plinius'a göre, doğa her şeyi insan için yaratmıştı. Sözgelimi, bitkiler insana meyve, şarap, güzel kokulu yağlar vermeliydi. Ağaç gövdeleri, ev ve gemi yapmak içindi. Demir savaş için, altın insanların ahlakını bozmak için yaratılmıştı.

Plinius şöyle yazar:

«Altın peşinde yerin ta derinliklerine sokulur, üzerinde yaşadığımız toprağı delik deşik ederiz. Sonra da yeryüzünün çatlamasına, kimi zaman da yerin depreme tutulmasına şaşarız.»

Bilgin depremleri, aç gözlü insanlar tarafından, bağrı delik deşik edilen kutsal toprak ananın gazaba gelmesiyle açıklıyordu.

Ne var ki, her şeyin insan için olduğunu söyleyen Plinius, insanın kendisine pek yüksek bir değer vermezdi. Onun vahşi hayvandan kötü olduğunu söylerlerdi. Ne arslanlar, ne de deniz canavarları birbirine karşı kin ve düşmanlık beslemezler. İnsanlarsa öteden beri birbirine düşmandır. Hiçbir yaratığın cesareti, korkudan insanınki kadar kırılmaz. Hiçbir yaratık, insan kadar öfkelenip gaddarlaşmaz. Şöhret ve menfaat düşkünlüğü, yanlız insana özgüdür.

Herhalde, Plinius'un imparator sarayında, Senatoda, sirkte karşılaştığı Romalılar da, daha yüksek bir değere layık olmasalar gerekti.

Plinius, Roma'da yüksek fedakârlık örnekleri gösterebilecek insanların da olduğunu kendi hayatıyla ispat etmişti.

Bilgin bu örneği, hem ömrü boyunca çalışmasıyla, hem de ölümüyle vermişti.

Kuzeni Küçük Plinius, tarihçi Tasitus'a gönderdiği bir mektupta şöyle yazmıştı:

«Benden amcamın, büyük işler başarıp mükemmel kitaplar yazmak mutluluğuna ulaşan insanın, ölümünü anlatmamı rica ediyorsun. Onun alnına, cennet gibi bir yer mahvolduğu sırada ölmek yazılıymış, ama hatırası sonsuza dek yaşayacak.

Amcam, emrindeki donanmayla Mizen Burnu yakınlarındaydı. 22 Ağustosta, kendisine görülmedik bir bulutun belirdiği bildirilmişti. Bulut çama benziyordu. Gövdesi göğe doğru yükseliyor, dallarıysa dört yana uzanıyordu.

Amcam, her yeni olayı incelemeye çalışan bir doğa bilginine özgü heyecanla, gemilerden birinin hemen harekete hazırlanmasını emretti.

Tam o sırada Vezüv eteklerinden. yardım dileyen bir mektup geldi.

Bunun için bütün donanma denize açılmalıydı. Amcam, sancak gemisinde korkusuzca, tehlikeli yere doğru yöneldi. Güverteden korkunç doğa olayını gözetliyor, gözlemlerini sekreterine yazdırıyordu.

Felaket yerine yaklaştıkça, gemiye gittikçe koyulaşıp sıcaklaşan kül yağıyordu. Küle, sünger taşıyla lav bile karıştığı oluyordu.

Stabya'ya yanaşılarak sahile çıkıldı. Artık sular kararmıştı. Vezüv Yanardağı alev fışkırıyordu. Aynı zamanda yer de titredi, öyle ki, Plinius'la arkadaşlarının bulunduğu ev sallanmaya başladı.

Herkes evden çıktı. Yanardağdan fışkıran taş yağmurundan korunmak için, başlarına birer yastık bağlamışlardı. Yanındakilerle birlikte kükürt dumanından ve alevlerden kaçan Plinius, birden takatsız yere yığılıverdi. İki kölenin yardımıyla ayağa kalkabildiyse de, sonra yeniden düşüp öldü.»

Vezüv Yanardağı'nın, 79. yılda Herkulanum ve Pompei şehirlerini kül altında bırakan fışkırmasıydı bu.

İnsanlar, uyuklayan yanardağın eteklerinde yüzyıllarca rahat rahat yaşamışlardı. O yaz sabahı da, her zaman olduğu gibi, herkes kendi işiyle uğraşıyordu.

Berber dükkânının önünde müşteriler kanepeye oturmuş, sıra bekliyorlardı. Meyhanede askerler, büyük bardakları tokuştura tokuştura şarap içiyorlardı. Tüccarlar, dükkânlarının önünde oturmuştu. Kadınlar pazara gidiyorlardı.

Bir köylü, yaya kaldırımındaki bir delikli taşa katırını bağlıyordu. Fırıncı, pişirdiği yuvarlak somunlar arasında bağdaş kurmuştu. Kunduracı, bir kadın müşterinin sandal ölçmesine yardım ediyordu. Bakırcı, bir demir değnekle, çın çın öten kazana vura vura müşteri çekmeye çalışıyordu. Gelip geçenler durup, duvara yazılmış seçim yazılarını okuyorlardı. «Bruttus Balba'yı seçin! Balba şehrin hazinesini kurutmayacak», «Meyhaneciler, oylarınızı Psisk ile Ruf'a verin!», «Marcellüs iyi bir belediye başkanı olacak ve şahane oyunlar tertipleyecek!»

İnsan kalabalığı gürültüsünün ve şadırvandan fışkıran su seslerinin işitildiği, çiçek ve yaprak girlântlarıyla süslü bu sokakların, birkaç saat sonra kızgın kül yığınları altında kalacağı, o zaman kimin aklına gelebilirdi!

Kimileri kaygısız; kimileri de dertli olan bu insanların, birden yanarak ya da zehirli kükürt dumanlarıyla boğularak öleceklerі, kimin aklından geçebilirdi!

Birkaç gün sonra, tek tük sağ kalanların, daha soğumamış olan cesetler arasında dolaşarak, evini bulmak umuduyla, kül yığınlarını kazacaklarını, olaydan önce bu sokaklardan gelip geçenlerin hangisi düşünebilirdi!

Doğa insana, onun ne kadar küçük ve güçsüz olduğunu bir kez daha hatırlatmıştı. Elbet, bir gün gelecek, insan bu yanardağlarla da başa çıkacaktı.

Yine de, gemileriyle, yok olan şehirlerin imdadına koşan bu Romalı amiralin yüceliğini kim inkâr edebilir?

Güverteye taş yağıyordu. Kül bulutları, insanların gözlerini kör ediyor, yüzlerini yakıyordu. Plinius, geri çekilmek şöyle dursun, hiç düşünmeden yoluna devam etmişti. Hem bir amiral, hem bir bilim adamı olarak, sonuna kadar görevine sadık kalmıştı.

7

zaman ölçüsü

İnsanlar, eski Roma'da, yani hemen hemen iki bin yıl önce, geniş imparatorluğu ölçmeye kalkmışlardı. Coğrafyacılar harita üzerinde şehirlerin yerlerini tespit ediyor, mühendisler şehirler arasındaki uzaklıkları ölçüyorlardı.

Dünya gittikçe genişliyordu.

Romalılar, o zamanlardan bir süre önce, Britanya diye bir ada olmadığını, hakkında anlatılanların, hatta adının bile uydurma olduğunu sanıyorlardı.

Sonra Sezar, yok sanılan bu adaya ordusuyla iki defa çıkmıştı.

Yine o zamanlarda Okyanusu dünyanın sınırı sanan Romalılar, devletlerinin sınırlarını oraya kadar genişletmek istiyorlardı.

Oysa Romalı coğrafyacı Strabon, Okyanusun ötesinde insanların yaşadığı bir toprak bulunduğunu sezmişti. Yuba adında bir gezgin bu toprağı aramaya çıkmıştı.

Yuva, Okyanusta bulduğu Kanarya Adaları'nın kıyılarında hindistan cevizi ağaçları, Tenerif Yanardağı'nın üzerinde de bayrak şeklinde bir bulut görmüştü. Adalarda insan aramış, sadece boş evlerin kalıntılarını bulmuş ve kendisini, o kimsesiz evleri beklemeye devam eden köpekler karşılamıştı.

Ya ötelerde?

Bu toprağın ötesinde kara var mıydı?

Filozof Seneka şöyle demişti: «Bir gün gelecek, Okyanus zincirlerini koparacak ve yer bütünüyle açılacak, denizin ötesinde yeni ülkeler bulunacak, Tule de artık dünyanın sonu olmaktan çıkacak.»

İşte insanlar böylece, orası senin, burası benim deyip dünyada geziyorlardı.

Zamanın derinlikleri de çekiyordu insanları.

Güneş ve su saatleri çoktan bulunmuştu. Atina'da Rüzgârlar Kulesi'nde bir saat vardı. Kuleye bakan, saatin kaç olduğunu ve denizde sekiz rüzgârdan hangisinin estiğini öğrenebilirdi. Zaman ölçüsü olarak kullanılan saatin süresi, her zaman bir değildi. Güneşin doğuşundan batışına kadar geçen zaman bir gün olarak hesap edilirdi. Kışın günler, yaz günlerinden kısa olduğuna göre, kış saatleri yaz saatlerinden daha kısaydı.

Takvim de biliniyordu. Daha Babilliler, yılı on iki aya, ayları da otuzar güne bölmüşlerdi. Milaslı Tales, güneş yılının üç yüz altmış gün altı saat olduğunu biliyordu. İnsanlar, günlerin ve haftaların arasında yollarını çabuk şaşırıyorlardı. Hele günlerin hesabını tutmakla görevli Romalı kâhinler tüm şaşırmışlardı. Onların takviminde bazı yıllar on iki, bazıları da on üç aylık oluyordu. Bazı yıllar 355 gün, bazıları da 377 gün sürüyordu. 1 Ocak'ın 15 Ekim'erastladığı da oluyordu, yani dışarda yaz oladursun, takvim kışı gösteriyordu.

Kâhinler bilimden de, güneşten de çok geri kalmışlardı.

Bunun için Sezar, İskenderiyeli astronom Sozigen'e günleri ve ayları bir düzene sokmayı tembih etti. Sozigen, ince hesaplardan sonra 12 aydan ve 365 günden meydana gelen yeni bir takvim yaptı. Takvimin güneşten geri kalmaması için de, her dört yılda bir Şubat ayına bir gün eklenmesini teklif etti.

İnsan saatleri ve yılları ölçmeyi öğrenince durmadı, bununla yetinmedi. Zaman deryasında dolaşmak, uzak geçmişte, yani daha insan yokken, olanları da öğrenmek istiyordu.

Coğrafyacı Strabon: «Yer, her zaman şimdiki gibi miydi?» sorusunu soruyor ve yine kendisi şu cevabı veriyordu: «Değildir. Her şey değişiyor. Eski zamanlarda deniz kıyılarının şekli başkaydı, önceleri şehir olan yerler, şimdi denizin altındadır. Yanardağlar, denizin dibinden yüzeyine adalar fışkırtıyordu. Sözgelimi, Sicilya Adası'nı, Etna Yanardağı püskürtmüştü. Strabon, kıtaların meydana gelişini anlamaya uğraşıyordu. Gezegendeki büyük cisimlerin sırlarını açacak anahtarı ararken bunu küçük cisimler dünyasında bulmuştu. Gize Piramitleri'nin yapımında kullanılan kireçtaşını gözden geçirirken, ufacık deniz kabuklarından ve salyangozlardan olduğunu görmüştü. Deniz kabukları ve salyangozlar deniz dibine çökerek kalın bir tortul tabaka meydana getirmişlerdi. Sonra su çekilince, denizin dibi kara oluvermişti.

dünya üzerinde uçuş

Romalı şair Ovidius, göğe çıkıp yüksekten dünyayı seyretmiş olan Faeton adlı genç hakkında bir masal yazmıştı.

Featon'un annesi ölümlü bir kadınmış. Babası da güneş tanrısı olan Febüs. Faeton, babasını dört atlı güneş arabasına binip dolaşmak istemiş.

Güneşin, yani babasının sarayına gitmiş ama, gözleri kamaşıp eşikte durakalmış. Febüs pırıl pırıl parlayan bir tahtta oturuyormuş, sağında ve solunda saatler, aylar, yüzyıllar ve yıllar duruyormuş. Üstü başı üzüm suyuna bulaşmış Sonbahar'ın yanında, çelenklerle süslü Bahar, kolunda olgun başaklar bağlı genç Yazın da yanında aksaçlı Kış varmış.

Febüs: «Burada ne arıyorsun, oğlum?» diye sormuş. Genç: «Ey büyük dünyayı aydınlatan ışık, demiş, anamın dediği doğruysa, sen benim babamsın, bana öyle bir delil ver ki, buna herkes inansın.»

Febüs oğlunu kucaklayarak: «Anan doğru söylemiş. Ne delil istersen vereyim» demiş.

Genç, babasının boynuna sarılarak: «İzin ver, bir gün arabanı süreyim,» diye yalvarmış.

Febüs verdiği söze pişman olmuş. Oğlunu tehlikeli niyetinden vazgeçirmek için ikna etmeye çalışmış ve:

«Senin kaderinde ölümlü bir insanın yapabileceği

şeyler yazılı, arzunsa ölümlü insanların yapamayacağı bir şey,» demiş.

Genç ayak diremiş, niyetinden vazgeçmemiş.

Baba oğul uzun zaman tartışmışlar. Sonunda baba içini çekerek razı olmuş. Zaten tartışmanın zamanı da değilmiş. Tan tanrıçası Aurora, gün doğuda kızıl kapıların kanatlarını açıyormuş.

Derken saat ve dakika tanrıları olan oynak Or'lar yüksek gök ahırlarından, ateş püsküren atları çıkarmış. Faeton altın, gümüş ve değerli taşlar gibi parlayan güneş arabasını görünce şaşakalmış. Febüs, oğlunun yüzüne, yanmaması için kutsal merhem sürmüş ve parlak tacını başına geçirmiş. Bunun sonunun hayırlı olmayacağını sezen baba, öğütlerini dinlemesini, yani dizginlere asılmamasını, yeryüzünü yakmamak için de pek aşağılara inmemesini tembih etmiş ve:

«Orta yoldan sür, tekerlek izleri olan yerden,» demiş.

Öte yandan gece, çekile çekile batı kıyılarına inerken doğuda tanyeri ağarmış. Baba son defa olarak oğluna aklını başına toplayıp niyetinden vazgeçmesini rica etmiş. Sevinç içinde olan genç artık dizginleri eline almışmış zaten. Sabırsızlanan atlar, ayaklarıyla gök kapılarını dövüyorlarmış. Ortalık at kişnemeleriyle çınlamış. Okyanus adlı tanrıça kapıları açmış. Açınca da uçsuz bucaksız dünya göz önüne serilmiş.

Atlar, ayaklarıyla havayı döve döve, doğu rüzgârına yetişip onu geçerek koşmaya başlamışlar.

Gökyüzüne çıkıp pek dik olmakla birlikte, geceleyin dinlenmiş olan atlar, arabayı hızla çekiyorlarmış. Araba her zamankinden hafif gelmiş atlara. Küçük bir çocuğun ağırlığı ne olacak! Araba, boş bir gemi gibi zıplayıp sallanıyormuş. Bunu sezen atlar gemi azıya alarak yoldan sapmışlar.

Çocuk korkusundan dizginleri nasıl tutacağını, hangi yoldan gideceğini şaşırmış. Güneşin ışınlarından ilkin Büyükayı erimeye başlamış. Kutupta soğuktan hep uyuklayan Ejder gazaba gelmiş. Hantal Sığırtmaç, korkusundan arabasıyla bir yana çekilip gitmiş.

Aşağıya bakan Faeton, ta derinde dünyayı görmüş. Genç sapsarı kesilmiş, ayakları titremeye başlamış, gözleri kararmış. Babasını dinlemediğine pişman olmuş, babasının atlarına bir daha el sürmeyeceğine tövbe etmiş. Dönüp arkasına bakmış. Gökte bir hayli ilerlemiş ama, önünde daha çok uzun bir yol varmış.

Ne yapsın?

Featon atları zaptedemememiş, adlarını bile bilmiyormuş.

Korkudan titreyerek etrafına bakmış. Canavarlarla dolu olduğunu görmüş çevresinin. Yıldız kümesinden, uzun pençelerini, iğri iğnesini kendisine doğru uzatan devasa Akrel'i görmüş.

Korkudan donakalan genç, dizginleri büsbütün elinden kaçırmış. Başıboş kaldıklarını sezen atlar, gönüllerinin çektiği yere alabildiğince koşmuş, yıldızlara çarpa çarpa, bir yükseklere çıkmış, bir neredeyse sürünecekmiş gibi ta yeryüzüne kadar inmişler. Ay, ağabeyinin atlarının, çığırdan çıkarak olanca hızıyla koşmalarını şaşarak seyrediyormuş.

Aşağıda bulutlar tutuşarak tütmeye başlamışlar. Alevler dağların doruklarına sıçramış, ateş ormanlarla tarlaları sarmış. Zümrüt çayırlar bir anda sararıp kavruluvermiş. Şehir ve kaleler yanmış, koca ülkeler kül olmuş.

Kafkaslar ateş içindeymiş. Etna ateş püskürüyormuş. Soğuk İskitler ülkesi bile ısınıvermiş. Alp Dağları'nın üzerindeki hava tutuşmuş, başı dumanlı Apenin Dağları alev alev yanmış.

Yangın bütün dünyayı sarmış. Hava bir fırındaki gibi ısınmış. Faeton'un bindiği araba kıpkızıl olmuş sıcaktan. Genç, göğe doğru yükselen dumana ve kıvılcımlara dayanamamış. Atların karanlıkta nereye gittiklerinin farkında bile değilmiş.

İşte kanları, sıcaklıktan yanmış derilerine hücum

eden Habeşlilerin o zaman karardıkları, Libya'nın da yine o zaman verimsiz bir çöl haline geldiği söylenir.

Tanais (Don) Irmağı'nı dumanlar bürümüş, Babilon'daki Fırat Irmağı tutuşmuş, Ganj'ın, Tuna'nın uzak Kolkil'teki Riyon'un suları kaynamaya başlamış. İspanya'da sıcaklıktan, Taho Irmağı'ndaki altınlar erimiş. Nil Irmağı, korkusundan dünyanın öbür ucuna kaçıp saklanmış, öyle saklanmış ki, kaynakları bulunamamış.

Yeryüzündeki tüm karalar çatlamış. Çatlaklardan, yeraltı ülkesi Tartaros'a ışık sızmış. Işığı gören Tartaros çarı çariçesi dehşet içinde kalmışlar.

Zamanın uzak olmayan bir geçmişine kadar deniz olan yerleri kumsal vadiler kaplamış. Balıklar derinlere inmiş, ölü ayı balıkları suların üzerine çıkmış. Deniz tanrısı, perişan bir halde, üç kere suyun yüzüne çıkmış ve her seferinde sıcağa dayanamayıp gerisin geri denize dalmış.

Okyanusun çepeçevre sarmış olduğu Yer de, gırtlağına kadar suya dalmış ve sıcaktan boğazı yanarak dile gelip korka korka tanrıların babasına yalvarmış:

«Yaz kış çalıştığım, sivri sabanın vücudumda açtığı yaralara dayandığım, insanlara ekmek ve meyve verdiğim için mi yapıyorsun bunu bana!

Bana ve denizlerin hükümdarı olan kardeşime acımazsan, kendi gökyüzüne acı bari. Kutuplara bir bak. Ateş oraları da sararsa, tanrıların meskenleri çöker. Güçlü Atlas'a baksana! O bile, eğilmiş gökkubbeyi omuzlarında güç tutabiliyor. Eğer deniz. yer, gökkubbe yok olursa, biz yine eskisi gibi bir kaos halinde birbirimize karışırız. Artakalanı bari ateşten kurtar. Evrenin selametini düşün!»

Yer'in yalvarışlarını işiten tanrıların babası Zeus, Olimp'in zirvesine çıkıp gürleyerek yıldırımını zavallı gence fırlatmış.

Araba paramparça olmuş, atlar koşumlarından kurtulmuş. Alevler içindeki cansız Faeton da, bir yıldız gibi Eridan adlı büyük ırmağın kucağına düşmüş. Irmak tanrıçaları, yüzünü yıkayıp genci gömmüşler. Mezar taşına da:

«Güneşin arabasını süren Güneşin oğlu Faeton gömülü burada.

Zaptedemeyip atları düştüyse de, büyük bir işe cesaret etti ya!» sözlerini yazmışlar.

Böylece Ovidius, bir çocuk masalında, eski hoş söylentileri, dünya hakkındaki yeni bilgilerle birleştirmişti. Şair, bunun sadece bir masal olduğunu biliyordu. Roma'da şairler artık başka şiirler yazıyordu. Bunlarda tanrılar ve kahramanlar değil, doğanın sırlarını kavrayan filozoflar övülüyordu.

Şair Lükres Kar, insanları manevi baskısıyla ezen eski inançlara karşı çıkmak cesaretini gösteren Yunan filozofu Epikür'ü övüyordu.

Ne tanrılar hakkında söylenen korkuttu onu, ne de yıldırım sesi.
Tam tersine, bunlar onu, ulu doğanın sağlam kapılarındaki sürgüleri.
Daha kuvvetle çekip sıraları açmaya zorladı.
Ve yüksek ruh gücüyle zaferi kazanıp
Yararak ateşten çemberini dünyanın, uzaklara daldı...

Lükres de, öğretmeni Epikür'ün izlerinden yürüyordu. O da, eskiçağdan kalma tabulardan yılmayan insanlardan biriydi.

Ruhu saran korkular dağılıyor, genişliyor sınırları dünyanın,
Ve seyrini görüyor insan sonsuz uzayda eşyanın.
Öğretmeni ona, evrenin sonsuz yollarında kılavuzluk ediyordu.

Yolda değil bir tek duvar, bir tek engel, birçok duvar ve engeller vardı. Yol, daha ne denizlerin, ne toprağın, ne göklerin olduğu, dünyamızın eşyalarına benzeyen hiçbir şeyin bulunmadığı zamanın karanlıklarında başlıyordu.

Atomlar, ayrılıp birleşerek, çarpışıp savaşarak, başdöndürücü bir kasırga içinde hareket ediyorlardı.

Lükres, ilk büyük sınırdan cesaretle geçip yerin gökten nasıl ayrıldığını görmüştü. Atomlar birbirinden ayrılıp dağılıyorlardı. Büyük ve ağır atomlar, bir yerde toplanarak evrenin ortasında katı ve sağlam Yer'i meydana getirmiş, hafif ve hızlı atomlar da dışarı yönelerek, pırıl pırıl parlayan güneş, ay ve yıldızlar halinde birleşmişlerdi.

Dünya daha dumanlarla kaplıydı. Dünyanın, solurken çıkardığı göksel eterdi bunlar.

Derken yol Lükres'i, karların okyanustan ayrıldığı ikinci büyük sınıra götürüyor. Su, ağır ve yoğun topraktan çekiliyor. Daha nemli, yumuşak toprak çöküyor ve tuzlu deniz suları onu basıyor. Kaya ve taşların etrafında ovalar meydana geliyor. Vadilerin çöktüğü yerlerde dağlar yükseliyor.

Lükres, zamanın yolunda daha ileriye gidiyor. Karşısına üçüncü bir sınır çıkıyor: canlının cansızdan ayrıldığı büyük uçurum. Aklın daha aşamadığı bu uçurumdan şair hayal gücüyle geçebiliyor. Şair, yabani hayvanların vücutları tüy ve kılla kaplandığı gibi, genç yeryüzünün de ot ve çalılarla kaplandığını görüyor.

Lükres, yağmurların nemiyle güneşin sıcağından doğan hayvanların nasıl meydana geldiklerini görüyor. Toprağa boşuna, toprak ana dememişler. Zamanı gelince, olgunlaşan topraktan hayvanlar, kuşlar, insanlar çıkıyor. Toprak ana, yavrularını süt gibi bir suyla besliyor. Otlar yatak, toprağın sıcaklığı da elbise oluyor.

Topraktan ayaksız, kolsuz, ağızsız ve gözsüz ucubeler de çıkıyor. Bunlar hayatlarını kazanacak güçte olmayıp hayat kavgasında yok oluyorlardı. Yalnız cesur, kurnaz, çevik olup soyunu koruyabilen kalıyor. Arslanı cesareti, tilkiyi kurnazlığı, geyiği de çevikliği kurtarıyor.

İnsanlar daha hayvan gibi yaşıyor, ormanlarda dolaşarak meyve ve palamut topluyorlar. Fırtınaya tutulunca çalılar arasında, ya da mağaralarda gizleniyorlar.

Büyük bir sınır daha çıkmıştı şairin karşısına: insanın insanlaşması. İnsanlar ormanlarda sopalarla, taşlarla hayvan kovalıyorlardı. Yıldırım ve orman yangınları, insana ateşi getirdi. İlk evin duvarları, ilk ateş ocağının çevresinde yükseldi.

İnsanlar artık ayrı ayrı değil, dost olarak yaşıyor, eşyaları parmakla göstere göstere, bağırış ve hareketlerle meramını anlatarak konuşmaya çalışıyorlardı.

Zamanın yolu ilk şehirlerden, ilk savaş meydanlarından geçerek ileriye doğru uzanıyor. İnsan bakır elde ederek silah ve alet yapıyor. Bakır altından değerli. Çünkü daha sağlam. Bakır aletle, hem delik açılabilir, hem kazılabilir, hem de burgulanabilir.

Zamanla her şey değişiyor ve bakır gözden düşüyor. Bakırdan yapılan orakla alay ediliyor. Tarlalar demir aletlerle işlenmeye başlanıyor. Savaşta keskin demir kılıç, bakır kılıcı yeniyor.

İnsanlar, yaptıkları sağlam duvarların arkasında düşmanlarından gizleniyorlar.

Hazinelerde biriken servet gittikçe artıyor. Altın, madenler arasında baş yeri alıyor. En güçlüye değil, en zengine hürmet edilmeye başlanıyor.

Şehirlerin duvarları yıkılıyor, kabile önderlerinin göğüs kabarttıkları asalar toz toprak arasında yuvarlanıyor. Herkes zenginlik, iktidar ve egemenlik peşinde koşmaya başlıyor. İnsanlar kavgalardan bıkıp usanıp sonunda kendilerini, yasaların esaretine sokuyorlar.

Zamanın yolu şairi, karada ve denizde daha ilerilere götürüyor. Denizlerde yelkenli gemiler dolaşmaya başlıyor. Vadi ve ovalardaki ormanlar köklerinden sökülüp yerlerinde bağlar, bahçeler, tarlalar, zeytinlikler meydana getiriyor. Ormanlar dağlara çekiliyor. Heykeltraşın kalemi, taşa can veriyor. Ozanlar, yüzyılların olaylarını dile getiriyorlar. Her şeyi bilmek isteyen meraklı akıl, insanı ileriye doğru, sanat ve bilimin doruklarına doğru götürüyor.

Ne var ki, insan tüm güçleri, evrenin yönetimini tanrılara bırakmakla kendini inkâr etmiş oluyor.

Yer, yıldırımlarla kanıp sarsılırken, gökkubbe, şimşeklerle altüst olurken, insan, tanrıların karşısında eğiliyor. Şiddetli bir rüzgâr, denizde gemiyi önüne katıp kovalarken, tanrılara kurban adayarak denizin durgunlaşmasını boşuna diliyor. Çünkü fırtına, dua ve kurbanlara aldırmayıp gemiyi ölümün kucağına sürüklüyor.

Küçük çocukların karanlıkta titredikleri gibi, büyükler de bilmedikleri şeylerden korkuyorlardı.

Fakat karanlıkları, bilgi ışığıyla aydınlatan bilgeler de vardı. Güneşin karanlığı kovduğu gibi, doğa da dış manzarası ve iç bünyesinin ahengiyle insanın kalbinden korkuyu kovuyordu.

Zamanın yolu şairi, getire getire kendi çağına, kendi şehrine, doğup büyüdüğü eve getiriyor.

Artık Roma dünyaya egemen olmak uğrunda savaşıyor. Sezar, lejyonlarının başında Golya'ya gidiyordu. Lükres, kendi zamanı üzerinde pek az duruyor, çünkü asıl amacı daha ilerilere gitmek, geleceği sezmektir. Dünyanın nasıl kocayıp kuvvetten düştüğünü, yorulan toprağın nasıl kısırlaştığını görüyor. Zaman her şeyi yıkıyordu, sağlam kale duvarlarıyla burçlarını bile. Dünyayı parçalayan, yüksek duvarlar da çökerek birer enkaz haline geliyor.

Ama atomlar sonsuzdu, evren sınırsızdı.

Doğa, dağılan atomları yeniden derleyip toplayacak, dünyamızın enkazlarından, başka dünyalar meydana gelecekti. Ve başka bir dünyada, başka insanlar yaşayıp düşüneceklerdi.

İnsanın ömrü kısa. Ama düşüncesi sınır tanımıyor. Bir anda binlerce yılı kavrayabiliyor.

Bu, büyük bir zafer değil de, nedir?

Ama yine de, zaferi kutlaması için zaman erken değil mi?

Lükres, uçsuz bucaksız zamanlardan gelip geçtiği halde, her şeyi görüp kavrayabildi mi?

Kavrayamadı. Kolay iş değildi bu. Lükres'in Ampedokles, Levkipos, Demokrit, Epikür gibi akıllı kılavuzları vardı.

Fakat birçok şeyler hakkında çoğu zaman tahminlerde bulunması ve hayal gücüyle aklın yardımına koşması gerekmişti.

Lükres de, Featon gibi kaç kere yolunu şaşırmıştı!

Yüzyıllar akıp geçecek, on dokuzuncu, yirminci yüzyıllar gelecekti. Binlerce bilim adamı, yeryuvarlağının nasıl meydana geldiğini, cansızın nasıl canlılaştığını, canlılarda bilincin nasıl uyandığını öğrenmek için, aynı yoldan uçsuz bucaksız uzay ve zamana yöneleceklerdi.

Her sınırda hararetli tartışmalar olacaktı.

Bu sınırlar bir alemi öbüründen, yıldızlar alemini dünyadan, karayı sudan, canlıyı cansızdan ayırıyordu. Bir zamanlar bu sınırlarda doğa güçleri, doğa unsurları arasında büyük savaşlar olmuştu. Savaşlarda yeryuvarlağı meydana gelmiş, kıtalar doğmuştu. Savaşa yeni yeni güçler katılarak, dünyayı canlı bir örtüyle kaplamış, çehresini değiştirmişlerdi.

Bilim adamları, bu eski savaş meydanlarından geçeceklerdi. Geçitlerde, sınırlarda, yine şiddetli savaşlar olacaktı. Ama bu kez doğa güçleri arasında değil, fikirler arasında.

Her bilim adamı, uçurumdan geçmek için kendi kurduğu köprüyü, kilitli kapıları açmak için kendi anahtarını, teklif edecekti. Anahtar istemeyecekti. Yeni yeni bilim adamları yola çıkacaktı. Bunları sonsuz bir umut ve sönmeyen bir arzu kanatlandıracaktı: bilinmeyen dünyalar bulmak.

Eskiçağ bilginlerinin eserlerini okurken, insan bunların ne kadar çok şey bildiklerine şaşar.

Güneşin dünya etrafında değil, dünyanın güneş etrafında döndüğünü Sisamlı Aristark, Kopernik'ten çok daha önce kavramıştı. Heron adındaki İskenderiyeli mühendis, Polzunof'tan ve Vat'tan çok daha önce buhar gücüyle çarkı döndürmüştü. Astronom Eratos'ten, deniz yoluyla dünya çevresinde gezilebileceğini kestirmiş, coğrafyacı Strabon da, okyanusun ötesinde bir kara parçasının bulunabileceğini tahmin etmiştir. Eskiçağlarda, okyanustaki Kanarya Adaları'nı bulup, Tenerif Adası'ndaki yanardağın üzerinde bayrağa benzer bir bulut görmüş olan Yuba adında bir gezgin de vardı.

Birkaç yüzyıl sonra Atlantik Okyanusu aşılacak, gemiyle dünya çevresinde dolaşılacak, buhar makinesi icat edilecek, ilk demiryolu yapılacak ve ilk vapur suya indirilecek gibiydi.

Gezgin Yuba, Kristof Kolomb'dan bir iki yüzyıl değil, hemen hemen bin beş yüz yıl eskiydi. Heron'u Polzunof'la Vat'tan ayıran zaman daha da fazladır.

İleri hareketinden insanı böyle alıkoyan neydi?

Denizlerde büyük bir cesaretle dolaşan dev, niçin okyanusun eşiğinde uzun zaman duraklamıştı?

İnsan, atomları sezmişken, niçin o zaman onların varlığını ispat edememişti?

İnsanın yolu ok gibi doğru ve düz değildi. Karşısına aşılmaz bir duvar çıkınca devin, çoğu zaman geriye dönüp uzun ve dolambaçlı yollardan yürümesi gerekiyordu. Bunlar yolun hedeften uzaklaşıp geriye döndüğü sanılan karanlık zamanlardı.

İki bin yıl önce devin adımlarını yavaşlatan neydi?

İnsanın o zaman serbestçe ilerlediğini düşünmek yanlış olur. Çünkü eli kolu bağlıydı.

İnsan su kemerleri yapıyor, tüneller açıyor, bataklıkları kurutuyordu.

Kimlerin elleriyle yapılıyordu bunlar?

Kölelerin.

Sabahtan akşama kadar vinçlerin kocaman tekerleklerini, ayaklarıyla basa basa döndürenler, kölelerdi. Gemilerde kürek çeken, yerin derinliklerinden maden çıkaran hep onlardı.

Köleler olmasaydı, ne saraylar olurdu, ne tapınaklar, ne sirkler ne de Romalı soyluların boş vakitlerini geçirdikleri o şahane villalar...

İşte bu villalardan biri. Arkası dağlık, sağ ve solundaki yamaçlarda tarla ve bağlar uzanıyor. Villanın pencereleri denize bakıyor; dalgalar villanın duvarlarını okşuyor. Her yerde şadırvanlar göze çarpıyor. Budanarak garip şekiller verilmiş ağaçların altında beyaz mermerden kanapeler duruyor.

Villa sahibi günlerini okumakla, gezintilerle, dostlarıyla konuşarak, müzik dinlemekle, felsefe okumakla, jimnastik yapmakla, avlanmakla geçirirdi. Şölende, altından yapma çocuk heykellerinin ellerindeki meşaleler, sabaha kadar yanardı. Misafirlerden biri de bir ruloyu açarak Saturnus ülkesi ve ilk insanların mutluluğu üstüne bir şiir okurdu. Devrilmiş şarap bardakları ve yaprakları dökülmüş gül çelenkleri güneşin altında parlardı.

Ama, ev sahibi, o güzel şiiri işitmezdi ki. Aklı fikri, hep yeni günün beraberinde getirdiği dertlerdeydi. Sepetlerdeki kehribar gibi üzüme bakarken, bağlara bakımın ne zahmetli bir iş olduğunu düşünürdü. Asma çubuklarına, küçük bir çocuğa bakar gibi bakmak gerekti. Toprağı gübrelemeli, sulamalı, yabani otları temizlemeli, asmaları budayıp aşılamalıydı. Ve bütün bu işleri, kölelere yüklemek gerekirdi.

Toprak, artık insanlara ekmek ve meyve vermek istemiyor gibi gitgide cimrileşiyor, kısırlaşıyordu. Sebebi, toprak sahiplerinin, toprağa bakım işlerini kölelere bırakmış olmalarıydı.

Bu düşünceler, villa sahibini rahatsız ederdi. Yüzü

asık, başı eğikti. İşte bu kaygılar, şölenin tadını kaçırırdı.

Öte yandan, villayı bir duvar gibi çevreleyen selvilerin arkasındaki tarlalarda savaştaki askerler gibi uzun diziler halinde, sıra sıra köleler taşlı toprağı çapalardı. Diziler boyunca atlı gözcüler gidip gelirdi.

Kırbaç zoruyla çalıştırılan bu boynu bükük köleler, dünyanın dört bir yanından getirilmişti.

Aralarında mavi gözlü Cermenler, kara derili Nubyalılar, iri yarı, sakallı İskitler vardı.

Talih, birbirlerine yabancı, başka gökler altında doğup büyümüş olan bu insanları, gurbette kardeş yapmıştı.

Alınlarındaki damgayı örtmemesi için tümünün başları yarıya kadar traşlıydı.

Bir gözcü öbürüne: «Bir panter sırtı gibi çizgili şu sırtlara bak! Kim dalgacı, kim daha çok kırbaç yemiş hemen belli oluyor. Şu bir avuç buğday yediği için cezalandırıldı. Komşusu da, öküzlere iyi göz kulak olmadığı için... Şu ötekiler, ayakları zincirlilerse, kaçmak istedikleri için yediler cezayı. Bir kez daha kaçmaya kalkarlarsa, kurtuluş yok. Bunların, sonu, ya fırında yakılacak, ya arslanlara parçalatılacak, ya çarmıha gerilecek, ya da katranlı elbise giydirip yakılacak,» diyordu.

Gözcü doğru söylüyordu.

Köle sahibi, kölesine ne isterse yapabilirdi. Köle, onun malı, aletiydi.

İşten, iş aletlerinden, öküzlerden, gözcülerden, sahiplerinden nefret ediyorlardı. Köle olarak yaşamaktan gına gelmişti ve tek bir gün olsun, istedikleri gibi özgür yaşayabilmek için her türlü işkenceye katlanmaya hazırdılar.

Köle öküzle, pullukla bir tutulurdu; oysa insandı.

Köle bunun acısını kendisine emanet edilen aletlerden ve hayvanlardan çıkarırdı. Onlara bir düşman gibi bakardı.

Zamanla karasabanın yerini tekerlekli pulluk aldı.

Harman makineleri, presler, vinçler, dokuma tezgâhları peyda oldu.

Yeni aletlerle çalışabilmek için ustalık gerekti. Aletler ve malzeme daha büyük bir dikkatle, daha büyük bir sevgiyle ele alınmalıydı. Ama zorla çalıştırılan kölenin, işe sevgisi olabilir miydi?

Köle sahibine göre köle, toprağın celladıydı.

Toprak ağaları kölelerine, kızgın demirle damgalanmış alınlarına, yarıya kadar tıraş edilmiş başlarına korkuyla bakarlardı. Ve bu toprak rengi yüzlerde, ahmakça itaat yerine, gittikçe kin okunuyordu.

Köleler ayaklanıyor, ambarları yakıyor, sahiplerinin villalarını tahrip ediyorlardı.

Seçkin Romalı kumandanların bile başa çıkamadıkları Spartaküs'ün ayaklanması daha unutulmamıştı.

Yol boylarında yine asi kölelerin gerilmiş olduğu çarmıhlar, sonsuz bir duvar gibi uzanıyordu.

Yol çıkmaza girmişti. Bunun bir çıkar yolu var mıydı?

Artık köleler şöyle dursun, köle sahipleri bile, kölelik düzeninden kurtulma yollarını arıyorlardı.

Toprak ağaları, kolon denen özgür çiftçilere tarlalarını kiraya vermeye başladılar. Özgür insan, toprağı daha iyi işliyordu. Çalışan ellerin işlediği kısırlaşmış toprak da cömertleşiyor, bol ürün veriyordu

İyi ama, sağlam ve güvenilir kolonları nerede bulmalıydı? Özgür çiftçiler, çoktan başlarını alıp köyden sıvışmış, köylülerin en hali vakti yerinde olanları bile iflas etmişlerdi. Bazıları ticarete ve çeşitli zanaatlara geçmişti. Bunlar dükkân ve atelyelerinden nasıl geri getirilebilirlerdi? Bir kısmı da dileniyor, azgın ve başıboş bir kalabalık halinde sirkleri, pazar yerlerini dolduruyorlardı. Pulluğu kılıçla değiştirip Tuna ötesinde barbarlarla savaşanları da vardı.

Köylüler, Roma için bütün yeryüzünü zaptetmişken, kendi bir avuç topraklarını kaybetmişlerdi.

Büyük toprak ağaları, güç bir sorun üzerinde kafa

yoruyorlardı. Toprak kime kiralanmalıydı? Dilencileri mi getirip yerleştirmeliydi toprağa?

Dilenciler, yoksulluğu da birlikte getireceklerdi. Hep borç içindeydiler, bunları ödeyecek halde de değildiler. Toprağı sürecek bir pullukları bile yoktu.

Toprak ağalarının dertleri başlarından aşıyordu. Kolonların dertleri daha da büyüktü. Umutsuzluk içinde soruyorlardı kendi kendilerine: Borçtan nasıl kurtulmalı? Kurtuluşu nereden beklemeli?

Köyde hayat günden güne güçleşiyordu. Şehirdeki de daha iyi değildi ya! Roma'da tüccarlar işlerin kötü gidişinden şikâyetçiydiler. Dokumacılar, çömlekçiler, camcı ve bakırcılar da öyle. Roma'ya her yerden ucuz mallar geliyordu. Golya'dan çuha, İskenderiye'den cam, İspanya'dan gümüş kaplar...

Romalı ustaların, taşra şehirlerinden Liyon'da, Bordo'da, Trir'de pek çok rakibi peyda olmuştu.

Roma, birçok halkları esareti altına almış, kendisi için çalışmaya zorlamıştı. Ama emek büyük bir öğretmendi; uzak Ron, Ren ve Temza kıyılarında yaşayan halklara çok şeyler öğretmişti.

Barbarlar çalışıyor, öğreniyor, ilerliyorlardı. Aydın, kültürlü Roma'ysa, boyuna istiyordu: hep gelsindi. Roma çalışmayı unutmuştu. Her şeyi kolayca elde ediyordu.

Romalılar ticareti bile öbür halklara bırakmışlardı. Romalı niçin kendisini tehlikeye sokacaktı? Fırtınalı denizde ve susuz çölde ne diye dolaşacaktı? Varsın bunu Suriyeliler, Partlar, Araplar, Fenikeliler yapsındı. Romalılaraysa, tüm Hindistan servetlerinin ayaklarına gelmesi için sadece buyurmak yetiyordu.

Buyurmak, Romalıların kendilerine sakladıkları tek şey buydu. Bir zamanlar Romalılar, tecrübeli ve cesur askerlerdi. Artık bu işi de başkaları görüyordu. Sonsuz entrikaları yapacağını yapmış. Roma'yı o kerteye getirmişti ki, gerçek bir Romalıya rastlamak mesele olmuştu. Birçok eski aile sönmüştü. Roma'yı savunmak için

Romalı yetmiyordu. Altın kartallı bayraklar altında, altışar kişilik saflar halinde, Cermen komutanlarının komutasında Cermenler yürüyordu. Roma Senatosunda işleri Golya, Cermanya, Suriye asıllılar yürütüyordu.

Geçen her yüzyılda Roma daha da zayıflıyor, esir ettiği halklarsa güçleniyordu. Roma zayıfladıkça, kendisini saran halkların artan baskısını önlemek de güçleşiyordu.

Romalılar esir halklara tepeden bakıyorlardı. Romalı ve Yunan olmayanlara, «barbar» deyip çıkıyorlardı. Roma'yı sıkıştıran bu barbarlar, kölelik düzeninden daha ileri bir düzenin taşıyıcılarıydı ve güçleri de bundaydı.

Barbar önderlerinin de köleleri vardı ama, insanların çoğunluğu özgür kimselerdi. Çayırlardan, ormanlardan ortaklaşa faydalanırken, toprağı aileleri işliyordu. Büyük patriyarkal aileler halinde yaşıyorlardı. Aile başkanı, en yaşlı olan kimse, yani baba ya da dedeydi.

Komutanların, askerlerin elinde, gittikçe daha çok toprak birikiyordu. Daha sonraları bunlardan toprak sahipleri, yani feodaller sınıfı meydana gelecekti.

Roma'daysa kölelik düzeni derin kök salmıştı.

Barbar kabileleri, gittikçe daha sık sınırı aşarak imparatorluğa dalıyorlardı. İmparatorluğun kuzey sınırları boyunca Romalı mühendislerin yaptıkları yüksek duvar barbarları durduramıyordu. Golya'dan geçip Alpleri aşan barbarlar, şahlanmış dalgalar gibi İtalya'ya yayılıyorlardı.

Köyde yaşamak tehlikeli olmuştu. Villaların yerini şatolar almaya başladı.

Kaldı ki, şehirler de daima tehlikedeydi. Galya'da şehirlerin, her yıl yeni tapınaklarla, sirklerle, tiyatrolarla süslenip enine boyuna genişlediği zamanlar geçmişe karışmıştı. Galya şehirleri asker kampına çevrilmişti. Yüksek duvarların kuşattığı şehrin içinde karanlık kışlalar yükseliyordu. Dolaylarında da evler birbirlerinin üstüne bindirilmiş gibi görünüyordu.

Yüzyıllar gelip geçiyordu. Üçüncü yüzyıl bitmiş, dördüncü yüzyıl girmişti.

Ortaçağ yaklaşıyordu. Bu her yerde seziliyordu.

Latin dilinde, önceleri bilinmeyen acayip bir söz belirdi: burgus, Almanca bir sözdü bu. Şato demekti. Romalılar sakal bırakmaya, barbar elbiseleri giymeye başladılar. Oysa eski zamanlarda bu herkesçe ayıplanırdı. Romalı, yalnız kendisinin ,yani Büyük Şehir denen Roma vatandaşının giyinmeye hakkı olduğu tog'uyla övünürdü. Sonraları, uzun kollu bir elbise, gömlek, ya da kaftan giymiş bir Romalıya, artık kimse şaşmaz olmuştu. Gocuk giymek bile, hele kuzey şehirlerinde moda olmaya başlamıştı.

Roma tog'u yerine, barbar gocuğu! Bu, Romalılar için kötü bir işaretti.

emeğe lanet

Roma İmparatorluğu'nun durumu günden güne kötüleşiyordu.

Aç gözlü memurlar, halkı soyup soğana çeviriyorlardı. Öyle bir zaman geldi ki, yalnız imparator değil, imparator naipleri de, hükümdar ve tanrı kesilmişti halkın başına.

Kimileri, tıksırıncaya kadar yiyip içebilmek için midelerini boşaltacak kusturucu ilaçlar alırken, kimileri de açlıktan ölüyordu. Açlar toklardan, zayıflar şişmanlardan kat kat fazlaydı.

Köylerde kolonlar vergilerin, angaryanın yükü altında eziliyordu. Yavaş yavaş yurt dışına ekmek aramaya gidiş başladı. Zamanın yazarlarından Salvianus, bu yoksulların «Romalıların insana yakışmayan barbarlığına dayanamayıp, o eski Roma insanseverliğini aramak için, barbarların yanına gittiklerini» yazmıştı. Barbarlar arasında, insan vergiyle boğulmazdı, orada köleler bile, Roma'daki birçok özgür insandan daha iyi yaşarlardı.

Köylüler çiftliklerinden kaçıyor, yakalanıp geri çeviriliyorlardı. Bunlar toprağa, görülmez bir zincirle bağlıydılar. Ve bu zincirler kaçak köylülere, ancak köleler gibi kelepçe vurulduğu zaman, göze görünüyordu. Köylüler toprak ağasının köleleri değildi ama, toprağın köleleriydi. Yasa böyle diyordu. Köylü, işlediği toprakla birlikte satılıyordu. Özgür bir insan olduğu halde, bir öküz, bir pulluk gibi çiftliğin demirbaşı sayılıyordu.

Zanaatçı zanaatıyla perçinlenmişti: çömlekçinin oğlu çömlekçi, dokumacının oğlu dokumacı olmak zorundaydı.

Emek, bir köle işi sayılarak önceleri de hor görülürdü. Sonraları, ekmeğini alın teriyle kazanan özgür insanı da insandan saymamaya başladılar.

İmparatorluğun, köylü ve zanaatçılarla ilgili bir kararında bakın ne deniliyordu. «Emekçilik adiliğinin lekesini taşıyan bu insanlar, insanlığa layık olduklarını akıllarından geçirmesinler, hatta bunu haketmiş olsalar bile, hep oldukları gibi kalsınlar.»

Emeğe lânet!

Bu sözler, köleliğe dayanan düzenin ölüm cezasıydı.

Kölelik düzeni son yıllarını yaşıyordu.

Haydut çeteleri yolları kesiyordu. Kölelerle köylüler, bunlara kahraman ve öç alıcı gözüyle bakıyorlardı.

Devletin nüfuzu zayıflamıştı. Toprak ağaları, davalara kendileri bakıyor, cezaları kendileri veriyor; birer şatoya çevrilen villalarını kendileri koruyorlardı.

Roma'nın kurmuş olduğu güçlü devlet cihazı yıkılıyordu. Devlette kanunsuzluk ve keyfi idare almış yürümüştü. İki imparator vardı: biri batıda, öbürü doğuda. İmparatorlukta dört Sezar'ın birden hükmettiği zamanlar bile oluyordu.

Eskiden bütün yollar Roma'ya giderdi. Zamanla yeni başkentler belirmişti. Trir'de Milano'da, Nikomediya'da, Konstantinopol'da Sezarlar yaşıyordu.

Bir zamanlar Roma, dünyayı zaptetmiş olmakla övünürdü. Şimdi barbarlar, Roma'nın mirasını bölüşüyorlardı. Muzaffer Roma lejyonlarının, yüzyıllar önce geçtiği yollardan Franklar, Slavlar, Gotlar, Anglosaksonlar yürüyorlardı. Bazıları Galya'yı zaptediyor, bazıları denizi aşarak Britanya'ya geçiyor, bazıları da İspanya'ya yerleşiyordu.

Roma can çekişiyordu.

Doğuda vahşi Hun sürüleri yaklaşıyordu. Yeryüzünü saran yangının alevleri, bulutları bile kızıla boyuyordu.

Vaktiyle her eşiği, her haneyi koruyan o tanrılar neredeydi? Duaları niçin işitmiyorlardı?

İnsanlar yabancı tanrılara, yani İzida'ya, Astarta'ya yalvarıp yakarıyorlardı. Roma imparatorları, Pers tanrısı Mitra şerefine tapınaklar yaptırıyorlardı. İnsanların tüm umutları mucizelere, büyüye bağlanmıştı.

İnsan şöyle düşünüyordu: «kavradığım bilimin bana ne yardımı oldu? Burada, yeryüzünde pislik ve yoksulluk içinde yok olurken, dünya yassıymış ya da yuvarlakmış, bana ne?

Ben zincirlere vurulurken, gökkubbelerinin yapılışından, yani yıldızlar bunlara çakılı olup hareketsiz midir, yoksa boşlukta serbest hareket mi ederler, bana ne?

Bilgi, beni ne mutlu yaptı, ne de özgür.

Kaldı ki, gerçeği öğreneceğim de şüpheli. Ben gerçeğe yaklaşmaya çabaladıkça, gerçek benden uzaklaşıyor.»

İnsan, bunca umut bağlamış olduğu bilime lanet okuyordu.

Kurtuluşu nerede aramalıydı?

Birçokları, kölelerin, yoksulların ve mazlumların koruyucusu bir Mesih'in, gelmesini bekliyor, buna inanıyorlardı.

Bu din, Mesih'in sabırla beklemekte olan küçük Yahudiler ülkesinde doğmuştu.

Dağlık Galile'de balıkçılar, çiftçiler, köleler ve yoksullar, Kurtarıcının artık geldiğini ve çarmıha gerilerek dünyanın tüm günahlarını ödediğini kulaktan kulağa bir müjde gibi fısıldıyorlardı.

Başlangıçta küçük bir dere olan din akımı, yüzyıllar geçtikçe genişleyip derinleşiyor, aldığı onlarca kol ile koca bir ırmak oluyordu.

Romalı naip ve memurlar, devletin temellerini yıkmakla tehdit eden bu gür ırmağı durdurmaya çabalıyorsalar da, karşısına çıkan her engel, yeni dinin şehir ve köylerde daha genişçe yayılmasına sebep oluyordu.

Bilinen bütün usullere başvurulmuştu: Hristiyanları arslanlara parçalatıyor, yakıyor, çuvallara sokup kızgın boğalara çiğnetiyorlardı.

İsa'dan vazgeçirmek için insanlara görülmedik işkenceler yapılıyor, «İmparatorun adına ant içersen kurtulursun,» diyorlardı. On beşyaşındaki çocuklar bile: «Hıristiyanım ve Hıristiyan kalacağım,» diyerek kendilerini parçalatıyorlardı.

Bu inadı anlamayan Romalılar, binlerce insanın ruhunu korkunç bir hastalık sarmış sanıyorlardı.

Romalı naiplerden biri İmparatora şunları yazmıştı: «Bu kör inanç salgını, şehirlerden başka köyleri de sarmış olmakla birlikte, önü alınıp durum kurtarılabilir gibime geliyor.»

Naip yanılıyordu. Artık salgını önlemek imkânsızdı.

Çünkü Romalılar, evrensel bir dine giden yolu bizzat kendileri açmışlardı. Birçok halkları buyruğu altına alan Roma İmparatorluğu'na tek bir tanrı gerektiği düşünülüyordu.

Roma Penat'ları ve Lar'ları, yalnız Romalıların evlerini korurlardı. Jüpiter de, esir halkların kabul edemeyecekleri kadar Romalıydı.

Ruhanî ve dünyevî kuvveti tek bir şahısta birleştirmek, toplamak! Bundan iyisi olamazdı.

Romalılar her yeni imparatoru «Sezar'sın sen, Augustus'sun sen, Tanrı'sın sen!» selamıyla karşılardı.

Böyle inanmak gerekiyordu. Subaylarla memurlar, belli gün ve saatlerde tapınakları ziyaret ederek imparatorun heykeline kurban getirirlerdi.

Yalnız vazife zoru inanılan bir din, kötü bir din olduğundan imparator, imparatorluğun tek tanrısı yapılamadı.

Romalılar, başka bir yol bulmayı denediler. Kendi tanrıları arasına yabancıları da aldılar: Persler'in Mitra'sını, Mısır'ın İzida'sını, Frikyalıların Atis'ini.

Bununla, bir dini ötekinden ayıran duvarları yıkmak istiyorlardı. Ve bundan, yeni ortak bir din doğacağını sanıyorlardı.

Halkları birleştirip karıştırırken, halkları birbirinden ayıran duvarları yıkarken, Romalılar eski gelenek ve inançları da altüst ediyorlardı.

Derken, eski dinin enkazı üzerinde, imparatorluk kararıyla değil, kendiliğinden, beklenmedik yeni bir din doğdu. Yeni din herkese açıktı. Yunanlı, Yahudi farkı tanımıyordu. Hepsi insandı. Romalı da, Barbar da. Birçok halkların inanç ve fikirleri bu yeni dini beslemişti.

Kültürlü bir Grek İncil'i okurken, kendi filozoflarını hatırladı. Çünkü daha Platon, doğru insanların ruhlarının yaşadığı daha iyi bir dünyadan sözetmişti. Diyojen, bir Helenliyle bir Barbar arasında fark görmez, kendisine dünyanın vatandaşı derdi.

İncil'i okuyan kültürlü bir Romalı da Seneka'yı düşünürdü. Çünkü Seneka da, kötülüğe iyilikle cevap vermek gerektiğini öğretirdi.

Yeni din en çok, Platon ve Seneka'dan haberi olmayan insanlara yakındı. İskenderiye ya da Sezareya gibi şehirlerin sokaklarında zanaatçılar, köleler, yoksullar toplanıyordu. Hıristiyanlığı öven birini çevrelemiş, konuşmalarını can kulağıyla dinliyorlardı.

— Vay senin haline Roma, diyordu Hıristiyanlığın propagandacısı, vay haline, şeytanın arkadaşı, günahkâr Roma! Yanıp kül olacağın, sarayların enkaz yığınına çevrileceği, Kapitol'ün harabelerinde kurtların uluyacağı gün yaklaşıyor!

Hıristiyan, halkları esir eden bu günahkâr şehri öfkeyle suçluyor, göklerdeki hakimin, tüm günahlıları ve dünyada insanların kaderlerini ellerinde tutanları cezalandıracağı günün geleceğini haber veriyordu. Emekçilere ve zahmet çekenlere, çektikleri cefalar için ödül vadediyordu. «Bugün cefa çekenler, yarın Tanrı katındaki azizler arasında yer alacaklar,» diyordu.

İskenderiye varoşlarında yaşayan zanaatçılar bu sözleri dikkat kesilerek dinliyorlardı. Gözleri fırınların dumanından çıkarmıştı, elleri yanıklar içindeydi, devamlı çalışmaktan belleri bükülmüştü.

Omuzlarında yara izleri taşıyan, alınları damgalı köleler de konuşanı dikkatle dinliyorlardı.

Bu insanlar başka neye bel bağlayabilirlerdi?

Kaç kez umutsuzluktan bunalıp zalimlere karşı savaşa ayaklanmışlardı.

İskenderiye'de sokak çarpışmalarında yanıp yıkılmış evlerin harabelerinde daha ot bitmemişti. Koca semtler enkazlara çevrilmişti. Birçok sarayın, İskenderiye'nin göğüs kabarttığı muzeumun yerinde yeller esiyordu. Son ayaklanma da, eşsiz bir vahşetle bastırılmıştı.

Sağ kalanlar ne yapmalıydı? Bütün kölelerin, bütün esirlerin Roma'ya karşı hep birden ayaklanacakları zaman daha uzaktı. Ve köleler, yapılacak tek bir şey kaldığını sanıyorlardı: mucizeye, kurtarıcıya, öbür dünyada ödüle bel bağlamak.

Hıristiyanlığı yayanların konuşmalarını köle sahipleri de kulak kesilerek dinliyor ve sık sık şu soruları soruyorlardı kendi kendilerine: «Bu fanatikleri izlemeye değer mi? Silaha sarılmasınlar da varsın beklesinler Mesih'lerini!»

Yıllar geçiyordu. Milyonlarca insan Hıristiyanlığı kabul ediyordu.

Yeni din, insanların görüş ufuklarını öylesine genişletmişti ki, bütün insanlığın, bütün dünyanın kaderi yarınki lokmasından başka bir şeyi düşünmeyen zanaatçıyı, kaçıp yurduna dönmeyi hayal eden köleyi ilgilendirir olmuştu.

Artık üçüncü yüzyıl bitmek üzereydi. Yeni dinle savaşmanın anlamsız olduğunu Roma imparatorları da anlamaya başladılar. Çünkü bu din, evrensel imparatorluğun arayıp da bulamadığı evrensel dinin ta kendisiydi. Bu öyle bir dindi ki, kölelere ve esirlere sabır ve itaat telkin ediyordu.

Yüzyıllar süren izlemelerden sonra Hıristiyanlık zaferi kazandı. Roma İmparatoru Konstantin Hıristiyan oldu. Konstantin şöyle düşünüyordu: «İsa putperestlerin tanrılarından daha güçlü. İmparatorluğu kurtarmak için, İsa'nın himayesine havale etmek gerek.»

Denize düşenin yılana sarıldığı gibi, Roma da haç'a sarılmıştı. Köleler haçlara gerilerek alçakça ölüme mahkûm edilirken, sonraları haç imparatorluğun bayrağı olmuştu.

Bu, Roma devletinin yıkılışını önleyemeyecekti. Haç, haç kalacak, Roma piskoposu nüfuzunu koruyup artıracak, Roma İmparatorluğu çökecekti...

Kölelik düzeninin ömrü tükenmiş ve bu düzen imparatorluğu çürütüp ölümüne sebep olan hastalığa çevrilmişti. Hıristiyanlık Roma'yı bu hastalıktan kurtaramazdı, kurtarmak da istemiyordu; çok çok imparatorluğun can çekişme süresini uzatabilirdi.

Piskoposlar vaazlarında, kölelere Mesih'te kardeşler diyorlardı ama, kendi kölelerini serbest bırakmıyorlardı. Bunlar kölelere gökte cennet vaadediyor, dünya cennetini de imparatora ve memurlara bırakıyorlardı.

Ve imparatorun memurları, kaçan kölelerle köylüleri, putperest memurlardan daha şiddetle izliyor, barbarlar ayaklanmalarını bastırıyorlardı.

Roma, kendi mezarını kendisi kazıyordu.

Ve öyle zamanlar geldi ki sayısız barbar orduları Roma'ya saldırdılar. Gotlar Roma'yı çember içine aldılar. Roma'da açlık başgösterdi. Kılıçtan kurtulanları açlık öldürüyordu. Açlıktan akıllarını kaybedenler birbirini parçalıyor, analar yavrularına kıyıyorlardı. Altın, değerden düşmüştü. Çünkü insanı ölümden kurtaramıyordu.

Barbarlar Roma'ya girdiler. Ebedî şehri üç gün üç gece yakıp yıktıktan sonra çekilip gittiler. Zayıflayan Roma İmparatorluğu'nun yeni başkenti olan Ravena'da Got sürülerinin gitmesine seviniyorlardı. Ama bu önü alınamaz saldırıların, ancak ilk dalgasıydı.

Kırk beş yıl sonra barbarlar Roma'ya yine girdiler. Bu kez Vandallar gelmişti. Şehir on dört gün yağma edildi. Koca tapınaklar ve tiyatrolar harabelere çevrildi. Heykeller sokaklara atıldı. Ovidius'la Lükres'in eserleri yazılı olan papirüs ruloları yakıldı.

Vandallar şiirden, bilimden ne anlarlardı? Bu sözleri bilmezlerdi bile. Roma'yı tahrip eden Vandalların adı binlerce yıl unutulmayacaktı.

İşte unutulmaktan beter olan böyle ölümsüzlük de var.

Önceleri bütün yollar Forum'una götürürken, barbarların akınlarından sonra burada, bir köy sokağındaki gibi otlar bitmişti. Roma İmparatorluğu çökmüş, enkazları üzerinde barbar halkların devletleri doğmuştu.

Barbarlar birçok bakımdan Romalılardan geriydiler. Ama en önemli meselede ileriydiler. Barbar kabilelerinde çiftçi, emeği ile kabile önderini ve maiyetindeki askerleri besleyip geçindirmek zorunda olduğu halde, köle değildi. Ekmeğini kendi alınteriyle kazananlar için barbarlar arasında yaşamak daha kolaydı. Romalı toprak kölelerinin ve şehirli yoksulların, barbarların tarafına kaçmalarının sebebi de buydu.

☆

ÜÇÜNCÜ BÖLÜM

1

bilimle uğraşanlar parçalanıyordu

İtalya çöle çevrilmişti. Birçok şehir yıkılmış birçoğu da izleri kalmayıncaya kadar yeryüzünden silinmişti. Yakın geçmişe kadar dört başı mamur olan bir diyarı, ancak sel, ya da deprem böylesine altüst edebilirdi.

Tarlaları yaban otları kaplamıştı. Bakımsız kalmış bağlar odunlaşıyordu.

Romalı Senato üyesinin konağı harebeye çevrilmişti. Konağın pembe ve beyaz mermerinden, sütun ve cephe süslerinden, yabancılar kendilerine köyler kuruyor, evler yapıyorlardı.

Selvi ormanında balta sesleri dinmiyor, kesilen selviler, isli bir kulübenin ocağında yakılıyordu.

Got köylerinde çocuklar heykel parçalarıyla oynuyorlardı. Anneler kucaktaki yavrularını, Romalılardan kalma tog ve tuniklere sarıyorlardı. Komşu çiftliğe, yeni sahibi, yani Got Kralı'nın askerlerinden biri yerleşmişti. Kral, yabancıların bu çiftliğini askerlerinden birine bağışlamıştı.

İtalya'ya Got'lar hakimdi. Ama kölelerin durumu eskisi gibi kötüydü. Oysa köleler Gotları, misafir gibi sevinçle karşılamış, onlara şehirlerin kapılarını açmışlardı. Köleler çok geçmeden yine pulluğa koşulmuş, çapalarının başına dönmeye zorlanmışlardı.

Bazı yerlerde çiftlikler hâlâ eski Romalı sahiplerinin elindeydi. Bunlar, korktukları ve anlamadıkları yeni hayata bir yolunu bulup alışmaya çalışıyor, daha doğrusu son günlerini yaşıyorlardı.

Her yıl, gelirlerinin üçte birini Got kralına haraç olarak gönderen Romalılar, ellerinden her şeylerinin alınmadığına şükrediyorlardı.

İtalya ormanları arasında bir kale gibi yükselen yeni başkent Ravena, eski Ravena'ya benzemiyordu. Puta tapanların eski tapınaklarına haçlar dikilmiş, eski devirlerin mahkemeleri olan bazilikalarda yargıçların oturdukları yerlere mihraplar kurulmuştu.

Got kralı Teodorik, Augustus unvanını almıştı ve yabancı elçileri kabul ederken ergüvani bir kaftan giyiyor, başına pırıl pırıl bir taç takıyordu.

Bu yeni kral, Augustus unvanını taşıyan Roma İmparatorlarından ne kadar farklıydı. Latince okumak şöyle dursun, çıkardığı kanunların altına imza bile atamazdı.

Komşu Burgundiya kralına ya da Frank Krallığı'na mektup yazmak gerektiği zaman, sekreteri ve danışmanı Kasiodor'a başvuruyordu.

Kasiodor, soylu bir Romalı ve Senato üyesiydi. Kralın emrine boyun eğip, elinde balmumundan tahtacıklarla huzuruna çıkar ve sıradan bir kâtipmiş gibi, efendisinin emirlerini yazardı.

Bu türedi Augustus, bu yeni barbar lider için devlet yeni bir şeydi. Romalı danışmanlarla memurların yardımı olmadan, devlet işlerini yoluna koyamaz, devlet yönetimini başaramazdı. Çünkü bu, zor ve karışık bir meseleydi. Got'larsa her işte kendi güçlerine güveniyordu. Onlara göre, askerin eli kalem tutmayı değil, kılıç kullanmayı bilmeliydi. Peki ama, okuma yazma bilmeyenlerin, eli kalem tutmayan cahil insanların devleti idare ettikleri nerede görülmüştü?

Kasiodor, efendisine saygıyla tavsiyelerde bulunuyordu. Kral da, uysal bir öğrenci gibi kâtibini dinliyordu.

Teodorik'in Amalasunta adında bir kızı vardı. Okur yazar olmanın faydasını babasından daha iyi anlamıştı bu kız. Kitap okuyor, bilim ve kültür dili olan Latinceyi yutarcasına öğreniyordu. Birkaç yıl sonra bu dünkü barbar kız, Virjiliüs'ün şiirlerini Latince'den Yunan'caya çevirmeye başlamıştı bile.

Amalasunta'nın oğlu, veliaht Atanarik de büyüyordu. Got çocuklarını okutmak yasak olduğu halde Amalasunta, oğluna okuma yazma öğretiyordu.

Bunu haber alan ihtiyarlar ve gözü pek askerler krala başvurup buna son verilmesini öfkeyle istemişlerdi.

Bunlara göre, başkalarına kötü bir örnek olabilirdi bu. Kralın kendi yasalarını çiğnemesi olur muydu? Bir askerin cesur olması için, bilgili olması şart değildi. Bir kere olsun hocadan dayak yiyen yüreksiz olur, kılıca dayanamaz; diyorlardı.

Kasiodor, susarak dinliyordu askerleri. Onlardan nefret ediyordu ama, belli etmiyordu.

Barbarlar, o zamana kadar vahşi ve cahil yaşamışlardı.

Tasitus, Cermen çocuklarının, buzağı ve domuzlarla birarada çırılçıplak ve pislik içinde büyüdüklerini yazalı çok mu olmuştu? Sezar'sa Cermenlerde, talan için yapılan akınların ayıp sayılmayıp, gençliği eğitme aracı olduğunu söylerdi. Kasiodor, Cermen kabilelerinden biri hakkında Plinius'un anlattıklarını da hatırladı. Bu kabile, daha uzak olmayan bir geçmişte, Kuzey Denizi kıyılarında göl evleri kurar ve çiftliğin ne olduğunu bilmezdi.

Teodorik, Kasiodor'u, Got'ların tarihini yazmakla görevlendirmişti. Bu kolay bir iş değildi. Çünkü Got'ların tarihi yeni başlamıştı ve yıldızları ileride parlayacaktı. Kasiodor umutluydu, kültürün barbarlığı yeneceğine inanıyordu.

Kral Teodorik'in bir danışmanı daha vardı: Boes. O da, Romalıydı, soylu bir ailedendi. Bilim severdi. Evin en güzel yeri kitaplara ayrilmıştı. Boş saatlerinde incelemeler yapardı. Bir tahtaya gerdiği telleri, sayıyla ses arasındaki gizli bağı çözebilmek için, bir uzatıp bir kısaltıyordu. Boes müzik üstüne bir kitap yazıyordu. Bu kitap yüzyıllarca yaşayacaktı.

Mekanikle de uğraşıyordu Boes. Teodorik için yaptığı saat, zamandan başka yıldızların hareketini de gösteriyordu.

Bunu öğrenen komşu Burgundiya kralı Gundobad, Teodorik'ten su ve güneş saatleri göndermesini istemişti.

Boes işe sarıldı ve çok geçmeden Teodorik'in elçileri Lion'a armağan olarak bir saat götürdüler. Bu saat hem zamanı ölçüyor, hem de yıldızların hareketini hesaplıyordu.

Boes, kral Teodorik'in sevgisini kazanmıştı. Onun ricası üzerine Kasiodor Boes'e şu mektubu yazmıştı:

«Ptolemeus'un 'Astronomi' adlı eserini ve Öklidis' in 'Geometri' adlı kitabını, senin Latince tercümelerinden okuyorlar. Tanrıyı inceleyen Platon'la mantıkçı Aristoteles, Latin dilinde tartışıyorlar. Mekanikçi Arşimed'i de Latince sen konuşturdun. Verimli Yunanistan'da doğan her bilim ve sanatı, Roma senin sayende ana dilinde öğrendi.» Boes, bu mektubu okurken şöyle düşünmüştü: «Bu Kasiodor'un üslûbu. Bu barbarların, Aristoteles'i anlayabilmeleri için, daha birkaç yüz geçmeli.»

Boes, boş kalan her dakikasını okumakla geçirirdi. Elinde olsaydı, dünyada olup bitenleri görmemek ve bilmemek isterdi. Ebedî şehir denen Roma'nın ve mağrur Roma İmparatorluğu'nun neler gelmişti başına! Barbar sürüleri ülkeyi sel gibi basmışlardı. Savaşın arkasından, sağ kalanları da kırmak için, açlık ve veba başgöstermişti. Roma Setanosunun üyeleri, Romali olduklarını unutup, hiç olmazsa bir şeycikleri kurtarmak umuduyla, barbarların karşısında elpençe divan duruyorlardı.

Boyun eğmekle selin önü alındığı nerede görülmüştü? Barbar seli yalnız Romalıların mal ve mülklerini, haklarını değil, her şeyi: felsefeyi, sanatı, bilimi de silip süpürecekti.

Boes, senato üyeleriyle görüşerek kayzerlerin saltanat sürmeye devam ettikleri Bizans'a bir mektup yazdı. Kurtuluş gelirse oradan gelirdi. Çünkü barbar sürüleri Doğu Roma İmparatorluğu'nu daha çiğnememişlerdi.

Komplonun ipleri, Ravena'dan Bizans'a uzanmıştı. Fakat komplo gizli tutulamamıştı, açığa çıkarılmıştı. Küplere binen Teodorik, Boes'i zindana attırdı.

Taş duvarlar arkasında, idamı bekleyen Boes, teselliyi yine felsefede aramıştı. Yazdığı kitap da «Felsefeyle Avunma» adını taşıyordu.

Ağır kapı sımsıkı kapalıydı. Gardiyanlara rüşvet vermek imkânsızdı. Dostlarını Boes'in yanına bırakmıyorlardı. Kaldı ki, dışarıda dostu kaldığı da şüpheliydi.

Boes yalnız değildi. Kitapları vardı yanında. Kendisi gibi zindandayken felsefede teselli arayan Sokrat geliyordu yanına. Eskiçağın filozofları geliyordu. Fakat ölüme mahkûm bir kimseyi teselli etmek zordu. İleride bir umut, bir ışık görünüyordu. Boes şöyle düşünüyordu: Her şey, zamanın yıpratıcı kuvvetine ebedî şehrin bile dayanamadığı bu dünyada, her şey geçiyor ve çürüyor.

Kalem durmadan yazıyor, kafa durmadan işliyordu.

Cellâtsa, bu düşünen kafayı kesecek olan baltayı bilemeye başlamıştı bile.

«Son Romalı» denilen Boes, boynu vurularak öldürülmüştü. Ya Kasiodor? O da mı ölmüştü? Yoksa o Romalı değil miydi? Romalıydı ve hiç olmazsa Boes kadar antik kültüre âşıktı.

Fakat komploya katılmamıştı. Tarihi iyi biliyordu ve onu durdurmanın imkânsız olduğunu anlıyordu. Böyle olmakla beraber Kasiodor da kültür uğrunda savaşıyordu. Yalnız onun seçtiği yol başkaydı: İtalya'nın güneyindeki çiftliğine çekilerek orada dünyanın ilk manastırlarından birini kurdu.

Manastıra «Hayat Evi» anlamına gelen «Vivarium» adını verdi. Kasiodor burada hiç olmazsa barbarlardan kurtarılabilen şeyleri yaşatmak istiyordu.

Kitap kopya eden hattatların işinden daha şerefli bir iş olmadığını söylüyordu rahiplere.

Rahipler de, sabahtan akşama kadar Roma ve Yunan filozoflarının eserlerini kopya ediyorlardı.

Aradan yıllar geçti.

Altıncı yüzyılın ikinci yarısıydı.

Ostrogot Krallığı çoktan çökmüştü. Ravena'da Langobardlar hükmediyorlardı.

Güneydeki Vivarium'daysa sanat önceki gibi sürüp gidiyordu. Sessiz ve sabırlı çalışmalar bir gün bile durmuyordu. Rahipler, gelecek kuşaklar için bir arı kovanında gibi antik bilimin balını topluyorlardı. Manevi babaları Kasiodor, artık doksanını aşmış bir piri faniydi. Fakat ölmeye ne niyeti vardı, ne de vakti. Ölüm bile Hayat Evi'ne girip onun çalışmalarına son vermeye, kalemini durdurmaya cesaret edemiyor gibiydi. Bazı, Kasiodor, yazdıklarından başını kaldırarak mor dağlara bakıyor, dağları değil, Roma sokaklarını, gençliğini, dostlarını görüyordu... Boes geliyordu gözlerinin önüne ve onun «Felsefeyle Avunma» kitabını hatırlıyordu.

Boes'i idam ettirenler çoktan çürümüştü. Teodorik mezardaydı. Kızı Amalasunta da, beraber olarak yaşamak istemediği için, barbarlar tarafından öldürülmüştü.

Roma'nın yerinde de yeller esiyordu.

Kitaplarsa Roma'dan çok yaşamıştı. Fikir, yüzyıllardan da fazla yaşar...

Kasiodor'un aklı, kendinden önceki kuşakların biriktirmiş oldukları bilgiyi, tecrübeyi gelecek kuşaklara miras olarak bırakmıştı.

Yazdığı kitabın adı, «Serbest Sanatlar Üstüne»ydi. Yedi serbest sanat, yedi bilim dalı biliyordu. Kasiodor:

gramer, retorik, diyalektik, aritmetik, müzik, geometri, astronomi. Bunları bir kitapta nasıl toplamalıydı? Yaşlı eli titriyordu, kalbi yorgundu. Neler görmüş geçirmişti bu kalp doksan yılda.

Ama ihtiyar, ölmemek gerektiğini biliyordu. Kitabını tamamlamalıydı. Gelecek kuşaklar definenin yerini, nerede gömülü olduğunu bilsinler diye, hiç olmazsa, filozofların adını söylemeliydi.

Sonunda kitap tamamlanmıştı. Kasiodor yüz yaşında öldü. Başkaları onun eserine devam ediyorlardı. Manastırlarda, ruloların üzerine eğilmiş hattatlar çalışıyordu.

Bilgi âşıklarına kopya etmekten başka ne kalmıştı zaten. Yaratmanın zamanı geçmişti, hiç olmazsa, eski çağlardan kalanları koruyup sonraki kuşaklara bırakmalı, onu böylece yaşatmalıydı.

Karanlık yıldan yıla koyulaşıyor, bilgili insanlar azaldıkça azalıyordu.

Piskopos Turlu Gregor, dostu şair Fortunat'a «Bizde bilimlerin öğrenilmesi gerekiyor,» diye yazmıştı.

Manastırların sayısı artmıştı, ama rahipler Kasiodor'un kutsal saydığı işe günah gözüyle bakmaya başlamışlardı.

Kilisenin reisi olan Roma papazı, piskoposlardan birine şunları yazmıştı: «Öğrendiğime göre, gramer okutuyormuşsun? Bunu yazarken yüzüm kızarıyor. Kederliyim. Saçma dünya bilimleriyle uğraşmadığını ispatla ki, biz de tanrımıza medhüsena edelim.

Bilim küçümseniyor, gelişmesine imkân verilmiyordu. Üstelik izleniyordu da. Dokuz yüz yıl yaşayan Atina Akademisi kapatılmıştı. Akademiye sığınan son filozoflar, Bizans İmparatoru Jüstinyen'in emriyle kovulmuşlardı. İskenderiye'de ayak takımı, Sarepeyon kitaplığını yakmıştı. Matematikçi Teo'nun kızı İpatiya, babasının izinden yürüyüp geometriyi ve astronomi dersleri verdiği için, parçalanarak öldürülmüştü.

Bilime, yurdu Atina'da ve İskenderiye'de bile yer

kalmamıştı. Yadellerde, Golya ve Cermanya'nın sık ormanlarında durum daha kötüydü.

Artık manastırlarda bilim, sadece «ilâhiyatın hizmetçisi» olarak tutulacak bir üvey evlat olacaktı.

Yüzyıllar gelip geçecek, sabır meyvelerini verecekti. Bir masal prensi, demir kapıları açıp üvey kızı zindandan kurtaracak ve kraliçe yapacaktı. Bu prensin adı ne olacaktı. Rocer Bakon mu? Kopernik mi? Leonarda da Vinci mi? Cordano Bruno mu?

savaş diye buna derim

Karanlık gittikçe koyulaşıyordu. Artık papazlar arasında bile okumuş insana seyrek rastlanıyordu.

Ancak şurda burda ıssız adacıklar gibi manastırlar yükseliyordu. Bunların duvarları arkasında, küçük pencerelerden sızan zayıf ışığın altında, çalışkan rahipler, sabahtan akşama kadar kitap kopya ediyorlardı.

Roma İmparatorluğu barbar sürülerinin akınına uğradığı zaman insanlar yığın yığın, imparatorluğun kenar bölgeleri olan Britanya ve İrlanda'ya kaçmaya başlamışlardı.

Ürkek kadınlar, ağlaşan çocuklar, dertli, onurlu erkekler, birer ölüm beşiğini andıran kayıklarla, yalpalaya yalpalaya, fırtınalı denizden geçiyorlardı.

İnsanlar evini barkını, topraklarını, kölelerini, varını yoğunu bırakıp gidiyorlardı. Ağzına kadar yüklü kayıklara, ancak en değerli şeylerini alabiliyorlardı.

Kimi altın ve gümüş götürüyordu, kimi de değerli kürk ve kumaş. Ama kitaptan değerli eşyası olmayanlar da vardı. Bunlar, anababa gününde bile, can yoldaşları şair ve filozofları unutmamışlardı.

Eskiçağ felsefesini düşünenler pek azdı. Bilgi, denklerle insanlar arasında bir yerde büzülüp kalmıştı. Vaktini, saatini bekliyordu; sabırla bekliyordu.

Ve bu saat geldi.

İrlanda'daki manastırlardan birinde, bilgili bir rahip, putperest ozanların eserleri olan eski saga'ları derleyerek kopya ediyordu. Fakat bu rahip, bayağı bir kopyacı değildi. İrlandalı denizci Mayl Duyn'un seferlerini anlatırken, Odiseüs adındaki denizciyi de hatırlamadan geçmiyordu. Kiklop'u, dilber Kalipso'yu, Akdeniz'den okyanusa aktarıyordu. Eski bir İrlanda saga'sına Davud'un dinsel şarkılarından sözler örüyor, arkasına da Virjiliüs'ün bir şiirini ekliyordu.

«Gün gelecek bunu da anmak bizim için bir sevinç olacak.»

Yurdunda unutulan Roma şairinin sesi, dünyanın bir kıyısında Son Tule yakınlarında yeniden işitiliyordu.

İrlanda ve Britanya manastırlarında şiirle birlikte bilim de barınak bulmuştu.

Saygıdeğer denen Beda adındaki bilim adamı, manastır okulları için ders kitapları yazıyordu. Boes'in yazdığı müzik kitabını özetliyordu. Beda'nın kitaplarında Britanyalı Alkuin, aritmetik ve müzik öğreniyordu.

Böylece, yüzyıllardan gelen bilgi kıvılcımı, Aristoteles'ten Boes'e, Boes'ten Beda'ya, Beda'dan Alkuin'e geçiyordu.

Alkuin de, bu kıvılcımı kendinden sonrakilere miras bırakmak için çalışmıştı.

Aristoteles İskender'in hocasıydı.

Alkuin, Şarlman'a hocalık etti.

Frank kralı Şarl, güçlü ve yürekli bir bahadırdı. Savaşta öyle darbeler indirirdi ki, ağır kılıcı düşmanın miğferini yarıp kafasını parçalardı.

Fakat onun kocaman elleri için kalem pek hafif ve küçüktü. Kalem tutmayı pek beceremiyordu daha.

Yatağa girerken, yastığının altına balmumundan bir tahta ve sivri uçlu bir kalem alıyordu. Uykusuz gecelerinde tahtacığı alıp üzerine özene bezene Latin harfleri çiziyordu. Açık pencereden esen hafif rüzgâr, kandilin alevini titretiyordu. Kralın uzun sakalı tahtaya değiyor ve yazmaya engel oluyordu. Harfler eğri büğrü çıkıyordu. Sakallı öğrenci memnun değildi. Yazdıklarını kalemin küt tarafıyla düzleyerek yeniden başlıyordu. Şarl gayretle çalışıyordu. Okumanın yazmanın ne kadar gerekli bir şey olduğunu biliyordu çünkü.

Büyük bir devlet kâtipsiz, kanunsuz, elçisiz olamazdı.

Şarl'ın devleti de küçük değildi. Üstelik durmadan genişliyordu. Ateş ve kılıçla az mı ülke zaptetmişti.

Şarl, Papa Leon'un eliyle, Roma İmparatorluğu'nun altın tacını giydiği 800 yılının noelini hatırlıyordu.

Bir imparator nasıl bilgisiz olabilirdi?

Akşamları Şarl'ın Ahen'deki sarayında bilgili kişiler toplanırdı. Alkuin, tarihçi Ayngard ve şair Angilbert hep orada olurlardı.

Şarl, oğullarını, kızlarını ve kızkardeşlerini çağırtırdı, okumuş insanların konuşmalarını dinlesinler diye...

Bu toplantılarda herkese birer ad takılırdı:

Angilbert'e Ilomeros derlerdi, Alkuin'e bir Roma adı olan Albin'den başka bir de, Roma şairi Horatsius Flakkus şerefine Flakkus adı takılmıştı. Yunanlılarla Romalıların arasına her nasılsa bir de hükümdar Davit karışmıştı. İmparator Şarl'a Davit diyorlardı.

Toplananlar şiir okur, tartışır, güzel konuşma denemeleri yaparlardı. Her biri, söz yarışmasında ötekilerini geçmeye çalışırdı. Şarl nükteli bir cevap aldığı zaman, «mükemmel bir darbe», ya da «ben savaş diye buna derim», «savaş böyle olmalı işte» derdi.

Bu, her ne kadar bir oyuna benziyorduysa da, oynayanlar bunu ciddiye alıyor, önemli bir iş sayıyorlardı. Derneklerine «Akademi» diyorlardı ve yeni bir Atina kurduğu için Şarl'ı övüyorlardı.

Oysa sarayın penceresinden görünen karanlık ormanlar arasındaki bu ahşap şehir, Atina'dan ne kadar farklıydı.

«Akademi» sözünün de ocak başındaki bu akşam sohbetleriyle bir ilgisi yoktu; dağlar kadar fark vardı aralarında. Bu, bir Akademi'den çok, çocuklarla yaşlıların okuduğu bayağı bir okuldu.

Burada yeni öğretiler üstüne bir söz işitilmezdi. Bu insanlar kendi fikirlerini ifade etmeyi daha yeni öğreniyorlardı. Kaldı ki, kendi fikirleri nereden olacaktı. Akademi neredeydi, bunlar neredeydi. Yüzlerce fersahlık bir çevrede, bazı tek bir okur yazarın bile bulunmadığı yerde, okul da gerekliydi.

Yüzyıllar geçiyordu.

Bilgi kıvılcımı elden ele iletiliyor ve ortalığı saran koyu karanlıkta gittikçe daha solgun ve daha zayıf bir ışık saçıyordu.

Şarl öldükten sonra, devleti küçük parçalara bölündü. Çünkü Şarl, bir eliyle aldığı toprakları, öbür eliyle, halkı da içinde olarak, kendi kont ve düklerine vermişti. Bunlar kendi malikânelerinde birer hükümdar kesiliyordu. Ve her malikâne, küçük bir devlet, ayrı bir dünyacıktı.

yeni düzen: feodalizm

Malikâne ayrı bir dünyacıktı: Etrafta her şey silinip, kontun şatosu komşu köylerle birlikte, okyanus ortasında bir ada gibi kalsa bile, yine de yaşıyordu. Çünkü burada toprak köleleri, kendilerine ve efendileri senyora bez dokuyor, deri işliyor, çizme dikiyor, bira yapıyor, un öğütüyor, balık tutuyorlardı.

Senyora çalışanlar köle değil, toprağa bağlı köylülerdi.

Roma'yla birlikte, bin yıllık kölelik düzeni de yıkılmıştı.

Yeryüzünde yeni bir düzen oluşuyordu: feodalizm.

Toprak sahiplerinin çiftliklerinde hâlâ bazı köleler

vardıysa da, çiftliğin temeli bunlar değil, toprak köleleriydi.

Köle çalışmayı hiç sevmezdi, toprak kölesiyse, çalışmadan yaşamayı aklından bile geçirmezdi. Ürettiğinin, ancak yarısına, hatta üçte birine sahipti, ama ne de olsa sahipti... Kölenin hiçbir şeyi yoktu, toprak kölesininse tırmık, pulluk gibi tarım aletleri vardı ve bunların üzerine titrer, her zaman işe yarayacak durumda olmalarına dikkat ederdi.

Fransa, ya da Cermanya ormanları arasında bir ada gibi duran bu malikânede, her şey toprak kölesinin emeğine dayanıyordu. Malikâneyi, kurt ve ayıların yaşadığı sık ormanlar kuşatıyordu. Ancak arasıra çiftlik sahibi, köpekleri ve köpek bakıcılarıyla buralardan geçerdi. Havlamalar ve boynuz sesleri, uzaklara yayılır, sonra her şey yine sessizliğe gömülürdü.

İnsanlar yurtlarından, doğup büyüdükleri yerlerden seyrek ayrılırlardı. Yollar o kadar kötüydü ki, atla gitmek bile zordu. Bir cenaze alayıyla bir düğün alayı karşılaşacak olurlarsa, geçmelerine imkân yoktu. Hal böyleyken uzak yolculuğa çıkmayı kim göze alabilirdi. Yol boylarındaki her şato bir haydut yatağıydı. Başlarında bizzat derebeyinin de bulunduğu bir sürü silahlı haydut, yoldan geçenlere çullanırdı.

Bereket versin, arabayla yolculuk edenler azdı. Tüccarlar çoğu zaman yaya dolaşır, Uzak-Doğu ülkelerinden gelen karabiber, pırıl pırıl Friz kumaşlarını, kızlar için renk renk ipekli kurdelaları hep sırtlarında taşırlardı.

Yüzyıllar sonra bile, Londra'daki ticaret mahkemesine, tüccarların tozlu yollarda yaya dolaştıkları zamanlara atfen «Tozlu Ayaklar Mahkemesi» denilecekti.

Dünya daha daralmış, daha küçülmüştü.

Avusturyalı bir rahip, kendi tarih kitabında, Normanların, İngilizlerin, Fransızların, daha tam olarak bilinmeyen halklar olduğunu yazmıştı. İngiltere ve Fransa'da da birçokları, Avusturya'nın ne olduğundan bile habersizdiler.

Yabancılara düşman gözüyle bakılırdı. Yabancı tüccarlara, ancak panayırlarda rastlanabilirdi. Panayır pek az şehirlerde ve çok seyrek olurdu .

Yabancı tüccarlarla kavgaların ölümle bittiği, alışverişin yağma halini aldığı da oluyordu. Dükkân ve kulübeler yakılıp yıkılır, tüccarlar birbirlerini yaralardı.

İnsanların, yaşadıkları dünya hakkında bildikleri, uzak yıldızlar hakkında bildikleri kadar azdı. Dünya umurlarında değildi. Onsuz da pekâlâ yaşıyorlardı ya...

Kitap derseniz, hemen hemen hiç kalmamıştı, kalanlar da manastırlardaydı. Rahip olmayanlara, kutsal kitabı bile okumak yasaktı.

Dünya yeniden daralıyor, küçülüyordu.

Bilim adamları bile dünyayı, yine dar bir oda biçiminde düşünüyorlardı. Bu odayı dört yandan Okyanus çevreliyordu. Okyanusun ötesinde, dünyanın duvarları yükseliyordu. Bunlar yükseldikçe yuvarlaklaşıp, gök kubbesini meydana getiriyorlardı. Kubbenin üstünde tanrılar ve evliyalar yaşıyordu.

Bu dar dünyanın ortasında yalnız bir deniz, üç köy ve üç büyük ırmak vardı: Nil, Dicle ve Fırat. Dünyanın kenarında, işte oradaydı.

«Hıristiyanlar İçin Coğrafya» adlı kitapta dünya, işte böyle tasvir edilmiştir. Bu kitap pek eski olup, daha 6. yüzyılda Mısırlı rahip Kozma tarafından yazılmıştır. Kozma'nın vatanı İskenderiye'de, eski Yunan bilimi o zaman daha unutulmuş değildi.

Kozma'nın kendisi de, dünya görmüş, uzak ülkelerde bulunmuştu. Zaten kendisine «İndikoplevst — Hindistan Gezgini» adı verilmiş olması da bunun içindi.

Ne var ki, Kozma bilimi reddederek şöyle diyordu: «Bilgiden kibir doğar, kibirlenmekse günahtır. Belki bilim adamları güneş ve ay tutulmalarını doğru hesaplıyorlardır, ama bunun insanlara faydası azdır.» Kozma şunu da ekliyordu: «Ben bildiklerimi kendi kendime, kendi düşüncemle değil, Tanrı'nın kitabından öğrendim.»

Artık bilim adamları, doğa kitabını okumak istemiyorlardı. Bakışlarını kutsal kitabın sararmış sayfalarına çevirmişlerdi. Bu yorgun gözler yine dünyaya baktıkları zaman, onu görmüyorlardı.

Çevrelerinde ne ağaç vardı, ne çiçek, ne de kuş. Var olan yalnız semboller, kitaplardaki satırlardı. Her şey sadece kutsal kitabı doğrulamak için vardı.

Öğretmen, manastır okulunun loş bir hücresinde öğrencilere «fiziyolog» adlı kitabı okuyordu. Bu, acaip hayvanlardan bahseden bir kitaptı.

«Filin tabiatı şöyledir: düşerse kalkamaz. Çünkü dizkapakları bükülmez. Fil uyumak isterse, bir meşe ağacına dayanır. Filin bu alışkanlığını bilen avcılar, ağacı yarı keserler. Fil gelip ağaca dayandığında, ağaç devrilir, yere yuvarlanan filse bağırmaya başlar. Bunu işitip yardıma koşan başka fil de yıkılır. Bu sefer ikisi de bağırmaya başlar. O zaman, on iki fil birden gelir. Onlar da kaldıramaz yere yuvarlanmış filleri ve hepsi birden başlarlar bağırmaya. Gele gele bir yavru fil gelir ve hortumunu yerdeki filin altına sokup kaldırır...»

Çocuklar gözlerini dört açarak dinlerlerdi bunları. Öğretmen, fillerin yaşadığı ülkeler üstüne çocukların hayal kurmalarına meydan vermezdi. Büyük filin, aslında fil olmayıp, eski Musevi dini olduğunu anlatırdı. Küçük filse, insanı kurtarıp yüceltmek için, alçakgönüllü bir kul kılığına giren kurtarıcı, yani İsa'dır.

Böylece, sürükleyici bir hikâye, karışık ve anlaşılmaz bir öğüt oluvermişti.

Uzak ülkeler hakında anlatılan efsanelere, yavaş yavaş öğütler ve din ulularının hayat hikâyeleri de karışıyordu.

Ermiş Brandan'la arkadaşlarının başından geçenleri şöyle anlatırlardı: Bir deniz yolculuğunda büyük bir görmüşler. Adaya çıkıp çadır kurmuşlar, derken ada kuyruk çırparak kımıldamaya başlamış. Ancak o zaman, bunun ada olmayıp, büyük bir balık olduğu anlaşılmış...

İlk Hıristiyan ulularından, ermiş Yoan'ın yönettiği bir Doğu ülkesinden, en ince ayrıntılarına kadar söz edilirdi. Yoan'ın tahtı zümrüt, yakut ve incidendi. Sarayında verdiği ziyafetlerde, sofralarda otuz bin insan otururdu. Yedi kral, altmış iki dük, iki yüz altmış beş marki, Yoan'a hizmet ederlerdi. Sağında ve solunda on ikişer piskopos dururdu.

Ve bu masala inanırlardı.

İnsan yine küçük, dar bir dünyada yaşıyor ve onu kuşatan duvarların ötesinde olup bitenler üstüne masallar anlatılıyordu.

Çıkrıkta iplik büken kızlar türkü söylüyorlardı. Türkü, dünyanın bir ucundaki Tule adlı ülkede yaşayan yaşlı kral üstüneydi. Kuduran dalgalar şatoyu döverken kralın, şövalyeleriyle nasıl cümbüş ettiği anlatılıyordu, türküde...

Bu ülke, Yunan denizcilerinin, denizciliğin şafağında sözünü ettikleri o aynı Tule'ydi.

Çocuklar, hacıların kutsal yerleri ziyaretlerini anlatan kitaplardaki resimlere merakla bakarlardı. Resimlerde biri Yer'le Gök'ü gösterirdi. Yerler dağlar, ovalar, ormanlar göze çarpar, küçük koruların arasında ufacık manastırlarla, şatoların sivri damları yükselir. Yıldızlı Gök, yuvarlak bir çadır gibi, Yeri örter. Gökte, ay ve yıldızlar bir arada görülür. Burada geceyle gündüz bir arada bulunurdu.

Resmin ön tarafında, göğü örten çadırın ta kenarında, üstündeki elbiseden, elindeki asadan sofu bir dindara benzeyen bir yolcu çökmüştü. Çadırın bir ucunu kaldırıp, başını dışarıya uzatmış, şaşkınlıkla çevresine bakıyordu. Yolcu, dünyanın sınırları dışında, billûr gök kubbeleri ve bunları harekete geçiren büyük bir tekerlek görülüyordu.

Bu resimde, evren pek küçük tasvir edilmişti. Dünyanın uçları da çok yakındaydı.

İşte bir küçük çocuk ki, evrenin sonuna varmayı hayal ediyordu.

Çok çalışmış, çabalamıştı insan evrenin sınırlarını genişletebilmek için. Fakat yine küçük, dar bir dünyaya düşmüştü. Her malikâne, kendi yağıyla kavrulan kapalı dünya idi.

Yine de, bu küçük dünyada da gizli gizli çalışılıyor, insanın hayatı yeni baştan kuruluyordu. Gün gelecek bu gizli çalışma herkesin gözleri önüne serilecekti. O zaman dünyanın sınırları eskisinden daha çok genişleyecekti.

doğu aydınlıklar içinde

Batı'yı karanlık basmışken, Doğu hâlâ aydınlıklar içindeydi.

Doğu Roma İmparatorluğu'nun başkenti Konstantinopolis'e uzak ülkelerden gemiler, kervanlar gelmeye devam ediyordu. Arabistan'dan ıtriyat, Hindistan'dan baharat, mücevherat, Habeşistan'dan da fildişi getiriliyordu.

Bir Bizanslı rahip, içi oyulmuş baston içinde Çin'den gizlice çıkardığı ipek böceği yumurtasını Bizans'a getirmişti. Çok geçmeden Konstantinopolis'te işinin erbabı ustalar, Bizans ipeğinden değerli kumaşlar dokumaya başlamışlardı.

Batı Roma İmparatorluğu çöküp dağılmışken, Doğu Roma İmparatorluğu neden ayakta kalabilmişti?

Bizans, kölelik düzeninden vazgeçmekle kurtulabilmişti.

Roma'da Forum'u otlar kaplarken, Konstantinopolis'te halk, yeni kurulan saraylarla kiliselere hayran oluyordu.

Ayasofya Kilisesi'nin muazzam kulesi gökkubbeyi andırıyordu. Kubbenin kasnağını, aralarından ışık süzülen pencereler çevreliyordu. Böyle bir kubbe yapabilmek, galerileri sütunlara oturtabilmek için, inşaatçıların, eskiçağ bilimini hatırlamaları, Arşimed'in «Mesnetler Kitabı»nı dikkatle okumaları gerekmişti.

Ayasofya'da sütun başlaklarını süsleyen beyaz mermer yapraklar, dantelâ gibi işlenmişti. Duvarlara, yaldızlı ve mavi zemin üzerine renkli mozaiklerle İsa'nın ve azizlerin tasvirleri ustaca işlenmişti.

Şahane tahtında oturan göklerin hükümdarı İsa, kölelerin ve yoksulların dostu İsa'dan ne kadar farklıydı! Sanatkâr, Bizans İmparatorluğu'nu İsa'nın ayak ucunda resmetmişti. İmparatorun sırtında sırmalı bir kaftan, başında da paha biçilmez bir taç var. İmparator diz çökmüş, ellerini göklerin padişahına uzatarak başını eğmiş duruyor.

Soylu Bizans büyükleri de, İmparator sarayda kendilerini kabul ederken, onun karşısında yerlere kapanmış, ayaklarını öpüyorlardı.

Bir zamanlar Hıristiyanlar, ölümü göze alarak, Roma İmparatorunu tanrı diye tanımayı reddetmişlerdi. Yeni Hıristiyan'larsa kendi hükümdarlarını kendileri tanrılaştırıyor, ikonlarda imparatoru, başının etrafında nur halkasıyla tasvir ediyorlardı.

Bizans'ta birçok şey eski Roma'yı hatırlatıyordu. Komşu halkların Bizanslı Greklere Rum demeleri sebepsiz değildi. Eski yasaların, bilimin, eski sanatın kalıntılarını yalnız onlardı koruyan.

Kiliselerde bir putperest tanrısı kadar güzel melek tasvirine az rastlanabilirdi. Bir dua kitabındaki resimde, arp çalan hükümdar Davut putperest ozan Orfeus'a benziyordu. Davut'un arkasında bir şiir perisi, ayak ucunda da, keçi ve koyunları arasında, yarı çıplak Pan duruyordu.

Bunlar önceki Helen sanatının, ancak kalıntılarıydı. Vücut güzelliğini değil, ruh gücünü göstermeye çalışıyorlardı. İkonlarda oruç tutup, uyumayarak çile doldurmaktan bitkin bir hale gelmiş azizlerin yüzleri gittikçe sertleşiyor, ruhanileşiyordu.

Heryeni ikon öncekinin tekrarıydı. Çünkü sanatçı kilise yasa ve geleneklerini bozmaktan korkuyordu.

Sanatla bilim, kilisenin hizmetindeydi. Korkunç «hèrèsie», yani dinden sapma, sözü gittikçe daha sık işitilir olmuştu. Hèrèsie, seçme demektir. Fakat kilisenin iki fikir arasında seçime tahammülü yoktu ve dinden sapanları amansızca izliyordu. İlâhiyatçılar, eskiçağ filozoflarını inceliyorlarsa da, bunu sadece onları reddetmek, öğretilerini çürütmek için yapıyorlardı.

Demokrit'i değil, Demokrit'e karşı yazan İskenderiye Piskoposu Diyonisiy'i okuyorlardı.

Diyonisiy şöyle diyordu: Dünya, kaostan kendi kendine doğmamıştır. Bir ev ustasının eseri olduğu gibi, dünya da Tanrı'nın eseridir. Yıldızlar kendiliğinden yürümez, Tanrı'nın sözü yürütür onları. Dini bütünler, bunun böyle olduğuna inandılar. Zavallı birer insan olan imansızlar, istese de istemese de, doğrusu budur...

Din kitaplarının sayfaları, eskiçağ filozoflarına dar geliyordu. Fikirleri tahrif edilmiş. Fanatik bir rahip yazarın, onları tahkir edip kendilerine küfrettiği çok görülmüştü. Çünkü eski filozoflar Hıristiyan değil, putperesttiler, yani dinsiz.

Bulgar Yoan, Aristoteles'in öğretisini, değersizlik bakımından, deniz köpüğüne benzetiyordu. Georgi Amortal'sa, Demokrit'e hiç sıkılmadan «zavallı» diyordu.

Bir zamanlar Yunanistan'ın mavi göğü altında putperest tapınaklarının beyaz sütunları gözleri kamaştırırdı. Yunan bilginlerinin eserlerinde fikir parlıyordu. Derken karanlık çökmeye başladı. Eskiçağ sanatının son parıltıları, Bizans ikonlarının gümüş ve altın süslerinde sönüyordu. Yıkılan putperest tapınaklarının sütunları, kilise kubbelerini tutuyordu.

Eskiçağ felsefesinin kalıntıları, yıkılan putperest kitaplarından, bunlara düşman din kitaplarına alınmış parçalar sayesinde yaşamaya devam ediyordu.

Sönmekte olan ışığın son parıltıları Bizans'ı aydınlatıyordu.

2

yeni kahramanlar

Tarih sahnesine yeni halklar çıkıyordu.

Kimi bunlara Ant, kimi de Ros diyordu.

«Ant» sözü «dev» demekti. Antların boylu boslu, güçlü insanlar oldukları söylenirdi. Bunlar öylesine dev cüsseli ve ağırdılar ki, atlar bile taşıyamazdı.

Kimlerdi bu Roslar, ya da Antlar?

Bugünkü Rusların, Ukraynalıların ve Beloruslar'ın atalarıydılar.

Bunlar, bir zamanlar Herodot'un ziyaret ettiği çiftçi İskitlerin yerlerine yerleşmişlerdi.

Bir İskit efsanesinde, eski zamanlarda İskit topraklarına gökten altın bir pulluk, bir boyunduruk, bir balta ve bir bardak düştüğü anlatılır.

Elbette gökten bir şey düşmüş değildi. Fakat İskitler, eski meskûn yerleri kazsalardı, kendilerinden iki üç, bin yıl önce yaşamış olanların toprağı işledikleri aletleri bulabilirlerdi.

Nitekim yüzyıllar sonra arkeologlar, Dinyester'le Dinyeper Irmakları arasındaki ovalarda, geyik boynuzlarından kazmalar, kemik oraklar, taş el değirmenleri, hububat saklamaya mahsus büyük toprak küpler bulacaklardı.

Heredot'tan sonra az zaman geçmemişti. Dinyester' le Don arasındaki geniş steplerde yaşayanlar da boş durmamışlardı. Toprağı daha iyi işlemeyi, daha iyi ev kurmayı öğrenmişler, birçok meskûn yerler meydana getirmişlerdi. Bunlara, çevresi duvarla sarılı yer, kale anlamına «gorod» derlerdi. Kaleleri o kadar çoktu ki, yabancılar ülkelerine «Gardarik», yani «Kaleler Ülkesi» adını vermişlerdi.

Antlar cesur bir halktı. Başlıca silahları baltayla yaydı. Bunları ustaca kullanırlardı. Savaşa karmakarışık yığınlar halinde değil, yüzer ve biner kişilik bölükler halinde giderlerdi.

Antların yetenekli askerî önderleri vardı. İhtiyarlar gençlere yiğit bir önder olan Dobrogast'ın kahramanlıklarını anlatırlardı. Dobrogast hem karada, hem denizde savaşmayı iyi bilirdi. Bizans İmparatoru, Dobrogast'a askerî önder gibi şerefli bir unvan vererek, kendisini o zamanlar Pontus denen Karadeniz'deki Yunan Donanması'na komutan yapmıştı.

Ant denilen Rus tüccarları, hem güneydeki Bizanslılarla, hem de doğudaki Hazarlarla alış-veriş ediyorlardı. Uzak Arabistan'dan ilk kervanlar da Hazar ülkesi yoluyla Antlara gelmeye başlamıştı.

Arap gezginleri, not defterlerine, Dinyeper kıyılarında Kuyabiya adında bir ülkeyle, Kuyaba (Kiyef) adında bir şehir olduğunu yazmışlardı.

Daha ötede Slaviya (Novgorod ili) uzanıyordu. Ondan da ötede, Arsa şehriyle Artani'ya vardı.

Aradan yıllar, on yıllar geçmişti. Rus beylikleri, bir büyük Kiyef devletinde birleşmişlerdi. Kiyef başlıca Rus şehri, o zamanki deyişle «Rus şehirlerinin anası» olmuştu...

Slavlar eski Yunan ve Roma kültürlerini hazır bulmuşlardı.

Roma'yı Cermenler tahrip etmişti. Ya Slavlar? Bizans'ın düşmanı mı olmuşlardı, koruyucuları mı? Eski kültürün yıkıcıları mı olmuşlardı mirasçıları mı?

Terazinin kefeleri uzun zaman, bir düşmanlık, bir dostluk tarafına sarkıp durmuştu .

Slavlar korkulacak bir kuvvetti. Yunanlılar bunu biliyorlardı.

Rus beyleri büyük ordularla defalarca Doğu Roma İmparatorluğu'na dalmışlardı. Oleg, on bir kabileyle Konstantinopolis'e saldırmıştı. İgor'un donanmasında on bin gemi vardı. Svyatoslav'ın ordusu altmış bini buluyordu.

Bizanslı tarihçilerden Leon Diyakon, bazılarının da

Rus dediği Ruslar hakkında, diri halde düşmana teslim olmadıkları, bu halkın çılgınlık derecesinde cesur ve güçlü olduğu söyleniyor, diyor ve ölü İskit erleri arasında, savaşta kahramanca can vermiş kadınlara sık sık rastlandığını da ekliyor.

İmparator Yolan Tsimiskis, Prens Svyatoslav'ı karşısına bütün Roma ordusunu göndermekle tehdit ettiği zaman şu cevabı almıştı: İmparator, ülkemize sefere çıkmaya boşuna zahmet etmesin. Biz pek yakında Konstantinopolis önlerinde çadır kurup şehri kuşatacağız. Eğer Roma hükümdarı savaşı göze alırsa, biz de kendisini mertçe karşılarız.

Rus ordusu, savaşlardan birinde kuşatılmıştı. Svyatoslav'ın savaş arkadaşlarının birçoğu, kendisine geri çekilmesini salık vermişlerdi. Fakat o şöyle demişti:

«Şimdi Romalılar karşısında yüz karasıyla geri çekilirsek, komşu halkları kolayca yenen ve koca ülkeleri kan dökmeden zapteden Rus silahının şerefi mahvolur. Atalarımızın yiğitliğinden ve bugüne kadar yenilmeyen Rus gücünden esinlenerek, hayatımız uğruna mertçe dövüşelim. Kaçarak kurtulmak adet değil bizde. Ya galip yaşamak, ya da dillere destan olarak kahramanlıklar gösterip şerefle ölmek vardır.»

Bu olayı anlatan Bizans tarihçisi, Svyatoslav'ı, Plutarkos'un kahramanları gibi konuşan bir hatip olarak tasvir eder.

Bir Rus tarihçisi, aynı olayı daha basit anlatır: Svyatoslav, bir baba gibi, «çocuklarım» diye hitap ettiği askerlere şöyle demişti:

«Ölelim, ama Rus vatanını utandırmayalım. Ölüler utanç bilmez, ama kaçarsak ayıp olur. Kaçmayacağız, direneceğiz. Ben önde olacağım!»

Birbirinden farklı iki hikâye, ama iki hikâyenin kahramanı da aynı tipte.

İmparator Tsimiskis, Svyatoslav'la barış yapmayı çok istiyordu. Rusların korkunç bir kuvvet olduğunu biliyordu. Bizans'ta Oleg'i unutmamışlardı daha. Oleg denizden ve karadan başkente yaklaşınca, Bizanslılar kendisiyle hemen bir dostluk antlaşması imzalamışlardı. Bütün yabancı tüccarlar, imparatorun hazinesine çok gümrük vergisi öderlerken, Rus tüccarlarının malları vergiden muaf bırakılmıştı.

Oleg Bizans'a dokunmamıştı. İgor'la Svyatoslav'ı Bizanslılar güç püskürtebilmişlerdi. Ama Svyatoslav'ın bir daha saldırmayacağını kim garanti edebilirdi? Svyatoslav: «Rusya'ya gidip, bu sefer daha çok askerle döneceğim,» dememiş miydi?

Tsimiskis, Svyatoslav'la karşılaşacağı Tuna kıyılarına işte böyle düşüncelerle gitmişti. İmparator, altın zırhlı elbiseler giymişti, arkasından parlak silahlarıyla çevresi geliyordu.

Bizans İmparatoru, buluşma yerine süslenmiş bir at üzerinde giderken, Svyatoslav bir kayığın içinde kıyıya yanaşıyordu.

Karşılaştıkları zaman, Svyatoslav kıyıya çıkmak istemeyip kayıkta kaldı. Varsın imparatorun ayaklarını başkaları öpsündü.

Bizans'ın ileri gelenleri, Rus Beyi'ne şaşkınlıkla bakıyorlardı. Svyatoslav, altın zırhlar değil, kürekçileri ve askerleri gibi tertemiz beyaz bir elbise giymişti. Yalnız kulağında, iki inci arasında yakut taşlı bir küpe parlıyordu. Geniş omuzlu, mavi gözlü, pala bıyıklıydı. Başı tıraş edilmiş, yalnız uzun bir perçem bırakılmıştı.

Svyatoslav asık yüzlü bir adamdı. Bizanslılar kendisine bakarken, onun gücü ve mertliği hakkında anlatılanları düşünüyorlardı.

Coşkundu, cesurdu, atılgandı. Kiyef Devleti'nin sınırlarını genişleten oydu. Kendisini Volga boyundaki Hazar kaleleri önünde, Kafkasya ovalarında, Vyatka ormanlarında Soğuk Kama Irmağı'nda ve Balkan Dağları'nın eteklerinde görmüşlerdi. Seferlerde yorgunluk bilmez, atının eyerini başının altına koyup açık havada uyurdu. Hiç beklenmedik bir anda belirir, ama pusu kurmazdı saldırmak için. Gerçek bir şövalye gibi erkekçe, «Size savaş ilan ediyorum» diyerek düşmanı uyarır ve hep galip gelirdi.

Bir Bizans tarihçisi: «Svyatoslav, kayıkta oturarak imparatorla barış hakkında konuştuktan sonra geri döndüğünü» yazar.

Svyatoslav'ın kürekçileri elbirliğiyle küreklere asılarak suları köpürtmüş, imparator da altın mahmuzlarıyla atını mahmuzlamış ve böylece buluşma yerinden uzaklaşmışlardı .

Bundan bin yıl önce, iki dünya işte böyle karşılaşmıştı: Hâlâ Roma İmparatorluğu adını taşıyan eski dünya ile, «Rus» adını yeni alan, yeni bir dünya.

Bu iki dünya, savaştan dostluğa, dostluktan savaşa geçerek, defalarca karşılaşmışlardı. Ruslarla Bizanslılar güneş parladıkça ve dünya var oldukça, antlaşmalara saygı göstereceklerine defalarca ant içmişlerdi. Ant şöyleydi:

«Dostluğu bozanlar, ne Tanrı'dan, ne Perun'dan yardım görsün, kalkanları korumasın onları, kendi kılıçlarıyla doğransınlar, bugün ve daima köle olsunlar.» Andiçerken Ruslar silahlarını yere, Perun'un ayak ucuna koyar, Bizanslılar da haçı öperlerdi.

Svyatoslav yurduna dönerken, Dinyeper'in sığ bir yerinde kendisini göçebe Peçenekler bekliyordu. Svyatoslav'ın küçük bir müfrezeden başka bir şeyi yoktu. Ordusunu başka bir yoldan göndermişti.

Peçenek süvarisi gürültülü ve çığlıklarla Ruslara çullandı. Ruslar mertçe dövüştülerse de, düşman pek kalabalıktı.

Svyatoslav'ın, step yoluyla Dinyeper'in tam burasından geçeceğini Peçeneklere kim bildirmişti. Bizanslılar mı acaba? Hani Bizanslılardan bu beklenebilirdi. Zaten bunlar, Peçenekleri Ruslara saldırtmak fırsatını kaçırmazlardı. İmparator Tsimiskis Ruslara: «size savaş ilan ediyorum» dememişti. Rus Beyi'ni alçakça öldürtmüştü. Svyatoslav'ın başı için, imparatorun kaç funt altın verdiğini tarih yazmıyor. Fakat Bizanslılarda âdet böyleydi: mertçe karşı karşıya gelmez, parayla bir katil tutup öldürtürlerdi.

Oysa hem dünya olduğu gibi duruyor, hem de güneş parlamaya devam ediyordu...

Yine de Bizans'la Rusya birbirine muhtaçtılar.

Düşmanlar Bizans'ı sıkıştırdığı zaman, imparatorlar Rus Beyleri'nden yardım isterdi. Bunlar da asker gönderirlerdi.

Ruslar Bizans'ı, müthiş korktuğu Peçeneklerden, göğüslerini siper ederek savunurlardı.

Bizans'a değerli Rus kürkleri, Rus buğdayı, bal ve kilise mumları yapmak için Rus balmumu; Rus Beyleri'yle boyarlarına, Bizans kumaşları, altını, şarabı ve meyveleri gerekti.

Yunanlılar, pek eski zamanlardan beri Rus ilini bilirlerdi. Ruslar da Yunanlıları tanırdı.

Eskiden İskitlerin yaşadığı topraklara yerleşmişti Ruslar. İskitlerin, Kırım'daki Yunan kolonilerine yakın şehirleri vardı. Bunların başlıcası Neapolis'ti.

İskit şehirlerini düşman akınlarından koruyan taş kale duvarları yabancıları şaşırtırdı.

Yunan kolonilerinde böyle kaleler yoktu. İskit hükümdarlarının saray ve anıtkabirlerinde duvarlar, usta ressamların eserleriyle süslüydü. Bu resimlerde bazen atlı bir asker, bazen elinde mızrak bir yaban domuzu avcısı, bazen de dizlerinin üstünde bir lir tutan sakallı bir ozan görülürdü. Kayalara oyulmuş mağaralarda büyük hububat stokları saklanırdı. Hububat, komşu Yunan kolonilerine, Olviya'ya ve Hersones'e satılır oradan da Yunanistan'a gönderilirdi.

İşlek bir deniz yolu, İskitler ülkesini Yunanistan'a bağlardı. Yunanlılar bu yoldan kuzeye, İskitlerle Ruslara giderlerdi. Daha sonraları da, Yunan başkentini sık sık ziyarete başlamışlardı.

Ruslar, kışın kestikleri meşe ağaçlarını oyup kayık yapar, ilkbahar gelince de en yakın ırmağa indirirlerdi bunları. Kayıklar bahar sularıyla birlikte Dinyeper'e iner, Dinyeper koluyla Kiyef'e varır, orada karaya çıkarılıp tamamlandıktan sonra ıskarmozları takılırdı.

Arabalarla Boriçev bayırından Dinyeper kıyılarına getirilen buğday, balmumu, samur ve zerdeva kürkleri, burada kayıklara yüklenirdi. Kayıklar birer birer Dinyeper'in ortalarında toplanırdı. Tek başına yolculuk tehlikeli olduğu için kafile halinde yola çıkılırdı.

Kayıklar gide gide, kör kayalı bir anafora varıp dayanırdı. Böyle yerlerden ilkinin, «uykuya dalma» gibi, insanda kuşku doğuran bir adı vardı. Tüccarlar, dinyeper'e, kayıkları kör kayaların arasından geçirmesi, dalgalarıyla, martıları ve yaban ördeklerini okşadığı gibi, okşayıp koruması için yalvarırlardı.

Tehlikeli yerlerde kayıklar sürüklenerek ya da omuzlarda taşınarak kıyıya çıkarılırdı.

Korkunç yerlerdi buraları. Ceylan otları arasında insan kemikleri göze çarpardı. Buralarda Peçenekler ikide bir yolcuların yolunu keser, ıslık ve çığlıklarla dört yandan saldırırlardı...

Tehlikeli yerler geçilip kayıklar yine Dinyeper'e indirilince, yolcuların sevincine diyecek olmazdı.

Irmağın, denize döküldüğü yerde bir adacık vardı, adacıkta da ulu bir meşe ağacı. Tüccarlar meşenin dolayına oklar saplar, ona horoz ve tavuk adayarak, dua ederlerdi. Öyle ya, kendilerini dalgalarda taşıyan kayıklar meşe kütüğünden oyulmuş değil miydi? Tüccarlar, denize açılmadan önce kayıklara yelken takarlardı.

Deniz fışırdar, rüzgâr beyaz dalgacıkları kıyıya doğru kovalardı. Tüccarlar, tanrı Stribog'un torunları sayılan rüzgârlara, kanatları üzerinde, mavi denizde kayıkları taşısınlar diye yalvarırlardı...

Kayıkla kıyıyı yalaya yalaya ilerlerdi; kıyıda da Peçenekler yürürdü. Bunlar da kendi tanrılarına, fırtına Rus kayıklarını karaya atsın diye yalvarırlardı...

Bir zamanlar Rusların ataları, daha denize çıkmamışken, kıyılarında doğup büyüdükleri ırmaktan başka bir su bilmezlerdi.

Rusya'nın haritasındaki bazı coğrafya adları, o zamanların izlerini taşır. «Dunay», «Don», «Dinyeper», «Doneç», sözlerinin birbirine benzemesi sebepsiz değildir. Bu sözler, insanların kendi ırmağına, tam da «Irmak dedikleri zamanlarda doğmuştur.

«İgor'un Alayı Destanı»nda şöyle bir sahne vardır: Yaroslav Vladimiroviç Galiçki'nin kızı, Novgorod ve Çernigov Beyi İgor Svatoslaviç'in eşi olan Yaroslavna, Putivl surları önünde ağlar:

Tuna boyunda Yaroslavna'nın sesi işitilir...

der ozan. Oysa Putivl, Tuna'dan yüzlerce kilometre uzakta bulunan Seym Irmağı boyundadır. Ozan, Seym'e, Tuna'yı kasıtla, «Dunay» diyor. Çünkü bir zamanlar «Dunay» sözü ırmak demekti.

Rusya steplerinde yaşamış olan Osetinlerin dilinde «Don» sözü hâlâ «Irmak» demektir.

İnsanlar kendi ırmağının kıyılarında, küçük ve dar bir dünyada yaşıyorlardı. Irmak, onları yürümeye alıştırıyordu. Ağaçtan oyma kayıkları dalgalarıyla nazlı nazlı sallıyor, insanları gittikçe daha uzaklara götürüyordu. Böylece insanlar başkalarını, başka kabileleri görüp tanıyorlardı. Irmakların ağızlarına doğru inerek denizlere çıkıyor, kayıklarına doğru giderek ormanlar arasında başka ımaklara rastlıyorlardı.

Dalgalarda sallanan kayık, güçlü bir halkın beşiği oldu. Dinyeper, ulu bir meşe ağacı gibi dallarını batıya, kuzeye, doğuya yaymıştı. Bir tarihçi Dinyeper'den bütün ülkelere, bütün halklara gidilebildiğini yazar.

Kayıkla yüze yüze kaynaklara doğru çıkılacak olursa, Dinyeper'in Dvina'nın, Volga'nın doğdukları, sık

«Okovsk» ormanına varılır. Lovati Irmağı'ndan İlmen Gölü'ne çıkılır. İlmen'den, Volhov Irmağı yoluyla Ladoga Gölü'ne, oradan da geniş Neva Irmağı'yla, Varyag (Baltık) Denizi'ne gidilir. Varyag Denizi'nden Roma'ya, oradan yine deniz yoluyla Konstantinopolis'e gidilebilir. Konstantinopolis'ten de, Rus Denizi (Karadeniz) ve Dinyeper yoluyla Kiyef'e dönülebilir.

Rusların bildikleri dünyanın çevresinde tarihçinin çizdiği gezi yolu işte böyledir.

Ruslar için dünya alabildiğine genişlemişti... Artık dünyayı yalnız bir ırmak değil; ırmak, göl ve denizlerden meydana gelen mavi gerdanlığa benzer büyük bir su yolu olarak düşünüyorlardı.

Bu yoldan aşağıya ve yukarıya, yani Normanlar ülkesinden Yunanistan'a ve geriye, hem meşe ağacından oyma Rus kayıkları, hem de kıvrık burunlu, ejder başlı Norman kayıkları gidip gelirdi. Kayıklar, vergi toplayan beyleri ve denizler ötesinden getirip beylere sattıkları mallara karşılık kürk ve bal alan tüccarları taşırdı.

Kayıklar, Karadeniz'in batı kıyılarını yalayarak günlerce yüzdükten sonra Konstantinopolis'in surları ve Ayasofya'nın kubbesi görünürdü.

Misafirlerin karaya çıkmasına izin verilir, ama hemen şehre bırakılmazdı. İmparatorun memurları, misafirlerin adlarını yazıp, üstlerinde silah olup olmadığını yoklarlardı.

Ve ancak bundan sonra, büyük kapılar açılır ve misafirler ellişer ellişer içeri alınırdı.

Ruslar buna gücenmezdi. Gelenek böyleydi. Ve Almanlar Novgorod'a geldiklerinde, kendileri de böyle yaparlardı.

Misafirler ev sahiplerinden yakınamazdı. Antlaşmaya göre, yeteri kadar ekmek, şarap ve et alabilir, Yunan hamamlarında canları istediği kadar yıkanabilirlerdi. Yurda dönüşte de, İmparatorun depolarından kendilerine erzak, gemi çapaları, yelken ve halatlar verilirdi.

Tüccarlar ev sahipleriyle vedalaşarak ülkelerine, altın, ipekli kumaş meyve ve şarap gibi değerli mallarla dönerlerdi.

Tüccarlar başkentin haşmetini, din adamlarının sırmalı elbiselerini, sarayda gördükleri harikaları, imparatorun oturduğu tahtın sağ ve solunda, ağızlarını açıp kapayan ve kuyruklarını oynatan altın arslanları, yurtlarında daha uzun zaman anlatacaklardı.

rus halkı üstüne

Kostantinopolis saraylarıyla tapınaklarının ünü bütün dünyaya yayılmıştı.

Fakat Kiyef'in de övünecek şeyleri yok değildi.

Kiyef Beyleri'nin saraylarında duvarlar, ünlü ustaların resimleriyle süslüydü, kapı pervazları mermerdendi, sobalar renkli çinilerle kaplanmıştı.

Çinicilik, çok ustalık ve bilgi isteyen bir sanattı. Çini yapabilmek için, mine hamuru hazırlayıp, kurşun katarak gümüşiye, bakır katarak da yeşile boyamayı bilmeliydi. Minelenecek balçık levka, demirin eridiği ısı derecesine kadar kızdırılıp üzerine mine dökülür, minenin yanıp rengini yitirmemesine dikkat edilirdi. Sonra balçık levha birden soğuyup da mine çatlamasın diye ateş yavaş yavaş kesilirdi.

Çini yapımı çok özel fırınlar ve en kızgın ateşe bile dayanıklı toprak tavalar gerekti. Burnu ateşe dayanıklı körüklerle körüklenmek gerekirdi ocağı.

Bin yıl sonra bir gün Kiyef'te, kazılarda bir çini atelyesi bulunacaktı. Tava kırıntıları, üzerinde bir kurşun damlacığının katılaşıp kaldığı çiniyi, fırınların tuğla örgüsünü inceleyenler, o uzak geçmişte Rusya'da ne eli hünerli ustalar olduğunu, bunların maden ve camların niteliklerini ne kadar iyi bildiklerini şaşarak anlatacaklardı.

Bu ustalar belki okumayı bile bilmezlerdi ama, doğa kitap hep gözlerinin önünde açık dururdu ve onlar bu kitabı su gibi okurlardı.

Bin yıl önce Kiyef'te el yazması kitaplar da vardı.

Oleg'in hükümdarlığı zamanında Ruslar, çocuklarına yazılı vasiyetnameler bırakırlardı. İgor Bizans'a elçilerle mektuplar gönderirdi.

Ruslara okuma yazma, komşuları olan Batı ve Güney Slavlarından, yani Moravyalılardan, Çeklerden, Bulgarlardan gelmişti.

Ruslar hangi yazıyı kullanırlardı?

Eski zamanlarda Slavların, tahtalara, taş levhalara oydukları «çizgi ve çentiklerle» yazılar yazdıkları bilinmektedir.

Daha sonralarıysa, artık herhalde parşömene, Yunan harfleriyle Rusça yazmaya başlamış olmalılardı.

Rus dilinin bazı seslerini göstermek için Yunan alfabesindeki harf yetersizliği güçlük yaratıyordu.

Rus diline Rus alfabesi gerekmişti.

IX. yüzyılda Yunan şehirlerinden Selânik'te, bilgili bir rahip yaşardı. Rusça da bilirdi. Bir kez, Karadeniz kıyısındaki Korsun şehrinde bulunmuş ve orada bir Rus'ta, Rus harfleriyle yazılı bir İncil'le bir dua kitabı görmüştü.

Bunu, Kiril'in hayatı hakkındaki kitaptan biliyoruz: Ama adı geçen yazının nasıl bir yazı olduğu bugüne kadar belli değil.

Kiril, o yazının yerine başka bir alfabe bulmuştu.

Moravyalılar Yunanlılardan din kitaplarının Slavcaya çevrilmesini rica etmişlerdi. Bu iş Kiril'e verilmişti.

Kiril'e, alışmış olduğu Yunan harfleriyle yazmak daha kolay geldiği için, Yunan yazısı temelinde yeni bir Slav alfabesi hazırladı. Rus alfabesi, «Kiril yazısı» denen işte o alfabeden meydana gelmiştir.

«Kiril yazısı» Kiyef'e kilise kitaplarıyla, yeni dinle birlikte gelmişti.

Yeni din, başlangıçta eski dinle yanyana yaşamıştı.

Daha Oleg'in hükümdarlığı yıllarında Kiyef'te ilk kilise kurulmuştu. Bu, Aziz Nikola Kilisesi'ydi. Burada Hıristiyanlar dua ederlerdi. Eski dine inananlarsa putlara tapmaya devam ediyorlardı. Tüccarlar, hayvan tanrısı Volos'tan, daha çok altın ve gümüş para dilerlerdi. Volos hem hayvan, hem altın tanrısıydı. Çünkü daha madenî para yokken, para yerine hayvan geçerdi. Askerler, yıldırım tanrısı Perun'dan zafer dilerlerdi. Volos'un putu, Podol semtindeki pazar yerindeydi, gümüş başlı, altın bıyıklı tahta Perun'sa Gora denen tepede, Bey Sarayı'nın avlusundaydı.

Derken bir gün putlar devrilip Dinyeper'e atıldı. Yeni din eskisini yenmişti.

Rus beylerinden Vladimir Svatoslaviç, Hıristiyan oldu ve Bizans İmparatoru'nun kızı Anna ile evlendi.

Yeni din Rus Devleti'ne gerekliydi; çünkü Kiyef Beyi'nin hâkimiyetini sağlamlaştırıp bütün Rus kabilelerini Kiyef'e sımsıkı bağlıyordu.

Eskof'ta, Novgorot'ta ve Galiç ülkesinde, «İnsan, sora sora Kiyef'i bulur» derlerdi.

Artık Poliyanlar, Drevliyanlar, Kriviç ve Radimiç adındaki kabile birliklerine mensup olanlar, bir tek halk olduklarını, Peçenekler gibi putperest, «murdar» olmayıp Hıristiyan olduklarını anlamışlardı. Rusya'ya uzun bir süre daha Ortodoks Rusya, Rus köylüsüne de, Hıristiyan anlamına gelen «krestiyanin» denmesi sebepsiz değildi.

Dar kabile dünyasından daha geniş bir dünyaya, halk dünyasına geçişti bu. Oradan da başka halklara, bütün dünya halklarına giden yol açılıyordu.

Artık Ruslarla, Bizanslılara başka başka tanrılara and içmek gerekmiyordu, dinleri birdi. Anlaşmak kolaylaşmıştı.

Yıllar sonra yeni din. Ruslara tüm Hıristiyanlık âleminin, tüm Avrupa'nın kapılarını açacaktı. Kiyef Beyleri'nin kızları, yabancı kral ve prenslerle evleneceklerdi. Prens Vladimir'in kuzeni. Fransa'nın kraliçesi olacak ve

Latince belgeleri Slav harfleriyle imzalayacaktı ki, «Anna regine» «Kraliçe Anna» demekti. Prens Vladimir'in ikinci kuzeni Elizaveta ise, Norveç kralı Cesur Harald'ın eşi olacaktı...

Öte yandan ustalar Kiyef'te ilk kâgir kiliseyi kurmaya başlamışlardı.

Kilise için gerekli malzeme birçok yerden getiriliyordu: Kırım'dan yeşim, Bizans'tan mermer, Karpat Dağları'ndan arduvaz.

Kilisenin geniş duvarları üzerinde, gün geçtikçe sıra sıra pencereli, yuvarlak bir boyun yükseliyor, bunun üzerine başı andıran bir kubbe oturtuluyordu. İlk kubbenin yanında yenileri yükselmeye başlıyordu. Yüksek iskeleler arasında duvarcılar çalışıyordu. Aşağıdan yukarıya, çalışanlara bakmak bile korkunçtu.

Kilisenin tabanına renkli mermer döşenmiş, duvarlarıyla kubbeleri, din ulularının renkli mozaikleriyle süslenmişti.

Kiyefliler, ağaç kütükleri yerine tuğladan örülen bu kiliseye bakarken, ustaların sanatına şaşıyorlardı. Artık Kiyef'te de Konstantinopolis'teki gibi kâgir bir tapınak vardı.

Kiliseyi şaşarak seyredenler arasında misafir Yunanlılar da olurdu. Kiyef'teki Aziz Sofya Kilisesi, Konstantinopolis'teki Ayasofya Kilisesine benzemiyordu. Ayasofya'yı muazzam bir kubbe örtüyordu. Kiyef Kilisesi'ndeyse ana kubbeyi daha küçük 24 kubbe çevreliyordu. Kilise kubbelerden kurulu bir piramit gibi göğe doğru yükseliyordu.

Bu çok kubbeli kilisenin aslını anlayabilmek için, Novgorad'a gitmeleri gerekiyordu. Novgorod, öteden beri ustalarıyla ünlüydü. Boşuna dülger dememişlerdi Novgorodlulara. Onlar da şehirlerinde bir kilise yapıyorlardı, ama tuğladan değil, eski Rus usulüyle yani meşe kütüklerinden.

Rus dülgerleri, yüzyıllık meşe ve çam ağaçlarını kesip işlemekte ustaydılar. Bıçkısız, çivisiz, aynı baltayla köy evleri ve saraylar kurarlardı. Balta harikalar yaratırdı onların elinde. Bir kütükten, bıçkıyla bile tahta çıkarmak güçken, Rus dülgerleri bıçkısız da tahta biçmeyi becerirlerdi. Kütüğe, baltayla yontulan kamalar sokulur ve kütük, ustanın dilediği biçimde yarılırdı. Ağaç kütükleri üstüste konur ve uçları birbirine geçirilip birleştirilerek ev kurulur, çatısı çekilirdi. Ve bütün bu işlerde baltadan başka alet kullanılmazdı.

Evler, kışın karına ve soğuğuna, yazın sağanaklarına, sonbaharın rüzgârlarına, ilkbaharın su basmalarına dayanabilecek sağlamlıkta kurulurdu. Karların, birikip damı çökertmemesi ve kayıp gitmesi için, damlar dik ve iki yanı eğri yapılırdı. Çatı, rüzgârın savurmaması için, sağlam kirişlere oturtulur, kirişler de bir sırığa bağlanırdı.

Evleri, su basmalarından korumak için, doğrudan doğruya toprak üzerine değil, ağaç temeller üzerine kurarlardı. Üst kata, kapalı, merdivenli bir girişten çıkılırdı. Duvarlar kalın, pencereler küçük yapılırdı.

İşte, dülgerler böyle evler kurarak sert doğayla savaşıyorlardı. Balta da bayağı bir alet değil, doğayla savaşta bir silahtı.

Derken Novgorodlu ustalara yeni bir ödev verildi: bu sefer ev değil, bir kilise kurmalılardı. Yunan ustalarından, kilisenin bir mihrapla kubbesi olması gerektiğini öğrenmişlerdi. Novgorodlular meseleyi başka türlü çözdüler. Kiliseyi on üç kuleli kurdular, yani o zamana kadar kurageldikleri çok kuleli ahşap hükümdar konakları gibi.

Kilise bir ağaç temele oturtuldu. Yunan kilisesinin giriş kısmı Ruslaştırılıp vestibül şeklini aldı. Kubbeye de, sivri uçlu bir ağaç çadır şekli verildi.

Rus şehirlerinde birbiri ardınca ahşap ve kâgir kiliseler kuruluyordu. Her kilisenin mimarisinde, yerli Rus elemanları, Bizans elemanlarıyla kaynaşıyordu.

Kaldı ki, Bizans kiliseleri de yoktan doğmamıştı, kökleri Yunan bazilikasıyla, bütün tanrıların tapınağı olan Roma Panteon'una dayanıyordu. Bir zamanlar, bazilevs denen Yunan yargıçlarını oturdukları yarım daire biçimindeki yer, Hıristiyan kiilsesinde mihrap olmuştu. Yunan bazilikasının üstüne de, Roma Panteon'unun yuvarlak kubbesi oturtulmuştu.

Böylece, Kiyef'te, Novgorod'ta Yunan bazilikasından, Roma Panteon'undan ve Rus Beyleri'nin konaklarından ayrı ayrı unsurları alıp birleştiren çok kubbeli Rus Kilisesi meydana gelmişti...

Kiyef Kilisesi tamamlanmıştı. Bu münasebetle Kiyef Beyi, bütün şehirlerden boyarları ve bey naiplerini, şehir ihtiyarlarını ve daha birçok misafir çağırmıştı. Kiyef bayram ediyordu. Yalnız üç yüz kazan bal içkisi hazırlanmıştı. Kilisede dinî tören yapılıyordu. Açık kapılardan ağır ağır okunan yanık ilâhiler geliyordu: sanki kilisenin kendisi dile gelmiş de ilâhi okuyor gibiydi.

Dışarısı günlük güneşlikti. Steplerden esen sıcak rüzgâr ceylan otu kokuyordu. Kilisenin içiyse karanlıktı. Kandiller yıldız kümeleri gibi sarkıyor, sis içinde mum ışıkları dolaşıyordu. Titreşen ışıklarda azizlerin ve baş meleklerin renkli elbiseleri bir parlayıp bir sönüyordu. Meryem Ananın gözlerinde canlı bir parıltı belirir gibi oluyor, sonra yine solgun yüzü dumanlar arasında kayboluyordu.

Canlı, gerçek dünya buradan ne kadar uzaktı... Oysa hemen oracıkta, kalın tuğla duvarın, küçük pencerenin arkasındaydı. Kilisedeki koku bile başkaydı. Ne yaprak, ne ot, ne de sokaktaki toz kokusuydu bu. Erimiş balmumu, kandil dumanı, başdöndürücü günlük kokuyordu kilise. Nemli duvarlardan mezar kokusu geliyordu. Koro, başka bir dünya üstüne ilâhiler okuyordu. Kilise kapısından giren, kendini başka bir dünyanın eşiğinde sanırdı.

Henüz uzak olmayan bir geçmişte putlara tapan bir insanın, karşısında, kiliseye girdiği zaman da, kitabı açtığı zaman da, tanımadık, yepyeni bir dünya çıkardı.

Kitabın tahta kapakları kapı kanadı, kopçası da kilit gibiydi.

Bu kitaplar çok uzaklardan gelmişti. Yüzyıllardır ülke ülke dolaşmışlardı. Görüp işittiklerini, bir gezgin gibi insanlara anlatıyorlardı. Din ulularından, uzak ülkelerden bahsediyorlardı. İnsanlar, bu kitaplardan, yabancı şehirleri, töreleri, inançları öğreniyorlardı.

Kitap çok az rastlanan bir şeydi. Ancak kiliselerde, bir de hükümdarın sarayında vardı. Okuma yazma bilenler ise daha azdı. Prensler, okumuşluğun faydalarını anlatıyorlardı. Prens Vladimir bir destanda boyarlarına şöyle der:

Dilber bir gelin bulun bana,
Güzel, aklı başında olsun.
Rusça okusun yazsın.
Dualar, ilâhiler bilsin ki,
Ana deyip, hükümdar eşi olarak
Öveceğiniz buna lâyık olsun.

Bir tarihçiyse şöyle yazar:

«Vladimir, putperest tapınakları yerine kilise kurulmasını emretti. Şehirlerde kiliseler kurdurup papazlar göndermeye, şehir ve köylerde halkı Hıristiyanlaştırmaya başladı. Ve soylu kişilerin çocuklarını alıp okumaya yollamaları için adamlar gönderdi.»

Analar, çocuklarının ardından ölülere ağlar gibi ağlıyorlardı. Çünkü yeni dine inançları daha kuvvetlenmemişti.

Rusya'da daha eskiden de okumuş insanlar vardı. Ama şimdi Kiyef'te ilk Rus okulu açılmıştı. Burada okuma yazmadan başka, çeşitli bilimler de öğretiliyordu çocuklara. Rus devletine bilgili insanlar gerekti...

En eski Rus tarihini açalım. Orada Rus ülkesinin tarihi, basit ve şairane bir dille anlatılır. Tarihçi, bazı olaylara kendisi tanık olmuş, bazılarını yaşlılardan dinlemiş, eski kitaplardan, halk arasında dolaşan söylenti ve türkülerden almıştır. Bu tarih, Kiyef devletini yükseltip sağlamlaştıran prenslere övgüyle doludur.

altın kapılardaki kitaplık

Söz konusu tarihte, bir yılın olayları birkaç satıra sığdırılmış, bir kuşağın hayatı bir sayfada özetlenmişti.

Prens Vladimir ölmüştü. Kiyef'te, oğlu Yaroslav hükmediyordu.

Tarihçiyi dinleyelim:

«Dünyanın yaratılışının 6545'inci yılı yazıydı (Milâdî 1038).

Yaroslav, büyük bir şehrin temelini attı. Şehirde Altın Kapılar kurdurdu. Bir de kilise yaptırdı: Aziz Sofya Kilisesi... Yaroslav kitap meraklısıydı, gece gündüz okurdu. Yunanca'dan Slavca'ya birçok kitap çevirip hattatlara kopya ettirdi. Bunları okuyanlar, Tanrı dininden zevk alır. Yaroslav, birçok kitap yazarak, bunları kendisinin yaptırıp altın ve gümüş yaldızla süslettiği kutsal kiliseye vakfetti...»

Böylece Kiyef'te, Altın kapılar yanında çok kubbeli Aziz Sofya Kilisesi'nde, ilk Rus kitaplığı kurulmuş oldu.

Ruslar kitap okumaya başladılar. Önceleri adını bile işitmedikleri uzak ülkeler, uzak denizler, sisler içinden çıkar gibi gözlerinin önüne seriliyordu.

Kitaplardan birinde şöyle bir hikâye vardı:

«Bir «Tanrı adamı» olan ermiş Aleksey, gemiyle Roma'dan Suriye'ye gider. Burada bir kervana katılarak Edesa şehrine varır. Maceraları bununla bitmez. Edesa'dan, deniz yoluyla, kitabın «Kataliya» dediği Katalonya'ya hareket eder. «Ama gemi, Tanrı iradesiyle fırtınaya tutulur ve Roma'ya gelir...»

Başka bir kitap da, okurun hayalinde Kutsal toprakları canlandırıyordu. Irmağa yakın bir yoldan Arabistan'dan buğday yüklü deve kervanları geçiyor, bir ihtiyar rahip, ırmaktan manastıra su taşıyan eşeğini sürüyordu.

Kitaplar yalnız başka ülkelere değil, başka zamanlara da götürüyordu insanları.

Okur, Büyük İskender hakkındaki hikâyeden, Yunanistan'da çocuklara hangi bilimlerin okutulduğunu öğreniyordu. Bunlar «mırıldanma» (müzik), «yıldız kanunu» (astronomi), «yer ölçme» (geometri), «bilgece konuşma» (retorik), «bilge sevgisi» (felsefe) idi.

Aynı kitapta filozof Aristoteles, Troyalıları terennüm eden Homeros, Delf kâhini, Olimpiyalı Zeus'un tapınağı, Memfis ve İskenderiye adlı Mısır şehirleri. Babilon ve Pers devletleri, braminlerin yaşadığı Hindistan'a dair bilgiler vardı.

Kitap şöyle devam ediyordu:

«İskender birçok orman ve çeşitli meyveler veren harika ağaçlar gördü. Ve o dünyayı bir ırmak çepeçevre kuşatıyordu. Irmağın suyu dupduru, süt gibi beyazdı. Hurma boldu. Asmalardan binlerce iri salkım sarkıyordu...»

Kitapta, İskender'in bulunduğu harika ülkeler, «it gibi havlayan yamyamlar», göz ve ağızları göğüslerinde olan köpek kafalı yaratıklar, güneş olmadığı halde tan yerinin güneşsiz de ağardığı mutlular ülkesi hakkında anlatılanları Ruslar şaşarak okuyorlardı.

«Fiziyolog» adlı kitapta ve başka tabiat kitaplarında, yabani hayvanlar ve kuşlar üstüne anlatılanlar daha da şaşırtıcıydı.

Bu kitaplarda da gerçekle uydurma karışmıştı. Fil ve arslanla yanyana, yarı öküz yarı fil, yarı deve yarı pars gibi, tabiatta bulunmayan hayvan resimleri de vardı.

Yunan masallarıyla birlikte, Yunan felsefesinden parçalar da geliyordu Rus okuyucusuna.

«Pçela» adlı derlemede, Pitagor'un, Sokrat'ın, Diyojen'in, Aristoteles'in, Epikür'ün bazı cümlelerine rastlanabilirdi. «Sestodnev» adlı kitabı okuyan, Ampedokles' in dört öğesini öğreniyordu. Bu dört öğe, yani ateş, hava, su ve toprak, başka şeylerden önce yaratılmış olan her şey bunlardan meydana gelmişti. Aristoteles'in eklediği beşinci bir öğe daha vardı: gökyüzü, ya da eter. Eter, dünyaya her yandan ayni uzaklıkta olup onu «bir duman gibi» sarardı.

Ruslar, dünyanın yuvarlak olup, bir yerinde geceyken, ters tarafında gündüz olduğunu şaşarak öğreniyorlardı. Kitaplar güneş tutulmalarının nedenlerini anlatıyordu: Ay, dünya ile güneş arasına girip «engel» olduğu zaman güneş tutulur, ay tutulmalarınaysa «güneşle ayın arasına giren dünya» sebep olurdu.

Georgi Amartol adlı Yunan rahibinin kitabını dikkatle okuyanlar, Demokrit'in atomları, yazarın deyimiyle, «parçalanmaz ve bölünmez cisimler» hakkında da birkaç söz bulabilirlerdi.

Kitap okuyanlar, evrenin büyüklüğünü daha açıkça düşünmeye başlamışlardı. O zamanlardan kalma bir kitabın diliyle: «büyükte küçük, küçükte büyük» olan insan hakkında kafa yoruyordu okuyucu. Her şeyi Tanrı iradesiyle değil, zorunlukla açıklayan filozofların var olduğunu öğreniyordu. Zenginliği, yoksulluğu, sağlığı, hastalığı, köleliği, özgürlüğü, barışı ve savaşı doğuran hep zorunluktu. Her şey, gökteki değişmeler de, yıldızların hareketi de hep zorunluktandı.

Ruslar, yurtlarının dünyadaki yerini daha iyi anlamaya başladılar. Kozma İndikoplevst'in kitabından, dünyanın üç kısmını, yani Asya'yı, Avrupa'yı Libya'yı ve «İpek Ülkesi» Çin'i öğrendiler, yeryüzünde yaşayan halkları tanıdılar. Komza'nın kitabını Rusçaya çeviren, şu notu eklemişti: «batıda büyük bir ülke var: adı Rusya.»

Rus kültürüne her taraftan: Tevrat'tan, Babilon efsanelerinden, bir İskenderiye hikâyesinden ve herhangi bir Yunan filozofunun eserlerinden, sel gibi bilgi ve tecrübe akıyordu.

Gelişen bu kültür öylesine güçlüydü ki, yabancı kültürlerden aldıklarını sindirip kendi öz malı yapıyordu.

Altın kapılar kitaplığında Rus kitapları da gittikçe artıyordu. Bunlar da, yabancı ülkelerden gelen şeyler, eski Rus halk efsaneleriyle, atasözleriyle, masallarla, yiğitlik destanlarıyla, akın ve savaş hikâyeleriyle karışıyordu.

İlarion'un tarihinde ve öğütlerinde, Boris'le Gleb'in biyografisinde ve Vladimir Monamak'ın öğütlerindfe, Rus edebiyatı, Rus edebî dili doğuyordu.

Tarihte «iyi, bilgili ve inzivaya çekilmiş bir adam» olarak bilinen Kiyef metropoliti İlarion, «Yasa ve İyilik Destanı» adlı eserinde, kendi deyişiyle: «İhtiyar İgor'un torunu, şanlı Svyatoslav'ın oğlu ve bir öğretmen ve veli olan, memleketimizin büyük prensi Vladimir'i överek: «Üçü de, diyor, kötü ve bilinmez bir ülkeye değil, dünyanın her tarafına ün salmış Rus ülkesine hükmetmişlerdi.»

İlarion, Rus ülkesini bütün kalbiyle sever ve yurdundan hararetle bahseder. Prens Vladimir'e şöyle seslenir:

«Ey soylu kişi, kalk mezarından. Kalk, uykudan silkin, çünkü sen ölmedin, sadece mahşer gününe kadar uyursun...

Silkin uykudan gözlerini aç da bak, Tanrı seni gökte nasıl bir şerefe lâyık gördü ve oğulları arasında sana nasıl bir şeref verdi...

Heybetli şehre, pırıl pırıl kiliselere, gelişen Hıristiyanlığa bak, kutsal ikonlarla takdis edilen, buhur kokan, övgüler ve ilâhilerle çınlayan şehre bir bak.

Ve bunları görüp sevince gark ol...»

Yıllar geçiyordu. Her geçen yıl, Rusya'da «kitap zevkini doya doya tadanlar»ın sayısı artıyordu.

Turof piskoposu Kiril:

«Bal suyu tatlıdır, şeker iyidir, ama kitabın tadı ikisinden de iyidir» der.

Kiliselerde bodrumlar kitap doluydu. Manastırların hücrelerinde, ikon ve kitaptan başka bir şey göze çarpmazdı. Her prens ya da boyarların evinde bulunan haç odasında, ikonların altındaki rahle, kitap doluydu. Her manastırda kütüphane vardı. Bazı rahipler kitap kopya eder, bazıları da bunları ciltlerdi.

Peçersk Manastırı'nda keşiş Nestor, «Geçici Yılların Hikâyesi» adlı eserini yazıyordu.

«Rostof ilinde doğmuş olan bu köylü», hücresinden çok uzakları görüyordu. Nestor, artık bütün yurdunu bakışlarıyla kucaklıyor ve Kiyef'ten Varyag Denizi'ne oradan Roma'ya nasıl gidileceğini, Roma'dan da, Konstantinopolis yoluyla, yine Kiyef'e nasıl dönüleceğini biliyordu. Bütün Slav halkları ailesini de görüyor, bunun ortak dili ve yazısı olan bir aile olduğunu anlıyordu. Kiyef prenslerinin, Rus ülkesini kardeş kavgalarından nasıl çabalayıp kurtardıklarını düşünüyordu...

Bu, Rus eğitiminin başlangıcıydı. Büyük bir ırmağın kaynağındayız. Yüzyıllar geçtikçe bu ırmak daha da gürleyip genişleyecek, dünya kültür okyanusuna nice şeyler getirecekti.

«Biz bilgeliği kitaptan öğreniriz. Çünkü kitaplar evreni sulayan ırmaklardır» diyen tarihçi, acaba bunu demek istememiş miydi!

3

doğunun zenginliği

Dünyanın bir yeri gündüzken başka bir yeri gece, bir yeri sabahken, başka bir yeri akşamdır.

Yeryuvarlağının bir tarafında ovalarla ormanlar, güneşin son ışınlarıyla vedalaşıp karanlık basarken, öte yanda tanyeri ağarmaya başlar.

Kültür tarihinde de aynı şeye tanık oluruz.

Eskiçağ kültürünün ışığı İtalya'da, Bizans'ta sönmekteyken, Kiyef'ten çok uzaklarda, Arabistan'da yeni bir kültür doğuyordu.

Arabistan'dan öteden beri kervanlar geçerdi. Tüccarlar develerle Hindistan'dan değerli taşlar ve baharat, Çin'den ipekli kumaşlar, Şap Denizi'nin karşı yakasındaki sıcak Nubya'dan fildişi getirirlerdi.

Kervanlar kutsal bir şehir sayılan Mekke'ye uğrar ve Arap tüccarları kâbedeki kutsal kara taşa taparlardı. Gökten düştüğüne inanılan bu taş, bütün Arap kabilelerince kutsaldı. Arabistan çöllerinde insana, yalnız yıldızlarla taşlar yol gösterirdi. Yıldız gökten düşünce de, tanrı sayılmaya başlamıştı.

Mekke'ye her taraftan hacılar akın ederdi. Uzak vahalardan çiftçiler gelirdi. Bedevîler koyun sürüleriyle gelip şehrin hisarları önünde beyaz çadırlarını kurarlardı.

Çiftçiler, çöl halkına düşman gözüyle bakardı. Tüccarlar, ıssız çölde göçebelerle karşılaşmaktan hoşlanmazdı. Ama Mekke'de herkes kendini emniyette sayabilirdi.

Burada, yıl on iki ay bayramdı. Bayramsa panayırsız olmazdı.

Mekke'de kimse toprağı işlemez, zanaatla uğraşmazdı. Mekke bir ticaret şehriydi. Burada alışveriş edilir, gerekirse zenginlerden birkaç yüz altın Bizans dinarı ödünç alınabilirdi.

Güneşli pazarlar kalabalık ve gürültülü olurdu. Bir yanda eşekler anırır, ayaklı satıcılar avazı çıktığı kadar bağırır, öte yanda yaylana yaylana geçen develerin hörgüçleri görünürdü.

Dar sokaklardan, evlerin toprak duvarları arasından, alacalı baş örtülüler, sarıklılar, bornozlular seli akardı.

Mekke tüccarları zengin yaşarlardı. Hele altın sarrafları, hepsinden de zengindi.

İyi ama, kendilerini mutlu sayabilecek bu insanların yüzleri neden böyle asıktı? Neden, misafir bir tüccar, borç taksitinin ertelenmesinden ya da faizin azaltılmasından gün geçtikçe daha zor söz açabiliyordu?

Mekke için kötü zamanlar gelmişti. Altın para, Bizans imparatorlarının elindeydi. Doğuya giden kervan yollarını da İranlılar tutuyordu.

Dünyanın sonu gelmişe benziyordu. Kervanlar uğramaz olunca, en zengin ticaret merkezlerinin bile söndüğü, defalarca görülmüştü tarihte. Böyle bir şehir, suyu çekilmiş bir çeşmeye dönerdi. Mermer sarayları kumlar basardı. Ancak harabeler hatırlatırdı o eski zenginliği.

Mekke'ye de böyle bir tehlike çöküyordu. Kurtuluşu nerede aramalıydı?

Zengin tüccarların durumu, daha o kadar kötü değildi. Az servet birikmemişti ellerinde. Soydaşlarından iflâs etmiş küçük tüccarlara, çiftçilere, bedevîlere faizle borç verir geçinirlerdi. Asıl ağır durumda olanlar borçlulardı. Borç ilmiği boyunlarını sıktıkça sıkıyordu. Bunlar, verdikleri bir Bizans altınına karşılık, üç altın isteyen insafsız tefecilerden nefret ederlerdi.

Pazarlarda hamallar, kervan sürücüleri, yoksullar homurdanırdı.

İnsanlar, Kâbe duvarına gömülü olan kutsal taşa gittikçe artan bir şevkle dua ediyor, ama taş susuyordu. Kervansaraylarda, yabancı tüccarların anlattıklarını cankulağıyla dinliyorlardı. Yabancı mallarla birlikte yabancı inançlar da geliyordu. Museviler Mesih'ten, Hıristiyanlar Kurtarıcı'dan söz ediyorlardı.

Kalabalıkta falcılar ve peygamberler dolaşıyordu. Bunların konuşmalarında, yerli ve yabancı inançlar birbirine karışıyordu. Bunlar, zenginlerle soyluları tehdit ediyor, yaptıklarının cezasını bulacaklarını söylüyorlardı. Peygamberlerin arasında Muhammet adında biri de vardı. İslâm dinini yayıyordu. Bu yeni din, kendisine birçok taraftar kazandırmıştı.

Mekkeli zengin tüccarlar, atalarının dininden dönen Muhammed'e karşıydılar. Bu yüzden 622 yılında Muhammet, Mekke'den Medine'ye göç etmek zorunda kaldı. Bu göç olayı, Müslümanlarca tarihin başı olarak kabul edilmiştir.

Uzun savaşlardan sonra, Muhammet, düşmanlarını

altedebildi. Mekke, Müslümanlığı kabul etti. Daha dün birbirlerine düşman olanlar, zenginlerle yoksullar, Müslümanlığın bayrağı altında birleşip, Doğu'ya giden kervan yollarının geçtiği ülkeleri fethetmeye gittiler.

Hıristiyanlık gibi Müslümanlık da herkese açıktı, herkes Müslüman olabilirdi. Yeni din, Tanrı'dan başka tanrı tanımamakla birlikte kara taşı da reddetmiyordu. Müslümanlık, Muhammed'i hem Musevi peygamberlerin, hem de İsa'nın doğrudan doğruya halefi ilân ediyordu. İslâm dini yoksullara gökte mutluluk vaadediyor, dünyanın bütün nimetlerini de zenginlere bırakıyordu.

Müslümanlık, dünyayı fethetmek için cihada, yani din uğrunda kutsal savaşa çağırıyordu.

Ve dünyanın fethine başlanmıştı: Ama bu kez Batı'dan değil Doğu'dan.

Araplar, beş büyük devleti görüyorlardı çevrelerinde.

Batı'da, Rum Kayzeri, yani «Muharipler Hükümdarı» denilen Bizans İmparatoru saltanat sürüyordu.

Bizans'ın yanı başında, «Şahlar Şahını», «Değerli Taşlar Hükümdarı»nın toprakları, zengin İran Devleti bulunuyordu.

Kuzeydeki steplerde Türk süvarileri dolaşıyordu. Bunlar «atlar padişahı» denilen Türk hakanına bağlıydılar.

Doğu'da insanlar hükümdarı, «sanat ve devlet hükümdarı» olarak bilinen Çin İmparatoru sayısız insanları idare ediyordu.

Güneydeki Hindistan'da, «filler padişahı», «bilgelik padişahı» hükmediyordu.

Dünya Araplara işte böyle görünüyordu. Mekke'den.

Derken Muhammed'in yerine geçenler, Arap aşiretlerini birleştirip dünyayı fethetmek üzere doğuya, batıya, kuzeye ve güneye yürüdüler.

İran fethedildi. Mısır Bizans'tan alındı. Araplar birçok ülkeyi zaptetti. Bütün büyük hükümdarlarla, Bizans'la, Hindistan'la, göçebe Türklerle ve Orta Asya sınırlarında Çin ordularıyla savaştılar. İspanya'yı ele geçirip oraya yerleştiler. Ve bütün bunlar, VII. yüzyılın sonlarında ve VIII. yüzyılın başlarında, yarım yüzyıl gibi kısa bir süre içinde yapılmıştı.

Araplar zaptettikleri ülkelerde asker kampları ve kaleler kuruyorlardı. Bu kamplar yavaş yavaş şehirler haline geliyordu.

Arap ordularının ardından tüccarlar yürüyordu. Akdeniz adalarına ve İskenderiye'ye sağlamca yerleşen Arap tüccarları, Bizans gemicilerine dehşet saçıyorlardı.

Arap tüccarlarının kervanlarına, dünyanın bütün yollarında rastlanabilirdi. Ermenistan'la Gürcistan'dan ipekli, yünlü kumaşlar, halı ve kürk getiriyor, at ve koyun alıyorlardı. Yanar gülleler atan mancınıklara, yani o zamanın topçusuna, Hazer Denizi kıyılarından petrol taşıyorlardı.

Volga yoluyla, Hazarlarla Bulgarların ülkesine, Dinyeper yoluyla, «Kuyaba»ya (Kiyef) gidiyorlardı. «Slaviya»dan (Novgorod) «Rus ipeği» denilen keten getiriyorlardı. Arap kervanlarının Baltık Denizi kıyılarında, hatta ötelerde, Gotland Adası'nda bile görmek mümkündü.

Arap tüccarları, Asya'da Seylan'a, Çin'e, Afrika'da Sudan'a kadar kervanlar gönderiyorlardı.

Haritalar, Arap gezginlerinin sanısını uzun zaman korudu.

«Sahra», Arapça bir sözdü, «step», «bozkır» demekti. «Sudan», «karalar», «zenciler», anlamına gelir. Cava' da Arapça bir sözdür.

Arapların bildikleri dünyanın sınırları genişlemişti. Bu dünyanın bir ucunda «Slaviya»nın, yani Novgorod ülkesinin karlı ormanları, ahşap şehirleri kuşatan çit duvarlar, sivri damlı prens konakları, kürklü ve kalpaklı sarışın insanlar, öbür ucunda da toprak ormanlar ve çengeller, sıcaktan suda saklanan su aygırları, palmiye yapraklarından yapılmış kulübeler, vücutları dövme resimlerle kaplı kara derili insanlar vardı.

Arap tüccarları, neyle seyahat etmezlerdi ki! Karda

kızaklarla, sahrada deve sırtında denizde yüksek pupalı gemilerle, Hindistan çangıllarında fil sırtında...

Yeryüzünde insanlarla birlikte eşyalar da dolaşırdı: ipekli kumaşlar, üzerinde Muhammed'in hadisleri yazılı çelik kılıçlar, karabiber, şeker, karanfil dolu çuvallar...

Gümüş Arap dirhemi, dünyada başlıca geçer akçe olmuştu. Rus, Alman, Fransız ve İngiliz dillerine Arapça sözler giriyordu.

Kervan, ambar, saray, mağaza, dara, amiral sözcükleri, Arap tüccarlarının karabiber, karanfil ve zencefille birlikte Avrupa'ya getirdikleri sözcüklerdi...

Karabiber, bir İngiliz lordunun, ya da bir Alman baronunun şatosunda, meşe ağacından yapılmış masanın üzerindeki biberliğe doldurulunca kadar uzun bir yol geçerdi.

Senyor, öz çiftliğinden her şeyi tedarik edebilirdi. Toprak köleleri kendisini besler, giydirirlerdi. Ama çiftliğinde karabiber yetişmezdi. İştah açıcı, yakıcı, acı baharat uzaklarda, Doğu'daki bilinmeyen ülkelerde yetişirdi. Bunun için de çok pahalıydı. Fakat baharatsız yemek de yenir miydi ya! Baharatsız bir domuz budu, ya da kocaman bir tavada kızartılmış kuğu kuşu, tatsız ve yavan olurdu. Üstelik hekimlerde, baharatın sağlığa faydalı olduğunu söylerlerdi.

Karabiber nasıl gezerdi?

Hindistan'dan, deniz yoluyla Arabistan kıyılarına getirilir, oradan da Mekke'ye giden hacıların develerine yüklenirdi. Peygamber'in mezarını ziyaret etmek, sevap olmasına sevaptı ama, ticaret de günah değildi. Yani hem ziyaret, hem ticaretti hacılarınki. Müslümanlığın kabulünden sonraki yıllarda Mekke daha da zenginleşmiş, nüfusu artmıştı. Mekke'de, dünyanın dört bucağından tüccarlara, derilerinin rengi çeşitli insanlara rastlanabilirdi.

Karabiber, Mekke'den Batı'ya, Asya'yı Avrupa'dan dar bir boğazın ayırdığı yere götürülürdü. Burada, Bosfor kıyılarındaki Konstantinopolis'te Hint malları Bizans İmparatoru'nun eline geçerdi. İmparatorun sarayı, dünyanın en muhteşem sarayıydı. Bizans kiliselerindeki ikonostazlar tüm altındandı ve bunları süsleyen değerli taşlarla altın kandillerin ışıkları yansırdı.

Bunda şaşılacak bir şey yoktu. Bizans İmparatoru, dünyanın en zengin tüccarıydı. Depoları tıklım tıklım tahıl, ipek, şarap, zeytinyağı, baharat doluydu. Karabiber de az değildi.

Doğu malları buradan, deniz ve kara yoluyla, dağlardan ve ovalardan geçerek daha ötelere, Marsilya'ya, Sen Deni'ye, Ren ve Flandriya'ya götürülürdü.

kitapçı nedim'in dükkânı

Dünyanın en ünlü şehirlerinin uzun listesinde bir ad daha belirmişti: Bağdat.

«Binbir Gece Masalları»nı okumayan, halife saraylarının ününü duymayan var mıydı?

Bağdat'ta hafif yapılı kemerler, çöldeki serap gibi içaçıcıdır. Orada sanatçının eli, duvarların ağırlığını, hantallığını kaldırmıştır. Şadırvanların suları, beyaz mermer kaplara akar ve insan, akanın su mu, yoksa mermer mi olduğunu birden anlayamaz. Tüm duvarlar, tüm tavanlar, acayip nakışlarla cümlelerin çizilmiş ve yazılmış olduğu kabartma bir halı gibidir. Arap yazısı, Arap nakışları gibi karışıktır, girintili çıkıntılıdır. Yazıların yanında nakışlar, bilinmeyen bir dille yazılar gibidir.

Yazılarda Tanrı ve Muhammed övülür, halifelerin sarayı göklere çıkarılır ve insanların yaşadığı konutların en güzeli olduğu söylenir.

Dünyada bundan daha büyük bir mucize olabilir mi?

Saraydan Bağdat sokaklarına çıkarsanız, kitapçı Nedim'in dükkânını bulursunuz. Dipte, yerdeki yığın yığın kitaplar arasında oturan dükkân sahibini hayal meyal görürsünüz. İlk bakışta burada değerli hiçbir şey yok gibidir. Kitaplar, ne pahalı parşömenden, ne de Mısır papirüsündendir: Çin icadı ucuz kâğıtlara yazılmışlardır.

Ama kâğıt ve tozun bol olduğu bu dükkânda, yine de halife sarayından çok mucize vardı.

Kitapçı, hangi kitabı aradığınızı nezaketle sorup kendisinin tertip ettiği «Fihrits»e şöyle bir göz atmanızı teklif ederdi. Bu, Arapça kitapların uzunca bir listesiydi: İran destanları, Yunan filozoflarının kitapları, Hintli bilim adamlarının eserleri toplanmıştı.

Sizi ne ilgilendiriyor? Hindistan'da doğan matematik mi? Halklardan ülkelerden bahseden coğrafya mı? Yoksa peygamberlerle hükümdarların tarihi mi?

İşte Tabari'nin dünya tarihi. Bu büyük eserde bütün halklarla ülkelerin seçkin adamları hakkında: Musevilerin peygamberi Musa, Cihangir Büyük İskender, hükümdar Keyhüsrev ve imparator August hakkında bilgi bulabilirsiniz.

Şu tarih kitapları da olayları olduğu gibi anlatıyor. Yazar, kitabında anlattıklarını kimden öğrendiğini bildirmeden geçmemiş ve kitabına: «bana filan anlattı. Dedi ki: ben bunu filan oğlu filandan işittim. O, dedi ki: ben...» sözleriyle başlamış, sonra olay tanığın ağzından anlatılmış.

Yerle göğün kuruluşunu bilmek isterseniz, Ptolemeus'un Arapça'ya çevrilmiş on altı ciltlik «Al-Macasti» adlı eserini okuyun.

Halife'nin sarayında, ancak orada olanı görebilirsiniz. Kitapçı Nedim'in loş, tozlu dükkânındaysa, uzaktaki yıldızlardan, denizin derinliklerine kadar dünyada ne varsa, her şeyi bulabilirsiniz. Burada birçok yüzyıllarla kuşakların aklı, tecrübesi toplanmıştır. Bu zenginliği biriktirmek, mermer çıkarmaktan, inci avlamaktan güç.

Bir hadiste şu sözler boşuna yazılmamıştı: Bilginlerin sarfettikleri mürekkeple, şehitlerin dökülen kanları tartıldı, bilginlerin mürekkepleri ağır geldi...

Gerçi kitabın değerini bütün halifeler anlamıştı denemez. Söylentiye göre, Ömer zamanında zaptedilen İran'da pek çok kitap ele geçirilmiş. Kumandanlardan biri Ömer'e: Kitapları ne yapalım, ganimet olarak alınan öbür eşyalarla birlikte Müslümanlara mı dağıtalım? diye sormuş. Ömer de: Kitaplar, Kur'an'dakilerden bahsederse, faydasız demektir. Yok, söz konusu başka bir şeyse, o halde zararlıdır. Bunun için her iki halde de kitapları yakmalı, demiş.

Bu olayın İran'da değil, İskenderiye'de geçtiğini söyleyenler de vardır. İskenderiye kitaplıkları, bazı Sezar'ın lejyonerleri, bazı da patrik Teofil'in kışkırttığı Hıristiyanlar tarafından defalarca yakılmıştı. İskenderiye'yi zaptettikleri zaman, artakalanları da Araplar yakmıştı.

Eskiden böyle olmuş olabilir. Fakat Arapların kitap yaktığı zamanlar çoktan geçmişti. Artık bilime saygıları vardı ve herkesin, dilediği gibi inanıp düşünmesine izin veriliyordu. Şam'da, Bağdat'ta, Buhara'da; Ürgenç'te, aralarında Araplar, İranlılar, Musevîler bulunan bilim adamları, doğayı serbestçe inceliyor, evrenin doğuşu ve kuruluşuyla ilgili sorunları serbestçe tartışıyorlardı.

Yüzyıllar birbirini izliyordu: Dokuzuncu, onuncu, on birinci...

Geniş Arap devleti, birçok küçük devletlere bölünmüştü. Ama, bu bilim adamlarının çalışmalarını engellemedi. Bunlar Kordova'da, Buhara'da, Bağdat ya da Ürgenç'te, nerede olurlarsa olsunlar her yerde kendilerini dünyanın vatandaşı sayarlardı. Her hükümdar, her emir ünlü bilgin ve şairleri sarayına çekmeye çalışırdı. Medreseler, kitaplıklar, gözlemevleri bir şehir için muhteşem saraylardan da önemli sayılırdı. Bizans imparatorları bile, Arap halifelerinin sarayında ün kazanmış bilim adamlarını Konstantinopolis'e davet ederlerdi.

Orta Asya çöllerinde bulunan Ürgenç'te, yıldızları inceleyen evren üstüne yazılmış kitapları okuyan bilim adamları vardı.

Ürgenç'te Şehristani adında bir filozof yaşardı. Bütün dinler, bütün doktrinler üstüne kendi deyişiyle: «birinden nefret edip öbürüne sempati gösteremeden» bir kitap yazmıştı. Yerli bilim adamlarından biri, hatıralarında şöyle yazar: «Komşum ve arkadaşım olan Şehristani, filozofların görüşlerinin doğru olduğunu ispat etmek ve onlara karşı yapılan suçlamaları çürütmek için çok uğraşmıştı. Onun konuştuğu birkaç mecliste bulundum. Bir kez olsun: «Tanrı böyle buyurdu» ya da «Tanrı'nın resulü böyle buyurdular» demedi, hiçbir ilâhiyat sorununu çözümlemedi. Şehristani'nin nasıl görüşleri olduğunu en iyi Tanrı bilir.»

O zamanların Ürgenç'inde kala kala, ıssız çölde, göklere yükselen bir tek minare kalmıştır. Oysa eski Ürgenç, dört başı mamur büyük bir şehirdi ve Orta Asya'yla İran'da saltanat süren Harzemşahların başkentiydi.

El-Biruni, bir sırlar ülkesi olan Hindistan'ı ziyaret etmek üzere Harzem'den yola çıkmıştı.

Biruni bir yabancıydı, Hindistan'ın kuzey bölgelerini zapteden düşmanların dinindendi. «Tanrı'dan başka bir tanrı olmadığına» inanırdı. Hindistan'daysa tanrılar insanlardan çoktu. Biruni putlara tapmayı günah sayardı... Hindistan'daysa kocaman kayalar yontulup Buda heykelleri haline getirilmişti, yüzlerce dansöz, tapınaklarda rakseder pozda duran dört elli Siva'nın çevresinde gece gündüz dansederlerdi.

Yine de Hintliler, El-Biruni'yi saygıyla karşıladılar. Praminler kendisine, bir meslektaş olarak, öğretilerinin sırlarını açtılar.

Biruni de yurduna döndüğünde bir kitap yazıp, yabancı töreleri, kendisine tuhaf gelen Hint inanç ve anlayışlarını hor görmeden anlatmıştı.

Batı'dan kovulmuş olan bilim, Doğu'da zaferden zafere koşuyordu. Yunan bilginlerinin eserleri kopya edilip çoğaltılıyor, bir dilden öbürüne çevriliyordu.

Aristoteles Doğu'yu fethediyordu, Büyük İskender gibi kılıçla değil, kalemle.

Doğu'ya Batamyos adı altında bilinen Ptolemeus'un «Al-Macasti» adlı eseri, Suriye, İran ve Harzem yoluyla

Hindistan'a varmıştı. Mısırlı bilim adamlarından İbn-el-Hotayma'nın bir eserinde, Yunan geometrisi Hint cebiriyle karşılaşmıştı. Arap matematikçileri, Yunanlı Arşimed'i de, Hintli Aryabhatta'yı da biliyorlardı.

Doğu'dan Batı'ya ters yönde bir akım başlamıştı. Hint rakamları, Arabistan yoluyla Avrupa'ya gelmiş, yolda adları değişerek Arap rakamları denilmeye başlamıştı. Bir bilim adamı olan keşiş Herbest, Avrupa'da ilk olarak sayıları Hint usulüyle yazıp Hint hesap tahtasında hesap yapmaya başlamıştı.

Mıknatıs iğnesi, kâğıt gibi icatlar, Çinlilerden Araplara, Araplardan da Avrupalılara geçiyordu. İtalyan gemicileri denizde yolu pusulanın yardımıyla buluyorlardı. Bunun için mıknatıs su dolu bir bardağa bırakılıyor, kendiliğinden dönerek güneyi ve kuzeyi gösteriyordu.

İtalyan hattatları, ilk kez kitapları parşömene değil, Suriye'den getirtilen kâğıda yazmaya başladılar.

Birçok engeller vardı düşünüşün karşısında: insanların başka başka dillerde konuşması, töre ve anlayış farkı gibi. Bunlar doğal engellerdi. Bir de hoşgörüsüzlüğün, bağnazlığın yarattığı yapay engeller de vardı.

İnsan düşünüşü, cesur koruyucuları olduğu sürece, bütün engelleri aşıyor, ya da okyanusa doğru akan bir ırmak gibi onları yıkıp geçiyordu.

İnsan büyük icatların ve keşiflerin eşiğindeydi yine.

Macellan'dan çok daha önce Suriyeli Ebü-l-Fida, dünyayı dolaşan bir yolcunun, gittiği yöne göre, takvimden bir gün geri kalacağını ya da bir gün ileride olacağını ispat etmişti.

Kopernik'ten çok daha önce Harzemli El-Biruni, dünyanın kendi ekseni çevresinde dönüşünün, ziclere aykırı olmadığını söylemişti.

Söylentiye göre, sultan, Biruni'ye, yaptığı zicler için ödül olarak, bir fil yükü gümüş göndermiş. Biruni armağanı kabul etmemiş, geri çevirmiş. Kendisine gümüş gerekli değildi. Çünkü servetin en büyüğüne sahipti: Bilgi.

El-Gazen adında büyük bir bilim adamı da, hava okyanusunun yüksekliğini, alaca karanlığın sınırlarına kadar ölçmüştü. El-Gazen, ufkun ötesinde güneşin nasıl indiğini gözetliyordu. Güneş artık batmıştı, ama ışınları yeryüzü üzerindeki havayı aydınlatmaya devam ediyordu.

El-Gazen, kum saatleriyle zamanı ölçüyor, astronomi aletlerinin yardımıyla, güneşin yolunu belli ediyordu. Yaptığı uzun hesaplamadan sonra, alaca karanlığın sınırlarına kadarki mesafenin 52 bin adım olduğunu anlamıştı. Bu çağdaş bilim adamlarının tespit ettikleri mesafeden biraz azdır.

Bazı bilim adamları, hava okyanusunun yüksekliğini ölçüp gezegenlerin yolunu tespit ederken, bazıları da küçük zerrecikler âlemini inceliyordu.

Bunlar Aristoteles'i iyice biliyorlardı. İskenderiyeli bilim adamlarının kitaplarını da okumuşlardı. Dünyadaki bütün cisimlerin birbirine dönüştüğünü de biliyorlardı. Peki, o halde bakır altına çevrilemez miydi? Toprakta altın meydana gelebilmesi için yüzyıllar gerekirdi. İnsan, bilgi sayesinde birkaç saatte altın elde edemez miydi?

Arap alşimistleri, bu sorunun cevabını İskenderiyeli bilim adamlarının papirüslerinde arıyorlardı. Bu kitapların, ölümlü bir insan tarafından değil. Yunanlıların «Üç Kere En Yüce Hermes» dedikleri Mısır tanrısı Tot tarafından yazıldığı söyleniyordu. Hermes'in adına dayanarak bu kitaplara «hermetik» denirdi. Çünkü değme insanlara sımsıkı kapalıydılar, bunlardan bir şey anlamazlardı.

İşte, bu kitaplardan birinin adı: «Güneş nasıl yapılır.»

«Babası Güneş, anası Ay, Rüzgâr onu karnında taşıdı. Yer besledi. Toprağı ateşten, dumansıyı katı cisimden ayır, dünyada en değerli şeyi elde edeceksin.»

Bilgisiz insanlar, bu bilmece üzerinde kafalarını boşuna yorarlardı. İşin özünü anlamış olanlar Güneş'in altın, Ay'ın gümüş, Saturn'un kurşun, Merkür'ün de civa demek olduğunu bilirlerdi.

Arap bilginleri, eski İskenderiyeli alşimistlerin yaptıkları denemeleri tekrar ediyorlardı. Güneş, yani altın elde etmek için bir şeyler eritiyor, yakıyor, imbikten geçiriyorlardı.

Bakırı çeşitli maddelerle karıştırıyorlardı. Alaşımların bazısı beyaz, bazısı da sarı oluyordu. Ve biraz daha gayret edilirse bakır gümüşe ya da madenlerin şahı olan altına dönüşür sanıyorlardı.

Böylece, bilim adamları küçük zerrecikler âleminin karanlıklarında ham hayaller peşinde koşup duruyorlardı. Gerçek defineler buldukları da oluyordu. Her şeyi her şeyle karıştırıp alaşımlar yaparken azot asidini, asit sülfüriği, madenleri eritme ve tuz ruhu elde etme usullerini buldular, kükürtün, civanın, arseniğin özelliklerini incelediler.

Dumanlı, karanlık laboratuvarlarda, iki boğazlı kaşıkçı kuşlarını andıran acayip kaplarla uzun boyunlu imbiklerin arasında gerçek bir bilim, kimya doğuyordu.

İnsan, ufacık zerrecikleri idare etmeyi öğreniyordu. Çoğu hallerde gözle görülemeyen bu zerreciklere, önüne filtreler koyup, kurnazca tuzaklar kuruyor, sonra da onları bir av gibi kovalayıp eğri büğrü borulardan geçirterek eriyikten ayırıyor ve billurlar halinde kabın dibine çöktürüyordu.

İnsan yine büyük adımlarla ilerliyordu.

Hani biraz daha çabalamakla amaca erişebilecek gibiydi...

Ama Doğu'da da kültür ışığı sönmeye başlamıştı. Düşman sürüleri, kara bulutlar gibi her yandan yaklaşmaktaydılar.

Doğu'ya koyu bir karanlık çöküyordu. Şehirlerin meydanlarında ikide bir alevler görülmeye başlamıştı: yine kitaplar yakılıyordu.

Bağdat'tan kovulan bilim, İspanya'daki Kordova'da

barınak buldu. Bilim nerede saygı görse, orası evi olmuştur hep.

Kordova tüccarları, halifelerin bir yazma kitap için bin altın dinar ödedikleri zamanları daha unutmamışlardı.

Bağdat'ta, insanlardan uzak yaşayan filozof El-Gazali, bilginin gereksiz, aklın güçsüz olduğunu söylerken, Kordova'da, aynı XII. yüzyılda, bir Aristoteles hayranı olan filozof İbni Rüşt, bilimi cesaretle savunuyordu. İbni Rüşt en büyük mutluluğun bilinmeyenin önünde eğilmede değil, herşeyi öğrenmeye can atmada olduğunu ispat ediyordu.

İbni Rüşt, insanlığın ortaklaşa düşünüşünden söz ediyordu. İnsan ölür, insanlık kalır. İnsan, şu kısa ömründe çok şey öğrenemez. İnsanlık ölümsüz, düşünüşü de ebedidir. İşte bu ortaklaşa düşünüşün ulaşamayacağı sınır yoktur.

Böylece, insan kendisini okyanusta bir damla, büyük bir bütünün parçası olarak duymaya, tanımaya, aynı zamanda bir dev olduğunu, yani İNSAN olduğunu anlamaya başlamıştı artık.

Bir zamanlar insanın ruhu, küçük kabile «ben»inin dar duvarları arasında kapanıp sıkılmıştı. «İnsan», Mısırlı anlamına kullanılıyordu, çünkü Mısırlı olmayan insan sayılmazdı. Yüzyılların geçmesiyle insan, bu dar «ben» duvarlarını zorlayıp genişletmeye başladı. Bütün insanların ayrı ayrı insan oldukları, hep birlikte de insanlığı meydana getirdikleri anlaşılmaya başladı. İbni Rüşt, yalnız Kordovalı bir İspanyol Arabı değil bir insan olduğunu anlamıştı...

İspanyol Araplarının egemenliği de sona ermek üzereydi. Hıristiyan şövalyeleri, bunlara baskı yapıp İspanya'dan kovuyorlardı.

Eskiçağ bilimi yine tehlikedeydi. Yunan filozoflarının kitapları yine yakılıp kül ediliyordu. Ama bu kez de koruyucuları bulundu kitabın...

İspanya'da, Provans'ta güney İtalya'da Musevi doktorlar, astronomlar, filozoflar, Aristoteles'in, İbn Rüşt' ün, Öklides'in, Ptolemeus'un eserlerini Arapçadan İbraniceye ve Latinceye çeviriyorlardı.

Musevi bilim adamı Yehutla ben Tibbon'a «tercümanların piri» deniyordu.

Doktor ve filozof olan oğlu Samuil, Aristoteles'in «Meteorologiye» adlı eserini, yine doktor ve yazar olan torunu Moysey, Öklides'in «Unsurlar» eserini, İbn Rüşt' ün ve İbn Sina'nın kitaplarını çevirmişti. Hıristiyanların Don Profiyat Tibbon dedikleri torununun torunu Yakof, hem Monpelye Tıp Fakültesi'nde astronomi konferansları veriyor hem de Öklides'i çeviriyordu.

Tercümanlığın babadan oğula geçtiği bu aile için, kitaptan daha elverişli bir şey yoktu. Elle yazılmış eski bir kitap arayıp bulmak için en uzak yolculukları bile göze almaya hazırdılar. Moysey ben Tibbon, Marsilya' dan gemiyle İskenderiye'ye gitmişti. Orada eski papirüsler bulunabileceğini işitmişti. Yolda zamanını boş geçirmemiş, bir felsefe sözlüğü hazırlamıştı.

Aile reisi Yehuda ben Tibbon, oğluna sandıklar dolusu altın bırakmamıştı; kitap bırakmıştı yalnız.

Yehuda ben Tibbon, oğlu Samuil'e vasiyetnamesinde şöyle der:

«Sana büyük bir kitaplık bırakıyorum. Onu düzgün tut. Dolaplardaki kitapların bir listesini yap, her kitabı gerekli dolaba koy. Rafları güzelce perdele, kitapları tavandan akan sulardan, farelerden ve her çeşit zararlı şeylerden koru, çünkü kitap en büyük servetin, en iyi dostundur. Kitap dolu bir kitaplık, bir bilim adamına en güzel bir bahçeden daha güzeldir.»

Bu kitaplığın sonu ne oldu, belli değil.

Sahibinin, gözbebeği gibi korumalarını tembih ettiği kitaplar belki çoktan yokolmuştur.

Ben Tibbon gibi insanlar, görevini yapmış, eskiçağ bilimini korumuş, sonraki kuşaklara miras bırakmışlardı.

Blim, papirüsten parşömene, Yunancadan Arapçaya, Arapçadan İbraniceye, İbraniceden de Latinceye geçerek, dolambaçlı yollardan yine Batı'ya dönüyordu.

Yunan bilginlerini Batı'da Arap sandıkları bile olurdu: Arşimet'e, Arap usulü, Arhimedin diyorlardı. Çünkü kitapları, Avrupa'ya, doğrudan doğduya Yunanistan'dan değil, dönüp dolaşıp Arap ülkelerinden gelmişti.

İşte böyle, insanlar bilimi en değerli bir şey sayıp elden ele vererek kurtarabiliyorlardı.

köylünün isyanı

Bu zaman içinde insan Batı'da da yerinde saymamıştı. Yüzyıllar geçtikçe adımlarını sıklaştırıyordu.

Eskiden malikâneler, orman denizinde birer küçük ada gibiydi. Burada insanlar birer Robenson gibi yaşardı. Toprak köleleri, senyora ve kendilerine gerekli her şeyi kendileri yaparlardı.

Toprak kölesi, işten kaytarmaya çalışan o eski köle değildi. Durup dinlenmeden çalışırdı. Kök söker, bataklık kurutur, boş toprakları tarıma elverişli hale getirirdi. Döktüğü alınteri de meyvelerini verirdi. Ürün gittikçe bollaşırdı. Gerçi köylünün elinde ürünün, ancak küçük bir kısmı kalırdı. Damı saman kaplı isli kulübesi yoksulluktan kurtulamazdı.

Senyorun şatosundaysa, büyük bir sofra hep hazırdı. Ev sahibi cömert ve konukseverdi. Kendisi yemesini sevdiği gibi, misafirlerini de tıkabasa doyurur, sarhoş olana kadar içirirdi. Uşaklar da efendilerinden pek geri kalmazlardı.

Şatoda kimler yoktu? Züğürt şovalyeler, silâhşörler, seyisler, şarap sunucular, köpek bakıcılar, kapıcılar, aşçılar ve belli bir işi olmayan halayık takımı vb.

Bazıları sofrada yemek yerken, öbürleri onlara hizmet ederdi. Kocaman domuz butları, yağlı kuğular, etli ya da balıklı börekler, kaşla göz arasında yenilip yutulurdu.

Bütün yemekler baharatlıydı. Şaraba bile baharat katılmıştı. İnsan tok bile olsa iştahı açılırdı.

Senyoru ve şatodaki halkı kim besliyordu?

Toprak kölesi köylü.

Ya giydirip kuşatan kimdi?

Önceleri senyor da, hanımı da, elbiselerini malikânede dokunmuş abadan diktirirken artık senyor kadife mintan, karısı da samur kürklü ipek pelerin istiyordu.

Bunlar nereden alınırdı?

Panayırdan, şehirden. İpek kumaşlar, kadifeler, inci ve mücevherat uzak ülkelerden getirtilir ve peşin parayla ödenirdi.

Senyor parayı kimden alırdı?

Kulübesi saman kaplı köylüden.

Önceleri köylü angaryadan bıkmış usanmıştı, şimdiyse çeşitli vergiler göz açtırmıyordu. Gece gündüz demeden çalışmalı, son ineğini satmalı, gerekirse gurbete gidip marangozluk, kunduracılık etmeli, vadesi geldiğinde, para bulup senyora borcunu ödemeliydi.

Senyorun hep paraya ihtiyacı vardı. Sefere çıkacak olsa, kılıç ve miğfer satın almak, seferde gerekli şeyleri sağlamak için para lazımdı. Evdeki eğlenceler için, baharat ve elbise satın almak için yine para gerekti.

Şarap, mum yapmak için balmumu, ipekli ve kadife kumaşlar satın almak için, şatodan şehre ikide bir adam gönderilmeye başlandı...

Şehirler, 30-40 yılda ne kadar büyümüşlerdi! Oysa ki, eskiden çevresi çit duvarla sarılı bir köyden farksızdılar. Tüm şehir pis bir meydandan, kiliseyle pazar etrafındaki birkaç viran evden, bostanla otlardan ibaretti. Ya şimdi? Tüccarlar, dokumacılar, silah ustaları, şehirde ne evler yaptırmışlardı!

Eskiden tüccar, sırtında ağır bir sandıkla malikâne malikâne dolaşırdı. Seyyar bir terzi şatoya gelir, iki üç ay kalıp paskalya yortusu ya da düğün münasebetiyle büyüklü küçüklü herkese elbise dikerdi.

Artık tüccarlar, dokumacılar, terziler, şehirlere yerleşmiş, hısım akrabalarını da getirip başlı başına mahalleler kurmuşlardı: Çömlekçi mahallesi, boyacı mahallesi vb.

Bazılarının babaları herhangi bir malikânede daha doğramacıyken, kendileri toprak köleliğinden ve doğramacı olmaktan kurtulmuş, lonca başkanı birer usta olmuşlardı.

Sözü geçen tüccarların elbisesi yeniydi, ayaklarındaki çizmelerin tokaları güzeldi, bellerindeki bıçaklar, eskiden olduğu gibi bakır değil, gümüş saplıydı.

Hele kunduz kürkünden kalpak, kurşuni çuhadan kaftan giymiş bir tüccarı at üzerinde giderken görmeliydi!

Böyle bir tüccarın borcu neden olacaktı? Her aldığını peşin parayla tıkır tıkır öderdi.

Herkes iyi yaşıyordu. Yalnız köylünün durumu kötüydü.

Savaşta şehir halkını kale duvarları korurdu.

Şovalyeler şatoların kapılarını sürmelerdi. Köylülerin tarlalarıysa açıktı. Silahlı eşkiyalar ekinleri çiğner, hayvanları aşırıp götürürlerdi.

Senyorlar dövüşür, kabak toprak kölesinin başında patlardı.

Tarlaları yaban otları basardı. Zamanı gelip hasat başlayınca da köylü, toprağa saçtığı tohumu bile toplayamazdı.

Köylü daha çocukken, annesinden bir dilim ekmek istediği zaman annesi: «ekmeği senyor aldı» derdi.

Babasına yardım etmeye başladığında, yorulup da sabanın sapını tutacak mecali kalmayınca babası: «senyor tarlayı sürmemizi emretti» derdi.

Pazar günleri kilisede vaaz veren papaz: «sabredin, İsa da sabretmişti» derdi.

Sabır, sabır, hep sabır. İyi ama sabrı hangi pazardan almalıydı? Ve niçin sabretmeliydi?

Herkesin umudu çocuklarındaydı. Belki onların kısmeti daha iyi olur, diyorlardı. Mezarlıkta mezarlar gittikçe artıyordu. Artık çocuklarının çocukları mezarda yatıyordu. Yaşamaksa hep ağırdı.

Bir tek çare kalmıştı: doğdukları yerleri bırakmak, bir gece, karanlıklar içinde kaybolmuş köye dönüp bakmadan evden çıkıp gitmek.

Ama nereye?

Şehre!

«Şehirde hava bile insanı özgür yapar» sözü boşuna söylenmemişti.

Ama, kürek cezasına mahkûm olup hapisane duvarına zincirle bağlı bir mahpus gibi toprağa bağlı bir kimsenin, başını alıp gitmesi öyle pek kolay değildi. Çünkü toprak kölesi, derebeyinin malıydı.

Yaşamak günden güne ağırlaşıyordu. Vergiler artıyordu. Vergilere ve artan zulme dayanmak zorlaşıyordu.

Ve bir gün gelip insanların sabrı tükendi.

Ayaklanan köylülerin her yandan kundakladıkları şatolar yanıyor, dişli, yüksek surları kara dumanlar sarıyordu.

Yakılıp yıkılmış İtalya'dan Provans'a Provans'tan Burgundiya'ya savaşların peşinden açlık yürüyordu.

Bir ölçek hububat, avuç dolusu altın ediyordu. Açlığın arkasından da hastalıklar geliyordu.

Ölüm köy köy dolaşıyordu. Mezarlıklar doldukça köyler boşalıyordu.

Birçoğu yeniden, korkuyla dünyanın sonunu bekliyordu. Bazıları da Tanrı'ya verip veriştiriyor, dünyanın kötü bir ruh tarafından yaratıldığını, yoksa bu kadar kötü olamayacağını söylüyorlardı.

Çeşitli tarikatlar başgösterdi, dinden sapmalar aldı yürüdü. Bunların kökü ateş ve kılıçla kazınıyordu. Ama bunalımın, çaresizliğin kökü kolay kolay kazınabilir miydi?

Bunun bir çıkar yolu var mıydı? Varsa neredeydi?

Çıkar yolu yurtlarında bulamayacaklarını anlayanlar, grup grup, sürü sürü yollara döküldüler.

Kendi yaptıkları kılıç ve mızraklarla silahlı köylüler, çamurlu yollardan ilerliyorlardı. Parlak zırhlar giymiş haçlı şövalyeler, köylülerin yanından geçip gidiyordu.

Gıcırdayan iki tekerlekli arabalarda köylü çocukları ağlaşıyor, öküzler böğürüyor, atlar kişniyordu.

İnsanlar götürebilecekleri her şeyi almışlardı; bir daha yurtlarına dönmeye niyetleri yok gibiydi.

Baronlar maiyetiyle gidiyordu. Toprak kölelerini, uşaklarını, soytarı ve şarkıcılarını bile beraber götürüyorlardı.

Avda kullanılan doğanlar bile doğancının sağ kolunda yola düşmüşlerdi.

Pazarlarda, yollarda gürültü ve izdihamdan geçilmiyordu. Alışveriş, eskiden görülmemiş ölçüler almıştı. Birçoğu yola çıkarken, götüremediklerini satmıştı. Paralar tüccarların kasalarına akmaya başladı. Tüccarlar, fahiş fiyatlarla satıp kâr etmek umuduyla sakladıkları malları pazara çıkarmışlardı.

Çocuklar da uzun kafileler halinde yolllara düşmüştü.

Nereye gidiyorlardı? Ve ne olsun istiyorlardı?

Mucize umarak Doğu'ya gidiyorlardı: Müslümanlardan «kutsal toprağı» ve Filistin'le birlikte doğu masallarındaki tüm zenginlikleri ele geçirmeye...

dünya yeniden genişliyor

Haçlılar Filistin'i zaptetmiş, Kudüs Krallığı'nı kurmuşlardı. Burada Fransızlar, İngilizler, İtalyanlar, Almanlar, Suriyeliler, Yunanlılar, Ermeniler yanyana yaşıyordu. Zeytinlikler arasında şövalye şatolarının dişli surları ve kuleleri görünüyordu. Kudüs Kralı'nın sarayında en garip unvanlı baronlara rastlanabilirdi. Aralarında Galile prensleri, Yafa kontları, Sidon senyorları vardı. Bunların büyük çiftliklerinde Suriyeli toprak köleleri çalışırdı.

Tir adlı eski Fenike şehrinde ustalar, bin yıl önce olduğu gibi, salyangozdan erguvani boya elde ediyor, değerli cam bardaklar yapıyorlardı. Fakat Tir sokaklarındaki o acayip çehre, ad ve lehçeler karışımı neydi! Şehrin hemen hemen üçte biri Venediklilerindi. Kendi mahalleleri, pazarları, kiliseleri, depoları, hatta kendi hamamları ve fırınları vardı Venediklilerin.

Venedikliler de, Fransızlar da, İngilizler de Doğu'da, yurtlarında olduğu gibi, yani komşularından ayrı yaşamak istiyorlardı. Fakat burada bunu yapmak dile kolaydı. Müslümanlara, Hıristiyan olmayanlara karşı besledikleri nefret getirmişti onları buraya. Oysa Müslümanlarla kavgasız yaşıyor, Suriyeli Müslüman kadınlarla evleniyorlardı. Kaftan, bornoz, muslin, fıstık, limon gibi yerli sözleri, konuşmalarında gittikçe daha çok kullanıyorlardı. Hıristiyan senyorlar, üzerinde Kur'an'dan ayetler yazılı altın paralar bastırıyorlardı. Müslümanlarla ticarette «Müslüman bezantı» denilen bu paralar gerekti.

Mısır Sultanı, Hıristiyan dünyasının düşmanı olduğu halde, İtalyan gemileri ona esir ve silah taşıyordu.

Roma Papazı, Müslümanlarla ticareti yasaklayan sert bir emir çıkarmış, ama fayda etmemişti. Suriye'den denize açılıp Cenova'ya giden yüzlerce gemi bir emirle nasıl durdurulabilirdi? Suriye çöllerini aşan kervanların yoluna, parşömen rulosuna yazılı bir Papa kararıyla nasıl engel olunabilirdi? Alp Dağları'nı aşıp Doğu mallarını almak için İtalya'ya giden Alman tüccarları nasıl geri çevirebilirdi?

Tarihin dev sarkacı, iki kez daha gidip gelmişti: bir sağa, bir sola.

Araplar VIII. yüzyılda Doğu'dan kalkarak Batı'ya

doğru gidip Pirene Dağları'na dayanmışlardı. Haçlılar da XI. yüzyılda Batı'dan Doğu'ya, Kudüs'e gitmişlerdi.

Sarkaç ancak iki kere sallanmıştı dedik. Ama ne kadar değişmişti her şey. Denizlerde çöllerin, âdetlerin, inançların ayırdığı halklar birbirlerine daha yakınlaşmışlardı.

Bir Fransız ya da Alman şövalyesi, önceleri şatosunda, ayı ininde yaşar gibi yaşardı.

Dünyaya, başka ülkeler üstüne ne bilirdi bunlar?

Ancak Kudüs adında bir şehir olduğunu, bunun dünyanın ta ortasında bulunduğunu işitmişlerdi. Bundan başka iki büyük şehir daha vardı: Roma ve Konstantinopolis. Bunlar nasıl şehirlerdi, orada kimler yaşar? Bunu hayal meyal bilirlerdi. Dünyanın bir ucunda aysız ve güneşsiz bir ülke olduğuna, orada başları boynuzlu, elleri arslan tırnaklı insanların yaşadığına inanırlardı.

Şatoya kırk yılda bir gezgin bir tüccar ya da hacdan dönen bir rahip uğrar, görüp işittiklerini yağlandıra ballandıra anlatırdı. Söylediklerinin arasında, gezgin âşıklarla hokkabazların şarkılarındaki uydurmalar daha çoktu.

Bir şövalye dünyayı düşünürken, yollarında devlerin dolaştığı ve ejderlerin yolculara saldırdığı harikalar diyarına varmak için yüz mil kadar bir yol geçmek yeter sanırdı.

Derken işte bu cahil şovalyeler Konstantinopolis'i, Antakya'yı, Kudüs'ü gidip görmüş ve dünyanın, şato penceresinden gördüklerinden ibaret olmadığını anlamışlardı.

Bizans'ın muhteşem tapınaklarını, Doğu'nun cami ve saraylarını görmüşlerdi. Kendi yurtlarında hayat, Yunanistan'da ve Suriye'de gördüklerinin yanında çok sefil, sönük ve can sıkıcıydı.

Doğuda toprak bile, o parlak eskiçağın anısını saklıyordu; orada hâlâ Arap bilginleri Aristoteles'le, Ptolemeus'u okuyorlardı, coğrafyacılar kitaplarında Çin'le Hindistan'daki harikaları anlatıyorlardı. Her yerde eski yapıların harebeleri göze çarpıyor, eski devirler üstüne efsaneler yaşıyordu.

Fenike şehirlerinden Tir'de Vilhelm adında bir Hıristiyan piskoposu, Kur'an'ı ve Arap tarihçilerinin eserlerini inceleyip «Deniz Aşırı Olaylar Tarihi» başlıklı bir kitap yazmıştı. Bu kitapta Müslümanlığa, yabancı âdet ve inanışlara karşı bir nefret yoktu.

Böylece, savaş ve düşmanlıklar arasında, insan kültürünün gelecekteki birliği olgunlaşıyordu.

Halifelik dağılmış, Kudüs krallığı çökmüştü.

Ortak çalışmaların perçinlediğini yıkmak kolay değildi. Gerek Batı'da, Gerek Doğu'da milyonlarca insan çalışıyor, tarla ve bağları işliyor, dut ağaçları dikiyor, ipekböceği besliyor, salyangozdan boya, zeytinden yağ çıkarıyor, şeker kamışından pekmez kaynatıyor, pamuk topluyor, koyun kırkıyor, demir dövüyor, çuha dokuyordu.

İnsanlar çalıştıkları için, gerek Batı'da, gerek Doğu'da gittikçe daha çok servet birikiyordu.

Batı Doğu'ya, Doğu da Batı'ya muhtaçtı. Ve Batı'yla Doğu, denizlerle çölleri, düşmanlığın diktiği bütün engelleri aşarak ellerini birbirlerine uzatmışlardı.

Ama düşmanlık uzun bir zaman duyulacaktı daha.

Akdeniz'de, yüksek bordalı, yüzlerce kürekli İtalyan ticaret gemileri dolaşıyordu. İtalyanlar bir Müslüman gemisi görünce hemen saldırırlardı. Uzun çengeller takılıp düşman gemisine yanaşılır, silahlı adamlar güverteye sıçrardı.

Kim üstün gelecek, gemilere kimin bandırası çekilecekti? Ceneviz haçı mı, Müslüman hilâli mi?

İtalyanlar da, Müslümanlar da kendilerini denizin efendisi sayıyor, başkalarına korsan gözüyle bakıyorlardı...

Öte yandan bir limana yanaşan gemilerden kıyıya, bölük bölük tüccar ve hacılar çıkardı.

Yakın Doğu şehirlerinden Yafa'da, Antakya'da, Sezereya'da Avrupa dilleri gittikçe daha çok işitilir olmuştu.

Suriye'de minarelerin yanıbaşında kiliseler yükseliyor, çan seslerine karışıyordu...

Aynı zamanda, kuzeydeki özgür Lübek şehrinde, topuklarına kadar sarkan kürkler ve sivri kalpaklar giymiş Novgorodlu misafir tüccarlar, kendi kiliselerine giderlerdi. Bunlar yabancı bir ülkede, evlerindeymiş gibi kendi töreleri uyarınca yaşarlardı.

Dünya hem güneye, hem kuzeye doğru genişliyordu.

Novgorodlular kayıklarla kuzey ırmaklarında seferlere çıkıyorlardı. İlk kutup kâşifleri olan bunların şarkıları uzaklara yayılıyordu:

Binelim kardeşler söğüt ağacından kayıklara,
Asılalım kardeşler küreklere.

Novgorodlular, fakir bir diyar sayılan kuzeyin, yalnız görünüşte fakir olduğunu biliyorlardı. Kürkleri altından da değerli olan samur ve zerdevalar, sık kuzey ormanlarında yaşıyordu.

Novgorot'ta, boyarların depoların ve tüccarların dükkânları, değerli kürklerle tıklım tıklım doluydu Kürklerin yanında, Felemenk'in İpr şehrinden getirtilen çuha topları yatardı...

Dünya genişledikçe genişliyordu.

İngiltere'de açılan bir panayırda Fransa'dan, İtalya'dan, Almanya'dan tüccarlar buluşuyordu.

panayırdan panayıra

Bir tepenin eteklerinde bir panayır kurulmuştu. Tepedeki bir göndere çekilmiş bayrak, panayırın kralın himayesinde bulunduğuna delildi, yani kralın idare ettiği memleketin yollarında, kralın uyruğu olan bir tüccarı soyanlar kralın mahkemesi tarafından cezalandırılır demekti.

Bayrağın bulunduğu yerde, panayır yargıçlarının büyükçe bir çadırı vardı. Yargıçlar, tartı ve ölçü aletlerini kontrol eder, paraların eksiksiz ve değerine uygun, malların kaliteli olmalarına bakarlardı. Panayırda bir de sahtekârlar için, ekmeği, şarabı, birayı ateş pahasına satanlar için bir utanç direği vardı.

Yargıçlar çadırını, tahta baraka ve dükkânlardan başlı başına bir şehir kuşatıyordu. Her şehirde olduğu gibi, burada da sokaklar vardı. Bir yanda bakkallar Hindistan cevizi, karabiber ve karanfil satışa çıkarmış, öte yanda kumaş tüccarları tezgâhlara, Brüge, Gent ve Şampam şehirlerinde dokunmuş yeşil ve kırmızı renkli ağır çuha toplarını yaymışlardı. Yabancı tüccarlar ayrı gruplar halinde duruyorlardı. Bir yanda Felemenlikler, bir yanda Almanlar vb....

Panayır sitesi, tahtadan bir duvarla kuşatılmıştı. Duvarda kapılar açılmış, kapılara bekçiler konmuştu, bunlar kimse gümrük ödemeden geçmesin diye gözlerini dört açardı.

Panayırın açılış töreni başladığı zaman, sırmalı bir mintan giymiş, eli asalı bir tellâl, yüksek sesle panayırın kapılarının anahtarlarını teslim alıp panayırda dolaşmaya başlarlardı.

Bundan sonra panayırda bir gürültü, bir cümbüştür başlardı ki, görmeye değerdi! Bir yanda, pazarlık ettiği dükkândan defalarca çıkıp, sonra taze kuvvetlerle pazarlığa yeniden başlamak üzere dönen müşteriler, öte yanda ilâhi okuyan körler, fal açanlar, diş çekenler, sakal tıraş edenler, açık sahnelerle takla atan yüzleri boyalı palyaçolar görülürdü. Burada yenir içilir, türkü söylenir, dövüşülür ve dans edilirdi.

İşte bir derebeyi. Şatosu yakın bir yerde. Dükkândan dükkâna çakır keyf dolaşıyor. Her alışverişten sonra kesesi hafifliyor, köylülerden aldığı paralar, sonbahar yaprakları gibi uçup gidiyor.

İhtiyarlar dişlerini sıkıp dayanıyor, panayırın insanı baştan çıkaran eğlencelerinden uzak durmaya çalışıyorlardı. Ama gençlere dur denilebilir miydi!

Babanın yıllarca biriktirdiğini, mirasyedi oğlu birkaç günde üstüne başına ve eğlenceye yatırdı.

Şatonun karanlık bodrumlarındaki demir sandıklar boşalır, ağır gümüş paralar ve üzerlerinde Venedik düklerinin başları bulunan altın dukalar suyunu çekerdi.

Panayır münasebetiyle basılmış olan paraları, gizli bir kuvvet panayıra itiyor gibiydi.

Paralar bir panayırdan öbürüne, güneye, doğuya akıp dururdu. Yolda bu paraların birçoğu, içinde altın bulunan kum gibi, İtalyan tüccarlarıyla bankerlerinin kasalarına çöküp kalırdı. Kalan kısmı, daha uzaklara, Konstantinopolis'e İskenderiye'ye doğru akarken gümrüklerde, sınırlarda kalır, Bizans İmparatoru'nun ve Mısır Sultanı'nın hazinelerini doldururdu.

Altın seli burada da durmaz, daha uzaklara, Batı'nın ipek, mücevherat ve baharat aldığı bilinmeyen ülkelere akardı.

Bunun için bu malların on misli pahalıya satılmasına şaşılmamalıydı. Hindistan'da bire alınan İskenderiye'de beşe, Şampen Panayırında'ysa ona satılırdı. Doğu mallarının yolunda birçok engel vardı: Bir gemiden öbürüne, deveden ata yükletilerek uzun ve zahmetli bir yol geçerlerdi. Fakat hiçbir engel, bu para ve mal selini durduramaz, hiçbir tehlike, tüccarları uzak gezilerden vazgeçiremezdi...

Dünyanın sınırları genişledikçe genişliyordu.

Dünyaya bir göz gezdirenler, Varyag (Baltık) Denizi'nden Novgorot'a, Novgorot'tan Kiyef'e, oradan Bizans'tan Doğu ülkelerine kadar uzanan uçsuz bucaksız ormanlar, ovalar, dağlar, vadiler ,deniz ve kıtalar görürlerdi.

Bu dünya, binlerce sınır ve karakolla parçalara bölünmüştü. Her parça öbürleriyle kavgadaydı. Yalnız yabancılar değil, kardeş ve komşu halklar da birbiriyle savaşıyordu.

Fakat o zaman bile, halklar arasında birliğin ne olduğunu anlayanlar yok değildi.

«kalbimiz bir olsun»

Eski tarih kitaplarının parşömen sayfalarını çevirmeye devam edelim.

Sayfalar baştan başa, kanlı kavga ve savaşların tasvirleriyle dolu. Kim kime düşman? Bunu kestirmek zor. Çünkü dünkü düşmanlar bugün dost olur, yarın bakarsınız yine düşman kesilirlerdi.

İşte, Alman rahibi Lambert'in yazdığı tarih. Lambert, kralların, baronların, piskoposların birbirleriyle nasıl savaştıklarını sakin bir dille ve taraf tutmadan anlatıyor. Aynı dine ve aynı kiliseye mensup olmaları bile barıştıramamıştı.

Lambert, Gildeshaym Piskoposu'yla Fuld Papazı'nın adamları arasında geçen bir çarpışmayı, olağan bir şey gibi anlatır. Olay üç kutsallar yortusunda geçer. Kilise, dua edenlerle tıklım tıklım doludur. Törenin tam zirvesinde bulunduğu bir sırada kiliseye yalın kılıçlı insanlar girer. Piskopos yüksekçe bir yerden taraftarlarını savaşa iteler. Dua ve ilâhiler yerine, dövüşenlerin naraları ve ölenlerin feryatları işitilir.

Papazla piskopos, hesaplaşmak için daha uygun bir yer ve zaman bulamamış olsalar gerek.

Bunların alıp vermediği nedir? Meğer papaz, başpiskoposun yanına oturmaya cesaret etmiş, piskopos da bu şerefli yerin kendisine ait olduğunu ona göstermeye kalkışmış...

İşte bir başka tarih daha: Rus tarihinden bir sayfa. Aynı yılların yani XI. yüzyılın ikinci yarısındaki olayları anlatan bir sayfa.

Burada da herkes herkesle savaşıyor: Kiyef Prensi, Çernigof şehrini kuşatıyor, Novgorot Prensi, Suzdal ve Murom şehirlerine saldırıyor.

Hatta Rus prenslerinin, steplerde yaşayan göçebe Poloveçlileri yardıma çağırarak bunlarla birlikte Rus şehirlerini yakıp yıktıkları bile oluyor.

Peki tarihçinin kendisi kimden yana? Çernigof'tan mı, Kiyef'ten mi?

Ne birinden, ne öbüründen: Rus ülkesinden yana.

Bunun için tarihçi, prenslerin Lubeç Kurultayı'ndaki konuşmalarını pek memnun olarak şöyle anlatıyor:

«Ne diye mahvediyoruz, Rus yurdunu? Poloveçliler zaten yurdumuzu parçalıyor ve biz aramızda savaşırken seviniyorlar. Bundan böyle «kalbimiz bir olsun.»

Tarihçi, yaşadığı çağın yüzyıllarca ilerisini görerek halkın «kalbinin bir olmasından» söz ediyor.

Olay XI. yüzyılda, derebeylerin birbirleriyle kavga ettikleri zamanlarda geçiyor. Kimse «Rus halkı» demiyordu daha, bunun yerine «Rus yurdu» diyorlardı. Tarihçiyse, daha o zaman, ileride şehirlerin birbirleriyle kavga etmekten vazgeçecekleri, Rus halkının birleşeceği günleri görüyordu. Çernikof da, Kiyef'de, Novgorot da aynı derecede azizdi onun için. Binlerce insanın «kalbinin bir» olabileceğine inanıyordu. Çağının çok ilerisindeydi tarihçi.

Ama zaman bildiğinden şaşmıyordu.

Prensler Lübec Kurultayı'ndan dönerlerken sinsi planlar kuruyorlardı. Monomak'ın kardeşleri, kuzenleri olan Rostislav oğullarının topraklarını zaptetme yollarını arıyorlardı.

Vladimir Monomak «Öğüt» adlı eserinde şunları anlatır:

«Volga boyunda beylik eden kardeşlerimin elçileri gelip bana dediler ki: Bizimle beraber ol. Rostislav Oğulları'nı kovup topraklarını ellerinden alalım. Bizimle olmazsan bildiğimizi yapacağız, sen de bildiğini yap» Onlara: «Bana gücenseniz bile, sizinle birlik olup, haç üstüne içtiğim andı bozamam» dedim. Elçileri geçirdikten sonra kutsal kitabı alıp yürek acısıyla fal açtım, şu beyit çıktı:

«Ey ruh neden kederlisin?
Niçin beni üzüyorsun?..»

Kardeşleri, Vladimir'in kendileriyle beraber olacağını ummuş, ama yanılmışlardı. Vladimir umdukları adam değildi. Kardeşleriyle kavga etmeyi değil, Poloveçlilere karşı savaşta Rus yurdunu birleştirmeyi düşünüyordu. Rus yurdu için, herkesin yapamayacağı bir fedakârlıkta bulunmuştu.

Lübeç Kurultayı öncesinde Monomak'ın başına büyük bir felaket geldi. Oğlu, Murom önlerinde, Çernigof Prensi Oleg'le savaşırken öldürüldü.

Monomak'ın yerine başka biri olsaydı, oğlunun öcünü almaya kalkardı. O zaman öyleydi âdet. Monomak'sa Oleg'e şunları yazdı: «Sana düşmanlık beslemiyorum, senden öç alacak değilim... Bunu Tanrı'ya bırakalım... Bizlerse Rus yurdunu çökertmemeye bakalım...»

Düşmanına elini uzatmak, Monomak için kolay değildi. Fakat o, ilerisini düşünüyordu. Yalnız kendi beyliğini, kendi sarayını, kendi mülkünü değil, bütün Rus ülkesini görüyordu. Çocuklarına yabancı dil öğrenmeyi tavsiye ediyordu. Çünkü hep: «yabancı dil bilene başka ülkelerde saygı duyulur» der ve babasının beş yabancı dil bildiğini söylerdi.

Yabancı ülkelerin ötesindeyse, Monomak'ın gözleri önüne bütün uçsuz bucaksız dünya serilirdi.

Monomak, «Öğüt»ünde dünyanın büyük harikalarını över. Göğün kuruluşuna, yerin sular arasına, denizlere yerleştirilişine hayrandır. Güneşten, yıldızlardan, yaban hayvanlarından, kuşlardan, kuşların sıcak ülkelerden gelip bütün yeryüzü ormanlarıyla ovalarını doldurduklarından söz eder.

Anlaşılan Monomak, çok kitap okumuş ve eli kaleme iyice alışmıştı.

Yabani atları eğiten ve sık ormanlarda ayı avlayan bu güçlü insan aynı zamanda bir düşünür ve şair kişiydi.

Göçebe Poloviçlilerle savaşta Rus ülkesini birleştirebilmek için büyük bir güç ve büyük bir akıl gerekti zaten.

Monomak da zamanının ilerisindeydi. O öldükten sonra kardeş kavgaları yeniden şiddetle patlak vermiş ve göçebeler Rus ülkesini yine çiğnemeye başlamışlardı.

İnsanların en uzağı görenleriyse, halkın kalbinin bir olması gerektiğine inanmaya devam ediyorlardı.

«İgor'un Alayı Destanı»nda ozan,' prensleri öfkeyle kınar: «Siz kavgalarınızla imansızları Rus ülkesine, Vseslav'ın mülküne çektiniz. Aranızdaki geçimsizlik yüzünden, Poloveç ülkesinden zulüm geldi.»

«İgor'un Alayı Destanı»nı yazan büyük ozanın adını bilmiyoruz; ama destanı bize kadar gelmiştir.

Destan yaşıyor ve ozanın parmakları altında dile gelen bir sazın telleri gibi ses vermeye devam ediyor.

«Tan yeri ağarmadan, uzaklardan sesleri gelen kimlerdir?»

Gelenler «boru sesleri altında kundaklara sarılmış, başlarına daha çocukken tolga geçirilmiş, mamalarını mızrak uçlarıyla almış 'Rus' bahadırlarıydı.» Yolları, dereleri bilen bunların yayları hep gerilmiş, ok torbaları hep açık, kılıçları hep bilenmiş olurdu. Bozkurtlar gibi ovalarda koşuşur, kendilerine şeref, prense de şan ararlardı.»

Ozan çoktan ölmüş, adı bile unutulmuştu. Ama ozanın sesi gürlemeye devam ediyor ve «Destan» da zaman canlanıyordu.

Bütün eski kitaplar kaybolup, eski türküler unutulsaydı ve kala kala yalnız «İgor Alayı Destanı» kalmış olsaydı, eski Rusya bu kitapta yaşamaya devam ederdi. Eski Rusya'yı bu destan sayesinde görüyor, işitiyoruz.

İşte bu tepede kuleleri yaldızlı prens konakları duruyor. Boru sesleri işitiliyor, bayraklar dalgalanıyor. Etrafta göz alabildiğine dereler, tepeler, ırmaklar, göller, bataklıklar uzanıyor.

Tarlalarda çiftçiler birbirlerine sesleniyor. Ilık bir sis çökmüş ırmaklarda martılar yüzüyor, dalgalarda kayıklar sallanıyor.

Prens kırlarda avlanıyor. Doğanlar yükseklerde uçarak yaban kazları ve kuğu kuşları avlıyor.

Ozanımızın, hangi prensin sarayında bulunduğunu bilmiyoruz. Zaten ozan, herhangi bir prensi değil, bütün Rus ülkesini övmüştür. Poloveçlilerin, «ortalığı çığlıklara boğarak» Rus alaylarını kuşattıklarını görüyor ve güçlü Rus prenslerini, yani Galiç Prensi Yaroslav Osmonisl'i, Suzdal Prensi Vsevolod'u, «altın eyerli atlarına binip, sivri oklarını Rus ülkesine siper etmeye» çağırıyordu.

Ozan, ihtiyar Vladimir Monomak'ı hatırlayarak: «İhtiyar Vladimir'i Kiyef tepelerine kapamak imkânsızdı» diyor.

Monomak, yalnız Kiyef'i değil, bütün Rus yurdunu sever ve korurdu.

«İgor'un Alayı Destan»ı, yalnız İgor Alayı hakkında değil, tüm Rus yurdu ülkesi hakkında bir destandı.

Kiyef, Novogrot «demir alaylarıyla Karpat Dağlarını koruyan» Galiç, ülkesi, ozan için hep aynı derecede azizdi.

Ozanın görüş ufukları genişti. Uzaklardaki başka ülkeleri de görüyordu.

Prens İgor, Poloveçlilere esir düştüğü zaman, ona Yunanlılar, Moravyalılar, Venedikliler acır. İgor, yurdu Kiyef'e döndüğü zaman, ozanın deyimiyle «ülkeler sevinir, şehirler şenlenir.» «Destan»ın yazarı, tüm halkların ortaklaşa bir hayat yaşadıklarını anlamıştı.

Peçersk Manastırı'nın başpapazı Teodosiy, prens İzyaslav'a yazdığı bir mektupta şöyle diyordu:

«Yalnız kendi dinine değil, yabancı dinlere de saygı göster. Çıplak ya da aç birine rastlar, üşüyen ya da dertli birini görürsen, kim olursa olsun: Musevi, Müslüman, Bulgar, dinden sapmış biri, Hıristiyan ya da putperest, elinden gelirse, hepsine acı ve felaketten kurtar.»

Bu basit sözlerde halkların dostluğu gibi yüce bir fikir ifade edilmiştir.

Yüzyıllar geçecek, insanın gücünün, halkların dostluğunda anlayanların sayısı gittikçe artacaktı. İnsanlar, dünyalarını kuşatan duvarları gerilere itip daha da genişleterek ve yalnız kendi özyurtlarını değil, bütün dünyayı, bir tüm olarak gezegenimizi koruyup seveceklerdi...

Daha ilerilere gitmeyelim. Dönelim yine derebeylik düzeninin sürdüğü zamanlara, insanları birbirinden ayıran birçok duvar bulunduğu zamanlara.

Evet, dünya hâlâ bölünmüş kalıyorduysa da, artık birbirinden habersiz, ayrı ayrı dünyacıklar değil, bir tüm olmuştu.

Galiç ülkesinde Ortodoks kiliseleri, Fransa'daki Katolik katedrallerine benziyordu: Din ulularının heykellerine renkli camlardan, mavi ve kırmızı ışıklar süzülüyordu.

Kiyef'in ihtişamına hayran olan yabancılar, onun güzellikte Konstantinopolis'le yarışabileceğini söylüyorlardı.

Rostof-Suzdal Beyliği'nde ormanlar ortasında Vladimir şehri kuruldu. Klazma Irmağı'nın yüksek kıyılarında, ormanlar içinde, sülün gibi kiliseler yükseliyordu.

Dimitrof Kilisesi'nin duvarlarındaki oyma taş nakışları gören yabancılar, insan, kuş ve yabani hayvan şekillerini yaratanların sanatına hayran oluyorlardı: Şu kanatlı hayvanlar, Paris'teki Notr Dam Kilisesi'nin damında duran şimerleri andırıyor. Ötekiler, Makedonya kralı Büyük İskender'i göğe kaldıran kartallar...

Vladimir şehri yakınlarından geçen Nerl Irmağı'nın kenarındaki belki hepsinden güzeldi. Bu kilise 1165'de yeni Prens İgor Svatoslaviç'in seferinden yirmi yıl önce kurulmuştu. Bu dört başı mamur beyaz taş kilise kadar güzel bir bina dünyada zor bulunurdu. Yine XII. yüzyılda Gürcistan'da, Şota Rustaveli adında büyük bir şair, «Batı bilgeliğinin Doğu şiiriyle birleştiği» bir poem yazıyordu. Bizanslılar, Gürcüler hakkında: «Siz doğuştan Gürcü olsanız da, kültür bakımından gerçek Yunanlısınız» diyorlardı.

Kiyef'te, Paris'te, Konstantinopolis'de ve Londra'da manastır kitaplıklarında kitap okuyanların sayısı artıyordu. Masal ve efsaneler yazıya geçiriliyor, elle yazılma kitaplar renkli başlıklarla özenle bezenle süslenip yaldızlanıyordu.

Çocuklar okullarda okuma yazma öğreniyordu. Ve her kitap, dünyaya açılmış bir pencereydi çocuklar için.

düşünen insan

Okul bir arı kovanı gibi uğulduyordu. Uzun bir masanın arkasında büyüklü küçüklü çocuklar oturuyordu. Bütün sınıflar bir odadaydı.

En küçükler hep bir ağızdan dua okuyor, daha büyükçeleri heceleye heceleye alfabeyi söküyor, en büyükler de dua kitabını çözmeye uğraşıyorlardı. Sınıfta öyle bir gürültü vardı ki, yanılmak işten değildi.

Az buçuk okuma bilenler hocaya daha yakın oturur, o okurken her sözü kitapta parmakla göstere göstere tekrarlardı. Çocuklar, gözlerinden çok kulaklarına güvenir ve hoca gibi okumaya çalışırlardı.

Çocukların aklı dersten başka her şeyle meşguldü. Sözgelimi, karşıdaki kilisenin üzerinde uçuşan güvercinlerle, ya da bir çobanın tozlu yoldan sürdüğü sürüyle. Kafanın, kendi işleri, kendi dertleri vardı, öyle ki ağızdan çıkanlar üzerinde düşünmüyordu. Düşünse bile bir şey anlamazdı kitaplardan. Rusya'da çocuklar, eski Slavca okuma yazmayı güç belâ becerebiliyordu. Batı'da okumak daha da güçtü. Kitaplar Latin dilindeydi. Papazdan ve hocadan başka kimse Latince anlamazdı. Bunun için hocanın her sözünü tekrarlamak gerekirdi. Bir kitap okumakla, okuma öğrenilmiş sayılmazdı. Her kitabı ayrı ayrı okumayı öğrenmek gerekiyordu. Hoca, okunan kitap başına alırdı ücretini: Bir baba hocayla ücret meselesini konuşurken, yeni bir mintan ısmarlıyormuş gibi pazarlık edilirdi. Hocaya da, bir dokumacı ya da terzi gibi «usta» derlerdi.

Hocada okuyan, pek fazla bir şeyler öğrenemeyip ufak bir kilise memurluğundan öteye geçemezdi.

Gözü yükseklerde olanlar, manastır, ya da kilise okuluna giderdi. Bu okullarda gramer, retotik, diyalektik öğrenilirdi. Bunları öğrenenler aritmetiğe, astronomiye, müzik ve geometriye geçerdi.

Bu yedi bilim dalı, yedi kardeş gibiydi.

Gramer doğru konuşmayı, diyalektik gerçeği arayıp bulmayı, retotik güzel konuşmayı, müzik şarkı söylemeyi, aritmetik hesap yapmayı, astronomi yıldızları incelemeyi öğretirdi.

Piskoposların bile gramer kurallarını öğrenmenin boş bir iş ve günah olduğunu söyledikleri zamanlar tarihe karışmıştı.

Artık piskopos değil, basbayağı bir papaz olabilmek için bile gramer bilmek şarttı.

Gramer kolay değildi, ama aritmetik daha da güçtü. Arap rakamlarını bilenler pek azdı, sayılar eski biçimde yazılıyordu.

Romen rakamlarından XII ile XV'i toplamak kolay bir iş değildi. Kesirlerse daha büyük zorluk yaratıyordu. Dörtte birin yarısının yarısından, üçte birin yarısının yarısını çıkarmayı bir deneyin de görürsünüz.

Çocuklar her sayının neyi ifade ettiğini de bellemeliydi. Hoca sayıları şöyle açıklardı: dört, yılın dört mevsimidir, bir günün bir gecenin dörtte biridir: çünkü bir gün bir gece; gündüz, gece, sabah ve akşamdan ibarettir. Bu dört şey, boş zevkleriyle oyalandığımız bu dünyadaki geçici hayatımızdır. Öbür dünyada sonsuz bir hayat için, bu dünyanın zevklerinden vazgeçip oruç tutmalı, dua etmeliyiz.

Hoca şöyle devam ederdi:

Üç, Hıristiyanların inandıkları üç kutsallardır.

Yedi, insandır. İnsan, ruhla bedenden meydana gelmiştir. Ruhta, kalp, can ve fikir vardır. Çünkü kutsal kitaplarda: Tanrı'yı bütün kalbinle, bütün canınla, bütün fikrinle sev, deniliyor. Beden, dört unsurdan ibarettir; bunları toplayınca yedi eder.

Okullarda, dünyayı ve göğü tanıtan astronomi de öğretiliyordu.

Daha önceleri okullarda yağmura, gök gürlemesine, yabani hayvanlar ve kuşlar üstüne masallar anlatılırdı. Yağmur yağması, meleklerin deniz suyunu borularla içlerine çekip sonra yeryüzüne püskürtmeleri olarak açıklanırdı. Koyunların, ağaçlar gibi gökten bittiği, kuşların meyvelerden çıktığı sanılırdı.

Zamanla, insan kendi dünyasını daha iyi öğrendi ve artık böyle masallara pek az kimse inanır oldu.

Doğu'dan Batı'ya, Araplardan, Yunanlılardan, eski bilim adamlarının, yani Aristoteles'in, Ptolemeus'un kitapları gelmişti.

Manastırda okuyanların, dört unsurdan üzerinde yıldızlarla gezegenleri taşıyan billûr, gök kubbelerinden haberi vardı. Bu şekilde düşünülen dünya Kozma İndikoplevt'in dar bir oda olarak tasvir ettiği dünyadan daha çok benziyordu gerçek dünyaya.

Polonya'da, Paris'te artık yüksek okullar vardı.

Sırtlarında torba, ellerinde baston, Paris'e doğru giden acayip insanlara rastlanırdı yollarda. Bunlar ihtiyar sofular değil, çocuk denecek yaşta gençlerdi. Bir evliya türbesini, ya da insanlardan uzak bir köşeye çekilmiş bir softayı ziyarete değil, ünlü bilginlerden Şampolu Giyyom ile Petrus Abelardus'u (Avelar) dinlemek için, Paris'in Notr Dam Kilisesi nezdindeki okula gidiyorlardı. Bu bilim adamlarının ünü, bütün dünyaya yayılmıştı. Pautu'da, Anju'da, İngiltere'de bunları biliyorlardı.

Paris'e varan yeni öğrencilerin ilk işi, hemşerilerini aramak olurdu. Bunun için onlara, Küçük Köprü'den Sen Irmağı'nın sol kıyısına geçin, orada bulursunuz. Denizde kum, orada öğrenci, derlerdi.

Bir iki ay sonra, yeni öğrenciler, Latin ülkesi'nin eşit haklı yurttaşları olurlardı. Üniversitelilerin yaşadıkları ve okudukları semte, Latinler ülkesi derlerdi.

Fransa'da, yerlisi de, yabancısı da Fransızca konuşurdu. Yalnız Latinler ülkesinde, esas dil Fransızca değil, Latinceydi. Fransız olsun, İngiliz olsun, İtalyan, Alman olsun, bütün üniversiteliler Latince anlarlardı.

Şehir halkı öğrencilere yan gözle bakardı. Bunlar yabancıydı, başka şehirlerden, başka ülkelerden gelmişlerdi. Üstelik ele avuca sığmayan takımdandılar. Halkla üniversiteliler arasında, sokakta, ya da meyhanelerde ikide bir kavga çıkardı.

Bir tüccar ya da lonca ustası olan şehir başkanı, Ali kıran baş kesen üniversitelileri tutuklamak için jandarma gönderirdi. Üniversitelilerle başa çıkmak kolay olmazdı. Mertçe karşı koyarlardı. Üstelik belediye başkanını tanımak da istemezlerdi. Onların kendi başkanları, emirleri vardı: yani Paris Notr Dam Kilisesi'nin sorumlusu.

Üniversitelilerle öğretmenleri de, cahil tüccarlara ve zanaatçılara tepeden bakarlardı. Cahil şehir halkı nerede, felsefe, ilâhiyat, hukuk neredeydi... Tıbba gelince, hekimle bir tutulabilir miydi? Berber, kan almasına alabilir, sakal tıraş edebilir, ama Galen'den, Hipokrat'tan ne anlardı? Hekimlikte pir sayılan bu kişilerin adlarını bile işitmemişti berber.

Şehirlilerden rastgele birine: Aristoteles kim, diye

sorsanız cevap veremezdi. Oysa üniversiteliler Aristoteles'i, Ermiş Augustinus'u inceledikleri gibi incelerlerdi.

Düne kadar Yunan yazarlarına şeytanın ortağı gözüyle bakılırdı. Bunların İbranice ve Arapçadan çevrilen kitapları, kilise meclisinin kararıyla yakılırdı. Zamanla, Aristoteles, neredeyse İsa'nın müjdecisi sayılmaya başladı.

Gerçi Aristoteles dinsizdi ama, her şeyi değerlendirmeyi, her şeye kendi yerini vermeyi becerirdi. Buysa büyük bir yetenekti.

Sayıları gittikçe artan dinsizlerle tartışanlar bunu bilirdi. Bunların fikirlerini çürütmedi mi, insan halk karşısında rezil olurdu. Üstelik, dinsizlerin şeytanca tuzağına da düşebilirdi aptal gibi. Öyle ki, dindarlık yetmiyordu. kafada akıl da olmalıydı.

İnsan ileriye doğru bir adım atmış oldu. İnsana yüzyıllarca, düşünmeden, körükörüne inanmayı öğretmişlerdi. Ama o, yeniden düşünmeye başlıyordu.

Düşünen bir insana ise «dur!» demek güçtü. Bir şeyin ispat edildiği yerde tartışmalar olur, bazı şeyler hakkında şüphe belirtilir.

Derken körükörüne inananlarla, dine bilim açısından yanaşanlar arasında bir savaştır başladı.

Katolik papazı Klervoslu Bernar gibileri kulaklarını dinle ilgisi olmayan her şeye tıkıyorlardı. Bernar hakkında şöyle bir fıkra anlatırlardı: Bir gün Cenevre Gölü'nün yanından geçiyormuş; din konusunda sofuca düşüncelere öyle dalmış ki, çevresinde hiçbir şeyin farkında değilmiş. Arkadaşlarının gölden söz ettiklerini işitince şaşmış.

Papazın gözleri açıktı, dünyaya bakıyor, ama onu görmüyordu.

Genç profesör Abelar gibileriyse görmek, işitmek, düşünmek istiyorlardı. Bunların gözleri önünde, sadece çarmıha gerilmiş İsa ve daracık rahip hücresi değil, geniş bir dünya vardı.

Bernar, Abelar'ı dinsizlikle suçluyordu. Abelar, kimin haklı olduğuna mahkemenin karar vermesini istedi.

Duruşma günü, iki rahip aynı zamanda şehre girdi; kale kapılarının birinden Bernar, öbüründen de Abelar. Sokaklara dökülen bütün şehir halkı, saygıyla geriye çekilerek, Bernar'a yol veriyordu. Sırtında abadan bir cübbe bulunan Bernar, başı eğik yürüyordu.

Herkes onun, oruçtan ve çile doldurmaktan sararmış yorgun, zayıf yüzüne, ışıl ışıl yanan gözlerine bakıyor, gösterdiği mucizeleri, sonra olayları önceden görüp haber verdiğini fısıltıyla anlatıyorlardı.

Bernar'ın bir kardeşi varmış. Yürekli, yakışıklı bir şövalyeymiş. Bernar onu rahip yapmak için çok çalışmış. Fakat genç, parlak şövalye zırhlarını rahip elbisesine değiştirmek istememiş. Hiçbir şeyin fayda etmediğini gören Bernar, parmağını kardeşinin göğsüne dayayarak: «Pek yakında bir mızrak burasını delip, Tanrı'nın iradesi uyarınca, itaatsiz kalbine yol açacak» demiş. Dediği gibi olmuş. Genç şövalye bir savaşta yaralanmış ve yatakta hasta yatarken Tanrı'ya adamış kendisini...

Halk arasında, Bernar'ın evliya olduğu söylenirdi. Hastalar, sakatlar, kendisine yaklaşarak karşısında diz çöker, dertlerine deva umarlardı.

Abelar'ın adını da bilmeyen yoktu. Eloiza'ya adadığı şarkılar bütün ülkede söyleniyordu.

Eloiza, Abelar'ın öğrencisiydi. İplik eğirip gergef işlemekten başka bir şey bilmeyen kızlardan farklı olarak, kitap okumayı severdi. Abelar, onunla birlikte Augustinus'u, Aristoteles'i, Platon'u okumuştu. Başlarının sık sık aynı kitap üzerine eğildiği olurdu. Abelar'la Eloiza sevişmişlerdi. Öğrencilerinin arasında sokağa çıktığı zaman Abelar'ı görebilmek için bütün genç kızlar yanıp tutuşurken, Eloiza onu nasıl sevmeyebilirdi? Abelar yakışıklı, boylu bosluydu, kadınların hoşuna giden bütün niteliklere sahipti; akıllıydı, güzel konuşurdu, iyi şarkı söylerdi.

Ama Eloiza'nın akrabaları, gençleri hoyratça ve gaddarca birbirinden ayırdılar. Abelar bir manastıra çekildi, Eloiza'yı da rahibe olup manastıra gitmeye razı etti. Eloiza, Abelar'ı o kadar seviyordu ki, manastıra değil, cehenneme bile giderdi.

Abelar, manastırda da boyun eğmedi. Bu vekarlı insan, dini akılla anlamak isterdi.

Abelar, Tanrı'nın oğlunun, yani Kurtarıcı İsa'nın, bizzat Tanrısal akıl olduğunu iddia ederdi ki, bunu düşünmek bile korkunçtu.

O bunu anlatırken, insanlar korkuyla etraflarına bakınırlardı. Çünkü böyle konuşmalar için insanı diri diri yakabilirlerdi. Dinsizce konuşmaları tekrarlamak şöyle dursun, dinlemek bile yasaktı...

Kalabalık uğuldamaya başladı. Gözler, sağında solunda sivri damlı evler yükselen dar sokağın, şehir kapılarına doğru saptığı tarafa çevrildi.

Başların üzerinde, yavaş yavaş yaklaşan boylu boslu bir atlı göründü. Abelar, Bernar gibi yaya değildi, ata binmişti ve bir rahipten çok şövalyeye benziyordu.

İhtiyar kadınlar, haç çıkararak bir adım geriye çekildiler. Kalabalık arasında, korku mu, hayranlık mı ifade ettiği belirsiz bir mırıldanma oldu...

Bernar'la Abelar, kilisede yüz yüze geldiler.

Basık kemerli kilise yarı karanlıktı. Burada göz alıcı elbiseler giymiş piskoposlar, kara cüppeli rahipler toplanmıştı. Göz kamaştırıcı güneş ışığından sonra bunları birden fark etmek güçtü.

Bernar, rakibine öfkeli ve ağır sözlerle saldırdı.

O da, Abelar gibi şövalye soyundandı.

Sanki bir kilise mahkemesi değil, bir Tanrı mahkemesi, yani düello yapılıyordu.

Bernar, ellerini Abelar'a doğru uzatarak ona yalancı, dinsiz diyor ve devam ediyordu:

— Sen dinsizsin Abelar, hayranı olduğun dinsiz filozoflar gibi!

Sonra parşömen rulosunu açıp, küçük pencerelerden sızan zayıf ışıkta okumaya başladı.

Daha ilk cümlelerden hepsi anladı okunanın ne olduğunu: Abelar'ın «Evet ve Hayır» adlı eseriydi. Abelar, kilise babalarında bulduğu bütün çelişkileri bu kitabında toplamıştı.

Bernar bir yandan okuyor, bir yandan da:

— Bu dinsizlik kokmuyor mu? diye sorarak ellerini kilisenin alçak kemerlerine doğru kaldırıp; Tanrı'nın öfkesini dinsizin başına davet ediyordu.

Bernar'ın her sözü, kemerlerin altında yankılanıyordu.

Fakat Abelar'ın cesur ve tok sesi bu yankıyı kesti:

— Ben sizin mahkemenizi tanımıyorum. Papadan başka hâkim tanımam.

Abelar, dimdik ve vekârla, kilise kapısına doğru yürüdü. Yüzlük bir ihtiyarın elbiseleri gibi küf kokan taş duvarların arasında hızlı adımlarla çıkıp güneşe, serin rüzgâra bıraktı kendini.

Duruşma, sanığın gıyabında devam edip Abelar'ı dinsiz ilân etti.

Abelar bir manastıra çekildi. Bu güçlü insan, dar hücrenin dört duvar arasında dipdiri gömülmüş gibi boğuluyor, günden güne eriyordu. Uzaklardaki sevgilisinden haber gelirdi bazı. Eloiza mektuplarında onu neşelendirmeye, onda o önceki gururu uyandırmaya çalışır, ama hararetli çağrıları yankısız kalırdı. Abelar'ın Eloiza'ya yazdığı itaat ve tevekkül dolu mektuplar bir cenaze gibi soğuktu.

Gurur çiğnenmiş, akıl aşağılanmış, sevgi öldürülmüştü.

Hayat yükü omuzlarda taşınmaya değer miydi?

Abelar, ölmeden önce fikirlerinden döndü. Tek başına zamanına karşı gitmek kolay değildi...

Yıllar sonra Abelar'la Eloiza'yı, kara bahtlı sevdalılar hakkındaki eski destanlarda olduğu gibi, yanyana gömecekler ve mezarlarına:

«Ağır çalışmalardan ve acı bir sevgiden yoruldular; dinlensinler» sözlerini yazacaklardı...

Ruhlarını dar bir hücre gibi kilitleyenlerle, görmek, düşünmek, sevmek isteyenler arasındaki savaş böylece sürüp gidiyordu. Kilisede karşılaşan iki rahip değil, iki zamandı; geçmişle gelecek.

Abelar, ölümünden önce kendi fikirlerinden dönmüş olmakla beraber, görevini yapmıştı...

büyük alber
bilimi dinden ayırıyordu

Öte yandan yıllar geçiyordu. Artık takvim XII. yüzyılı değil, XIII. yüzyılı gösteriyordu.

Paris Üniversitesi'nde, ağızlarda yeni bir ad dolaşıyordu: Büyük Alber. Büyük Alber konferans verdiği zaman, en büyük dersane bile dinleyicilerin hepsini almıyordu.

Öteden beri en şanlı hükümdarlarla başbuğlara verilen «büyük» lâkabı, bu sefer bir bilim adamına verilmişti. «Üniversel doktor»da dedikleri Büyük Alber'i sihirbaz sayarlardı. Bilgin, laboratuvarda madenlerin niteliklerini inceliyor ve hangi madenlerin nitrik asitte eridiğini, hangilerinin kükürtle birleştiğini biliyordu.

Büyük Alber, gökyüzünü de gözetlemiş ve Samanyolunun bir yıldız kümesi olduğunu bulmuştu.

Aletleri arasında, Doğu'dan getirilmiş bir pusula da vardı. Masası, yığın yığın Arapça, İbranice, Yunanca el yazma kitaplarla doluydu.

Bilim adamı, yabanî hayvanlar, bitkiler, yıldızlar hakkında kitaplar yazıyordu. Fakat bunlarda yeni bilgilerden çok eski masalları tekrarlıyordu.

Büyük Alber, Aristoteles'i göklere çıkarıyordu. Onun

Aristoteles'i neredeyse bir rahibe benziyordu. Nitekim Ortaçağ ressamları da, İsa'dan çok önce yaşamış olan insanları rahip cübbeleriyle çizerlerdi.

Böyle olmakla birlikte, «üniversel doktor» Büyük Alber, bilimi dinden ayırmaya çalışıyordu.

Öğrencileri arasında biri vardı ki, Aristoteles'i özel bir dikkatle okurdu. Adı Akinolu Toma'ydı.

Toma, Aristoteles'in büyük bir otorite sahibi olduğunu anlıyordu ve bu büyük filozofu kiliseye kazanmak istiyordu. Onun gibi bir müttefiki ne diye zındıklara, dinsiz imansız İbni Rüşt'ün fikirdaşlarına bırakmalıydı?

Aristoteles tüm eskiçağ bilimini derleyip toplamıştı. Akinolu Toma da, onun yardımıyla, Katolik ortaçağ biliminin üniversel binasını kurmaya girişti.

Toma, büyük bir eser yazıyordu. Bu eser tüm sorulara cevap vermeli, tüm şüpheleri kökünden silmeliydi.

Ruh nedir, madde nedir, akıl nedir, duygu nedir? Tanrı dünyayı nasıl yarattı ve nasıl yönetiyor? İblis kimdir ve hangi şeytanlar onun emri altındalar? Melekler yemek yer ve uyurlar mı?

Akinolu Toma'nın kitaplarında, bunun gibi irili ufaklı yüzlerce soru ve her birinin tam cevabı vardı. Başka türlü düşünen zındıktı.

Eskiden ilâhiyatçılar, insan aklına hiçbir hak tanımazlardı. Akinolu Toma bunlardan değildi. Felsefeyi inkâr etmiyor, yalnız felsefenin kiliseye hizmet etmesini, dinsizlerle savaşta bir silâh olmasını istiyordu.

Toma'ya «melek doktor» derlerdi. Bu «melek doktor» dinsizlerin idamını ister ve şöyle derdi: «Hükümdarlar, sahte para basanları ve başka canileri haklı olarak ölüm cezasına çırptırdıklarına göre, dinsizliği sabit olanların idamı adalete daha uygundur.»

Akinolu Toma, dine şüpheyle bakan her başın kesilmesini tavsiye ederdi. Baltayı en inandırıcı tanık saydığına bakılırsa, herhalde kendi kanıtlarının gücüne pek güveni yoktu demektir.

Yine de, şüphelenmeye ve düşünmeye cesaret edenlerin sayısı Avrupa'da yıl geçtikçe artıyordu.

XIII. yüzyılda Fransisken rahiplerinden Rocer Bakon; bilginin kuvvet olduğunu, bilimden daha değerli bir şey olmadığını, bilimin cehalet karanlığını kovduğunu, dünyayı mutluluğa götürdüğünü yazmıştı.

Bakon, yalnız fikir yürütmeyle kalmıyor, bilgiyi deneyle de yokluyordu. Çünkü bilgi deneysiz olamazdı.

hiçbir şey gizli kalamazdı

Bakon, gecelerini Oksford dolaylarındaki kulesinde geçirirdi. Gelip geçenler, kulenin mazgalımsı pencerelerine korkuyla bakarlardı. Kulede geceleyin kızıl alevler bir parlayıp bir söner, boğuk darbeler ikide bir etrafı sarsardı.

Bakon, kulesinde ne yapardı?

Tüm evreni incelerdi.

Bilgin, cisimlerin derinliklerine sokulmak, yıldızların ne olduğunu anlamak için göğe çıkmak istiyordu.

Masasında Arapça ve Yunanca kitaplar, içbükey ve dışbükey aynalar, ufacık cam mercekler vardı.

Kabarık bir cam parçacığını gözüne doğru bir yaklaştırıp bir uzaklaştırarak kitaptaki harflere bakıyordu.

Gözlük daha icat edilmemişti, mikroskopun adı bile yoktu. Rocer Bakon, camın sihirli gücünü daha o zamandan biliyordu. Ve eline bir kaz tüyü alıp parşömene şunları yazdı:

«Arasından baktığımız bir cisim yassı değilse, onun dışbükey, ya da içbükey olması çok önemlidir. Bu cisme, büyüğü küçük, ya da tersine küçüğü büyük, uzağı yakın, görülmeyeni görülebilir kılan bir biçim verilebilir.

Biz güneşi, ayı ve yıldızları aşağıya indirebilir ve bilgisiz kimselerin inanamayacağı birçok şeyler daha yapabiliriz.»

Bakon, gözle görülemeyen âlemin eşiğindeydi. O zamana kadar hiçbir insan gözünün göremediği şeyleri görmesine pek az kalmıştı.

Göz nedir? Görmenin sırrı nedir? diye sorup dururdu kendi kendine.

Keskin bir bıçakla teşrih ettiği bir boğa gözünü, dünyayı yansıtan harika göz elmasının kuruluşunu dikkatle inceledikten sonra, yine kaz tüyü kaleme sarılıp kitabına şunları yazardı.

«Görme eylemi, gözde değil, sinirde bitiyor.»

İnsan beynin doğasını anlayıncaya kadar çok zaman geçecekti daha. Fakat Bakon, hayvanın yalnız gözle değil, beyinle de gördüğünü artık biliyordu.

Böylece göz gözü inceliyor, beyin de beyni araştırmaya başlıyordu.

Nasıl bir şeydi şu ışık ki, onsuz gözün hiçbir değeri olmaz, dünya kör olurdu.

Bakon, ufacık bir deliğin önüne üç mum koyup, üç ışığın birbirine engel olmadan bir noktadan nasıl geçtiklerine bakıyordu. Güneş ışınıyla bir ağacı yakıyor, aynada yansıyan ışınları inceliyordu.

Bakon, ışınlarla bir hokkabaz gibi oynayarak ışığın, gökkuşağının, serabın sırlarını anlamaya çalışıyordu. Bilgin, şöyle diyordu: Serap bir şeytan işi değildir; ışınların yolu izlenirse serap, akıl çerçevesinde açıklanabilir.

Bakon, pencerede durup, gökte titreşen mavi, kırmızı, beyaz yıldızlara bakarken, gözleri, bildik yollardan yürür gibi, birtakım yıldızdan ötekine geçerdi.

Evrene oranla dünyanın pek küçük olduğunu biliyordu. Güneşi ölçmüştü, dünyadan defalarca büyüktü. Bakon'un araştıran gözleri, Samanyolu'nun birçok yıldızdan meydana geldiğini görüyordu. Böylece, bilginin gözleri önüne ışık dolu, yedi renkli, parlak evren seriliyordu. Bakon'a da, Büyük Alber gibi sihirbaz derlerdi. Fakat Bakon sihrin harikalar yaratabileceğine herkesten az inanırdı. Üstelik dünyada adım başında karşılaştığımız harikaları hangi sihirbaz yaratabilirdi?

Gören göz, işiten kulak, mucizeler yaratabilen söz, birer harika değil miydi?

Bakon, yazdığı kitabın sayfalarını karıştırdı. Başlık şöyleydi: «Büyük Eser.»

Gerçekten, bu kitap, bütün bilim ve felsefe dallarını kapsayan büyük bir eserdi. Filozofun, bu eserinde genişçe açıkladıklarını almak isteyenlerin karşısında büyük sırlar açılacaktı.

Öyle sırlar vardı ki, gizlenmeleri gerekiyordu.

Bakon'un gözleri, buluşlarından birini gizli işaretlerle şifrelediği bir bilmeceye ilişti.

Bir gün, deneme yaparken, kükürtle güherçileyi kömürle karıştırmış, karışım tutuşmuş ve korkunç bir patlama yeri sarsmıştı. Potayla fırın paramparça olmuş, kendisi de güç kurtulmuştu.

Cisimlerin içinde saklı yıkıcı güçten kendisi bile korkmuştu. Buluşunu bir bilmece şeklinde şifreleyip gizlemişti: En iyisi bunu kimse bilmemeliydi.

Hiçbir gizli işaret, hiçbir bilmece, doğuş zamanı gelmiş bir şeyi gizleyemezdi.

Bakon, korkunç buluşu üzerinde düşünürken, dünyanın öbür ucundaki, Çin'de, barutun artık bulunduğunu aklından bile geçirmiyordu. Araplar barutu Doğu'dan İspanya'ya getireceklerdi. Ve topların gürlemeye başlayacağı zaman artık uzak değildi.

İnsan, zerrecikler âleminin derinliklerinde yıkıcı bir kuvvet bulmuştu. Ve bu kuvvet, onu bulanın başına belâ kesilecekti.

yıldızlardan medet

Rocer Bakon, yaşadığı çağdan çok ilerideydi.

Geleceğe bakarken, uçan makineler, denizde küreksiz yüzen gemiler, karada atsız koşan arabalar görürdü.

Fakat Bakon, yine de çağının insanıydı. Kulesi bir yıldızbilimcinin gözlemevi bir alşimistin laboratuvarıydı.

Bakon, kimya taşını bulmak için maddeleri birbiriyle karıştırıyor, insanların kaderini öğrenmek için de, gezegenlerin gökteki durumunu tespit ediyordu.

Bakon şöyle düşünürdü: Dünyada her şey birbirine bağlıdır, dünya büyük bir bütündür. Gökteki yıldızlardan dünyaya doğru, gözle görülmeyen ipler uzanır. Denizlerdeki gel gitleri doğuran ay değil mi? Ağaçlarla otlara hayat veren güneş değil mi?

Biz de şimdi böyle düşünüyoruz. Dünyamızın, evrenin bir parçası olduğunu biliyoruz. Güneş, ışık vermeseydi dünyada hayat olmazdı. İnsanı yalnız dünya değil, bütün gök cisimleri de kendine çeker. Dünya daha yakın olduğu için, onun çekme gücü ötekilerinkine üstündür.

Işık ve yer çekimi, evrende dağınık olan maddeyi, büyük bir tüm halinde birleştiriyor.

Biz bugün böyle düşünüyoruz. Fakat Rocer Bakon'un yaşadığı XIII. yüzyılda ne yerçekimi biliniyordu, ne de ışığın doğası. İnsan varolan şeyler arasındaki bağları ancak sezinleyebiliyor kaderinin yıldızlarınkiyle bağlı olduğunu sanıyordu.

Bakon, parşömen üzerine bir kare, bunun içine de daha küçük bir kare çizdi. Kareler arasındaki boşluğu yan çizgilerle, üçgen şeklinde on ikiye böldü. Her bölüme, Zodyak üzerinde yer alan on iki burçtan birinin işaretini yazdı. Terazi, terazi burcuna; iki balık, balık burcuna; okla yay, yay burcuna vb. işaretti.

Karenin merkezi boştu. Buraya, karenin boş kalan merkezine, falını öğrenmek istediği kimsenin adı, adının altına da doğduğu gün, ay, yıl yazılacaktı.

Bir kimsenin falına bakabilmek için, beşiği üzerinde hangi yıldızların doğduğunu hesaba katmak gerekti.

Çünkü yıldızlar bir yerde durmaz, güneş, ay ve gezegenler, bir burçtan öbürüne geçerek gökyüzünde ebediyen dolaşırlardı. Her yıldızın özelikleri vardı. Ay soğuk ve mahzundu, insanlara yakınlık göstermezdi. Mavi Venüs'le parlak Jüpiter mutluluk getirir, kırmızı Mars'la solgun Saturn felâket işareti sayılırdı.

Gezegenlerin yolları bir birleşir, bir ayrılırdı.

En büyük ve güçlü gezegenlerin bir bölümde toplanması, olağanüstü ve garip olaylara işaretti: Kralların düşmesi, peygamberlerin gelmesi, büyük kıran gibi.

İnsanın her adımı, her hareketi yıldızların hareketiyle önceden belirlenmişti.

Hekim, hastayı tedaviye başlamadan önce yıldızlara danışırdı. Kolların kaderi ikizler burcuna, başınki koç burcuna, ayaklarınki de balık burcuna bağlıydı. Bir koldaki çıkık ay ikizler burcundayken düzeltilemezdi. Daha iyi işaretler beklenmeliydi.

Alşimist, işe başlamazdan önce yıldızların durumunu incelerdi: Merkür civayı, ay gümüşü, güneş altını, saturn kurşunu idare ederdi.

Güneş hastaysa, yani düşman bir gezegenin bölümündeyse, iş aksayacak demekti. Üstelik güneş, asık suratlı Saturn'un tam karşısında doğmuşsa, güneşin Saturn karşısındaki bu durumu daha büyük bir uğursuzluğun belirtisiydi. Eğer yakındaysa, Jüpiter durumu düzeltebilir, «kuşatmayı kaldırıp» güneşi tutsaklıktan kurtarabilirdi.

Krallar, başbuğlar, denizciler, yıldızbilimcilere danışırlardı.

Her ülkenin kendi gezegeni vardı. Saturn Hindistan'a, Jüpiter Babilon'a, Merkür Mısır'a hükmederdi.

Acaba Bakon, o akşam kimin falını öğrenmek istiyordu?

Yıldızlardan sorduğu, ne bir insanın ne de bir ülkenin kaderi. Dinlerin geleceğini bilmek istiyordu. Bunu yıldızlardan öğrenebileceğine inanıyordu.

Saturn Musevîlere, Venüs Müslümanlara, Merkür

Hıristiyanlara hâkimdi. Hıristiyanlık Jüpiter'le Merkür'ün bir bölüme düştüğü zaman doğmuştu. Jüpiter'de mutluluk ve kudret getirirdi.

Bakon tanyeri ağarıncaya kadar gezegenlerin yollarını hesapladı.

Elleri daire ve işaretleri çizerken, fikri doğduğu yerlerden uzaklara uçup gidiyordu. Bütün dünyaya, bütün ülkelere, bütün halklara şöyle bir göz gezdiriyor, her yerde kanunsuzluk, gaddarlık, adaletsizlik görüyordu.

Prensler, baronlar ve şövalyeler, birbirine zulmediyor, birbirini yağmalıyor, halkı, sonu gelmeyen savaş ve vergilerle soyup soğana çeviriyorlardı. Başkalarının malını mülkünü, geniş ülkeleri zaptetmek hoşlarına gidiyordu.

Halk, prenslerden nefret ediyordu ve mümkün olan her yerde onlardan kurtulmaya çalışıyordu.

Tüccarın her sözü yalan dolandı. Din adamları, kendilerini kibire, debdebeye, tamahkârlığa kaptırmışlardı. Paris ve Oksford'da, ruhban sınıfı, kavga ve külhanbeylikleriyle halkı tedirgin ediyordu. Din büyükleri, açgözlülükle servet yığıyor, kendilerine havale edilen ruhları düşünmüyorlardı bile. Gaddar kanun adamları iftiralarıyla masum insanları mahvediyorlardı. Debdebe ve gösteriş, papalığın merkezini rezil ediyordu. Orada da kibir, tamah, hırs almış yürümüştü. Kutsal papalık mevkii bile, hile ve yalanın kurbanı olmuştu.

Mumun titrek alevi, Bakon'un çatık kaşlarını, yüzündeki keskin buruşukları aydınlatıyordu.

Fransisken Rahibi cübbesini giymiş bu adam, kaç kere öfkesini tutamayıp işitmek istemeyenlere gerçeği söylemişti. Fransisken teşkilâtının generali Yoan Bonaventura'nın, ondan hazetmemesi sebepsiz değildi. Rocer Bakon'u, sihirbaz, büyücü sayıyorlardı. Her gece yatağına girerken, ertesi gün zindana atılmayacağından emin değildi.

Bakon'un yaptığı hesaplar bitmek üzereydi ve korkunç bi rsonuca doğru götürüyordu.

Gezegenlerin işaretlerini üçgen şeklindeki bölümlere yazmaya devam etti. Ay'la Jüpiter aynı bölüme düşmüştü: Başak burcu bölümünde birleşmesi, insanın kalbinde dinin önü alınamaz yıkımının işaretiydi.

Bakon:

«Bu çöküş ve rezalet zamanlarında başka türlü olabilir miydi?» diye düşündü.

Tanyeri ağardı ağaracak. Kulenin yanıbaşında yolda, bir çoban, kırbacını çiğli otlarda şaklatarak hayvanları sürüyor ve sihirbazın, sisten ayrılan karanlık kulesine merakla bakıyordu.

Çoban, kule sahibinin, geceleyin yıldızlarla ne konuştuğunu bilseydi ne derdi acaba?

okur, bir katolik papazının uşağıyla karşılaşır ve anlattıklarını dinler

Bakon, sadece bir yıldızbilimci değil, alşimistti de. Birçokları gibi o da, imbiğin dibinde altın definesi bulmaya çalışıyordu. Kimya taşını bulan, bakırı ve kurşunu altına çevirmenin yolunu bulan, dünyanın efendisi olacaktı. Fakat Bakon'unki ne açgözlülüktü, ne de dünya nimetlerine susamışlık. Onu çeken, maddenin büyülü değişmelerinin sırları, ufacık zerrecikler dünyasının sırlarıydı.

Birçokları altını, altının kendisi için arıyordu.

Dünyaya hâlâ kılıçla haç egemen olmakla beraber, altın artık onların yerine hak iddia etmeye başlamıştı.

Krallar, papalar boş hazinelerini doldurmak için tefecilerden aldıkları borç karşılığında taşlarını rehine koyuyorlardı.

Her kralın hizmetinde bir alşimist vardı. Kral, kumandanına:

— Hele biraz bekle, derdi benim alşimist, kimya taşını buldu bulacak. Namusum üzerine ant içerim ki, bunu bulunca, bütün erlerle subaylara alşimist altınıyla iki misli fazla ücret verilecek.

Alşimist'in laboratuvarına pek az kimse şöyle bir göz atabilirdi. Çünkü oraya gitmeye herkes cesaret edemezdi.

Alşimiyle uğraşan bir Katolik papazının uşağı acı talihinden şuna buna sık sık yakınmış olmasaydı, laboratuvarda olup bitenlerden hiçbir zaman haberimiz olmazdı.

İngiliz şairi Çoser, uşağın yakınmalarına kulak misafiri olarak bunları «Kenterberi Hikâyeleri» adlı kitabına almıştır.

İşte uşağın Çoser'e anlattıkları:

«Bir Katolik papazının yanında tam yedi yıl yaşadım. Ama sanatına bir türlü akıl erdiremedim. Eskiden hep yeni ve güzel elbiseler giyer, kılık kıyafetime dikkat ederdim. Şimdi, neredeyse başıma çorap geçireceğim. Eskiden taze ve kırmızı olan yanaklarım, şimdi balmumu gibi sarardı.

Alşimi işte böyle faydasız bir şey.

Bu şarlatan sanatı, beni öyle soyup soğana çevirdi ki, elde avuçta bir şey kalmadı. Beni görenlere ders olsun. Bu sanat, kendisine merak saran herkesi batırır. Tanrı sizi inandırsın alşimiyle uğraşan o kerteye varır ki, kesesi de, kafası da boşalır. O zaman başkalarını da alşimiyle uğraşmaya tahrike başlar. Çünkü kötü bir insan, ademoğlunu felâkete ve uğursuzluğa sürüklemekten zevk duyar. Bunu bana, bilgili bir din adamı söylemişti.

Her neyse, bu hususta bu kadar yetsin. Bir de, ne yaptığımızı anlatayım size. Biz, şeytanî işimize başlarken öyle bilgiççe bir dille konuşuruz ki, şaşılacak derecede akıllı insanlara benzeriz. Ben ocağı öyle bir körüklerim ki, kalbim neredeyse çatlayacak gibi olur.

Kullandığımız maddeleri, yani gümüşü, yakılmış kemiği, demir tozunu birbirine ne oranlarda karıştırdığımızı anlatacak değilim. Bunları nasıl ince bir toz haline getirip toprak bir kaba koyduğumuzu, üstüne tuzla biber ektikten sonra kabı cam bir çanla kapayarak daha birçok şeyler yaptığımızı da anlatmadan geçeceğim. Değmez. Çünkü çabalarımızdan nasıl olsa bir şey çıkmıyor. Emeğimiz, paralarımız hep boşa gidiyor.

Karşılaştığımız birçok mesele daha var, ama okumuş bir insan olmadığım için hepsini sıralayıp sayamayacağım. Aklıma nasıl gelirse öyle anlatacağım. Laboratuvarda jenkardan, lacivert taşından, borakstan başka cam ve topraktan çeşitli kaplar: piyaleler, potalar, katı cisimleri doğrudan doğruya gaz haline çevirmeye yarayan kaplar, kulplu şişeler, damıtma araçları ve benzeri araç ve gereçler vardır. Hepsini sayıp dökmeye değmez. Çünkü bunun için kimse metelik vermez. Kaldı ki, her şey anlatılacak olursa, kutsal kitap kalınlığında bir kitap bile yetmez.

Az kalsın en önemlisini, şu iksiri âzam dedikleri kimya taşını unutacaktım. Asıl aradığımız o zaten. Ama göklerin padişahı tanık olsun, kimya taşını, bütün çabalarımıza rağmen, bir kere bile görmüş değiliz.

Ama yine de umudumuzu yitirmiyoruz. Zorluklara rağmen, bir gün gelip, bizim yüzümüzün de güleceğini umuyoruz. Böyle umutlara insan dört elle sarılıyor. Size peşinen söyleyeyim: kimya taşı aramaya başlayan, bu işi artık bırakamaz. Bütün alşimistler böyledir. Gecelik bir gömlekle, yırtık pırtık bir pelerinden başka bir şeyleri olmasa bile, bunları da satıp parayı alşimi işlerine harcarlar. Son kuruşlarını harcamadıkça rahat edemezler.

Alşimistleri, nerede olursa olsunlar, lime lime elbiselerinden ve kükürt kokusundan herkes tanır. Kükürt kokusu o kadar keskindir ki, bir mil uzaktan duyulur...

Uzatmayalım, içinde çeşitli madenler bulunan kap ateşe konmadan önce, madenler karıştırılır. Bu işi patron hep kendisi yapar, başkasına güvenmez.

Patronun, bilgili ve işinin erbabı olduğunu söylüyorlar. Ama kap yine de ikide birde paramparça oluyor.

Böyle olunca da, kabın içindekilerin üstüne bir bardak su içmekten başka bir şey kalmıyor.

Kaptaki madenlerde öyle bir kuvvet gizli ki, taş duvarları bile deliyor. Madenlerin bir kısmı toprağa karışıyor, bir kısmı döşemede dağılıyor, bir kısmı da lekeler halinde tavana yapışıp kalıyor.

İnsan soyunun düşmanı olan melûn şeytan, göze görünmez ama, eminim ki, o anda aramızdadır. Derken bir kavga, tartışma ve bağırıp çağırma başlar ki, şeytanın efendi ve âmir olduğu cehennemde bile daha beteri olamaz. Söven sövene, başkalarını suçlayan suçlayana.

Biri:

— Ocak, gerektiği gibi körüklenmedi, der. Bu bana atılan bir taştır, çünkü körüğü hep ben çekerim.

Başka biri:

— Hey aptallar hey, der yüksek sesle, ne cahilmişiz be. Alaşımı doğru yapmamışız.

Bir başkası da herkesten fazla bağırır:

— Durun, beni de dinleyin; ocakta yaktığımız odunlar, meşe odunuydu da ondan. Ak gürgen yakılmalıydı. Vallahi, sebep bu.

Patron tartışmayı kesmek için:

— Neyse canım, olan oldu, der. Bana kalırsa imbik çatlaktı da ondan. Aldırmayın, cesaretimizi kırmayalım. Haydi, döşemeyi hemen süpürün bakalım; toplayın cesaretinizi ve neşenizi bozmayın.

Çöpleri süpürüp toplar, sonra bir eleğe koyup, döşemeye serdiğimiz bezin üzerinde uzun uzun eleriz.

İçimizden biri:

— Eh, der, çok değil ama, yine de bir şeyler kalmış. Bu sefer talihsiz çıktık ama, dur bakalım, belki bir dahaki sefer şansımız yürür. Bir kere daha deneyelim. Bazen bir tüccarın mal dolu gemileri batar, fakat bu bütün gemiler batar demek değildir, kazasız belâsız dönenler de olur.

Patron:

— Susun, diyerek onun sözünü keser. Bu defa, denemeyi yepyeni bir usulle yapmaya çalışacağım. Başaramazsam o zaman bana istediğiniz kadar küfredin. Şimdi anlıyorum ki, eskiden hep yanlış yapıyormusuz.

Derken biri yine kendi bildiğini okur:

— Ateş gereğinden fazla kuvvetliydi... ...

Ateş kuvvetli miydi, zayıf mıydı, orasını bilmem ama, işimiz hep ters gider. Aradığımız kimya taşını bir türlü bulamıyoruz. Fakat yine de, çılgınlar gibi ortalığı altüst etmeye devam ediyoruz.»

İnsan, safdil uşağın anlattıklarına gülmekten kendini alamaz.

Günümüzün kimyacılarından hangisi, sabahtan akşama kadar ateşte bir şeyler eritip kaynatan, çeşitli cisimleri karıştırıp alaşımlar yapan, ölçüp tartan alşimistlerle kendileri arasında bir benzerlik görmez.

Her türlü havalandırma tesislerine rağmen, birçok hallerde zehirli buğularla dolu olan laboratuvarda zor solunur. Yangılı gözler, ateşte dumanlar kızarır. Eller yanıklar içindedir, iş elbisesi asitlerden delik deşik olmuştur.

Yine de kimyacılar, işlerini bir an önce bitirip de laboratuvardan temiz havaya çıkmaya canatmazlar.

Günümüzün kimyacılarının da başarısızlıkları olur. Onların da potaları, imbikleri tuz buz olur. Bazen bir patlama, günlerce çalışarak elde edileni bir anda silip süpürür.

İnsan yorgun ve bitkin bir halde eve döner. Ertesi gün yine işinin, saydam şişelerle dolu masasının başındadır.

Kimyacıyı laboratuvara çeken nedir?

Alşimiste hâkim olan o aynı araştırma tutkusu.

Alşimistler hayal peşinde koşmuş ve bu onları, taş duvarları yıkabilecek bilinmeyen kuvvetlerin gizlendiği esrarengiz moleküller âlemine götürmüştü. Moleküller âlemine dalan insan, ister istemez buluş üstüne buluş yapıyordu.

Alşimi bir yanlıştı. Fakat bu yanlış gerçeğe doğru

bir basamak oldu. Alşimiden kimya doğdu. Bilim adamları, kimya taşı diye bir şey olmadığını, cam kaplarda bakırın, hiçbir zaman altına çevrilemeyeceğini anladıktan sonra da imbiklerinden ayrılmadılar.

Kimyacılar, maddedeki ufacık zerrecikler âleminin ne kadar büyülü olduğunu öğrenmişlerdi. Bunun için de peşini bırakmak istemiyorlardı...

5

cengiz han'ın orduları

Batı'da ilk üniversiteler ilk profesörlerin konferanslarını dinlerken, ilk alşimistler ilk laboratuvarların dumanları arasında çalışırken, Doğu'da büyük savaşlar oluyor, insanlığın kaderi belli ediliyordu.

Paris'te, sivri damlı binalar arasında muazzam tapınaklâr gökleri deliyordu. Rus ülkesinde, büyük kiliselerin taş nakışları gözleri kamaştırıyordu.

Uzaklardaki Doğu'da, Orta Asya çöl ve steplerindeyse hâlâ keçe çadırlarda yaşanıyordu. Halk çiftçilik yapmıyordu. Evleri yoktu. Ömürleri, tekerlekler üzerine oturtulmuş çadırlarda, step step dolaşmakla geçiyordu.

Kabile, hayvan sürülerini önüne katıp göçerken, binlerce tekerleğin gıcırtısı, hayvan sürücülerin çığlıklarını bastırırdı.

Atların nal sesleri ve kişnemeleri uzaklardan işitilirdi. Koca bir ülke yer değiştiriyor gibiydi.

Üstünde ayak izleri çıplak topraklar ve harabeler göçebelerin arkasında kalıyordu. Çayırları hayvanlarla at sürüleri otlayıp kurutuyor, köylerle şehirleriyse insanlar yağma edip yakıyordu. Halkın yıllardır biriktirdiği şeyler arabalara yükletilip götürülüyordu. Ev sahiplerinin kimi öldürülüyor, kimi esir alınıyordu.

Kıyılardan taşan bu göçebe denizi, yeryüzünü bir tufan gibi basıyordu.

Göçebe seli Çin'e dalmış, Orta Asya şehirleriyle vahalarını çiğnemiş, karlı Kafkas Dağları'na dayanmış, Gürcistan'ın vadi ve derbentlerini tıkamıştı, oradan da Karadeniz dolaylarındaki steplere akarak Macaristan'a ve Adriyatik Denizi kıyılarına yayılmıştı.

Birden ne olmuştu da, eski zamanlardan beri Moğol steplerinde dolaşan göçebeler, halkı tarımla uğraşan komşu ülkeleri fethe kalkışmışlardı.

Bu, Cengiz Han'ın, Moğol kabilelerini güçlü bir göçebe imparatorluğunda birleştirmesiyle başlamıştı.

Cengiz Han'la kumandanları, Kuzey Çin'i, Doğu Türkistan'ı, Orta Asya'yı zaptedip Kafkasya ve Doğu Avrupa'ya kadar ilerlemişlerdi. Cengiz Han 1227 yılında öldükten sonra, yerine geçenler fetihlere devam etmişti.

Göçebelerin yıldırım gibi ilerleyişini bütün dünya korkuyla izliyordu.

Roma papası, dostluk ve barış görüşmelerinde bulunmak için Moğol Hanı'na elçi göndermeyi kararlaştırdı.

Üç rahip, İtalyan Covanni Karpini, Çekyalı Stefan ve Polonyalı Benedikt yola çıktılar. At üzerinde 106 günlük bir yolculuktan sonra ormanlardan, steplerden geçip Dinyeper'i, Don'u, Volga'yı aşarak Orta Asya çöllerine vardılar. Bazen yolları, göçebelerin çiğneyip talan ettikleri bölgelerden geçiyordu. Yol boyunca otlar arasında insan başlarıyla kemikleri göze çarpıyordu. Büyük şehirlerde bile sığınacak yer bulmak zordu. Eskiden yüzlerce evin bulunduğu yerlerde, kala kala beş on ev kalmıştı.

Sonunda Han'ın karargâhına varıldı.

Papanın elçileri, ulu hana bağlılık andı içmek için Asya'nın dört bucağından gelen dört bin elçi ve şef arasında kaybolmuşlardı. Karargâhın ortasında büyük bir çadır vardı. Burada her sabah iki bin kişi toplanırdı.

Birinci gün herkes beyaz, ikinci gün kırmızı, üçüncü gün mavi elbiseler giymişti. Elçiler halılara oturmuş, kımız içerek ulu hanın gelmesini bekliyorlardı. Bütün gözler, yalnız Han'ın girmeye hakkı olan kapıya çevrilmişti.

Han, kendisini kırmızı yelpazelerle yelpazeleyen maiyetiyle birlikte görününce, binlerce insan Han'ın karşısında dize geldi.

Han, papanın elçilerini kabul edinceye kadar, bunları bir hayli bekletti. En sonunda, kendilerine Arapça, Latince ve Moğolca yazılmış bir mektup sunuldu. Han'ın esirleri arasında çok tercüman olduğu belliydi.

Mektupta, Han papaya şunları yazıyordu:

«Sen, bütün kralların başında huzuruma çıkmalı ve benim hizmetimde olacağına, bana saygı göstereceğine söz vermelisin. O zaman senin bağlılığını kabul ederiz. Yoksa düşman sayarız seni.»

Rahipler işte böyle bir mektupla geri dönüyorlardı. Önlerinde beş bin kilometrelik uzun bir yol vardı.

Dünya üzerine korkunç bir tehlike çökmüştü. Geçmiş bugünle, göçebe kabileler toprağa yerleşmiş çiftçi halklarla savaşa tutuşmuştu.

Barbarların, eskiden bilmedikleri savaş tekniğini bazı halklardan öğrenmiş olmaları, durumu büsbütün kötüleştiriyordu.

Göçebeler, bir şehrin surlarına yaklaşınca, kuşatma araçlarını faaliyete geçirirlerdi. Mancınıklarla atılan kocaman taş molozlarla şehir bombardıman edilirdi. Yanan katran dolu kaplar atılarak evler tutuşturulurdu. Ağır koçbaşılar, demir kapıları döverdi. Böylece göçebeler, şehirleri birer birer zaptederek ilerliyordu.

Ya bütün Avrupa'yı zaptetseler ne olurdu?

Dünya uzun bir süre için gerilere atılırdı. Büyük ve ünlü şehirler harabelere çevrilirdi. İnsanlığın övündüğü şey: kitaplar, tablolar, heykeller yangınlarda kül olurdu. Renkli vitraylarla süslü kilise pencereleri paramparça edilirdi. Paris kiliseleri, göçebelerin atlarına ahır olurdu...

Göçebe selinin karşısına bir set çıktı.

Tatarların, meşe ağacından yapılmış koçbaşıları, Rus şehirlerinin surlarını dev dalgalar gibi dövüyordu.

Yıkılan kale duvarlarının ardında, bir gecede, ağaç gövdeleriyle kazıklardan yapılmış yeni duvarlar yükseliyordu. Tatarların karşısında her şehir bir engeldi. Bütün Rus ülkesi bu göçebe selinin önünde bir set olmuştu. Bu sette gedikler olmasaydı, baskıya dayanabilirdi. Ne yazık ki, Ruslar sımsıkı birleşmiş bir halk değildi daha.

1223 yılında prenslerin bir kısmı Kalka Irmağı'nda düşmanla savaşırken, bir kısmı da, yüksekçe bir yerde put gibi durmuş, Tatar süvarilerinin Rus askerlerini nasıl çiğnediklerini seyrediyordu.

Çok geçmeden yangın alevleri her yanı sarmıştı. Doğu'dan, acı bir dumanla birlikte, yanık kokuları gelmeye başlamıştı. Tek bir ev, tek bir şehir değil, onlarcası tutuşmuştu.

Göçebe seli, karşısına çıkan seti yıkıp Rusların, Polonyalıların, Çeklerin topraklarına yayılmıştı.

Çekler, yurtlarını savunabilmişlerdi. Dağlar kendilerine yardım etmişti. Steplerde cirit oynatmaya alışmış Tatar süvarisi, dağlık taşlık yerlerde savaşmaya hazırlıklı değildi. Üstelik Rus topraklarındaki savaşlarda iyice zayıflamıştı.

Ruslara aynı zamanda, Batı'dan İsveçlilerle Almanlar da saldırmışlardı. Ruslar Avrupa'yı göçebelere karşı göğüsleriyle savunurken, Batı komşuları kendilerini arkadan hançerlemişti.

İsveçlileri püskürtmek için Neva Irmağı kıyılarına, Almanları darmadağın etmek için de, alelacele Çud Gölü'ne ulaşmak gerekiyordu.

Fakat Tatarları gerisin geri Asya'ya kovamamışlardı.

Ruslar görevlerini yapmıştı: göçebeleri durdurmuştu. Artık Tatarlarda Batı'ya saldıracak güç kalmamıştı. Üstelik arkalarında başkaldıran, eğilmeyen bir Rus ülkesi kaldığından korkuyorlardı. Tatarlar ilerlemiyordu ama, Ruslar için çetin zamanlar başlamıştı. Birçok şehirden ancak harabeler kalmıştı. Canlarını kurtaranlar ormanlarda gizleniyordu. Bir zamanlar insanın kök söküp temizlediği ormanlar, tarlalara doğru genişlemeye başladı. Köy sokaklarındaki yangın yerlerini ot basmıştı. Düne kadar insan yaşayan yerlerde yabanî hayvanlar dolaşıyordu.

Tarihin büyük saatindeki akrep, geriye doğru gidiyor gibiydi.

Daha pek uzak olmayan bir geçmişte bir tarihçi şunları yazmıştı: «Kitaplar, evreni sulayan birer ırmak, birer bilgelik kaynağıdır, onlarda sonsuz bir derinlik vardır. Kederliyken kitaplarda teselli buluruz.

Ruslar için ağır, kederli yıllar başlamıştı. İnsan, kendisiyle teselli veren kitapları düşmandan kurtarmaya çalışıyordu. Düşman bir şehre yaklaşınca, şehirde ve dolayındaki köylerde bulunan kitaplar toplanıyor, kâğgir kiliselere götürülüyordu. Her sayfası yaldızlar içinde parlayıp, erguvani renklerle parıldayan yazma kitapları gözbebekleri gibi koruyor, sağlam meşin ciltlerle kaplıyorlardı.

İşte bu değerli kitaplar bir kilisenin taş döşemesine yığılmıştı.

Fakat ateş, onları burada da buluyordu. Sabırlı hattatların, özene bezene süsledikleri renkli sayfalar, saniyesinde buruşup tutuşuyor, kara kırmızı bir alevle yanıyordu.

O çağlarda yaşamış bir yazarın deyimiyle:

«Bilgi ırmaklarının suyu çekilmiş, bilgelik kaynakları kurumuştu...»

moskova üçüncü roma olmuştu

Sağ kalanlar, karanlık ormanlardan yavaş yavaş şehirlere dönmeye başlamıştı.

Pek uzak olmayan bir geçmişte bunlar, her şeyi bitmiş sanıyordu. Evleri barkları yoktu, yakınlarının birçoğu ölmüştü. Çevrelerindeki her şeyde bir ıssızlık, terkedilmişlik vardı. Doğup büyüdükleri şehir tanınmaz olmuştu. Üstelik kendileri de başkalaşmıştı. Saçları erken ağarmış, alınları kırışmıştı.

Eski hayat geçmişe karışmıştı.

Her şeye yeni baştan başlamak gerekiyordu.

Yine balta sesleri işitilmeye başladı. Reçine kokan çam kütükleri, üstüste konularak duvarlar yapılıyor, evler kuruluyordu.

Yakılıp yıkılmış binaların yerinde yenileri yapılıyor ve hemen surlarla çevriliyordu.

Bir ırmağın dirseğinde kurulan Kremlin'in çevresinde Moskova şehri, ulu bir ağacın gövdesindeki halkalar gibi yıldan yıla genişliyordu. Moskova'nın çevresinde de, Rus Devleti gelişip serpiliyordu.

İdareli ve hesabını bilir Moskova prensleri, köyleri ve şehirleri birer birer idareleri altında topluyorlardı.

Moskova beyliği genişliyor, yüzbinlerce insanın gücünü birleştiriyordu.

Aradan yüzyıllar geçti. XIII. yüzyıl bitip XIV. yüzyıl başlamıştı. Sağlamlaşan ve safları sıklaşan Rus Devleti, düşmanlarla savaşta gücünü denemeye başladı.

Bir zamanlar steplerde göçebelerle ayrı ayrı karşılaşan Rus prensleri, artık hep birlikte, toplu olarak çıkıyorlardı düşmanın karşısına. Başlarında Moskova prensi Dimitri İvanoviç vardı. Arkalarından iyice silâhlanmış binlerce asker yürüyordu.

Artık göçebeler Rus askerlerini çiğneyip geçemiyor, Ruslar onları Don steplerinde kovalıyorlardı.

Moskova genişledikçe genişliyor, kuvvetleniyordu.

Artık Kremlin'i meşe kütüklerinden yapılmış duvarlar değil, taş surlar kuşatıyordu.

Eli hünerli ustalar, Moskova'da ve öbür Rus şehirlerinde kiliseler, manastırlar, saraylar kuruyordu.

Ünlü Rus ressamı Andrey Rublef, o çağ tarihçilerinden birinin deyimiyle: «büyük prensin sarayındaki taştan yapılmış Btagoveşçeniye Kilisesi'ni» resimliyordu. Fakat Rublef'in şaheseri, Troitsa Sergiy Manastırı'nda çizdiği «Troitsa - Üç Kutsallar» adlı tablo ayarında resim güç bulunurdu.

Üç melek bir masanın başında oturur. Masa üzerinde meyve dolu bir tabak. Melekler konuşmaz, düşünceye dalmışlardır. Eğik başları eskiçağ Yunan ustalarının eserlerini andırabilir. Şu farkla ki, Yunan ustaları ideal vücutlar tasvir etmişken, Rus sanatkârı ruh güzelliğini verebilmişti.

İnsan, Rublef'in meleklerine bakarken, kederli bir Rus türküsü dinler gibi olur.

Ortadaki meleğin arkasında, fırtınanın eğip de kıramadığı bir ağaç, onun arkasında da bir dağ görünür. Dağla ağaç, eğri büğrü çizgileriyle, kederli meleğin baş eğişini bir nakarat gibi tekrarlar sanki.

«İgor'un Alayı Destanı»nda da tabiat, insan ruhuyla karşılaştırılmıyor muydu?

«Otların acıdan boynu bükülmüş, ağaçlar dallarını kederli kederli eğmiş.»

Rublef, tablosunda hüzünle kuvveti, yani artık yakın olan kurtuluşun denildiği gibi: Rusya'da «gaddar Tatarların esirleri paylaştıkları» zamanın hüznünü tasvir eder.

Bir yüzyıl daha geçti. Tatar Hanı, ordusuyla yine Moskova üzerine yürüdü. Fakat bu, artık o eski ordu değildi. Rusya da değişmişti zaten.

Ruslar biribiriyle kavga eden beylikleri birleştirip tekbir devlet kurarlarken, Altın Ordu Tatar Devleti, birbirine düşman hanlıklara bölünmüştü. Artık kendi aralarında kavga eden Rus beyleri değil, Tatar hanlarydı.

Ruslar tarihin büyük merdiveninde bir basamak daha yükselmişlerdi.

Tatarlarsa yerlerinde sayıyordu. Bunlar, Rusların yıllarca evvel geçirdikleri aşamaya daha yeni girmişlerdi.

Davetsiz misafirler Moskova önlerine kadar gelmiş, Ruslar da bunları karşılamaya çıkmıştı. Ama bu kez işler başka türlü gidiyordu.

Misafirler, bu kez eskiden yaptıkları gibi cümbüş etmediler. Ruslarla savaşa tutuşmaya da cesaret edemediler. Biraz oyalanıp gerisin geriye, geldikleri yere çekilip gittiler...

Rusya, iki yüz yıl Batı Avrupa'dan ayrı kalmıştı. Göçebelerin birbirinden ayırıp parçaladıkları dünya şimdi yeniden birleşiyordu.

Bir zamanlar bir Rus prensi Fransa'yı idare etmiş, başka bir Rus prensesi de Anglo-Saksonların kraliçesi olmuştu. Bir zamanlar Kiyef'in öbür Avrupa başkentleriyle sıkı temasları vardı, Kiyef prensleri, Latince'yi, Yunanca'yı, Almanca'yı, Rusça kadar iyi konuşurlardı.

Son iki yüz yılda Batı'da Ruslar büsbütün unutulmuştu. Fransa, ya da İngiltere'de, Polonya'yla Litvanya'nın ötesinde «Tatarlara mı, Polonya Kralına mı bağlı», geniş bir Kuzey ülkesinin bulunduğu söylenirdi. Bremenli ve Lübekli Alman tüccarları, Rusları daha iyi tanırlardı. Hanza Tüccarlar Birliğinin Novgorot'ta şubeleri ve depoları vardı. Ne var ki, Hanza tüccarları, başka yabancıları Rus ülkesine sokmamaya çalışırlardı.

Derken Altın Ordu Devleti çökmüş, Rus beylikleri bir devlette birleşmişti. Artık Moskova, Tver'le, ya da Ryazan'la savaşmıyordu. Moskova, daha Vladimir Monomak zamanında bir tarihçinin hayal ettiği o «tek kalp» olmuştu. Artık Moskova'da, Moskova prensleri değil, «Tüm Rusya'nın» hükümdarları oturuyordu.

Moskova'dan Batı'ya ilk elçiler gönderiliyordu.

Pavel Yoviy adındaki bir yazar, «Moskova Elçisi Hakkında» başlıklı bir kitap yazıyor. Kitap ilgiyle karşılanıyor. Kitabı okuyanlar, «dünyaya yeni bir dünya açtığını» yazıyorlar. Yoviy'e bir felsefe meraklısıysa: «Yoviy, sen Moskova hakkındaki eserini okurken, Demokrit'in başka dünyalarına inanmaya başlıyorum,» diyordu.

Rusya'dan Venedik'e, Roma'ya elçiler gidiyordu.

Elçilere yabancı ülkelerde, filizi topraktan ayırmayı, şehir kuşatmayı, topla ateş etmeyi bilen ustalar, kâgir saraylar kurabilen duvarcılar, gümüş kupalar yapabilen usta kuyumcular bulmaları emredilirdi.

Moskova'da hummalı bir kuruculuk vardı. Yerli ustalar yetmiyor, yabancıları çağırmak gerekiyordu.

Kremlin toz duman içindeydi. Yarı yıkılmış eski konak ve kiliseler tüm yıkılarak yenileri kuruluyordu. Rus ve yabancı ustalar, yapı kurma sanatında yarışıyordu.

Yermolin adındaki ustayla duvarcılarına, çetin bir ödev verildi: Vozneseniye Kilisesi'ni onarmak. Kilise bir yangından zarar görmüş, kemerleri eğrilmişti.

Yermolin, yangından artakalanı korumak için kemerleri tüm sökmeden doğrultmayı düşündü. Bu güç bir işti. Yanıp parçalanmış tuğlaları söküp, her an çökme tehlikesi olan kemerleri onarmak için ustalık ve cesaretten başka bilgi de gerekti.

Yermolin'le arkadaşlarının, fiziği kitaptan öğrendikleri şüphelidir. Ama doğa kitabından gözlerini ayırmazlardı. Çalışırken, taşın ağırlığına karşı savaşırken, denge kanunlarını kendiliğinden öğreniyorlardı.

Bir taşı yerinden kıpırdatmak gerektiğinde kaldıraca başvuruluyor, kaldırmak gerektiğinde de makaralar işletiliyordu.

Ve ustalar, üzerine aldıkları işi başardılar.

Kilise, hiç yangın görmemiş gibi sağlam ve kusursuz olarak onarıldı. Tarihçi, bu olayı başka olaylarla birlikte şöyle anlatır: «Bütün kilise sökülmedi. Yalnız yanmış taşlar değiştirildi. Kemerler onarılıp gereken yapıldı. Ve herkes bu görülmedik işe şaşakaldı...»

İtalyan mimarı Aristotel Fioraventi, Kremlin'de Uspeniye Kilisesi'ni eski Rus mimarı tarzında koruyordu. Rus ve yabancı ustalar, harç terkibinin, daha sağlam olması için ne yapmak gerektiğini birlikte düşünüyorlardı.

Moskovalılar, ağır taşları kaldıran kocaman çıkrığa şaşıyorlardı.

Uspeniye Kilisesi'nden sonra başka kiliseler de yapıldı. Büyük Prens için bir saray da kuruluyordu. Duvarcılar, Büyük Prens'in elçileri kabul edeceği Granovitaya Sarayı'nın duvar kaplamaları için taş yontuyordu.

Kremlin'i geniş ve yüksek taş surlar kuşatıyordu. Üçgen biçimindeki surların köşelerinde birer, kenarlarında da yedişer burç vardı.

Moskova, enine boyuna genişliyordu.

Batı ülkelerinde, Kuzey ülkesi hakkında söylentiler daha çok duyulmaya başladı. Bu güçlü yeni devleti yakından görüp öğrenmek için adamlar gönderiliyordu.

Moskova'ya, Poppel adındaki bir Alman şövalyesi geldi. Fakat nezaketle geri çevrildi. Çünkü her şeye burnunu sokan bu yabancıya güvenilememişti.

Poppel, yurduna dönüp gördüklerini anlattı.

Polonya'nın ötesinde, diyordu, Moskova Rusyası alabildiğine uzanıyor. Bu ülke, ne Polonya'ya bağlı, ne de Tatarlara. Hükümdarı Polonya Kralı'ndan daha zengin.

Alman İmparatoru III. Frederik, Poppet'i, bir işle III. İvan'ı gerisingeri Moskova'ya gönderdi: Rusya hükümdarı, kızını Baden Markizine vermeliydi. Buna karşılık hükümdara kral unvanı bağışlanacaktı.

III. İvan, elçiye şunları söylemelerini emretti: «Krallık konusunda söylenenlere gelince, biz Tanrı'nın inayetiyle atadan hükümdarız... Eskiden olduğu gibi, şimdi de kimseden emir kabul etmeyiz...»

Rus halkı, yeniden dünya sahnesine çıkıyor ve bunu anlıyordu.

«Tüm Rusya'nın» hükümdarı, kimsenin kendisini kral tayin etmesini istemiyordu.

Büyük Moskova prensleri Monomak'ın kalpağını atalarından miras almışlardı. Bu nasıl bir kalpaktı? Bu, Bizans İmparatoru tarafından Roma İmparatoru'nun şarap içtiği kırmızı akik bardakla birlikte gönderilen hükümdarlık tacıydı.

Bu efsane bize, üç buçuk yüzyıl önce yaşamış olan Rusların fikirlerini iletiyor. Bunlar, Rus ülkesinin alnına, bir zamanlar Roma'yla Bizans'a olduğu gibi, dünya kültürünün siperi olmak yazılı olduğuna inanıyorlardı.

Rus manastırlarından birinde ihtiyar bir keşiş şöyle bir kehanette bulunuyordu: Şimdiye kadar iki Roma vardı. Birincisi, günahları yüzünden vahvoldu. İkinci Roma da, yani Bizans, Türklerin baskısı altında yıkıldı. Üçüncü Roma, yani Moskova'ysa dimdik ayakta duruyor. Ve bir dördüncü Roma olmayacak artık.

III. İvan devrinin Moskova'sı, Roma'dan gerideydi daha. Fakat artık Moskova, eskisi gibi büyük bir köy değil, gürültülü bir başkentti.

Kremlin önlerinde çarşıda açıkgöz tüccarlar, Çin kumaşı ve Venedik kadifesi toplarını bir hamlede yuvarlayıp açıverirlerdi.

Aktar ve zerzevat çarşısından geçenler, soğuk Moskova havasıyla birlikte, uzak Hindistan'dan getirtilen baharatın buruk kokusunu da duyardı.

Göçebelerin birbirinden ayırıp parçaladıkları dünya yeniden birleşiyordu.

İtalyan tüccarları, Karadeniz yoluyla Moskova'ya giderken, Kırım'daki İtalyan şehirlerinden Kaffa'da mola verirlerdi. Ruslar, mallarını Türk ve İran pazarlarına götürürdü. O sıralarda Tver tüccarlarından Afanasiy Nikitin, denizaşırı ülkelere, pek az Avrupalının bulunduğu uzak Hindistan'a gidiyordu.

6

Marko Polo

İnsan yeryüzünde dolaşıyordu. Beş bin kilometrelik geziler artık kendisine pek uzun gelmiyordu.

İnsan, bir eski zaman gezgininin yazdığı gibi, «şiddetli soğuklardan ateşin bile başka türlü yanıp, başka renkte olduğu» Dünyanın Damı'na, yani Pamir'e çıkıyordu. Atlıyı atıyla birlikte sürükleyen ve tozu dumana katan fırtınaların estiği Orta Asya çöllerinden geçiyordu. Gobi Çölü'nü bir uçtan bir uca aşıyordu. «Çöl o kadar büyük ki, bir yılda bile geçilemezdi. Dağlar, kumlar, ovalar, göz alabildiğine uzardı. Yiyecek hakgetireydi. Su bulmak için gece gündüz yürümek gerekirdi. Su, çok zaman o kadar acıydı ki, çevresinde ne kuş bulunurdu, ne de hayvan. Çünkü yiyecek içecek bir şey yoktu.»

Kuşların uçmadığı, yabani hayvanların geçmediği yerden insan geçmişti.

İnsan kendi dünyasında misafir gibi dolaşıyor ve her şeye şaşakalıyordu. Bir yerde gördüğü taşkömürünü «odun gibi yanan kara taş» sandı.

Karada gergedan, denizde balina balığı, Sumatra'da tropik ormanlar, Madagaskar'da soyu tükenmiş dev kuşların kemiklerini gördü. Epiornis denilen bu kuşların açık kanatları bir ucundan öbürüne on altı adımdı. Çin'deki yaldızlı saraylara, Hindistan'daki dev putlara, insan şaşmıştı. Ve yurduna döndüğünde, yeryüzünde gördüğü harikaları anlatırdı. Fakat kendisine inanmazlardı bir zamanlar Fenike ve Yunan denizcilerine inanmadıkları gibi...

XIII. yüzyılın sonlarında Marko Polo adındaki Venedikli tüccar, hemen hemen bütün yeryüzünü dolaşmıştı. Kara yoluyla, Çin kıyılarını yalayan denizlere varmış, sonra da gemiyle Hindistan yakınlarından geçerek yurduna dönmüştü.

Gördüklerini olduğu gibi anlatan bir kitap yazmış, ama yalancılıkla suçlanmıştı.

Ölüm döşeğinde papaz, Marko Polo'ya:

— Ölmeden önce bari tövbe et, kitabında yazdığın yalandan vazgeç, diyerek onu kandırmaya çalışmış, ihtiyar:

— Bildiklerimin yarısını bile anlatmadım, diye cevap vermişti

Bundan otuz kırk yıl sonra Floransa Bankasının memurlarından Balduççi Pegolotti adlı bir İtalyan, Marko Polo'nun tasvir ettiği yerleri bir bir görmüştü.

O zamana kadar bu yerlere bir Avrupalının ayağı bile basmamışken, artık oraya Astrahan ve Ürgenç'ten, Issık Göl yakınlarından ve daha ötelerdeki Gobi Çölü'nden geçen işlek yoldan kervanlar gidiyordu...

«üç deniz ötesine gezi»

Doğu'ya ikinci bir yol da Moskova'dan geçiyordu. Volga'dan Hazer Denizi'ne, Hazer yoluyla Derbent'e ve Bakû'ya varılıyordu. Oradan İran'a, İran'dan da Hindistan'a gidiliyordu .

Tver tüccarlarından Afanasiy Nikitin, Hindistan'a işte bu uzun yoldan gidiyordu. İran'da satmak için götürdüğü kürkleri iki gemiye yüklemişti. Yelkenli demek daha doğru olan bu gemilerle, böyle uzak yola çıkmak, o devirde büyük cesaret isterdi. Gemi, bez yelken gerilmiş bir direkten, on altı kürekten, dümen yerine kullanılan uzun bir tahtadan ve geniş güvertenin altındaki ambardan ibaretti.

Nijni Novgorot'ta Nikitin bir yol arkadaşı buldu. Bu, Moskova'dan yurduna dönmekte olan Şamahı elçisiydi. Elçi, Şamahı Şahı'na Moskova Prensi'nin hediye ettiği doksan horozu götürüyordu.

Volga'nın ağzında Tatarlar kervanı basıp gemileri yağma ettiler. Nikitin'in elinde Moskova'ya götürecek bir şey kalmadığı için Şamahı elçisinin gemisiyle Derbent'e, oradan da kara yoluyla İran'a ve Hindistan'a gitti.

Nikitin, Hindistan'da atların pahalı olduğunu işitmişti, elindeki son parayla bir at almıştı. Fakat Hindistan'da işi rast gitmemişti. Rusya'da geçer mallar satın almayı tasarlamış, ama bulamamıştı.

Nikitin veriştirip duruyordu. «Hınzır kâfirler, beni aldattılar, çeşitli mallarımız var demişlerdi, oysa bize lâzım olan hiçbir şey yok... Biberle boya ucuz, ama neye yarar, gümrük vergisi ağır. Malları deniz yoluyla taşıyanlar gümrük ödemez, ama denizlerde haydut kaynıyor, gemileri yağma ediyorlar.»

Nikitin şehir şehir dolaşıyor, bir pazardan öbürüne gidiyordu. Fakat boşuna. Bu yabancı memleket hoşuna gitmemişti. Orada her şey yurdundakinden başkaydı. Halk karaydı, çıplak geziyordu. Yemekler kötüydü. Yemek yerken bıçak kullanmaz, kaşığı bilmezlerdi. Ve hep tek başına yemek yerlerdi.

Hintliler ülkesi kışın bile hamam gibi «sıcak ve boğucu»ydu, ama bu kolay değildi. Çünkü yabancılar arasında yapayalnızdı.

Aradan dört yıl geçmişti. Nikitin hep gurbet ellerdeydi. Nihayet sabrı tükenerek yurduna dönmek üzere yola çıktı. Yorulmak nedir bilmeyen yolcunun önünde Hindistan'dan Trabzon'a, Trabzon'dan Karadeniz yoluyla Kaffa adlı Ceneviz kalesine, oradan da Tver'e kadar yine binlerce kilometrelik uçsuz bucaksız bir yol uzanıyordu.

Ölüm, Nikitin'in doğup büyüdüğü altın kubbeli Spas şehrine kavuşmasına engel oldu. Daha Smolensk'e varamadan yolda öldü.

Herhalde Nikitin yurduna dönerken, hayatı boşa gittiğini sanıyordu. Üç deniz aşmış, servet bulacağını sanmış, oysa eli boş dönmüştü.

Ne var ki, herkes kaderinden yakınabilirdi Nikitin'den başka. Gerçi ne altın getirmişti, ne de yabancı mallar. Yükü, belki sırtındaki torbaya sığacak kadar hafifti. Fakat bu, altından bile değerli bir yüktü.

Sizin anlayacağınız, Nikitin öldükten sonra yanında bir defter bulundu. Defteri Moskova'ya prense gönderdiler.

Altın, elden ele geçer, nihayet bir sandığa atılır kalırdı. Oysa bu defter, kendisini ele geçirenlere masaldan daha değerli, büyülü gerçekler anlatabilirdi. Nikitin, yabancı ülkelerde dikkatini çeken, kendisini şaşırtan ne görmüşse hepsini bu deftere yazmıştı: deniz aşırı ülkelerde yaşayan hayvanları, oradaki sarayları ve tapınakları, her şeyi.

«Sultanın sarayında, her birinde yüzer bekçi duran yedi kapı var... Harika bir saray. Baştan başa nakışlı ve yaldızlı. Her taşı oymalı... Sultan, eğlencelere annesiyle ve eşiyle birlikte gider. On bin atlı, elli bin yaya ve yaldızlı zırhlar giydirilmiş iki yüz fil onlara eşlik eder. Önlerinde yüz borazan, yüz rakkas, altın koşumlu üç yüz at, arkalarından yüz maymun yürür...»

Rakkaslara, maymunlara, fillere her şeye şaşırmıştı Nikitin.

«Fillerin hortumlarına ve dişlerine, iki put ağırlığında kılıçlar bağlanmış, sırtlarına geçirilen zırhlara kulübeler oturtulmuş. Bunların içinde, zırhlar giyinmiş ve yaylarla silâhlı on ikişer kişi...»

«Maymunlara gelince, bunlar ormanda yaşar, padişahları bile vardır. Biri maymunları incitirse, padişahlarına şikâyet ederler, o da suçluyu cezalandırmak için asker gönderir. Askerler şehre girip suçluları döver, evlerini yıkarlar. Maymunlar padişahının büyük ordusu olduğunu ve askerlerin kendi dillerinde konuştuklarını söylüyorlar.»

Fakat Nikitin'i en çok şaşırtan, putperestlerin kutsal şehirdeki tapınağı olmuştu:

«Tapınak pek büyük: Tver şehrinin yarısı kadar ve tüm taştan. Putun hayatı, mucizeleri, insanların onda gördükleri çeşitli suretler, taş kabartmalarda canlandırılmış... Kabartmaların birinde put insan biçiminde, öbüründe, fil hortumlu bir insan, başkasında maymun yüzlü insan, bir başkasında da kuyruğu bir arşın uzunluğunda yabanî bir hayvan biçiminde tasvir edilmiş. Tapınağa bütün Hint ülkesinden ziyaretçiler gelip Put'u seyrederler.

Put taştan yontulmuş ve pek büyüktür, kuyruğu boyunu aşıyor. Sağ elini Konstantinopolis kayzeri Ustiyan gibi ileriye uzatmış. Yüzü maymun yüzü. Put önünde, kara taştan kocaman bir öküz var; tüm yaldızlı. Ziyaretçiler öküzün tırnaklarını öpüyor, üstüne çiçek serpiyorlar. Put'a da çiçek serpiliyor.

Nikitin, Hindistan'ı işte böyle anlatmıştı.

Böyle harika şeyleri Rusya'da değil, bütün Avrupa'da bile kimse işitmemişti. Çünkü o zamanlar, Vasko de Gama'nın Hindistan seferine çıkacağı gemi, daha kurulmaya bile başlamamıştı.

emek ve bilim

Dünya gittikçe genişliyordu. Artık çocukların bile, kara derili insanların yaşadığı ülkelerden haberi vardı.

Deniz kıyısındaki Riga şehrinde, bir öbek, yüzü kömür gibi kara bir insan resmini seyrediyordu. Bu resim bir ticaret şirketinin duvarına çizilmişti.

Denizden rüzgâr esince, şirket binasının sivri damındaki fırıldaklar dönmeye başlardı. Çocuklar gemi, horoz ya da atlı bir şövalye şeklinde olup yelin hangi yönden estiğini gösteren bu meraklı oyuncaklara şaşarak bakarlardı. Ama en çok hoşlarına giden duvardaki kara insanlardı.

Deniz ötesi ülkelerden gelen ve duvardaki gibi kara insanlardan satın alınan mallar Riga Limanı'nda gemilerden boşaltılırdı.

Ticaret şirketi, cepheden bir saraya, arkadansa daha çok bir depoya benzerdi. Damın çatısına yerleştirilmiş olan palangalar, sabahtan akşama kadar gıcırdar, mal dolu fıçıları, sandıkları kaldırırlardı. Bunlar ikinci kattaki pencereden içeriye alınıp depo edilirdi. Deniz aşırı ülkelerin servetleri burada korunurdu. Kuzeye gelen Hint mallarıyla, güneye gönderilecek Novgorot kürkleri, depoda dinlenirdi.

Hindistan'dan İtalya'ya, İtalya'dan kuzeydeki Ranza şehirlerine, oradan da Novgorot'a kadar uzun bir ticaret yolu uzanıyordu.

Novgorot tüccarlarının taş konakları kürk denkleriyle, çuha toplarıyla, kara biber fıçılarıyla doluydu. Kaleye benzerdi konaklar. Duvarları bir arşın kalınlığındaydı. Burada hırsızlardan saklanacak şeyler vardı. Kubbemsi bodrum, mal deposuydu. İlk kat dükkân olarak kullanılırdı. Üst kattaki dayalı döşeli zengin odalarda, ailesiyle birlikte ev sahibi yaşardı.

Müşteriler yüksekçe bir merdivenden çıkıp, başlarını alçak kapının pervazına çarptırmamak için eğilerek dükkâna girerdi. Dükkânlarda döşemeler değişik yükseklikteydi. Bir odadan öbürüne geçerken tökezlememek için dikkatli olmalıydı. Kalın duvarların içinde geçitler, merdivenler vardı. Küçük pencerelerden pek az ışık sızardı. Dükkânlar kürk, deri ve baharat kokardı.

Binlerce insan elinin yaptığı, elde ettiği eşyalar, bir şehirden öbürüne, arabadan depoya, depodan da gezici tüccarın heybesine geçerdi.

Bu eşyalar ırmağının kaynağı neresiydi? Zanaatçının atelyesi, köylünün kulübesi.

Bu ırmak, yıl geçtikçe genişliyor, doluyordu. Köy, gittikçe daha çok hububat, keten, deri veriyor, şehir de daha çok çizme, bıçak, balta yapıyordu.

Bir yılda insanlığın hayatında pek az şey değişir. Fakat bir yıl değil, yüz yıl ya da bin yıllık bir evre alınıp bir ortaçağ şehriyle, eskiçağın Atina'sı ya da Roma'sıyla karşılaştırılırsa, insanın ne kadar ilerlediği hemen göze çarpardı. Eskiçağ ustaları, elle işleyen tornalarıyla, dökümhaneleriyle, su değirmenleriyle övünürlerdi. XV. yüzyılda yaşayan bir usta da su çarkını, ayakla işleyen çıkrığı, maden fırınını gösterebilirdi.

Eskiçağ ustaları suyu işe koşmuşlardı. Irmağa, suyla dönen bir dolap koymuşlardı. Yeni zaman ustalarıysa ırmağı, çalıştıkları atelyeye getirmişlerdi. Bunun için tahta savaklar, oluklar yapmış, ırmağı bir setle kapamışlardı. Seviyesi yükselince su, oluklardan bir çarka akıp onu döndürüyor, çark da atelyedeki bir mili çeviriyor, çeşitli işler görüyordu: kâğıt yapmaya mahsus paçavra hamuru bir kabı karıştırıyor; körük çekiyor, kocaman bir balyozu kaldırıyordu.

Böylece kâğıt «değirmen»leri, çuha «değirmen»leri doğmuştu. Bu «değirmen»ler öğütmezdi. Eski bir söz, eskiden de olduğu gibi,yeni bir şeye ad olmuştu. İngiltere'de fabrikaya bugün bile değirmen derler.

Su çarkı, eski bir problemin, yani demir cevherini eritip demir elde etme probleminin yeni bir tarzda çözülmesine de yardım etti.

Eskiden, demir küçük fırınlarda elde edilirdi. Bunun için, maden cevheri ve kömür fırına doldurulup el körükleriyle hava verilirdi. Böyle bir fırında ısı derecesi fazla olamadığı için, demir erimez, sadece pişer ve süngerimsi demir molozları elde edilirdi. Doğrudan doğruya cevherden oksitleşme yoluyla demir elde etmeye mahsus fırınlar az demir verirdi. Küçük fırınlardan yüksek fırınlara geçildikçe, el körükleriyle verilen hava az geliyordu. Bir yolu bulunup bol hava sağlandığı zaman fırındaki ısı derecesi artarak, demir eriyip kömürle karışıyor, böylece de font, yani dökme demir elde ediliyordu.

Su çarkının işe koşulup, kocaman bir körüğü işletmesiyle bu mesele kökünden çözülmüştü, artık yüksek fırınlara yeteri kadar hava sağlanabiliyordu.

Öteden beri birbirine düşman olan ateşle su, el ele vererek birlikte çalışmaya başlamışlardı: su ateşi körüklüyordu.

Ustalar, bildikleri macun kıvamındaki demir yerine, font aktığını ilk defa gördükleri zaman, maden cevherini berbat ettiklerini sanmışlardı. Bunlar için sıvı demir olağanüstü bir şeydi. Bir define bulmuşlardı, ama bunun farkında değillerdi. Font, gerçekten bir defineydi. Kalıba dökülüp, hiç bir demircinin çekiçle beceremeyeceği çeşitli şeyler yapılabilirdi.

Böylece su çarkı, küçük fırınların, yüksek maden fırınları haline gelmelerine yardım etmişti.

İlk yüksek fırınlardan, XVI - XVII. yüzyılların ilk demir fabrikalarına doğru bir yol gidiyordu.

Irmaktan, tahta oluklarla fabrikaya getirilen su, çarkları döndürüyor, kocaman demirci körüklerini, balyozları işletiyordu.

Öyle bir gürültü patırtı vardı ki, bu ilk fabrikalarda, zanaatçının ufak atelyeleri bunun yanında hiçti.

Yüksek maden fırını icat edildikten sonra, demir miktarı arttı. Pulluk, top, gemi çapası, balta, tekerlek ispiti ve çember yapmak için demir gerekti.

Bu icat, peşinden başka bir icadı sürüklüyordu. Su çarkından sonra yüksek maden fırını ortaya çıktı. Yüksek fırının icadıyla demir bollaştı. Demir bollaşınca da demir çemberli, demir ispitli tekerlek yapımına geçildi. Demir çemberli tekerleklere taş yollar gerekiyordu. Bunun için yollar taşla kaplanmaya başladı.

Demirhanede su çarkı, güçlü on işçinin bile kaldıramayacağı balyozu kaldırıp indiriyordu. Bu işi başarmada ustaya, kol gücü değil, akıl yardım etmişti. Hızlı adımlarla geleceğin makinelerine, fabrikalarına doğru gidiliyordu. Çünkü su değirmeninde makineye gerekli, motör rolünü oynayan çark, transmisyon işi gören alet, yani her şey vardı.

Su dolabı, bin yıl dişli de değirmen taşını çevirmişti. Derken su dolabına yeni bir iş bulundu. Artık bu dolap değirmende un öğütmekten başka, demirhanede, çuha imalâthanesinde, kâğıt «değirmen»lerinde maden cevheri ufalamada kullanılıyor, maden ocaklarındaki suyu çekerek boşaltıyordu. Böylece, motor ödevini gören su dolabı, boynunda bir ağırlık gibi sarkan değirmen taşından kurtulmuştu. Nerde gerekirse orada işe koşuluyordu.

Bir gün gelecek, motor tekerleklere oturtulup lokomotif olacaktır. Geminin içine girip onu yüzdürecekti. Yeryüzünde yürüyüp toprağı sürecek, insanı havada taşıyacaktı.

İnsan emeği, bilimi yeni hamlelerle geliştirecek, bilim de insanın çalışmalarına yardım edecekti.

Matematikçilerle fizikçiler, mekanikçilerle el ele verip, bir zamanlar Aristoteles'in tasarladığı otomatik makineleri yapacaklardı. Ve canlı motorlardan başka bir motor olamadığı her aletin, insan eliyle, ya da atlarla harekete geçirildiği zamanları, ancak eski kelimeler hatırlatacaktı mühendislere.

Mühendislerle fizikçiler «insan gücü», «beygir gücü» derken atı değil, lokomotifi, insanın gücünü değil türbini işleten buharın gücünü düşüneceklerdi.

Ama hikâyemizde pek ilerlere gittik. Geriye, XV. yüzyıla, teknik okul yüzü görmemiş mühendislere, mühendisliğin babadan oğula geçtiği zamanlara dönelim.

Bir torna tezgâhı tipi, binlerce yıl değişmezdi. Baba, mesleğini oğluna öğretir, o ilkel torna makinesinde bir elle kalemi tutup öbürüyle yayı nasıl çekmek gerektiğini gösterirdi. Oğlu da, bir ileri bir geri çekilen yay kirişinin, mili ya da tornada işlenen parçayı nasıl döndürdüğüne şaşarak bakar, babasının her hareketini özene özene tekrarlardı. Zaman geçip ustalaşınca da, zanaatını kendi çocuklarına öğretirdi.

Derken, öyle zamanlar geldi ki, çocuklar babalarının çalıştıkları gibi çalışmaz oldular. Yeni kuşakların yeni problemleri çözmesi gerekmişti.

Eski tip torna tezgâhında, tulumba pistonları vida, tekerlek poyraları yapmakgüçtü. Oysa bunlara ihtiyaç gittikçe artıyordu. Bunun için ağır kalemli büyük tornalar gerekti. Ağır bir kalem yalnız sağ elle tutulamazdı. Tornacının sol eli de serbest kalmalıydı. Bu problem üzerinde kafa yormak gerekiyordu. Ve kafa, kollara bu problemi çözmede yardım etti.

Tornada mili döndüren ipin bir ucu, ayakla harekete getirilen bir tahtaya, öbür ucu da tavandaki esnek bir değneğe bağlandı. Tahtaya basılınca ip mile sarılarak onu döndürüyor, tavandaki değnek de bir zemberek gibi ipi gerisin geri çekiyordu. Tornacının iki eli de serbest kalmıştı. Artık kalemi iki elle tutabilirdi.

Ayakla işletilen tornayla birlikte ayakla işletilen dokuma tezgâhı da doğmuş, iğin yerini ayakla işletilen çıkrık almıştı.

Yeni alet, yeni tarzda çalışmayı gerektiriyordu. Artık bir usta aynı zamanda hem iplikçi, hem dokumacı, hem de boyacı olamazdı. Tezgâh başında yalnız dokumayla uğraşan daha çok iş çıkarıyordu.

Biri yapağı yıkar, öbürü tarar, başkası iplik eğirir, bir başkası kumaş dokur, bir başkası da dokunan kumaşı boyarsa, iş daha verimli oluyordu. İş verimi arttıkça, tüccarların depolarına daha çok mal giriyordu. Yollarda gittikçe daha çok kervan, denizlerde daha çok ticaret gemileri görülmeye başladı.

Tüccarlar ve lonca ustaları zenginleşiyordu.

Floransa'da zengin bir çuha atelyesi ustasının, artık tezgâh başında çalışması gerekmiyordu. Çünkü atelyede onlarca ücretli işçi çalıştırıyordu. İşçilere Floransa'da «çompi» yani «baldırı çıplak» derlerdi. İşçiler çalışır, usta kazanırdı. Çünkü atelyedeki pahalı tezgâhlar onun malıydı. Çompilerinse, sabahtan akşama kadar işleyen ellerinden başka bir şeyleri yoktu.

Çompiler açtı. Ayaklanma teşebbüsünde bulundular, ama bir sonuç vermedi. Zengin tüccarlarla ustalar, şehirde iktidarı sağlamca ellerinde tutuyorlardı.

Floransa'da derebeylerin hâkimiyetine çoktan son verilmişti. Burada hükümdar gibi yaşayan, hükümdarların kendileri değil, tüccarlarla bankerlerdi. Zengin bir tüccarın evi saraya benzerdi. İçinde fazla mobilya yoktu: birkaç sandalye, nefis oyma bir masa, değerli ağaçtan bir sandık, hepsi bu kadar. Fakat sessiz, hareketsiz kabul odalarında, insana sanat eserlerinden çıkıyor gibi gelen büyük bir hareket ve gürültü vardı. Tavanlarla duvarlar insan, kanatlı hayvan, balık kuyruklu insan, aşk tanrıçası, rakseden nimfe ve kaval çalan faunus resimleriyle doluydu...

Bütün renklerin fıkır fıkır kaynadığı duvarların fonunda, toprak altından çıkıp yerlerini bulan Roma tanrılarıyla tanrıçalarının beyaz mermerden heykelleri duruyordu.

bir romalı torunlarına misafir oluyor

Barbarların tahrip ettikleri heykeller toprak altında bin yıl yatmıştı.

Bazen bir köylü toprağı sürerken pulluğun, toprak altından, şafakda canlıymış gibi görünen, mermerden harikulade bir insan kolu çıkardığı oluyordu. Bir işçinin kazması, sütun başlıklarındaki oymalara çarpıyordu. Çiftçi, cehennemden çıkıyormuş gibi topraktan çıkan herhangi bir heykeli görünce korkuyla haç çıkarır, işçi, yeni bilenmiş kazmasını körleten mermere küfrederdi.

Geçmiş, derin karanlıklardan kendi kendine çıkıyordu da, insanların umurunda değildi.

İşte böylece, eskinin güzellikleri bir kez daha mezarlardan çıkıyordu.

Her heykel parçasındaki topraklar titizlikle temizleniyordu.

İtalyan bankerleri misafirlerine eski şaraptan başka, geçmiş çağların güzellikleriyle felsefesini de ikram ederlerdi. Ziyafetlerde, Platon'un «Şölen» adlı eseri okunur, altın şarap kupalarının yanında, bir Romalı hatibin Toskana bağlarında yeni bulunan, beyaz mermerden başı dururdu.

Bu Romalı, güzel şeylerin değerini anlamaya başlayan torunlarına, taş dudaklarında hafif bir gülümsemeyle bakardı.

Bu heykel, görse ve işitseydi, villanın ardına kadar açık kapılarından, selvileri ve bahar açan meyve ağaçlarını görür, ana dili Latinceyi işitir, Horatius, Ovidio, Virjiliüs gibi bildik adlar çarpardı kulağına. Burada, hem İsa ad na, hem Olimpos tanrıları adına ant içilmesi ona tuhaf gelirdi. Romalı, Platon'un Şölen'ini bile okuduklarını işitseydi, belki de torunlarının bilgisine şaşardı.

Geçmiş geri dönmüş gibi sayılabilir, ama hiçbir zaman dönmemiştir.

Masa başında Yunanca ve Latince konuşmalara, barbarlara özgü kaba şakalar karışırdı. Leziz yemeklerden sonra acayip bir yemek gelirdi sofraya. Ev sahibi bunu, misafirlerine özel bir ısrarla ikram ederdi. Misafirler de hem yer, hem aşçının marifetini ve ev sahibinin ince zevkini överlerdi. Ve ev sahibi birden kendini tutamayıp kahkahayı basar:

— Yahu, bu yediğiniz karga kızartmasıydı, derdi.

Misafirler hayal kırıklığına uğrar, ne yapacaklarını şaşırırlardı. Ev sahibiyle birlikte gülmeli mi, yoksa ona gücenmeli miydi? Bazıları tiksintiyle yüzlerini buruşturarak: «tu Allah kahretsin!» diye homurdanırlardı. Ev sahibinin istediği de buydu zaten.

Romalı senato üyeleriyle valiler, şölenlerinde böyle kaba şakalar yapmazlardı. Romalıların şölenlerinde, bir öğünde kimseye otuz piliç, kırk yumurta yedirtilmezdi.

Eskiçağ Romalısı, barbarların hayranlıkla anlattıkları başka bir muzipliği de hoş karşılamazdı.

Tam o günlerde, bir villa sahibi, misafirlerinden birini içirip zil zurna sarhoş etmişti. Zavallıyı, o haliyle mezarlığa götürüp bırakmış, yakınlarına da öldüğünü söylemişlerdi. Adamcağız ayılıp kendisini mezarlar arasında bulduğunda o ne alaydı öyle... Fakat ölü sanılan bu adam, eve dönüp kapıyı çalınca nasıl korkmuştu evdekiler.

Kim ne derse desin, bunlar Aristoteles'le Platon'u okumuş olsalar da, hâlâ barbar oğlu barbardılar.

Bu villanın sahibi kimin nesiydi?

Ne bir beyin oğluydu, ne de Romalı bir soylu. Tüccardı. Büyük çiftlikleri yoktu, ama altını çoktu. Kendisine otorite sağlayan, itibar kazandıran da buydu zaten. Krallar onunla konuşurken şapkalarını çıkarır, tüccar başı açık durdukça giymezlerdi. Ona «zat-ı haşmetlileri» diye hitap etmezlerdi ama, saygıda bundan geri kalmayan bir hitap şekli bulmuşlardı: «zat-ı şahaneleri».

Görünüşte, bu şahane Mediçi alçakgönüllüydü. Sabahları bahçede çalışır ve bahçevanıyla teklifsizce konuşurdu. Sokakta herhangi bir zanaatçı ustayla karşılaştığında, eliyle dostça omuzuna vururdu. Hükümetin işlerine asla karışmıyor gibiydi. Fakat para onun için her şeyi yapıyordu. Armasında hükümdarlık tacı yoktuysa da, kendisine hükümdarmış gibi davranılırdı.

Düşmanlarını zindana attırmaz, başlarını kestirmezdi. Onları sezdirmeden ve nezaketle yokederdi. Nasıl mı? Verdiği ödünç paraya karşılık yüksek faiz alarak batırmak, paraya çok muhtaç oldukları dar zamanlarında borç vermemekle. Şehirde ondan daha zengin kimse yoktu. Çünkü bütün şehir halkının keseleri onun elindeydi.

Fakat Mediçi'nin hakkını Mediçi'ye vermek gerekir: tablo satın almak, heykel yaptırmak, kitap yazdırmak için para esirgemezdi.

Mediçi'nin kitaplığında 46 hattat, eskiçağ bilim adamlarının yeni bulunan kitaplarını kopya ederdi. Eski devirlerden kalma en iyi heykel koleksiyonu ondaydı. Bilim adamları, kendisine çeşitli ricalarla başvurur, onursuzluğun ve alçalmanın yarıştığı mektuplar yazar, ressamlar, boya satın almak için elli florin isterlerdi.

Mediçi, kimsenin ricasını reddetmezdi. Ama kime ne verdiğini son florine kadar kaydederdi. Şövalyelere özgü çılgınca eli açıklık, onun tüccar zihniyetine uygun değildi.

Florinler, bilim ve sanat tarlasını bir altın yağmuru gibi suluyordu; ve ürün masraflara değerdi.

Tantana ve debdebe, Floransa Cumhuriyeti'nde bu

alçakgönüllü vatandaşın sarayından üstün bir kral sarayı yoktu.

Toskana'da toprak köleliği çoktan kaldırılmış, eski soylular yavaş yavaş bütün imtiyazlarını kaybetmişlerdi. Pazar meydanıyla derebeyi şatosu arasındaki savaşta, Milas ya da Atina'da olduğu gibi, burada da pazar üstün gelmişti.

Floransa'da insanın soylu bir eski aileden olup olmaması önemli değildi; önemli olan kesesiydi.

Burada güya egemenlik ulusundu, ama yalnız görünüşte. Zengin tüccarlarla bankerler, başbaşa kalınca, soyluları altedip şehirde egemenliği ele geçirmede kendilerine yardım eden esnafa, baldırı çıplak diyorlardı...

bir dinsizin hikâyesi

Lorenzo Mediçi adındaki Floransalı bankerin verdiği şölende hazır bulunsaydık, bütün dikkatleri üzerine çeken yakışıklı bir gence rastlardık. Bu, Covanni Piko della Mirandola'ydı. Covanni, Petrarka'nın Laura'ya adadığı şiirleri ezbere bilir, kendisi de soneler yazardı. Şölen ve karnavalları da severdi.

Geceleyin Floransa sokaklarından flüt sesleriyle, sırmalı elbiseleri, atların kadife çullarını ve mızrakların altın uçlarını aydınlatan meşalelerle karnaval alayı geçtiği zaman, Covanni Piko della Mirandola hep ileride, ön sıralarda olurdu. Fakat Covanni çapkın bir züppe değildi. Onda şen bir karakterle derin bilgi birleşmişti. Kitaplığı Yunan filozoflarının ve Musevi kabalistlerinin kitaplarıyla doluydu. Covanni'nin ataları, şövalye yarışmalarında hep üstün gelirdi, kendisi de bilim tartışmalarında rakiplerini yeniyordu.

Düşmanları Covanni hakkında: «bu kadar genç yaşta böyle derin bir bilgi, ancak şeytanla uyuşmak yoluyla elde edilebilir» diyorlardı.

Hayranları, 1463 yılında, Covanni doğduğu zaman,

şehrin üzerinde bir parlama olduğunu ve bunun yeni doğana parlak bir gelecek müjdelediğini söylüyorlardı. Ama ışığın parlamasıyla sönmesi bir olmuştu. Bu da, Covanni'nin hayatının, bir yıldız gibi parlayıp söneceğine işaret sayılmıştı.

Piko della Mirandola tuhaf bir insandı. Bazen, gecelerini eğlencelerde ya da putperest filozofları okumakla geçirir, bazen de Meryem Ana'nın heykeli önünde diz çökerek sabahlara kadar dua ederdi.

Son yıllarda hayli değiştiğini söylüyorlardı. Yaşı daha otuza varmadığı halde, çile dolduruyor, yaşlı bir münzevî gibi nefsini körletiyordu. Ruhunda iki kişi çarpışıyordu: sofu bir rahiple, din kurallarından ayrılan dinsiz bir bilgin. Bu ikisi birden aynı cana sığmıyordu. Sofu, tıpkı ataları gibi, düşünmeden, körükörüne inanmak istiyordu. Bilginse, her şeyden şüphe ediyor, her şeye körükörüne inanılamayacağını söylüyordu.

Piko della Mirandola, hep şunu düşünürdü: İnsan nedir? Kaderin çizdiği yoldan, ıstıraplar içinde yürüyen bir yolcu mu, yoksa kaderinin efendisi mi? Topraktan yaratılmış ve yine toprak olacak zavallı bir kul mu, yoksa kendi kendisinin yaratıcısı ve yoğurucusu mu?

Covanni, insan elinin taştan, boya ve tuvalden yaratıldığı büyük sanat eserleri karşısında sonsuz bir sevinç duyardı. Dünyayı değiştiren aklın gücüyle övünürdü. Ama, hayatının bu en iyi dakikaları bile zehirleniyordu. Istırap çeken insanlık, binlerce üzgün gözle her yandan ona bakıyordu. Bu gözler onu, vekârlı ve mutlu olduğu için azarlar gibiydi.

Sokakta dilenciler, yaradan bereden çirkinleşmiş ellerini uzatıp onu durdurur, ezile büzüle yalvararak sadaka isterlerdi. Ne de çok dilenci ve aş vardı bu muhteşem Floransa'da.

Kesesinde olan altınları, dilencilerin titreyen kuru avuçlarına kaşla göz arasında boşaltıverirdi. Fakat mutsuzluk denen dipsiz uçurumun, bir avuç altınla doldurulduğu nerede görülmüştü?

Bir gün Covanni koşarak eve dönmüştü. Dostları saydığı kitaplarının kendisini beklediklerini unutmuştu. Ve odasının kapısını kilitleyip, çarmıha gerilmiş İsa'nın önünde, soğuk taş döşemeye diz çöktü.

Bu kez fakir olan kendisiydi; ama ruh bakımından; sadaka için el uzatıyordu. Ama dua ve göz yaşları kalbindeki acıyı hafifletmiyordu. O her zamanki duaları fısıldarken, aklı öfkeyle kendisine vekarlı olmayı, insanı küçük düşüren yakarışların anlamsızlığını hatırlatıyordu.

Covanni duayı bitirmeden doğruldu. Eski dostlarında, eskiçağ filozoflarında destek bulmak üzere, arkasına bakmadan odadan çıkıp kitaplığına gitti. Bu filozoflar, tükenmez servetlerini kendisiyle paylaşmaya hazır, onu bekliyorlardı.

Covanni kitaplara daldı. Ruhunda akla, insana ve onun geleceğine inanç yeniden kuvvetleniyordu. Masasının başına geçip yazmaya başladı.

Piko della Mirandola, «İnsan Haysiyeti» konusunda eser yazıyordu. İşte yazdıkları:

«Tanrı, insanı evrenin yasalarını öğrensin, onun güzelliklerini sevsin, ihtişamı karşısında şaşıp kalsın diye oluşumunun son gününde yarattı.

Tanrı, insanı belli bir yere bağlamadı, ona belli bir iş vermedi, hiçbir zorunluluk karşısında bırakmadı. Ona hareket yeteneği ve özgür bir irade bağışladı.

Yaratan, Adem'e şöyle dedi:

— Çevrene kolayca bakabilmen ve dünyada her şeyi görebilmen için seni dünyanın ortasına koydum. Sen ne ölümsüzsün, ne de ölümlü. Ne yer yaratığısın, ne de gök yaratığı. İstediğim şekil ve varlığa girebilmen, kendi kendini yoğurman için seni böyle yarattım. Hayvan haline düşüp soysuzlaşabileceğin gibi, bir tanrı derecesine de yükselebilirsin. Hayvanlar, nasıl olmaları gerekirse öyle doğarlar. Melekler, daha başlangıçta ilelebet olacakları gibidirler. Bir sen, özgür iradenle gelişiyor, büyüyorsun... Sen kendi kaderini kendin yoğuracaksın.»

Covanni, kalemi bırakıp, yazdıklarını bir daha okudu. Bunlar, bir tartışmada yapacağı büyük konuşmanın son sözleriydi. Bütün dünyadan bilim adamlarını bir tartışmaya çağıran, yobazlara, insanı alçaltanlara meydan okumak istiyordu.

Tanrı'nın adını ağızlarından düşürmeyen yobazlar, insanın Tanrı karşısında bir hiç olup, bizzat Tanrı'nın insanı kul olarak yarattığını söylüyorlardı. Öyle ki, varsın biraz yaratan, en iyi eserini kendisi savunsundu.

Karşıtları, Covanni'ye itirazlarında ne demişlerdi? Onun delillerine karşı koyacak delil bulabilmişler miydi?

Ne itiraf etmiş, ne de delil göstermişlerdi. Kendisiyle yüzyüze gelmekten korkmuş, çeşitli dolaplar çevirerek, Papa'ya tartışmayı yasaklatmışlardı.

Piko della Mirandola, düşmanlarından yılmamıştı. En tehlikeli düşman kalbindekiydi ve durmadan kendisini acı acı kınıyordu. Ruhunda, köhne inanışlarla yeni fikirler arasındaki tartışma, gece gündüz dinmiyor ve halk arasındayken de, herkes uyurken de sürüp gidiyordu. Eski inanışlar üstün geliyordu. Her şey onlardan yanaydı. Meryem Ana'nın, küçük yaştan beri sevdiği kederli yüzü, Covanni'ye sitemle bakıyordu. Çanlar, ataların dinine dönmeye çağırıyordu bakır dilleriyle. Covanni'nin kilisede bir duvardan öbürüne kayan bakışları, günahkâr insan resimlerine ve ceza gününü tasvir eden sahnelere ilişiyordu. Öfkeli bir papaz, verdiği vaazla, diz çökmüş insanların kalplerini dağlıyor gibiydi.

Eski fikirlere karşı ne teklif edilebilirdi?

Kendi yolunda yürüyen yeni insanın cesareti mi?

Ama onun ruhunda, yeniyle eski daha birbirinden tüm ayrılmamıştı.

Takati tükeniyor, kalbindeki sıkıntıyla başa çıkmak günden güne zorlaşıyordu.

Falı gerçekleşiyordu. Ölüm, kapısına dikilmiş bekliyordu. Oysa Covanni, ancak otuz iki yaşındaydı. Ve ölümünden birkaç gün önce, o çılgınca savunduğu davadan vazgeçti.

Dominiken keşişleri bayram ediyorlardı. Sürüden ayrılıp yolunu şaşırmış bir canı, Katolik Kilisesi'ne kazanabilmişlerdi. Bir dinsiz gibi yaşayan Piko della Mirandola, bir Dominiken keşişi olarak öldü. Kader ona kötü bir oyun oynamıştı: Dinsiz ölümünden önce, dinsizleri diri diri yakan bir tarikata girmişti.

leonardo da vinçi

Eskiçağ Yunanistan'ında, küçük eski dünyanın insanlarıyla onun sınırlarını genişletmek isteyenlerin savaştıkları zamanların üstünden yirmi yüzyıl geçmişti. Fakat eskiyle yeni arasında hiçbir zaman dinmeyen savaş, daha büyük bir şiddetle alevlenmişti.

O zaman Yunanistan'da ilkel toplum düzeni yıkılmıştı. Bu defa derebeylik düzeni çöküyordu.

İnsanlar, ataları gibi değil, başka türlü düşünmeyi öğreniyorlardı. Dünya değişiyor, başkalaşıyordu. Artık eski gerçekler, gözün gördükleriyle uzlaşmıyor, ama savaşsız çekilip gitmek de istemiyorlardı.

Tarih bir tekrardır sanılabilir, oysa hiçbir zaman tekrar etmemiştir.

Bir zamanlar Yunan filozofları, eski tanrıları inkâr edip dünyaya yeni gözle bakmayı denemiş, onu başka türlü açıklamaya çabalamışlardı.

Ve işte akıl, yine kendisini savunmaya başlıyor.

Bilim adamlarıyla filozoflar, evrenin krokisini, okulda öğrendikleri gibi değil, yeni baştan çiziyorlardı. Bu başka bir krokiydi.

Bir zamanlar Anaksagoras'ı tehdit eden ölüm, şimdi yeniyi savunanları yine tehdit ediyordu.

Savaş, yalnız bilim tartışmalarında ve enginizisyon mahkemelerinde değil, iki şıktan birini seçmek zorunda kalan bütün kalplerde oluyordu. Bazen, insanın, kendi kendisiyle savaşın ağırlığına dayanamayıp yıprandığı oluyordu. Piko della Mirandola'yı yıpratan da bu savaş olmuştu.

Öte yandan, aynı Floransa'da Mirandola'yla aynı zamanda yaşayan güçlü bir adam vardı ki, kendi kendisiyle savaşmak için kuvvet harcamıyordu, ruhunda tereddüt ve ikilik yoktu.

Piko della Mirandola, iki çağı birbirinden ayıran, sınırda kararsızlık içinde duraklayıp kalmıştı. Leonardo da Vinçi'yse bu sınırı aştı.

Leonardo da Vinçi'yi düşünürken, eskiçağ Yunan düşünürleriyle sanatçılarını hatırlarız. İlkin, Leonardo gibi hem ressam, hem heykeltraş, hem mimar, hem de müzisyen olan Atinalı Büyük Fidyas gelir akla. Sonra Milaslı Tales'i hatırlarız. O da, Leonardo da Vinçi gibi, bilim adamı, mühendis, filozof ve mucitti.

İki çağ arasındaki evrede yaşayan insanlar, dünyanın genişliğini iyice duyuyorlardı. Ruhları da dünya gibi geniş olup, her şeyi içine almıştı.

Tales yıldızları incelemiş, köprüler kurmuş, fırtınaları önceden haber vermişti. Su saatini icat eden, güneşin tutulmasını ilk hesaplayan da oydu.

Tales, karanlık mağaralardan, gökyüzünün ışıklı derinliklerine, gelecek zamanlardan başlangıçların başlangıcına kadar bütün evreni kucaklamaya çabalamıştı.

Fakat Floransalı Leonardo'nun dehası daha genişti. Onda bilim adamının aklıyla sanatçının ustalığı, mühendis ve icatçının cesaretiyle birleşiyordu. «Jokond» ve «Akşam Yemeği» adlı tabloları çizmiş olan Leonardo'nun soyu, Floransa lonca başılarından geliyordu. Çıraklık yılları bir heykeltraşın ve kuyumcunun atelyesinde geçmişti... Leonardo da Vinçi'nin defterlerinde mühendis resimleri, ressam eskizleriyle yanyanadır.

İşte bir dilberin düşünceye dalmış yüzü. Dudaklarında esrarengiz bir gülümseme. Yanında da aynı elin, aynı kâğıda çizdiği bir torna krokisi. Krank mili, manivela, volan, kaba taslak çizilmiş. Atelyelerde böyle aralıksız dönen torna tezgâhları o zaman daha yoktu.

Torna tezgâhı, «kamera obskura» gözün yapılışı, ya da devridaim makinesi, kalelerin muhasarası, lâmba şişesi, mumun yanması ya da gökteki yıldızların sırları, ya da başka herhangi bir şey söz konusu olduğunda, Leonardo da Vinçi'yi anmadan geçemeyiz.

Her meslekten insanlar, Leonardo'yu kendi meslektaşı sayarlardı. Ressamlar, onun ressam olduğunu söyler, mühendisler onun şahsında büyük bir meslektaşını görür, müzisyenler, müzisyen oluşuyla övünür, şairler de şair olduğunu hatırlatırlardı.

Yol, dağlar arasında binlerce yıl dönüp dolaştıktan sonra yeni bir tepeye çıkmıştı.

Tales, çok uzakları görmüştü. Leonardo'nun gözleri önünde açılan ufuklar daha da genişti.

Tales dünyayı, okyanusun ortasında yuvarlak bir ada gibi düşünürdü. Bu adanın uzak kenar bölgelerinde bilinmeyen halklar: Hintliler, cüceler yaşardı. Amerika, şöyle dursun, Britanya adaları bile bilinmiyordu. Avrupa'nın, ancak Alp Dağları'na kadar olan kısmı görülüyordu, ufukta ancak sezilebilen ve karşı yakası hâlâ sisler içinde olan Hazer Denizi, okyanusun bir körfezi sayılıyordu.

Zamanının yüksekliğinden, daha uzakları gören Leonardo da Vinçi, artık Hindistan'la Çin'i iyice ayırdediyor, Kolomb'un, okyanusta ilerleyen gemilerini izliyordu. Amerika kıtasının kıyıları sisten sıyrılmaya başlamıştı. Amerika'nın ötesinde, eskiçağ insanlarının bilmedikleri başka bir okyanus, gözün alabildiğine uzanıyordu.

Dünyanın, tepsi gibi yuvarlak olmayıp küre biçiminde olduğu artık gün gibi aydındı. Leonardo'nun çağdaşları, evrenin merkezinde bu kürenin hareketsiz durduğunu sanıyorlardı. Çağının ilerisinde yürüyen ve çağdaşlarından daha yükseklere çıkmış olan Leonardo'ysa, dünyamızın öbür yıldızlar arasında bir yıldız olduğunu görüyordu.

Tales, tarihin o erken devirlerinde, bir sis perdesiyle örtülü eşyaları, ancak ana çizgileriyle görebilmiş, gözün âciz olduğu yerde de hayali işlemiş, tahminlerde bulunmuştu.

Leonardo'nunsa tahmine ihtiyacı yoktu ve buna inanmıyordu. Leonardo, «Gerçek öğretmen, yani doğru bilginin babası olan tecrübe konuşurken, tahminler susmalıdır» der ve yanılanın tecrübe değil, yargılarımız olduğunu belirttikten sonra şöyle devam eder: «Beş duyudan biri yoluyla elde edilmeyen bilim, anlamsız ve yanlıştır.»

Eskiçağ düşünürleri, doğanın sesine kulak vermesine verirlerdi ama, doğaya pek az soru sorup cevap ister, tahminlerini tecrübeyle pek seyrek yoklarlardı.

Aristoteles, gözsüz bırakılan bir kuş yavrusunun gözlerinin yine büyüyeceğine inanırdı da, bu tahmini tecrübeyle yoklamak gelmezdi aklına. Fakat Aristoteles yine de gözetlemeyi bilirdi. Oysa dünyaya bakmadan dünya üzerine kafa yoran filozoflar da vardı.

Leonardo bunlardan değildi. O her şeyi bilmek isteyen bir sanatçının gözüyle bakıyordu çevresine. Gözlerini aklını yokluyor, elleri gözlerini denetliyordu.

Leonardo, tecrübenin önemini anlamış olan eskiçağ bilim adamlarının eserlerini dikkatle okur, tapınakların kapılarını kendi kendine açan bir otomat ve buharla işleyen bir tekerlek icat etmiş olan Heron adındaki İskenderiyeli mekanikçinin eserlerini bilirdi.

Heron'un başladığı çalışmalar yüzyıllar boyunca yüzüstü kalmıştı. İşte yine, akıllı eller, canlıymış gibi görünen akıllı şeyler yapıyordu.

İçine sıcak hava doldurulmuş bir yapma kuş, odanın tavanına doğru uçuyordu. Kuş bir oyuncağa benziyordu ama, balona doğru giden yol bu kuştan geçiyordu.

Leonardo, uçmaya yarayan başka bir cihaz daha

yapmayı denemiş, bunun hesaplarını yapıp krokilerini çizmişti. Bu pervaneli bir makineydi. Pervane döndürülünce makine havalanırdı.

Leonardo, pencerenin önünde durup saatlerce güvercinlerin uçuşunu seyrederdi. İşte bir güvercin, ince ayakları üzerinde yaylana yaylana kornişin kenarına kondu, sonra birkaç kanat çırpışıyla havalandı. Uçmayı yürümekten daha iyi becerdiği belliydi. Kanatlarıyla, kürekmiş gibi havayı geriye atarak, damların üzerinde uçuyor, kendisini hava akımına bırakarak süzülüyor, kımıldamayan açık kanatlarla dinleniyor.

Güvercin alanının, evlerin, kulelerin, köprülerin üzerinde iki daire çizip, ağırlığının etkisiyle yere doğru süzülüyor, yere yaklaşınca da kanatlarını açarak uçuş hızını yavaşlatıyor ve inişi kolaylaştıran birkaç kanat çırpışıyla yere konuyor.

Bu ahmak kuşun bilmediği uçuş usulü yoktu. Öte yandan akıllı sayılan insanınsa ayağı daha yerden kesilmemişti.

Leonardo, pencereyle kaldırım arasındaki yüksekliği göz kararıyla ölçtü. Buradan düşen bir kimse taşlara çarpıp sakatlandı. Acaba düşenin havada tutunmasını, ya da hiç olmazsa düşüşünü yavaşlatmak mümkün değil miydi? Bu soru üzerinde hayli kafa yorup modeller yaptıktan sonra defterinde «İnsanın, her yükseklikten yere inmesine yardım edebilen bir usul» hakkında bir yazı belirdi. Paraşüt fikri işte böyle doğmuştu. Bu, ilk havacıların, paraşüt kullanmaya başlamalarından üç yüz yıl önceydi. Leonardo, insanlığın çok ilerisindeydi.

Leonardo'nun on iki not defteri, Milano kitaplığında unutulup tozla kaplı el yazılar ve kitaplar arasında üç yüz yıl kadar yatmıştı. Leonardo 1519'da ölmüş, not defteriyse ancak XVIII. yüzyılın sonlarında bulunmuştu...

Kalemin çizdiği sayısız çizgilerde bir insanın çehresi canlanıyordu. Bir birleşip bir ayrılan, kimi bir yana sapıp sonra yine ileriye doğru yönelen birçok yoldan bir yol beliriyordu: insanın yolu. Yüzyılların karanlıklarından canlı bir dev çıkıyordu. Bu devi düşte değil, gerçekte görmüş müyüzdür?

Leonardo da Vinçi'nin atelyesinde büyük usta, çizgi, boya ve gölgeler kaosuyla, bir fırtına gibi kopan imge, tasarı ve hayallerle tek başına savaştığı dakikalarda bu devi görebilirdik. Çevresinde kaynaşan çizgiler, boyalar, imge ve tasarılar, sanatçıdan kendilerini dört başı mamur bir düzene sokup elle tutulur gözle görülür en iyi biçime dökmesini istiyorlardı. Bunu başarabilmek için sanatçı, önce kendisine hâkim olmalı, heyecanını, coşkunluğunu yaratıcı iradesine tabi kılmalıydı.

Sanatçının eli, kendinden emin olmalı, titrememeliydi. Aklında tasarladığı şey apaçık belirmiş olmalıydı.

Ve işte sözü geçen sanatçı kendisine ve tüm güçlerine egemen olabilmişti.

Sakin bir yüzü vardı. Beyaz sakalın ve bıyıkların çevrelediği sımsıkı kapalı dudaklar, akıllı bir iradenin ifadesiydi. Kır kaşları çatıktı. Fakat bu çatıklıkta bir öfke değil, dikkat vardı.

Açık alnın siperlediği ve ileriye bakan gözleri birer pencereydi. Sınırlarını genişleten ruh, bu ışıklı pencereden dünyanın sonsuzluğunu seyrederdi.

7

dante'nin bildiği

Leonardo hava okyanusunu fethetmeyi düşünürken, çağının insanları, dünya okyanuslarının fethiyle uğraşıyorlardı.

İnsan, yeryüzünde kendisini şaşırtan birçok yeni şeyler görmüş, soğuk kuzey denizlerinden Madagaskar'a

Cebelitarık'tan Sumatra'ya kadar birçok ülkeyi dolaşmıştı ama, önünde okyanus alabildiğine uzanıyordu.

Okyanus, eski zamanlardan beri insana dünyanın sonu, yeryüzünü çepeçevre saran bir su duvarı gibi geliyordu.

Arap denizcileri, bir zamanlar Herakles adında bir devin yaşadığını, okyanusa açılan kapıların önüne bir direk dikip, üzerine: «ötelere açılmak yasak» sözlerini yazdığını anlatırlardı. Bu, Fenikeli denizcilerden Yunanlılara, onlardan da Araplara geçmiş eski bir efsaneydi.

Okyanusun kıyısında bir direğin değil, bizzat Herakles'in taştan yontulmuş bir heykelinin bulunduğunu söyleyenler de vardı. Güya Herakles, Akdeniz'e doğru uzattığı sağ eliyle, oralara kadar gelmeye cesaret edenlere: «dur yerinde, bir adım bile atma» der gibiymiş. Devin öbür elinde, okyanusun kapılarını kilitleyen büyük bir anahtar varmış.

Eskiden haritaları hep böyle çizerlerdi: yani üzerlerinde muhakkak Cebelitarık'ta durup elinde anahtar tutan bir dev bulunurdu.

Böylece taş dev, canlı devin yolunu kapıyordu.

İnsan daha kendi gücünü bilmiyor, kendisine güvenmiyordu.

İtalyan şairi Dante'nin XIV. yüzyılın başlarında yazdığı bir şaheser vardır: İlâhi Komedya. Dante, bu eserinde dünyayı şöyle tasvir eder: Yeryüzündeki küçük dağların üzerinde, gök kubbelerine, ermişlerle meleklerin yaşadığı cennete doğru kocaman bir dağ yükseliyor. Dünyanın öbür yarısında, yerin merkezine doğru, cennetin bulunduğu dağ kadar kocaman, karanlık bir uçurum uzanıyor. Bu uçurumu, cehennemin katları kuşatıyor. Cehennemde, azap çeken ve kaderlerine lânet eden günahkâr ruhlar, rahat yüzü görmüyorlar. Kasırga, bunlardan bazılarını, dallarından kopmuş yapraklar gibi önüne katmış sürüklüyor. Bazıları da, cehennem ateşinde ebediyen yanmaya mahkûm. Dünyanın ta merkezindeki buzlar arasında, alçakların en alçağı olan hainler acı içinde kıvranıyorlar. Cehennemin katları derinleştikçe, ceza ağırlaşıyor.

Dante, Odiseüs'ü cehennemin üst katına koymuştu. Kurnaz Odiseüs,

Daha ötelere kimse geçmesin diye
Herakles'in bir direk çaktığı
Dar boğaza kadar gidip

okyanusun eşiğini aşmak cesaretini gösterdiği için ıstırap çekiyordu.

Dante, insan ruhunu iyi biliyordu.

Fakat Dante çağının çocuğuydu. Defne dallarıyla süslü ve karlı başını bilinemeyenin önünde eğiyordu. İnsanın imkânlarının bir sınırı olduğuna, Herakles'in kilit vurduğu kapıların insan oğluna hiçbir zaman açılmayacağına inanıyordu. Nasıl inanmasındı. Denizciler okyanusa Karanlık Deniz diyordu. Orada suyun buğulanıp koyu bir sis halinde güneşi örttüğünü anlatıyorlardı. Su üzerinde buğu bulutları yüzüyordu. Fırtına, bulutları hortumlaştırıp dalgaların üzerinde kovalıyordu. Okyanus suyu o kadar yapışkandı ki, gemiler katrandaymış gibi saplanıp kalır, yerinde sayarlardı.

Dante'nin zamanında dünyayı işte böyle sanırlardı.

Gerçekte, devin aşıp geçemeyeceği bir duvar var mıydı?

Bir zamanlar gemiciler bir denizden öbürüne geçmeye korkarlardı. Kızıl Deniz'i Umman Denizi'ne bağlayan boğaza Araplar «Ölüm Kapıları» anlamına gelen «Bab-ül Mendep» adını vermişlerdi.

Fakat Araplar arasında da, bu kapılardan geçecek cesur insanlar bulunurdu. Sonraları, daha az cesur olanlar da bunların izinden yürüdü. Ve zamanı gelince, Atlantik Okyanusu'nun eşiğini geçmekten korkmayacak kadar cesur insanlar da çıktı.

Bunları okyanusa çeken neydi?

Hindistan'a doğru yeni bir yol bulmak isteği.

Fakat öteden beri bilinen daha kısa yollar vardı: biri karadan, Bağday yoluyla Basra Körfezi'ne gider, daha elverişli olan ikincisi de, deniz yoluyla İskenderiye ve Kızıl Deniz'den geçerdi. Bu yol çok işlekti. O kadar ki, gemiler iz bıraksalar, denizde binlerce köpüklü çığır uzanırdı.

Ama artık bu yoldan gidilmiyordu, çünkü kapanmıştı.

yeryüzü müslümanların, denizler kâfirlerin

Yüzyıllar boyunca bir yandan Batı'ya, öbür yandan da Doğu'ya uzanmış olan İskenderiye'nin rıhtımlarını neden ot bürümüş, boş kalan depolarda neden kuşlar yuva yapmıştı?

İskelelerde bırakılmış palamarlar çürüyor, artık gemi uğramaz olan limana dalgalar çarpıyordu.

Denizde tek tük yelkenli görülebilirdi. Oysa uzak olmayan bir geçmişe, Akdeniz'de hemen hemen bütün devletlerin bandıralarını taşıyan gemilere rastlanırdı.

Gemileri batıran, İskenderiye rıhtımlarındaki gürültülü kalabalığı dağıtan hangi fırtınalardı?

Bunu yapan deniz fırtınaları değil, tarihin fırtınalarıydı...

Tarih kitaplarında 1453 yılı olaylarını anlatan sayfaları açalım. Büyük felâketler ve savaşlar yılıydı o yıl.

Asya'dan yine istilâ orduları ilerliyordu.

Konstantinopolis'in sokaklarında Türk atlıları cirit oynuyor, Fatih Sultan Mehmet, Bizans'a karşı kazandığı zaferi kutluyordu.

Batı'ya giden yollar, kucaklarında çocukları, sırtlarında öteberileriyle Bizans'tan kaçan insanlarla dolup taşıyordu.

Yuvaları bozulan karıncalar yumurtacıklarını kurtardıkları gibi, bilim adamları da, en değerli saydıkları şeyleri, yani kitapları alelacele kurtarmaya çabalıyorlardı. Yunan filozoflarının eserleri, komşu İtalya'da sığınak bulmak üzere yollara düşmüştü.

Türklerse, Karadeniz kıyılarınca kuzeye, Suriye ve Mısır üzerinden de güneye doğru durmadan ilerliyorlardı.

Kırım'daki Kaffa adlı Ceneviz kalesi teslim olmuştu. Ne hendekler ne de yüksek duvarlar kurtarmıştı şehri. Tüm Kaffa halkı esir pazarlarında satılmıştı.

Avrupa gemileri üç yüz yıl için Karadeniz'den uzaklaştırıldı, XVIII. yüzyılda Rus denizcileri Karadeniz'e yeniden çıktıkları zaman, hiçbiri deniz yollarını bilmiyordu. Haritaları yeniden çizmek gerekiyordu. Denizi yeniden öğrenmek pahalıya mal oluyordu; gemiler batıyor, insanlar boğuluyordu. Oysa Yunan ve Rus gemilerinin Karadeniz'de dolaştıkları o uzak devirlerde deniz, kurbanlarını fazlasıyla almıştı zaten.

Türkler denizlerin kıyılarını izleyerek ilerledikçe, Doğu'ya giden yol sımsıkı kapanıyordu.

Türk orduları, Suriye'nin büyük şehirlerini ele geçirmiş, Mısır'daki piramitlere kadar varmışlardı.

İskenderiye ıssızlaşmış, sönmüştü.

Gerçi İskenderiye bundan çok daha önce, Roma papasının Hıristiyanlara, Müslümanlarla alışveriş etmeyi yasaklaması, Mısır Sultanı'nın da kâfirlerden alınan mallara büyük gümrük vergisi koymasıyla sönmeye başlamıştı.

Fakat denizlerin başşehri sayılan İskenderiye'ye en ağır darbeyi Osmanlı Türkleri indirmişlerdi.

Osmanlılar, «Tanrı yeryüzünü Müslümanlara, denizleri de kâfirlere verdi» derlerdi. Ve bu sebepsiz değildi: onlar kendilerini atın sırtında, geminin güvertesindekinden daha rahat hissederlerdi.

Öte yandan, Batı'yı Doğu'ya bağlayan yollar birer birer kapanıyordu. Ama tüccarlar için Doğu'nun servetlerinden vazgeçmek kolay değildi.

İtalya'nın kıyı şehirlerinden Venedik'le Cenova'da iki ırmak karşılaşıyordu. Doğu'dan Batı'ya mücevher, inci, baharat geliyor, buna karşılık da dükalardan, florinlerden, reallerden meydana gelen bir altın para ırmağı akıyordu. Doğu'dan Çin ipeklileri alınıyor, Batı'dan Floransa çuhaları gönderiliyordu.

Yorulmak bilmeyen insan elleri, her geçen yıl daha çabuk işliyordu. İğ, yerini ayakla işletilen çıkrığa bırakmış; ayaklar, yeni dokuma tezgâhının pedalına basarak ele yardım etmeye başlamıştı.

Mal ve altın ırmakları, gittikçe daha hızla akıyordu. İnsanlar, «bu ırmakların en çok mal ve altın getiren kolları kapanırsa, halimiz ne olur?» diye endişe ediyorlardı. Çünkü korktukları başlarına gelirse, Akdeniz şehirlerinde tezgâhlar duracak, binlerce usta, kalfa işsiz kalacak, pazarlar, panayırlar ıssızlaşacak, hayat sönecekti. Birer hükümdar kadar güçlü olan ünlü tüccarlar iflâs edecekti. Ünlü ustaların fırçasından çıkmış Meryem Ana tabloları, altın kupalar, Venedik camından kadehler, eskiçağlardan kalma seyrek el yazmaları, tüccarların muhteşem saraylarından, hasis komisyonculara geçecekti. Vergi ve gümrük vergisi kaynakları tükeneceği için, hükümdarların kasaları da boşalacaktı.

Bu durum karşısında, taçlı taçsız krallar, gemiler yaptırıp okyanus ötesine gönderiliyor, kaptanlara: «gidin yeni yollar açın; deniz kıyısınca mı gideceksiniz, kestirme yoldan mı, orası sizin bileceğiniz iş, gerekirse fırtınalara, kasırgalara göğüs gerin, yapışkan Karanlık Deniz'den, kızgın ekvatordan, hatta cehennemden bile geçin» diyorlardı.

Denizciler de gidiyordu. Fırtınalar gemileri batırıyor, boğulanların, kaybolanların eşleri yasa giriyordu. Öte yandan tersanelerde yapılan yeni gemiler suya indiriliyordu.

Gemi yaptırıp sefere gönderebilmek için, krallar elmaslarını rehine koymaya, tüccarlar varını yoğunu satmaya hazırdılar. Uzak seferlere çıkmaya hevesliler de eksik değildi. Hatta çocukların bile evden kaçıp, masal ülkelerine gidebilmek için, gemi ambarlarındaki çuval ve fıçıların arasında gizlendikleri oluyordu.

Okyanusa, Venedik'le, Cenova'dan daha yakın şehirler vardı. Okyanusa açılma hevesi bunları, sarmıştı.

Okyanus, insanları kendisine çekiyor gibiydi. Gemi dümencileri, demir aletler kullanılmadan yapılmış, ince oyma nakışlı ağaç parçaları çıkarıyorlardı denizden. Denizdeki akıntılar, görülmedik büyüklükte ağaç gövdeleri getiriyordu. Deniz, Azor Adaları'na, içinde dövmeli insan cesetleri bulunan kayıklar atıyordu.

Her şey, uçsuz bucaksız okyanusun ötesinde kara olduğunu gösteriyordu. Denizciler, arkasında Hindistan'ın tapınaklarını, Çin'in yaldızlı saraylarını görür gibi oldukları okyanus ufuklarından gözlerini ayıramıyordu... Ve birbiri arkasından gemilerle Cebelitarık Boğazı'ndan geçip okyanusa açılıyorlardı.

üç buruna dair

Gemiler, Cebelitarık'tan geçtikten sonra kimi sağa, kimi sola gidiyor, kimi de okyanusa açılıyordu.

Sağa sapan Cenova gemileri, Avrupa kıyıları boyunca Anvers'e varıp panayırda mallarını sattıktan sonra yurtlarına döndüler.

Yine Cenovalı Vivaldi Kardeşler, iki gemiyle okyanusa açıldılar. Kestirme yoldan okyanusu aşıp Hindistan'a ulaşmak istiyorlardı. Fakat Karanlık Deniz, gemileriyle birlikte denizcileri yuttu.

Portekizliler, Cebelitarık geçidinden sola sapmışlardı. Bunlar daha dikkatliydi. Batı Afrika kıyılarını izleyerek ilerliyorlardı. Fakat Boyador Burnu'na varınca fırtınadan korkup durdular. Okyanus kendilerine: «dur yerinde, buradan geçilmez» der gibiydi. Bunun için Portekizliler Boyador burnuna «Hayır Burnu» adını verdiler.

İleriye, durmadan ileriye gitmeye değer miydi?

Ptolemeus zamanından beri bilim adamları, bur-dan gemilerle Güney'e doğru gitmenin imkânsız olduğunu söylüyorlardı. Bunlara göre Güney çok sıcak olduğu için, orada hayat yoktu: ne bitki vardı ne de hayvan. Üstelik Afrika bir duvar gibi ta kutba kadar uzanıyordu. Duvar Güney'den aşılamaz, bunun için de bu yoldan Hindistan'a varmak imkânsız olduğuna göre de, yola devam etmek anlamsızdı. Afrika'ysa, hayatı tehlikeye sokmaya değmezdi.

Bilim adamları işte böyle düşünüyorlardı. O zaman Afrika'ya, Hindistan yolunda bir engel gözüyle bakılıyordu.

Yine de, yola devam edip, geçit vermek istemeyen «Hayır Burnu»na «evet» dedirten cesur insanlar bulundu. Bunlar en sıcak yerlere, hemen hemen ekvatora vardılar. Ve Ptolemeus'un yanıldığı anlaşıldı.

Ekvatorun harikalarını anlatırken Portekizliler şakayla: «bunları Ptolemeus hazretlerinin müsaadesiyle söylüyoruz. Onun ıssız sandığı ülkelerde kalabalık kara derili kabileler yaşıyor. Ağaçlar, sıcaklık yüzünden inanılmayacak büyüklükteler» diyorlardı.

Haritada yeni bir yer adı belirdi: «Yeşil Burun». Portekizlilerin, güneşin kasıp kavurduğu topraklar bulacaklarını sandıkları yerler yemyeşildi. Her yer palmiyelik ve fundalıktı. Ağaçlar arasında, derileri ağaç kabuğu gibi buruşuk, kulakları kocaman yaprakları andıran filler geziniyordu...

Cesaretleri gittikçe artan denizciler, kıyı boyunca üzerlerine Portekiz arması oyulmuş taşlar dikip yerlerini haç ve flamalarla harita üzerinden işaretleyerek güneye doğru ilerliyorlardı. Derken, bir duvar gibi kutba kadar uzandığı sanılan Afrika kıyıları, kutba binlerce kilometre kala, doğuya dönüverdi. Artık Afrika'yı dolaşmak kalıyordu. Fakat bu kolay değildi. Fırtınalar ve aksi yönden esen rüzgârlar engel oluyordu.

Portekizli denizciler, Afrika'nın güneyindeki burnu haritaya işaretlediler: Fırtınalar Burnu. Sonra burnu dolaşıp Afrika'nın doğu kıyıları boyunca kuzeye çıktılar. Ama bilmedikleri sularda yüzmeye cesaret edemeyerek gemilerini yine Fırtınalar Burnu'na çevirdiler. Fırtınalar Burnu'ndan ayrılmadan önce, filo komutanı Bartolomeo Diyas, kıyıya diktikleri armalı taş sütuna dayanıp bir süre durdu. Sütundan, öz oğluyla vedalaşıyormuş gibi bir türlü ayrılamıyordu.

Gemileri Doğu'ya, Hindistan kıyılarına doğru sürmek başka bir amirale nasip oldu.

Portekiz Kralı, Fırtınalar Burnu'nun adının değiştirilip «Umut Burnu» olmasını emretmişti. Böylece Portekizliler, artık bu burnun da, daha ilerilere gitmelerine engel olmayacağını umuyorlardı. Birkaç yıl sonra umutları gerçekleşti. Vasco de Gama'nın idaresindeki gemiler, Afrika'yı dolaşıp, karşı yönden esen rüzgârlarla ve hızlı akıntılarla savaşa savaşa, Doğu'ya yöneldiler. Afrika kıyılarından Hindistan'a doğru gemilere, «denizlerin arslanı» olarak bilinen Ahmet İbni Mecit adındaki Arap kılavuzluk etmişti.

Derken ufukta Malabar kıyılarındaki yüksek dağlar göründü. Portekiz gemileri, Kalikut adlı Hint şehri açıklarında demir attılar.

Vasco de Gama'nın arkadaşlarından biri bu yolculuğu şöyle anlatır:

«1497 yılında Portekiz Kralı Manuil, baharat aramak için, Vasco de Gama'nın emrinde, dört gemi göndermişti. 1497 yılının 8 Temmuz Pazar günü Rastello'dan demir aldık. Tanrı'nın adıyla çıktığımız bu seferi, Tanrı hayırlı bir sonuca bağlaya...

1498 yılının 17 Mayıs günü karayı gördük, sonra da Kalikut şehrine yanaştık. Kaptanımız şehre bir adam yolladı. Şehirde onu, hem İspanyolca, hem de İtalyanca konuşan, Tunuslu iki Arap'ın yanına götürmüşler. Bunların ilk sözleri: «Hangi şeytan attı sizi buraya?» olmuş. Sonra da böyle uzak yerlerde ne aradığımızı sormuşlar. Bizimki de: «Baharat» demiş...

Sonra karaya çıkan kaptanımızı hükümdar kabul etti. Üzerinde harika birçok yastık bulunan muhteşem bir sedire uzanmıştı. Hükümdar, bizim krala sunulmak üzere, palmiye yaprağına yazılmış bir mektup verdi. Mektup şöyleydi: «Ülkenizin soylularından Vasco de Gama bizlere geldi. Buna çok sevindik. Memleketimizde çok tarçın, karanfil, zencefil, biber, değerli taşlar var. Sizden altın, gümüş, mercan ve kırmızı çuha istiyorum.»

Bulmamız gereken her şeyi bulduğumuz için, 29 Ağustosta amiralimiz geriye dönmeyi kararlaştırdı. Bunu hepimiz büyük bir sevinçle karşıladık. Çünkü birçok büyük keşifler yapmıştık. Batı'da olsun, Doğu'da olsun, Portekiz'de ya da öbür bütün ülkelerde kullanılan baharat, hep Kalikut ülkesinden geliyor. Rüzgârsızlık ve ters yönden esen yeller yüzünden iki ay yirmi yedi gün denizde kaldık, denizcilerin hepsi ağır hastalandı. Diş etlerimiz şişerek dişlerimizi kapladı. Bu yüzden yemek yiyemez olduk...

Bu zaman içinde otuz kişi öldü. Bir o kadar da önceleri ölmüştü. Eninde sonunda iş görebilecek yedi-sekiz kişi kaldı her gemide. Onlar da sağlam değildi. Melinda'da beş gün kalarak, hepimize ecel terleri döktüren son yolculuktan sonra biraz dinlendik.

Ermiş Rafail Körfezi'nde demir atıp, bütün gemilere tayfa yetmediği için, sözü geçen ermişin adını taşıyan gemiyi yaktık...»

Notlar burada bitiyor. Bunları yazan da herhalde yurdundan uzaklarda ölmüş olsa gerek.

Portekizliler Hindistan yolunu buldular. Fakat Atlantik Okyanusu'nu ilk geçen İspanyollar ve İngilizler oldu.

Portekizliler Afrika'yı yavaş yavaş dolaşırlarken İspanyollar ve İngilizler, Hindistan'a «kestirme yoldan» korkunç Karanlık Deniz'den geçen Batı yönde gidiyorlardı. Gemileri, Cenovalı ve Venedikli tecrübeli denizciler yönetiyordu. Okyanus fatihleri için Akdeniz iyi bir okul olmuştu.

Ve işte Cenovalı denizci Kristof Kolomp İspanya'ya

gitmiş, Venedikli Covanni Kabotto da Bristol'da bir gemi kumpanyası kurmuştu. Kolonp, amiral olarak İspanyolların hizmetine girip don Kristobal Kolonp adını almış, Kabotto'ysa, kendisine Con Kabot demeye başlamıştı. Biri, okyanustan geçip West - Indies Adaları'na kadar varmış, öbürüyse birkaç yıl sonra Kuzey Amerika'yı bulmuştu.

İnsanlık, şu iki tarihi unutmayacaktı: 1492 ve 1497. Ve bu ilk cesur denizcilerin ardından yüzlerce denizci Yeni Dünya'ya akın etmişti.

yeni dünya

İnsan, Amerika kıyılarındaki adalara ayak basmıştı. Sonra bir adadan ötekine geçerek kıtaya çıkıp kıyılarında gezinmiş, ormanlar ve steplere dalmıştı.

Karşısında bir Yeni Dünya, geldiği dünyaya benzemeyen bambaşka bir dünya duruyordu.

Bol sulu ırmaklar, balta girmemiş ormanlar arasından akıp gidiyordu. Bazen ırmak, ağaçlarla sarmaşıkların meydana getirdikleri yeşil bir tünelden geçiyor, ormanın kucağında bozuluyordu. Fakat eninde sonunda, ırmak üstün geliyordu. Bardaktan boşanırcasına yağmur yağdığı zaman taşıp deniz gibi yayılıyor, ormanı basıyordu. Yüzyıllık kocaman ağaçları devirip önüne katarak, zaferinin tadını çıkarıyormuş gibi oynuyordu onlarla.

Ağzına kadar yüzlerce kilometre olduğu halde, ırmaktaki su seviyesi bir yükseliyor, bir düşüyordu. Buna, yükselme saatlerinde dalgalarını ırmağın içerlerine kadar gönderen okyanus sebep oluyordu. Ama ırmak da okyanustan geri kalmıyordu. Kıyılarını aştıktan sonra da, deniz açıklarında, deniz suyuna tüm karışmaksızın akıyordu. Kıtadan uzaklarda, tuzlu denizin ortasında tatlı su doldurulabilirdi bir fıçıya.

Kuzeyde büyük göller vardı. Bunlar devasa bitişik

kaplar gibi kademe kademe uzanıyordu. Sular, dünyanın en büyük şelâlesini meydana getirerek bir gölden öbürüne gürültüyle akıyordu.

Kıtada dolaşan insan, başları bulutlara değen dağlar görüyordu. Dağların eteklerinde, en ulu meşe ağacından bile dört misli yüksek bin yıllık ağaçlar vardı. Bunların en yaşlısı fidanken, dünyada tek bir balta yoktu, insan daha demir elde etmesini bilmiyordu.

İnsan, yoluna devam ediyordu. Karşısına, dev bir pulluğun açtığı hemen hemen iki kilometre derinliğindeki bir çukur çıktı. Dibinde akan ırmak, yukarıdan güç görünüyordu.

İnsanın her adımı, o zamana kadar kimsenin ürkütmediği kuşları ürkütüyordu.

İnsan, bu yeni kıtayı adım adım fethederek ilerliyordu.

ilk sömürge

Consalo Pisarro, müfrezesiyle birlikte karlı And Dağları'ndan geçiyordu. Düşmemek için, çıkıntılara dikkatle basarak, dengeyi kaybetmemek için de kollarını açarak yürüyorlardı. Öyle yüksekti ki burası, solumak zordu. İnsanlar havasızlıktan boğuluyor, güçten düşüyorlardı. Pisarro, arkadaşlarından birinin, sonra da öbürünün uçuruma yuvarlandığını görmüştü...

Başka bir yerde, Kesada'yla arkadaşları, balta ve bıçaklarla Güney Amerika cangıllarında kendilerine yol açıyorlardı. Orman yol vermek istemiyordu. Sarmaşıklar ellerine sarılıyor, ayaklarına dolaşıyordu. İnsanı sokan binlerce iğnesi vardı ormanın. Karıncalar, eşek arıları, yılanlar, gece gündüz aman vermiyorlardı insana. İleriye doğru atılan her adım, insanüstü emek ve ıstıraplara maloluyordu.

Ağaçların altından emekleye emekleye geçen, dağların yamaçlarında sürüne sürüne ilerleyen bu insanlar ne ufak görünüyorlardı. Ama bir dev gibi güçlüydüler. Bunların yaptıklarını başarabilmek için ne, büyük cesaret, azim ve sebat gerekti.

Narvaes'in ve Kavesa da Vaka'nın denizcileri, Florida kıyılarına döndüklerinde, gemilerini bulamamışlardı. Filo, bunların dönmesini beklemeyerek çekilip gitmişti. Bu, gemicileri umutsuzluğa düşürmedi. Gemi olmazsa yelkenli yapmayı kararlaştırdılar. Ve denilebilir ki, çıplak ellerle işe sarıldılar. Ne balta vardı, ne çekiç, ne de çivi. Çizmelerden mahmuzlar, eyerlerden üzengiler çıkarıldı. Demirden ne varsa eritildi. Geyik derisinden yapılan körükle ocak körüklendi. Çekiç dökülüp, onunla çengel ve çivi yapıldı. Kayıklara gerekli yelkenleri kendi gömleklerinden diktiler, sarmaşıklardan ip ördüler. Böylece, mahmuz ve üzengiden çivilerle yapılıp tamamlanan ufacık yelkenli kayıklarla denize açılmışlardı.

Robenson Kruzoe, beceriklilik ve sebatı, işte bu gibi insanlardan öğrenecekti.

İnsan, yeni kıtada zaferden zafere koşuyordu. Ama bu, ayrı ayrı herkese ne zorluklara maloluyordu.

Tropik çangıllarda, askerlerin zırhları, nemden, bataklıklardaki buğulanmadan küfleniyor, elbiseleri çürüyüp lime lime oluyordu.

Ormanlarda insanları yılanlar sokuyordu. Irmağa düşenleri timsahlar yutuyordu. Yabanî hayvanlardan kurtulmak için, yüksekçe bir yere gerilmiş hamaklarda geceliyorlardı. Burada da kendilerine yaban kedileri saldırıyordu.

Yolcular çoğu zaman aç kalıyordu. Kayışların, kemerlerini, ayakkaplarının tabanlarını haşlayıp yedikleri oluyordu.

Üstelik yeni kıta boş değildi. Sahipleri vardı. Ve çok geçmeden, yerli halkla, yeni gelenler arasında barış bozuldu. Yeni kıtanın kıyılarında toplar gürlemeye başladı. Karşılık olarak da zehirli ok yağmuru yağdırıldı.

Yeni Dünya'nın bulunuşu, misafirlere de, ev sahiplerine de, pahalıya malolmuştu. Hele ev sahiplerinin durumu çok kötülemişti.

İspanyollar, Kızılderilileri insandan saymıyorlardı. Amerika'da o zaman at az olduğu için, Kızılderili hamallar, İspanyollara yük hayvanı işini görüyorlardı. Uzak seferlerde, top kundakları, ağır gemi demirleri, gemiler için gerekli her şey hamallara taşıtılıyordu. Maden ocaklarında gümüş elde eden İspanyolların çiftliklerinde tarlaları işleyen hep Kızılderili'lerdi. En ufak bir itaatsizlik bile gösterdiklerinde, kendilerine insanlık dışı muamele ediliyor, evleriyle birlikte yakılıyor, üzerlerine köpekler saldırtılıyordu.

köpeklere parçalatılan kızılderililer

İspanyollar birlikte azgın köpekler getirmiş, bunları insan avına alıştırmışlardı. Mastif denilen bu köpekler, «tomalo», yani «tut» emrini işitince Kızılderililere saldırıp gırtlaklarına yapışırlardı. Zavallılar kendilerini el ve ayakla savunmaya çabalar, yürekleri paralayan çığlıklar çıkarırlardı. Bu ölüm feryatları İspanyolları güldürürdü. Gerçi bunda yeni bir şey yoktu. Daha Romalılar, Korsika Adası'nda köpeklerle insan avlamışlardı. Ama gaddarlıkta İspanyollar, Romalıları bile geride bırakmışlardı.

Ele geçen ganimet paylaşılırken, köpeklerin payı askerlerinkine eşitti. Leonsiko adında ünlü bir köpek, sahibine bin florin kazandırmıştı. En keskin nişancı bile bu kadar kazanamazdı.

Böylece,tarihin en şanlı sayfalarından biri köpeklere parçalatılan Kızılderililerin kanıyla lekelenmişti. Bereket versin kıtaya ilk çıkanlar arasında bu rezalete dayanamayıp insanlığın yüzünü ağartan da vardı. Antonio Montesino adındaki papaz verdiği vaazda, yabani hayvanlara dönen insanları yeriyordu. Hiçbir tehdit kendini susturamamıştı. Asil Las Kasas da, bütün hayatını Kızılderilileri savunma davasına vermişti.

Yeni Dünya'nın bulunuşu insanlara çok pahalıya mal-oluyordu. Hayat o kadar dayanılmaz olmuştu ki, Kızılderililer köyde intihar ediyorlardı.

Beyazların hayatı da imrenilecek gibi değildi. Tropik sıtmasından kırılıyor, Kızılderililerin zehirli oklarına kurban gidiyorlardı. Bir çoğu da cellâdın baltası altında, ya da darağacında can veriyordu.

Beyazlar kendi aralarında da anlaşamıyorlardı. Gemilerde denizciler, kurtlanmış galeta yemekten ve fırtınalarla boğuşmaktan bıkmış usanmışlardı. Evlerini, yurtlarını özlüyorlardı. Ayaklanıp kaptanları ambara hapsediyorlardı. Kaptanlar da ayaklanmayı bastırınca, elebaşlarını gemi direğine astırıyor, ya da ıssız adalara çıkarıp bırakıyorlardı.

İstilacıların kurdukları şehirlerde, iktidar için ve ele geçen ganimetten pay almak uğruna, kıyasıya bir savaş yürütülüyordu.

Kristof Kolomp zincire vurulup, bulmuş olduğu yoldan gerisin geri İspanya'ya götürülmüştü. Pasifik Okyanusu'nu ilk gören Vasko Nnunyes de Balbao, ölüme mahkûm edilmişti. Bu ünlü İspanyol'un kellesi, yine İspanyollar tarafından keşfedilen topraklara atılıp yuvarlanmıştı.

Başlarına gelen belâlara ve binbir tehlikeye rağmen, insanı Yeni Dünya'nın içerilerine çeken neydi?

Güneyde İspanyolları altın çekiyordu. Bunlar, altın olmayan yerleri, haritalara, «gereksiz topraklar» diye işaret ediyorlardı. Kuzeydeyse İngilizlerle Fransızlar, bu «gereksiz toprakları»ı zaptediyorlardı. Oradaki ormanlarda elde edilen değerli kürkler de Avrupa panayırlarında altın ediyordu.

İnsanlar, bazen düş peşinde binlerce kilometre geçiriyordu.

Gonsalo Pisarro, Kesada, Orelyana; yaldızlı insanın ülkesini, Eldorado'yu arıyordu. Bir gezgin ve şair olan

Volter Relli adındaki İngiliz de böyle bir ülkenin peşindeydi.

Kızılderililer bunlara önderi güneş gibi parlayan bir ülke olduğunu, sabahleyin hükümdarın üstüne, tepeden tırnağa altın tozu serpildiğini, akşamleyin ırmakta yıkanıp bu tozdan sıyrıldığını, anlatmışlardı. Buna inanan Avrupalılar, Amerika dağlarıyla ormanlarını dolaşarak Eldorado'yu arıyorlardı.

Ponse de Lleon adında bir başka gezginse Gençlik Irmağı'nı bulmak istiyordu. Kızılderililer, bu ırmağa girenin, gençlik yıllarındaki gibi sağlam ve dinç olduğunu söylemişlerdi. Oysa yeryüzünde ne Eldorado ülkesi, ne de Gençlik Irmağı vardı. Fakat insanlar bunları ararken, uydurma değil, gerçek ırmaklar, gerçek ülkeler buluyorlardı. Pisarro'yla Orelyana, büyük bir ırmak olan Amazon'u incelediler. Kesada Orinko'nun kaynaklarını buldu. Ponse de Lleon, Florida'yı keşfetti. Volter Relli'yse Guiana'yı bulup gelecekte Amerika Birleşik Devletleri olacak topraklarda ilk İngiliz sömürgesini, yani Virjinya'yı kurdu.

yeni çağın enbüyük adamı kolomp

İnsan yeni bir dünya bulmuş, fakat daha önce de defalarca olduğu gibi, yeni bir dünyaya düştüğünü hemen anlayamamıştı.

Yeni bir şey bulup görmek kolay değildi ama, insanın gördüğünü anlaması daha da güçtü.

Denizciler, Hindistan'a ve Çin'e giden yeni bir yol bulmak umuduyla okyanus ötelerine açılıyorlardı. Okyanusta karşılarına görülmedik bir kıta çıktığı zaman, nerede bulunduklarına akıl erdirememişlerdi. Hindistan'a gidelim derken Amerika yakınlarındaki adalara çıkmışlardı.

Kolomp, gemisinin güvertesinde geçirdiği uykusuz gecelerde, gözü açık düşler görüyordu. Gemilerinin Hint limanından birine varacakları anı, belki yüzlerce defa gözünün önüne getirmişti.

Örneğin gemiler bir koya girip demir atıyor, içinde sarıklı insanlar bulunan kayıklar gemileri sarıyordu. Etrafta, hasır yelkenli kürekleri gemi direği gibi uzun, hantal Çin kayıkları dalgalarda sallanıyordu. Kıyıda gürültülü bir kalabalık, tüccar, denizci, hamal, büyücüler toplanmışlar. Kalabalık, Arap atına binmiş birine, ya da boynuna altın zincir takılmış bir file yol veriyordu.

Kolomp mihracenin sarayına gidiyor, elmaslarla süslü tahtına oturmuş mihrace onu kabul ediyordu. Arap tüccarları, her zaman olduğu gibi çeşitli dolaplar çeviriyorlardı. Bunlar gemilere bile saldırabilirdi, ama akıllarını başlarına getirmek için bir top güllesi yeterdi.

Derken, ambarları ağzına kadar altın, inci, kokulu sandal ağacı, karanfil, tarçın gibi değerli yüklerle dolu gemiler geriye dönüyorlardı.

Kolomp'un gördüğü düşler işte böyleydi. Ya gerçek?

Bunlar, zengin giyimli insanlar göreceklerini sanıyorlardı. Buradakilerinse ne zenginin, ne de fakirinin üstünde hiçbir giyim yoktu. Muhteşem saraylar yerine kulübeler gördüler. Ne altın zincirli filler, ne de altın gemli atlar vardı. Kıyılar tüm ıssızdı. Koyda demir atmış kayıkları falan yoktu.

Aradığı yerlerin burası olmadığını Kolomp'un anlaması gerekirdi ama, Hindistan'ı öylesine görmek istiyordu ki, onu olmadığı yerde bile görüyordu. Hatta bir dakika bile düşünmeden, yerli halka, Hindistanlı anlamına gelen «İndios» deyiverdi. Kolomp'un bu hatası, bugüne kadar birçok dillerde tekrar edilip durur.

Kolomp, ıssız kıyılarda gördüğü yoksul kulübeleri, zengin bir ülkenin fakir bir kenar bölgesi sanmıştı. Yerlilerden bazılarının burunlarında altın iğneler görünce de, Doğu servetinin yakın bir yerde olması gerektiğine artık tüm inanmıştı.

Nemli tropik ormandan gelen çiçek kokularını Kolomp Hint baharatı ve ıtırlı ağaç kokuları sanmıştı. Kızılderililer, Batı'yı göstererek, «Taşlı Toprak» anlamına gelen «Sibao» diyorlardı. Kolomp, bu sözü «Sipango» sanmıştır. O zaman Japonya'ya böyle derlerdi. Kızılderililer, «karaib» diyordu; Kolomp'sa bunu, Moğol kabilelerinden birinin adı olan «Kaniba» şeklinde anladı ve akşamleyin gemi defterine, ulu hanın başkenti Kvinsaya yakınlarında bulunduğunu yazdı.

Küba Adası'na çıkınca, hükümdarına elçiler gönderdi. Arapça bilenleri seçip, memlekette baharat olup olmadığını öğrenmeleri için, kendilerine tarçın ve biber örnekleri verdi. Bundan başka elçileri, adanın hükümdarıyla, Bastilya Kraliçesi arasında bir ittifak sağlamak için görüşmelere başlamakla görevlendirdi.

Elçiler, adanın içerilerinde, büyük şehir yerine, elli kulübelik bir köy buldular. Hükümdar da, elçileri çıplak toprak üzerinde oturmuş kabul etti. Hükümdar Arapça bilmediği için, el işaretleriyle anlaşmak gerekmişti. Baharat örneklerini görünce pek şaşmış ve ömründe böyle şeyler görmediğini söylemişti.

Şaşılacak şeydi. Fakat Kolomp, her çeşit şüpheyi kovuyordu. Küba Adası'nın, Çin'in eyaletlerinden biri olduğuna inanmış, denizcilerine de bunda şüpheleri olmadığına yemin ettirmişti. Bununla ilgili protokole şunlar yazılmıştı: «Sözünden dönen, subaysa, dili kesilip bin maravedis para cezasına çarptırılacak. Tayfadansa, yüz kamçı vurulacak.»

Gemileri Karayip Denizi'nde yüzerken Kolomp, Hint Okyanusu'nda bulunduğunu sanıyordu. Kızıl Deniz ve İskenderiye yoluyla yurduna dönmeye hazırlanıyordu. Panama berzahı bölgesinde, Ganj Irmağı'nın okyanusa döküldüğü yeri arıyordu.

Kolomp, okyanus ötesine dört defa gitmiş, fakat Hindistan dolaylarını gördüğüne ve Espanyola Adası'nın Japonya olduğuna hayatının sonuna kadar inanmıştı.

Tarih, büyük denizciyle böyle alay etmişti.

Kolomp, Yeni Dünya'ya eski görüşlerle çıkmış, bu da kendi yararlılığının önemini anlamasına engel olmuştu. Yeni çağın enbüyük adamlarından biri olan Kolomp, eski kafayla düşünüyordu. Dünyanın küçük ve dar olduğuna, Doğu ülkelerine, okyanus yoluyla birkaç günde gidildiğine inanıyordu. Çünkü kutsal kitapta, karaların denizden altı misli geniş olduğu yazılıydı.

Kolomp, dünyayı bir küre gibi toparlak sanıyordu ama, ona göre ,dünyanın şekli bir elmadan çok, armuda benzemeliydi. Bu armutta sapın bulunduğu yerde, göklere değen dağlar yükseliyor ve cennet işte orada bulunuyordu. Kolomp, cennete yakın bir yerde bulunduğunu defalarca aklından geçirmişti.

Koyun berrak sularında yansıyan palmiyelere bakıyordu. Hava ılık ve hoş kokularla doluydu. Ağaçların üzerinde alacalı papağanlar uçuşuyor, altında da Adem'le Havva gibi çıplak insanlar dolaşıyordu. Kolomp, kendisini yeryüzü cennetine düşürdüğü için, Tanrı'ya içten şükrediyordu.

Kolomp'un hayatı, büyük bir buluşun, aynı zamanda büyük bir yanlışlığın tarihidir.

Bu yanlış ona çok pahalıya maloldu. Bulduğu kıtaya, Kolomp'un değil, Americo Vespuçi'nin adı verildi. Oysa Americo, hiçbir şey bulmamış, ama Amerika'nın bir Yeni Dünya olduğunu sezmişti.

Kolomp'tan sonra Amerika'ya gidenler, orada ilkel insanla taş aletlerden başka Meksika'da, Periu'da, kanallar, barajlar, köprüler, yollar, saraylar ve tapınaklar gördüler. Yabanî hayvanlarla kuşların altın heykellerine, renk renk kumaşlara, hiyeroglif ve resimlerle süslü vazolara şaşıp kalmışlardı.

İnsanlığın geçmişi, Amerika yerlilerinin o günkü haliydi. Kuzey Amerika ormanlarında yaşayan ilkel aşçılar, bizonu, etini kendilerine versin diye, sihirli rakslarla merhamete getirmek istiyorlardı.

Meksika'da köyler, Ege Denizi adalarındaki büyük klan evlerini andırıyordu. Askerî şef Montesuma da, masal kahramanı Giritli Çar Minos gibi, sarayında tahtta oturuyordu.

Güney Amerika çiftçileri, eski Mısır'dakileri andıran tapınaklarda güneşe tapıyor, İnkalar da, firavunlar gibi mutî tebalarını, keyiflerine göre, ya yaşatıyor, ya da öldürüyorlardı.

Tarihin üç büyük aşamasıydı bunlar. Fakat okyanusun arkasından gelen fatihler tarihi bilmedikleri için, gördüklerini anlamıyorlardı. Kabile şeflerini derebeyi, Kızılderili kadınların sihirli tören rakslarını, saray kadınlarının dansları sanıyorlardı. Altın ve gümüş heykelciklerle kapların, onlar için değeri yalnız ağırlığındaydı. Bugün olsaydı, bu eşyalar müzelerde camekânda korunurdu.

Fatihler, eski dünyada çoktan unutulmuş olan eski kültürün hâlâ yaşadığı yeni dünya şehirlerini, kıyasıya tahrip ediyorlardı.

ilk dünya turu

Haiti Adası'na çıkan Kolomp'un gemicileri, Kızılderililere

— Ülkenizin adı ne? diye sordukları zaman

— Kisseyya, cevabını almışlardı.

«Kisseyya,» Kızılderililerin dilinde «dünya» demekti. Kızılderililer, adalarını, başlıbaşına bir dünya sayıyorlardı.

Öte yandan Kızılderililer de İspanyollara:

— Ya siz nereden geldiniz? Gökten nasıl indiniz? diye sormuşlardı.

Kokulu ağaçlar ülkesi Punt'ta yaşayan insanlar da bir zamanlar Mısırlı gemicilere aynı soruyu sormuşlardı. Vaktiyle Mısırlıların yaptığı gibi, İspanyollar da, böyle saf konuşmaları işitince az gülmemişlerdi. İspanyollar, dünyanın büyük olduğunu biliyorlardı. Birçok ülke ve halk görmüşlerdi. Haiti'ye ulaşıncaya kadar, günlerce okyanusta dolaşmışlardı. Kızılderililere, başlıbaşına bir dünya gibi gelen bu adaya, mütevazi bir ad takmışlardı: «Espanyola», yani Küçük İspanya.

Fakat çok geçmeden dünya daha da genişledi. Eski çağlarda Eratosten'in tahmin ettikleri gerçekleşmiş, insan ilk kez olarak dünyanın çevresinde bir tur yapmıştı.

Hindistan'a giden Batı yolunu arayan Macellan'ın gemileri, güneyden Amerika'yı dolaşıp Pasifik Okyanusu'nu aşmışlardı. Ama Macellan'a, başladığı işi tamamlamak kısmet olmadı. Asya'nın doğu kıyılarında, adı sanı bilinmeyen ufacık bir adanın halkıyla rasgele çıkan çarpışmada yediği kılıç darbesinden öldü.

Ama devleşen insan öldürülemezdi.

Bir bilim adamının elinden düşen kalemi bir başkası devralıp, yarıda kalan sayfayı nasıl tamamlarsa, ölen bir denizcinin yerine, dümene bir başkası geçiyordu.

Macellan'ın ölümünden sonra da böyle oldu. Yerine geçen arkadaşı El Kano, beş tekneden kurulu filonun son gemisini ana yurda getirebildi

Akşamleyin, Batı'da okyanusun ardına düşüp, sabahleyin Doğu'dan yine yükselen güneş gibi, bu gemi de hep Batı'ya gitmiş ve Doğu'dan geri dönmüştü.

El Kano, üzerine yer küresi resmedilmiş ve «Çevremde ilk kez dolaşana» sözleri yazılı bir armayla taltif edilmişti.

Dünyanın sonuna varmak, insanın ezelî emeliydi. İşte insan, dünyanın çevresinde bir tur yapmış ve onun hiç de bir zamanlar sanıldığı gibi olmadığını anlamıştı. Bir şehrin kenarı, bir adanın kıyısı vardı. Dünyanın kenarı, sonu yoktu; yasaları başkaydı.

Kolomp'la Macellan'ın seferlerinden sonra, yeryüzünde yeni zaman başladı.

Okyanus yoluyla Amerika'dan altın ve gümüş yüklü gemiler geliyor, bunlar denizle, Afrika'dan Amerika'ya canlı yük yani kara köleler götüren gemilerle karşılaşıyorlardı. Hindistan'dan da Afrika'yı dolaşarak, baharat yüklü gemiler geliyordu.

Atlantik Okyanusu, dünyanın merkezi olmuştu.

İtalyan şehirleri, ülkeleri birleştiren denize egemen olmak için Türklerle savaşmaya devam ediyordu. Oysa Akdeniz, dünyanın merkez denizi olmaktan çıkmıştı.

Bir zamanlar yeryüzünde IRMAK devri vardı. O devirde, bir kabileden öbürüne, ırmak yoluyla gidilirdi. Sonraları denizlerin fethedilmesiyle, DENİZ devri başladı. Deniz devrini, kıtaları birleştiren OKYANUS devri izlemişti. Bundan sonraki devir ne devri olacaktı? Pencereden kuşların uçuşunu izleyen Leonardo da Vinçi, bunu artık seziyordu.

ekonomi savaşı başlıyor

Hindistan'a yeni bir yol bulunduğu haberi, Akdeniz şehirlerini büyük bir felâket haberi gibi sarsmıştı.

Venedik'te tüccarlar acele acele Rialto'ya gidiyorlardı. Oradaki pazarda ve köprüde, sabahın erken saatlerinde alışverişe başlayanların gürültüsü akşama kadar dinmezdi. Baharat fiyatları, bir florinin kaç düka ettiği dünkü günün olayları ve yabancı tüccarların getirdiği haberler orada öğrenilebilirdi.

Rialto'da bir yanda hamallar sırtlarındaki ağır çuvalları rıhtıma atıyor, öte yanda ayak satıcıları avazları çıktığı kadar bağırıyor, kadınlar canlı midye ve balık yığınlarını karıştırıyor, tüccarlar faizi ve alışveriş şartlarını görüşüyorlardı. Tüccarların yanında ne mal dolu fıçılar, ne de çuvallar vardı. Malın adını, fiyatını ve miktarını söylemek yetiyordu. Burada söz konusu olan rakamları işitenin başı dönerdi.

İşte rıhtıma bir gondol yanaştı. Tüccar yol ücretini gondolcunun şapkasına atıp, kanalın iki yakasını birleştiren kemerli köprünün kapalı galerisine doğru yürüdü.

Dost olana da, olmayana da selâm veriyordu. Eski düşmanlıkların sırası değildi şimdi. Herkesi üzen aynı sert, aynı endişeydi.

Tüccar, her rastladığına:

— Ne haber? diye soruyordu.

Biri:

— Kötü, dedi. Karanfiller hâlâ duruyor, müşteri yok.

Başka biri de:

— Hindistan cevizi çiçeği de aynı durumda, diye ekledi. Kalikut'tan gelecek maldan korkuyorlar.

— Ya bizim hükümetin elçisi ne güne duruyor? Yazmıyor mu?

— Yazıyor ama, haberler kötü...

Uğursuz geçen günün başarısızlık ve endişeleriyle üzülen tüccar, gecenin bir saatinde kalın not defterini alıp yazmaya başladı:

«Ayın yirmi dördünde, Portekiz Kralı'nın girişimiyle başlayan ve Venedik Devleti için Türklerle savaştan daha önemli olan Hindistan seferiyle ilgili gerçeği öğrenmek için gönderilmişti.

Elçi, yedi geminin battığını, fakat kalan altı geminin getirdiği malların miktarı çok ve değeri yüksek olup, bunlara paha biçmenin bile güç olduğunu yazıyor. Gemiler böyle bir sefer daha yaparlarsa, Portekiz Kralı «para kralı» adını alabilir. Çünkü baharat almak için herkes onun ülkesine gidecek ve paralar Portekiz'e akacak.

Bu haber Venedik'e geldiği zaman, en eski devirlerde, ne de dedelerimiz zamanında kimsenin bilmediği bir yolun bulunmuş olması, herkesi şaşırttı. Bu haberin, özgürlüğün yitirilmesi dışında, Venedik Cumhuriyeti için haberlerin en kötüsü olduğunu Senato üyeleri de kabul ettiler. Çünkü Venedik Cumhuriyeti'nin bugünkü ün ve şana, ancak deniz, devamlı ticaret ve seferler sayesinde ulaştığına hiç şüphe yoktu.

Lizbon'la Kalikut arasında gemiler işlemeye başlarsa, Venedik gemilerine ve Venedikli tüccarlara baharat yetmeyecek. Baharat ticaretinin kesilmesiyle, Venedik için, emzikteki çocuğun ana sütünden olması demektir...»

İtalyan şehirlerine ağır bir darbe indirilmişti. Mutluluk güneşi, okyanus kıyılarında bulunan, uzak batıdaki başka şehirler doğmaya başlamıştı.

Ve denizlerde egemenlik için başka ülkeler mücadeleye girişiyorlardı...

Büyük denizcilerin keşifleri, en güç inananları bile, dünyanın bir elma gibi yuvarlak olduğuna inandırmıştı.

Nürenbergli tüccar ve coğrafyacı Martin Behaym'ın yaptığı ilk yer yuvarlağı maketini, krallar, bakanlar, papapalar ve kardinaller merakla seyrediyorlardı.

Martin Behaym, bu yuvarlak makete kıtaları, okyanusları, denizleri ve dağları çizmiş ve şöyle bir not yazmıştı:

«Dünyanın basit olduğuna ve burada gösterildiği gibi, gemiyle, ya da yaya olarak her yere gidilebileceğine kimsenin şüphesi olmaması için, yeryuvarlağı orantılı bir şekilde, elma biçimindeki bu makete sığdırıldı. Bu böyle biline.»

İyi bir coğrafyacı olan Behaym, kötü bir politikacıydı. Yeryüzünde artık ne engel ne duvar kaldığını, her yere gidilebileceğini, bunun için yalnız istek gerektiğini sanıyordu. Fakat dünya hiç de Behaym'ın sandığı kadar basit değildi. Behaym, elma biçimindeki yeryuvarlağını hazırlar hazırlamaz bunda, dünyayı yeniden ayıran bir sınır, bir çizgi belirdi.

Roma Papazı Aleksandır Borcia, İspanyollarla Portekizlileri barıştırmak için, yeryuvarlağı maketi üzerinde, okyanustan geçip iki kutbu birleştiren bir çizgi çekmiş ve batı yarısını Kastilya Kralı'na, dağu yarısını da Hindistan'la birlikte, Portekiz Kralı'na vermişti.

Papa memnundu. İyi bir baba gibi, elmayı, kavga etmemeleri için iki oğlu arasında kardeş payı yapmıştı. Ama akıllı bir politikacı, olan Aleksandır Borcia, kötü bir coğrafyacıydı. Dünyanın bir elma gibi kolayca bölünemeyeceğini anlamıyordu.

Yer yuvarlağı maketi üzerine çizgi çizip sınır çekmek kolaydı. Ama sınır taşı ve karakol koymanın imkânsız olduğu okyanusta çizgi nasıl çekilebilirdi?

Bu gözle görülmez çizgi, okyanusta, ancak aletler ve hesaplar yardımıyla bulunabilirdi. Bunun için enlemi tayin etmeyi bilmeliydi. Buysa güç ve karışık bir işti.

Bugün enlem, zaman farkına göre, en hassas kronometrelerle tayin edilir. Söz konusu zamanlardaysa, en büyük kule saatlerinde bile yalnız bir akrep vardı, o da saati gösterirdi. Gemilerde zaman, ya kum saatleriyle, ya da su saatleriyle ölçülürdü. Hal böyleyken, zaman elifi elifine ölçülemezdi.

Bazen denizciler enlemi, gök saatinden faydalanarak tayin ederlerdi. Gökyüzü kadranında, takımyıldızlar rakam, ay da saati gösteren akrep vazifesini görürdü. Fakat ay, gökyüzünde kimi hızlı, kimi yavaş hareket ettiği için, gök saati de bir ileri gider, bir geri kalırdı. Yanlışı; özel cetvellere bakarak bulmak gerekirdi. Ama cetveller de tam olmadığından iş büsbütün güçleşirdi.

Denizciler denizlerde dolaşıyor, fakat nerede bulunduklarını bilmiyorlardı. Bunun için gemilerin ikide bir, yabancı sulara girdiği oluyordu. Gerçi bunu çoğu hallerde bilerek yapıyorlardı. O zaman okyanusta toplar gürlemeye başlıyordu. Gülleler namlulara yerleştirilip falyalar ateşleniyor, gülleler düşman gemisinin yakınlarına düşüp suları köpürtüyordu. Coğrafya enlemini tayin etmek gibi karışık mesele, eninde sonunda, güçlü olanın yararına çözülüyordu. Kimin çok topu, ve çok gemisi varsa denizde o güçlüydü...

Böylece, tersanelerde, gittikçe artan çekiç sesleri duyulmaya başladı. İspanyollar gemiler kurup birbiri ardından suya indiriliyorlardı. Portekizliler de geri kalmamaya çalışıyordu. Kuzeydeki İngiltere'de, Fransa'da, Hollanda'da da dülgerler boş durmuyorlardı.

Gemi yapmak için kereste lâzımdı. Gemilere direk

olacak çamlar kesilip devriliyor, yüzyıllık ağaçlardan kala kala bir kütük, bir de iğneli kuru yapraklar kalıyordu.

Gemi çapaları, çivi yapmak, top dökmek için demir lâzımdı. Madenciler, demir cevheri çıkarmak için, yerin gittikçe daha derinlerine sokuluyorlardı. Su çarkları, maden ocaklarını basan suları güç çıkarabiliyordu.

Kralın adamları, ülkeyi dolaşıyor ve atlarından inip, demirhanelerin isli kapılarını çalarak:

— Krala top, gülleler, zırh, kılıç, lâzım. Haydi iş başına, çabuk olun, diyorlardı.

Ocaklar, geceli gündüzlü alev saçıyor, ağır çekiçler gürültüyle iniyordu örse.

Gemilere yelken gerekiyordu, yani binlerce arşın yelken bezi... Orduyu giydirmek için binlerce metre çuha lâzımdı. Her yerde iplik eğriliyor, kumaş dokunuyordu. Ustalar yeni çıraklar tutuyor, atelyede bir düzine kalfa çalıştığı halde işçi yetmiyordu.

Her evde iğler ve ayaklı çıkrıklar dönüp duruyordu. Köylerde kadınlar, gemicilerin eşleri, hatta küçük çocuklar bile, tokmakla keten, kenevir dövüyor, yapağı didiyor, iplik eğiriyorlardı.

Bez ve yünlü kumaşlar, gittikçe bollaşıyordu. Tüccarların, müteahhitlerin, vurguncuların sandıklarında gittikçe daha çok altın birikiyordu.

Kralın ordusuna yeni alınmış askerler ve denizciler, meyhanelerde yeni üniformalarıyla çalım satıyorlardı. Suya yeni indirilmiş, reçine kokan gemiler yelken açıyordu. Denizden çürük kokusu getiren, tuzlu serin rüzgâr, yeni yelken bezinin sağlamlığını sınıyordu. Filolar birbiri ardından denize açılıyordu. Gemilerin dört köşe lumbozlarından, topların korkunç namluları görünüyordu. Denizde hepsini, her şeyi, yani denizcileri, topları, yelkenleri hep iş bekliyordu.

Mesele ciddileşiyordu. Artık gemi gemiyle değil, donanma donanmayla, ülke ülkeyle savaşıyordu.

Niçin kavga ediliyordu?

Okyanus yolları ve okyanus ötesi ülkelerin servetleri için.

Atlantik Okyanusuna İspanyollar, Hint Okyanusuna Portekizliler egemendiler. Elma biçimindeki dünyanın yarısı, Hindistan'la birlikte, Portekizlilere düşmüştü.

Seylân'da, Sumatra'da, Cava'da, Portekiz ticaret merkezleri kuruldu. Lizbonlu tüccarlar, tahtıravanlarına kurulmuş, karanfil bahçelerini ve Hindistan cevizi ormanlarını dolaşıyorlardı. Portekiz gemileri Avrupa'ya baharat taşıyordu.

Portekizli tüccarlar ve memurlar ,yerli halkı kıyasıya sömürüyorlardı. Bunlar hakkında Hintliler şöyle diyorlardı: «Ne mutlu ki, Tanrı onların kaplan ve arslanlar kadar az olmalarını istemiş, yoksa bütün insan soyunu tüketirlerdi.»

Sömürücülerin tehlikeli bir düşmanı vardı. Hollandalı tüccarlar, baharatı Lizbon'daki aracılardan ateş pahasına satın almak istemiyorlardı. Hollanda gemileri, Hint Okyanusu'nda sık sık görülmeye başladı. Hollandalıların Doğu Hindistan kumpanyası, adalarda ticaret merkezlerinden başka kaleler de kuruyordu. Hollandalı tüccarlar toplarla ateş etmeyi, para saymasını bildikleri kadar iyi biliyorlardı. Bunlar savaşta Portekiz gemilerini ikide bir ele geçiriyorlardı. Çok geçmeden bütün karanfil, bütün Hindistan cevizi, bir devlet kadar güçlü olan Doğu Hindistan kumpanyasının eline geçti. Kumpanyanın Amsterdam'daki depoları tıklım tıklım baharat doldu. Tüccarlar, baharat fiyatını yükseltmek için, Hindistan cevizi ormanlarını karanfil bahçelerini imha ediyorlardı. «Tanrı'nın yarattığı şekilde, bütün dünya, beş yüz funttan fazla karanfil alacak durumda değildir,» diyorlardı. Ve karanfil ürününü, beş yüz funtu aşmaması için yakıyorlardı. Dolaylarındaki hava karanfil kokuyordu...

Hollandalılar, elma biçimindeki dünyanın, Portekizlilerin payına düşen yarısını var güçleriyle zaptetmeye çalışıyorlardı.

Öte yandan İspanyollar da kendi paylarını güç ellerinde tutabiliyorlardı. Bunlar çok açgözlüydü. Mümkün olsa dünyanın tüm altınlarını ele geçirmek istiyorlardı. Ama çalışmadan. Çünkü çalışmayı sevmezlerdi. Eski zaman şövalyelerinin torunları olan Kastilya soyluları, çalışıp çabalamanın, yarını düşünmenin, bir İspanyol'a layık olmadığını söylerlerdi. Çalışkan Arapları ve Musevileri yurtlarından kovan İspanyollar, yağmayla ele geçirdikleri Amerika altınıyla, alın teri dökmeden zenginleşeceklerini ummuşlardı. Fakat altınlar, aldıkları Hollanda, Fransız, İngiliz mallarına karşılık, tembel ellerinden akıp gidiyordu. İspanya gümrüklerinde, hatta Madrit'teki Hindistan Konseyi'nde güvenilir adamları olan yabancı kaçakçılar Amerika'yla ticaretten para kırıyorlardı.

Üstelik, dünyanın yarısının İspanyollara ait olmasını tanımak istemeyen İngilizler de, Amerika'ya gemi göndermeye başlamışlardı.

İspanyol soyluları paralarını eğlenceye ve giyime harcarken, İngiliz tüccarlarıyla zanaatçıları, çalışıp çabalayıp gemi yapıyor, koloniler kuruyorlardı.

İspanyol soyluları paralarını eğlenceye ve giyime harcarken, İngiliz tüccarlarıyla zanaatçıları, çalışıp çabalayıp gemi yapıyor, koloniler kuruyorlardı.

İspanyol Kralı, Okyanus ötesindeki topraklarına İngiltere'nin karışmamasını istiyordu. İngilizler de cevap olarak, Yeni Dünya'ya sahip olmak hakkını İspanya Kralına kimsenin vermediğini söylüyorlardı. Meseleyi yine toplar ve gemiler çözdü. Büyük Armada denen İspanyol Donanması batırılıp yok edildi. Ama iş bununla bitmedi. İngilizlerin başka rakipleri de vardı: Hollandalılar, Okyanusu ele geçirmek için savaş devam ediyordu...

Böylece, elma biçimindeki yeryuvarlağı, anlaşmazlık konusu olmuştu.

Kaptanların bir kısmı Hindistan'a ve Çin'e giden batı yolunu açarken, başka denizciler de, bu uzak ülkelere doğudan ulaşmanın mümkün olup olmadığı üzerinde kafa yoruyorlardı.

1548'de Londra'da, «bilinmeyen ve hatta bugüne kadar deniz yoluyla gidilmeyen ülkelerin, adaların, devlet ve sömürgelerin keşfi için müteahhit tüccarlar kumpanyası» gibi acayip bir ad altında bir şirket kurulmuş, başkanlığına da, Kuzey Amerika'yı bulan Con Kabot'un oğlu, ünlü denizci Sebastiyan Kabot seçilmişti.

Conn Kabot çoktan ölmüştü. Oğlu da artık yaşlıydı. Sebastiyan, geminin güvertesine son defa çıkalı onlarca yıl olduğu halde, gençliğindeki umutlarını bırakmamış, baharat ülkesine yeni bir yol bulma hayalinden hâlâ vazgeçmemişti.

İşte Sebastiyan Kabot, Londra'daki evinin penceresi önünde duruyor. Boylu boslu, kır sakallı bir adam. Göğsünde altın bir zincir, başında kara bir kalpak, sırtnda, kenarları kürklü bir elbise var. Ressam Holbayn, Sebastiyan'ı işte böyle resmetmiş. Bir elinde yeryuvarlağı maketi, öbüründe pergel. Çatık kaşları altındaki gözleri, ileriye bakıyor. Karşısında Temza'daki kayıklarla mavnaları değil, buz okyanusunda ileleyen gemileri görüyor. Bir zamanlar, keşfetmiş olduğu Nyüfaundlend Adası yakınlarından geçerek kuzey batı yoluyla Hindistan'a gitmeyi denemişti. Şimdi kuzey batıdan değil, kuzey doğudan yeni bir yol tasarlıyordu. Yolculuk için gemiler hazırdı. Bunlar özel bir şekilde hazırlanmış sağlam keresteden yapılıp, on sekiz aylık erzak almış, korsanlardan korunmak için de toplarla silahlanmıştı.

Sebastiyan Kabot, bu sefer çıkacak gemilerin idaresini seve seve üzerine alırdı ama, artık ihtiyarlamıştı. Gemileri, ancak uzaktan, zihnen izleyebilirdi. Fakat Kabot bununla yetinmeyip, yine zihnen de olsa gemilerin önündeydi. Gemiler daha demir almamışken o, ileride, barbarların yaşadığı, insanları da doğası da sert olan ıssız diyarlar görüyordu. Hayalinde, denizcileri bekleyen binbir tehlike: fırtınalar, kör kayalar, savaşlar, zehirli oklar canlanıyordu.

Gemilere yeteri kadar silâh ve erzak alınmıştı ama bu azdı. Gemicilere her ihtimale karşı, yararlı olabilecek öğütler de gerekti.

Sbastiyan Kabot, masa başına geçip kalemi aldı ve başladığı yazıya devam etti:

«Madde 28 : Kıyıdaki kumlarda taş, altın, maden ya da benzeri şeyler toplayan insanlar görürseniz, gemilerinizle yaklaşıp, ne topladıklarını seyredebilirsiniz. Böyle hallerde trampet ya da kıyıdakilerin dikkatini çekecek, muhayyilelerini tahrik edecek, bir şeyler çalın ki, onlarda sizi görme ve dinleme merakı uyansın. Tehlikeden uzak durun, kıyıdakilere karşı, hiçbir şeyle gaddarlık ve düşmanlık göstermeyin...

Madde 30 : Halkın, arslan ya da ayı derisi giydiğini, uzun yayları ve okları olduğunu görürseniz korkmayın. Çünkü bunları, başka sebeplerden çok, yabancılar karşısında duydukları korkudan taşırlar...»

Kumpanyaya ait gemilerin kaptanları için yazdığı bu talimatnamede bütün denizcilik tecrübelerini toplayan Sebastiyan Kabot, Kolomp'un düştüğü hatalardan kaçınmak istiyordu.

Kolomp, okyanus ötesinde zengin ve güçlü hükümdarlar tarafından idare edilen devletler bulacağını sanmış, oysa yabanî insanların yaşadığı adalar bulmuştu.

Sebastiyan Kabot daha gerçekçiydi. Kendisini boş umutlarla avutmuyordu. Gemilerin, vahşi ve ıssız yerlerden geçeceğini biliyordu. Uzun ve tehlikeli yolda, gemilerin karşılaşabileceği her şeyi, önceden görmeye çalışıyordu.

Talimatı bitirirken, seferin çok başarılı olması, Doğu ve Batı Hindistan'ın, İspanya ve Portekiz Kralları'na sağladığı başarılardan ve geçirdiği kârda geri kalmaması dileğini belirtiyordu. Tanrı'dan, yolculara yardımını esirgememesini dileyerek ,titrek eliyle son maddenin altına imzasını atıp mühürünü bastı...

1553 yılı Mayısının on birinde, yani İngiliz Kralı IV. Edvard'ın tahta çıkışının yedinci yılında, şövalye sör Hü Villoubi'nin komutasındaki filo, demir alıp, kıyı boyunca yavaş yavaş ilerlemeye başladı.

Görenlerin anlattıklarına göre, kıyıda binlerce seyirci toplanmıştı. Griniç Sarayı'nın pencerelerinden ve kulelerden saraylılar bakıyordu. Kralı selamlayan gemilerin bütün toplardan açtıkları ateşle, dereler tepeler inledi, top sesleri vadilerde yankılandı. Gök mavisi üniformalarıyla güvertelere sıralanmış gemicilerin selâm nidalarından gök gürler gibi olmuştu.

Filo üç gemiden ibaretti: «İyi Umut», «İyi Güven» ve «Edvard - İyi Teşebbüs».

Gemiler kuzeye, Norveç kıyılarına doğru ilerliyordu. Karşıdan esen rüzgâr gemileri defalarca durdurmuş, fırtına yüzünden yelkenler defalarca indirilmişti.

Finmarken dolaylarında başlayan şiddetli fırtınayla deniz kükrediği için gemiler tespit edilen rotayı tutamayıp, her biri ayrı bir rota izlemek zorunda kaldı. «İyi Umut»la «İyi Güven», uzun süre buzlar arasında dolaştıktan sonra, bir ırmağın ağzına sığındılar. Amiral gemisinde bulunan sör Hü Villoubi, kışı orada geçirmeyi kararlaştırıp, dört bir yana keşifçiler gönderdi. Bunlar geri döndüklerinde ne bir konut bulduklarını, ne de bir insana rastladıklarını söylediler.

«Edvard - İyi Teşebbüs» adlı üçüncü gemi, tek başına bilinmeyen ülkelere doğru yoluna devam ediyordu.

Bu gemi, ne gibi ülkeler keşfetmişti?

Kliment Adams adında bir İngiliz şunları anlatıyor:

«Tanrı onları, uzunluğu yüz kilometre, hatta daha fazla olan bir körfeze ulaştırmak lütfunda bulunmuştu. Körfeze girip demir attılar. Çevrelerine bakıp yol ararlarken, gözlerine uzaklarda bir balıkçı kayığı ilişti.

Kaptan Çenslor yanına aldığı birkaç kişiyle birlikte, balıkçılarla bağ kurmak ve bulundukları ülke, halkı ve yaşayış tarzı hakkında bilgi edinmek için kayığa doğru yollandı.

Fakat, geminin acayip görünüşü ve büyüklüğü karşısında şaşakalan balıkçılar kaçıp gittiler...»

O zamana kadar her şey yönetmeliğe göre gidiyordu. Ve Sabastiyan Kabot'un tavsiyelerine uyarak, halkın dikkatini çekmek için trampet çalmak kalıyordu. Fakat mesele trampetsiz de çözüldü.

Balıkçılar, bilinmeyen insanların gelişini bütün dolaylara yaymışlardı. Yerli halk, kayıklarla gemiye gelmeye başlamıştı. Gelenler arasında o yerlerin «valisi» de vardı.

Kliment Adams hikâyesine şöyle devam ediyor:

«Bizimkiler, bu ülkeye Rusya ya da Moskof ülkesi dendiğini ve İvan Vasileviç adını taşıyan o zamanki krallarının, uçsuz bucaksız toprakları idare ettiğini öğrendiler...»

Kaptan Çenslor, memleketin içerilerine doğru ilerledikçe Moskof ülkesinin, Kabot'un yönetmeliğinde uyardığı ıssız doğu ülkelerine benzemediğini açıkça görüyordu.

Çenslor, not defterine şunları yazmıştı:

«Bütün topraklar iyice işlenip buğday ekilmiş. Her gün, buğday, ya da balık yüklü 700 - 800 kızağa rastlayabilirsiniz. Moskova çok büyük. Bence bütün şehir, dolaylarıyla birlikte Londra'dan büyük...»

Çenslor, Moskova'da yüksek duvarlarla kuşatılmış mükemmel bir şato gördü. Şatoda dokuz muhteşem kilise vardı. Çarın sarayı, eski zaman İngiliz binalarına benziyordu. Bilinmeyen ülkelere giderken Çenslor, çok altın bulacağını umuyordu. Ve umduğunu buldu. Çok altın gördü. İngilizleri, Altın Salon denilen bir salona aldılar. Salondaki masalar, altın kaplarla doluydu. Sonra Ziyafet Salonuna geçtiler. Orada da pek çok altın kupalar, 1 - 1,5 yarda boyunda altın testiler vardı. Bir masanın başında, omuzlarında peçetelerle iki soylu kişi duruyor, ellerinde inci ve değerli taşlarla süslü altın bardaklar tutuyorlardı. Bunlar Çar'ın bardaklarıydı. Yemekler yalnız Çar'a değil, bütün davetlilere altın kaplarda veriliyordu. Şarap kupaları som altındandı. Yemeğe davetli iki yüz kişi yemeklerini altın kaplardan yiyordu. Hizmet eden soylu kişiler sırmalı elbiseler giymişlerdi.

Yabancılar, Çar saraylarını işte böyle anlatıyorlardı.

Elimizde yabancıların notlarından başka, Rusların bıraktıkları tanıtlar da olmasaydı, o devir Moskova'sı hakkında pek az şey bilebilirdik.

Çar sarayının, yalnız altınlarıyla ünlü olmadığını biliyoruz. Altın Salonun duvarları, ünlü ressamlar tarafından resimlenmişti. Holdeki on tabloda, eskiçağ komutanlarından İsus Navin'in savaş ve zaferleri tasvir edilmişti. Bu tabloların görevi, uzak olmayan bir geçmişte Çar'ın Tatarlar'a karşı kazandığı zaferleri herkese hatırlatmaktı. Tavana, gök kubbeleri ve İsa resimleri, çevresine de, deliliğin yanında aklı, sonra, tabiat güçlerini, yani havayla ateşi, rüzgârları ve yılın dört mevsimini temsil eden çıplak ve yarı çıplak şekiller çizilmişti.

Duvarlarda ve kemerlerde, yabancı misafirler Rus tarihinden sahneler canlandıran tablolar ve Vladimir' den başlayarak, prenslerini görüyorlardı.

Rus papazlarıyla boyarları, yeni tarzda çizilmiş olup, eskilere benzemeyen bu tablolara bakmaktan çekinirlerdi.

Eskiden duvarlara yalnız aziz resimleri çizilirdi. Buradaysa İsa'nın hemen yanıbaşına, raks eden bir kadın resmi yapılmıştı.

Bunlar dine aykırıydı ve Çar'ın kabul ettiği Tanrı düşmanı bilime göre, kitaplara uyularak yapılıyordu.

Boyarlar, sakallarını sıvazlayıp, uzun kalpaklarını sallayarak, gizlice kitapların eski dine getirdiği zararı anlatırlardı. Ama yabancı misafirler bu gizli konuşmaları işitmezdi. Çünkü boyarlar Çar'ı yüksek sesle över, onun mükemmel Tanrı gücünde bir zat, bilgili ve hatip olduğunu söylerlerdi.

Çar Korkunç İvan, gerçekten okumuş bir insandı. Kutsal kitaptan ve kilise büyüklerinin eserlerinden bazı parçaları ezbere bilirdi. Konuşmalarını Musevî, Yunan, Roma, Got, Fransız tarihlerinden ibretli örneklerle beslerdi. Mektuplarında, Tevrat'ta adları geçen Davut, Süleyman, İsus, Navin gibi hükümdar ve kahramanlardan başka Zeus, Apollon, Eneas gibi putperest tanrı ve kahramanların adlarına da rastlanırdı.

Çar'ın emriyle Moskova'da, Nikolski Manastırı'yla Belodorod adlı bir yabancının evi arasında bir matbaa kurulmuştu.

Usta bir matbaacı İvan Födorof, baskı makinesi için gerekli herşeyi kendisi yapmış, harf kalıplarını kendisi dökmüş, süslü kitap başlıklarını ve satır başlarındaki majüskül harfleri kendisi oymuştu.

Henüz yapı iskeleleri içinde olan matbaanın yanından geçen boyarlar, parmaklıklı kapılara, yüksek kuleye kaşlarını çatarak bakıyorlardı. Yeni her şey, ne boyarların hoşuna gidiyordu, ne prenslerin. Bunlar, her boyarın kendi malikânesinde başına buyruk birer hükümdar olduğu eski zamanları unutamıyorlardı. Çar her şeyi kendi eline almıştı. Eski Rus prenslerinin torunlarına yüz vermiyordu.

Bir zamanlar tarihçinin biri, halkın kalbinin bir olması gerektiğinden söz ediyordu. «İgor'un Alayı Destanı»nı yazan ozan kavgalarıyla düşmanı Rus topraklarına çektikleri için prensleri azarlıyordu.

İşte, prensler arasındaki kavgalara, geçimsizliklere son verilmişti. Çar Korkunç İvan, Rusya'dan birçok hükümdar bulunmaması ve tüm Rusya'nın tek hâkimi olmak için, keyfine göre hareket eden derebeylerini merhametsizce eziyordu.

Savaş yalnız ateş ve kılıçla değil, kalemle yapılıyordu. O zamandan kalma kitap ve mektupları okurken bu apaçık görülür. Mesela İvan Peresvetof'un kitaplarını alalım. Bunlar, iktidar daha boyarların elindeyken, yani Korkunç İvan'ın çarlığının ilk yıllarında yazılmıştı.

Memur kısmından olan Peresvetof, yalan dolanla servet sahibi olan, «tembel zenginler» dediği boyarların foyasını açığa vuruyor, bunların, soyluları kendilerine uşak yapmalarına öfkeleniyor. Kitaplarından birinde şunları yazıyor: «insanların köleleştirildiği bir ülkede, cesur kimseler olamaz ve düşmana karşı korkusuzca savaşılamaz. Çünkü köleleştirilmiş insana, rezil olmak vız gelir ve böyleleri, gücü yetse de, yetmese de, şeref peşinde koşmaz ve nasıl olsa köleyim, köle kalacağım, der.»

İşte o zamanın kitaplarından ikisi daha: «Dereceler Kitabı», «Resimli Tarih Kitabı».

Bunlar, Çar'ı ve iktidarını övmek için yazılmış tantanalı kitaplardan; Çar şerefine dikilmiş birer anıt sanki. «Dereceler Kitabı», Çar'ın .en yakın adamlarından biri olan metropolit Makariy'in siparişi üzerine yazılmıştır. Kitapta, Vladimir Svatoslavoviç'ten «tüm Rusya'nın mutlak hükümdarı ve birçok halk ve ülkelerin galibi» dedikleri IV. İvan'a kadar büyük prenslerin sayısına göre 17 kademe, 17 bölüm vardı. Bu 17 kademeli anıtın en üstünde, Vladimir"den sonra on yedinci, Rurik'ten sonra da yirminci hükümdar olan Korkunç İvan'ın resmi duruyordu.

«Resimli Tarih Kitabı» da, öbürü gibi, bir övgü kitabıydı. Çar kâtipleriyle ressamlarının binlerce minyatür resmiyle doluydu. Bu kitapta, tarih olaylarına dair hikâyelerden sonra, Moskova hükümdarlarını, ayrıca Korkunç İvan'ı göklere çıkarmak amacıyla uzun uzadıya açıklanmış fikirler geliyordu. Bunda şaşılacak bir şey yoktu. Çünkü kitabın redaktörü bizzat Korkunç İvan'dı.

Fakat, eski soyluların kendi haklarını savunduğu, eserler de vardı: Prens Kurbski'nin Korkunç İvan'a yazdığı mektuplar gibi.

Prens Kurbsi, Yaroslav prenslerinin torunlarındandı. Onun soyu da Rüriklere kadar varıyordu. Prens, tüm iktidarın Moskova Çarı'na geçmiş olmasıyla bağdaşmak istemiyordu. Kaçmış olduğu Litvanya'dan yazdığı mektupta, Çar'ın gaddarlığını ve despotizmini açığa vuruyor, onu keyfî yönetim ve kana susamışlıkla suçluyordu. Çar buna, genişçe propaganda edilip etrafında çok gürültü koparılan büyük bir mektupla cevap verdi. Korkunç İvan, Kurbski'yi ihanetle suçluyor, idam ve affetme hakkının, Rusya'nın tek hükümdarı olma hakkının kendisinde olduğunu ispata çalışıyordu.

Çar kalemde ustaydı, fakat muarızı da zamanının en okumuş adamlarındandı. Kurbski, Aristoteles'i biliyor Çiçeron'u Rusça'ya çeviriyordu.

Çar İvan'a «Korkunç» lâkabını vermişlerdi. Gerçekten de korkunçtu. Hem yalnız Ruslar için değil, yabancılar için de. Oysa Rus Devleti'nin düşmanları az değildi.

Bir zamanlar Rus topraklarından hem Batı'ya hem Doğu'ya giden yollar ardına kadar açıktı. İskandinavya'dan Yunanistan'a giden yol da Rusya'dan geçiyordu. Şimdi bu kapılar kapalıydı. Doğu'da ve Güney'de yolu Tatarlar tıkamıştı. Batı Rus topraklarını komşuları zaptetmişti. Baltık kıyılarında Livon şövalyelerinin kaleleri vardı. Hanza tüccarlar, yabancı tüccarları ve ustaları Moskova'ya sokmuyorlardı.

Bir defa Korkunç İvan, yabancı ülkelerden yüzden fazla usta çağırmıştı. Bu demirci, dökmeci, topçu, hekim, eczacı ve matbaacılar, aile ve ev eşyalarıyla birlikte bu uzak yola çıkmışlardı. Fakat Hanza tüccarları, kendilerini Moskova'ya bırakmadılar. Lübek şehri Senato üyeleri, Çar elçisinin hapse atılmasını, ustaların da kovulmalarını emrettiler.

Böylece, batı, güney ve doğu kapıları kilitliydi. Bunları açmaya çabalayan Ruslar, bir yandan Tatarlarla, öte yandan Livonyalılarla savaşıyorlardı.

Doğu kapıları, batıdakilerden önce açıldı. Rus ordusu Kazan'ı zaptedip Volga'yı ele geçirdi. Böylece de, bir zamanlar Afanasiy Nikitin'in mal götürdüğü uzak ülkelere giden ve Moskova'dan geçen yol, yeniden açılmış oldu.

Bu zaferin bir hatırası olarak Çar, Kremlin önlerinde, Rus Devleti'nin gücünü ebedileştirmek için yedi kâgir kilise kurulmasını emretti. Bu işi tecrübeli ustalar olan Postnik'le Barma üzerine aldılar ve meseleyi şöyle çözdüler: Bir temel üzerine, yedi yerine dokuz kilise kurdular. Bunlar muazzam bir tapınak meydana getirmişlerdi.

Bu tapınağın ortadaki sivri uçlu çadırımsı kulesi kırk yedi metreye yükseliyordu. Bunu, daha küçük sekiz kule çevreliyordu.

Ustalar, tuğla duvarları yavaş yavaş daraltıp incelterek çıkıyorlardı. Dayandığı duvarları çökertip ezmemesi için, muazzam kulenin ağırlığını, orantılı olarak bütün duvarlara dağıtmak, bunun için de her bir kemeri akıllıca kurmak gerekiyordu.

Mühendisler bugün bir bina kurmaya kalksalar, ilk işleri tüm yapı kurallarına uyarak hesaplarını yapmak olur.

Postnik'le Barma, bu işi hiç hesapsız başarabilirler miydi? Elbette başaramazlardı. Fakat onların zamanında mekaniğin kanunları, yapı kuralları pek az biliniyordu. Ustalar bina işlerinde hesaptan fazla sezgilerine dayanarak, meseleleri göz kararıyla çözüyorlardı. Şimdi benim diyen bir mühendis Postnik ve Barma'nın göz kararıyla yarışamaz.

Bu iki usta, üzerlerine aldıkları güç görevi öyle ustacasına başarmışlardı ki, kurdukları kiliseye bugüne kadar inşaatçılar parmak ısırır.

Kilise tamamlandıktan sonra bir tarihçi: «kâgir bir tapınak yapılıp birçok harika resimlerle süslendi» diye yazmıştı.

Fakat Sen Bazil adını alan bu tapınağın en şaşırtıcı yanı, ilk bakışta göze çarpmaz. İnsanı şaşırtan düz tuğla tavanları görmek için ikinci kattaki geçitlerden birine çıkmalı.

Bir kemerde, tuğlaların duvara dayanarak tutunduğunu herkes bilir. Ya düz bir tavanda ne dayanır bunlar?

Bir yerde tuğlalar söküldüğü zaman, tavanın sağlam kalması için demir çubuklarla desteklendiği anlaşılmıştır. Kiliseyi XVII. yüzyılda tamamlayan ustalar, demiri taşın ve tuğlanın hizmetine koşmuşlardı. Yani bunlar, zamanın üç yüz yıl ilerisindeydiler.

Rusya'da böyle hünerli ustalar az değildi. Şehirlerde, manastırlarda, Çar'ın çiftliklerinde, büyük demirhaneler vardı. Yalnız Kiril Beozersk Manastırı'nın demirhanesinde yedi ocak, yedi körük ve yedi örs vardı.

Tula'daki, Novgorot'taki «tophane»lerde çalışan tecrübeli topçular, eski dövme usulüyle top yaptıkları gibi, dökme usulle de top yaparlardı. Toplardan bazılarının ağırlığı yüzlerce, hatta binlerce pudu bulurdu. Top dökmek kolay bir iş değildi. Toplar için yusyuvarlak gülleler yapılıyordu. Ağızdan dolma tüfekler için de namlu yapıyor ve bunları çemberle pekiştiriyorlardı. Bu da tecrübe ve bilgi isterdi.

Rus top ustaları ve demircileri, madenlerin niteliklerini iyi bilirlerdi. Üniversite yüzü görmemişlerse de fizikçi ve madenciydiler. Stroganoflar ailesine ait tuzlalarda bir çeşit aşçı gibi suları buharlaştırıp tuzunu çıkaranlarsa kimyacılardı. Bu «aşçılar,» «sert» ve «yumuşak» suların tüm niteliklerini bilir, bunlardan tuz çıkarırlardı.

Ordu için barut yapan ustalar da kimyacıydı.

Finlandiya körfezi kıyısında, Beyaz Deniz kıyılarında, eski Ustyug maden ocaklarında, madenciler demir cevheri çıkarırlardı. Kuzey Dıvana Irmağı'nda ve Onega Gölü'nde akmadan taşı, Volga boyunda kükürt elde edilirdi.

Maden uzmanları, yeni maden yatakları arıyordu. Doğa'ya karşı büyük bir savaş yürütülüyordu. Güçlü bir devlet olan Rusya, uçsuz bucaksız topraklarında neler olduğunu tespite çalışıyordu. Böyle geniş bir ülkede usta ve alet sıkıntısı vardı. Bunlar Batı ülkelerinden getirtilebilirdi ama, Livonyalıların kaleleri Batı yolunu tıkıyordu. Ancak Kuzeyde, Dvina Irmağı'nın ağzında bulunan küçük kapı kalıyordu. Rus balıkçılarıyla tüccarları, öteden beri kayıklarla Murmansk kıyılarını izleyerek Norveç'e giderlerdi. Hikâyelerini Çenslor'dan dinlediğimiz İngiliz misafirleri de bu kuzey kapısından gelmişlerdi...

Sebastiyan Kabot'un üç gemisinden, ancak biri Rusya'ya sağ selâmet ulaşabilmişti. Öteki gemilere, yani «İyi Umut»la «İyi Güven»e bağlanan umut ve güven boşa çıkmıştı.

Bir Rus tarih kitabı, 1555 yılı kışında, Karelyalıların Murmansk kıyılarında iki gemi bulduklarını yazar ve: «bu gemiler limanda demir atmışlardı. İçindeki bütün insanlar ölmüştü. Gemiler mal doluydu» der.

Galiba İngilizler, daha tecrübesiz kutup kâşifleriydi ve karlar arasında donmuşlardı.

«Edvard - İyi Teşebbüs» adlı üçüncü gemi hakkında Rus tarihçisi şöyle der: «Denizden Dvina Irmağı'na giren gemi, İngiliz Kralı Edvard'ın elçisi Rıtsart'ın (Tarihçi Riçard'a Rıtsart diyor) ve beraberindeki misafirlerin, küçük gemilerle Holmogor'a geldiklerini bildirdi...»

Rıçart Çenslor, kendisini Kral Edvard'ın elçisi olarak takdim etmişti. Çar Korkunç İvan da «Kralın elçisi Rıtsart'ı ve İngiliz ülkesinden gelen öbür misafirleri iyi kabul edip, Rusya'ya ticaret için korkmadan gelmelerini, mülk edinip bina kurmalarına engel olunmamasını buyurdu.»

İngiliz tüccarlarına, Moskova'da Aziz Maksim Kilisesi yakınlarında yer verildi. Ondan sonra İngiliz gemileri her yıl Dvina'ya girmeye başladılar.

Riçart Çenslor'la «İyi Teşebbüs» gemisinin sonu ne olmuştu? Rus tarihi bu konuda susuyor.

Yüzyıllarda yaptığımız gezilerde, kılavuzumuzu yeniden değiştirmek zorundayız. Henri Leyn adlı bir İngiliz, dostlarından birine yazdığı mektupta, Çenslor'un Moskova'ya bir gezi daha yaptığını bildirir. Çenslor, İngiltere'ye dönerek, Yosif Nepeya adındaki Rus elçisini de beraberinde almış. İskoçya kıyılarında «İyi Teşebbüs» gemisi kayalara çarparak batmış, Çenslor ölmüş, Rus elçisi de güç kurtulmuş. Kraliçe Mariya ve İngiliz tüccarları, adam gönderip, elçiyi davet etmiş ve kendisini Londra'da ağırlamışlar.

Peçenga ve oradaki Rus manastırı yakınlarındaki Murmansk'da buzlar arasında duran «İyi Güven» ve «İyi Umut» gemilerini almak için, İngiltere'den kaptan ve gemiciler gönderilmişti. Fakat buzlar arasında geçirdikleri iki kışta eskimiş olan bu gemiler, yolda batmıştı.

«büyük kroki kitabı»

Ruslar yalnız Batı'ya değil, Doğu'ya da yol açıyorlardı.

Doğu ülkesi Sibirya'ya dair o zaman anlatılan birçok efsanelere göre, Büyük Taş denen Uralların ötesinde dokuz halk yaşardı. Orada ağızları tepelerinde bulunan ucubeler vardı. Bundan başka, gözleri göğüslerinde, ağızları omuzları arasında başsızlar vardı. Bunlar insan yiyen kıllı yaratıklardı.

Bu ucubelere Herodot'un «Tarih»inde, Makedonyalı Büyük İskender'e dair uzun hikâyede ve bilinmeyen ülkeler üstüne birçok kitaplarda defalarca rastlamıştık. İsmi var, cismi yok bu ucubeler, ne de uzun ömürlüymüş meğer! Ve bu gidişle bunlar yeryüzünden kovulsa bile, Mars'ta sözleri edilecek galiba.

Efsane civa gibi bir şey: tarihlerdeki, boşlukları, coğrafya haritalarındaki «bilinmeyen yerleri» illâki gidip dolduracak. Örneğin, Rusya'nın XVI, yüzyılda bir yabancı gezgin tarafından yapılmış haritasını alalım. Bu haritanın batı kısmı şehir, ırmak, göl adalarıyla dolu. Burası, şehir ve kaleleri işaret etmek için kullanılmış ufacık kiliselerle, evlerle, kulübelerle o kadar dolu ki, yenilerini koymaya yer kalmamış. Haritanın doğu yarısında bu işaretlere rastlanmıyor. Fakat burada da boş yer yok. «Bilinmeyen yerler», resim ve yazılarla doldurulmuş, ama bu resimler, olanı değil, olmayanı tasvir ediyor. Süslü bir çerçeve içine alınmış yazılar küçük birer efsanedir. İşte, Uralların ötesindeki Obi Irmağı, onun arkasında da, kucağı çocuklu bir kadın heykeli. Yazıda şunlar yazılı: «bu altın kadına Yugorlarla Obdorlar taparlar. Kâhin, yapılacak işi, göçülecek yeri hep bu kadına sorar. Put da (şaşılacak şey) karşılık verir ve her şey dediği gibi çıkar.»

Kazakistan steplerine atlılar, develer, koyunlar çizilmiş ve altına şöyle bir yazı eklenmiş: «bunlar insan, deve, at ve koyun biçiminde kayalardır ki, anlaşılmayan bir değişiklik sonucunda oldukları gibi taşlaşan insan topluluğunu, koyun ve at sürülerini ifade eder. Bu mucize, üç yüz yıl kadar önce olmuştur.»

Resim ve efsane alabildiğine ama, gerçekte Obi'nin doğusunda ne bir ırmak, ne bir dağ, ne de bir şehir var.

Obi, o zaman Avrupalıların bildikleri dünyanın doğu sınırıydı. Bu sınıra varıncaya kadar karanlık ormanlarda aylarca dolaşmak, soğuk sulu geniş ırmaklarda kayıklarla yolculuk etmek gerekirdi. Yolcuları, Kama Irmağında pusu kurmuş Volga Tatarları beklerdi. Sibirya'ya giden her yüz kişiden, çoğu zaman on kişi ya döner ya dönmezdi. Fakat cesur ve şanslı olanlar, değerli kürkler, ayıbalığı dişleri, gümüş ve süs eşyaları getirirlerdi. Mine, inci boncuktan işlenmiş bu süs eşyaları, Buhara ve Ürgenç ustalarının eseriydi. Buharalı tüccarlar bunları kürkle değiştirmek için Altay'a ve Sibirya'ya götürür, böylece Sibiryalı avcıların eline geçen bu eşyala-
mağında pusu kurmuş Volga Tatarları beklerdi. Sibirya'ya giden Moskovalı voyvodoların eline geçerdi.

Ruslar, doğuya doğru durmadan ilerliyordu Stroganof adındaki tüccarlar, Kama Irmağı'yla kollarında şehirler kurup bunlara avcılar yerleştiriyor, tuz çıkaıyor, orman köklüyor, ham toprakları tarıma elverişli hale getiriyorlardı. Boyarlardan, toprak ağalarından kaçan Kazaklar, Stroganofların hizmetine giriyorlardı. O devirde köylünün yaşayışı ağırlaştıkça ağırlaşıyordu. Köylü hem Çar'a vergi ödemek, hem de toprak ağasına ürünün bir kısmını vermek zorundaydı. Vergiler gitgide artıyordu. Çar'a, orduyu beslemek, silâhla donatmak, memur tutmak için para gerekti. Çar, soylulara hizmetleri için çiftlikler bağışlardı. Birer toprak ağası olan bunlar, çiftliklerindeki köylüleri öyle gaddarca soyup soğana çevirirlerdi ki, sömürülecek bir şey kalmadığı için kendilerine başka çiftlikler verilirdi.

Korkunç İvan, hizmetindeki adamlara, nerede bir fesatçılık, bir ayaklanma olursa bulup kökünü kazımayı emretmişti. Ve bunlar, olan yerde de olmayan yerde de ille bir ayaklanma bulurlardı. Baş eğmeyen boyarların malikâneleri yakılıp yıkılır, sonunda kabak köylülerin başında patlardı. Köylü tarlaları atlara çiğnetilir, evleri yıkılırdı. Tozu dumana katarak geçip giden yağız atlı bir asker kafilesinin arkasından korkuyla bakarlardı. Kimsenin hayatı emniyette değildi. Köylüler, hamam böceklerinin bile yiyecek bulamadıkları isli evlerinden, steplere, ormanlara, Don, Yayık, Volga ve Kama taraflarına kaçıp özgür insanlar oluyorlardı. Bunlar geçimlerini avcılıkla, balıkçılıkla, haydutlukla sağlar, Tatar köylerini basar, Rus kervanlarını soyarlardı. Çarın voyvodaları, bu haydut Kazak şebekelerini cezasız bırakmazlardı. Bazen Kazakların pişman olup, Rus Devleti'nin sınırlarını Tatarlara karşı savunmak için Çar'ın hizmetine girdikleri de olurdu. Kazak taburları, Kama boyundaki şehirleri Tatarlardan savunur, Uralları aşıp Tatarlara ve Yugorlara saldırırlardı. Stroganoflar artık İrtiş ve Tobol Irmakları'nda şehirler kurmayı tasarlıyorlardı. Çar Korkunç İvan, kendisine «tüm Sibirya'nın hâkimi» diyorduysa da, Sibirya daha Rusya'ya katılmamıştı.

Rusya'da, Yermak Timofeyeviç'i bilmeyen zor bulunur. Bir avuç Kazak ve birkaç kayıkla, Sibirya'yı fethetmeye girişen bu insanın, ne kadar cesur ve azimli olması gerekti.

Tren, dümdüz Sibirya steplerinde günlerce ilerlerken, büyük Sibirya'nın ırmakları köprülerin altından akarken, yolcu pencereden bu engin topraklara bakıp Yermak'ı hatırlar. Bir avuç insanın, bu kadar geniş bir ülkeyi nasıl fethedebildiği, kendisine bilmece gibi gelir, Yermak'ın müfrezesi step okyanusunda bir kum tanesi gibiydi. Fakat bu kum tanesi tüm stepleri fethetmişti.

Kaldı ki, mesele yalnız uçsuz bucaksız mesafelerde değildi. Sibirya'nın sert tabiatı, yarı beli bulan karları, kara kışları ve fırtınaları hep Kazaklara karşıydı. Kalabalık Tatar müfrezeleri de Kazaklara göz açtırmıyordu. Rusların sayısı bini bile bulmamışken, Tatarlar onbinlerceydi. Gerçi Rusların ateşli silâhları vardı.

Tatarlar şöyle derdi:

«Yayları ateş püskürten askerler geldi. Patlayışları gök gürlemesi gibi. Attıkları oklar görünmüyor ama, insan yaralayıp öldürüyor, zırhlı elbiselerimizi delip geçiyor.»

Yermak'ın müfrezesi, saldıran Tatarları püskürte püskürte ırmaklardan ilerliyordu. Düşman, ansızın saldırıyordu. Kazaklar, gece gündüz rahat yüzü görmüyordu. Anayurt uzaktaydı. Ve her gün biraz daha uzaklaşıyordu.

Yermak bir defa Kazakları toplayıp kendilerine şöyle seslendi:

«Nereye kaçalım? Artık güz. Irmaklar buz tutmaya başlıyor. Adımızı kötüye çıkarmayalım... Geri dönersek ayıp ederiz ve sözümüzde durmamış oluruz. Her şeye gücü yeten Tanrı yardımını esirgemezse, bu ülkede adımız unutulmayacak, şanımız ebedîleşecek.»

Kazaklar ileri gitmeyi kararlaştırdı.

Ruslar, Tatar kasabalarını birer birer zaptederek ilerliyorlardı. Çok Rus, Tatar, Ostiyak ve Vogul kanı döküldü.

Sonunda Kazaklar, en büyük Tatar kalesine dayandılar. Tatarlar İrtiş Irmağı'nın dik kıyısında mevzi almışlardı. Han Küçüm, tüm ordusuyla buradaydı.

Ruslar İrtiş'i yüzerek geçip Tatarların ağaç kütüklerinden yaptıkları istihkâmlara saldırdılar. Bu savaşta yüzden fazla kurban verdiler. Oysa hepsi birkaç yüz kişiydi. Ama kaleyi aldılar. Han Küçüm kaçtı.

Kazakların eline pek çok altın, gümüş, değerli taşlar, binlerce değerli kürk geçti.

Yermak, Sibirya'nın egemeni olmuştu. Basbayağı bir «hükümdar kulu» olduğunu biliyordu. Yeni fethedilen Sibirya ülkesini Korkunç İvan'a sunmak için arkadaşı İvan Koltso'yu Moskova'ya gönderdi.

Atasözü «duvarın kulağı var» der. İvan Koltso daha Moskova'ya gelmeden, Çar'a «Yermak'ın haydutlarının» Sibirya'da astığı astık, kestiği kestik kişiler olduklarını jurnalladılar. Boyarlar, toprak köleleğinden kaçıp özgür hayatı seçenlere hırsız ve haydut diyorlardı. Çar Stroganoflara sert bir ferman gönderdi. Yermak'ın elçisi tam o sırada yetişti.

Çar, elçileri çok iyi kabul edip, Komutanları Yermak'a kendi kürkünü bağışladı ve voyvodalarını onun yardımına gönderdi. Başı darda olan Yermak bu yardıma pek muhtaçtı. Tatarlar ikide bir saldırıyorlardı. Bir gece, İrtiş kıyısında uyayan Kazak müfrezesini basıp kırmışlardı. Tek başına kalan Yermak, ırmağı yüzerek geçip kurtulmaya çabalamış, fakat ağır zırhları kendisini ırmağın dibine batırmıştı.

Yermak boğulmuştu. Ama ilk müfrezelerin peşinden yenileri gidiyordu. Bunlar tayga ormanlarında kendilerine yol açıyor, bilinmeyen ırmaklarda kayıklarla ilerliyorlardı. Bazen ırmakların bunları kuzeye, Buz Okyanusu kıyılarına götürdüğü oluyordu. Kışın kar fırtınalarına, yazın bunaltıcı sıcaklarına dayanmak gerekiyordu. Yolları, sık ormanlardan, bataklık tundralardan, yüzer buzlardan geçiyordu. Fakat Pasifik ve Buz Okyanuslarına doğru bu akını hiçbir kuvvet durduramazdı.

Rusya'ya katılış, Yakutlara, Buryatlara, Evenklere çok pahalıya mal olmuştu. Bunları hem Çar'ın voyvodaları, hem tüccarlarla zanaatçılar zulmedip, soymaya başlamışlardı. Fakat yine de bu ağır yol, ileriye doğru giden bir yoldu. Çünkü Sibirya halkları, Rus halkından yüzyıllarca gerideydiler. Kuzeyde avcılar daha demiri bilmiyor, ok uçlarını taştan yapıyorlardı.

Rus halkıyla temas kuran Sibirya halkları, tarihsel gelişme yolunda daha hızla yürümeye başladılar.

Bilinen meskûn dünyaya bazı yüzlerce kilometre mesafede tek bir insanî konutun bulunmadığı geniş boş topraklar eklendi. Bu topraklar, yalnız haritada değil, dünyada da alabildiğine geniş «bilinmeyen yerlerdi.»

Ve Ruslar bu «bilinmeyen yerleri» doldurmaya başladılar: şehirler kuruyor, stepleri sürüyor, tayga ormanlarında yol açıyor, ırmaklarda köprüler kuruyorlardı...

Moskova'da devletin kâtipleri, «Büyük Kroki Kitabı»nı kopya ediyorlardı. Moskova'ya giden bütün yollar bu kitapta işaret edilmişti. Şimdi Tümer ve Tobolsk gibi yeni kurulan şehirlere giden yollar da kitaba alınmıştı. Büyük Obi Irmağı, dünyanın kenarı olmaktan çıkmıştı.

Öte yandan Kremlin'deki Çar saraylarından birinde, Rusya'nın haritası çiziliyordu. Rus toprakları, Kuzey Denizi'nden Hazer Denizi'ne, Aral Denizi'nden Dniyester'e kadar geniş alanları kaplıyordu. Çarın oğlu, kalemini haritanın üzerinde gezdirirken hayali uzaklara Taş çember denen Uralların arkasına, büyük Obi Irmağı'nın ötelerine, Sibiryanın orman ve steplerine uçup gidiyordu...

Böylece, Moskova'da, Londra'da, Madrit'te ve Lizbon'da, ortak gayretlerle, gezegenin büyük krokisi, yani yeryuvarlağının haritası doğuyordu.

tarihin sayfaları

Bir zamanlar, Yunanlılar, Persler, Romalılar, Kartacalılar, Bizanslılar, Araplar, Venedikliler, Türkler sırayla denizlere hâkim olmak için savaşa girişmişlerdi. Bu savaşlarda gemiler batıyor, dalgalar kana boyanıyordu. Fakat deniz, halkları yalnız ayırmakla kalmıyor, birleştiriyordu da. Deniz kıyısındaki şehirlerde diller, töreler, inançlar birbirine karışıyordu. Gemiler sadece hünerli ellerden çıkmış eşyalar değil, bunları yapma sanatını da bir ülkeden öbürüne götürüyorlardı. Ülke ülke dolaşan bilim adamları, çeşitli halkların tecrübelerini bir araya topluyor, birçok kültürden bir kültür meydana geliyordu.

Derken Deniz Devri'nin yerini Okyanus Devri almış, denizlere hâkim olmak uğrundaki eski kavga daha büyük bir şiddetle alevlenmişti.

Okyanusta karşılaştıklarında savaşmak fırsatını kaçırmayan gemiler, bir kıtadan öbürüne hayvan, töre, ağaç, maden ve yabancı dillerden kelimeler de taşıyordu.

Ömürlerinde Kongo, ya da Nijer Irmakları'ndan başka bir şey görmemiş olan zenciler, Missisippi'ye göçürülüyordu.

Amerika'dan getirilen patates, Avrupa tarlalarında buğdayla yanyana bitiyordu.

Kızılderililerin dilinden kakao, tütün, mısır gibi sözler Avrupa dillerine giriyordu.

Limanlarda tüccar ve denizciler, eskiden kimsenin bilmediği iğrenç kokulu bir bitkinin dumanını içlerine çekiyor, sonra tükürüyorlardı. Paris kahvelerinde, biberli Meksika kakaosu ikram ediliyordu. Müşteriler, okyanus ötesinden gelen bu buruk içkiyi, midelerini yakmasın diye, yudum yudum içiyorlardı.

Amerika steplerinde, Avrupa'dan getirilip yabanileşmiş at sürüleri otluyordu. Oysa eskiden Kızılderililer atın ne olduğunu bilmez ve ilk defa gördüklerinde ona bir harika gözüyle bakarlardı. İki başlı canavar dedikleri ata binmiş insanı görünce, binlerce cesur Kızılderili korkarak kaçardı. İnsanın attan inmesiyle, canavar birken ikiye ayrılınca da korkudan ödleri kopardı.

Binlerce kilometre suyun ve toprağın ayırdığı şeyler hızla birbirine karışmaya başlamıştı.

Yeni dünyada, milletler, diller, töreler, bitkiler, hayvanlar yeniden karışıyordu.

Okyanus kıyısındaki Amerika şehirlerinde, eski İskenderiye'de olduğu gibi, derilerinin rengi çeşitli insanlara rastlanabilir, birçok dilden sözler işitilebilirdi.

Tarihte yeni bir bölüm başlamıştı...

Tarihe; ta başından şöyle bir göz atalım: işte bir grup ilkel avcı, bıçak ve mızrak ucu yapmak için, çakmaktaşı aramak üzere bir ırmağa doğru gidiyor.

Birkaç bin yıl sonra, aynı ırmakta kayıklar dolaşıyor. Komşu kabilelerle değiş tokuş için götürdüğü kaba nakışlı çanak çömleği kayığa yükleyen insan, artık dünyada yalnız olmadığını biliyordu.

Sayfalar birer birer gözlerimizin önünde canlanmaya devam ediyor: deniz kıyısında bir şehir meydana geliyor, limanda başka şehir meydana geliyor, limanda başka şehir ve ülkelerden gelen gemiler duruyor. Artık halkları birleştiren ırmak değil, deniz. Fakat deniz bunları aynı zamanda ayırıyor da. Çünkü deniz yolları için şehirler arasında savaş başlıyor.

Tarihin sayfaları savaş, zafer, yenilgi ve buluşlarla dolu.

Ve işte Kolomp'un gemileri Atlantik Okyanusunu aşıyor, Ruslar, müfreze müfreze Pasifik Okyanusu'na doğru ilerliyorlar...

Aradan birkaç yüzyıl daha geçiyor. İnsan uçmaya başlıyor. Hava okyanusu devri başlıyor. Artık yalnız denizde ve karada değil, havada da geçmiş zamanların bütün savaşlarını gölgede bırakan şiddetli savaşlar oluyor.

Fakat, öte yandan, hangi deniz, hangi okyanus, halkları hava okyanusunun birleştirdiği gibi birleştirebilir? Her şehir, kıyıları her yerde olan bu okyanusun bir limanı olabilirdi...

Ama pek ilerilere gittik yine. Şimdi önümüzde açık duran sayfalarda sözkonusu insanlar, uçak şöyle dursun, lokomotifi bile akıllarından geçirmiyor ve at üzerinde karada, yelkenli gemilerle de okyanuslarda dolaşıyorlardı.

dünyayı tanımak güç

İnsanların, doğup büyüdükleri köylerde yaşayıp dünyada olup bitenlerden habersiz oldukları eski zamanlar, ağır aksak akan hayat nerede kalmıştı?

İnsanlar bir yerde duramaz olmuşlardı. Yollardan mal yüklü araba kafileleri gidip geliyor, birkaç çift at koşulmuş kupa arabaları, yalpalaya yalpalaya çukurlardan geçiyordu.

Yollar kötü mü, kötüydü. Üç çift at koşulurdu bu arabaya. Ama bunu çalım satmak için yapmazlardı. Bu bir zorunluktu. Ağır kupa arabası çamura saplanıp kaldığında onu çıkarabilmek için en yakın köyden at getirmek gerekiyordu. Büyük toprak ağalarının yulafla beslenmiş atlarıyla yanyana koşulan, samana da, ağır işe de alışık artık köylü atları, kocaman tekerlekleri yapışkan koyu çamurdan çıkarmaya çabalarlardı.

Bazı yerlerde yollara taş döşenmeye başlanmıştı. Böyle yollarda yolcu dinlenebilir, arabacı da sarsıntıdan düşme korkusu duymadan uyuklayabilirdi.

Acele işi olan dört nala giderdi. Tüccarlar, heybelerindeki mal örnekleriyle rahvan giderlerdi. Dünyanın ilk postacıları da, çantalarındaki mektup ve paketlerle yine dörtnala koşarlardı. Mektup olağan bir şey olmuştu.

Postacı, ya da bu şerefli görevi üzerine alan bir arabacı, kapılarını çaldığında, insanlar artık korkmazdı. Tüccarlar, başka bir şehirdeki fiyatları ve haberleri mektuplardan öğrenirlerdi.

Eskiden insanlar, bazen komşu köyde bile olup bitenlerden habersiz yaşarken, artık küçük bir kasabada bile, İspanya Kralı'nın, limanlarındaki Hollanda gemilerini tutuklama emrini niçin verdiği ve bu yüzden karanfil fiyatlarının artıp artmayacağı üstüne kafa yoruyorlardı.

Haberler hem mektuplardan, hem de hanlara yeni inenlerden öğrenilirdi. Hanları tanımak kolaydı. Avlusunda bir yanda yorgun, terli atlar arabalardan çözülür, öte yanda yeni yemlenip sulanmış atlar koşulurdu. Ardına kadar açık kapılardan, gülüşmeler, şişe sesleri işitilir, tok bir insanın bile iştahını açan kızartma et kokusu gelirdi. Salonda, üst başlarından atla yolculuk yaptıkları belli olan insanlar, sırtlarını ocağa vermiş ısınırlardı. Hanın önündeki direkte, üzerinde altın arslan, ya da kır at resmi bulunan kalkan biçiminde bir tabela dururdu. Bu tabelanın ne ifade ettiğini anlamak için insanın okumuş olması gerekmezdi.

Şehirdeki tabela sayısı gittikçe artıyordu.

Bir berber dükkânında asılı pırıl pırıl tasın yanında, fırıncının yaldızlı simiti sallanırdı.

İlk küçük bakkal dükkânları da belirmişti. Bunlarda toplu iğneden ringa balığına, çoraptan çiviye kadar herşey satılırdı.

Toptancı zengin tüccarlar, ufak dükkân sahiplerine tepeden bakarlardı. Çünkü kendileri binlerce markla, sterlinle, şilingle, rubleyle oynarlardı. Bürolarında kâtipler, gece yarılarına kadar muhasebe defterlerini rakamlarla doldururlardı. Bu kocaman, ağır defterler eski tüccarların hesap defterlerine benzemezdi.

Dedelerin zamanında şöyle yazılara rastlanırdı her hangi bir tüccarın defterinde: «bir düzine eldiven sattım. Fiyatını hatırlamıyorum. Bundan başka iki parça al çuha satmıştım, ama kime sattığımı unuttum... Gent kadifesinden bizim karıya şu kadar arşın elbiselik verildi.»

Bazen de deftere not bile etmez, mendilde yapılan bir düğümle yetinirlerdi. Çünkü eli kalem tutan azdı. Artık hâkim olan kanıya göreyse, okuma-yazma bilmeyen tüccar olamazdı.

Hindistan'dan, ya da Amerika'dan gelen mal yüklü gemi kafileleri söz konusuyken, bu alışveriş muameleleri ve ortada dönen sermaye akılda nasıl tutulabilirdi. Hesaplar düğümle yürütülecek olursa, binlerce mendil bile az gelirdi buna.

Eskiden yalnız rahipler, üniversiteliler, liseliler, bir de ilâhiyat hocaları okuma yazma bilirken, artık her zümreden insanlar kitap okuyordu.

Kitaplar ucuzlamıştı. Çünkü artık yazılmıyor, Gutenberg'in icadı matbaa makinelerinde yüzlercesi birden basılıyordu.

Parşömen kullanılmaz olup, yerini kâğıt «değirmen» lerinde yapılan kâğıda bırakmıştı. Kâğıt, parşömen kadar sağlam değilse de, daha ucuzdu.

Kitapçı dükkânlarının kapılarına, yeni çıkan kitapların reklamları yerine, bunların kapakları asılırdı. Maksat, müşteriye teklif edilen mal hakkında fikir vermekti.

Yunan ve Roma yazarlarının eserleri, okyanus ötesi ülkeler hakkındaki hikâyeler, eski ortaçağ düzeniyle alay eden kitaplar hemen kapışılırdı.

Obur Pantagrüel'in sucukları nasıl yuttuğunu, ya da Gargantüa'nın, daha beş yaşındayken tahta bir at üzerinde, şövalyelerin düellosuna katılışını okuyanlar gülmekten katılırlardı.

Kitaplarda şövalyeler, papazlar, sahte bilim adamları yeriliyor, yerin dibine batırılıyordu. Şövalyelerin işi gücü yiyip içmek, sonra kavga etmekti. Oruç tutup dine uymayı salık veren papazlar, kendileri kilisenin semtine bile uğramaz, manastır mutfağında geçirirlerdi günlerini. Sahte bilim adamları, düşüncelerini, kendilerinin bile anlamadıkları esrarengiz işaretlerle ifade etme sanatında birbirleriyle yarışırlardı.

İlâhiyat hocası Otuin Gratsiya'ya yazılmış «Cahil İnsanların Mektupları» adlı eserin ne iğneli bir dili, ne akıcı bir üslubu vardı!

Bu ilâhiyat hocasının yenilik düşmanı olduğunu bilmeyen yoktu. Dostları ona yazdıkları mektuplarda, kendi cahilliklerini öyle içtenlikle överlerdi ki, okuyan bunların alay niyetiyle yazılmış olduğunu hemen sezer ve kitabı bitirince sezişinde yanılmadığını anlardı. Ortuin'e son mektup, merhum bir dostu tarafından cennetten gönderilmiştir. Mektubu yazan, Ortuin Gratsiya'ya ve onun gibi düşünenlere, sözünü esirgemeden «okumuş eşşekler» der.

Bu kitabın, cahillere dost olanlar tarafından değil, onlara düşman olanlar tarafından yazıldığını anlamamak için, insanın gerçekten ahmak olması gerekti.

Küplere binen cahiller, böyle kitapların hemen yakılmasını ister, çoğu zaman da istekleri olurdu. Bu hallerde kilise önündeki bir meydanda hemen ateşler yakılırdı. Üniversite kapılarından, öğretmenler, ilâhiyat hocaları, öğrenciler kafilesi çıkardı. Kafilenin önünde yürüyen müzik takımı, bakır boruları var gücüyle üflerdi. Kitapların nasıl yakılacağını seyretmek için halk meydana üşüşürdü.

Fakat bütün kitaplar yakılmazdı ya. Artık bunlar yüzlerce, binlerce nüsha basılıyordu. Ateşten kurtulan nüshalar, elden ele geçerek evlerde saklanıyordu.

İnsanlar dedelerinin düşündüğü ve ilâhiyat hocalarının öğrettiği gibi değil, yeni bir yönde düşünmeyi öğreniyorlardı.

Dünya başkalaşmıştı ve eskiden gerçek sanılanlar, gözün gördükleriyle uzlaşamıyordu. Ama bunlar, savaşsız teslim olmak, çekilip gitmek de istemiyordu.

9

bir kitabın başına gelenler

Gerçeklere dayanan bir hikâyemizde, kahramanın adı, neredeyse her bölümde değişiyor. Bizim de iki de bir, bir şehirden öbürüne, bir ülkeden ötekine gitmemiz gerekiyor.

Baltık Denizi'nin sisli kıyılarına doğru yürüyelim bakalım. Denize uzanan dar bir kara parçasının meydana getirdiği körfezde Frauenburg adındaki Polonya şehrini bulalım. Şehirde yamaçtaki şatoyu çeviren kırmızı kiremitli, sivri damlı evler bu şatoda sığınak arıyor gibiydiler.

Şatoyu dört köşe surlar çevreliyordu, güneye, doğuya ve batıya bakıyordu. Şatoya defalarca saldıran Töton şövalyeleri, dolaylardaki köyleri yakmış, bahçe ve tarlaları çiğnemiş, fakat şatoyu ele geçirememişlerdi.

Ama burası gerçekten bir şato muydu?

Surların üzerinde, bir kilisenin sivri kuleleri göklere doğru yükseliyordu. Tören saatlerinde, kulelerdeki çanların sesleri ta uzaklardan işitilirdi.

Beyaz duvarlarla çevrili bahçenin gölgeli yollarında, kenarları kürklü şapkalar ve geniş yenli elbiseler giymiş insanlar dolaşırdı. Bunların din adamı oldukları hemen göze çarpardı.

Sakın bir manastır olmasındı burası?

O da değildi. Bu cübbeli insanların yaşayışı, rahiplerinkine benzemezdi. Çoğu, dua okuma sırası kendisine geldiği zaman, parayla bir papaz tutup okutur ve sırasını savardı. Geniş tarlaların getirdiği gelir, dolaylardaki şehir ve köylerden alınan vergi, bunlara iyi bir hayat sağlardı. Bunlar şövalye değildi, kanonikus'tular ama, başları olan Varma Piskoposu hiçbir hükümdara boyun eğmezdi. Kanonikus'lar piskoposa bağlı olup, onun güruhuydular.

Fakat biz, Avrupa şehirleri arasında Frauenburg'u, bu arı beyi gibi tembel parazitlerden bahsetmek için seçmedik. Bu arı kovanında, sıradan arı gibi çalışan bir insan da vardı.

Kuzey batıya bakan kulenin üst penceresinde gece yarılarına kadar mum yanardı. Bulutsuz gecelerde kule kapısı açılır, geniş kale duvarına bir ihtiyar çıkardı. Bir elinde fener, öbür elinde de gönyeyi andıran acayip bir alet olurdu. Feneri yere bırakıp aleti bir yere yerleştirip bağladıktan sonra, kale duvarındaki korkuluğa dayanarak gökyüzünü dikkatle seyre dalardı. Yıldızları eski tanıdıklarmış gibi selâmlar, onlar da kendisine «iyi geceler» dercesine karşılık verir gibiydi. Sonra ihtiyar, aletine dönerdi. Gönyenin kenarlarından biri boru görevini görürdü. Buna, delikli iki ufacık tahta bağlanmıştı. Aleti bir yıldıza yöneltebilmek için, yıldızı bu iki delikten görmek şarttı. Bir gün ihtiyar, gönyeyi ekseni çevresinde döndürerek, titreşen yıldızlar arasında bir damla şarap gibi yanan sabit bir kızıl noktaya çevirmişti: Mars'tı bu. Sonra feneri kaldırıp, gönyenin üzerine mürekkeple işaretlenmiş çizgileri saymıştı. Böylece, gezegenin yüksekliği bulunmuştu.

Gökyüzü bulutsuz olduğu için ihtiyar memnundu. Kuzeyde böyle geceler seyrekti. Yıllarca önce, yıldızları incelemeyi yeni öğrenirken kendisine alfabe işini gören İtalyan gökyüzünü hatırladı. Sonra ilk öğretmeni, müneccim Dominiko di Novara geldi gözlerinin önüne. Çok güç şartlarda çalışmak zorundaydı Profesör Novara. Takvimler tertipler, fal kitapları yazar, güneş ve ay tutulmalarını hesaplar, uğurlu ve uğursuz günleri belirlerdi. Hiç sevmediği bu işlerle, ancak hayatını kazanmak için uğraşırdı. Yıldızları gözlemek için ilkin yaşamak gerekti.

Hey gidi günler...

İhtiyar, cübbesini ilikleyerek odasına döndü. Masanın üstünde elle yazılmış bir kitap duruyordu. Bu onun çocuğuydu. Bir çocuk, annesi için neyse, bu kitap da ihtiyar için oydu. Gerçi ihtiyarın çocuğu artık otuzunu aşkındı.

İhtiyar, «yazdıklarını dokuz yıl sonra yayımla» diyen Horatius'un tavsiyesini hatırladı. Artık hemen hemen dört kere dokuz yıl geçmişti, kitapsa hep el yazısında kalmış, masada duruyordu.

İhtiyar, büyük sayfaları karıştırdı. İlk sayfada Latince:

«Tornlu Nikola Kopernik'in

Gök kubbelerinin dönmesine dair altı kitabı» diye yazılıydı.

Kitabı bir defa daha bölüm bölüm gözden geçirdi. Kaçıncı göz gezdirişti bu Allah bilir!

Altı kitaptan ilkinde, dünyanın biçimi söz konusuydu. Dünyanın küre biçiminde olduğunu insanların kafalarına sokmak ne güçmüş meğer!

Kopernik, Laktansius adındaki filozofun şu sözlerini hatırladı: «Güya dünyanın öte yanında, ot ve ağaçların kökleri yukarıya doğru büyüdüğüne, insanların da ayakları yukarıda, başları aşağıda olduğuna, ancak bir deli inanabilir.»

Hıristiyan olan bu Romalı hatip, bu güzel konuşma öğretmeni, bilimden yana yayaydı. Ama cahilliği, kendisinden daha bilgililerle alay etmesine engel olmamıştı. Oysa, çocukça düşünceleriyle asıl kendisi alay konusu olabilirdi.

Kopernik şöyle düşündü üzülerek:

«Aradan yüzlerce yıl geçtiği halde, daha Laktansius gibileri yok değil. Bir şeyi anlamak istemeyen insanları ona inandıramazsın. Cahil bilim adamları, bu kitabı okudukları zaman ne diyecekler? Dünyanın hareketsiz olduğuna inanmışken, birdenbire, ortadaki tahtta dünyanın değil, güneşin bulunduğu şu evren tablosunu görecekler. Güneş, bir hükümdar gibi gezegenler ailesini yönetiyor.

Dünya, sadece bu altı üyeli gezegen ailesinden biri olup, Venüs'le Mars arasında kendisine ayrılan dairede dönüyor.»

Kopernik, düşmanlarını unutmuş, eserine, tablosuna imrenerek bakıyordu.

Gezegenlerin bu biçimde yerleştirilişi, Aristoteles'le Ptolemeus'tan beri herkesçe kabul edilmiş olandan daha doğruydu. Bu tabloda, gezegenlerin geriye dönüşlerini açıklamak için birçok daire çizmek gerekmemişti. Az buçuk matematik bilen, bu tabloya bakınca, örneğin Mars'ın niçin bazen küçük, bazen de büyük göründüğünü hemen anlar. Çünkü Mars, dünyadan bir uzaklaşır, bir de yaklaşır.

Gezegenlerin bu biçimde yerleştirilişinde, başka hiçbir yerde bulunamayan bir âhenk, aralarında sağlam bir bağlılık vardı ve astronomları rahatsız eden tüm çelişkileri, tüm uyuşmazlıkları bir çırpıda görüyordu. Astronomlar, yılın uzunluğunu tam olarak hesaplayacak durumda değillerdi. Az çok işe yarayacak bir takvim bile yapamamışlardı. Yıldızların hareketini hesaplarken, evren üstüne kurulmuş çeşitli nazariyelerden faydalanıyorlardı. Bu, bir ressamın, çeşitli tablolardan aldığı kol, bacak ve başlardan ucubeler yapması gibi bir şeydi.

Kopernik kendi hayatının sayfalarını çeviriyormuş gibi, kitabın sayfalarını çevirmeye devam ediyordu. Bu düzgün satırlarda ne büyük endişe ve şüpheler, ne çok uykusuz geceler gizliydi. Tek başına harkese karşı çıkmak kolay mıydı?

Kitap daha yayımlanmamıştı, hakkında sadece söylentiler dolaşıyordu ama, zaten düşmanları çıkmıştı ortaya. «Küstaha bak hele, demek dönen güneş değil, dünya ha? Ya kutsal kitap ne diyor? İsa, güneşe emretti durması için, dünyaya değil. Yöneticiler ne güne duruyor, niye tedbir almıyorlar? Kitap bir çıksın, gösteririz biz ona» diyordu Kopernik'in düşmanları.

Demek, kitabın masada biraz daha durması, daha iyi zamanlar beklemesi gerekiyordu. Kitabın dostları da vardı. Bunlar azdı ama, bilgili, aydın kimselerdi.

Kopernik yine gençlik yıllarını, İtalyan bilim adamlarıyla sohbetlerini hatırladı. Konuştukları meseleler, hep kilisenin yasakladığı meselelerdi, bir dindarın şüphelenmesi gerekmeyen şeylerde şüphe ederlrdi. O zaman da akıldan geçen her şey yazılmaz ve her yazılan basılmazdı. Sohbete başlamadan önce kapılar sımsıkı kapanırdı. Çünkü engizisyonun her yerde kulakları vardı.

Yine de, yeni düşünceler rollerini oynuyordu. İtalyan bilim adamlarıyla konuşmalar olmasaydı, kim bilir, belki bu kitap da yazılmazdı.

Kopernik kitabı kapadı ve mumu alıp küçük yatak odasına geçti. Burada dar yatağın üstündeki rafta, sıra sıra deri ciltli kitaplar duruyordu. Kopernik'in sevdiği şairlerle filozofların kitaplarıydı bunlar. Düşüncelerindeki heyecanı, isyan eden kalbini hekzametron vezniyle yazılmış şiirle yatıştırmak için raftan Virjilius'u alıp okumaya daldı.

kitabın dostları

Yıllar birbirini izliyordu. Yeryuvarlağı, üzerinde yaşayanlardan pek azının bunu bildiğine aldırış etmeden daireler çizerek dönüyordu.

Daha iyi zamanlar bekleyen Kopernik'in kitabıysa hep masanın üzerlerinde duruyordu. Zamansa iyileşmek şöyle dursun, tam tersine kötüleşiyordu.

Frauenburg'a, doktor Gozius adında yeni bir kanonikus gelmişti «Zındıkların çekici» diyorlardı buna. Her şeyde zındıklık, dinden sapma görüyordu Gozius. Kopernik'in her adımını izliyor, öğrendiklerini piskoposa yetiştiriyordu. Kopernik gözden düşmüştü. Genç kanonikuslar, kendisiyle temastan çekiniyorlardı. Kopernik'le konuşmak bile, şüphe çekebilirdi.

Kopernik'in başından belâ eksik olmuyordu. Şatoda yalnız bir dostu vardı, onu da Tanrı'sızlıkla suçlayıp kovdular.

İhtiyar astronom, kulesinden hemen hemen hiç çıkmıyordu. Güçten düşmeye başlamıştı. Uzak akrabalarından bir kadın hizmet ediyordu kendisine. Yıllar boyunca onun ev işlerini yörmüş, yemeğini pişirmişti bu kadın. Kopernik'in ondan da ayrılması gerekti; bir kanonikusun evinde kadın bulunamayacağı kendisine duyurulmuştu.

Kopernik'e, «bunu yapma, şunu yap» demiyorlardı. Yalnız «babaca» uyarıyor, «kardeşçe» tavsiyelerde bulunuyorlardı. Fakat o, kendisini «sevdiklerini söyleyen kanonikus kardeşler arasında, piskoposun babaca vasiliği altında öyle yalnızdı ki...

Derken, Kopernik'e önceki dinçliğini, insana inancını geri getiren bir olay oldu. Genç matematik profesörü George Yoakim Retik, Kopernik'e misafir geldi. Kitabın çıkmasını beklemeyip el yazılarını okumaya gelen sabırsız bir okuyucuydu bu.

Yeni bir hayata kavuşan eski kulede yüksek sesle konuşmalar işitilmeye başladı.

Kitap, Profesör Retik'i sarsmıştı. Bunun basılmasını daha fazla ertelememesi için Kopernik'i ikna etmeye uğraşıyordu. «Bu kitabı Aristoteles okusaydı, diyordu, görüşlerinden vazgeçerdi, kitap bu kadar gerekliyken, onu saklamakta ne anlam var?»

Kopernik daha düşünüyordu: «yalnız cetveller yayımlansa daha iyi olmaz mı?» diye soruyordu. «Sıradan astronomlar, hazır hesaplardan faydalanabilirler ve aklı olan, bu cetvellerden dünyanın yeni düzenini bulup çıkarır.»

Genç dostu, Kopernik'le aynı kanıda değildi.

Ve işte kitapçı dükkânlarında küçük bir kitap belirdi. Kapagında şunlar yazılıydı:

Çok bilgili bir adam
ve mükemmel bir matematikçi olan
Varma kanonikusu,
Sayın doktor TORNLU BAY NİKOLA'nın yıldızların
dönüşleriyle ilgili kitapları üstüne
genç bir matematik öğrencisinin
birinci yazısı.

Bu «genç öğrenci», Kopernik'in yeni dostu Profesör Retik'ti. Retik'in küçük kitabı, bir tellâl gibi önde yürüyerek ,dünyaya, pek yakında çıkacak büyük kitabı müjdeliyordu.

Retik, gençliğe özgü bir heyecanla, cahiller, kıskançlar, entrikacılar kalabalığı arasında öğretmenine yol açıyordu. Bu kalabalıkta, kendi öz fikri olmayan ne ahmaklar vardı! Bir otoritenin fikrini, gerçeğin kendisinden üstün tutan ne kara cahiller vardı. Baykuş, güneşten nasıl korkarsa, bunlar da yeniden öyle korkuyorlardı. Sahte bilimlerine dört elle sarılmışlardı. Çünkü foyaları meydana çıkarsa açıkta kalırlardı.

Kopernik'in genç arkadaşı, bunların saflarına fırtına gibi saldırıyordu.

«Filozof olmak isteyende özgür akıl olmalı» diyordu Retik. Eskiden gerçek sanılanları, yalnız eski oldukları için doğru bulanlarla alay ediyordu. Gök olaylarının astronomların isteklerine değil, astronomların gök olaylarına uymaları gerektiğini hatırlatıyordu. «Ptolemeus mezarından çıksaydı, kendi sisteminden vazgeçerdi», diyordu.

kitap savaşa gidiyor

Ve nihayet Kopernik'in el yazısı, kanıtlarla hesaplarla, cetvellerle iyice desteklenmiş olarak yola çıktı. El yazısını, Nürenberg'de, Petreus'un matbaasında bekliyorlardı.

Kopernik, çocuğu saydığı kitabından ayrılıp, onu bastırmaya razı olmuştu. Varsın başına buyruk yaşasın, cahillerle savaşsın, doğruyu savunsundu.

Beklenen iyi zamanlar gelmiş miydi?

Hayır, gelmemişti. Kopernik o iyi günleri görmeyecekti. Pek az ömrü kalmıştı. Ölmeden, bütün hayatını verdiği eseri tamamlanmış görmek istiyordu. El yazısı mahvolabilirdi. Ama kitap basılırsa, birçok nüshadan hiç olmazsa bir tanesi kalırdı...

Kitap daha okuyucuya ulaşmadan, savaşa atılmadan, birçok engel çıktı karşısına.

Redaktör, kendi deyişiyle Kopernik'i, «din bilginlerinin gönlünü hoş etmek için kitaba bir şeyler eklemeye» ikna etmeye çalışıyordu. Fakat Kopernik, redaktörün aldatıcı sözlerine kulak asmadı. Bu meselede uzlaşma olamayacağını, bir şeyler eklemenin her şeyi mahvetmek demek olduğunu bildiği için buna razı olamazdı.

Peki kitabı nasıl kurtarmalıydı?

Kopernik çevresine bakınıyordu. Batı Avrupa'da Hıristiyanlar ikiye ayrılmışlardı. Birinin başında papa, öbürünün de Lüter bulunuyordu. Türingiyalı bir madencinin oğlu olan Lüter, papaya başkaldırmıştı. Sözünü esirgemeden Katolik ilâhiyatçılara şiddetle saldırıyordu. Öte yandan, Kopernik'in yeni teorileriyle ilgili söylentileri işittiği zaman, ona ahmak demekten geri kalmamıştı.

Kopernik: «kitabı papaya mı adasam acaba, diye düşündü. Lüter kitabı yerdiği için, belki papa onu savunur.

Ve şayet, bu kitabı yazdığım için mahkemeye düşersem, kitabı, ne idüğü belirsiz bir Varma Piskoposu yargılayacağına, papanın kendisi yargılasın.»

Ve Kopernik kitabını papaya şöyle adadı:

«Kutsal peder, bu kitapta dünyanın hareket ettiğini söylediğim öğrenilince, bazı kimselerin yerilmemi isteyeceklerini biliyorum... Fikrimin yeni ve ilk bakışta sağduyuya aykırı gibi görünüşünün, bana karşı nefret doğurmasından sakındığım için, neredeyse, hazır eserimi bir kenara atmaya karar vermiştim. Fakat dostlarım, beni kitabı yayımlamaya ikna ettiler... Başka birçok bilim adamlarıyla ünlü kimseler de benden bunu istedi, böyle düşüncelerle üzülmemem gerektiğinde ısrar ettiler ve tam tersine, eserlerini matematikçilerin hizmetine sunmak zorunda olduğumu söylediler.

Kutsal Papa hazretleri, birçok gecenin meyvelerini yayımlamak cesaretini göstermemden fazla, bütün matematikçilerin tersini iddia ettikleri ve genel olarak sağduyuya aykırı gibi göründüğü halde, dünyanın döndüğü fikrinin nasıl aklıma geldiğine şaşacaksınız herhalde...»

Kopernik yazısının daha ilerisinde, kendisini herkese karşı, sağduyu sanılana karşı çıkmaya zorlayan sebebi anlatıyor ve «İftiraya karşı ilaç yoktur» diyen bir atasözüne rağmen papanın kendisini iftiracılardan koruyacağı umudunu belirtiyordu. Cahiller kendisini daha suçlamadan, bu suçlamaları nefretle reddediyor ve şöyle devam ediyordu:

«Matematik bilimlerinden habersiz oldukları halde, kutsal kitabın herhangi bir yerini bile bile tahrif ederek, girişimimi yerecek ya da çürütmeye kalkacak boş boğazlar bulunursa, bunlara önem vermeyecek, tam tersine, böyle bir akıl dışı yargılamaları işitmemezlikten geleceğim...»

Aradan aylar geçmiş, kışın fırtınalarından sonra ilkbahar gelmişti. Frauenburg üzerinde yıldızlar daha sık görünmeye başladı. Fakat ihtiyar kanonikus, artık geceleyip kulesinden çıkmıyor, daracık yatağında hasta yatıyordu.

Rafta, astronomi ve matematik kitaplarıyla birlikte, «Sağlık Bahçesi», «Tıbbın Gülü» gibi hekimlik kitapları da vardı. Kopernik yalnız bir astronom değil, aynı zamanda doktordu. Eskiden her sabah, şehir dolaylarındaki hastalarını görmeye giderdi. Fakirlerden vizite parası almaz, üstelik evden çıkarken masaya, pahalı reçine ve baharattan yapılmış haplardan başka birkaç gümüş akçe bıraktığı da olurdu.

Oysa Kopernik şimdi kendisi yalnız kalmış, hasta yatıyordu. Bakacak kimsesi de yoktu...

Ömrünün son günlerini yaşadığını biliyordu. Bunun için kapısı her çalındığında, merdivendeki adımları kulak kesilerek dinliyordu. Neredeyse kapının açılacağını ve genç dostunun, elinde büyük bir kitapla eşikte belireceği gözünün önüne geliyordu.

Fakat günler geçiyor, ömrü azaldıkça azalıyordu. Kitapsa görünürlerde yoktu. Kopernik artık kitabını göremeden öleceğini sanıyordu.

Fakat kitabı ömrünün son gününde, ölümünden birkaç saat önce getirdiler. Kopernik kitabı eline alıp baktı, ama fikri artık başka yerde, çok uzaklardaydı...

Kopernik'in, artık kitabının sayfalarını bir defa daha çevirebilecek güçte olmayışı, bir bakıma belki iyiydi. Kitabı açsaydı, ilk sayfasında imzasız bir önsöz görecekti. Redaktör, Kopernik'in fikrini sormadan, kitaba, yazarın razı olmayacağı «bir şeyler» eklemişti. Ve bu «bir şeyler» onun son dakikalarını zehirlemeye yeterdi.

Redaktör, gelecekte kendisini suçlayacak olanlardan daha çabuk davranıp kendisini mazur göstermek için, yaltaklıkla, kitabı yazanın verilecek bir şeyler yapmadığını ispata uğraşıyordu. Kopernik'in teorisini kimse kabul etmek zorunda değildi. Bu teori, herhangi bir teoriydi ve yıldız hesaplarını kolaylaştırdığı için elverişliydi. Kısaca söylemek gerekirse, diyordu redaktör, doğru bir şeyler öğrenmek isteyen astronomiye başvurmasın. Çünkü astronomi, hiçbir şey vermez, «ve bu kitapta olanı gerçek sayan, bunu okuduktan sonra, eskisinden daha da ahmak olur...»

Bu satırları okuyan Kopernik'in genç dostu fena halde kızdı. Ölene tutulan yas, yüreğinde, haine karşı kabaran öfkeyle karışıyordu. Fakat ne yapabilirdi? Kitap artık çıkmış ve kitapçılarda satılıyordu.

Kopernik'in kitabını dost da okuyordu düşman da

ve yazarının tahmin ettiği gibi, düşmanlar dostlardan çoktu.

Lüter'in dostu, «Almanya'nın öğretmeni» denilen Profesör Melanhton, Kopernik teorisinin saçma olduğunu, böyle kitapları basmanın toplumun yaşama kurallarını bozmak ve kötü örnek vermek demek olduğunu yazmış ve şunları eklemişti: «gökyüzünün yirmi dört saatte dünyanın çevresinde döndüğü gözle görülüyor.»

«Almanya'nın öğretmeni»nin bir işareti üzerine, birçok öğrencisi hep bir ağızdan Kopernik'in kitabını yermeye başlamıştı.

Kopernik'in bu kitabı okumalarını istediği insanlar, eseri öyle iyi karşılamışlardı ki, Kopernik memnun olabilirdi. Ünlü Astronom Tiko de Brage, heyecana gelip Kopernik'e bir övgü bile yazmıştı.

Tiko de Brage'nin büyük bir laboratuvarı vardı. Uraniya muzasına atfen, Uranienburg diyorlardı bu laboratuvara. Bir bilim kalesi olan bu laboratuvarda, büyük ve bileşik birçok alet vardı. Kopernik'inse çam çubuklarından kendi eliyle yaptığı basit bir aletten başka bir şeyi yoktu. Kopernik öldükten sonra dostları bu aleti Tiko de Brage'ye göndermişlerdi. Şairliği de olan bu ünlü astronom, Kopernik'i yıldızlara kadar yükselten bu ince çam çubukları şiirlerinde övmüştü...

10

kopernik'in kitabı
genç bir papazın eline
nasıl geçti?

1543 yılı Kopernik'in öldüğü yıl, aynı zamanda kitabın doğduğu yıldı. Kopernik mezarında yatarken, kitabı dünyayı dolaşmaya başlamıştı.

Bu kitapla kimi alay ediyor, kimi övüyordu. Kitap değişmemişti, neyse oydu, ama onu okuyanların çoğu fikrini değiştiriyordu.

Kopernik'in kitabı, Napoli yakınlarındaki küçük bir şehirde yaşayan genç bir papazın eline de geçmişti. Papazın adı Cordano Bruno'ydu. Bruno'nun hücresinde pek çok kitap vardı. Bazıları raflarda durur, bazıları da gizli bir yere kaldırılmış olurdu.

Manastır sorumlusu, Cordano'nun hücresinde ciddi bir arama tarama yapsaydı, kitapları arasında kilise tarafından kabul edilen Aristoteles'ten başka, özgür fikirli Lükres'in «Eşyaların Tabiatı Üstüne» adlı eserini de bulurdu.

«Melek Doktor» lakabıyla bilinen Akinolu Toma'nın on sekiz ciltlik kitaplarıyla birlikte, Roterdamlı Erasmus'un «Deliliğe Övgü» adlı zehir zemberek kitabı da geçerdi eline. Döşeğin ya da döşeme tahtalarının altında, Bruno'nun not defterlerini de bulurdu. Bunlardan ilk açtığı defterde, insan öfkeden keskin sirkeye çeviren şeylerle karşılaşırdı.

Örneğin, «Kandil» adlı poemle «Nuh'un Gemisi» adlı diyalogu alalım. Bunlar, din adamlarının cahilliğiyle, softa beyinlilikle, erdemlik taslama kusurlarıyla alay ediyorlardı. Ve bunları yazan bir Dominiken papazıydı. Öyleyse niçin cübbe giymişti?

Gerçekten de, bu özgür fikirli genç, niçin papaz olmuştu?

Cordano, Aziz Dominik Manastırı'na girdiği zaman on dört yaşındaydı. Dominiken Tarikatı'na bağlı papazlar, öteden beri katı dinci ve zındıkların amansız düşmanları olarak ün salmışlardı. Engizisyon mahkemelerinde davalara onlar bakardı. Bayraklarına, ağzında meşale tutan bir köpek başı resmedilmişti. Tanrı'nın birer sadık köpeği olarak, her yere burunlarını sokup zındık ararlardı. Fakat, öte yandan, papazlar arasında en bilgili olanlar da bunlardı. En üstü kapalı düşüncelerde bile zındık bulmanın ustasıydılar. Dominiken kuşaklarından birçoğunun nasıl düşünüp, nasıl düşünmemek gerektiğini öğrendikleri «Din Bilgisinin Esasları» adlı kitabı yazan «Melek Doktor» Akinolu Toma da, bu tarikattandı.

Ve işte, daha çok öğrenip bilmek isteyen bu on dört yaşındaki çocuk, yani Cordano, bir zamanlar Akinolu Toma'nın okuduğu Aziz Dominik Manastırı'na ilk defa giriyordu. Kitapları çok severdi. Manastırın zengin kitaplığından başka nerede bulabilirdi bu kadar kitabı. Üstelik, burada okumaktan başka işi olmayacaktı.

Bilime âşık olan Cordano, yüksek manastır duvarlarının arasında bu sevgilisini bulacağını sanıyordu.

Gerçekten, sevgilisi bilim buradaydı. Bilim, iyi yürekli ihtiyar Kasiodor onu ilk defa manastıra getirdiği günden beri manastırlarda dolaşıyordu.

Kasiodor, bilimin manastırda kendisini daha iyi, daha rahat hissedeceğini sanmıştı. Fakat bir zamanlar Yunanistan'ın yamaç ve vadilerinde kızkardeşleriyle halay çeken bu dilber muza, burada sararıp solmuştu.

Bilim muzası, Tanrıbilim adındaki dindar ve katı yürekli hanımın üvey evladı, hizmetçisi olmuştu. Çan sesleriyle ilâhiler arasında, bilimin sesi işitilmiyor gibiydi. Sert yol göstericileri ve gözcüleri vardı. Üvey evladın hak ve görevlerini, bizzat Akinolu doktor Toma belirlemişti.

«Hanımefendi Tanrıbilim önünde baş eğ, çünkü insan aklı Tanrı'nın hikmetinden çok geridedir. Bu eşiği aşma, bu duvarların dışına çıkma, çünkü insan aklının sınırları vardır, insanın aklı her şeyi bilmez. Bu yasağı çiğner, yeniden özgür olmak istersen, şiddetle cezalandırılacaksın: Dinsizi ölüm bekler...»

Bruno işte böyle bir yerde dört duvar arasındaydı. Niçin girmişti buraya? Neşe dolu gürültülü dünyayı bu daracık hücreye niçin değişmişti? Bir asker ve şair oğluyken niçin papaz olmuştu?

Hep bilim için. Bruno'ya, gözlerinin gördüğünden

daha geniş ufuklar gerekti. Bilimin, kendisine yeni gözler vermesini, hiç kimsenin görmediğini görmeyi öğretmesini istiyordu.

Bilim buradaydı, manastırın tabandan tavana kadar binlerce kitap dolu kitaplığındaydı.

Yıllar geçiyor, Bruno kitap üstüne kitap okuyordu. Çoktandır kimsenin dokunmadığı tozlu bir cildi almak için, sallanan bir merdivenin en üst basamağına çıkardı.

Bir raftan öbürüne, tabandan tavana kadar ne kadar bir mesafe olabliir? Kitaplıkta saatlerce kalan Bruno, yüzyıllarda ve çeşitli ülkelerde dolaşıyor, insanlığın geçtiği uzun yoldan yeniden geçiyordu. Yunan filozofları, dünyanın duvarlarını gerilere itip genişleterek kendisine bilge kişilerin yolunda kılavuzluk ediyorlardı. Yunanlılardan sonra Araplar, Museviler geliyordu. İbni Rüşt, Bruno'ya, evrenin ebedî, ruhun, insanlık okyanusunda ancak bir damla olduğunu söylüyordu. İnsan ölüyor, fakat insanlık kalıyordu.

Bruno, Katolik kilise babalarının eserlerine derinlemesine dalıyordu. Yunan filozoflarının apaydın öğretilerinden sonra, bu «melek», «zarif», «yalanlanamaz» denen doktorların öğretileri ne kadar karanlık geliyordu. İnsanı gittikçe koyulaşan bir duman sarıyor, duvarlar sıkıyordu. Dünyayı ruhlar dolduruyordu: yukarıda melekler, aşağıda şeytanlar. Melekler gök kubbelerini döndürüyor, şeytanlar fırtına gönderiyorlardı. Ya insan neredeydi? Bu esrarengiz güçler, kanatlı ruhların askerleri, kendi aralarında savaşırken, insanın ruhunu eziyorlardı.

Fıkır fıkır kaynayan cehennem uçurumuyla soğuk gök kubbesi arasındaki bu hayaletler dünyası, insan için dar ve korkunçtu.

Bruno, Akinolu Toma'yı bir kenara bırakıp yine eskiçağ filozoflarının kitaplarına dalıyor, Aristoteles'i inceliyordu. Fakat, bir zamanlar gerçek peşinde dolaşan, bazen yolunu yitirip yine bulan canlı Aristoteles'i görmüyordu. «Melek Doktor», kitaplarındaki yüzlerce büyük küçük soruyla, onu da kutsal bir fosile çevirmişti.

«Yer suda, su havada, hava ateşte, ateş göktedir, gökse hiçbir yerde değildir» diyen Aristoteles'in dünyası Bruno'ya pek dar geliyordu.

Yıldız serpili gök kubbesi sondu. Onun ötesinde ne doğa vardı, ne başka dünyalar...

Dünyanın duvarları gittikçe daralıyordu .Bruno hücresinde, zindandaymış gibi havasız boğuluyordu. Buraya bilim için gelmişti, ama onun da burada kendisi gibi sürgünde mahvolduğunu görüyordu.

Bruno için, manastır havasını solumak, tesbih çeken eller, göklere bakıp göğü görmeyen gözler görmek günden güne güçleşiyordu. Burada yabancı olduğunu duyuyordu. Üstelik kendisine şüpheyle bakmaya başlamışlardı. Biri, sorumlu pedere gammazlamıştı. Başka biri de, Cordano'nun hücresinden azizlerin ikonlarını atıp yalnız bir haç bıraktığını söylemişti.

Dinsiz olduğundan şüphe edilen Cordano, dört gözle izleniyor, daha dokunulmuyordu kendisine:

Zamanı gelince Bruno papaz olmuş ve bir papazın yapması gereken her şeyi yapmıştı: yeni doğan çocukları vaftiz ediyor, ölmekte olanlara günah çıkartıyordu. Bruno'nun sık sık manastırı bırakıp Napoli'ye gitmesi gerekiyordu. Ve bu bölge halindeki özgürlükten faydalanma fırsatını kaçırmayıp bilginlerle tanışıyor, yasak kitaplar alıyordu.

Derken eline Kopernik'in kitabı geçti. Onu okurken başının üzerindeki göğün nasıl yükseldiğini büyük bir sevinçle duyuyordu. Yıldızlar sonsuzluklara çekiliyor, dünya yıldızlar arasında ışıldayan bir nokta gibi görünüyordu. Dünyayı, tepeden ve alttan ezilip yassılaşmış, cennetin bulunduğu dağla cehennem uçurumu arasında sıkışıp kalmış olarak düşünen bir enginlik sarıyordu.

Dünya da, öbür gezegenlerle birlikte gök boşluğunda bir kuş gibi uçuyordu.

Bruno, Kopernik'in çizdiği bu tabloya büyük bir dikkatle bakıyordu. Ortada güneş, çevresinde de, çok uzaklarda yıldızlar kubbesi.

Dünyanın sınırlarını genişleten Kopernik, bu son elmas duvar önünde ürkerek duraklamıştı. Niçin durmalıydı, niçin daha ötelerde hiçbir şey olmadığına inanmamalıydı? Sadece Aristoteles böyle dediği için mi? Ama Demokrit, Epikuros, Lükres, evrenin sonsuz dünyaların sayısız olduğunu söylememişler miydi?

Bruno, bu son duvarı çıkmak görevinin kendisine düştüğünü anlayarak, kendi kendine şöyle diyordu:

«İnandırıcı kanıtlar bul. Bu elmas duvarları paldır küldür yık. Dünyanın tek dünya olmadığını, sayısız dünyalar olduğunu insanlara ispat et. Aç kapıyı herkes görsün, bizim güneşe benzeyen öteki yıldızları.»

İşte artık ne duvar, ne de manastırın taş tonozları. Çevrede uçsuz bucaksız uzay uzanıyordu. Nereye bakılsa, her yer yıldız doluydu. Ve bunların sayısı belli değildi. Yıldızların çevresinde alay alay gezegenler dönüyordu. Gezegenlerde canlı yaratıklar vardı. Biz onlardan nasıl habersizsek, onlar da bizden öyle habersizdiler. Bruno gözlerinin önüne serilen uçsuz bucaksız evrene bütün dikkatiyle bakıyor ve yurdu dünyayı, öbür yıldızlar arasında güç seçebiliyordu. Dünya boşlukta, görülür görülmez bir nokta gibi ışıldıyordu.

Ya evrene kıyasla insan neydi? Bir hiç mi?

Hayır, insan bu uçsuz bucaksızlığı kavrıyor, bakışlarıyla kucaklıyor, onu aklına sığdırıyordu.

Aklının alabildiğine genişlediğini gören Bruno, büyük bir mutluluk içindeydi. Yıldızları, atomları görüyor ve ruhu kanatlanmış gibi, iki sonsuzluk arasında, yani yıldızlar dünyasıyla, gözle görülmez zerrecikler dünyasının sonsuzluğu arasında uçuyordu.

bruno yeryüzünde kendisi için pek az yer olduğu kanısına varıyor

Ne de olsa Bruno yine de yeryüzünde, Napoli'de bir manastır hücresindeydi.

Hayali sonsuz evrende dolaşırken, keskin gözler peşini bırakmamıştı. Yalnız konuşmalarını gizlice dinlemekle kalmıyor, aklından geçenleri bile biliyorlardı. Bruno'ya karşı 130 maddelik bir suçlama hazırlanmıştı. Çünkü Bruno, kutsal Katolik kilisesinin buyruklarını 130 kez çiğnemişti.

Bu durum karşısında Bruno kendisini savunacak birini bulmak için Roma'ya gitti. Hücresinde Roterdamlı Erasmus'un bir kitabı bulunduğu hemen arkasından jurnal edildi. Bruno Roma'da papaz cübbesini çıkarıp şapka ve pelerin giydi. Sivil elbise, belindeki kılıç, cübbeden daha çok yakışmıştı kendisine. Bu kıyafetiyle, masaldaki, üvey evlat sayılan bilimi kurtarmaya gelen prense benziyordu.

Bruno Roma'da bir liman şehrine gidip orada gemiye bindi. Serin rüzgâr yüzünü okşuyordu. İleride özgürlük bekliyordu kendisini.

Bir şehirden öbürüne, ülkeden ülkeye dolaşmalar başladı.

Dünya genişti, ama Bruno'ya dar geliyordu. Alp Dağları'nın ötesinde hür İsviçre'de kendisine ve arkadaşı bilime sığınak bulacağını sanmıştı. Oraya Dominikenler'in uzun elleri bile erişemezdi.

Bruno Cenevre'deydi. Özgür bir havada ne kadar kolay solunuyordu. Çok geçmeden, umutlarının boşa çıktığını anladı. Burada din, Roma'dakinden başka olmakla birlikte, taassup aynıydı. Çevresinde papazlar yerine esnaf görüyordu. Burada erdemler, dinin buyurduğu gibi değil, çıkarcı erdemlerdi: kim zenginse o kutsaldı. Yani burada da ikiyüzlülük Roma'dakinden geri kalmıyordu.

Bruno, insanların dikkatinden hiçbir şey kaçmayan, gözlerinde çok iyi bildiği, aynı sinsi parıltıyı görüyordu. Kendisine, şehirde özel görevli kimselerin bulunduğunu söylemişlerdi. Bunlar herkesin hayatını izlemek, yanlış yola sapanlara, ya da sefih bir hayat sürenlere dostça öğütte bulunmakla görevliydi. Bunlar şehrin her semtinde bulunur ve her yerde «gözleri» olurdu. Yortu günü kimse kiliseye gecikmesindi, hemen kendisine ihtar verilirdi.

Etrafta her şeyin bu kadar temkinli ve düzenli olduğu bu sakin ve erdemli şehirde, işkenceler yapılan Servet'in hayali dolaşıyordu.

İspanyol hekimi Servet de, İsviçre'de engizisyon izlemelerinden gizlenebileceğini sanmıştı. Servet ünlü bir bilgindi. İnsanı teşrih etmiş, kan dolaşımının sırlarını çözmeye çalışmıştı. Yazdığı bir kitap için Cenevreli softalar kendisini ateşte yakılarak ölüme mahkûm etmişlerdi.

Servet'i, öyle bayağı yakmamış, tam iki saat ateşte kızartmışlardı.

Bruno'nun daha tedbirli davranması, dilini tutması gerekirdi. Bruno susmak istemiyordu ve susamazdı da.

Bilim adamı kıyafetinde bir cahil görünce, herkesin işiteceği yüksek bir sesle: «bu sahte bir bilgin. Bilim nerede, o nerede» derdi.

Bruno geldikten sonra, daha birkaç ay geçmeden, kendisine bilgin süsü veren bir Cenevrelinin cahilliğini açığa vuran yergisi çıkmıştı. Bruno'nun hapishaneye atılması için bu olay yetmişti.

Bereket versin suçu o kadar ağır değildi. Çok geçmeden Bruno serbest bırakıldı. Ama bundan sonra Cenevreliler misafirseverliğine güvenemeyeceği de kendisine duyuruldu.

Rahat durmayan misafir şehirden ayrıldı.

Bir süre sonra Bruno'yu Tuluz Üniversitesi'nde görüyoruz. Deli gibi sevdiği bilimin yeri üniversite değil de nerede olabilirdi?

Daha ortalık iyice ağarmadan, üniversiteliler, ellerinde mum ve defter, dershaneye koşuyor ve eski ağırbaşlı profesörlere benzemeyen bu genç profesörü kendilerinden geçmiş dinliyorlardı.

İhtiyar profesörler, derslerinde her yıl aynı şeyi geveleyip dururlardı. Öyle bir anlatışları vardı ki, en kolay şeyler bile anlaşılmazdı. Örneğin: «Tulumba, suyu tabiat boşluktan korktuğu için çeker, derlerdi; afyon uyutur, çünkü tabiatı öyledir, uyutma niteliği vardır...» Üniversiteliler, bunları dinlerken kendilerine öyle gelirdi ki, profesörleri boşluktan korkmasa bile uyutma niteliğine sahipti.

Ama yeni öğretmen öyle değildi. Bruno'nun derslerinde üniversitelilerin kalemleri defter sayfalarında alabildiğine koşar, fikrinin su gibi akışını güç izleyebilirlerdi.

Bruno'nun fikriyse o kadar uzaklara akardı ki, bütün dünyayı açıp gösterirdi.

Bruno, yalanlanamaz sayılan her şeye, şüpheyle bakmayı öğretiyordu. Aristoteles'e ve Platon'a karşı çıkıyordu.

Yüzlerce yıl sonra, Platoncularla Demokritçiler arasındaki eski savaş yeniden alevleniyordu.

Hem hükümdarların, hem din adamlarının koruduklari Platon'un eserleri, yüzyıllardan hiç zedelenmeden geçmişti. Çünkü bir putperest olan Platon, Hıristiyan din bilginleri gibi, dünyanın bir Tanrı tarafından yaratıldığını ve sevap işleyenleri öbür dünyada iyilikler beklediğini söylerdi.

Tanrı tanımayan Demokrit'in eserleriyle hep izlenmiş ve bunlardan kala kala başka yazarların kitaplarına aldıkları bazı parçalar kalmıştı. Demokrit'in kitaplarını putperestler de yakmıştı. Hıristiyanlar da.

İşte bu kitaplar, küller arasından yeniden çıkıyor gibiydi. Demokrit Platon'la yeniden savaşıyordu... Ve Demokrit gibi düşünenleri yine Tanrı tanımazlıkla suçluyorlardı.

Bruno, Tuluz'dan ayrılıp Paris'e gitti.

Paris'te dinden sapmış sayılan hügenotların evlerine tebeşirle çizilen haçlar daha duruyordu. İşte alışveriş yapılan şu köprüde, bütün gece, baskından kaçanlar yakalanıp öldürülmüş, cesetleri de Sen Irmağı'na atılmıştı. Bu olağanüstü manzarayı kaçırmamak için, gece yarısı yataklarından kalkan saray hanımları, sarayın pencerelerinden ve balkonlarından bakıyorlardı. Bu manzara, kan bayramıydı, taassubun zaferiydi. Katolikler, 1572 yılının 23 Ağustos'unu 24'üne bağlayan gecede, üç bin hügenot öldürmüşlerdi Paris'te.

Cesur bir düşünür olan Piyer de la Rame'nin, ücretli katiller tarafından burada, Paris sokaklarında öldürüldüğünü Bruno hatırlamalıydı. Önce Rame'nin, kilise tarafından kutsallaştırılmış Aristoteles'e karşı yazdığı kitaplar yakılmış, sonra kendisi de öldürülmüştü.

İlk zamanlarda Paris'te talih Bruno'ya yaver olmuştu. Bruno, krala takdim edilmişti. Bilim üstüne konuşma gibi olağanüstü bir eğlence, yeniliklere düşkün genç kralı büyülemişti. Kral, Bruno'yu profesör tayin etmiş, hatta onun kilise ayinlerinde bulunmamasına bile izin vermişti.

Bruno, bir saray bilgini olup unvan ve ödüller alabilirdi. Fakat Bruno'ya göre, uşak elbiseleri, kendisi gibi insanlar için değildi. Bruno uşak değil, şövalyeydi. Bilim için dünyayı fethetmeye çıkmıştı. Her yerde bilimi övüyordu. Bilime layık olduğu saygıyı göstermemek cesaretinde bulunanların vay başınaydı! Bruno, sağına soluna darbeler indiriyor, cahilleri hırpalıyordu. Fakat yalnızdı, cahillerse alay alaydı. Ve Bruno, yine hapishaneye, yakılmasını beklemeden de bir gemiye atlayıp İngiltere'ye geçti.

Bruno Oksfort'ta. Orada bir düelloya katılıyor. Bu düellolarda, öyle kılıçla değil, kanıtlarla dövüşülürdü. Seyirciler arasında, İngiltere'nin en soylu kişileri, saray mensupları, yabancı elçiler ve bizzat kraliçe vardı. Bruno, Oksfort profesörlerinin en bilgilisi olan Doktor Nundinius'u on üç öldürücü delille darbelemişti.

Nundinius silahsız kalmıştı. Yenildiğini anlayınca, bir şövalyeye yakışmaz biçimde küfürler savurdu Bruno'ya. Nundinius'un saygıdeğer meslektaşları da ondan geri kalmamışlardı. Şapkaları bir yana eğilen, pelerinlerinin etekleri savrulan bilim adamlarının ağzından, Londra hamallarına taş çıkartan küfürler işitiliyordu.

Tartışma bitmiş, yüksek misafirler dağılmıştı. Galibin de pılıyı pırtıyı toplaması gerekti. Arkasından «Defol, Aristoteles'ten daha bilgili, Platon'dan çok bilen herif, defol buradan! Çek arabanı, ne idüğü belirsiz herif! Acemi çaylak, sen kim oluyorsun da, bu kadar büyük bilginin yürüdüğü yola ters yönde yürümeye cesaret ediyorsun.»

Dünya ne kadar genişlemişse de Bruno gibi bir kişiye dar geliyordu.

Ya şimdi nereye?

Londra'ya, Paris'e, Magburg'a, Vittenberg'e.

Bruno, daha uzaklara gidiyor, bir ülkeden öbürüne, bir sınır karakolundan ötekine geçiyordu. Ne çok sınır karakolu vardı. Dünya, birbirine düşman beyliklere, şehirlere, mezheplere bölünmüştü.

Bruno, mezheplerin dışındaydı. Bu yüzden de, tüm mezhepçilerin gözünde din kurallarından ayrılan bir dinsizdi. Karşısında uçsuz bucaksız evreni görüyordu. Oysa, küçücük dünyada bile kendisine yer yoktu. O, insanın yüceliğini müjdelerken, çevresindekiler yabani hayvanlardan daha beter dalaşıyorlardı.

Bruno dolaşmaya devam ediyordu; Prag, Helmşted, Frankfurt.

Gittiği şehirlerde, cesur düşünürlerin kitaplarının, boru sesleriyle yakıldığı yerlerde bilimi övüyordu. Cahillerle durmadan savaşıyor, onlara saldırıyor ve kendisine yöneltilen saldırıları püskürtüyordu.

Bruno her yerde alçaklığı altediyor, küstahlığa gem vuruyor, cahilliği açığa vuruyordu. Her nereye baksa, türlü düşünenlere karşı bir hoşgörüsüzlük, her yerde hafiyeler, ikiyüzlüler, tarihin çarkını durdurmaya çabalayan kalın kafalı insanlar görüyordu.

Hiçbir yerde özgür düşünceye yer olmadığına göre, yurdundan ayrılmaya değermiydi?

Bruno insanlığı seviyordu ama, yine de yurdu bütün ülkelerden daha azizdi.

Bütün dünyayı kucaklamaya hazır büyük kalpli bir insan, yurdunu, yalnız kendisini seven dar, küçük, bencil ruhlu bir insanın sevdiğinden daha fazla sever.

Bruno İtalya'ya döndü. Ölecekse de, yurdunda, doğduğu göğün altında ölmek istiyordu.

Sevdiği Şair Lükres, bir zamanlar, doğayı öven şiirlerini orada yazmış, Leonardoda Vinçi orada çalışmıştı.

Ülke ülke dolaştığı yıllarda Bruno İtalya'yı unutmamıştı. İtalya'da da kendisini unutmamışlardı. Dominiken Tarikatı'ndan olanlar, din yolundan ayrılan kardeşlerini, ne yapıp yapıp, kendi taraflarına çekmeyi düşünüyorlardı.

Bunun için, Dominiken teşkilatında, bir ruhaninin ve Venedikli genç bir soylunun yardımıyla inceden inceye düşünülmüş bir pusu kuruldu.

Bu soylu, Bruno'yu Venedik'e davet edip, bilimle rahat rahat uğraşmak için gereken her şeyin emrine verileceğini vaadetti.

Vaadlere inanıp Venedik'e giden Bruno, pusuya düştü.

insan geleceğe bakıyor

Yurdunun göklerini yine gören Bruno'nun mutluluğu uzun sürmedi. Venedik'teki Kurşun Damlı zindana atıldı. Zindanın küçük pencerelerinden gökyüzü güç görünüyordu.

Bruno'yu bir gün sorguya götürdüler. Elleri arkasına bağlı, bir yerde kanapede oturuyordu. Karşısında yüksekçe bir yerde, başlarında baş engizitör, yargıçlar bulunuyordu. Şu «kilise babalarıyla» «din kardeşleri» yok mu? Bunların sözümona «babaca» ve «kardeşçe» sevgisi olmasa, dünyada çok daha iyi yaşanırdı herhalde.

Sorgularda her şey tasarlandığı gibi olurdu: başlangıçta mahkûm sadece sorguya çekilir, sonra işkenceler başlardı. Engizisyonun elinde, insanın aklının ucundan bile geçirmediği şeyleri itirafa zorlamaya yetecek kadar araç vardı.

Engizitörler, insan iradesini işkenceyle kırma yollarını bilirlerdi. Bu başlı başına bir sanattı. Her şeyden önce mahkûmun elleri iple bağlanır, düğüme bir çubuk geçirilirdi. Sonra doğruyu söylemesi teklif edilirdi. Mahkûm reddederse, çubuk döndürülerek elleri sımsıkı sıkılırdı. Susmaya devam ederse, çubuk bir defa daha döndürülürdü. Bu böylece beş, on, yirmi beş defa tekrarlanırdı.

Bundan sonra mahkûma, Tanrı adına suçunu itiraf etmesi bir kere daha teklif edilirdi. İnat ederse, hücreye su dolu kovalar ve bir mangal getirilir, bu sefer su ve atesle işkencelere geçilirdi.

Mahkûmun ağzına bir kova su dökülür, «ölürse, suç kendisinin», denirdi. Mahkûmun yüzü kızgın demirle dağlanır, «suçunu kabul etmeyene merhamet yok» denirdi.

Böylece, işkencelerin sonu gelmezdi. Kilise babaları, engizitörler, geceyi gündüzü zindanda geçirir, orada yer içerlerdi. Hapishane onlara ev, işkenceler de eğlence olurdu...

Bruno'ya da böyle işkence edilmişti; tam sekiz hafta.

Vücudunda hayır kalmamıştı. Güneşin altında yanan kurşun dam, insanı nasıl ezer, boğardı. Bir an önce sonu gelseydi bari şu işkencelerin.

Fakat engizitörler. Bruno'yu bedenen öldürmekle yetinmiyor, ilkin ruhunu öldürmek istiyorlardı.

Bruno Roma'ya nakledildi. Romalı engizitörler, Bruno gibi yağlı bir parçayı, Venedikli engizatörlere bırakmak istememişlerdi.

Engizitörler, üzgün ve bitkin Bruno'yla altı yıl uğraştılar. Güçlü bir zekâsı ve derin bilgisi olduğunu biliyorlardı.

Tartışmalarda Bruno'nun fikirlerini çürütebilecek bir filozof daha dünyaya gelmemişti. O halde Bruno kendi kendisini çürütmeliydi. Ölümden önce, kendi öğretisini kendisi öldürmeliydi. Bilimi öven, savunan Bruno'dan, herkesin gözleri önünde, sevgilisi bilimin yüzüne tükürmesini, onu lanetleyip ondan vazgeçmesini istiyorlardı. Ama Bruno'ya bunu yaptırabilecek işkence yoktu dünyada.

Bruno bu son sınayışa çoktan hazırdı zaten. Defalarca kendi kendisine şu sözlerle seslenmişti:

«Dayan, mert ol, cahillerin yargısı seni tehdit etse bile fikrinden dönme.

Işığı karanlıktan ayırabilecek yüksek bir akıl mahkemesi vardır. Sadık, vefalı tanıklar ve avukatlar senin davanı savunacaklar. Düşmanlarınsa, kendi vicdanlarından kendi cellatlarını ve senin intikamını alacak birini bulacaklar.»

İşte koridorda yine adımlar duyuldu. Kapı açıldı.

Bruno'nun önünde Dominiken generali, ihtiyar bir papaz duruyordu.

Papaz Bruno'ya öğretisinin din kurallarına aykırı olduğunu kabul etmesini, yanlış fikirlerden dönmesini bir daha teklif etti.

Bruno, son derece büyük bir mertlikle cevap verdi: «Fikrimden dönemem ve dönmek de istemem. Döneceğim hiçbir fikir yok zaten.»

Mahkemenin son oturumu yapılıyordu. Bruno, büyük engizitörün sarayında dize getirilerek karar okundu.

Karardaki, «Kardeş Cordano, kendisiyle mümkün olduğu kadar tatlı ve kan dökmeden davranılması için sivil makamlara teslim edilsin» sözlerinin korkunç anlamını Bruno anlıyordu. Bu tatlılığın ne demek olduğunu biliyordu. Sivil makamlar, tatlılıkla insana işkence eder, öfkelenmeden insanı sakatlar, «acıyarak» diri diri yakarlardı.

Bruno ayağa kalktı, başını kaldırdı. Gözlerinde nefret okunuyordu. Şöyle dedi:

— Siz kararınızı bildirirken korkuyorsunuz da, ben onu dinlerken korkmuyorum!

Gerçekten Bruno, yargıçlar kadar korkmuyordu. Bruno ölecekti ama, uğrunda öldüğü bilim yaşamaya devam edecekti. Ona işkence edenlerse, birkaç yıl fazla yaşasalar da, çirkin ve karanlık işlerini, tarih lanetleyecekti.

Bruno ölüme mahkûm edilmişti, ama savaşa yeni mücahitler katılıyordu.

Galile, bilim yararına, yalanlanamaz yeni kanıtlar topluyor ve «Demokrit'in Aristoteles'ten daha iyi düşündüğünü» söylüyordu.

Eli hünerli ustalar, camı peydahlamaya başlamışlardı. Çok geçmeden, bu peydahlanmış camlar teleskop ve mikroskop yapımında kullanılacaktı.

Tahmin ve sezginin zamanı bitiyor, yalanlanamayan kanıtların zamanı başlıyordu.

İnsan, eskiden ancak aklın yardımıyla sezdiklerini, pek yakında gözleriyle görecekti...

17 Şubat 1600

Yüzlerce Romalı, Çiçekler Meydanı'na koşuyordu. Görülmemiş bir manzara bekliyordu kendilerini: ünlü bir dinsiz yakılacaktı. Papa, 50 kardinal ve bütün ülkelerden özel olarak bu büyük kilise bayramına gelen misafirler meydanda olacaklardı.

Meydan dolup taşmış, halk etraftaki sokaklara yayılmış, damlara bile çıkmışlardı.

Çok eski zamanlarda Romalılar, Hıristiyanların nasıl yakıldıklarını görmek için Büyük Sirke yığın yığın böyle akın ederlerdi. Şimdi yine bir gerçeği müjdeleyenin nasıl yakılacağını görmek için yeni Romalılar itişiyor, birbirlerini eziyorlardı.

İşte Bruno da göründü.

Hangi peygamber kendi yurdunda itibar görmüştür? Romalılar, başına taç yapıp övünmeleri gereken kimseyle alay ediyor, ona küfrediyorlardı.

Bruno'ya, üstüne zebaniler ve cehennem alevleri resmedilmiş bir gömlek giydirilmiş, başına da tuhaf bir külah geçirilmişti.

Din kurallarından sapan birini gülünç gösterip rezil etmek için her şey yapılmıştı. Fakat meydandakilerin gözleri, Bruno'nun solgun yüzüyle ve sonsuzluğa bakan gözleriyle karşılaşıp onlara dikkatlice baktıkları zaman gülmeleri diniveriyordu.

Kalabalıkta birinin:,

«Bruno sevinse ya! Pek yakında, var olduğunu söylediği dünyalara göçecek» dediği işitildi.

Ama, bu acı şakaya aldıran olmamıştı.

Bruno, bir merdivenden yavaş yavaş yüksekçe bir odun yığınına çıktı.

Cellat onu, bir direğe zincirle sımsıkı bağladı.

Celladın başına, görebilsin diye iki delik açılmış bir kukuleta geçirilmişti.

Ateşte diri diri yakılmak suretiyle ölüme mahkûm edilen Bruno, korkmadan insanların gözlerinin içine bakıyor, cellatsa yüzünü bir maske altında gizliyordu.

Odunlar tutuşturuldu. Yel, ateşi körükledi. Alevler Bruno'nun ayaklarına yaklaştı, elbisesini sardı.

Papazlar dikkat kesilmişti. Bruno hiç olmazsa bu son dakikada pişman olup fikirlerinden döner miydi acaba?

Fakat umutları boşunaydı. Bruno aman dilemeyecekti. Ağzından ne bir söz, ne bir inilti çıkacaktı.

Bruno bilincini kaybetmemişti.

Duyduğu acıyı bastıran, iniltilerini açığa vurmamasına yardım eden kuvvet neydi?

Hayatının bu son dakikalarında Bruno'nun ne düşündüğünü bilmiyoruz ama, çok daha önce, ölümünün kaçınılmaz olduğunu sezerek yazmış olduğu şu sözleri biliyoruz:

«Zaferin elde edilebilir olduğunu düşünerek mertçe savaştım. Fakat ruhuma verilen kuvvet, bedenimden esirgenmiş... Yine de bende, gelecek yüzyılların kabul edecekleri bir şey var. Gelecek kuşaklar: «ölüm korkusu bilmezdi. Karakter gücü bakımından, herkesten yüksekti ve gerçek uğruna savaşmayı, tüm yaşama zevklerinden üstün tutardı» diyecekler.»

☆

SON SÖZ

bruno'nun ölümü insanın sonu değildi

Bruno'nun ölümü insanın sonu değildi. Ve Bruno, ölümü bunun için böyle mertçe karşılamıştı.

Bir kitabın son bölümünde, genel olarak, yıllar kahramanın başından geçenler ve hayatının nasıl sona erdiği anlatılır.

Ama bizim kahramanımızın hayatı sonsuzdur. Öyle ki, onun hikâyesini hiçbir zaman sonuna kadar yazamayız.

Kahramanımızla birlikte bir şehirden öbürüne gitmiş, bir yüzyıldan ötekine geçmiştik. Milas'ta, Atina'da, İskenderiye'de, Roma'da, Bizans'ta, Kiyef'te, Paris'te, Londra'da, Moskova'da bulunmuş, Yeni Dünya'nın kıyılarına çıkmış, sonra yine Roma'ya dönmüştük.

Kahramanımızın adı Tales, Demokrit, Aristoteles, Arşimet, Lükres, Marko Polo, Afanasiy Nikitin, Kolomp, Yermak, Kopernik ve Bruno'ydu.

Bütün kahramanlarımızın adlarını sayıp dökemezdik. Çünkü kültürü milyonlarca insan yartmıştır ve yaratmaya devam ediyor.

Tarih sahnesinde daha geç çıkan halklardan çok, eski çağların halklarından sözettik.

Her halkın hayatında, bir ağacın hayatında olduğu gibi, görülen bir çiçek açma, parlama zamanı, bir de çiçeklenmeyi, parlamayı hazırlayan, uzun bir gizli faaliyet süreci vardır.

Kitabımızda, İtalyan Rönesansına ancak şöyle bir değinmiştik. Hapishanede bile «Güneş Ülkesi»ni hayal eden büyük İtalyan Kampanella, Shakespeare, Nivton, Volter, Lavaziye, Laybniç ve Göthe'nin sözünü edemedik.

Bu kitapta Amerika'yı daha yeni bulunduğu zaman gördük ve ilerisini karıştırmadık.

Rus halkının, tarih sahnesine nasıl çıktığını, yurdunun sert tabiatıyla nasıl savaşıp, uçsuz bucaksız topraklarını nasıl fethettiğini gördük.

Fakat Lomonosof'u, Puşkin'i, Lobaçevski, Mendeletef'i, Pavlof'u anlatamadık.

Bu kitapta pek çok ad, pek çok insan, pek çok halk ve bunların kaderi var.

Zaman, binlerce iplikle, insan hakkında bir hikâye dokumuştur. Her ipliğin kendi rengi var. Dünya kültürü desenine, her halk kendi orijinal çizgisini katmıştır, bunlar da çok renkli bir kumaş meydana getirmiştir.

Hikâyemizi burada bitiriyoruz. Ama kumaşı tezgâhta bırakıyoruz, çünkü dokunması bitmemiştir. Doğa durmadan yaratıyor. İnsanın emeği de sonsuz.

Kahramanımızın daha sonra başından geçenleri bilmek isteyenler, insanın gerçeğe ve doğaya egemen olmaya doğru nasıl ilerlediğini, bilimin başına gelenleri ve *Marks*'ın, *Engels*'in, *Lenin*'in felsefeyi, dünyayı inceleyen ve değiştiren güçlü bir silaha çevirmekle bilimde yaptıkları devrimi, başka kitaplardan okuyup öğrenebilirler.

KİTAPTA SÖZÜ EDİLEN İSİMLER SÖZLÜĞÜ

Aahen — Almanya'da tarihi bir şehir. Romalılar tarafından kurulmuştur. Uzun zaman Büyük Şarl İmparatorluğu'nun başkenti olmuştur.

Abelâr Piyer (1079-1142) — Fransız filozofu. Ortaçağ düşünüşünü aşan bir felsefe görüşünü savunmuştur.

Adonis — Bitki tanrısı. Sonbaharda ölüp ilkbaharda yine dirildiğine inanılırdı. Adonis kültü Fenike'de, Mısır'da ve Yunanistan'da yaygındı.

Agamemnon — «İlyada» adlı destanın kahramanlarından. Mikene hükümdarı. Troya'yı kuşatan Yunanlıların komutanı.

Akragant — Sicilya'nın güney kıyısında eski bir şehir. Bugünkü Circenti.

Alber, Büyük Alber (1193-1280) — Ortaçağda yaşamış bir bilim adamı.

Alkuin (735-804) — Büyük Şarl'ın hocası.

Amartol Georgi (IX. yüzyıl) — Keşiş. Bizans tarihçisi.

Anaksagoras (Yaklaşık olarak M.Ö. 500-428 yılları arasında yaşamıştır) — Küçük Asya'nın (Anadolu'nun) Klazomena şehrinde doğmuş materyalist bir Yunan filozofu.

Anaksimandros (Yaklaşık olarak M.Ö. 610-546 yılları arasında) — Materyalist bir Yunan filozofu. Küçük Asya'nın Milas şehrinde yaşamıştır.

Anaksimenes (Yaklaşık olarak M.Ö. 585-524 yılları arasında yaşamıştır) — Materyalist bir Yunan filozofu. Milas'ta doğmuştur.

Andromeda — Yunan mitolojisine göre, Perseus tarafından kurtarılmış bir kral kızı.

Aristarkos, Samoslu (Simaslı) (M.Ö. IV. yüzyılın sonlarıyla III. yüzyılın ortaları) — Yunan astronomi bilgini. Sisam Adası'nda doğmuştur.

Aristofanes (Yaklaşık olarak M.Ö. 450-385 yılları arasında yaşamıştır) — Klasik Yunan edebiyatının son büyük ozanı. 40 kadar komedi yazdığı bilinmektedir. «Bulutlar», «Eşek Arıları», «Kuşlar» en ünlüleridir.

Aristoksenls (M.Ö. IV. yüzyıl) Yunan filozof ve müzikçisi. Aristoteles'in öğrencisi.

Aristoteles (M.Ö. 384-322) — Antik çağın en büyük filozofu, Trakya'da bir Yunan kolonisi olan Starira'da doğmuştur. Esas eseri «Organon»dur. Bundan başka «Fizik», «Metafizik», «Politika» ve «Ahlak» adlı eserleri de önemlidir.

Arşimet (M.Ö. 287-212) — Eski Yunanistan'ın ünlü fizikçisi ve matematikçisi. Fizik ve matematikte birçok buluşu vardır. Kaldıraç (Manivela) kanunu, ağırlık merkezi adını taşıyan kanun bunların en önemlileridir.

Arşit — M.Ö. ...... yüzyılda yaşamış bir materyalist Yunan filozofu. Pitagor okulundandır.

Aspasya (M.Ö. V. yüzyıl) — Güzelliği vezekâsıyla ün kazanmış Milaslı bir kadın. Zamanının en kültürlü kadınlarından biri. Perikles'in eşi.

Astarte — Fenikelilerde bereket, analık ve aşk tanrısı.

Atena Palas — Yunan mitolojisinde tanrıların başı Zeus'un kızlarından biri. Şehirlerin, bilgeliğin ve bilimin koruyucusu bir tanrıçadır.

Augustus, Kayus Yulius Oktaviyanus (M.Ö. 63 yılında doğmuş, M.S. 14 yılında ölmüştür) — İlk Roma İmparatoru.

Bakon Rocer (1210-1294) — İngiliz filozofu ve tabiat bilgini.

Bar - Kohba — II. yüzyılda Romalılara karşı ayaklanan Filistin Musevilerinin önderi.

Barma — XVI. yüzyılda yaşamış bir Rus mimarı. Postnik adındaki başka bir mimarla birlikte, Moskova'daki Sen Bazil Katedrali'ni kurmuştur.

Behaym Martin (1459-1509) — Alman coğrafyacısı.

Bernar, Klervolu Bernar (1091-1153) — Mistik bir filozof.

Biruni, Eburevran (Ölümü 1038) — Ortaçağda Doğu'nun en büyük bilim adamlarından. Harzem'in Birun şehrinde doğmuştur. Hindistan'a dair bir kitabı vardır. Eserlerini Arapça yazmıştır.

Boes (Yaklaşık olarak 475-526 yılları arasında yaşamıştır) — Romalı filozof, matematikçi ve fizikçi.

Borcia Aleksandır (1431-1503) — Papa IV. Aleksandır.

Bruno Cordano (1548-1600) — İtalyan filozofu, şair ve astronomi bilgini.

Büyük Şarl, Şarlman (742-814) — Fransa Kralı. 768'de kral, 771'de tek başına Fransa Kralı iken 800 yılında kendisini «Batı İmparatoru» ilan etmiştir.

Covanni Pike della Mirandola (1436-1494) — İtalyan yazar ve filozofu. Rönesans çağının en bilgili adamlarından biri.

Çenslor Riçart (1556 yılında ölmüştür) — İngiliz denizcisi.

Çeşor Cefri (1340-1400) — Büyük İngiliz şairi. «Ketenberi Hikâyeleri» adlı eseri İngiliz edebiyatının şaheserinden sayılır.

Dante Aligieri (1265-1321) — En büyük İtalyan şairi. Başlıca eseri «İlâhi Komedya» adındaki dev eserdir.

Demokrit (M.Ö. 460-370) — Büyük Yunan filozofu. Materyalisttir. Andera şehrinde doğmuştur.

Dikearh (Yaklaşık olarak M.Ö. 350 yılında doğmuştur) — Filozof. Aristoteles'in öğrencilerinden.

Diyojen (M.Ö. 404-323 yılları arasında) — Yunan filozofu.

Diyonisios — Yunan mitolojisinde meyve, üzüm ve şarap tanrısı.

Diyonisios, Büyük Diyonisios (M.Ö. 42-367) — 405 yılında Sirakuza tiranı olmuştur.

Diyonisios, Genç Diyonisios — M.Ö. IV. yüzyılda Sirakuza'da tiranlık (beylik) yapmıştır, Büyük Diyonisios'un oğludur.

Doriat — XIII. yüzyılda yaşamış bir Ceneviz denizcisi.

Durof, Vladimir Leonidoviç (1863-1934) — Ünlü Rus sirk artisti ve hayvan terbiyecisi.

Dübuo Öjen — Hollandalı anatomi bilgini. XIX. yüzyılın 90 yıllarında pite kantroposun kemiklerini bulmuştur.

Ebulfida İsmail (1273-1331) — Arap tarih ve coğrafya bilgini. «Tarihi Ebulfida» adlı 4 ciltlik tarihi ve «Takvim-ül Büldan» adlı coğrafyası en ünlü eserlerindendir.

Edvard VI. (1547-1553) — İngiliz kralı.

Ehtanot — M.Ö. XIV. yüzyılda yaşamış bir Mısır firavunu.

El Gazen (XI. yüzyıl) — Ünlü bir Arap fizikçisi.

Empedokles (M.Ö. 483-423) — Yunan filozofu. Materyalisttir. Başlıca eserleri «Tabiat Hakkında», «Arınmalar»dır.

Epiküros (M.Ö. 342-270) — Büyük Yunan filozoflarından biri. Materyalisttir. Sisam Adası'nda doğmuştur.

Eratostenes (M.Ö. 256-194) — Yunanlı matematik, astronomu, coğrafya bilgini.

Erasmus, Roterdamlı Erasmus (1466-1536) — Hollandalı hümanist «Deliliğe Övgü» adlı kitabın yazarı. Düşünceleri Rönesans Avrupa'sı üzerinde büyük bir etki yaratmıştır.

Eskilos (M.Ö. 625-546) — Yunan trajedi yazarı. Ona «Trajedinin babası» adı verilir. «Zincire Vurulmuş Prometeüs», «Kurtarılmış Prometeüs» vb. trajedileri vardır.

Evdem, Rodoslu Evdem (M.Ö. IV. yüzyılda yaşamıztır) — Aristoteles'in öğrencilerinden. Yunan filozofu ve matematikçisi.

Fidyas (Yaklaşık olarak M.Ö. 490-430) — Yunan uygarlığının en büyük heykelcisi. Perikles'in zamanında yaşamıştır.

Filip, Makedonyalı Filip (M.Ö. 383-336) — Makedonya kralı.

Forum — Eskiçağda Roma'nın merkezlerinde bir meydan.

Födorof İvan (1583'de ölmüştür) — Rusya'da ilk matbaayı açan.

Frederik III. — XV. yüzyılda yaşamış bir Alman imparatoru.

Galenus Klauduis (M.S. 131-200) — Eskiçağın, Hipokrates'ten sonra en ünlü hekimi. Anatomi fizyoloji ve felsefe üstüne eserleri vardır.

Galile (1564-1642) — İtalyan bilgini. Astronomi, matematik ve fizikte birçok buluşlarıyla ün yapmıştır.

Gama, Vasko da (1469-1542) — 1497-1498 yıllarında Afrika'nın güneyinden dolaşarak Hindistan yolunu bulan Portekiz denizcisi.

Gazali, Ebu Hamid Muhammed (1059-1111) — Arap filozofu.

Giyyon de Şampo (1070-1121) — Fransız filozofu. Paris'te felsefe ve güzel konuşma profesörlüğü yapmıştır.

Göthe, Yohan Volfgang (1749-1832) — Büyük Alman yazarı.

Grigor, Tur piskoposu (VI. yüzyıl) — «Frankların Tarihi» adlı kitabın yazarı. Tur'da bir rahip okulu kurumştur.

Gütenberg, Yohan (1349-1468) — Matbaacılığın kurucusu.

Hefestos — Yunan mitolojisinde ateş tanrısı, demircilerin, zanaatçıların piri.

Hekateos, Milaslı Hekateos (M.Ö. VI. yüzyılın sonlarıyla V. yüzyılın başları arasında) — Coğrafyacı ve tarih yazarı.

Hekkel, Ernst (1834-1919) — Alman tabiat bilgini. Yena Üniversitesi'nde zooloji profesörlüğü yaptı. Darvin'le tanıştıktan sonra, darvinciliğin en ateşli savunucularından olmuştur.

Helles ya da Elada — Yunanistan'ın başka bir adı.

Heraklit (Yaklaşık olarak M.Ö. 544-484 yılları arasında) — Materyalist Yunan filozofu. Efeslidir.

Hvoyko, Vikenti Vyaçeslavoviç (1850-1914) — Tripolye kültürünü bulan Ukraynalı bilim adamlarından.

Herbert (Papa II. Silvester, X. yüzyıl) — Ortaçağ bilim adamlarından.

Herodot (M.Ö. 485-425) — Ünlü Yunan tarihçisi. Ona «Tarihin babası» adı verilir.

Heron (M.Ö. II. yüzyıl sonu ve I. yüzyıl başı) — İskenderiyeli matematikçi ve mekanik bilgini.

Haziodos (M.Ö. VIII.-VII. yüzyıllar) — En eski Yunan ozanlarından, Beotyalıdır. «Tanrıların Kökeni Hakkında» ve «İşler ve Günler» adlı destanları vardır.

Hipokrates (M.Ö. 460-377) — Eskiçağın ünlü Yunan hekimi. «Hekimliğin babası» sayılır.

Holbayn, Küçük Hans (1497-1543) — Alman ressamı.

Homeros (Herodot'a göre, M.Ö. 850 yıllarına doğru yaşamıştır) — Eskiçağ Yunanistan'ının epik ozanı. Eskiçağ Yunan yazarı. «İlyada» ile «Odiseya»nın Homeras tarafından yaratılmış olduğunu söylerler.

Horatius, Kintus Flakkus (M.Ö. 66-8 yılları) — Ünlü Latin şairi. Hicivle, aşkla, destanlarla ve kahramanlıklarla ilgili şiirleri ve bir de «Şiir Sanatı» adlı eseri vardır.

Hügenotlar — Hıristiyanlıkta reform yapan Jan Kalvin'in taraftarlarına verilen ad. Katolik kilisesinin düşmanıdırlar.

İbni Rüşt (1126-1198) — Arap filozofu. Kokrova'da doğmuştur. Fizik, tıp, astroloji, felsefe ve matematik üzerinde çalışmıştır. Avrupa'da Averoes adıyla bilinir.

İbni Sina (980-1037) — Ünlü Doğu filozofu. Buhara yakınlarında doğmuştur. Tam anlamıyla ansiklopedik bir dehaya sahipti. Ünü ve etkisi bütün Batı ortaçağına yayılmıştır. Eserlerini Arapça yazmıştır. Avrupa'da Avisena adıyla bilinir.

İgor, Büyük Kiyef Prensi (912-945) — Rürik'in oğlu, Oleg'in halefi.

İgor Svyatoslavoviç (Ölümü 1202) — Novgorot Prensi, 1185 yılında Poloveçlilere karşı sefere çıkmıştır. Bu olayı anlatan «İgor Alayı Destanı»nın kahramanı.

İlariyon (XI. yüzyıl) — Kiyef metropoliti, ünlü bir hatip ve yazar.

İstar ya da İşter — Babil tanrıçası.

İvan III. (1440-1505) — Büyük Moskova prensi.

İvan IV. Korkunç İvan (1530-1584) — 153'te Büyük prens, 1547'de «Tüm Rusya'nın çarı» olmuştur.

Kabot Sebastiyan (172-1557) — İngiliz denizcisi. Kabotto Covanni'nin oğlu.

Kabotto Covanni (1450-1498) — İngiltere'ye göç etmiş İtalyan asıllı bir denizci. Kuzey Amerika'yı bulmuştur.

Kasiodor (490-585) — Romalı bilim adamı ve yazar. Soylu bir Roma ailesine mensuptu.

Kiril (827-869) — Slavlar arasında çalışan ilk Hıristiyan misyonerlerden. Metodi ile birlikte Slav yazısını yaratmıştır.

Kril, Tur Piskoposu (XII. yüzyıl) — Rus yazar ve bilim adamı.

Kovalevski, Vladimir Onufriyeviç (1842-1883) — Ünlü bir Rus paleontologu.

Kolomp, Kristof (1446-1506) — 1492'de Amerika'yı bulan ünlü gemici.

Kortso, İvan — Sibirya fatihi Yermak'ın arkadaşlarından, Volga Kazaklarının komutanı.

Kemmed, Lütsius Aurelius (II. yüzyıl) — Roma İmparatoru. Markus Aurelius'un oğlu.

Kopernik, Nikola (1473-1543) — Polonyalı astronomi bilgini.

Kortes Fernando (1485-1517) — İspanyol gemicisi. Meksika fatihi.

Kosma İndikoplevst (VI. yüzyıl) — Mısırlı keşiş, gezgin. «Hıristiyan Topografyası» adı bir coğrafya kitabı yazmıştır.

Kriton — Sokrat'ın öğrencisi ve arkadaşı. M.Ö. 404-403 yıllarında Atina'da iktidarı ele geçiren «30 tiran»dan biri.

Ksenofanes (M.Ö. VI. yüzyıl) — Yunan ozan ve filozofu.

Kserkes (M.Ö. V. yüzyıl) — Pers Kralı.

Küçük Şeybani — Sibirya Tatarlarının son hanları.

Laktansius (III.-IV. yüzyıllar) — Afrikalı bir Hıristiyan yazar.

Lo-Çen M.Ö. VI. yüzyılda yaşamış bir Çin filozofu.

Lavuaziye, Antuan Loran (1743-1794) — Fransız kimyacısı. Modern kimyanın kurucularındandır.

Layel Çariz (1797-1875) — Ünlü İngiliz jeoloji bilgini.

Leonardo da Vinçi (1452-1519) — Rönesans devrinde yaşamış büyük bir bilim adamı ve ressam.

Levkipos (M.Ö. V. yüzyıl) — Materyalist bir Yunan filozofu. Demokrit'in hocası.

Leybnits, Gotfrid Vilhelm (1646-1716) — Alman filozofu ve matematikçisi.

Livius Titus (M.Ö. 59. M.S. 17 yılları arasında) — Romalı tarihçi.

Lobaçevski, Nikolay İvanoviç (1792-1856) — Ünlü bir Rus matematikçisi.

Lomonosof, Mihayil Vasilyeviç (1711-1765) — Büyük bir Rus bilgin ve yazarı.

Lükretius, Garus Titus (M.Ö. 98-55 yıllarında) — Roma'nın en tanınmış şairlerinden. Materyalist bir filozoftur. «Eşyaların Tabiatı Üstüne» adlı bir eseri vardır.

Lüter, Martin (1483-1546) — Alman reform hareketinin öncüsü ve Protestanlığın kurucusu.

Macellan Fernando (1480-1521) — Ünlü Portekizli gemici. İspanya hizmetindeyken dünyayı ilk defa dolaşmıştır.

Magdeburg — Daha Büyük Şarl zamanında, IX. yüzyılın başlarında bilinen bir Alman şehri.

Marin, Tirli — M.S. I. yüzyılın sonunda ve II. yüzyılın başlarında yaşamış bir Romalı coğrafyacı.

Marko Polo, (1254-1324) — İtalyan gezgini. Asya halklarını anlatan ve dünyaca tanınan «Marko Polo'nun Kitabı» adlı bir eser yazmıştır.

Markus Aurelius (121-180) — Roma İmparatoru, filozof ve yazarı. «Kendi Kendimle Başbaşa» adlı bir kitabı vardır.

Medici Muhteşem Lorenzo (1448-1492) — Banker ve Floranca hakimi.

Melanhion (1497-1560) — Lüter'in yakın fikir arkadaşı, Protestan dini bilgini.

Melkart — Bir Fenike tanrısı.

Mendeleyef, Dimitri İvanoviç (1834-1907) — En büyük Rus kimyacısı.

Meşçaninof, İvan İvanoviç — Sovyet dil bilgini, akademi üyesi.

Montesuma — Meksika Azteklerinin devlet önderi (XI, yüzyıl başları).

Morgan, L.G. (1818-1881) — Ünlü Amerikan etnografya bilgini.

Nikitin Afanasiy — XV. yüzyılda yaşamış ünlü bir Rus gezgini. 1466-1470 yılları arasında İran'la Hindistan'ı gezmiştir.

Nyüton, İsaak (1643-1729) — Büyük bir İngiliz matematikçisi, astronomu ve fizikçisi.

Odiseüs — Homeros'un ikinci destanı «Odiseya»nın kurnaz kahramanı, İtaka Adası'nın hükümdarı, Troya Savaşı'na katılmıştır.

Odiseya — Yunan ozanı Homeros tarafından yaratıldığı söylenen bir destan.

Oleg (912) yılında ölmüştür) — Rusya'da Rürik'ten sonra 2. prens.

Oleg, Çernigoflu Oleg (1115) yılında ölmüştür) — Birkaç kardeş kavgalarına katılmış bir Çernigof prensi.

Orelyane, Fransisko (XV. yüzyılın sonlarında doğup 1549 yılında ölmüştür) — And sıradağlarının ötesindeki toprakları inceleyip Amazon Irmağı'nı bulan bir İspanyol bilgini.

Oziris — Eski Mısır'ın, ölen ve yeniden dirilen bitki tanrısı, aynı zamanda ölüler ülkesinin koruyucusudur.

Öklides (M.Ö. 330-245) — Ünlü Yunan matematikçisi.

Ömer — 634-644 yılları arasında halife olmuş, halifeliği zamanında Suriye, Mezopotamya, Filistin zaptedilmiştir.

Öripid (M.Ö. 480-406) — Büyük Yunan trajedi yazarı. Trajedileri arasında «Medeya», «Fedra», «İfigeneya Aulis'te» en ünlüleridir.

Parmenid — M.Ö. V. yüzyılda yaşamış bir Yunan filozofu. Elea okulundandır.

Pavlov, İvan Petroviç (1849-1936) Büyük Rus filozofu.

Perikles (M.Ö. 490-429) Yunan devlet adamı. Atina'nın yükseliş devrinde demokratik partinin şefi olmuştur.

Perseus — Yunan mitolojisine göre, Zeus ile Argos Kraliçesi Danae'nin oğlu.

Petrark, Françesko (1304-1374) Büyük İtalyan şairi.

Piarro Gonsalo — XVII. yüzyılda yaşamış ve Amazon Irmağı'nın yukarı kesimlerine sefer yapmış bir İspanyol fatihi.

Pitagor (M.Ö. 571-497) — İdealist Yunan filozofu. Sisam Adası'nda doğmuştur.

Pitey, Marsilyalı Pitey (M.Ö. IV. yüzyıl) — Yunan gezgini ve bilim adamı.

Piaton (M.Ö. 423-347) — İdealist Yunan filozofu.

Plinius, Kayus Sekundus (23-79) Romalı yazar, bilim ve devlet adamı.

Plutark (50-120) — Yunan tarihçisi. Yunanistan ve Roma'nın ünlü adamlarından bahseden «Paralel Hayatlar» adlı eseriyle tanınmıştır.

Polikrat (M.Ö. VI. yüzyıl) Sisam Adası tiranı.

Ponse de Leon Huan (1460-1521) — Kolomp'un ikinci seferine katılmış bir İspanyol gezgini. 1513 yılında Florida'yı bulmuş, onu bir ada sanmıştır.

Poseydon — Eski Yunanlılarda denizlerin, suların tanrısı.

Postnik — Rus mimarı. Barma'yla birlikte, Moskova'daki Sen Bazil Katedrali'ni kurmuştur.

Prometeüs — Yunan mitolojisine göre, Zeus'un insanların elinden aldığı gökten çalıp insanlara geri veren bir tiran.

Ptolemeuslar — Büyük İskender'in komutanlarından Ptolemeus tarafından Mısır'da kurulan bir hükümdar hanedanı.

Ptolemeus II. Filadelf (M.Ö. 285-246) — Mısır hükümdarı.

Ptolemeus Kaludius — II. yüzyılda yaşamış ünlü bir Yunan astronomu. Doğu'da Batlamyos adıyla bilinir.

Pud — Rusya'da kullanılan ve 16 kg.'a eşit olan bir ağırlık ölçüsü.

Relli Uolter (1552-1618) — Gezgin ve şair. Kuzey ve Güney Amerika'ya birkaç sefer yapmıştır.

Rustaveli Şato — XII. yüzyılda yaşamış büyük Gürcü şairi.

Valvian — V. yüzyılda Güney Golya'da yaşamış bir papaz ve yazar.

Seneka Lüsies (M.Ö. 3 - M.S. 65) — Romalı filozof ve yazar. Roma İmparatoru Neron'a hocalık etmiştir.

Serber — Eskiçağ Yunanlılarının inanışlarına göre, yeraltı ülkesinin kapısını bekleyen üç başlı, yılan kuyruklu köpek.

Set — Mısır tanrısı, Oziris'in kardeşi ve katili.

Sezar Kayus Yulius (M.Ö. 100-44) — Romalı politika adamı, başbuğ ve yazar.

Skila ile Karibdis — Yunan mitolojisinde, Mesina Boğazı'nın iki yakasında birbirinden bir ok atımı uzakta duran iki deniz canavarı. Skila ile Karibdis, birinden kurtulunsa bile ötekinden kurtulma imkânsız çifte belânın ifadesinde atasözü haline gelmişlerdir.

Sofokles (M.Ö. 495-406) — Büyük Yunan trajedi şairi. «Ödip Kral», «Antigona» vb. başlıca eserleridir.
Sokrat (M.Ö. 469-399) — Atinalı idealist bir Yunan filozofu.
Spartaküs — Eşkiçağ Roma'sında, M.Ö. 73-71 yıllarında ayaklanan kölelerle gladyatörlerin önderi.
Spinoza Baruh ya da Benedikt (1632-1677) — Ünlü Hollandalı filozof.
Strabon (M.Ö. 63 - M.S. 21) Yunan coğrafyacısı.
Straton, Lampasklı Straton — M.S. 270 yılında ölmüş bir Yunan coğrafyacısı.
Stroganoflar — XVI. XVII. yüzyıllarda ticaret ve sanayi alanlarında faaliyet göstermiş, baron ve kontlar vermiş bir aile.
Süleyman ya da Solomon (M.Ö. X. yüzyıl) — Yahudi hükümdarı. Davud'un (David'in) oğlu.
Svyatoslav (X. yüzyıl) — Kiyef Prensi.

Şekspir, Vilyam (1564-1616) — Büyük İngiliz şairi ve oyun yazarı.

Tales (M.Ö. 624-547) — Milas'ta doğmuş materyalist bir Yunan filozofu.
Taşitüs Korelius — Roma tarihçisi, Senato üyesi.
Temmuz — Eski Asurlularla Babillilerde, kışın donup ilkbaharda yeniden dirilen bitki tanrısı.
Teognis (M.Ö. VI.) — Lirik Yunan şairi.
Teodorik, Büyük Teodorik (471-526) — Ostrogot Kralı.
Timiryazef, Kliment Arkadiyeviç (1843-1920) — Büyük Rus doğa bilgini.
Tirit — M.Ö. II. binyılda en önemli Yunan şehirlerinden biri.
Toma, Akinolu Toma (1225-1274) — Ortaçağ din bilgini ve filozofu.
Tutmos — M.Ö. XVII. yüzyılda yaşamış bir Mısır firavunu.
Tüsidit (M.Ö. 460-399) — Atinalı tarihçi, «Pelopones Savaşlarının Tarihi» adlı bir eseri vardır.

Vat, Gems-Bencamen (1736-1810) — İskoçyalı mekanikçi ve icatçı.
Viljillius, Maron Publius (M.Ö. 70-19) — Romalı şair, «Eneas» destanının yazarı.
Vivaldi (Gvido ve Ugolino Kardeşler) — XVIII. yüzyılın sonlarında yaşamış iki Venedikli denizci.
Vladimir Svyatoslavoviç (1015 yılında ölmüştür) — 980 yılında Kiyef Prensi olmuştur.

Vladimir Vsevolodoviç Monomak (1053-1125) — 1113 yılında Kiyef Büyük Prensi olmuştur.

Volter Fransua - Mari Arue (1694-1778) — Büyük Fransız yazarı ve düşünürü.

Yoan, Bulgar Yoan — X. yüzyılda Bulgaristan'da yaşamış bir kilise yazarı. «Şeştodnev - Altı Gün» adlı bir kitap yazmıştır.

Yoan Tsimiskis (X. yüzyıl) — Bizans İmparatoru.

Yoviy Pavel (1483-1552) — Doktor ve yazar. «Moskova Elçisinin Notları» adlı bir eseri vardır.

Yermak Timofeyeviç (XVI. yüzyıl) — Kazak komutanı. 1582 yılında Sibirya'yı fethedip Rusya'ya ilhak etmiştir.

Yermolin Vasilyi Dmitriyeviç (XV. yüzyıl) — Tanınmış Rus mimarı.

Zeus — Eski Yunanlılarda gök, yıldırım tanrısı, evrenin hakimi, tanrıların ve insanların atası sayılırdı.

Dostumuzun doğumgününü
dostlukla ve sevgiyle
kutluyoruz.
Seni seviyoruz Servet!

Nesrin Gürsu
Selda İşlek
Mahmut İmrol
İlhan Ayçiçek

Dostluklar bitmez...!!